蒙台梭利像

责任编辑：诸惠芳
审　　读：陈国红

外 国 教 育 名 著 丛 书

蒙台梭利幼儿教育科学方法

Mengtaisuoli Youer Jiaoyu Kexue Fangfa

任代文　主译校

人民教育出版社

·北京·

图书在版编目（CIP）数据

蒙台梭利幼儿教育科学方法/（意）蒙台梭利著；任代文译. —北京：人民教育出版社，1993.10（2023.5重印）
（外国教育名著丛书）
ISBN 978-7-107-10948-5

Ⅰ. 蒙… Ⅱ. ①蒙… ②任… Ⅲ. 幼儿教育—教学法—文集 Ⅳ. G612-53

中国版本图书馆CIP数据核字（97）第08734号

外国教育名著丛书 蒙台梭利幼儿教育科学方法

出版发行 人民教育出版社
（北京市海淀区中关村南大街17号院1号楼 邮编：100081）
网 址 http://www.pep.com.cn
经 销 全国新华书店
印 刷 保定市中画美凯印刷有限公司
版 次 2001年5月第2版
印 次 2023年5月第15次印刷
开 本 890毫米×1 240毫米 1/32
印 张 29
插 页 1
字 数 673千字
印 数 53 001~56 000册
定 价 68.00元

《外国教育名著丛书》再版说明

在人类数千年的教育史上产生过无数鸿篇巨制，尤其是近现代以来，许多教育家、思想家、理论家和实践家，通过对人类教育所进行的长期艰辛的探索和严密的思考、审慎的研究，撰写了不少对人类教育发展产生了巨大而深远影响的伟大著作。即使人类历史进入了21世纪，这些著作仍然保持着强盛的生命力。

本着“服务教育、繁荣学术、积累文化”的宗旨，人民教育出版社组织专家学者从这些著作中精选了对世界和中国教育产生过并将继续产生重大影响的作品，汇编成《外国教育名著丛书》。该丛书共39种45本，自1984年陆续出版以来，受到教育界读者的热烈欢迎和普遍好评，一经问世即已售罄。为满足读者对《外国教育名著丛书》的需求，我社决定从这套丛书中精选一部分重印，以解我国教育工作者的燃眉之急，并进一步满足高等师范院校教学需要。热忱希望广大读者对教育名著编辑出版工作提出宝贵意见，以使之更臻完善。

人民教育出版社

2001年5月

《外国教育名著丛书》出版说明

为了发展我国社会主义教育事业，建立具有中国特色的社会主义教育体系，不仅需要研究我国教育的历史和现状，总结我国教育的经验，而且需要研究外国教育的历史和现状，借鉴外国教育的经验。为了给我国教育工作者提供研究外国教育思想的理论著作，并给师范院校提供教学参考书，我社决定出版这套丛书。

这套丛书选收古代、近代、现代对世界、对中国有较大影响的外国教育家、心理学家的有代表性的教育理论著作，包括整本专著、文章汇编或者著作节选。

无庸置疑，本丛书所收选的书既闪耀着人类教育智慧的光辉，又由于作者所处时代、阶级的限制不可避免地存在着糟粕；有的虽非糟粕，但由于地区条件的不同，也可能并不适合于我国。因此，我们在阅读时一定要以马克思列宁主义、毛泽东思想作武器，对书中的内容进行分析，批判地吸收其中有益的东西，而不要照搬照抄。

为了帮助读者阅读和理解书的内容，我们请译者或有关专家为每一本书撰写了前言，有的书还附有年表、图片或其他参考资料。当然，前言只是一家之言，而不是对某书的定评；读者完全可以对这本书进行更加广泛更加深入的研究。

由于我们水平有限，经验不足，本丛书定有不少缺点和错误，欢迎读者批评指正，以便我们改进工作。

人民教育出版社
1984年

总 目 录

蒙台梭利的教育基本理论

蒙台梭利是教育史上继福禄培尔之后的一位杰出的幼儿教育思想家和改革家。福禄培尔（Friedrich Froebel，1782—1852）于1837年在德国山明水秀的勃兰根堡（Blankenburg）村创建了第一所“幼儿园”（Kindergarten），建立了古典主义的幼儿教育体系，为近代幼儿教育奠定了基石。70年后，蒙台梭利（Maria Montessori，1870—1952）于1907年在意大利“贫穷、黑暗、愚昧、悲惨”的罗马圣罗伦佐贫民区创办了“儿童之家”，建立了自己独特的幼儿教育理论和方法，引起了社会各界的强烈反响，以及许多教育家和心理学家的广泛讨论，促进了现代幼儿教育的发展。

蒙台梭利的时代和生平

19世纪末到20世纪初，随着工业革命的发展，科学技术的进步，社会生产力的提高，世界已进入到一个新的历史时期，社会、政治、经济、文化以及人类生活的各个领域都发生了深刻的变化。在这个时期，资本主义发展已过渡到帝国主义阶段，资本主义国家之间的政治和经济竞争，以及各国人民争取自由和民主的运动日益激烈，垄断资产阶级已清醒地意识到教育是促进科学技术发展、加速工业化进程、增强经济实力、维护统治秩序的主要因素和手段，提出改革学校教育制度、加快教育发展步伐、改革教育内容和方法、提高教育效率的要求。十分明显，原来占统治地位的传统教育理论和方法已不能完全适应新时代对教育的要求。于是，在欧美各国兴起了各种新的教育思潮，其中范围广而影响大的是欧洲的新教育运动和美国的进步主义教育运动，两者互相呼应、互相促进，把教育研究和学校改革引向深入发展；当时一大批教育家、哲学家、心理学家、自然科学家、人类学家、社会改革家、政治家和医生以及广大教师都投身于教育革新运动。在第一次世界大战前的一段时间里，以他们研究的内容和目标的不同，汇集成相互关联又相互渗透的三条主线：儿童研究运动、学校调查和教育实验研究；其共同倾向是运用自然科学或实验科学的方法，特别是用生物学的观点和方法研究教育，试图建立一门科学的教育学。约翰·杜威在 1900 年谈到科学和科学方法时指出："毫无疑问，当代思想中旧问题的最伟大的溶解剂，新方法、新意向、新问题的最伟大的凝结剂，就是在科学革命中所实现的，并在《物种起源》中达到顶点的科学。"① 他们的探索以及所取得的某些研究成果是很有价值的。但是，由于历史和阶级的局限，他们的方法论是建立在唯心主义、形而上学的基础上的，因此，他们的研究和结论存在着许多主观、片面的东西。

蒙台梭利是意大利的女医学博士、欧洲新教育运动声誉卓著的教育家。蒙台梭利重视儿童的早期教育，并从事了半个多世纪的教育实验研究。她善于学习、总结和批判地汲取先辈及当代教育家的研究成果，勇于实践、创造和革新，在实践中不断地改进和完善自己的理论和方法，对幼儿教育作出了重要贡献。

蒙台梭利于 1870 年 8 月 31 日出生在意大利安科纳（An-

---

① W. F. 康纳尔：《20 世纪世界教育史》，孟湘砥、胡若愚主译，湖南教育出版社 1991 年版，第 40 页。

cona）省的希亚拉瓦莱（Chcaravalle）镇，时值意大利结束了几个世纪的分裂和殖民统治，建立独立、统一的王国。蒙台梭利在安科纳度过了童年，12 岁随父母迁居罗马受中等教育。她天资聪慧，勤奋好学，意志和性格坚强，中学各门功课成绩优秀，对数学尤感兴趣。中学毕业后，她不盲从传统的风尚和父母的意向进高级女子专门学校，而是按照自己的志趣毅然选择入技术专科学校。在技术专科学校的各门学科中，她除了对数学仍然保持浓厚的兴趣外，对生物学和人类学也产生特殊的爱好；她认为学医才是自己最理想的专业，于是决定放弃学工，积极准备报考大学医学院。但是，在当时意大利女青年进大学学医确实是史无前例的，一般人认为女孩子学医不仅诸多不便，而且有伤风化。蒙台梭利决心破除传统的陈规陋习，不顾社会舆论的非议和父亲的百般阻拦，通过几年的不懈努力和斗争，终于考入罗马大学成为医学院的第一名女生。在医学院，她刻苦钻研，克服种种困难和压力，学业成绩不仅可与男生媲美，甚至往往超过男生。在大学期间，1896 年罗马大学授予她博士学位，成为意大利的第一位女医学博士。

不久，罗马大学医学院聘她为精神病诊所的助理医生，担任身心缺陷和精神病患儿的治疗工作。她对这些不幸的儿童深表同情，从而激发了对儿童神经和心理疾病研究的特别兴趣。由此，她开始阅读伊塔（Jean. M. Itard，1774—1858）训练“阿维龙野孩子”的实验报告和塞贡（Edenard Séguin，1872—1880）的著作《白痴儿童的医疗、保健与教育》。有一次，她在住院部偶然发现一些精神病患儿在禁锢他们的那间屋子的地面上乱抓乱扒，似乎在“寻找什么”，她立即把管理人员找来，问道：“这些孩子是否用过食？”回答：“刚用过食，而且他们都吃得很饱。”这种现象引起她极大的注意！后来经过她多次观察、思考和研究，认为“关着这些儿童的那间屋子里，四壁空空，没有任何可供孩子们抓、握、摆弄等操作的什物，所以，这些孩子只能在空地上乱扒乱抓来活动他们的手指，以满足他们的生理和心理的需要”。① 一次，蒙台梭利在街上见到一位妇女牵着一个三岁左右的小孩，这个小孩突然挣脱妈妈的手，从地上拾起一张废糖果纸爱不释手，妈妈再三呵斥，小孩仍不肯抛掉；于是妈妈拿出又香又甜的蛋糕去换取小孩手里那张肮脏的糖纸，可是小孩却对那块蛋糕不感兴趣！这说明“儿童所喜爱玩的东西，比食物更重要”。② 这些事例使她认识到塞贡和伊塔训练白痴儿童的方法和教具的正确性，并从她对生理学、人类学的研究中发现身体结构、生理机能和心理活动的关系和联系，而为这种方法找到了生理心理学依据。她深信：心理缺陷和精神病患儿童，通过运动和感觉训练的活动，可以使他们的身体动作协调，并促进其智力发展。

1898 年，蒙台梭利在都灵（Turin）召开的教育会议上的发言中提出：“儿童心理缺陷和精神病患主要是教育问题，而不是医学问题，教育训练比医疗更为有效。”她的发言在社会各界人士中，特别是在医学界和教育界引起了强烈的反响。

同年，政府委任蒙台梭利在罗马建立一所国立特殊儿童学校，收容精神病院的白痴儿童和公立小学的弱智儿童共 22 名，由蒙台梭利主持教育训练和实验研究。蒙台梭利开始运用塞贡的方法和教具教育和训练这些儿童，并在实践中加以验证和改进。经过多次反复修改和补充，找到一种更适于儿童实际需要，并且儿童乐于接受的有效方法和教具。在此期间，她把全副精

---

① E. M. 史坦丁：《蒙台梭利：她的生活和著作》，1962 年英文版，第 86 页。
② E. M. 史坦丁：《蒙台梭利：她的生活和著作》，1962 年英文版，第 89 页。

力用于从事教学和实验研究工作，每天早上8点到晚上7点几乎都和儿童在一起，一面教学，一面仔细地观察和准确记录儿童的表现和反应；晚上整理记录，进行分类、分析、比较、归纳和总结，发现问题和确定改进措施，准备新教材，等等，常常工作到深夜。在将近两年的时间里，这些儿童不仅学会了关于日常生活的一些基本技能，而且他们动作协调、灵活，反应较快，语言发展正常，同时还学会了读、写、算的基本知识和技能，在政府的监督下通过了与公立学校同龄儿童同等水平的考试。社会各界为蒙台梭利所创造的奇迹大为震惊！这时，蒙台梭利在人们的心中已经是一位教育家，而不是临床医生了。

当人们正在为蒙台梭利所取得的巨大成功而交口称誉的时候，她却在思考：既然白痴儿童都能达到正常儿童的水平，那么公立学校的正常儿童为什么不能达到更高的水平呢？她想起了意大利杰出的人类学家，她的老师塞吉(Giuceppe Sergi)在《教育与训练》(1892)一书中的呼吁和教导："今天，人类社会迫切需要重建教育方法；为此而奋斗，也就是为人类复兴而奋斗！"①

1901年，蒙台梭利离开了特殊学校，决心致力于正常儿童教育问题的研究。为了扩大和加深她的理论基础，她再次注册入罗马大学哲学系研修哲学、教育学、实验心理学、人类学；并广泛阅读夸美纽斯（Comuius）、洛克（Lock）、卢梭(Roussau)、裴斯泰洛齐（Pestalozzi)、福禄培尔等人的教育名著。1904—1908年她曾担任罗马大学人类学讲师，试图把人类学的一般原理运用于教育研究。她经常到公立学校调查，获取第一手材料，将她的讲义整理和修改写出了《教育人类学》于1908年出版。罗马大学的学习和工作，使她的理论基础更加宽

① 见本书第53页。

厚，眼界更为开阔，为她研究正常儿童教育打下了坚实基础。

19世纪末期的意大利，在结束了几个世纪的分裂和外国统治之后，经济发展十分缓慢，到20世纪初，仍然是欧洲相当落后的国家。人口中的大多数是文盲，在一些大城市中大量无业和失业的贫民流落街头，生活极为悲惨；在罗马，市政当局为了保持古罗马文明的风貌，把大批极端贫困的不幸者赶到市郊建立贫民区实行隔离，让他们住在年久失修、破烂不堪、长期无人居住的危险建筑内，黑暗、污秽、拥挤、贫穷、愚昧、罪恶、悲惨的情景，令人触目惊心！儿童的命运更是悲惨。1906年，在一个名叫罗马住宅改善协会的慈善机构提出的一项既使贫民受益，又使房屋主获利更多的贫民公寓改建计划中，蒙台梭利怀着对社会和教育改革的理想接受邀请来到罗马贫民住宅区之一的圣罗伦佐组织幼儿学校。

1907年1月，第一所新型的幼儿学校在罗马圣罗伦佐贫民区正式成立。这所学校被命名为“儿童之家”。因为它是设在贫民公寓大楼底层的一间大屋子里，人们通常也把它叫作“楼内学校”。同年4月和11月在圣罗伦佐又分别建立了第二、第三所“儿童之家”。1908年10月，在米兰，由当地的慈善家协会在工人居住区建立了另一所“儿童之家”。

“儿童之家”免费接纳住在本幢大楼的3～7岁的儿童，聘请一位住在附近或本幢楼内的教师负责教育和管理儿童，后来增加一位卫生员定期对儿童作人体测量和卫生检查，必要时可送诊上门；蒙台梭利除指导、设计和组织一切教育和训练外，还负责培训教师的工作。根据罗马住宅改善协会的安排，一切费用从家长支付的部分房租中开支。“儿童之家”制定了简单而又切实可行的规章制度，规定了家长对于儿童教育的职责和权利、义务。这是蒙台梭利对正常儿童——幼儿教育进行实验研究的开端，也是她教育生涯中的一个重大转折。

蒙台梭利以社会和教育改革者的面貌出现在“儿童之家”，她尽最大的努力打破传统学校的方法，不带任何先入之见，一切从观察儿童和研究儿童及其家庭环境入手；同时，以儿童和家长的忠实朋友身份出现在儿童面前，热爱他们，关心他们，一切从他们的生活实际需要和兴趣出发，设计和确定教育方案及教育措施。进“儿童之家”的儿童并无明显的生理或心理缺陷，但由于他们的父母一般都没有文化，没有固定的工作，生活贫困，性情粗暴，缺乏卫生习惯，甚至有某些不良嗜好，既无能力也无时间来照顾和教育自己的孩子，因此，这些儿童在入学前一般都心态异常，智力低下，发育不良，行为乖戾，而且养成了一些不良习性。蒙台梭利面对现实，首先为这些儿童创造一个适宜的学习环境。根据儿童身体、体力和心理发展特点，设计和制作小型的活动桌椅和供儿童独立操作、自动练习、自我调整、自行修正和自我教育的丰富多样的材料，以及感觉和运动训练的多层次的系列教具；并采用合理的方法，通过教师高超的教学技巧和教育机智引导和激励儿童的学习积极性、主动性、创造性、培养儿童的意志品质和独立自主精神。

蒙台梭利认为，“人不是动物，而是社会产物，教育过程中个体的社会环境是家庭。如果科学教育学不能影响新一代成长的环境，那么，它寻找改良新一代教育的努力也是徒劳！”[①] 圣罗伦佐“儿童之家”的教师有彻底的奉献精神，不仅是优秀的教师，而且是精明能干的社会工作者：教师整个白天同儿童生活在一起，晚上或节假日经常去拜访儿童的家长和邻居，向他们了解儿童的活动与表现；帮助他们安排家庭生活、布置和美

---

① 见本书第96页。

化环境；回答和解释他们提出的种种问题等等。这样热心的教师给他们带去了文化科学知识和温暖，因而成为家长和公寓里最受尊敬的人。同时家长也定期来“儿童之家”和教师共同讨论儿童教育问题，也欢迎公寓或贫民区的公众来“儿童之家”参观访问，从而增进了“儿童之家”同家长和社会之间的联系与了解，并相互配合地教育儿童。有些家长为了关心自己子女的教育和成长，不得不改变自己不良的习惯和嗜好，注意日常的言谈举止和个人及家庭的整洁卫生，主动搞好邻里关系，逐步形成良好的风尚，使整个公寓出现崭新的面貌。

蒙台梭利在“儿童之家”教育改革实验的成功，使她名闻遐迩，来访者络绎不绝。许多教育家、心理学家、社会学家、教师、热心于社会、妇女运动的知名人士以及政府官员都纷纷来到罗马参观、学习和研究“儿童之家”的教学和教育设施。他们回到各地积极宣传蒙台梭利的教育思想和教学方法，创办蒙台梭利学校，成立蒙台梭利学会。1909 年，蒙台梭利应各国参观者的请求，在罗马举办了一次国际教师讲习班，全面地阐述了“儿童之家”的教育理论和方法。据此写成了《运用于“儿童之家”的幼儿教育的科学教育方法》一书。后来，经过近两年的实践和验证，作了修改和补充，于 1912 年由她的美国学生安妮·乔治（Anne E. George）译成英文，将意大利文本的书名简化为《蒙台梭利方法》(The Maria Montessori Method) 在美国出版。这本著作很快被译成二十多种文字在世界各地广为流传，引起了社会各界人士的强烈反响。[①]许多国家兴起了学习

---

① 一些著名的政治学家、社会学家、教育家、宗教界领袖，以及教师和一般妇女都纷纷发表评论，表示赞赏和敬意。一位中国妇女写信并附赠一幅刺绣给蒙台梭利说：“……我们应该以您对待儿童的尊重与爱的态度和方式来对待儿童……我现在知道新式学校之诞生，并非梦想而是事实。……仅以小礼物代表我对您的感激和敬意。”（引自 E·M·史坦丁《蒙台梭利：她的生活和著作》，第 54～58 页）。

蒙台梭利教学法的热潮，而且在欧洲的一些国家和美国形成了蒙台梭利运动。

1911年，蒙台梭利离开“儿童之家”后，仍继续研究儿童教育问题，且不断扩大其研究领域。她到欧洲的一些国家和美国、澳大利亚、阿根廷、印度、锡兰（斯里兰卡）、巴基斯坦等国参观、考察和讲学，开办教师培训班，出席当地的蒙台梭利学会和指导蒙台梭利学校的工作，并作教学表演等，宣传、推广、验证、充实和发展她的教育思想和教学方法。她在各国得到公众、社会各界名流的积极支持和热情欢迎，并受到一些国家政府首脑的礼遇，且获得种种荣誉称号。1913—1915年，蒙台梭利学校和虽未以此命名而采用其教学法的学校已遍布各大洲，蒙台梭利协会（或学会）如雨后春笋般地迅速建立，蒙台梭利运动不仅在美国而且在欧洲的许多国家也开展得如火如荼。蒙台梭利为了使她的追随者、宣传者和教师正确地理解和运用她的理论和方法，除了在国外访问期间开办教师培训班外，1913年还特意在意大利举办了两期国际教师培训班，每期六个月，学员都是来自各国的代表，她亲自为他们讲课；先后经过培训的学员来自三四十个国家，人数达五六千人。学员中有海伦·柏克赫斯特（Helon Parkhurst，美国蒙台梭利学会主持人，道尔顿制的创立者）、克劳德·克莱门（Claude Claremont，英国蒙台梭利运动的发起人和组织者）等等。1915年，在美国旧金山开办第三期国际教师培训班，并在国际博览会大厅展示蒙台梭利法“示范教室”，随后又在加州南部举办了一期。她离开后，交由海伦·柏克赫斯特指导。1919年，蒙台梭利受英国政府邀请去伦敦讲学，开办教师培训班，她每隔一年去讲课一次，直到第二次世界大战爆发，战后的年代便恢复如故。

蒙台梭利的教育理论和教学法在各国广泛流行的同时，也引起了教育界和心理学界的一些学者的讨论或争议，甚至受到当时美国的几位著名学者的抨击。[1] 蒙台梭利在她的多次讲演和一些著作中作了解释与回答，特别是在1912年发表的《高级蒙台梭利方法》第一卷《教育中的自发活动》中对几个主要问题进一步作了系统阐述，并用大量的事例和较多的篇幅论证了她的理论和方法的正确性。她在一次讲演中指出："真正宣传我的教学法的人不是我而是儿童，虽然我是在讲演和著书。是儿童使人们真正信仰我的教学法；在支持和赞成我的教学法方面，儿童才是最不可能引起人们争论的对象。"[2]

享有世界声誉的蒙台梭利在她的祖国意大利也曾受到极大的重视。但墨索里尼上台以后，逐步推行法西斯独裁统治，蒙台梭利的自由教育思想同法西斯主义水火不相容。1934年，蒙台梭利不得不离开祖国到西班牙，随后到荷兰定居。1935—1936年，纳粹德国、奥地利和意大利先后关闭了全部蒙台梭利学校，查禁和烧毁蒙台梭利的著作。

1939—1946年，七十多岁高龄的蒙台梭利在印度讲学，从事研究与写作。这一时期正是印度人民觉醒，甘地领导的反殖民主义斗争即将取得胜利和基础教育运动蓬勃开展的年代。蒙台梭利的教育思想和教学方法受到普遍欢迎。她不辞辛劳地到印度各地考察和讲课，指导教学。她的活动受到政治领袖甘地、尼赫鲁和著名诗人、思想家泰戈尔的热情赞扬。蒙台梭利对印度人民有深厚的感情，酷爱印度文化。二战结束后，蒙台梭利回到欧洲，1948年重返印度访问，并在印度建立了一所示范学校（收3～12岁的儿童）。这所学校作为纪念蒙台梭利在印度活

---

① 详见本书中的《蒙台梭利方法》，1964年美国版序言，J. McV. 亨特："蒙台梭利方法再探"。

② E·M·史坦丁：《蒙台梭利：她的生活和著作》第21页。

动的标志，至今尚存。

1947 年，蒙台梭利接受意大利政府的约请回到祖国，她深受祖国和家乡人民的爱戴。不久，她回到荷兰的旧居，积极从事写作和整理她的手稿，陆续发表著作。直到她去世前的几年，仍继续坚持到各国巡回讲演，指导教师培训班，主持国际蒙台梭利会议。在意大利、法国、荷兰等国获得政府、大学和研究院的勋章和荣誉学位。

蒙台梭利一生从事儿童教育研究工作，建立了自己独特的教育理论和方法。她坚信自己教育主张的正确性，并坚持不懈地到各国宣传、实践、验证、补充、完善自己的理论和方法，使她成为新教育思想影响深远的著名教育家。1952 年 5 月 6 日，蒙台梭利逝世，安葬于海牙附近的天主教公墓。

蒙台梭利留下了丰富的教育著作。就其内容大致可分为四类：(1) 关于从诞生到 3 岁儿童教育的有：《童年的秘密》、《儿童的发现》和《有吸收力的心理》；(2) 关于 3 岁至 7 岁儿童教育的有：《蒙台梭利方法》、《蒙台梭利手册》、《家庭中的儿童》；(3) 关于 7 岁至 13 岁儿童及青春期教育的有：《高级蒙台梭利方法》两卷，包括《教育中的自发活动》与《蒙台梭利初等教具》、《青春期及其后的教育》；(4) 其他方面：《教育人类学》、《新世界的教育》、《教育的重建》、《开发人类的潜能》、《和平教育》等。

儿童和儿童发展观

蒙台梭利的儿童和儿童发展观在很大程度上是接受了卢梭、裴斯泰洛齐、福禄培尔的自然教育和自由教育的观点，然而她根据自己的实际观察和实验研究以及生物学、遗传学、生理学、心理学和生命哲学的理论加以阐述和发挥。蒙台梭利认为，儿童存在着与生俱来的“内在的生命力”或称之为“内在潜力”；或把它总括为“人类的潜能”。这种生命力是一种积极的、活动的、发展着的存在，它具有无穷无尽的力量。她说：“生长，是由于内在的生命潜力的发展，使生命力显现出来，它的生命力量是按照遗传确定的生物学的规律发展起来的。”① 教育的任务是激发和促进儿童的“内在潜力”的发现，并按其自身规律获得自然的和自由的发展。她主张不应该把儿童看作是物体来对待，而应作为人来对待，儿童不是成人和教师进行灌注的容器，也不是可以任意塑造的蜡或泥，也不是可以任意刻划的木块；不是父母和教师培植的花木或饲养的动物，而是一个具有生命力的、能动的、发展着的一个活生生的人。教育家、教师和父母应该仔细地观察儿童，研究儿童，了解儿童的内心世界，发现“童年的秘密”，揭示儿童的自然发展进程及规律性；热爱儿童，尊重儿童个性，在儿童自由和自发的活动中，帮助儿童智力的、精神的和身体的、个性的自然发展。哈佛大学教授霍姆斯（E. G. Holmes）于1913年2月4日给《时代教育增刊》的信中写道：“蒙台梭利理论体系的精华是她对下面这个真理的有力论断（或再论断）：除非在自由的气氛中，儿童既不可能发展自己，也不可能受到有益的研究！”蒙台梭利的教育理论和方法是建立在较少（或尽量减少）干预儿童主动（或自发性）活动的基础上的。她的培养目标是：运用科学的方法，促进“人类的潜能”的发展，使他们能够独立思考、独立判断和独立工作，并能适应现代科学技术和工业发展的时代潮流，保

---

① W. F. 康纳尔：《20世纪世界教育史》，第226页。

持社会文明和科学进步，促进人类和平的强有力的新一代。

蒙台梭利在《有吸收力的心理》(1949）中系统地阐述了儿童生理和心理的发展进程，揭示了身体活动与心理活动、生理发展与心理发展的关系与联系，为她在教育过程中坚持感觉训练、运动训练和智力发展提供了心理学依据。她指出，儿童的“心理胚胎”的发展必须在它的周围环境中吸取营养，犹如“生理胚胎”在母体的胚胎内一样。两者不同的是：儿童的生理器官在母体内已开始形成；“心理胚胎”则是婴儿出生时才开始发育，这时儿童的大脑空无所有，但它有一种积极地、能动地从周围环境中吸收各种事物的印象的能力。因此，我们必须设置一种适合儿童内在需要和兴趣的、能够诱发儿童自发学习、自动作业的环境。蒙台梭利特别强调儿童的学习室（教室）的设置，包括系统的刺激物——按照物体属性的类别设计各种系列的分等级、层次的程序教学教具材料，①以便儿童自由选择和独立操作与自动练习和自我教育。这样，可以使儿童获得知识技能和发展各种能力。蒙台梭利也十分重视家庭环境（蒙台梭利《家庭中的儿童》、《蒙台梭利手册》）和社会环境的影响，要求父母、成人改变对待儿童的错误观念和行为，呼吁社会关心儿童、保护儿童的权利。②废除一切压制儿童个性和情感、摧残和折磨儿童身心的种种方法和手段，让儿童的“内在潜力”得以充分地展现和发展。

蒙台梭利把儿童看作是发展着的个体，儿童的发展是个体与环境交互作用的结果。由于儿童内在生命力的驱使或生理和心理的需要而产生一种自发性活动，从而不断地与环境交互作

---

① 详见本书《蒙台梭利方法》第二十章。

② 参见蒙台梭利：《童年的秘密》，人民教育出版社，1990 年版，第 206—212 页。

用而获得经验，积累经验，促进儿童生理和心理的发展。所以，儿童的发展是一个连续的不断前进的过程，前一个阶段的充分发展是后一阶段的基础，后一阶段的发展是以前各个阶段充分发展的积累和延续。这种发展随着儿童生命岁月的增长，从无意识逐步进行到有意识，从自发活动进到自由选择性活动；但是，儿童（包括成人）的无意识（或下意识）的自发活动在发展进程中都始终存在着，只是生命的本能冲动在逐步减少，而心理的内在需要在逐步增加。蒙台梭利特别在《高级蒙台梭利方法》第一卷《教育中的自发活动》（已译为中文辑入本译作）中详细地阐述了“自发活动”在教育中的重要意义。蒙台梭利强调儿童早期的环境经验对于以后阶段发展的重要性，尤其是对于儿童智力发展的重要意义。“特别重视丰富儿童的早期经验，重视儿童早期教育”，是她在罗马圣罗伦佐“儿童之家”试图解决贫民儿童受“文化剥夺”问题的教育改革实验研究中得到的重要结论。这一论断的正确性已为当代心理学所肯定。

蒙台梭利不仅重视儿童发展的连续性，也十分注意发展的阶段性。她分别论述了各年龄阶段儿童心理、生理发展的特点及其教育的任务、内容和方法。感觉训练和智力发展是蒙台梭利研究的重点，她从生物学在动物实验中发现“敏感期”得到启示，促使她观察和研究儿童各年龄阶段的感觉活动及其心理特征，从而发现儿童心理发展和学习过程中也存在着“敏感期”，并指出儿童心理发展过程中的“敏感期”的涵义是：在不同发展阶段儿童表现出对于某种事物或活动特别敏感或产生一种特殊兴趣和爱好，学习也特别容易而迅速，是教育的最好时机。但是，这种现象经过一定时间便随之消失。因此，教师和父母必须随时留心观察儿童的实际生活及其表现，发现和把握儿童在各个阶段出现的这种心理现象，并及时地进行引导、帮助和鼓励，否则将对儿童的发展造成难以弥补的缺陷，因而埋没了他的某些特殊才能而终身遗憾。正如福禄培尔所指出的：我们对于儿童的帮助不宜过多、过早、过快，也不宜过少、过迟、过慢；应不失时机和恰如其分。蒙台梭利提出的“敏感期”概念，为她的感官训练和感觉教育提供了理论依据，同时吸引了当代心理学家的研究兴趣，他们把这一概念仍叫做“敏感期”，或称为儿童发展和学习的“关键期”、“心理预备状态”，并通过他们的实验研究的验证而予以肯定。然而，蒙台梭利在她的一些著作中描绘这一心理特征时，说成是“上帝的恩赐”、“自然赋予儿童的灵感”。

蒙台梭利的儿童发展观，既不是固定智力论，也不是环境决定论。她认为儿童的发展是个体与环境交互作用的结果，其动力是儿童的生理和心理的需要而产生的活动。这一论断已为当代实验心理学所肯定。然而，她又从生物学的观点出发，提出儿童的发展是与生俱来的“内在潜力”的展现或释放，其动力是生命本能的冲动；并认为其发展是“按照遗传确定的生物学规律”进行的，这又使她的理论陷入了“预成说”和自相矛盾。本来“生命力”或“内在潜力”，以及“人类的潜能”确实客观存在，但是，蒙台梭利却用宗教神秘主义的观点加以解释和描述，不仅使人们难以捉摸，而且也是不科学的。这显然反映了蒙台梭利的资产阶级世界观的局限性。

感觉教育

感觉教育在蒙台梭利教育体系中占有重要的地位，并成为她的教育实验的主要部分。在她的著述中，有大量篇幅专门论述感觉训练、运动训练与智力发展以及感觉教育与纪律教育、知识、技能的培养的关系和密切的联系。她认为感觉教育的主要目的是通过训练儿童的注意、比较和判断的能力，使儿童的感受性更加敏捷、准确、精练。在她看来，学前阶段的儿童各种感觉特别敏锐，处在各种感觉的敏感期，在这一时期如不进行充分的感觉活动，长大以后不仅难以弥补，而且还会使其整个精神发展受到损伤。因此，在幼儿时期进行各种感觉教育显得至为重要。同时她认为，感官是心灵的窗户，感官对智力发展具有头等重要性，感觉训练与智力培养密切相关。在她看来，智能的培养首先依靠感觉，利用感觉搜集事实，并辨别它们，而感觉训练也是初步的、基本的智力活动，通过感觉训练使儿童对事物的印象清晰、纯正，这本身就是一种智能和文化的学习，是智力发展的第一步。再者，她还认为，人的智力高低与教育有较大关系，通过感觉教育可以在早期发现某些影响智力发展的感官缺陷，并及时采取措施使其得到矫治和改善。蒙台梭利基于对感觉的极大重视，使感觉教育在她所提出的运动、感觉、语言和智力操练这一程序教学结构中处于十分重要的地位。

蒙台梭利的感觉教育包括触觉、视觉、听觉、嗅觉和味觉等感官的训练。触觉训练在于帮助幼儿辨别物体是光滑还是粗糙，辨别温度的冷热，辨别物体的轻重和大小、厚薄、长短以及形体。她认为，由于幼儿总是通过触觉来认识周围事物，所以，在各种感觉训练中，触觉练习是其主要方面。视觉训练则在于帮助幼儿提高鉴别度量的视知觉、鉴别形状、颜色、大小、高低、长短及不同的几何形体；听觉训练主要使幼儿习惯于辨别和比较声音的差别，使他们在听声训练过程中，培养起初步的审美和鉴赏能力；嗅觉和味觉训练注重提高幼儿嗅觉和味觉的灵敏度。蒙台梭利希望通过这种感觉训练，使幼儿成为更加敏锐的观察者，增进和发展他们的一般感受能力，并且，使他们的各种感觉处于更令人满意的准备状态，以完成诸如阅读和书写等复杂的动作。

蒙台梭利的感觉教育遵循着一定的原则和方法。她认为，感觉教育的实施应当遵循循序渐进的原则，应当根据幼儿在敏感期的特点，把肌肉练习作为感觉训练的基础，把对各种感觉的发展作为教育的重点，同时，应当根据幼儿的个体差异去采取与之相适应的具有连贯性的步骤和方法，使感觉教育同读、写、算等教学活动联系起来，使之达到由简到繁的过渡。蒙台梭利还认为，感觉教育应当遵循自我教育的原则，提倡幼儿应根据自己的能力和需要进行学习，使幼儿在感觉训练中通过自己的兴趣、需要和能力去进行自由选择、独立操作、自我校正，去努力把握自己和环境。所以，在她所设计的教具中设有专门的"错误检验"系统，使儿童在操作过程中能根据教具的暗示进行"自我教育"，同时，她还通过限制感觉教育指导者的活动去增强幼儿活动的积极性和主动性。蒙台梭利进行感觉教育主要采取了提供教具的方法，按照由易到难的原则编排教具材料的顺序，并使每种教具分别训练幼儿的一种特殊的感觉，通过有针对性的、分步骤的反复练习，去增强幼儿对物体的特殊性能的感受能力，去识别接触到的变换着的物体，去增进各种感知能力。

蒙台梭利认为，为了认识客体，主体一定要作用于客体，要发挥自我教育的作用，强调必须通过感觉和动作训练对幼儿进行教育，这是符合人的认识发展的规律的，值得推崇。另外，她在精心设计的训练感觉的教具和方法的运用上也有着一定的独创性和相当的教育价值。她把感觉教育和读、写、算的教学有机联系起来，注意手脑并用，调动各种感官的配合与协调作用，使幼儿在没有心理压力的情况下，按自己的发展进度自然地、不知不觉地进入初步的学习读、写、算的阶段，做法精当，有实践意义和借鉴价值。再者，蒙台梭利在感觉训练过程中，采取分解的方法，把复杂的整体感觉分解为简易的几部分来训练，使幼儿利用按顺序排列的刺激物来认识事物，也是符合幼儿年龄特点和认识规律的。当然，蒙台梭利的感觉教育还存在一些缺点和不足。例如，她在感觉教育中虽然强调幼儿的活动自由，但是，她所提供的程序化教具、材料及其制定得较为机械、呆板的使用方法，以及单纯运用感官教具进行的自我教育，使幼儿囿于机械的操作练习，自由活动受到一定的限制，这些不利于幼儿的自由创造，也与她的“任儿童自由反应”和“脑体活动相结合”的主张相悖。另外，她那种只强调幼儿的“自由性”，忽视指导者在感觉教育中的重要作用，也是较为偏颇的。

纪律教育

纪律作为一个普通概念，它的涵义十分广泛。任何社会群体都存在纪律。时代和社会性质、法律制度的不同，整个国家及其机构、各种社会团体都有着维系其内部和外部关系及生活方式的纪律的各种行为准则，对纪律的内容和要求也不尽相同。教育作为一种社会现象，虽然它的形式和手段多种多样，但是通过学校对新生一代进行纪律教育为参加社会生活作准备，是实现教育的社会功能的一个重要途径。纪律教育的重要性是大家所公认的。但是，在学校中应该建立和培养儿童什么样的纪律？用什么样的方法进行纪律教育？蒙台梭利在罗马圣罗伦佐“儿童之家”教育改革的实验研究中采用新的方法培养儿童积极、主动的纪律，而且取得了惊人的效果，使来自各国的参观者赞叹不已。

1909年，蒙台梭利的意大利文版《运用于“儿童之家”的幼儿教育的科学教育方法》发表以后，广大读者仍不甚理解这种教育方法的真谛，他们（尤其美国读者和教师）纷纷给蒙台梭利写信提出种种质疑。因此蒙台梭利根据大约两年来的实践验证，将该书作了修改和补充，在1912年的英文版《蒙台梭利方法》中除了仍保留“第五章　纪律”外，又增加一章（即该书第二十一章）“再谈纪律”，进一步阐述纪律教育的观点和方法。

蒙台梭利受卢梭、福禄培尔的自由教育和自然教育理论的影响，认为教育的首要任务是激发儿童的“内在潜力”，使之获得自由的展现和自然发展，其目的是培养“独立、自主”精神和善于工作的人。她批评传统教育理论把纪律仅仅看作是“维持教育和教学的外部秩序的手段”，从而制定出一整套“威胁、监视、惩罚、命令和禁止”的方法，以压制儿童天生的“野蛮的顽皮性”。旧学校奉行这种“权威”的理论，① 强迫儿童呆坐在固定桌椅的座位上，两眼直瞪瞪地望着教师，不许左顾右盼；手脚放在一定位置，禁止自由活动；听从老师把一些枯燥乏味的“知识”塞进儿童的小脑袋里；用奖励和惩罚诱逼儿童服从强加的纪律。家庭也十分赞同这种“严加管教”，甚或变本加厉！儿童不仅在身体和精神方面遭受种种折磨，造成他们极大的痛苦，而且在智力和道德上也受损害。“强制的学习导致了恐惧厌倦和精力的耗竭。他们变得毫无信心，忧郁代替了自然的欢

① 参见曹孚编著：《外国教育史》（第十四章，赫尔巴特的教育思想），人民教育出版社1962年版，第182～183页。

乐。”[1] 旧学校实行强迫的、屈从的、被动的、静止的纪律，不仅扼杀了儿童活泼好动的天性，抑制了儿童的生命潜力，窒息了儿童的好奇心和求知欲，而且只能培养出反应迟钝、智力低下、奴性十足的人。蒙台梭利指出，采用种种强迫手段培养的外表纪律，完全是虚假的，而且是不能持久的。真正的纪律是积极的、活动的、主动的、内在的和持久的，而不是消极的、静止的、被动的、外表的和暂时的。儿童的学习不是为学校作准备，而是为未来生活作准备；他们习得的纪律行为不应该只限于学校环境，也必将带到社会实际生活中去。蒙台梭利指出“我们并不认为当一个像哑巴一样默不作声，或像瘫痪病人那样不能活动时才是守纪律的。他只不过是一个失去了个性的，而不是一个守纪律的人。有独立自主的精神的人，无论何时何地当他意识到“需要遵从某些生活准则的时候，他能够节制自己的行为”。[2] 在这个意义上讲，纪律就意味着自由。这样的纪律，必须也只能建立在自由活动的基础上，也表现在自由或自发的活动中。她说：“活动、活动、活动，我请你把这个思想当作关键和指南：作为关键，它给你揭示了儿童发展的秘密；作为指南，它给你指出应该遵循的道路。”[3] 自发活动和自由活动不仅为我们揭示儿童生命潜力展现和自然发展的规律，也为我们指出培养儿童良好纪律的自由之路。

人们往往把纪律与自由对立起来。在蒙台梭利教育体系中的自由概念，并不是放任自流，或让儿童任意妄为，而儿童的自由是有范围和限度的。她在《蒙台梭利方法》第五章中明确指出：第一，儿童的自由以不损害集体利益为限度；第二，不

---

① 参见蒙台梭利：《童年的秘密》，人民教育出版社，1990 年版，第 207 页。

② 见本书第 112 页。

③ E. M. 史坦丁：《蒙台梭利：她的生活和著作》，第 230 页。

冒犯或干扰他人，对他人不礼貌或有粗野行为就应加以制止；第三，有益于儿童的各种表现和发展的——不管是什么行为，无论用什么形式表现出来，教师不仅允许，而且还必须进行观察。蒙台梭利的教育原则和方法是在“有准备的环境”和特定的条件下给儿童以最多的自由和活动的权利，并在组织得井然有序的自由活动中让儿童自然而然地受到纪律和道德方面的教育和训练，它植根于儿童心灵深处并逐渐地养成习惯，所谓“习惯成自然”即变成他的“第二天性”；而不是像旧学校那样无休止地说教、命令、强制所强加的纪律和死记硬背的道德格言。所以，对蒙台梭利来说，“纪律和自由是一件事物不可分的两部分——尤如一枚铜币的两面。”①

活动是儿童内在生命力的外部表现。儿童喜爱活动。对儿童来说，活动往往比食物还重要。人们通常把儿童的活动叫做游戏。儿童在他们所从事的各种活动中是那样天真活泼、认真和快乐，即使在成人看来简直是毫无意义，甚至是破坏和捣乱。福禄培尔提出，活动是儿童的真实生活，是现实；就儿童的本性来说，他们不是在破坏或捣乱，而是在探索、发展、建设。蒙台梭利认为，儿童的自发活动确实十分重要，也是儿童教育赖以进行的起点和基础，但是，如果把游戏作为一种教育手段，尤其企图通过“假想”的游戏来实现教育的目的，特别是纪律教育，将会把儿童引向不切实际的幻想，不可能培养儿童严肃认真、准确、求实、责任感和严格遵守纪律的精神和行为习惯。她不十分赞成“寓教育于游戏”的儿童教育观。在蒙台梭利的教育体系中出现了“工作”的教育术语。人们不易理解和接受在3～7岁儿童教育中运用“工作”这一相当严肃的概念。蒙台梭

① E. M. 史坦丁：《蒙台梭利：她的生活和著作》，第281页。

利指出，儿童的工作只是与成人工作的目的和要求的程度不同，但其主要特征基本一致。工作是人类的天职和生活的需要，也是儿童的内在需要；儿童喜欢做事，他们常常模仿成人工作。教育为未来生活作准备，儿童的早期教育有可能，也有必要使儿童获得一些实际生活的基本技能和养成从事工作的初步行为习惯。蒙台梭利为学前儿童设计和组织的教育和训练的内容和方法、教具教材及其使用以及整个教育过程的安排，其教育意义和目的性都是经过严密考虑的。她指出，我们必须把儿童的每一项学习都看作是工作，也只有工作才能使儿童走上纪律之路，因为工作是养成儿童纪律的基本途径。工作使儿童肌肉和肢体动作协调，手脑并用，促进身心和谐发展，通过工作儿童自由选择作业，独立操作，聚精会神，克服困难，反复练习，从而磨练意志，增强自制力、勇气和自信心，培养独立自主精神，受到严格的纪律训练，同时也满足自己的心理需要。如康纳尔所说："通过连续完成手头分级推进工作，儿童完善自己，磨练自己。随着能力的增长，儿童满足其愿望的自由度也增加了，儿童的纪律与自由是并行成长、相互依赖的。蒙台梭利的纪律观与卢梭的'控制良好的自由'观是异曲同工的。"①

蒙台梭利把幼儿学习活动概括为"工作"，这是她的独特见解。她还主张通过实际活动培养儿童纪律，完全排斥说理教育的作用，否定"假想"游戏的教育意义，不重视集体教育，这些均有失偏激。

① W. F. 康纳尔：《二十世纪世界教育史》，第235页。

教　师

在蒙台梭利的教育体系中，从根本上改变了传统幼儿教育的教师与儿童之间的角色关系。传统的幼儿学校以传授知识为主，教师自编、自导、自演，儿童呆坐、静听、接受；教师是主体，始终处于主动地位，儿童是客体，处于被动地位。蒙台梭利学校则以自我教育为主，在教育活动中，儿童是主体，是中心；儿童全神贯注地从事各自的“工作”，独立操作、自我发现、自我教育和发展；教师是儿童活动的观察者和指导员。这种关于幼儿学校教师作用的指导思想和方式方法的改变是对传统教育的挑战。

首先，幼儿教师应是一位观察者，他必须以科学家的精神，运用科学的方法去观察和研究儿童，揭示儿童的内心世界，发现童年的秘密。但教育科学的观察研究不同于一般科学，它的对象不是物，而是人，是富于情感和有思想的活生生的人，特别是活泼好动的儿童，其目的是激发儿童的生命活力、培养和发展其个性，使之成为适应现代社会和科学技术发展的独立自主的人。蒙台梭利强调必须在自然条件下，在儿童的自由活动中去观察研究“自由儿童”及其表现，而不是在“实验室”或在特殊控制下的儿童。她还指出，人是社会的产物，教师不仅要观察研究儿童本身及其表现，而且要了解家庭和周围环境对他的影响。她着重指出，如果要使你对儿童的观察研究获得的结果准确、可靠，结论合乎科学，最重要的是必须与儿童保持亲切友好的合作，因此，教师要关心儿童，热爱儿童，尊重儿童的个性，经常与儿童在一起生活和工作。蒙台梭利在国立特殊儿童学校，或在罗马圣罗伦佐“儿童之家”，都是整天和儿童在一起。

教师的观察研究及其成果是设计、安排和不断改进与更新教具材料和正确地进行指导的基础和依据，也是激励和促进教师更加热爱儿童，热爱幼儿教育事业，不断改进、提高，日臻完善的动力。这是一种经常性的极其复杂和艰巨的工作，教师必须具有坚强的意志、耐心、毅力和科学家的求实与献身精神。蒙台梭利善于观察和研究儿童，向“儿童学习”；坚持不懈，耐心细致，发现问题能及时改进，是她取得惊人成就的原因，她首先是一位优秀的教师，然后才是一位杰出的教育改革家；她的主要教育著作都是她一生中长期观察研究儿童和进行改革实验的成果，她为一代又一代幼儿教师树立了丰碑。

其次，幼儿教师必须是一位明察秋毫、反应敏锐、冷静沉着、精明能干，有教育艺术才能的、儿童活动的自觉指导者。教师对儿童学习的指导，首先是准备好环境，把教室布置得美观、大方、整洁，一切陈设（包括教具）秩序井然，符合儿童的心理特点；提供的教具材料依等级层次类别存放在固定的橱柜架上，方便儿童取用。然后，让儿童平静下来，教师引导儿童自由选择一种与自己心理发展水平相“匹配”的自动作业，在开始的阶段教师必须指导，随后儿童可以根据自己内在的兴趣和需要自由选择适当的教具，教师的指导逐步减少，或只限于年龄较小的儿童。第三，儿童运用教具材料独立操作，教师的指导，大致可分为两种情况：如果儿童开始接触教具但还不会使用时，先鼓励他使用，教师可以作一次示范性操作；如果儿童对某些较复杂的教具材料已做过试用，但还不理解教具的内在结构及相互联系，使用起来产生困难，这时教师可作适当解释，但必须简单、明了、准确。在儿童各自独立操作过程中，教师可坐在教室里为全体儿童都能看见的地方，也可以在教室里巡回走动听候儿童召唤，以便及时对他们进行帮助、指导、暗示和启发诱导。蒙台梭利特别指出，教师的指导要把握时机，恰如其分，避免作直接纠正，肯定或否定回答，以免抑制和代替儿童独立思考。同时，教师必须仔细观察儿童在使用教具过程中对教具材料的种种反应：难度、花费的时间、进度、兴趣等等。第四，保持教室的纪律和秩序，制止不良行为。

蒙台梭利主张3～7岁儿童的教育不是以填鸭式的灌注知识为主，而是以活动为主，儿童在教师的指导、关心、鼓励、启发、诱导和帮助下专心致志于自我活动，从活动中获得实际知识和经验，从而促进儿童身心的协调发展。显然，教师作为观察者和指导者的任务与工作，与传统的幼儿学校相比，不是轻了，而是更重了；教师的地位和作用不是降低了，而是提高了。更为重要的是，改变了旧学校教师与儿童之间的关系和课堂气氛，儿童的精神解放了，他们的“内在潜力”得以充分展现和发展。儿童学得的知识不是少了，而是学得更多、更活、更全面和更有用；儿童的能力受到了全面的锻炼。这是传统的幼儿学校不可企及的。然而，一些教育理论家如克伯屈等批评蒙台梭利忽视传授知识，降低了教师的地位和作用，很值得探讨。

蒙台梭利对20世纪的教育，特别是学龄前儿童教育的影响十分广泛，几乎遍及世界上每一个国家和地区，她的事业激起了人们巨大的热情；先后在美国和欧洲的许多国家兴起了蒙台梭利运动，并纷纷建立了蒙台梭利学校和蒙台梭利学会；她的教育理论和教学方法也为当时的公立中小学普遍采用；她的学生和追随者遍天下。她的两位颇有声望的学生把她的理论加以发展运用于中学课业：英国的哈里斯（M. Hallis）在伦敦克拉顿中学设计并推引哈瓦德学习计划；美国的帕克赫斯特（Helen Pankhurst）在道尔顿中学设计和推行道尔顿制；其影响颇为深广。在当时中国的一些学者也发表文章宣传和介绍蒙台梭利的事业和教学方法。然而，在20年代中后期，美国的机能主义、行为主义和精神分析理论的心理学派开始崭露头角，进步主义教育运动兴起，并逐步在美国取得统治地位。蒙台梭利的理论和方法受到这些心理学家和教育理论家的批评，特别是进步主义教育运动的重要代表人物克伯屈的尖刻的抨击，[①] 蒙台梭利运动在美国转入低潮。在欧洲，由于德国和意大利法西斯主义的横行，希特勒侵略战争的蔓延，蒙台梭利学校相继被查封，著作被销毁，蒙台梭利运动遭受挫折。

关于当时来自各种理论角度的批评，有的是属于对蒙台梭利体系的曲解，有的是批评者由于所持理论尚不成熟的局限，或对蒙台梭利理论和方法的真实含义和深远影响不甚理解，因而产生一定的片面性。但是，这些批评也不同程度地揭示了蒙台梭利体系存在着某些缺点或尚待解决的问题，并推动了蒙台梭利和她的一些追随者继续在实践中不断改进、发展、充实和完善自己的理论。半个世纪以后，蒙台梭利的基本理论和方法已为当代的实验心理学、发展心理学和教育心理学所肯定，“说明蒙台梭利建立的教育学比当时的批评者所认为的要好，虽然从今天看来，可能觉得蒙台梭利语言的逻辑结构比克伯屈在1912年所发现的还要古怪。”[②] 同时也证明了蒙台梭利的理论更合乎时代潮流。

蒙台梭利强调早期儿童环境经验和智力发展的重要性，重视解决劳苦大众的儿童受“文化剥夺”的问题；主张在教师的指导下，通过儿童自由选择教具材料、独立操作、自我校正、自

---

① 详见本书第30～36页。

② 见本书第36页。

我教育以发展儿童个性和各方面的能力，培养早期儿童“自律”和“自治”精神；重视运动训练和感觉训练，用精心设计的各种分等级、层次的程序教学的教具进行感觉教育和培养早期实际生活技能，并为学习读、写、算和其他各种教育作好准备；强调激发和鼓励早期儿童自发活动、自动学习，反对强迫灌注，等等。这些已成为当代早期儿童教育理论重新探讨的重要课题，也正是符合现代科学技术迅猛发展和资本主义国家重视早期儿童教育、开发人力资源的要求，所以在美国和欧洲的一些国家如荷兰、法国、德国和英国又兴起了蒙台梭利运动。在美国几乎各州都重新建立了蒙台梭利协会，蒙台梭利学校已近两千所。

蒙台梭利毕生献身于儿童教育事业，长期从事教育改革实验研究，对促进学前儿童教育理论与实践的发展作出了重要贡献。她热爱儿童，同情劳苦大众及其子女的悲惨生活处境和受“文化剥夺”的不幸遭遇。但是，她主张阶级合作，反对阶级斗争；主张改良，反对革命，试图通过教育来改变不合理的社会现状，促进社会文明进步和人类和平。她寻求在罗马圣罗伦佐“儿童之家”的使资本家获利最多而劳苦大众及其子女获益的组织模式来实现自己的改良主义教育理想。她的后半生为宣传这一思想而奔赴世界许多国家，特别是一些贫穷落后的国家和地区，直到晚年。她已近 80 高龄，仍到印度各地和巴基斯坦传播她的教育思想和方法。十分明显，在 20 世纪前半期，正是无产阶级革命和民族解放运动高潮的年代，蒙台梭利宣扬的资产阶级改良主义思想，完全符合资本主义统治阶级的利益和教育改革的要求。这也说明蒙台梭利教育思想的阶级局限性。

蒙台梭利的教育理论和著作是她长期观察和研究儿童与教育改革实验研究的总结和概括。她的教育著作的特点是：理论与实际结合，反复论证和阐释，文字朴实无华，不多用深奥的名词和术语，避免形而上学的争论，通俗易懂，内容丰富，事例生动感人，充分展示了她的教育艺术才能和教育机智，表现了她对儿童的惊人的观察能力，也体现了她的人格、智慧、创造性和伟大的献身精神。这些著作对于广大读者——父母、教师、幼教工作者具有极大的吸引力，它们蕴涵着巨大的鼓舞力量。在这些著作中阐明的教学方法简单明了，材料具体，范围明确，效果显著。它对教师，特别是工作条件较差、经费不足的教师，以及那些没有条件教育子女的父母，根据蒙台梭利教育理论和方法的基本精神，加以发挥，创造性地结合实际运用较少的设备，将可取得显著的效果。但是，由于蒙台梭利的历史和阶级的局限性，在她的理论和著作中，存在着唯心主义、神秘主义和宗教色彩；在方法论上也存在着一定的主观片面性。因此，我们在阅读她的著作和研究她的教育理论时，必须坚持马克思主义的观点、立场和方法，予以分析批判，去其糟粕，取其精华。

任代文

蒙台梭利方法

——运用于“儿童之家”的幼儿教育的科学教育方法

The Montessori Method

Scientific Pedagogy as Applied to Child Education in "The Children's Houses"

By

Maria Montessori

Translated from the Italian by

Anne E. George

Second Edition

New York

Frederick A. Stokes Company

1912

目　　录

美国版序言

1911 年 2 月，哈佛大学教育学院亨利・W・霍姆斯（Henry W. Holmes）教授建议，将我的著作《运用于“儿童之家”的幼儿教育的科学教育方法》从意大利文译成英文。这是我教育生涯中的一件最重要的大事；我曾把它当作非同寻常的荣幸之事而期待着。今天已成为现实。

《运用于“儿童之家”的幼儿教育的科学教育方法》的意大利文版没有序言。因为我考虑到，此书本身仅仅是阐述了一本更为全面的著作的宗旨和范围。这里所论述的 3 至 6 岁儿童的教育方法，仅仅是一项工作的开端，其原则和方法如能得以发展，将会以同样的方式适用于以后教育阶段。此外，我还认为“儿童之家”所获得的方法，似乎可以提供一个研究人的实验领域，或许将促进一门揭示人类本性其他奥秘的科学的发展。

在本书从意大利文版问世到美国英文译本出版前的这段时间里，我和我的学生们有机会将所论述的方法在实际运用中的某些细节加以简化，并阐述得更为准确严谨；同时搜集了有关纪律方面的补充观察材料，新写成两章增入美国版。实践证明，本书阐述的方法是有生命力的，有必要在不久的将来扩大科学合作。承 S. S. 麦克洛先生在他声誉卓著的杂志上推荐，我的方法得以在美国引起广泛讨论；事实上，已有许多美国人士专程来罗马参观我小小的学校，亲自观察我的方法的实际应用。由于这个运动的鼓励，我不揣冒昧，希望我在罗马的工作将成为有效而有益的合作中心。

谨向那些把我的著作介绍到美国的哈佛大学的教授们和麦克洛先生的杂志的同人以及伦敦的 *World's Work* 的编辑表示感谢。这只不过是徒托空言；希望本书介绍的方法能在美国和英国儿童身上产生效益，方才足以表达我的感激之情！

玛丽亚·蒙台梭利

1912 年于罗马

英译首版导论

广大读者早已十分关注这部杰作的英译本的问世。多年来，还没有一本教育文献受到公众如此热烈的欢迎；受到这样普遍期待的教育著作也为数不多。人们对它之所以深感兴趣，是由于1911年5月和12月、1912年1月，《麦克卢尔杂志》先后发表了热情洋溢、卓有见地的推荐文章。而在这些文章尚未发表之前，英国和美国就有一批教师对蒙台梭利博士的工作进行了仔细的研究，发现她的工作新颖独特，而且是一项重大创举。从蒙台梭利体系最初受到的良好反应来看，或多或少说明了它在英、美的美好前景。不过，它还需要得到一些训练有素的教师和专业学者的初步认可，再推荐给广大教育工作者，由他们来最后确定它的价值；并向全国广泛解释其技术细节，使之适合英、美的国情。因此，特为广大教育工作者和一般读者写了这篇扼要的评论性导言。

蒙台梭利博士的工作是杰出的、崭新的和重要的。如此评判并不过分。说她的工作是杰出的，因为她表现了一位妇女作出的建设性的努力，我们尚未见到这样一个教育体系的先例(至少就它的体系完整性和实践的独创性而言)是由妇女的智慧和双手创立的；也因为它是出自女性的同情和直觉、广泛的社会观察、科学训练和对教育问题长期深入细致研究的结果；尤其是作为一位教师和教育工作领导者的各种不寻常的经验的结果。说她的工作是崭新的，因为迄今还没有其他的妇女涉及到蒙台梭利的研究课题——幼儿教育问题，并像她那样提出如此丰富多样的个人经验财富；从蒙台梭利的贡献及其忘我的工作热情来看，她具有像裴斯泰洛齐（Pestalozzi）和福禄培尔(Froebel)那样令人敬仰的、使徒般的热情，这表现了她深沉的、坚定的信念。说她的工作是重要的，因为它体现了对于人类至关重要的问题的巨大努力；这个体系的某些方面本身就具有重大意义，例如，把原来用于智力缺陷儿童的教育方法和教具用于正常儿童；关于儿童自由的基本概念；强调必须分别进行正规的感觉训练、运动训练和智力训练；引导学前儿童迅速、容易地掌握阅读、书写、计算的基本技能。即使是偶然读到这本书的读者，对于上述特点，也会一目了然。

当然，这些特点，对教育界来说，并不完全是新的，所有这些在理论上都曾提出过，有的还多少实践过。例如，韦弗利的马萨诸塞州立弱智儿童学校的学监沃尔特 S. 弗纳尔德博士（Walter S. Fernald）使用的许多材料同蒙台梭利的几乎一样，而且弗纳尔德博士在很早以前就提及这些材料，也曾有效地用于正常儿童的教育。美国读者可能觉得有趣的是：为蒙台梭利的工作奠定基础的塞贡（Séguin），曾经在韦弗利的学校任过学监。同样，也有不少教育实验工作者，特别是梅伊曼(Ernct Meumann）已在推行儿童的身体和心理的各种正规训练。但是，在蒙台梭利之前，还没有创立过包括上述原理的综合体系。蒙台梭利构思了这种体系，在实践中精心创建，并且在学校中确立这种体系。蒙台梭利博士毫不隐晦地声言，这是她和她的前辈多年艰苦努力实验的结晶。但是把这些实验具体运用于正常儿童的教育计划，则只能归功于蒙台梭利博士个人。蒙台梭利体系中的一些次要特征明显地来自别的现代教育学家，因为她选择了适合于自己体系的基本形式，并且使它们在方法的一般概念中融为一体。福禄培尔的体系是首创的，从这个意义上讲，蒙台梭利的幼儿教育体系并非首创。但是，她的体系是唯一的一位妇女创造性才能的新成果。

因此，从事初等教育的学者不应该忽视蒙台梭利体系。毫无疑问，这个体系没有解决儿童教育的所有问题。也许，其中的某些解决方法部分或全部都是错误的；某些方法也可能不适用于英、美的学校。但是，一个教育体系并非必须达到尽善尽美才值得学习、研究和进行实验性应用。蒙台梭利博士虚怀若谷，她从未声称自己完全正确；她有严肃认真的科学态度，从不反对仔细审查她的体系和严格检验其结果；她明确表示，该体系还不够完善。实际上，最终在我们学校里采用的体系，很可能是蒙台梭利计划和幼儿园计划的综合，既有“自由”成分，也有“保守”成分。在实际运用过程中，学校必然会采取这种折衷的办法。对一种教育体系持全部肯定或否定的态度必然导致失败。因为公众对绝对原则不感兴趣，也不相信一种教育体系的全部内容尽属精华。当然，我们并不怀疑这种态度基本上是稳妥的；何况我们是实用主义者。即使我们相信绝对原则，如果我们对于这些原则试图减少实践的逻辑，仍然会保持怀疑——至少在任何既定的教育计划中。不管怎样，我们没有理由仅仅因为一个计划是建立在最容易理解或最令人鼓舞的哲学基础上，我们就全盘接受这个计划，而排斥所有其他计划。我们应当严格地运用实用主义的实验，必须尝试几种不同的综合方案，观察并记录下试验的结果；在分析比较后，再审慎地进行新的试验。每个阶段、每个年级的教育都需要有这样一个试验过程，特别是早期儿童教育；因为历来对这一阶段的教育关注最少，也最为困难。像蒙台梭利方法这样一个如此激进的、界说如此明确，并且发展如此全面的体系，肯定为早期儿童教育方法的全面比较研究，提供了非常重要的新材料。即使有人不接受体系的具体细节，甚至全然不接受其基本理论，也可能由于它重大的现实价值而受到欢迎。如果早期儿童教育完全值得研究，那么，关心它的教育家一定会发觉，有必要弄清蒙台梭利计划和其他计划之间的原则区别，并对不同体系及其可行的结合所获得的结果进行仔细检验。

这篇导言将提出一种结合方案，也将讨论蒙台梭利教具在家庭中应用的可能性。但是，首先就蒙台梭利体系和幼儿园体系①的主要形式作一比较，指出它们的突出特点，也许有所裨益。

显然，这两个体系有某些相似之处。蒙台梭利博士关于儿童的观点，显然比福禄培尔更为激进，但在某些方面却是相同的。他们两人都捍卫儿童积极活动的权利，让儿童通过各种形式的研究和创造性的努力，去探索他们的周围环境，发展其内在潜力；教育旨在引导儿童活动，而不是压制；环境并不能创造人的能力，只是提供发挥人的能力的场所和材料；或者说最多只不过是使能力得到萌发。教师的任务首先是培育、帮助、爱护、鼓励、指导和启发诱导儿童，而不是干预、命令或限制他们的活动。绝大多数美国教师和幼儿园教师都早已熟悉这条原则。他们现在只要用现代的眼光去接受新的观点，对这一原则作出合乎逻辑的新解释就行了。但是，在实际解释这一原则的时候，蒙台梭利学校和幼儿园之间存在着明显分歧。蒙台梭利学校的“女指导员”（Directess）不分组教孩子；幼儿园采用分组教学，但不管分组“调节”得如何好，都将忽略每一个孩子的实际需要和爱好，而要求他们必须参加共同练习。蒙台梭利

① 指当时在美国流行的福禄培尔式幼儿园体系。——译者注

学校的学生按个人的喜好活动，只要不捣乱就行。

蒙台梭利和福禄培尔都主张对儿童进行感觉训练。但是，蒙台梭利设计的感觉训练比福禄培尔的更详尽、更直接。蒙台梭利根据塞贡的教具为正规的感觉训练设计出了一套全面的、科学的计划。福禄培尔虽为孩子们制造了一系列用途广泛得多、更能够启发创造力的用品，但并未直接运用于感觉辨别能力的训练。蒙台梭利教具贯彻了裴斯泰洛齐的基本原则——通过分别反复练习的方式训练儿童各种感觉，以及对比、区分、处理典型物品的能力，以便“一点一点地发展学生的智能”。裴斯泰洛齐曾试图把这一原则体现在他的体系中，但并未成功。在幼儿园体系中，特别是在“自由”的、改良的幼儿园体系中，感觉训练只是附属于建造性和想象性的活动，在这些活动中，孩子们所追求的不仅是排列不同的形状和颜色。在幼儿园的最正规的活动中，孩子们甚至要“作一幅画”，并被鼓励说出画的是什么——“一颗星星”、“一只风筝”、“一朵花儿”。

在体育方面，两个体系也大致相同，都主张自由的体育活动、节奏练习和发展肌肉控制力。但幼儿园是使用具有想象力的社交性的集体游戏来实现的，而蒙台梭利体系把重点放在为训练身体各部分功能而专门设计的正规练习上。

此外，在总的方向，特别是在原则上，两个体系是一致的。但是，在实践中，蒙台梭利体系显得不像传统的幼儿园那样拘于形式。例如，儿童需要进行社交训练，它们都充分肯定这一原则的必要性。在传统的幼儿园里，这种训练是反复通过集体游戏进行的。这些游戏通常是想象的，有时显然是象征性的：如孩子们扮演农民、磨坊主、鞋匠、妈妈和爸爸、鸟儿、动物、骑士或士兵；他们唱歌，进行某些半表演性活动——诸如“打开鸽笼”、“割草”、“把好孩子介绍给‘骑士’”等等；然而，每一个孩子参与的是一些典型的社交情景的想象性游戏，是在这些游戏中进行的社交活动。在蒙台梭利学校里的社交训练，通常是让孩子们在真正的社会服务中进行，如就餐服务、打扫房间、饲养动物、建造玩具房、培植花草，等等。可以毫不过分地说，即使是最保守的幼儿园，原则上也不排除上述这种“真正的”社交活动。但是，在每天 3 学时的上课时间里几乎没有这类活动。特别是在欧洲，那里的学时往往较长。在自由化的幼儿园里，这类活动可能进行得多些。蒙台梭利体系并不完全排除富有想象力的集体游戏，也主张对儿童进行社交训练，而且对美学的、唯心论的，甚至宗教的发展都深感兴趣。她随意地用贬义词谈到过“游戏和愚蠢的故事”。这表明她并不熟悉美国的幼儿园教师在利用这些手段时的非凡技巧和能力（当然，美国的幼儿园教师也并没有采用“愚蠢”的故事。她们的确应用故事且效果更佳）。蒙台梭利大纲中包含着许多直接的社交活动。既有学校一般生活方面的，也有学生从事体力活动方面的。幼儿园则是通过想象力来扩大孩子们的社会意识范围。蒙台梭利的学校分组很自由、无限制。幼儿园的分组则往往是正式的、规定的。

有一点，蒙台梭利体系与保守的幼儿园（而不是自由的幼儿园）是一致的：即直接为学校进一步学习和掌握各种技能作准备。毫无疑问，蒙台梭利博士在教儿童阅读、书写、计算方面设计了一套卓有成效的方法；而且设计和制作了许多很好的儿童早期计数的教具。可以肯定，两种类型的幼儿教育机构都注意提高儿童的一般表达能力，通过活动增加他们的知识积累；唤起和引导他们的想象力；扩大词汇量，训练他们有效地使用这些词汇。在一个好的幼儿园里，孩子们可以听故事和讲故事，叙述自己经历的事、唱歌、朗诵诗。所有这些活动是在一个友好的和具有公正批评精神的小伙伴群体中进行的，比在家庭范围内更能激发和引导他们表达能力的发展。但是，即使是保守的幼儿园，也不教孩子们书写和阅读，不教给他们许多有关数的知识和初步的计算技能。人们可以公正地问一问，它在这方面是否比蒙台梭利学校的基础工作做得多呢？福禄培尔恩物通常是通过由部分构成整体，把整体分解成部分，并提供具体说明整体概念和部分概念的良好机会。数的系列概念至少和数的整体与部分的概念同样重要，蒙台梭利的“长梯”(long stair)为孩子们掌握计数提供了有效的教具。福禄培尔教具可以很容易地用于计数，然而，蒙台梭利教具为儿童提供的训练加和除的机会较少。仅就为算术课作准备而言，两种教具的结合是必要的，也是可行的。可是，自由化的幼儿园却放弃使用恩物的正确目的而无意直接为孩子们将来在学校学习各种功课作准备。

与幼儿园相比，蒙台梭利体系表现出的重要之点是更彻底地贯彻了自由原则；教具用于直接的正规的感觉训练，包括专门为帮助儿童身体发育而设计的器材；社交训练主要是通过真实的儿童社会活动；而且尽力为将来学习各种学科提供直接准备。另一方面，幼儿园包含一定数量的分组教学，在分组教学中，儿童活动明确地被控制在一定范围内，这不一定来自于权威的强制，然而，当别的手段失败时，就会认为必须依赖于权威；各种教具主要用于儿童的创造性活动，也试图为数理分析与教学设计提供机会；其活动过程都注意激发儿童想象力。有一点应该十分明确和着重强调的是，两个体系的这些特点严格说来并无矛盾：幼儿园的许多活动是自由的，“儿童之家”也没有完全摒弃所规定的原则——它们也有规章和条例；幼儿园也有直接的感觉训练，而蒙台梭利体系也容纳了福禄培尔的积木和图画；幼儿园有许多纯体力活动，而蒙台梭利也采用了一般幼儿园的某些游戏；幼儿园进行某些植物栽培、动物饲养、搭积木、家务劳动等活动，而蒙台梭利体系也容纳了一部分有想象力的社交游戏。两种体系（但不包括自由化的幼儿园）的工作都注意到直接为学龄期的学习作准备。既然两个体系的区别在于安排、重点和程度上的不同，因而就没有理由说不能制定出适合英、美学校的综合体系。

从实际观察看，两个体系的主要差别在于：蒙台梭利学校的孩子几乎全部时间都是在做事，大多是根据儿童自己的爱好并在个别指导下进行的；幼儿园的孩子一般是在富于想象的环境和教师诱导下，从事分组活动和游戏。两个体系之间可能存在的调整原则是：正规的感觉训练、运动训练和智力训练的活动应个别地或完全按儿童自愿分组进行；想象的社交性活动应按规定的分组进行。提出这一原则仅作为幼儿阶段教育的基础，因为随着孩子年龄的增长，必须分班进行教育。他们也会自然地学会怎样自由组合进行想象的和社交性的活动。显然他们以前常常单独进行个别活动。不应该把这个原则看成是金科玉律，它只是作为一种普遍适用的假设而提出来的，其价值有待实践来检验。虽然幼儿园的教师早已观察到以福禄培尔的教具进行的分组活动，特别是包括几何图形分析和正式图画的活动容易使儿童疲劳，但人们认为幼儿园教师可以通过仔细观察，一发现疲劳的迹象，就马上停止活动，以保护学生不失去兴趣，不致真正疲劳；那些年龄较大的儿童，他们可以轻松愉快地进行这种小组活动。无疑，分组教学不可避免的限制性是不能忽略的因素。这种疲劳现象，任何一个好的幼儿教师虽能预防，但对年龄较小的儿童来说完全自由的制度似乎更能保证较好的效果。另一方面，以游戏方式进行分组教学意味着限制很少，整个过程也不会疲劳。在方法上区别这两种活动把它们容纳在一个有效的教育大纲之中，可能是最好的办法。

当谈到有效的教育大纲时，就会立即把我们的注意力引向蒙台梭利体系的一个重要方面。它与幼儿园完全无关。但是，这篇导言现在必须涉及的是蒙台梭利体系有关社会方面的问题，从蒙台梭利对她的第一所学校的建立经过的阐述中可能找到对它的解释。在讨论蒙台梭利体系对英、美学校——特别是对英国的寄宿学校和美国的公立学校——的适用性时，应当记住蒙台梭利在罗马进行早期工作的两个一般条件：她几乎整天和学生相处在一起，实际上控制着学生整个白天的生活；她的学生绝大部分来自劳动阶级家庭。如果我们只在上午指导学生两三小时，那么我们就不能期望达到蒙台梭利所取得的效果；即使我们的儿童，由于遗传和经验的原因比蒙台梭利的学生更敏感、更积极、更顺从地接受指导，我们也不能指望得到与她完全相似的结果。如果我们要实际运用蒙台梭利体系，那么我们不得不考虑因社会条件的不同而必须进行的修改。

然而，我们不能不看到，蒙台梭利最初在罗马建立学校的社会条件，实际上与世界各大城市的条件不乏相似之处。当人们读到她那富有说服力的《“儿童之家”开学典礼的讲演》时，不可能不希望在每个人口稠密的城市建筑群中建立起“楼内学校”(school within the home)以作为儿童理想生活的中心。当然，如果完全没有蜂房式的城市公寓，如果每个家庭的庭前宅后，都有足够供自己孩子“愉快游戏的草坪”，那就更好；如果每个母亲和父亲都在某些方面是儿童心理学和保健的专家，那更理想。但是，可惜还有千百万的穷苦人家，仍住在现代化城市的令人生厌的高建筑群公寓中。所以，我们应该欢迎蒙台梭利把“儿童之家”作为城市贫民家庭的学校，并以此作为解决社会问题的宏伟设想。不管学校使用什么样的教具，他们都应该了解蒙台梭利关于与儿童更长时间的接触，对儿童更全面的关心；与家庭更紧密的合作和具有更大的目标，等等。在这样的学校中，蒙台梭利教育法的两大特点——自由原则和感觉训练计划——可能会得到最全面、最有效的运用。

然而，只要忘记最初的“儿童之家”的社会背景，这两个基本特点就会受到最激烈的攻击，而且我们可以到处听到，人们主张可以给所有学校，甚至给全日3课时制的学校和社会条件好的学生班级，推荐诸如人类测量学的各种测量、洗浴、生活自理训练、就餐服务、栽培植物、饲养动物等。但是，如果要给儿童自由和感觉训练则遭到否定。即使在工作条件与圣罗伦佐“儿童之家”十分接近的学校里也会被否定。当然，实际上也没有一个教育家真会提出所有的学校都设浴盆。然而，无疑地将有大量的聪明的保守办法，把现在家庭的职责轻易地委托给所支持的某一学校去完成。因此提倡在所有学校都运用蒙台梭利的纪律概念和感觉训练所引起的问题，实际上更难解决。个人自由实际上是一个普遍的教育原则呢，还是在一个不具备与原来“儿童之家”相同社会条件的学校中所必须加以改进的原则？是所有的儿童还是只有那些遗传素质欠佳和家庭条件不好的儿童才需要感觉训练呢？要严肃地讨论蒙台梭利体系就不可回避这些问题。这里所提出的答案是希望对以后的讨论给予一定的影响，使之无论如何也不要忽略了真正的决定因素——学校的实际情况。

当然，这些问题都有足够的理由进行哲学和科学的争论。第一个问题包含伦理学问题；第二个包含心理学问题；两个问题都可以导致形而上学。蒙台梭利博士相信学生的自由原则，因为她认为生活像“美丽的女神，永远朝着新的胜利不断前进”。在她看来，谦虚、忠诚、自我牺牲，等等，显然，这些都只是生活的一般要求，而不是全部生活中的根本要素。这里我们有机会区别在哲学理论和信仰上的深刻分歧。她似乎也主张感性知觉是构成精神以及道德观念的唯一基础，而且认为“感觉训练将为儿童健全的智力奠定坚实的基础”。很明显，智力包括了道德观念，她相信，儿童的目的性、想象力和创造力的培养，还不如通过感觉向环境学习的能力的发展那么重要。这些观点和赫尔巴特（Herbart）的观点极为相近，与洛克（Locke）的观点在某种程度上也一致；当然他们提供了心理学和伦理学争论的材料。然而，蒙台梭利博士的依据可能不是接受了上述作家的那些观点，不管怎样，这些是哲学和心理学家的事，教育学问题绝不是所有的最高原则问题。

那么，可否认为，罗马第一个“儿童之家”的实际情境，是否是蒙台梭利的自由原则得以在其中正常地全面应用的独一无二的情境呢？很明显，罗马“儿童之家”是一个真正的“儿童共和国”，在那里，孩子至高无上；在那里，社会限制降到了最低限度。当然孩子不能任性，必须服从共同利益的要求；不许吵架，不许干扰别人，按时值日，而且他们是完全为了维护所有成员的权利平等而参与共同管理的社会公民。因此，他们的自由很少受到干涉，他们可以自由地去实现自己的目的，在“国家”大事方面，他们和成年人的民主国家的普通公民一样具有同等的影响。然而，这种情况在家里不可能模拟，因为孩子不仅仅是家庭成员，个人需要考虑其他成员的兴趣，而且他确实又是家庭从属的成员，他的兴趣往往由于成人或全家的兴趣而被置之不理。即使孩子更喜欢挖沙土坑，或许这样对他的肌肉、思想或意志的一般发展有益，但也受到某些特定时间的限制或成人的干预。当然，改善关于儿童在家庭中的地位和年长者发号施令的权利，在理论上是可能的，但事实上，家庭生活的一般条件，禁止任何像蒙台梭利学校所实行的那种自由。同样，一个拥有大量学生的学校，在一定时间内要做大量的工作，不可能照顾每个人的积极性，因而，不得不在9点钟教这样，10点钟教那样，并且分组教学；个人生活在受限制的情况下，去学习他所能够学到的东西。这样，学校所存在的一个明显问题是：如果必须在指定时间内完成学校的规定任务，能放弃维护规定的计划和分组教学吗？需要强迫儿童去完成，还是老师去诱导其兴趣来完成呢？或者说，可否把儿童的自由看得比工作还重要，因而最好相信天然的好奇心和精心设计的教具，大胆地冒损失一部分或全部工作的风险！

除小学以外的学校，对于这个问题的回答没有什么怀疑，有许多方法可以使学校工作不至于像经常发生的那样令人乏味和压抑。但是现在还没有一所学校放弃其既定的计划和规定的分组教学的做法；即使可能在高级学校里实行完全的个人活动自由，也很难说是可取的，因为我们必须根据社会的规则来处理许多生活的要求。然而，对于幼儿来说，这个问题就变得更难了。我们希望每个孩子一定要完成什么功课？如果我们学校只是半日制，不进行分组教学，每一个孩子有足够的时间按时完成这些功课吗？分组教学中的规定和限制，真的对孩子有害或真的会降低教学效果吗？难道我们不能对一部分功课完全取消规定，而对另一部分功课则完全减少规定吗？这样，笼统的个人自由问题就转化为一系列的实际调整问题。它不再是一个完全自由或根本没有自由的问题，而是在这些极端之间如何进行调整的问题了。此外，如果我们考虑到老师的技能及其性格的吸引力，以及教具的诱惑力和能使学生学习的容易程度，再加上舒适的教室，而又没有固定的桌椅，所有这些都可能避免预定的分组教学对儿童的限制。很明显，任何一所学校都有充分的理由限制蒙台梭利的自由原则，每所学校都必须根据自己的条件制定出解决问题的措施。

采用感觉训练似乎不是什么大问题，也不必提出某种解决方法。一般说来，虽然一些孩子比另一些孩子需求少些，但对所有的 3～5 岁的孩子来说，蒙台梭利教具是很有诱惑力的，而且是很有益的。众多的现代教育理论建立在这样的信念基础上：认为儿童只是对有社会价值及社会内容，或“真正有用”的东西感兴趣。然而也有这样的时候，任何正常的儿童都会充分表明，他们也乐于接受纯粹的形式练习，如婴儿对于把一张张扑克牌往毯子底下塞的游戏很感兴趣，直到把一副牌塞完都充满着乐趣。一个年龄较大的孩子完全是出于一种心理的需要把一块块石头扔进水中，使他能长时间保持注意力的集中，直到心理上得到满足为止。诸如此类的事，年龄更大一点的孩子也一样。蒙台梭利的教具作为新教材在感官渴求新刺激时，能够满足“感觉饥渴”（sense hunger）的需要。此外，孩子们都有作急切反应的猜谜式的兴趣。蒙台梭利博士把她的教具所提供的具体心理内容的价值，从属于促使感觉更加敏锐的价值。然而，并不能肯定，这种内容（虽然纯粹是形式上的）也不赋予教具其他的重要意义：事实上感觉辨别力的提高本身可能不是特别有价值。关于这点，惠普尔教授在他的《身心测验手册》中作了很有分量的阐述。

在相关工作中利用感觉测验特别有趣。一般说来，某些作者深信敏锐的感觉辨别力是敏锐的智力的先决条件；而另一些作者同样深信，智力主要是受更高级过程的制约，并且只是接受感觉能力的制约。当然，这不包括感觉能力降低到严重影响感觉经验的情况，如部分失去听力和视力的人。由于篇幅有限这里不讨论感觉辨别能力的进化意义，但可以指出，正常的能力比实际生活中所需的能力高出许多倍。因此，难以理解，为什么自然这么富有，这么慷慨；换句话说，难以理解，什么是人类感觉器官的看来是多余辨别能力的制约条件。关于我们感觉生活的一般“目的论”解释，没有考虑到这种差别。否则，就是存在多余能力这一事实本身，似乎一开始也否认感觉能力是智力的制约因素这一观念，即受到已经指出的条件的限制。

蒙台梭利教具的真正教育学价值很可能在于这一事实，即当孩子最渴望进行这种练习时，能够使他们高兴地练习他们的感官和手指。还在于这种练习能使孩子毫不费力地学会关于形状和材料的知识。这些价值可能不太受不同学校条件的影响。

在使用感觉训练的教具中，英、美的教师可受益于两个告诫。第一，不能认为，单靠感觉训练就能完成蒙台梭利博士通过整个学校活动所完成的任务。上午大部分时间都排满感觉训练，这过分强调了它的重要性（年龄最小的学生例外），更何况还不能肯定感觉训练对感官的运用有多大影响；而且会失去进行体育和社交活动的更多机会。第二，对于用隔离办法单独地训练某一种感觉应持审慎的态度。闭眼会导致入睡，而要求孩子把注意力集中到用视觉之外的其他手段获得的感觉上，持续的时间必定不会很长。如不用一般的获取信息和进行控制的手段，心理活动就一点也不紧张。

上面曾提到的关于蒙台梭利体系和幼儿园体系的可能结合的设想，现在可以提出来了。如果提得过于简单，且不作辩解和预言，那是因为对此力求不武断，只是希望使那些愿试行对学生有益的任何方案的开明教师能产生联想。假设的条件是：以

3 岁半或 4 岁为起始年龄的美国两年制公立学校幼儿园，学生的人数不太多，一位合格的幼儿教师，一位助理教师；并得到师范学校学生某些帮助。

第一个建议：在第一年的大部分时间里采用蒙台梭利的教具代替福禄培尔的教具。在利用蒙台梭利教具（包括体育器械）时，部分时间仍应用于图画和讲故事。但这并不是建议一概不采用福禄培尔教具，而是把两个体系结合起来，逐渐从自由地、个别地使用蒙台梭利教具过渡到使用同类型的较大尺寸的福禄培尔的恩物，特别是第二、三、四套。当孩子们看来已对此作好了准备，就应该开始使用恩物来完成一定量的更正式的功课。在第二年，应以福禄培尔的恩物为主要功课，也不完全排斥蒙台梭利的练习。第二年的后半年，应引入蒙台梭利书写准备练习。整个第二年应为故事课和图画课安排足够的时间。在两年中，早操和游戏应照常进行。午饭时间仍然保持不变。幼儿教师和助理教师应尽量将蒙台梭利博士大纲的一部分融合在自己的工作中——训练孩子自己动手和独立活动的能力，让他们自己照料教具和器材，当然，不必仅限于蒙台梭利博士的教具。训练儿童拿出、使用和放还教具，直到为使用更丰富多样的福禄培尔教具作好准备，这时儿童也应该能够照料福禄培尔教具。当然，如有的孩子能在下午返园。试一试园艺栽培将很有意义，这是福禄培尔和蒙台梭利都推荐的，还可试一试蒙台梭利的花瓶泥塑课。

那些讨厌调和折衷的人，可能嘲笑上述建议。这篇导言的作者请求只作一点补充——如哪位幼儿教师偶然采用了他的建议，最好能让他研究一下结果。

至于蒙台梭利体系在家庭中的应用，指出一两点就够了。首先，父母不能认为托儿所里只要有了教具，并有教师使用这些教具，就会创造出教育的奇迹。蒙台梭利不要求“女指导员”进行一般的教学，而是要求她十分熟练并作出极为艰苦的努力。她必须会观察、帮助、鼓励、建议、指导、解释、纠正和禁止。此外，她还通过自己的工作对新的科学作出贡献。但她在教育工作中的努力（教育工作不只是进行调查研究和实验，而且是进行实际的和建设性的工作）足以耗尽她毕生的时间、精力和才智。家庭购置蒙台梭利教具不会有什么坏处（除材料本身也许有毛病外），但是，如果想取得教育效果，必须根据适当的指导来应用。另外，不要忘记，教具决不是蒙台梭利大纲的最主要特点。要在家庭中应用其体系，最好阅读这本书。如果父母将向蒙台梭利博士学到某些关于儿童教育和生活的有价值的东西，如儿童活动的需要及其表现的特殊形式与可能性等有关知识，并明智地应用这些知识，那么这位伟大的意大利教育家的著作将是很成功的。

在结束本导言之前，不能不对蒙台梭利方法所建议的教儿童书写和阅读等重要问题作些简要讨论。在美国学校里，我们有教儿童阅读的极好方法，例如，奥尔丁（Aldine）方法。运用这种方法，一般能力的孩子在第一学年能毫无困难地读10本以上的读物，并且很快具有独立阅读能力。然而，我们的书写教法还没有什么特别值得称道的。最近我们在试图教儿童通过“手臂运动”训练快速书写，而不是用手指一个字一个字地写。试验结果表明：这种方法对10岁以下的孩子没有什么价值。明智的学校管理者甘愿让孩子在入学的头4年大量地用画的方法代替写字，并且人们普遍认为，儿童在八九岁以前，书写并不特别重要。鉴于蒙台梭利博士成功地教会四五岁孩子熟练地写字，我们是否应该对书写及其教学方法重新作出估价呢？在阅读教学中又可做些什么有益的改变呢？

在这里，整体原理又为我们学校教育的理论和实践进行辩护。由于学校的教学方法笨拙，学生总是被束缚在学校规定的种种实用技能上，这无疑有害于学生的身心健康。所以，某些作者提倡在低年级完全不进行书写和阅读教学，许多家长在孩子满 8 岁前拒绝送孩子上学，宁愿留在家里让他们“瞎跑”。我们某些地方的学校情况也证明家长的这种态度是有道理的。即使在学校条件好的地方，不仅忽视学校生活的明显优点，而且几乎完全没有提供试行现代方法的气氛。蒙台梭利体系却留给我们一种新的有希望的方法。正常孩子在 6 岁就热心于阅读和书写，并大量地运用这些技能。可是，在许多人看来是不合理的，但这终究是事实。

当然，这并不意味着阅读和书写对幼儿教育的重要性非过分强调不可。如果孩子们学起来毫不费力，那么我们就应该毫不迟疑地教他们，越有成效越好。但我们应记住，蒙台梭利博士把阅读和书写看作是构成孩子经验的一个从属部分，一般应照顾到其他需要。即使用最佳方法，在 6 岁前的阅读和书写的价值仍是值得怀疑的。就实际情况看，虽然我们的自觉的生活是学究式的，而把书面语言推迟到孩子产生兴趣的年龄，但即使在这样的年龄阶段所用的学时也不应超过要求他们能轻松地逐步掌握所需的学时，这似乎是比较稳妥的办法。

蒙台梭利体系在书写教学技术上的优越性几乎是无可怀疑的。孩子通过简单有趣的练习掌握了控制铅笔的能力。即使他们不借“手臂运动”学习书写，我们也可以满意地看到他们能够画出清楚、漂亮的笔划。然后再通过具有全面感觉分析技术特点的教具进行练习，学习字母——掌握字母形状、名称和构成。最近，梅伊曼提出，在所有记忆性的功课中，通过持续的和仔细分解的学习以达到记住完整形象的巨大价值。例如，在拼写教学中，除非使原始印象记忆深刻准确，否则设计记忆方法是没有什么用处的，只是通过仔细的、多样的和具体的感觉印象，才能记住如字母表上的字母。蒙台梭利关于形成字母印象的那些方法是如此地有效（特别是因为她恰当地应用了触觉这一新方法），致使当孩子们对教具所标志的字母的抽象的形式符号还没有失去兴趣或热情之前，他们就学会了整个字母表。他们看到年龄较大的孩子使用这些符号时所产生的对这些符号的最初的好奇心，足以激励他们坚持学好。

对于意大利文，孩子们学起来较为简单容易，一旦学会字母，就很容易把它们组成词。因为意大利文的拼写形式和读音很接近，只要知道怎么发音，就没有多大困难。正是在这点上，用蒙台梭利方法来教英文就会遇到很大的障碍。事实上，英文的拼写不是语音符号，这就大大地影响了我们的英文教学，使我们放弃了通过字母教儿童阅读的方法。当然，我们用词和句的方法进行教学还有其他理由，而且，这一理由过去或将来仍然是一个决定性的因素。通过视觉教孩子们整个单词、整个句子或有韵的诗，用广泛联系引起的兴趣增强感觉印象，然后分析这些单词，从而掌握其音素，以便发展孩子进一步独立掌握新单词的能力。我们发觉这种方法更有效，使用这种方法所取得的巨大成功使我们可以肯定，孩子们首先是“在一个典型的自然发展过程中”从音和音节发展为书写单词的。相反，如詹姆斯的结论所说，看来脑子很自然地是按相反的方向工作（首先是抓住整体，特别是在有实际兴趣的时候是这样的，然后再继续掌握其组成部分。当然，在拼写教学中，整体（单词）是通过视觉感知的），也就是说，学生在阅读中很容易认识它们，这个过程的目的在于要把单词的组成成分的准确顺序印刻在孩子的脑子里。由于英文的阅读和拼写是两个完全分离的过程，所以我们可以在不必使孩子成为“拼写能手”前就教会他读得很好，再通过新的努力，使他达到卓越的拼写水平。正如经验和对比测验最后证明（虽然与流行的迷信完全相反），我们通过阅读和拼写的独立教学，仍然获得了成功。蒙台梭利关于掌握字母表的方法将大大有助于孩子们的书写教学，但在阅读和拼字教学中只能起辅助作用。

因此，这篇导言想再次提出一个折衷方案，把意大利学校中应用如此有用的教育计划和在英、美学校中也行之有效的教育计划相互有益地结合起来。我们可以向蒙台梭利博士学习很多阅读和书写的教学方法，特别值得学习她的学生在学习写字和运用新掌握的能力过程中的那种特定的自由，还可以学习她的阅读教学方法。我们可以利用她的进行感觉训练的教具，如像她所做的那样，使学生更易掌握字母符号。我们可以保留我们自己的阅读教学方法。毫无疑问，其中的语音分析将会容易和有效一些，因为我们采用了蒙台梭利教字母的方法。当然，这两种方法的适当调节，实际上还是教师和教育领导者在实践中的一项任务。

对于所有的教育工作者来说，这本书将是非常有趣的。但我想，期望蒙台梭利方法使人类复兴的人并不多；希望看到这种方法或其他任何一种方法，造就如最近在美国人们所预言的那种一代奇才的人也并不多。但是，所有公正的人都会承认，这本书中闪闪发光的才华和蒙台梭利博士的劳动所具有的非凡的启发性。今天专业的教育学者的任务是要对所有的体系进行仔细的比较研究。由于蒙台梭利的发明创造能力已在实际经验中，而不是在比较研究中得到检验，那么，这一更加枯燥的比较研究的任务还有待我们去完成。但不管教育家们怎样仔细审查她的工作结果，只要读了这本书，就会对多托丽莎·玛丽娅·蒙台梭利，一位科学家，一位人类的朋友的热情、耐心和创造性的洞察力表示敬佩。

亨利·霍姆斯于哈佛大学

1912年2月22日

1964年美国版序言
蒙台梭利方法再探

具有文明意义的自身利益促使在罗马圣罗伦佐贫民住宅区创建的第一所"儿童之家"，这一事迹今天引起注目反响。现代的市政管理者和教育家面临着在经济和文化上被剥夺的儿童的粗野和破坏行为。这些儿童拒不上学，传统的学校制度也拒绝接纳他们。罗马住宅改善协会主席和圣罗伦佐的房产主们为蒙台梭利博士提供兴办新型教育事业的场所，其主要动机是希望把白天父母外出工作而被留在家里无人照顾的顽童，安排在一个类似学校的地方予以管束，或能防止破坏行为，避免财产损失。

70年前，当蒙台梭利还是医学院学生在罗马精神病诊所当实习医生的时候（见第二章），她就开始对精神病院"白痴儿童"（idiot children）的研究产生了兴趣。66年前，蒙台梭利开始从事智力缺陷儿童的研究工作，她检验了琼·伊塔（Jean Itard，1801）教育"阿维龙野孩"所进行过的尝试；并利用了塞贡（Edouard Séguin，1844，1866）教育智力缺陷儿童的材料和方法。57年前，她把自己改进后的塞贡法推广到第一所"儿童之家"，用于教育智力正常的儿童。

根据费希尔（Fisher，1912）和史蒂文斯（Stevens，1913）的报导，蒙台梭利实验所取得的成功远远超过她本人和赞助人的设想，因为这不仅防止了破坏行为，而且通过教育还把那些3至7岁的顽童改变成为渴求知识的学生。他们不仅学会了爱清洁、讲礼貌、守规矩、善饮食，还能识别动物、植物，且掌握了手工技艺。通过感觉训练和运动训练，利用直观教具，使他们一般在 5 岁前就学了读、写、算的最基本技能。这些事实给人们留下了深刻印象。1909 年，蒙台梭利发表了她的著作《“儿童之家”的科学教育方法》，于是，世界各地的人们络绎不绝来到罗马的爱默森尼安登门拜访，请她介绍她的方法。

首先对这种方法感兴趣的是美国人，随着他们的兴趣热潮，在美国迅速形成了一个运动。从介绍和评论蒙台梭利著作的文章发表的数量来看，也许最能说明这个兴趣热潮的高涨和低落的情况。珍妮·梅里尔（Jenny Merril）于 1909 年 12 月和 1910 年 3 月在《幼儿园·小学杂志》上首次介绍了蒙台梭利的著作。1911 年有 6 篇关于蒙台梭利著作的报告，1912 年增加到 54 篇，1913 年多达 76 篇。以后，这一兴趣热潮便开始低落：1914 年下降到 55 篇；1915 年降至 15 篇；1917 年降至 8 篇；随后每年还不到 5 篇。

为什么这种兴趣热潮会突然高涨呢？又为什么会突然低落呢？为什么今天又回潮并成为美国的一种时兴教育呢？这种回潮又会造成什么结果呢？这些就是我想在《蒙台梭利方法》新版序言中探讨的问题。

为什么这种兴趣热潮突然高涨？

虽然很难确切解释对于蒙台梭利著作的兴趣热潮突然高涨的原因，但是可以列举某些因素来说明这个问题。美国人早就希望在所有的各种问题方面取得进步，战胜西方的意愿更增强了这些希望。那些乐于报导丑闻的记者，连篇累牍地在《麦克卢尔杂志》上揭露“城市的耻辱”和恶劣的生活条件，西奥多·罗斯福（Theodore Roosevelt）的进步共和主义激发了人们强烈的改革热情；许多人把根本改革的希望寄托在儿童身上。这种希望已为福禄培尔协会半个世纪的活动、G. 斯坦利和霍尔（G. Stanley Holl）近四分之一世纪的儿童研究运动所鼓舞；以及主要在莱斯特 F.（Lester. F.）、沃德（Ward）、阿尔比恩·斯莫尔（Albion Small），（参见 Cremin，1962）的改良达尔文主义影响下的约翰·杜威（John Dewey，1900，1902）的努力下，使旧的学校机构成为社会进步和改革的工具。

蒙台梭利“儿童之家”工作成就的报导，使许多进步人士认为，她的方法是通向新时代的道路，或者是前所未有的根本改革的捷径。他们之中有许多人访问过蒙台梭利，或者对蒙台梭利的著作感兴趣。其中有的人，如亚历山大·格雷厄姆·贝尔（Alexander Graham Bell）很有声望；有的人，如麦克卢尔（McClure）控制着重要的庞大通讯工具；还有的人，如费希尔（1912）和斯蒂文斯（1913）精于文笔，报导及时，能迅速扩大影响。这些因素有助于说明为什么对蒙台梭利兴趣热潮的迅速高涨。

那么，为什么这种兴趣热潮又迅速低落呢？其原因可能是或者部分可能是蒙台梭利拒绝了麦克卢尔 1913 年提出为她在美国建立一个研究机构的建议。不过，从另一方面来看，这种拒绝正好避免了她的一次更痛苦的失败。

解释和处理儿童本性问题的理论之所以会失败，或许是因为这种理论与实际观察结果不符；也可能是因为这种理论与当时人们更信奉的其他理论相矛盾；或者这两种可能性兼而有之。从实际观察方面看，美国作者关于蒙台梭利巨大成就的报导支持了她的理论的正确性。这些作者中有的堪称优秀的观察家，如下面的一些著名心理学家：多罗西·坎菲尔德·费希尔（更以其小说著称），阿诺德（Arnold）和阿特丽斯·格塞尔（Beatrice Gesell）、约瑟夫·彼得森（JosephPeterson）霍华德 C. 沃伦（Howard C. Warren）和莱特纳·威特默（Lightner Witmer）（关于上述作者的出版物请查 Donahue，1962）。然而，蒙台梭利的各种理论概念全都与一系列正在传播并逐渐成为一些最有影响的人物的指导思想及其理论概念相矛盾。对蒙台梭利的支持主要来自政界名流和教育界的进步人士通过大众刊物的宣传，而不是来自正在形成的新心理学和新教育哲学的理论论证。虽然蒙台梭利曾得到美国心理学学会主席霍华德 C. 沃伦（1912）和宾夕法尼亚大学第一个心理诊所的创办人莱特纳威特默（1914）的支持，但是，未能得到机能心理学派的心理学家或新行为主义学派的心理学家的支持，可是他们的理论却很快取得了支配地位。正是由于与这些新理论不协调，同时也与智力测验运动的理论和性心理发展的精神分析理论不协调，所以，刚好在 1909 年弗洛伊德应 G. 斯坦利·霍尔邀请访美之后不久，才刚刚开始在美国立足的蒙台梭利的理论，由于与其他许多学者的理论不协调而难以站稳脚跟。

与蒙台梭利方法不协调的理论

在这里之所以有必要陈述一下与蒙台梭利方法不协调的理论，那是因为我们看到这些理论在第二次世界大战以来发生了根本变化，而且它们中的某些理论在当时还不够准确，在公开批评蒙台梭利教育学时表现尚不充分；当然另一些是明确的，在公开批评中旗帜鲜明。

首先，关于反对3至4岁儿童通过学习获得的经验对他们以后发展有重要意义的观点。那些持这种观点的人认为行为是一种有意识、有目的的活动，儿童早期经验很少能被回忆起来，这一事实似乎表明早期经验对儿童的发展没有什么影响；而那些相信赫伯特·斯宾塞（Herbert Spencer）和威廉·格雷厄姆·萨姆纳（William Graham Sumner）保守达尔文主义的人，则认为生物个体的发展是遗传决定的（稍后我再回头专门讨论这种观点）；那些相信关于性心理发展的新精神分析理论的人，认为发展是追求快感的本能方式的结果，而与认知发展无关；另外，那些纳税人认为将入学年龄降到3岁，似乎完全不必增加教育税的负担；甚至有些人认为这是一种对家庭作用的削弱和父母权利的侵犯。

第二，关于固定智力论。这种观点后来成了智力测验运动的基本假说，然而在当时还不十分引人注目。这种理论来源于达尔文的“自然选择”进化论（见Hunt，1961）。大约在美国南北战争以后的10年里，美国人就已经从菲斯克的《宇宙哲学概论》和斯宾塞的《综合哲学》中汲取了这种自然选择的概念。虽然这种进化论观点对进步持乐观态度，但却把个别生物和个别人的特性看成是遗传决定的。固定智力论只不过是把进化论概念普通化的一个特殊例子。这种理论是由J. 麦基恩·卡特尔（J. Mckeen Cattell）、G. 斯坦利和弗朗西斯·霍尔引入美国心理学的。卡特尔是达尔文的表弟弗朗西斯·高尔顿（Francis Golton）的学生；而霍尔的学生们则在克拉克大学开展了智力测验运动，他们的思想观念以“恒定智商”形式在美国教育界广泛流传（见Hunt，1961）。然而蒙台梭利的看法是：智力落后作为一种缺陷是可以用教育来补救的。这显然是与固定智力论根本抵触的。所以，蒙台梭利的智力理论的依据既然是来自于伊塔和塞贡的著作，肯定与迅速在美国教育心理学中取得支配地位的主要理论之一的“固定智力论”不合拍。

第三，关于预定发展说。这种理论在公开批评蒙台梭利方法中虽有所表现，但不充分。它和固定智力论一样根源于达尔文的“自然选择”进化论，它包含在“个体发展重演种系发展”的观念之中，即是说，每一个体的发展过程都必须经历种系进化的各个阶段。这种发展重演说是霍尔发展心理学的核心。这种观点明显地影响到他的学生（杜威除外），其中包括了智力测验运动中的一些重要人物，诸如戈达德（Goddard）、库尔曼（Kuhlmann）、特曼（Terman）和阿诺德·格塞尔（Arnold Gesell）。正是他们使本世纪20、30年代的发展心理学具有了规范化的特点。正当蒙台梭利第一次访问美国时，揭示她的教育实践的消极作用的研究就开始了。这种研究似乎表明，如克伯屈（Kilpatrick，1914）指出，在8岁以前教儿童读、写、算，不仅是浪费时间，而且还可能有害。这又一次说明蒙台梭利与当时心理学理论的前进步伐不协调。

第四，关于相信一切行为都是由于本能或痛苦刺激、心理平衡和性冲动的需要，或基于这些需要所产生的内驱力所促使等观点。当蒙台梭利刚开始创办“儿童之家”的时候，威廉·麦克杜格尔（William McDougall，1908）正在撰写他的《社会心理学》，该书在美国传播了英国的时髦观点，把一切行为归之于天赋本能。这种观点很快就广泛流行，使得许多教育心理学家主张：教师在安排教材时，每一课的内容都应结合麦克杜格尔所提出的某种本能。几乎在此同时，继英国的摩根（C. Lloyd Morgan，1894）和美国的桑代克（Fdward L. Thorndike，1898）之后，研究动物学的学者们发现，要引发被试动物的某种活动，使用痛苦刺激或诸如饥渴等产生体内平衡需要，也一定有所帮助。因为动物总是试图以活动来消除那些使其痛苦的刺激。同一时期，在奥地利，弗洛伊德（Freud，1900）正在发展他的内驱力理论。这一理论他通俗地表述为“一切行为都是由动机引起的”；其更深含义是“一切行为都是由心理刺激或体内平衡需求，或痛苦所产生的愿望而引起的”（见 Freud，1915）。按照这种理论，一切行为的目的在于减少或消除刺激所引起的不安，即包含着这样的意思：如果没有动机驱使，动物和儿童都会保持平静（见 Hunt，1963）。这些理论正是在对蒙台梭利兴趣热潮形成的时候崭露头角并很快取得了支配地位。持有任何一种动机论观点的人看来，基于“儿童自发学习兴趣”的蒙台梭利教育理论必然是毫无意义的，并且，认为蒙台梭利关于她的教材会使儿童自然产生兴趣的说法，更被看作是明显的虚假现象，根本不值得进行试验研究。

第五，关于认定“反射弧的反应边”是教育基本要素的观点。这种观点有深远的心理学理论根源。霍尔有一句通俗的格言：“人的心理是手造成的”。在英国，摩根（1894）把人类可表达的意识过程转嫁到动物试验。显然这种类比推理很不严谨，几乎取消了心理这一概念。摩根的工作是欧洲生物机械论思潮的一股支流，可溯源到笛卡尔（Descartes），它为桑代克（1898）“动物解题”的研究奠定了基础。桑代克解释用“刺激—反应”之间的联结代替心理。后来这股思潮汇合于以约翰·华生（John Watson，1914）为首的行为主义潮流。华生用行为代替意识，并以此作为心理学的主要课题。就方法而言，当然，可观察到的只能限于情境和机体的活动，这些都被称作“刺激—反应”。然而，不仅如此，“刺激—反应”论走得更远，它把大脑比作当时引人注目的新发明——“电话交换台”，从而把大脑功能局限为“刺激—反应”的静态联系；并且认为这就是给学习理论提供依据的“反应边”的含义。很明显，这么一来，兴趣在知觉和中枢过程中就消失了。由于这种观点占支配地位，蒙台梭利所强调的感觉训练受到轻视也就不足为奇了。因此，当时批判蒙台梭利最激烈的克伯屈（1914）把蒙台梭利说成是半个世纪前的旧理论的代表，也就不难理解。另外，蒙台梭利利用分级的“直观教具”来进行“感官教育”，“目的在于提高对刺激差异的感知能力”，被认为是“官能心理学”论调，早就被桑代克和伍德沃思（Woodworth，1901）具有划时代意义的“训练迁移”实验推翻了。这里再次看到，蒙台梭利的理论不合时代潮流。

第六，这不是一个理论问题。教师的传统要求是要有严格的课堂秩序和主动控制教学过程。卢梭（Rousseau）、裴斯泰洛齐和福禄培尔的影响，早已引起了对这种传统要求的怀疑。裴斯泰洛齐把儿童比作生长中的植物，为了他们的生长，只需要一个合适的生长环境。福禄培尔也有类似的论述。不过在福禄培尔的幼儿园里，教师仍然站在舞台的中心位置（见 Fisher，1912），而在蒙台梭利的“儿童之家”里却几乎完全打破了教育常规，每个儿童有自己的舞台，各行其事，直观教具成为注意中心。教师的作用只是在儿童自发对付各种直观教具过程中当一个观察员——辅导员。人们不难发现，不是蒙台梭利的感觉训练和直观教学而正是这种教师作用的降低引起了许多教师的不满。我相信这种不满情绪至今在教师中仍然存在。

也许是蒙台梭利不走运，遇到了像克伯屈（1914）这样一个主要批评者。克伯屈是教育学院的一位能言善辩的教师，他以“百万美元教授”闻名。1913 年，正当人们对蒙台梭利著作表现高度热情的时候，克伯屈在国际幼儿园联合会年会召开前夕发表评论指出，除“儿童之家”外，蒙台梭利教育思想并无新意，与卢梭——裴斯泰洛齐——福禄培尔传统一脉相承，即相信教育是儿童天赋的展现过程；相信自由是儿童智力发展和感觉训练的必要条件。虽然克伯屈意识到：既然这些信念已被蒙台梭利“严格修正，符合于现代理论了”，因而他感到“不得不说就蒙台梭利理论的内容而言，仍停留在19世纪中期，比现代理论的发展落后了大约50年”（Kilpatrick，1914）。

克伯屈还把蒙台梭利和他的导师杜威作了比较。他写道：“他们两人有许多共同之处：两人都办了实验学校，都强调儿童的自由、自我活动和自我教育，两人都大量利用儿童‘实际生活’的活动……然而他们之间却有很大差别：蒙台梭利女士为儿童的早期教育提供了一套简单的器具，这些器具在很大程度上起着教具的作用，并且把一种简单的教学程序体现在具体可以触摸的教具中，因而引起公众的极大兴趣；杜威教授如果看到这么简单的教育方式，他绝不可能担保它不出问题。只有蒙台梭利女士才会这样做，因为她的教育概念十分狭窄，因为她坚持一套站不住脚的理论，重视正规和系统的感觉训练的价值。蒙台梭利女士集中了许多精力设计更为满意的读、写教学法，并利用这种教学法让儿童掌握意大利语的语音符号。但是，杜威教授在承认学校的任务是教会读、写、算的同时，还认为早期教育的重点应放在更充满活力的儿童生活活动上，同时引导他们逐步学会应付复杂的社会环境……蒙台梭利女士希望改造教育学，但她的教育思想比杜威的教育思想要狭窄得多，杜威教授关于思维本质的概念，以及关于兴趣的理论，关于教育即生活——不只是简单为生活作准备——的理论，包含了蒙台梭利女士关于自由，关于感觉训练的理论中的一切有用部分，而且还提供了修正其错误的标准；此外，对教育方法的结构也研究得深入、广泛得多”（Kilpatrick，1914）。

人们还可以从另一方面进行比较。蒙台梭利是以临床观察的发现作为改革教育的基础,她首先观察的是智力迟钝的儿童,然后是“儿童之家”中来自贫困家庭的儿童;而杜威(1897)则试图在学校中进行社会改革,如前所述,他的尝试是建立在沃德和斯莫尔的改良达尔文主义的基础之上,而与斯宾塞和萨姆勒的保守达尔文主义不同。杜威方法是在美国南北战争后,在19世纪90年代达到高潮的美国进步运动的一部分。克伯屈的上述比较产生了效果,他的小册子在教师和教育工作者中广泛流传,给当时热衷于蒙台梭利方法的人泼了一瓢冷水。

为什么今天要重新认识蒙台梭利方法?

所有上述情况都是在半个世纪前,当“刺激—反应”论、智力测验法和精神分析论正取得支配地位的时候发生的。从第一次世界大战开始到第二次世界大战结束的这段时间里,这些理论一直保持着支配地位。而且按照“刺激—反应”论的方法取得了丰富的观察结果。但是,颇具讽刺意味的正是这些结果使得这些占支配地位的心理学理论,其中包括“刺激—反应”论的核心论点失去效力,而且也正是这些按“刺激—反应”论方法得来的证据说明蒙台梭利建立的教育学比当时的批评者所认为的要好,虽然从今天看来,可能觉得蒙台梭利语言的逻辑结构比克伯屈在1912年所发现的还要古怪。下面让我们逐一考察各种观点的变化情况。

关于早期经验没有意义的观点

弗洛伊德（1905）观察到病人对自己的幼年时期产生自由联想，正是这种观察以及他富有想象力的性心理发展的理论解释，逐渐引导人们相信早期经验乃至幼儿语前时期的经历可能对成人性格的发展具有重要意义。但是弗洛伊德理论强调的是婴儿的快感本能方式如吮吸、排泄等对于早期性心理发展具有明显关系的因素。但观察研究表明，从总体上讲，其作用并不明显（参见 Child，1954；Hunt，1945；Orlansky，1949；Sears，1943）。另一方面，利用各种动物进行的实验研究证明，早期经验无疑是影响行为发展的重要因素。动物的幼崽具有本能性反应，如牛犊生下来就会吃奶（这一点农民都知道），人类的婴儿也是如此（Sears and Wise，1950）。小鸡的啄食反应（Pedilla，1935）和幼鸟的飞翔反应（Spalding，1873），如果长期不用就会退化。同样雌鼠抚育下一代的本能方式也大抵如此，如果给刚断奶的幼雌鼠戴上“伊丽莎白式”颈套，使它从小不能舔自己，那么长大以后它也就不会舔自己的幼鼠（Birch，1956）。解剖动物成熟体的某些情况表明，似乎与其早期经历有关，如在暗室中饲养的猩猩（Riesen，1958）、小猫（Weskrantz，1958）、兔子（Brattgard，1952）以及老鼠（Liberman，1962），它们的视网膜发育不正常，缺少缪勒神经纤维，在视网膜神经节细胞中核糖核酸产生不足（Brattgard，1952；Liberman，1962；Rasch，Swift，Riesen 和 Chow，1961）。此外，让刚生下来的幼鼠在睁开眼 10 天之内看不到任何东西，长大以后它们的视觉反应就不及同窝生下来 10 天内被剥夺听觉的小鼠的视觉灵敏；反之亦然。也就是说，生下来就被剥夺听觉的幼鼠，长大后的听觉就不如生下来被剥夺视觉的小鼠的听觉灵敏(Wolf,1943;Gauron和 Becker，1959)。虽然在这方面还存在许多紊乱不清的现象，但实验已反复表明，经常被玩赏、抚弄、触电、挨冷受冻的小鼠在遇到室外的陌生环境时，拉屎撒尿的现象随其成长呈减少趋势，对适应陌生环境有所准备，比在不受干扰的母窝里长大的小鼠能更快学会避免触电的本领（参见 Denenberg，1962；Levine，1961)。这只是一些关于动物幼年经验对其成年行为影响的典型例子。还有另外一些例子将结合另外的问题予以介绍。显然，蒙台梭利关于 3 至 4 岁幼儿的经验实属必要，并非荒诞无稽。

关于固定智力论

相信固定智力，多半是以个体遗传基因决定智力的理论为依据。诚然，遗传基因决定个体的智力发展潜力，但并不能保证个体的智力发展能达到其潜力水平。我在别的文章(见 Hunt，1961）中已归纳出如下证据：(1）学前期测定的智商很难预断青少年期的智商；(2）已经发现分开抚养的孪生子的智商差别很大，差别程度与他们成长的环境设施有关；(3）人们普遍认为，出生于智力较低的阶层的新一代，大多数儿童的智力会下降，可是这种事情不但没有发生，相反还有很大的提高。

特别值得指出的是，哈罗德·斯基尔斯（Harold Skeels）最近追踪调查了他和戴伊（Dye，1939）一起研究过的那些儿童。有一组共 13 个婴儿，平均智商为 64.3，最低为 36，最高为 89；其年龄范围是 7 个月至 30 个月。把这一组婴儿从孤儿院转移到弱智儿童学校，安置在一个房间里，由年龄较大的聪明的女孩们陪伴他们，在他们醒着的大部分时间里逗他们一起玩耍。当7个月的孩子在这里呆了6个月，30个月的孩子在这里呆了32个月后，再次进行了智力测验，结果表明，这13个孩子的智商都有提高。提高最少的为10分，最多的为58分，有9个超过20分。为进行比较，这项研究中还有另外一组12个孩子，平均智商为87，智商范围是50～103；年龄范围是12～22个月。把这组儿童继续留在孤儿院里，在21～43个月后，再次进行智力测验，结果表明，这些孩子的智商都下降了，其中只有一个只降了8分，其余的11个下降了18～45分，有5个下降超过35分。21年后，对这两组孩子的追踪调查情况更令人吃惊。从孤儿院转到弱智儿童学校的13个孩子全部都自立谋生，一个也没有被公立或私立的救济机构收留。其中有11个结婚，9个已生儿育女。但另一组原先智商较高仍然留在孤儿院的12个孩子情况截然不同，有一个在少年期就死去，5个由国立收容所监护，其中一个在精神病院，另4个在弱智机构；另外6个不再由国家收容所监护的人中，只有两个人结婚，其中一个还离婚了。两组的教育情况差别也很悬殊：13个转到弱智儿童学校的孩子念了12年书，直到高中毕业；有4个继续上大学学习了一年或一年以上，其中一个还获得了一所州立大学的学士学位；从职业上看，都是从事专业和半专业技术性工作或半复杂劳动和家务劳动。而留在孤儿院的12个孩子，一半没有上完三年级，上高中的一个也没有，没有在国家收容所的6个人，只有3个人被雇用，有固定职业。很显然，这种差别颇能说明问题，弱智儿童学校比孤儿院优越，孩子们获得了更多、更复杂的各种经验和刺激（参见Goldfarld，1963）。

利用动物进行的实验研究也证明，早期经验对成年后解决问题的能力有影响。这项研究主要来源于唐纳德·赫布（Donald Hebb，1949）的神经心理学理论。赫布很关心思维和注意力的关系问题。他认为，大脑的功能是一个“交换台”的观念是不正确的，事实证明，在大脑中一定进行着一种半自动过程。他还从神经生理学上找到证据证明这种过程，他称这种过程是建立在包括感觉经验的早期学习基础上的“细胞组合”和建立在后期学习的顺序组织基础上的“阶段排序”。在这里，作为大脑功能的机械模式是电子计算机代替了电话“交换台”。假设解决问题就是这些半自动过程中枢神经系统过程的多种功能中的一种功能。赫布（1947）比较了实验室中养在笼中的白鼠与自己家里供玩赏的白鼠解决问题的能力；解决问题能力的测定采用赫布-威廉斯（1946）动物智力试验方法；结果表明，作为玩物喂养的白鼠优于在实验室中笼养的白鼠。汤普森（Thompson）和赫伦（Heron 1954）在麦克吉尔用狗进行了类似的实验。把几只断了奶的小狗放到实验室笼子里喂养至8个月，把同窝生的另外几只小狗放在家里作为玩物喂养同样长的时间，然后把它们合并到养狗场再喂养10个月，当它们长到18个月的时候，用赫布-威廉斯式迷津测定，作为玩物在家喂养过的狗比在实验室笼养过的狗解题能力强。事实表明，家养狗对笼养狗的优越性比家养白鼠对笼养白鼠的优越性要明显得多。这就是说，幼年经验对成年解题能力的影响程度可以表示为大脑的一个比例函数；既不是与感觉输入相关，也不是与运动输入直接相关。赫布（1949）把这个比例表示为A/S，其比值将随种系进化程度而增大。

这里存在着一种很大可能性，就是被剥夺文化的贫民窟的孩子可能类似实验室的笼养动物，而在有教养的中产阶级家庭长大的孩子则可能类似家里喂养的玩赏动物。这种可能性提醒人们：如果及早丰富学前的早期经验，就可以解救遭文化剥夺的孩子，给那些出生在贫民窟的孩子以一个比较平等的竞争机会，让他们一旦进入公立小学就具有相应的文化水平。蒙台梭利在罗马圣罗伦佐创办的“儿童之家”和她在那里发展的教育方法提供了一种消除文化剥夺的途径，也是为达到这一目标所做出的极好开端。

关于预定发展论

关于心理发展是由遗传基因预先命定以及反应集群随着机体成熟过程自动出现的理论，再也站不住脚了。原先支持这种发展论的依据，或者是来自对低等动物如蝾螈和青蛙的研究，或者是来自某种技能练习的效应测试。卡迈克尔（1926）和科格希尔（1929）用作实验的诸如两栖类这种较低等动物，是与哺乳类高等动物特别是与人类不同，它表现在两个根本方面。较低等的两栖类动物繁殖力特别强，即它们的生化因子比哺乳动物的生化因子在发展中起更大的遗传作用；其次，它们的大脑比值，即赫布所说的 A/S 比值要低得多。这一事实说明，渊源于经验的半自动中枢过程对行为的决定作用，比哺乳动物尤其是比人要小得多。此外，从动物实验得出的早期经验对视网膜生理结构的发展和成年行为的影响，其结果与预定发展论明显不一致。

至于说那些表明练习对早期能力，如搭积木、爬梯、扣钮扣、用剪子剪东西没有什么明显影响的研究（Gessel 和 Thompson，1929；Hilgard，1932），偏离了能力的出现是分层次的这个要害问题，影响这种能力出现年龄的经验并不能构成这种能力本身的练习。甚至相反，将构成掌握文化层次能力的重要环境障碍。这可以用学校学习科目的能力水平来说明这一点，如果学生连加法、减法都还没有学好，就让他练习多位数除法，那等于白费功夫。然而，更能说明问题的是动物实验结果，伯奇(Birch，1956)发现，如果用伊丽莎白式颈套从小剥夺雌鼠自己舔自己的可能性，长大后它们就不会很好抚育自己的幼鼠。对人类而言，丹尼斯（1960）引人注目的发现更有直接意义。丹尼斯发现在德黑兰的一所孤儿院里，由于视听输入单调，明显延迟了儿童运动器官的发育。在那里60%的孩子到2岁时还不能坐起来，85%的孩子到了4岁还不能行走。从我们的实际经验很难想象不同的视听输入对运动器官会有多么大的影响。所以，即使基因类型确定了个人潜能极限，也不能保证一定能达到这种潜能极限。基因类型的潜能发展似乎是有机体与其环境连续相互作用的一个函数。人们早已明白，有机体摄取食物水分和排泄废物之间有生物化学变化，现在看来，心理发展在很大程度上也与有机体周围环境的信息交流情况有关。

还有一个因素能说明早期经验影响心理发展，这就是在发展的最初阶段，如果有机体的某种经验被剥夺的时间越长，或者说某种信息交流被剥夺的时间越长，就越能够造成某种永久性影响。例如，克鲁兹（Cruze，1935、1938）的研究表明，在暗室里只喂养5天的小鸡能很快恢复发展其应有的啄食准确性；但是在暗室喂养20天，每天只有15分钟外出啄食的小鸡，以后不仅不能改善而且还会永久丧失啄食准确性的能力。此外，帕迪利亚（1935）曾让刚孵出的小鸡连续8天或更长时间不啄食，结果小鸡完全丧失了啄食欲望和啄食能力。虽然尚未窥破其中的奥妙关系，但对儿童教育具有明显的启示：文化剥夺的时间越长，造成的影响越深。这就促使人们认真考虑丰富学前儿童理论的方法，作为文化剥夺的一种解救手段，解救进行得越早越好（见Hunt，1964）。此外，还可以从访问过蒙台梭利“儿童之家”的美国人的观察中知道，“儿童之家”正是在消除文化剥夺的影响这件事上卓有成效，让孩子们掌握了进入学校学习、适应日益提高的文化技术要求所必需的最基本的技能。所以，蒙台梭利把自己的教育学建立在教育智力落后儿童经验基础上，这可能是其教育学最切合实际的优点。

关于“一切行为均由动机驱使”的理论

关于一切行为均由痛苦刺激，体内平衡需要、性欲，或由此产生的内驱力所驱使的主张，与越来越多的证据不一致了。一般相信这种主张所具有的最明显含义是，如果没有上述那些动机的驱使，机体就会呈静止状态。但事实并非如此，例如，动物游戏，即使没有那些动机驱使也会出现（Buhler，1928；Beach，1945）。同样，黑猩猩双手的操作动作行为（Harlow、Harlow和Meyer，1950）、老鼠的空间探索（Berlyne，1960；Nissen，1930）、老鼠的自发交替动作（Montgomery，1953，1955）以及猴子的视听探测活动（Butler，1953、1958）等等，都在没有弗洛伊德所指的那些动机驱使情况下反复出现（见Hunt，1963a）。

最近，这种证据已在各种新的关于内驱力和需要的假说中得到理论上的承认。然而这些新的内驱力和需要只不过是对其行为解释性的描述，此外，在动机命名中，我们只是恢复使用麦克杜格尔（1908）在本世纪初所推广、在第一次世界大战后被摒弃的本能命名法。还应该知道，遗憾的是这种证据还被认为是动机，以它们的驱使结果被命名为诸如艾夫斯·亨德里克（Eve Hendrik，1943）的“控制欲望”和怀特（Wite，1959）的

“权限动机”。当然也有人如亨特（1960）称之为自发活动。我之所以说是遗憾，是因为这种概括方法还不能为发展可实验的因果关系的假说提供任何手段。

我已在别的文章当中提出过关于动机在信息处理和行动中的固有机制（Hunt，1963a），或者也可以说是在有机体和环境的信息交流中的固有机制。关于神经系统的功能单元，从反射弧到反馈环的概念所发生的新变化，已提供了这种机制的性质。以反馈环的观点看，行为不仅是当场的某种刺激促成的，而且还是当时输入和生物体内的标准存在之间的偏差促成的。在米勒、加兰特和普里布兰（1960）的倡议下，我把这种偏差称之为“不协调性”。照我理解，某些标准，如体内平衡标准，是生物体内固有的；而另外一些标准是通过经验形成，作为生物体与环境相互作用的残余效应被编码贮存在神经系统中，用普通语言说这是一种预料。可能这种残余效应贮存在大脑的某一固定部位，与感受输入和运动输出并无直接联系。“不协调性”的典型表现是伴随着情绪激动，但情绪激动本身还不足以决定生物体向刺激源靠近或退缩（Haywood 和 Hunt，1963）。生物体向刺激源靠近或退缩的决定因素大概与输入源的娱乐程度有关，它们必须出现在生物体与环境的信息交流过程中。如果不协调性太小，生物体就会靠近不协调源，如果不协调性太大，生物体就会离开不协调的输入源（见 Hebb，1949）。前一种情况在贝克斯顿（Bexton）、赫伦和斯科特（Scott，1954）的研究中已有说明，他们说麦吉尔（Megill）的学生们，即使每天付给他们 20 美元，他们也不愿意呆在感受输入极端贫乏的状态中。另一方面，赫布（1946）在对恐惧的研究中说明了从不太协调源退离开的情况。他说，黑猩猩即使在熟悉的环境中遇到陌生装束的人也会睁大眼睛，发出叫声而退缩。这种情况发生在一个供玩赏的小猩猩身上，当很熟悉它并且很爱它的实验员带上假面具，或者只穿动物饲养员的衣服来到它面前时，它就表现出上述退缩情况。这些事实似乎说明，存在着一种被不断追求的最佳不协调性（Hunt，1963a）。这是认知不断发展的基础，它也证明儿童具有自发学习兴趣的观点是正确的。现在我相信，基于这种观点建立起来的蒙台梭利教育法，基础是坚实的。从经验中得出最佳不协调性的想法，以及在此基础上产生的关于标准的想法，促使我提出了我所说的“匹配问题”（Hunt，1961，PP267ff）。这“匹配问题”的含义就是，如果儿童所遇到的环境是有趣的，富有吸引力的，并具有足以使其中枢神经结构发生适应性变化（这可能就是学习）的难度要求，那么这种环境就必然是与他们以往经验所形成的标准相匹配。我们这方面的知识还很不够，还不能安排出完全匹配的外界环境。这就是说，儿童必须有追求自己爱好的机会。这样，我们就明白卢梭——裴斯泰洛齐——福禄培尔传统和蒙台梭利所强调的自由的重要意义了。

正是“匹配问题”使我对蒙台梭利著作发生了兴趣。我在写《智力和经验》一书时，隐隐约约地觉得匹配问题是发挥最大潜在智力的一大障碍。然而这种发现的荣誉不应归于我，因为就在近一两年前，蒙台梭利的名字对我来说还只不过是本世纪初追求时尚的教育家。只是在1962年夏天，在博尔德（Boulder）、李·克龙巴赫（Lee Cronbach）和简·斯梅德斯卢德（Jan Smedslund）和我对上述问题讨论一整天后，我才对蒙台梭利有了新的认识；讨论中斯梅德斯卢德问我是否知道蒙台梭利和她的著作。当我说我不怎么知道时，他劝我看看她的著作，我记得他是这样说的：“因为她对你的匹配问题有一个解答，不是理论解答，而是实际解答。”我相信斯梅德斯卢德是正确的，因为蒙台梭利把教材分级，把3岁至7岁的孩子放在一起，打破“齐步走”，而实行既分级又连贯的幼儿教育方法，这的确是在实际解决问题的道路上迈出了一大步。分级的教材允许孩子在兴趣的引导下从低级水平提高到较复杂的高一级水平；3至7岁的孩子在一起，年龄小的可以模仿年龄大的，年龄大的则通过教学进行学习；打破“齐步走”教学法提供给孩子机会选择适合自己的学习材料和模型。就目前对“匹配问题”的研究情况来看，我想只有孩子自己才能作出合适的选择。所以我认为，蒙台梭利的教育实践具有重要的心理学基础。

关于相信运动反应相对重要的理论

运动反应在学习中具有非常重要意义的观点，已不像半个世纪前那样令人信服了。仅管问题尚无定论，但最近获得的证据表明，眼、耳或许还有触觉器官在生物体与环境的信息交换过程中比运动输出具有更重要的意义。与此相关联想到一件非常有意思的事情，就是霍佩人的用背带束缚在母亲背上成长的孩子与手脚不受束缚成长的孩子一样，到一定年龄都会走路。要知道，用背带束缚在背上的孩子，在醒着的时候他们的手脚几乎是完全不能运动的。W·丹尼斯和G. 丹尼斯（1940）发现在背带束缚中成长的霍佩孩子和手脚能自由活动地成长的孩子，开始走路的年龄差不多，平均大约都是15个月。请注意，同样与此有关的是，丹尼斯（Dennis，1960）发现，德黑兰孤儿院60%的孩子到2岁还不能自己坐起来，85%的孩子到4岁还不能走路。这个孤儿院中的孩子的手脚是可以自由使用的，但是各种视听输入是非常有限的。还请注意，霍佩人的孩子成天被背在妈妈的背上，虽然手脚活动受到限制，但眼耳却可接受到各种输入。考虑到这些情况以及菲斯克（Fiske）和马迪（Maddi，1961）收集的证据，可以说，幼儿所处的与之进行信息交流的环境多样性是其早期发展速度和能否达到遗传基因潜力的非常重要的因素。

还有另一方面的证据，来自 O. K. 穆尔（Moore）的研究工作，这与他所谓的“反应环境”有关。他在教保育学校的孩子们读字的时候，是让他们按电子打字机键。每按一个键，就可看见被按键的字母形状，听见其名称。每天让一个孩子领着其他孩子来到打字机旁，由领头的孩子操作并解释说：“我们是按次序操作。”在每轮到一个孩子操作前都问他是否愿意操作，一般都不愿意放弃这个机会。经过一段时间的自由按键，自己摸索后，由打字机的喇叭告诉孩子该打哪个字母，不许动其他字母。这样孩子们就逐渐学会了键盘上的全部字母。然后进一步把学习经验程序化，很快就能引导孩子们去学习口授打字。然而这个关于学习读字的程序把运动练习作用降到最低限度，而主要建立在打字机打字的视听反应的基础上。穆尔报告说，当孩子们具有几个月的经验后，便给他们一块黑板；他们发现黑板上有某些符号与键盘上的字母相似以后，就很快把那些字母挑出来，用粉笔写在黑板上。据专家鉴定，这些四五岁的孩子书写时表现出动作流利，控制灵活，达到了七八岁孩子的水平（穆尔个人通讯）。这些观察结果说明，教孩子们控制肌肉运动不是什么大问题，还不如教会他们明确想象他们的手要去做的动作。据此看来，蒙台梭利基于自己在诊所对智力落后儿童学习的细心观察，而把教育重点放在“感觉训练”上，可能比那些轻视这种重点的理论更接近实际。蒙台梭利为提高儿童辨别能力的“感觉训练”的理论属性也许已完成了一次正确——错误——正确的逻辑循环，不过比起强调反应作用的理论来，它原本就没有什么错误。

从上面概略介绍的各方面的新证据看来，蒙台梭利教育学已和新时代的前进步伐合拍了。当代科学技术的发展更重视利用语言学和数学术语解决问题的能力，缺乏这些技术能力的人，找到工作的机会就越来越少，甚至难以谋生。然而，那些出生在家庭贫困而父母又缺少或没有这些技能的孩子，不仅遭受贫困的折磨，而且受到文化剥夺，因而使他们能力低下，不符合进公立学校的要求，即使入学也不能顺利地学习。上述证据表明，丰富儿童学龄前的经验似乎是预防或免除文化剥夺的很有前途的方法。蒙台梭利在罗马圣罗伦佐区创办的“儿童之家”提供了一个范例，是一个良好的开端。所以，上述关于儿童发展理论的变化和在技术越来越起着重要作用的当代文明社会里，解决文化剥夺的问题为重新探讨蒙台梭利的幼儿教育法提出了充足的理由。

值得注意的问题

另一方面应看到，在重新学习蒙台梭利教育法中也可能存在某些危险倾向。虽然蒙台梭利的实践与当代新的实践依据证明的理论不再矛盾，但她的理论从来不是，也不可能是观察、研究和解决所有疑难问题的指南。对于愿意把蒙台梭利方法用于教育实践的人，仍然必须同时注视并检查当前形成的心理学理论的发展变化。人们可以预料，这种变化比通常关于幼儿教育理论的一般概念的摇摆幅度更大。正如半个世纪前的概念一样，今天的新概念也可能存在根本性错误，因此，非常重要的是，参照对比那些能够修正错误的科学依据。

在重新探讨蒙台梭利教育法的实践中，可能产生盲目崇拜的危险倾向，从而阻碍新发现和新评价。具体说来，如蒙台梭利发明和设计的那些既有趣又有效的教具，并非神圣不可改变。那套标准教具，对于严重受文化剥夺的孩子来说，在开始可能显得太多；即使在原来的圣罗伦佐“儿童之家”，也可能曾出现过这种现象。和一些教师交谈后，我了解到，当一些遭受文化剥夺的孩子突然面对这一套标准教具时，竟激动得难以控制。这些孩子的这种反应，会使人想起汤普森和赫伦（1954）把一只笼养的狗，突然放到一间放满各种物品的实验室的情景。另一方面，对于中上层家庭的孩子，这套标准教具则可能是旧玩意儿。同样，对于那些在保育院呆过一两年的孩子，一般也会感到不满足（Simmons，1960）。这种不满足可能表现出厌烦情绪。这也许是由于向孩子们提供的环境与他们已经吸收的知识和已经掌握的技能差别太小的缘故（Hunt，1961，1963a）。中层家庭的孩子遇到的环境多样，很小就能“自己管自己”，他们有可能在3岁时就对读、写、算和数量的各种表示方法有浓厚的兴趣。除非有人依据孩子在这方面的兴趣表现表示赞成或施加影响，那就不必担心刺激过分。满足他们掌握这些技能的兴趣要求，就会成为使他们兴高采烈的原因。采用新型教具也许能更容易满足他们的阅读兴趣。被穆尔称为“反应环境”的电子设备就很简便适用。这是蒙台梭利所未预料到的，即使今天，谁也不能预料其全部教学潜力。蒙台梭利的标准教具只应该看成是一个起点，在重新学习蒙台梭利方法时应仿效其发明精神，挖掘其丰富的设想思想源泉，使之适用于个别儿童。

还可能出现另一种盲目崇拜的危险倾向，这就是把每个孩子应使用不同教具的方法标准化。在我建议重新检验蒙台梭利教育法后，有些人抱怨说，蒙台梭利方法要求教师们坚持要每个孩子都必须通过每种教材的每个练习步骤。显然，坚持这种做法是忽略了我所提出的“匹配问题”的意义，也否定了简·斯梅德斯卢德发现的蒙台梭利教育法对这个问题的“实际解决”，要求全体孩子用每种教具做同一系列的事情，使突破要全体孩子在同一时间做同一事情的教育方法失去最基本的优越性。这样它既忽视了照顾个别差异的教育原则，也使孩子们在与环境的信息交流中失去追求自己爱好的乐趣。

在重新认识和运用蒙台梭利方法中还可能发生其他危险倾向。第一，忽视人际关系的作用和意义；第二，忽视美术、音乐等艺术生活对培养情感和审美的重要性。最近几年在认知发展中，强调社会情感调节已超过社会情感问题本身，但这并不是强调过分，也不是忽视情感本身的问题。虽说传统的三项基本技能——读、写、算是孩子以后和环境交换信息、丰富生活经验的重要渠道，而且在合适环境中学习这些基本技能也是必要的，但这毕竟不是生活的全部。蒙台梭利教师训练班也许应很好借用保育院教师教育中最近很强调的关于社会纪律的内容。此外，蒙台梭利学校也许还应增加感觉训练教材的多样性，使孩子们有更多机会和美术、音乐打交道，以便学习音乐和美术技巧。

重新学习蒙台梭利方法的最大收获可能是学到蒙台梭利坚持不懈、耐心观察的精神和本领，学到她观察儿童如何使用教具，从观察中进行发明，及时改变现场情景以促进儿童心理发展。她把这些称为“科学教育学”、“教育人类学”和“实验心理学”。然而，当她把伊塔对“阿维龙野孩”的尝试称为“实际上的第一次实验心理学尝试”时（Montessori，1909，P. 34），把实验和临床观察混为一谈。她下面的话证明了这一点，她说：“伊塔可能是第一个用医生在医院观察病人的方法去观察学生的教育家。”（1909，P. 34）在教育学中是需要那种细心的临床观察的，但要把它教给教师实属不易。试图这样做的人，一般也只能求助于隐喻和明喻来表达自己的意思。我想心理发展的关键在于人的注意力、意向或愿望。如果教师能观察到儿童在与环境的信息交流中想干什么；如果教师手边就有关于那种准备的材料；如果教师能利用一种使那个儿童能对付的有关挑战，提供一个效仿对象，提出一个能回答的问题，那么这位教师就能够唤起某种适应性变化，这种变化就构成儿童心理的发展。在做这类事情中，突出地表现了玛丽娅·蒙台梭利的天才。

重新学习蒙台梭利教育法的另一个重要收获是从蒙台梭利教育学获得一个学前教育的初步模式，按其起源很适宜用来解决当前教育中的主要难题。许多出生于底层家庭的孩子在上小学一年级，甚至进幼儿园时，都没有正规学校经历的准备。第二次世界大战以来，大量的证据有力证明，我们再也不能依赖先天决定论了，再也不能把那些出身低微的孩子缺乏经验准备归咎于父母的基因遗传了。再则，正规学校教育可能开始得太迟，我们必须努力丰富他们的学前经验，以便帮助他们克服正式上学中的困难。蒙台梭利已提供了一个模式。根据当时观察者的印象报告，她的“儿童之家”成效显著。我们可以仿效她的模式，但不能止步不前，应更上一层楼。今后不管何人，在论述蒙台梭利模式的效果和改进情况时，都应该比当初观察家们的印象报告更进一步并有所发展，他们应该使用实验方法和使用对教育学和心理学评估有效的最好技术来说明和论证问题。

J. McV. 亨特

伊利诺大学，厄巴纳

1964. 6.

第一章　新教育学与现代科学的关系的批判性思考

我不打算写一篇关于科学教育学的专题论文，只想根据我不完整的记录提供一份实验结果的简要报告；十分明显，这种实验已为新的科学原理的实际运用开辟了道路；近几年来，这些新的科学原理有助于教育工作的变革。

过去10年，关于教育学的发展趋势已经讨论得很多，随着医学的进步，这种讨论已超越了纯理论阶段，而要求把结论建立在实证的、实验结果的基础上。从韦伯（Weber）、费克纳（Fechner）到冯特（Wundt），生理心理学或实验心理学已成为一门新科学。像从前的形而上学心理学为哲学教育学奠定了基础那样，生理心理学或实验心理学也将为新教育学奠定基础。应用于研究儿童体格的形态人类学也是促进新教育学发展的一个强有力的因素。

尽管有这些发展趋势，但科学教育学至今尚未形成，也没有一个明确的定义。我们所谈论的只是一种模模糊糊的而实际上还并不存在的东西。到目前为止，科学教育学仅仅是一种科学的直觉或科学的暗示。然而，借助于曾更新了19世纪思想的实证科学和实验科学，科学教育学必将冲破重重迷雾而展示在人们面前。人类通过科学进步创造了一个新世界，人类也必将通过一种新教育学来培养和发展自身。在这里，我不想更进一步论述这个问题。

数年前，一位知名的医生在意大利创办了一所“科学教育学学校”，其目的是为教育界已开始意识到的新运动培养师资。这所学校在两三年内取得了巨大成功，意大利各地的教师都慕名来参观学习。这所学校得到了米兰市政当局的支持，并为它提供了良好的科学设备；同时也得到社会各方面人士的自愿帮助。的确，学校在开始时办得很兴旺，人们都希望它能够通过实验建立一门“造就人的科学”。

这所学校之所以受到欢迎，在很大程度上是因为它得到了杰出的人类学家塞吉（Guiseppe Sergi）的热情支持。三十多年来，塞吉一直在意大利教师中积极倡导以教育为基础的新文明。他说：“今天，人类社会迫切需要重建教育方法；为此而奋斗也就是为人类复兴而奋斗。”他的教育著作已汇编成《教育与训练》一书出版。在该书的一篇讲演稿的摘要中，他鼓励这个新运动。他相信：人们希求的学校复兴之路在于以教育人类学和实验心理学为指导，对受教育者进行系统的研究。

他说：“多年来，我一直在为一种训练人和教育人的观念而奋斗。我对它思考得越深入，就越是觉得正确，有用。我主张，为了建立一种自然的和合理的方法，最重要的是把人作为个体进行大量准确的和合理的观察，特别是要在幼年时期进行这种观察，因为，这是奠定一个人的教育和文化基础的时期。”

他还说：“测量头部和身高，这决不是真正意味着我们在建立一种教育学体系。但是，它却为我们指出了通往这种体系的道路；因为，既然我们要教育人，我们就必须对人具有准确的直接的了解。”

塞吉的威望足以使许多人相信：如果具有人类个体的知识，教育人的方法即垂手可得。如经常发生的那样，遂导致了追随者的思想混乱；一些人只停留在字面上的解释；一些人则曲解或夸大了塞吉的某些论点；他们的主要问题是混淆了对学生进行实验研究和对学生进行教育这两者之间的区别。在他们看来，既然对学生进行实验研究是通往对学生进行合理教育的道路，那么，通过实验研究，学生的教育也随之自然地得到发展；似乎实验研究即可代替教育。于是，他们把教育人类学直接命名为“科学教育学”。这批塞吉的新皈依者高举“传记卡”,[①] (Biographical chart）的旗帜，以为这面旗帜一旦牢牢地插到学校这块阵地上，就会赢得胜利。

因此，称为“科学教育学的学校”只教会未来的教师们掌握人体测量法，使用触觉测量仪器和收集心理学资料，认为这样一来一支新的科学教育学的教师队伍就形成了。

应该说，在这场运动中，意大利是跟上了时代的。法国、英国，特别是美国，在人类学和教育心理学研究的基础上，也在小学中开展了广泛实验，并希望从人类测量和心理测量中找到学校复兴之路。然而基于这种目的的实验研究很少是由教师进行的，而多半是由对医学而不是对教育更感兴趣的医生进行的。他们往往是通过实验对心理学或人类学作出贡献，而不是力求为建立科学教育学进行实验以取得相应的结果。简言之，现状是：人类学和心理学尚未致力于学校儿童教育问题，也没有科学地训练出达到真正科学家水平的教师。

事实上，学校的实际进步需要把这些现代趋势在理论和实践中真正融合起来；这种融合将把科学家直接引入学校这一重要领域，同时，也将把教师提高到目前科学家的水平。克里达罗在意大利创办的教育大学正是为实现这一崇高的理想而脚踏实地工作着，其目的在于提高教育学的地位，使它原来从属于

① 这里的“传记卡”，指记载学生的生活史，包括家庭、体格、健康状况等。——译者注

哲学的次要分支科学成为占有显著地位的一门独立科学，并像医学一样具有广泛的研究领域。

显然，教育卫生学、教育人类学和实验心理学亦将成为科学教育学的分支科学。

意大利作为隆布罗索（Lombroso）、德·齐万尼（De Gio Vani）和塞吉的祖国，在这一运动中起了巨大的组织作用，值得引以为荣。事实上，这三位科学家都可以看作是人类学发展新方向的开创者，他们分别开拓了犯罪人类学、医学人类学和教育人类学。十分幸运，这三位学者都是他们本专业公认的权威，在科学界发挥了积极作用。他们不仅培养了一批敢想敢做的优秀学生，而且为在大众中倡导科学复兴作了广泛的宣传教育工作（参见我的专题论文《教育人类学》）。

毫无疑问，这是我们祖国当之无愧的骄傲。

然而，今天我们在教育领域所从事的工作，在很大程度上是为了全人类的利益和文明。在如此伟大的事业面前，我们只能承认一个祖国，这就是全世界。在具有如此重大意义的事业中，谁只要作出一点贡献，哪怕是一种尝试而未获成功，也应当受到整个文明世界的尊敬。在意大利，由于许多小学教师和督学的努力，科学教育学学校和人类学实验室如雨后春笋在各个城市里出现，虽然它们存在短暂，尚未具规模便被摒弃，但它们仍具有重要的价值，首先是鼓舞它们的那种信念，并为人们打开了探索之门。

不用说，这种尝试本身显然是不成熟的，它产生于人们对尚在形成中的新科学还不甚理解。然而，每一桩伟大事业都是在反复失败和不断完善中诞生的。当亚西西的圣弗兰西斯（St. Francis）在幻觉中见到了“主”，并听到主说：“弗兰西斯，重建我的教堂吧!”他认为，主所说的，正是他现在跪在其中的那个小小的教堂。于是，他立即动手搬运石块，重建其倒塌的墙垣。他搬呀，搬呀；直到他醒悟了主的启示：他的使命是用劳苦大众的精神重整天主教。但是，这位开始是如此天真、不辞辛劳地搬运石块的圣弗兰西斯，继而又成为非凡地领导人民取得胜利的伟大的宗教改革者；他就是一位经历了不同发展阶段的同一个人。所以，我们是为同一个伟大目标而奋斗的同一整体中的成员之一，我们的后人终将会达到这个目标；这是因为在他们之前就有人信仰过这个目标，并为之奋斗过。像圣弗兰西斯最初的设想一样，我们也曾相信：只要把实验室这种坚硬的光秃秃的石头搬到残垣颓壁的学校，就可能把学校重新建立起来；也像圣弗兰西斯指望他扛在肩上的花岗岩石块一样，我们也曾把希望寄托在唯物论和机械论的各门科学的帮助上。

这样，我们被引入了歧途狭路，若要创立培养后代的正确而有生命力的方法，我们就必须走出困境。

用实验科学方法培训教师不是一件容易的事。即使我们尽可能用最正确的方法教他精通人体测量学和心理测量学，我们仅仅是造就了一些“机器”，其用处难以令人置信。毫无疑问，假使按照这种模式把我们的教师着手引进实验领域，那我们将永远停留在理论上。按照形而上学的哲学原则培养出的旧式学校教师，懂得某些被认为是权威人士的思想，他们只是运动口腔的肌肉去谈论这些权威的思想，运动眼睛的肌肉去阅读这些权威的著作。按照科学方法培养出的教师，不仅熟悉某些仪器，而且能运动手和手臂的肌肉去使用这些仪器；此外，他们还获得经过一系列典型实验所构成的知识和技能，并学会用简单的和机械的方法进行这些实验。

但是，这种差别还不是实质性的，因为最本质的差别不可能只存在于外部技术，而更主要的是存在于人的内在精神。目前我们培养新型教师,还没有完全把他们引入科学实验领域,仍然是让他们停留在实验科学的大门之外，而未能进入高深的研究阶段，从事真正科学家的实验。

那么，究竟什么是科学家呢？当然，科学家不是指仅仅懂得操作物理实验室里的实验仪器的人；也不是指仅仅会在化学实验室里灵巧而安全地配制各种化学反应的人；也不是指那些为生物学中的显微镜观察制作标本的人。诚然，许多实验室助手的操作技巧也许比科学家本人要熟练得多，但他们还不是我们所说的科学家。真正的科学家把实验作为发现生命真谛和揭示生命奥秘的手段；他们在探索的道路上对大自然的神奇奥妙充满着热爱和忘我精神。科学家并不只是灵巧的仪器操作者,而是大自然的崇拜者；他们这种热忱的表现的外部标志如虔诚的宗教徒笃守教规；他们像中世纪的苦行僧，忘记了尘世，一头扎进了实验室中，常常不关心自己的衣食，因为他们不再考虑他们自己。他们之中有的因长期使用显微镜而致盲；有的出于热爱科学而给自己接种肺结核病菌；有的为了解霍乱的传播媒介而去处理患者的粪便；有的为了检验自己的理论而冒着生命危险去试验易爆的化学剂；这就是科学家的精神。大自然为这种大无畏的精神所感召，乐意向这些真正的伟大的科学家暴露自己的奥秘，赐给他们发明家的桂冠。

在这里，的确存在着一种高于“机械技能”的科学家“精神”。一位科学家，不仅应具备“机械技能”，而更重要的是必须具备科学家“精神”；只有当这种精神超越或统帅他的技能的时候，他才能达到科学成就的高度。由此，也将获得新的实质性的科学发现，而且也会得出纯理论的哲学概括。

我认为，我们应该更多地培养教师的科学家精神，而不是科学家的机械技巧。即我们培养的主要方向是“精神”，而不是

“技巧”。例如，原来我们在考虑科学地培养教师时，只是简单地让他们掌握科学的技术，而没有设法使这些小学教师成为优秀的人类学家，专门的实验心理学家、幼儿卫生学家；我们曾希望引导他们进入实验科学领域，但却只是教会他们操作需要一定技能的各种仪器。然而，现在我们则希望引导他们联系自己的特定领域——学校，意识到科学精神将为他们打开通向广阔天地的大门。换言之，我们希望从教育者的心灵深处唤醒对自然现象的兴趣，从而使他们由于热爱自然，而能够理解一个人在准备好了实验并期待从中获得发现时的急切心情（参见我关于教育人类学的论文中论“实验科学的方法”一章）。

实验仪器犹如字母，假如我们要“阅读”大自然，就必须知道如何运用它。正如一部揭示作者伟大思想的书，是用字母符号组成它的外表或文字；而大自然包含的种种神奇奥秘则是通过实验仪器揭示它的启示。

现在假定，一个人只机械地学会了拼写缀字课本上的所有单词，面对一本印刷清晰的莎士比亚剧本，他也同样只能机械地阅读；只会做实验的人，就像只会拼读缀字课本上的单词的人一样。如果我们只限于在技术方面培养教师，那么他们就只能停留在这样的水平上。

相反，我们必须使他们成为大自然的精神的崇拜者和解释者。正如学会了拼读，而且还能读懂藏在这些书写符号背后的莎士比亚、哥德和但丁的思想的人。可以看出，两者的区别明显，差距悬殊！然而，我们的第一个错误是显而易见的。一个学了拼字课本的孩子，似乎认为他已经知道如何阅读了；确实，他们也能叫出商店招牌和报纸的名称，也能读出他所见到的每一个字；如果他走进图书馆，也会自以为能阅读那里面所有的书籍。如果真的让他尝试一下，他便很快发觉：“只懂得机械的阅读是不管用的，还必须回到学校再重新学习”。原先我们通过教授人体测量学和心理测量学所培养出的科学教育学的教师，也正是如此。

我们暂且不谈培养名副其实的科学教育学教师的困难，也不打算提出这样的培养方案；因为这样会把我们引向不必要的讨论。然而，我们可以假定，通过我们长期而耐心的训练，已经培养出了习于自然观察的教师，并具备了自然科学家的献身精神和科学态度。昆虫学家常常在深夜起身，走进森林或田野，惊奇地发现他感兴趣的一些昆虫，早就醒来开始活动了。这位科学家虽然长途跋涉而困倦不堪，但他仍全神贯注地仔细观察，完全未意识到自己已满身污泥或尘土；也未意识到晨雾浸湿了他的衣服，或烈日暴晒着他，一心只是为了不惊动那些小虫，让这些昆虫一小时接一小时地平静地继续进行他所希望观察到的自然功能。让我们假设这些教师已达到科学家的境界，这位微生物学家虽然已成半盲，却仍然坚持不懈地在显微镜下观察纤毛虫的本能活动；他从这些微生物相互回避和选择食物的方法中，似乎发现它们具有某种朦胧的意识。于是这位科学家又用电刺激来打破它们的呆滞状态，观察它们中的一些如何聚集在正极，而另一些又如何聚集在负极；接着他还用光的刺激作进一步实验，注意观察它们中的一些怎样趋向光源，而另一些又怎样避开光源。他在考察研究这些活动以及其他的类似现象时，总是想回答一个问题：避开或趋向刺激源是否和相互回避或选择食物的活动性质相同。换句话说，它们的差别是否是出于选择的结果和具有朦胧意识，而不同于磁力吸引和排斥的物理作用。让我们再假定，这位科学家发现，虽然已经是下午 4 点，然而他还没吃午饭，他很清楚他还在实验室里工作而不是在家里，对这一事实他感到很高兴，因为如果在几小时前就被家人叫回家去吃饭就会打断他的有趣的观察。

让我们设想一下，如果这个教师不依赖于他的科学训练就对观察自然现象具备了这样一种态度和兴趣。这当然很好，但还不够。教师的特殊使命不是观察昆虫或细菌，而是人。他不是在人的日常生活习惯表现中研究人，也不是像研究昆虫那样，在它们早晨醒来后，就跟踪它们的活动。教师是在唤醒智力生命中研究人。

我们希望培养教师对于研究人的兴趣，这种兴趣的特点必须是观察者和被观察的个体之间有内在的亲密关系。然而这种亲密关系在动物学家和植物学家及其所研究的自然形态之间是不存在的。如果一个科学家没有作出部分的自我牺牲，是不会爱上他所研究的昆虫或化学反应的。从世俗观点看，这种自我牺牲精神，包含着不惜付出生命的代价，几乎像一个殉道者。

但是，人与人之间的爱更温柔、更深沉得多，又简单得无处不在。所有的人都具有这种爱，爱不仅仅是受过特殊教育的知识阶层所特有。

为了说明这第二种培养模式，即精神培养。我们不难设想一下，当耶稣基督第一批弟子听他谈到有一个比世间任何王国伟大得多的天国时，虽然他们是那样虔诚，但他们仍然天真地问道："主啊，请告诉我们吧！谁是天国中最伟大的？"耶稣听了这个发问，便抚摸着一个以虔诚和惊奇的眼光看着他的孩子的头，回答道："谁变得像个孩子，谁就是天国中最伟大的。"假设听到这种回答的人中，有一个信徒怀着热烈和崇敬的心情，把耶稣的话牢记在心里，充满了尊敬、爱戴、神秘和好奇的心情，渴望达到这种伟大的精神境界，细心观察那个孩子的种种表现。这样的观察者，即使是让他在挤满孩子的教室里进行观察，也不会成为我们所希望造就的新型教师。但是，如果我们设法把科学家的自我牺牲精神和基督徒的虔诚与热心都移植到教育者的心灵中来，那么我们就会培养出教师精神。教师就将向孩子学习怎样完善自己，成为一个真正的教育者。

让我们举另外一个例子来考查教师的态度。不难设想，如果一个有观察和实验技术经验的植物学家或动物学家，他为了在自然的状态和原始的环境中研究“某种真菌”而去旅行。他先在野外进行了观察，然后借助于显微镜和其他实验设备做了尽可能仔细的进一步研究，事实上，他是一位既懂得研究自然是什么意思，又精通现代实验科学为这种研究所提供的一切手段的科学家。

让我们设想，这样的一位科学家因做了独创性的工作而被安排到某个大学主持科学研究工作，其任务是对膜翅目作进一步的开创性研究。假设当他到了工作岗位，给他看一个有玻璃盖的盒子，里面装着许多美丽的蝴蝶，它们的翅膀展开，被大头针钉着，一动不动。这位学者会说，这是一种小孩子的玩艺儿，而不是科学研究材料。更确切地说盒中的这些标本是小孩游戏的一部分，小孩追逐蝴蝶，用网抓住它们，然后把它们装在盒子里。这样的材料对于一位实验科学家的研究工作毫无用处。

如果把按照我们的观点和科学方法培养出来的教师，派到一所现在的公立学校里去工作，也会出现上述科学家所遇到的类似情况。因为在那样的学校里，孩子们受到压抑，不能自然地表现他们的个性，几乎像个死人。在这样的学校里儿童如同被针钉住的蝴蝶一样被钉在各自的座位上，钉在课桌旁，张开着他们所得到的乏味的、没有意义的知识的翅膀，然而这种翅膀已失去了作用。

这就是说，只培养教师的科学精神是不够的。我们还必须准备可供他们进行科学观察和科学实验的学校。如果科学教育学一旦在学校里诞生，那么，学校必然会允许孩子们自由地和自然地表现自己，使一切充满生机。这是一种根本的改革。

谁也不能断言，这样的原则已经在我们的教育学中和我们的学校里存在了。诚然，在卢梭领导下的一些教师，曾经为儿童的自由发出呼吁，并提出过一些不切实际的原则和模糊不清的愿望，但教育者实际上还并不知道自由的真正含义。他们往往把激励人民反抗奴役的那种自由，或者说是社会自由的概念与真正的自由概念等同起来。社会自由虽然是更高的概念，但它仍然总是受到限制。“社会自由”总是意味着雅各布天梯的一个阶梯。换句话说，它只意味着部分的解放，即一个国家、一个阶级或思想的解放。

然而，必须注入教育学的自由概念则是普遍的。当 19 世纪的生物学为我们提供了研究生命的方法时，就向我们展示了这种自由。所以，如果说古代教育学预见了或模糊地表达了在教育学生之前要研究学生，要让学生自由表现自己，那么，实际能够获得这种不明确的、表达不清的直觉的概念，终归还是上一世纪实验科学的贡献。这里不是辩论或讨论，只是阐明我们的观点。如果谁说自由的原则已进入了今日的教育学，那我们一定会笑他像一个小孩站在装着蝴蝶标本的盒子面前，坚持说：“它们是活的还会飞呢！”束缚的原则一直渗透在教育学中，因此，也一直在学校中盛行。明显的一个例证，就是固定的桌椅。这是我们仍然继续着早期唯物主义者的科学教育学谬误的一个证据，试图把热情和精力错误地用于搬运坚硬的科学石块去修复业已破烂不堪的学校。最初，学校的设备是一排狭长的板凳，孩子们一个个挤坐在上面；后来，由于科学而改进了板凳，在这项工作中，很注意人类学的新近贡献。桌凳的高低考虑到孩子的年龄和身材的高度；桌凳之间的距离经过精确计算，使孩子坐着脊柱直立而不致变形；座位彼此分开，凳子的宽度也经过精确计算，每个座位上只能勉强地坐一个人，且不可能作侧向运动以舒展身体。这样做的目的是把他与邻座的孩子隔开。桌椅的设计在于使孩子坐着不动，并能完全被教师看见；这样可以防止教室内出现不道德行为。在任何地方谈到性教育原则都被认为是羞耻的，其理由是怕玷污孩子的纯真。这样的社会状态，我们还能说什么呢？而且，在这里我们还借助于科学来为这种伪善制造“机械”！不仅如此，还迫使科学进一步去改进板凳，最大限度地限制孩子们的活动；或者，如果你希望的话，抑制孩子的每一个活动。

一切就是这样安排的，当孩子很合适地坐在自己的位置上，桌凳本身就会迫使他觉得，这种姿势似乎是既卫生又舒适。把凳子搁脚板与桌子安排得使孩子在学习时决不能随意地站起来；分配给他的空间使他只能直挺挺地坐着。教室里的桌凳就按照这种方式发展和趋于完善。每一个所谓科学教育学的崇拜者都设计出一种科学课桌。不少国家为它们的“民族课桌”感到骄傲——在激烈的竞争中，各种各样的“机器”成为专利。

毫无疑问，板凳的构造有许多似乎是符合科学道理的。人体测量和年龄的诊断凭借于人类学；研究肌肉凭借于生理学；考察本能的反应凭借于心理学，此外，最重要的是致力于防止脊柱的变形有赖于生理卫生学。这些课桌和凳子的确是科学的，其构造是按对儿童进行人类学研究结果设计的。如上所述，这里是我们机械地把科学搬用于学校的一个实例。

我相信，无需多久，我们将会对这种做法大吃一惊。不可理解的是：人们已经注意到了幼儿卫生学、人类学、社会学的研究以及普遍的思想进步，竟然没有及早发现课桌的这种根本性错误。如果我们考虑到近几年来，几乎所有国家都在开展保护儿童的运动，就会更加吃惊。

我相信不需要多少年，关于这些科学板凳的描述，就会使人难以置信。也许人们会以惊奇的眼光用手摸一摸这些曾经是为了防止学校儿童驼背而设计的桌子与板凳！

这些科学板凳的发展说明学生历来受到一种管理制度的统治，在这样的制度支配下，他们即使生来健壮，腰背挺直，也可能会变成驼背！从生物学观点看，脊柱是最原始、最基本、最古老的一部分骨骼，是人体最坚韧的组成部分，经过原始人时期在沙漠中与猛狮、猛犸的拚死搏斗，继而又在采石炼铁中经过沉重劳动锻炼和考验的脊柱，竟然被学校的枷锁使之变得弯曲了！

难以理解的是，所谓“科学”竟然会完善学校的奴役工具，世界各地蓬勃发展和不断高涨的社会解放运动的曙光，竟然一丝一缕也未照到学校这个地方。然而，科学板凳的年代，也正是工人阶级要求从奴役性劳动的枷锁下解放的年代！

很明显，社会解放运动的趋势表现在各个方面。民众领袖把社会解放作为自己的口号，劳动群众反复呼喊这些口号；科学的和社会主义的出版物也声援这个解放运动，报刊上也充满这类文章。饥饿的工人要求的不是补药，而是改善经济条件，防止营养不良。整日弯腰驼背劳动的矿工患了腹股沟疝，他们所需要的不是腹带，而是缩短工作时间，改善劳动条件，首先让他们能够像其他人一样健康地生活。

可是，在这同一个社会时代，当我们发现教室里的孩子在不利于健康的条件下学习，妨碍他们的正常发育，甚至连骨骼也变成畸形时，我们对这种可怕的现象作出的反应却是对板凳施行矫正术。这等于是给矿工提供一条腹带或者给饥饿的工人一剂砒霜。

不久前，有一位女士以为我同情和支持有关学校的一切科学革新，她自鸣得意地向我推荐了一种学生穿的紧身衣，或叫“紧身”。她发明这种玩艺儿，也就以为解决了板凳问题。

医学外科还有其他治疗脊柱变形的方法，据我所知有“器械矫正”和“悬挂疗法”，即一种把孩子的头或肩定时吊起来，以其体重把脊柱渐渐拉直。在学校中的“骨科器械”最好莫过于像桌子这种形式，而今天竟有人建议用紧身衣，这就更妙了！它不是提示我们，何不给学生开设一门悬挂疗法的课程呢！

这一切都是由于把科学方法机械地应用到日趋衰败的学校的必然结果。十分明显，同学生脊柱变形作斗争的合理方法是改变他们的学习方式——不要强迫他们整天长时间地保持一种有害的姿势。学校需要争取的是自由，而不是一种板凳结构。

即使固定型座位对儿童身体有好处，但对儿童活动的环境则既不安全又不卫生。桌椅不能搬动，教室就不易打扫干净。搁脚板拿不下来，孩子们的脚从街上带进的脏物就会积垢其上。今天的家具已经普遍改进，制造得更为简单轻便，便于移动和擦洗。但是学校对这种社会环境的变化却熟视无睹。

我们应该想到，一个孩子像罪犯一样在如此人为的条件下生长，他的骨头可能成为畸形，那么他的精神会怎样呢？当我们谈到拯救工人时，人们总是认为这是解除他们那些最明显地表现出来的痛苦，如像贫血或疝气病等等。而没有想到他们还有遭受奴役的心灵痛苦。如果我们所说的必须通过自由使工人得到拯救，是指解除其外表痛苦形式，那就更错了！我们十分明白，当一个人的血因劳动而耗尽或饥肠辘辘时，他的精神也必然受到压抑，变得麻木，甚至被扼杀。奴隶的道德堕落是人类进步的沉重负担，人类要奋力前进，首先要解除这个精神负担。所以拯救人的灵魂远比拯救人的肉体更紧迫。

那么，面对儿童的教育问题，我们应该说些什么呢？

我们十分理解教师的困境。在普通的教室里，教师必须把支离破碎的、干瘪的知识硬塞到儿童的脑袋里。为了顺利完成这种枯燥乏味的任务，他发现必须约束学生，让他们坐着不动，强迫他们集中注意力，于是，奖励和惩罚便成为教师现有的得力帮手，帮助他迫使那些被宣判为他的听众的身心处于某种规定的状态。

诚然，今天已经确认，禁止合法的鞭笞和惯常的打人是适宜的，但这正是因为授奖已变得普遍而不那么郑重其事的缘故。这种局部改良是科学提供的另一根支柱，用来支撑衰败的学校。这种奖励和惩罚，请允许我如此措词，简直是灵魂的“板凳”，是奴役精神的工具；它们不是用来减少畸形，而是用来制造畸形。用奖励和惩罚所激起的努力是被迫的而不是自然的，可以肯定地说，这决不会给孩子带来自然发展。正如赛马场的骑师跳上马鞍前塞给马一块糖，或马车夫用鞭子抽马以及用缰绳的张弛使马作出他所需要的反应；然而，这决不会使它们像在草原上自由奔驰的马那样自然壮观。

那么，在教育中应该给人套上枷锁吗？

诚然，我们说，社会的人是戴上社会枷锁的自然人。但是如果我们放开视野，看看社会道义的进步过程，我们将发现社会的枷锁是在一点一点地放松。换句话说，自然或生命在逐渐走向胜利：奴隶的枷锁让位于仆人的枷锁；仆人的枷锁又让位于工人的枷锁。

一切形式的奴役都在一点一点地日趋削弱，直至消失，甚至包括对妇女的性奴役也是如此。人类的文明史是一部征服和解放的历史。我们应该问一问，我们觉得自己正处在哪一个文明阶段？奖励和惩罚的好处对我们的进步是否真正必要？如果我们已经走过了这个阶段，那么我们再用这种教育形式，就会把新一代引向倒退，而不是引导他们继续前进。

在社会中，在政府各个部门同广大雇员之间的关系中，也存在着非常类似于学校的这种情况。职员们日复一日地在为国家的普遍利益而工作，但是从他们任何直接报酬中都感觉不到或者看不见他们的工作对国家有什么益处。也就是说，他们意识不到国家依赖于通过他们的日常工作继续着伟大事业，以及全民族都从他们的工作中受益。他们能意识到的直接好处是提升，好像在学校中的孩子升级一样。一个看不见他的工作的真正伟大目标的人，如像一个学校里的小孩被降级，把他放到低于他的实际水平的年级——犹如一个奴隶的某种权利被欺骗剥夺了，人的尊严被降低了，人被降格为需要加油才能运转的机器这种程度；因为机器是没有自身活力的。一切琐事，诸如追求服饰打扮或渴望奖章、勋章，都只不过是一种人为的刺激，只不过是一道短暂的照亮其脚下黑暗荒凉小路的闪光。

我们是采用这种同样的方式奖励学生的。雇员害怕不能提升，而被限制在岗位上不得跑掉，并被迫做十分单调的工作，正如学生害怕不能升级而被迫读书一样。上司对雇员的申斥和老师对学生的责骂非常相似；上司批改雇员起草的文件和教师给学生不好的作文记一个坏分数一样。总之，相互比较，几乎一样。

如果各行政部门不按符合国家伟大形象的方式工作，到处贪污腐败，这是人的伟大在雇员心目中消失的结果，是他们只顾眼前利益、计较琐事、时刻考虑如何用巧妙方法谋取奖励和逃避惩罚的结果。国家之所以能维持，是因为大多数工作人员保持公正的品格，抵制滥用奖惩，随着不可抗拒的正直善良的潮流前进。犹如在社会环境中生命战胜贫困和死亡，不断取得新胜利一样；自由的本能也会克服一切障碍，不断从胜利走向胜利。

正是这种人的无限的生命力，一种灵魂深处蕴藏着的力量，推动着世界前进。

那些真正为人类而工作的人，真正从事伟大豪迈事业的人，绝不会被那些微不足道的"奖励"所吸引，也绝不会被那些"惩罚"的痛苦所吓倒。如果在一场战争中，有一支身材魁梧、人数众多的军队，它的成员进行战斗只是为了升官晋级，获得奖章、勋章，或者因为惧怕严厉惩处；而另一支身材矮小、人数不多的军队，它的成员心中燃烧着爱国热情，可以预料，两军相遇，胜利必然属于后者。如果一支军队丧失了真正的英雄主义，奖励和惩罚也只能为它带来腐败和怯懦。

人的一切胜利，人的一切进步，都靠人的内心力量。

所以，一个年轻学生，如果以终生从事医学事业为志趣而致力于学习，他可能成为一个伟大的医生。但是，如果他是以企图获得一笔遗产，或者是为了如意的婚姻，或纯粹是为了其他物质利益而学习，他永远不会成为一名真正的教师或一名伟大的医生，社会事业也不会因他的工作而前进一步。需要这种激励的人，最好永远也不要成为医生。每一个人都有自己的特殊倾向，自己的特殊爱好，或许是质朴的，但一定是很有用的。奖励制度可能使人放弃他特有的爱好，去选择一条于他有害而无益的道路，并迫使自己沿着这条道路走下去。人的本性活动可能因此被歪曲、贬低，乃至泯灭。

我们总是说，世界在进步，我们必须鼓励人们去争取进步。但是，进步来自于新生事物，这既不是人们所预料的，也得不到任何奖赏，往往是新生事物的先驱者的殉难；上帝不允许诗歌诞生于桂冠的追求之中，一旦这种欲念进入诗人的心灵，诗兴必将荡然无存。只有当诗人忘却了自己和荣誉的时候，诗歌才会从他的心灵里涌出。即使他荣获诗人桂冠，他也会感到这种奖励实际上毫无价值。对于诗人的真正报酬在于通过诗歌展示固有的内心力量。

然而，的确存在一种给予人的外部奖赏。例如，当演说者看到听众的面部表情随着他所激起的情感而变化时，他体验到一种极大的快慰，犹如他得到爱时所产生的快乐。我们的快乐是触及心灵和发自内心的快乐，这才是能给我们带来真正补偿的一种奖赏。

有时候，我们会遇到这样的时刻，我们觉得自己置身于世界上的伟人之中。只有继续保持在宁静之中的人才会享有这种幸福时刻。这种幸福时刻的来到也许是由于得到了爱情，或收到儿子的礼物，或者是由于一项伟大的发现，或一本书的出版；在这样的时刻，我们会觉得世界上再没有比自己地位更高的人了。如果正在此刻，有人被授权来授予他勋章或奖赏，那这人简直是他所获得的真正奖赏的十足的破坏者。这时正在消失中的幻觉会吼道："你是谁？谁说我不是最崇高的人？谁还凌驾我之上来给我授奖？"对于处于这样时刻的人，奖赏只能是天赐的。

致于说到惩罚，一个正常人的灵魂是充实而完美的。一般理解的惩罚却总是一种压制的形式。对那些生长在邪恶之中、本性败坏的人，这种压制也许能产生作用，但这样的人是为数很少的，社会不致影响到进步。如果我们在法律规定的限度内不诚实，刑法则以惩罚相威胁。但是我们并非因惧怕法律而诚实。我们不抢劫，不杀人，是因为我们爱好和平；是因为我们生命的自然倾向引导我们前进；引导我们越过和避开产生卑鄙和罪恶行动的危险。

如果不涉及伦理学、形而上学方面的问题，我们完全可以断言，违法者在犯法之前，如果他知道惩罚的存在，就会感到刑律威胁的分量；但他可能蔑视它，也可能被诱惑而犯罪，也可能认为能侥幸逃避法律的制裁。但是，在他的思想上总会产生一场犯罪和惩罚之间的斗争。不管刑法防止犯罪是否有效，但无疑它只是为有限的犯罪者制订的。绝大多数公民是诚实的，任何法律的威胁与他们无关。

对一个正常人的真正惩罚，是丧失了关于个人力量和个人尊严的自我意识，也就是丧失了他内在生命力的源泉。这样的惩罚往往降落在那些踌躇满志者的头上。一个我们看来非常幸运的人，可能正受到这种形式的惩罚。一个人往往看不到威胁他的真正惩罚。

正是在这方面，教育可能有所帮助。

今天，我们的学校正以损害肉体和精神的工具——课桌、物质奖励和惩罚来控制学生。我们这样做的目的在于迫使他们遵守保持安静和保持不动的纪律。这将把学生引向何处呢？结果，实在难以预料。

对儿童的教育常常是向他们灌输教学大纲所规定的知识内容，而这些教学大纲总是官方教育部门制订的，而且还通过法律把它强加给教师和学生。

唉，面对这种愚蠢而顽固地漠视成长中的儿童生命的现象，难道我们不应垂首反思，不应用双手掩住我们感到内疚的面容吗！

塞吉说得对：“今天，人类社会迫切需要重建教育方法；为此而奋斗，也就是为人类复兴而奋斗。”

第二章 关于方法的历史回顾

如果我们要发展一种科学教育学体系，就必须走完全不同于至今所走过的路线。学校改革必须和师资培训同时进行。因为，如果我们要把教师培养成为熟悉实验方法的观察者，就必须让她在学校有可能进行实验和观察。科学教育学的基本原则应该是学生自由的原则——这一原则允许个性发展，允许儿童天性的自发表现。如果新的科学教育学产生于个性研究，那么这种研究就必须从事于对自由儿童的观察。如果我们等待在当今的教育学、人类学和实验心理学的指导下通过对学生的系统考试来进行教育方法的实际改革，那是会落空的。

实验科学的每一分支都产生于某一特殊方法在一定领域的应用。细菌学的科学内容来源于隔离和培育细菌的方法；犯罪的、医疗的和教育的人类学之所以取得进展，是由于人类学方法在不同类型的个人，如罪犯、精神病人、病人和学生的研究中的应用。所以，实验心理学需要一个用于实验的明确的技术定义作为起点。

广言之，重要的是给方法、技术下定义，期待从方法、技术的应用中得出明确的，然而必须完全是从实际经验中收集的结果。实验科学的特点之一是进行实验时，对实验的最终结果没有任何形式的先入之见。例如，倘若我们想对头部发育和智力差异之间的关系进行科学观察，那么，在进行这种实验的测量中，就不应预先知道被测量的学生哪个智力高，哪个智力低。因为一般人认为，智力较高的儿童的头部比较发达，这种先入之见会改变研究的结果。

既然实验者在做实验时必须抛弃一切先入之见，那么很明显，如果我们想利用实验心理学的方法就必须首先放弃以前的一切信念，然后凭藉这种方法去寻求真理。

例如，我们一定不要从儿童心理学的教条主义观点出发，而要采用让儿童完全自由的方法。如果要从观察儿童的自发表现中寻求结论，以建立真正科学的儿童心理学，则必须如此。这种方法可能会取得出乎意料的结果，使我们大吃一惊。

儿童心理学和教育学必须通过实验方法所达到的一系列成就来确定其内容。

那么，问题就在于要建立实验教育学所特有的方法，它不能应用于其他实验科学。不错，科学教育学虽然仅限于对受教育者的个体进行专门研究，然而它却与卫生学、人类学和心理学密切相关，且部分地吸收了这几门学科的技术方法；教育学对个体的研究虽然必须伴随着迥然不同的教育工作，但从总体来说它仅仅是科学中一个有限的和次要的部分。

目前的研究只部分地涉及运用于实验教育学的方法，这是我在“儿童之家”两年工作过程中的经验总结。我只提供了这种方法的开端，我已将这一方法应用于 3 岁至 6 岁的儿童。但是我相信，这些尝试性的实验，由于其惊人的成果，将鼓舞着我们将已经开始的工作继续下去。

这一教育体系的实践确已表明了它的优越性，虽说它还不够完善，但已经具备条件，可以推广运用到幼儿学校和小学一年级。

如果说我这部著作是来源于两年的经验，或许不够确切。我认为，仅靠我在两年中的尝试，并不能提供我在这本书中所陈述的全部内容。实际上“儿童之家”所采用的教育体系起源更早。如果说关于正常儿童教育工作的经验似乎太短暂，那么应该知道这一短暂的教育工作来源于以往对非正常儿童进行教育的经验。应该这样认为，这本书凝聚了长期的深思熟虑的努力。

大约十五年前，我作为罗马大学附属精神病诊所的助理医生，常常去一些精神病院研究病人和选择诊治对象。当时我对关在普通精神病院的白痴儿童发生了兴趣。那时，甲状腺的器官疗法的蓬勃发展，引起了内科医生对缺陷儿童的关注。我自己在完成正常医疗任务后把注意力转到了对儿童疾病的研究。

正是由于对白痴儿童的兴趣，我开始熟悉爱德华·塞贡为这些不幸的小家伙设计的特殊教育方法，并彻底地研究他的思想，然后开始在内科医生中推广运用，检查治疗各种病态类型（麻痹、白痴、佝偻等）的“教育治疗”的效力。在治病过程中，医学应当和教育学相结合这一事实，是当时思想的具体产物。由于这种趋向，体育疗法也广泛受到欢迎。然而，我和我的同事们看法也不尽相同。我认为治疗心理缺陷主要的不是医学问题，而是教育问题。在讨论医疗—教育方法的医学会议上，关于低能儿童的治疗和教育谈论得很多。1898 年，在都灵召开的教育会议上，我在关于道德教育的讲演中发表了我的不同看法。我相信我的讲演触及了已被振动的心弦。我的观点在医生和小学教师中闪电般地传开，并引起了普遍的强烈反响，因为我给学校教育提出了一个生动有趣的问题。

当时，我的老师，教育部总长吉多·巴西里（Guid Baccelli）要求我为罗马的教师讲授低能儿童教育课程。这一课程很快发展成为国立特殊儿童学校（State Orthophrenic），我指导该校两年多。

在这所学校里设有一个全日班，由原来在普通小学里被认为是不可救药的低能儿童组成。稍后，在一个慈善团体的帮助下，又在那里建立了一个医疗教育学院。除了公立学校的低能儿童外，把罗马各精神病院的白痴儿童也集中到这里。

在这两年时间里，在同事们的帮助下，我培训罗马教师，使他们能用特殊的方法来观察和教育低能儿童。除培训教师外，更重要的是，为了实际研究低能儿童的教育方法，我曾到过伦敦和巴黎。以后，我把全部时间投入到对儿童的实际教学，同时还指导学院里其他教师的工作。

我更像是一个小学教师，因为我从早晨8点到晚上7点，都在儿童中间或对他们直接进行教学。这两年的实践是我在教育学上的第一个真正的学位。从一开始对低能儿童进行教育（1898—1900），我感到我采用的方法与训练白痴儿童所用的方法没有什么特殊区别。我认为这些方法比常用的方法包含更合理的教育原则。不仅如此，运用这些方法的确使弱智儿童得到提高和发展。我的感受是很深的，具有直观性。在我离开这所低能儿童学校后，我的这一感受就成了我的思想，我逐渐相信，这种类似方法如果应用于正常儿童，定将在发展或解放他们的个性方面取得美妙和惊人的效果。

正是这样，我才开始对人们所称的医疗教育学作真正彻底的研究，并希望从事师范教育学及其所依据的原理的研究。于是我注册成为罗马大学哲学系学生。虽然我还不知道能否证实我的想法，但我被这种伟大的信念所激动，从而放弃了一切其他职业，以便加深和扩展我的信念。当时我似乎是在为完成一项未知的使命而作准备。

低能儿童教育法源于法国革命时期的一位医生伊塔（Itard）的工作。他的成就在医学史上有突出地位。他是今天称作耳病学的一个医学分学科的奠基人。

他最早尝试系统的听觉教育。他在佩雷尔（Pereire）于巴黎创办的聋哑学校进行实验，并成功地使半聋人恢复了清晰的听觉。接着，他又专门研究被称为阿维龙野孩的白痴儿童，长达 8 年之久。他把听觉治疗中已产生优异效果的教育方法推广到所有的感官治疗上。伊塔是平纳尔（Pinel）的学生，他是第一个把医生临床观察法，特别是神经系统临床观察法用于观察学生的教育家。

伊塔的教育著作是非常有趣的。在他的著作中，详述了他在教育上的努力及经验。今天，任何人读了这些著作都会承认，实际上这是他的第一次实验心理学尝试。但是，完成缺陷儿童教育的真正体系的功劳还应归于爱德华・塞贡。他先是教师，后是医生。塞贡吸取了伊塔的经验，并把伊塔的经验作为起点。在巴黎佩加尔路的一所小小的学校里，对来自各精神病院的孩子进行了长达 10 年之久的教育治疗，并在实践中应用、改进和完善伊塔的方法。这方法第一次在 1846 年于巴黎出版的一部六百多页的著作《白痴的精神医疗、卫生和教育》中作了介绍。后来，塞贡移居美国，在那里又创办了许多缺陷儿童的治疗机构，又积累了 20 年的经验，将该书修订再版。采用了完全不同的书名，即《白痴及其生理治疗法》，1866 年出版于美国纽约。塞贡谨慎地为自己的教育方法定名为生理学方法。书名中不再提“白痴的教育”方法，否则该书似乎只适用于白痴，而现在说的是用生理学方法治疗白痴。如果我们认为教育学总是以心理学为基础和考虑到冯特（Wundt）的“生理心理学”定义，那么我们就会注意到这些思想的一致性，以及生理学方法与生理心理学的某些联系。

当我还是精神病诊所的助理医生时，就以极大兴趣阅读了爱德华・塞贡著作的法文版。20 年后在纽约出版的英文版，虽然在伯恩维尔（Bourneville）关于特殊教育的著作中曾被引用，但我在图书馆里却未曾找到它。我又花了几年时间挨门挨户地走访了所有对缺陷儿童特别感兴趣的英国医生和特殊学校校长，寻找此书，但也未能如愿。该书虽已用英文出版，但在英国还不为人所知。这一事实使我意识到，人们还根本不理解塞贡的体系。实际上，在有关缺陷儿童机构的出版物中，虽然常常引述塞贡,但是所阐述的教育方法却完全不同于塞贡的体系。

在各地应用于缺陷儿童的方法，和应用于正常儿童的方法几乎都一样。在德国尤其如此，一位朋友为协助我的研究到过那里。他注意到，虽然在缺陷儿童学校的教育博物馆里到处陈列着特殊教材，却很少被使用。实际上，德国教育家坚持正常儿童的教育方法同样适用于缺陷儿童的原则。不过，德国的教育方法比我们的客观得多。

我在贝塞特住过一些时候，在那里我看到他们使用塞贡的教具远远多于采用塞贡的方法，虽然教师手中有法文课本。那里的教学是纯机械的，每个教师都严格遵守规则。然而，由于塞贡过多地宣称他的教育白痴的方法是切实可行的，无论在伦敦还是巴黎，我到处都能发现人们对新的计划、新的实验的欲望实际上仅仅是一种幻想。

在研究了欧洲各国所采用的教育方法之后，我总结了我在罗马进行的对缺陷儿童的实验，并花了整整两年时间来传授经验。我也从伊塔的著名实验中得到许多帮助。

在他们两人的著作的指导下，我制作了多种教具。在任何一个机构中我都没有看见过这么完整的教具，这些教具在懂得如何使用的人手里成为非常有效的工具。不过，如果不能正确使用它们，就不可能吸引缺陷儿童的注意力。

我觉得我能理解那些同低能儿童打交道的人的沮丧情绪，也明白他们为什么往往放弃这种方法。教育者必须把自己置于被教育者的地位，这种偏见使缺陷儿童教师变得冷漠无情。他不得不接受这样的事实：他所教育的是次等人，因此也就无所谓成就。甚至那些幼儿教师也往往这样想：他们是在教小孩子，要想法通过做游戏或讲愚蠢的故事去接近孩子，把自己置于小孩的地步。然而这些想法都是不对的，我们必须知道，怎样唤醒带着童心而沉睡着的人。我直观地感受到并且相信，不是靠教具，而是靠我呼唤他们的声音去唤醒他们，鼓励他们使用这些教具，在使用中自己教育自己。我在工作中遵循的是：非常尊重孩子们，同情他们的不幸；爱他们，让这些不幸的孩子知道怎样唤起他们周围的人的心中的爱。

关于这个问题，在塞贡的著作中也曾这样表述过。当我读到塞贡如何耐心地进行尝试时，我清楚地懂得他所使用的基本教材是精神上的。事实上，在其著作法文版的结尾，有一段工作摘要，他颇为忧虑地写道：如果教师对其工作未经培训，那他的成果将丧失殆尽或毫无用处。关于缺陷儿童的教师的培养，他持有更独到的见解。他要求他们外表端庄，声音优美，举止富有情趣。他说，他们必须能以声音和举止吸引人，因为他们的任务是唤醒脆弱、疲惫的灵魂，并引导他们生命之美，获得生命力量。

我们行动必须依靠精神，这一信念犹如一把打开秘密的钥匙，为我揭示了塞贡精辟分析的一系列教学实验。如果正确理解这些实验，那么它们对白痴儿童的教育就一定很有效果。在这些实验应用中，我自己就取得了惊人的效果。但是我要承认，当我努力提高学生的智力时，我自己都感到疲惫，好像已把我自己的一部分给了他们。我们所说的鼓励、安慰、爱、尊重，都来自人的灵魂。我们越是慷慨地付出它们，我们周围的生命就越快地恢复元气，获得新生。

如果没有内心的鼓舞，再好的外部刺激也不可能为人所觉察。所以，盲人索尔面对光芒万丈的太阳说：“这个吗？——是浓雾！”

作了这样的准备之后，我就能够进行自己设想的实验了。这里不是提出这些实验报告的地方，我只想表明，这次我尝试了一种创造性的读学教学法，这种方法作为儿童教育的一部分，在伊塔和塞贡的著作里论述得很不充分。

我成功地教会了来自精神病院的一些白痴儿童读和写，并且能够把他们送到公立学校和正常儿童一起参加考试，他们也都顺利通过了。

这样的效果，对那些看见过这些儿童的人来说，似乎是不可思议的。然而对我来说，这些从精神病医院出来的孩子之所以能和正常的孩子比赛，只是因为我对他们使用了一种不同的教学方法，促进了他们的心理发展。相反，正常儿童却受到窒息和压抑。我曾经设想，如果有一天，把这种教育白痴儿童而有惊人效果的特殊教育方法用于正常儿童，那么我的朋友们现在所谈论的“奇迹”就不再有可能出现。因为如果正常儿童也得以充分发展，那么白痴儿童的低下智力和正常儿童的智力之间的鸿沟永远不会填平。

当人们在赞扬我的白痴儿童的进步的时候，我正在研究公立学校中幸福健康的孩子的智力水平如此低下的原因，在智力测验中他们的水平相当于我所教的那些不幸的白痴儿童。

一天，有一位缺陷儿童研究所的女所长请我读了一段艾泽基尔（Ezekid）的预言，这段预言看来好像是比喻缺陷儿童教育的，给她留下了深刻的印象。预言说：

“上帝的手抚摸着我，上帝的精神把我托起在空中，然后把我降落在一片白骨的山谷里。

“让我从白骨旁边走过。啊！宽阔的山谷里有这么多白骨；瞧，它们都干枯了！

“上帝对我说，人类的儿子，这些白骨还能活吗？我回答说，哦，上帝，只有你才知道啊！

“上帝又对我说，预言这些白骨吧！于是他对它们说，啊，你们这些枯骨，好好听上帝的话吧！

“于是上帝对白骨说，我将赋予你们生机，你们将会复活。

“我要赋予你们肌腱和肌肉，覆以表皮，再注入生气，你们就复活了。就会知道我是上帝。

“于是，我按上帝旨意预言，随后立刻听见一阵响声，看见一阵颤动，白骨就一根根地挤在一起了。

“当我凝神注视。瞧，肌腱和肌肉都已附上，皮肤也已裹上，但是还没有生命。

“于是上帝又对我说，对着风预言吧！人类的儿子！你对着风说，风啊，你从四面八方吹来吧！哦，你作为生命之气，让这些被屠杀者呼吸吧！让他们复活吧！

“于是，我按上帝的旨意预言，把生命之气灌注给他们，他们就复活了，站起来了。成为一支强大的军队。

“于是上帝又对我说，人类的儿子，这些白骨是以色列族。瞧，他们说，我们的骨头被吸干，我们失去了希望。我们被肢解了。”

这段预言对我们有什么启示呢？

“我将赋予你们生机，你们就会活过来。”这话好像指的是教师的工作。教师鼓励、召唤和帮助他的学生，培养学生接受教育。“我将在你们表面附以肌腱和肌肉。”这使我们回忆起塞贡对他的整个方法概括的一句话：“对这孩子的教育，从肌肉系统的教育到神经系统和感官的教育，都是用手领着。”塞贡就是这样教白痴儿童如何走路，如何在最困难的身体运动中保持平衡，如上楼梯，跳跃；然后是感觉，通过触摸说出不同的温度计数、训练肌肉感觉；最后是具体的训练。

但是，如果训练到此为止，那么我们还只是使孩子适应低等生物的水平（几乎等于是植物的生存）。预言所说“唤起精神”，即把精神注入他们的躯体，使他们具有生命。实际上，塞贡是把白痴儿童从植物生命引向智力生命，“从感觉训练到一般概念，从一般概念到抽象思维，从抽象思维到道德。”当完成了这种神奇的工作，并通过周密的生理分析和逐步改进训练方法，白痴就变成了一个人。但在同伴中还是一个低能的人，一个还不能完全适应社会环境的人。“我们的骨头被吸干，我们失去了希望，我们被肢解了。”

这就是人们常常放弃塞贡的冗长乏味的方法的又一原因。他的方法难度大，不能保证取得最后结果。这些大家都感觉到了，并且还有许多人说：“对正常儿童的工作还做不完呢！”

通过实际经验我证明了对塞贡方法的信念，便从缺陷儿童的教育工作中抽出身来，开始更加彻底地研究伊塔和塞贡的著作。我感到需要思考。我做了一件我尚未做过的，也是很少有学者愿做的工作。那就是我从头至尾把他们两人的著作翻译成意大利文，而且亲自动手把它们抄写一遍，就像印刷术没传播前的教团僧侣抄圣书一样。

我之所以手抄他们的著作，是为了能够掂量每句话的分量，真正了解作者的精神。当我抄完了塞贡的600页书的法文版时，收到从纽约寄来的1866年出版的英文版。这本旧书是从纽约一个医生的私人图书馆的弃书堆里找到的。在一位英国朋友的帮助下，我把它译成意大利文。该书并未增加多少新的教育学实验，但处理了第一版中所介绍的一些经验的哲学问题。塞贡作为一个研究非正常儿童30年的人，表达了这样一种思想——用生理学方法研究学生个体，在分析生理和心理现象的基础上创立的教育方法，必然也适用于正常儿童，并相信它将为人类彻底复兴指明道路。

塞贡的声音，像荒野中先驱者的呼声。它促使我充分认识到这项能够改革学校和教育的工作的艰巨性和重要性。

这时，我已注册为罗马大学哲学系学生，专修实验心理学课程。在意大利的一些大学里，如在都灵、罗马和那不勒斯等大学刚刚开设这种课程。同时，我还在小学里进行了教育人类学的研究，考察学校用于正常儿童的教育方法。这项研究使我后来能够在罗马大学讲授教育人类学。

我很早就想在小学低年级正常儿童中实验缺陷儿童的教育方法，但是我从未想到利用照料幼儿的场所来进行这种实验。这完全是一种偶然机会才使我产生了这种新的想法。

大约在1906年底，我在米兰参加了一个确定科学教育学和实验心理学课题奖的国际展览会后，刚刚回到罗马，我获得一个大好机会接受罗马住宅改善协会主席塔拉莫（Edoardo Talamo）的邀请，负责在他的模范住宅区组织幼儿学校。塔拉莫先生的好意是把属于住宅区的各个家庭中的3至7岁的幼儿集中到一个大屋子里，让他们在一位住在该区的教师指导下游戏和学习。原拟每栋房子建立一所这样的学校，由于住宅改善协会在罗马已拥有400栋房子，看来这一工作有可能得到巨大发展。1907年1月，在圣罗伦佐区的一栋大公寓楼里，建立了第一所这样的学校。该协会在这个区拥有58栋楼房，根据塔拉莫先生的计划，我们应该很快建立起16所这样的“楼内学校”。

奥尔加·罗蒂（Olga Lodi）夫人以“儿童之家”这样一个幸运的名称命名这所新型学校。罗蒂是塔拉莫先生和我的共同朋友。“儿童之家”于1907年1月6日开学，地点在玛西路58号。委托坎迪达·奇特丽（Candida Nuccitelli）具体管理，我负责指导。

一开始我就觉得这样的学校具有巨大的社会和教育意义。当时我对未来的乐观看法，似乎有点过分，可是今天许多人都开始理解到，我以前的预见并不错。

同年（1907）4月7日，在圣罗伦佐建立了第二个“儿童之家”。1908年10月18日，由米兰的人道主义者协会在工人居住区建立了另一个“儿童之家”，该协会所属的工厂接受了制造教具的任务。

接着，在同年11月4日，在罗马建立了第三个“儿童之家”，位于法马戈斯塔。这次不是建立在贫民区，而是建立在中产阶级现代化的住宅里。当地人们称之为普拉蒂卡斯。1909年1月，意大利瑞士区开始改革孤儿院和儿童之家。过去他们用的是福禄培尔体系，现在改为采用我们的方法和教材。

“儿童之家”具有双重的重要意义：一是社会意义，通过“楼内学校”的特点表现出来；二是纯教育意义，通过幼儿教育方法，也就是我现在所进行的试验表现出来。

如前所述，塔拉莫先生的邀请给了我一个极好机会，使我能够把教育缺陷儿童的方法用于正常儿童，只不过不是在小学年龄，而是幼儿园的年龄。

如果缺陷儿童和正常儿童之间有可能相差无几的话，那就是在幼儿时期，这时，一个是没有能力发育的儿童，而另一个是还没有发育的儿童，他们是有某些相同之处的。

幼儿还没有获得比较协调的肌肉运动，所以不太会走路，不能完成生活上的普通动作，如扣衣扣和解衣扣。他们的感觉器官，如眼睛的适应能力还没有完全发展，语言非常原始，表现出幼儿语言上一般具有的缺陷，注意力不易集中或一般不稳定等等，都是正常幼儿和有缺陷幼儿的共同特点。普赖尔(Preyer)在他的儿童心理学研究中也避免解释病理语言缺陷和正常儿童发育过程中的语言缺陷之间的相似现象。

因此，曾经使白痴的心理个性有可能得到发展的方法，应该有助于幼儿的发展，不过应当适当改进使之构成一种正常人完整个性的健康教育。儿童的许多缺陷，如语言缺陷，后来之所以不能治愈，是由于在形成一个人的主要功能的最主要时期，即 3 岁至 6 岁的幼儿时期被忽视而造成的。

这就是我在“幼儿之家”进行教育实验的重要意义。它代表了我把缺陷儿童的教育方法用于幼儿教育的一系列的试验结果。要是查阅一下塞贡的著作，就很容易看出，我在工作中不是纯粹地、简单地把他的方法直接用于幼儿教育。但是不可否认，这两年实验工作的基础的确就是远在法国革命时期的实验以及伊塔和塞贡的毕生辛劳所奠定的。

我是在塞贡第二本书出版 30 年后接受他的思想的，但我可以说，我对这位伟大人物的工作所具有的新鲜感，就像他当年继承他老师伊塔的思想和著作时一样。在 10 年间，我不仅根据他们的方法进行具体的实验，而且还通过虔诚思考，吸收了这两位可敬可佩的人物的著作中的思想。他们给人类留下了无名英雄主义的非常生动的证明。

所以，我这 10 年的工作，在某种意义上说是对伊塔和塞贡 40 年工作的总结。由此可见，在短暂的两年试验之前，实际上已进行了 50 年的积极准备。如果我说，这些实验代表了从伊塔、塞贡到我——三位医生程度不等地在精神病学的最初阶段连续进行的工作，也并非狂言。

作为人类文明的一种确定因素，“儿童之家”值得单独写一本书。事实上，它以似乎是乌托邦的方式解决了许多社会问题和教育问题，这是若干年前就已经意识到的家庭现代化改革的一部分，直接涉及到社会问题的一个最重要方面——人们的私人和家庭生活。

本书只重印我在罗马第二个“儿童之家”开幕式上的讲话，和根据塔拉莫先生的愿望提出的关于“儿童之家”的原则和规程。这些就足以说明这方面的问题了。

还将谈到，我所提到的对居民免费开放的俱乐部和诊疗所，已经建立起来了。在现代化住宅楼内——于 1908 年 11 月 4 日，通过塔拉莫先生的慈善机构开办的普拉蒂·卡斯特洛“儿童之家”内，正在筹划建立一个附属的“公用厨房”。

第三章 “儿童之家”开学典礼上的讲话

今天在座的许多人可能从未真正见过赤贫者的生活究竟穷困到何种程度。也许你们只是通过阅读某部伟大作品才意识到贫困生活的惨状，或某位天才演员的精湛表演使你的心因贫穷的恐怖而震颤！

假若此时此刻有人向我们喊道：“走，去看看那些贫困悲惨的人家吧。因为在那恐怖悲惨的苦海中出现了光明幸福和宁静的绿洲！穷人有了自己理想的住房；被穷困和罪恶所笼罩的居住区，道德补救工作正在进行，人们的灵魂正从罪恶、麻痹和愚昧中解脱；年幼的孩子们也有了自己的‘家’；新的一代人正迈步向前迎接新时代——黑暗、罪恶与不幸将不复存在的新时代。”这些会在情感上引起什么样的反响呢！我们一定会像那些怀着美梦、在希望之星指引下的人们一样，急急忙忙地赶去祝福。

我这样说，是想让大家理解这个简陋房间的重大意义和真正的美好之处。它正像母亲从她的住房中划出来供孩子们游乐的一小块地方。这就是建立在圣罗伦佐贫民区的第二个“儿童之家”。①

圣罗伦佐区是一个很驰名的地方，因为罗马各报几乎每天都要报道这里发生的丑闻。但是，仍然有不少的人还不知道罗

---

① 蒙台梭利博士不再指导圣罗伦佐区的“儿童之家”工作。

马城的这个地区的由来。

起初并没有人想在这里建立居民区，事实上，圣罗伦佐区不是居民住宅区，而是贫民窟。这里居住的是低工资收入者、失业者，他们是在没有工厂的城市中常见的一类人。这里也是刑满释放犯在被监视期间的栖身之地；这些人汇集于此，杂乱不堪。

圣罗伦佐区是在1884—1888年的建房热潮中涌现出来的。当时修建的这些住房既不符合社会标准，也不符合卫生标准。建房的目的只是为了用房屋的占地面积来抢夺地盘，因为抢占的地盘越大，银行和公司获得的利益就越多，他们完全不顾将会造成什么恶果。由于直接组织建房的人得不到房屋的产权，当然他们也就不考虑所建房屋的坚固性了。

每当暴风雨来临，这些不坚固的楼房总是令人提心吊胆。特别是在1888—1890年遭暴风雨袭击以后，长期没有人敢迁入居住。但后来住房渐渐紧张，才有一些人开始住进去。这些房屋的产权所有者——抢占地盘的投机商，这时已很不走运，他们不能也根本不愿再投资修缮这些住房。因此，当初完全不按卫生法规建成的这些房屋，在作为临时住宅使用一段时间后条件变得更差。最后成为罗马城中最贫困阶层的栖身之所。

这些房屋本来不是为贫困者阶层建造的。套间太大，一套住房包含5至7个房间。房租就住房面积而言本来不是很高的，虽然对贫穷的家庭来说也不算很低。于是便导致罪恶的转租生意。二房东[①]每月用8元租进一套6间的住房，然后以每间1.5或2元租给能支付房租的住户，而且把走廊、屋角租给更穷的人。这样，二房东租进的一套房每月收入在15元以上，远远超

① 向房主租得的房屋再转手租给别人，称之为“二房东”。——译者注

过了他自己付出的租金。

二房东不仅因此解决了他个人的大部分生活费用，而且他还采取各种手段通过放高利贷来增加收入。他趁房客极端困难之际把少量的钱按高利率借给他们。如借出 2 元，一星期就净增利息 20 分，相当于 500%的年利息率。

由此可见，在转租的罪恶中包含着最残酷的高利贷剥削，只有穷人最清楚这种最苛刻、最残酷的剥削方式。

不仅如此。这个地区还存在着居住拥挤、男女杂居、道德败坏、违法犯罪等弊端。报纸时而披露这类情况。一大家人，包括正在成熟的男孩、女孩都挤住在一间屋里；在房间的一角还住着一个外来者，一个每天夜里接待嫖客的女人；这一切都发生在孩子们的眼前。由此人们的邪念被诱发，从而引起淫乱、犯罪和凶杀。报纸上的一些骇人听闻的报道，向我们展示了穷人生活的悲惨景象。

谁要是第一次走进这些住房都会感到震惊和恐怖。因为他目睹的真实惨状与原来想象的迥然不同。他如同走进了地狱，首先映入眼帘的是一片黑暗，即使在中午，室内的东西也无法辨认。

当眼睛适应这种昏暗之后，我们才感觉出床的轮廓，发现床上蜷着一个忍受病痛的人。如果我们给住户带去社会救济金，就得点上蜡烛来点数，然后让他们在收据上签字！唉，当我们谈论社会问题的时候，常常含糊其词，以想象代替现实，而不是亲自调查实际情况，作出明智的判断。

我们认真讨论学生的家庭学习问题，然而许多学生的家，只不过是扔在陋室黑暗角落里的一块草垫而已。我们希望建立流动图书馆使穷人可以在家里阅读；我们还打算送给他们一些书，帮助他们建立家庭文库；通过这些书的影响使他们逐渐达到较高的文化生活水平。我们还希望印发一些读物，从卫生、道德和文化方面教育穷人；但这恰好深刻地反映了我们不了解什么是他们最急需的。他们当中大多数人都没有阅读所必需的照明。

这样，给当今的社会改革者们提出了一个比提高穷人智力更迫切的问题，那就是最基本的生活问题。

在谈到出生在贫困家庭的儿童时，传统的表达方式也得改变。因为他们刚睁眼时见到的不是“光明”；他们降生在阴暗的世界，生长在罪恶的阴影之中；这种阴影笼罩着拥挤不堪的人们。他们用水不足，儿童满身污垢。原来一个套间只住三四个人，现在却住上了20个甚至30个人，以致饮用水都不够！

我们意大利人几乎已把意大利语的“家”（casa）提升到英语中具有神圣意义的“家”（home）的地位——一个充满家庭情感，只有亲人才能进入的殿堂。

现实状况离这个概念太远了。许多人没有“家”（casa），只有残破不堪的墙壁；最隐私的生活行为也暴露无遗，成为笑柄。在这里，没有隐蔽，没有谦恭，没有礼仪；甚至没有阳光，没有空气，没有水！然而我们想象中的家是民众教育的实体，是社会结构的唯一的坚实基础。但社会现实对于这种宣传却是一个辛辣的讽刺。如果我们仅仅停留于这些言论，那我们就不是真正的改革者，只是富于幻想的诗人。

就我们上面所描述的情况而言，穷人还不如在街头找个避难的角落，让他们的孩子住在那里，这也许会更体面、更卫生。但是街头常充斥着流血、争吵和难以想象的罪恶情景。报纸曾报道：一些妇女被醉酒的丈夫驱赶、杀害！下流的无赖之徒向年轻姑娘扔石头，使她们常常感到比死还可怕。此外，我们还目睹一些难以言状的事——一个不幸的妇女被醉汉们糟蹋后抛进沟里，天亮后，近邻的孩子跑来，像一群食腐动物围着死尸那样大喊大叫，嘲笑这个不幸的妇女，甚至用脚去踢那仍躺在烂泥沟里的青肿污秽的身体。

由于许多世纪以来，尚未有过对穷人进行隔离的事，以致我们上面所谈到的那种极端悲惨的景象可能发生在世界文明的摇篮、艺术的胜地——罗马这个国际大城市的门口。

在中世纪，麻疯病人被隔离；天主教徒曾经隔离过犹太区的希伯莱人；但从来还没有把穷人看成是危险和丑事而必须进行隔离。富人的居住区内总是散居着穷苦之家，两者形成对比；从古至今，文学作品都是这样描写的。确实，当我还是小学生时，老师为了进行道德教育，常常给我们讲述善良的公主怎样帮助隔壁茅舍的穷人；富有人家的好孩子怎样把食物送给邻舍的女病人。

所有这些在今天都成了空想的、虚构的神话。穷人也许再也不能从富有邻居那里学到礼貌、教养；再也不能指望他们雪中送炭。人们把穷人驱赶到一起，远离豪华的富人住宅区和闹市，连住房也没有，让他们在极度绝望中相互学会残忍和邪恶。任何有清醒的社会道德良知的人都应看到，正是我们造成了一个严重威胁城市的可怕的传染区，尽管城市希望按照某种审美理想和贵族气派使一切变得非常美丽，光芒四射，可是传染区的一切丑恶和疾病不可避免地会传播开来。

当我第一次走过这些街道时，我仿佛置身于一场浩劫后的城市。在死气沉沉的街道上，我似乎觉得争斗的幽灵仍然压抑着不幸的人们，他们的脸上流露出恐惧的神情。这种死一般的静寂，似乎意味着这里的社区生活已经被破坏、被中断。街上没有车马人流的喧嚣；没有小贩欢快的叫卖声；也没有沿街卖艺人手风琴的优雅乐调；更没有贫民区那种典型的嘈杂来打破这种沉寂，冲淡这种忧伤。

坑坑洼洼的街道，歪歪斜斜的台阶；我们几乎可以设想，这种灾难好像一场特大的洪水冲刷过的地面。再看看四周的房屋，装饰剥离，断壁残垣；这里似乎是经受了一场强烈的地震。再仔细看看，这个人口稠密的居民区实在太穷了，甚至连一个出售廉价日用品的商店都没有，只有一个劣质酒店，它敞开着店门向过往的行人喷出难闻的气味。看到这一切，使我们有可靠的依据认为，给这些人们带来深重灾难的不是自然灾害，而是贫穷——伴随着罪恶的贫穷。

报纸关于暴力、道德败坏等罪恶事件的报导，唤起我们对这种不幸和危险的关注。那些从事慈善救济事业的人也为此深感不安。然而，有人也许会说，每种形式的苦难都激起一种特殊的补救方法。而且，在这里所有的办法——从挨门挨户地介绍卫生知识到建立托儿所、幼儿园、医务所等都尝试过了。

但是，慈善救济的实际成就怎样呢？只能说，收效甚微，令人遗憾。事实上，这样的救济方式不可能有很大的效益，它既缺乏稳定的收入，又无健全的机构，只限于少数成员的个人活动。另一方面，这样严重的、波及面很广的罪恶危险事态，需要对整个社区广泛地采取全面的补救措施，还要建立一种强有力的组织，通过实现普遍的繁荣，在造福人群的同时使自身也得到发展和繁荣，从而在这个地区站稳脚跟，以完成持久的有益的工作。

为了满足这种迫切的需要，罗马住宅改善协会从事具有重大意义的慈善工作。由于爱德华·塔拉莫的领导，协会的工作以先进的、高度现代化的方式进行着；它的计划富于创造性、全面周详、切实可行。这在意大利和世界上都是独一无二的。

这个协会于3年前成立于罗马。它打算购买和改造贫民住宅区的房屋，使之符合起码的生活条件，并给予妥善的管理。

协会购买的第一批房产包括圣罗伦佐区的大部分住房。如今，协会在那儿已有 58 栋房屋，占地面积达 3 万平方米，除去底楼外还有 1600 个小套间。该协会的住房改革使成百上千的人都受益匪浅。协会遵循慈善计划，在改造这些旧房时按照最现代化的标准，充分注意卫生和道德要求，房屋结构的改变使房屋获得真正的、永久性的价值，而通过居民条件的改进使住宅的租金成为一定的资产。

住宅改善协会拟定了一个逐步达到理想的计划。由于住房紧缺，要租房户腾出大批房屋确有困难，因此房屋的改造逐步进行；同时支配着整个改建工作的人道原则也不允许以更快的速度进行改造工作。迄今为止，协会在圣罗伦佐区才改建了 3 栋楼房。改造房屋的设计按如下原则。

（1）住宅中凡当初不是出于居住舒适的动机，而是以纯粹的盈利的观点和为抢占地盘而建造的部分，统统予以拆除。换句话说，拆除住宅中妨碍中央庭院的部分，拆除阴暗的、不通风的套房，使空气和光线能进入住宅的其余部分。宽敞的、空气流通的庭院取代了空气和光线不足的陋室，使剩下的房屋更适合于人们居住，更令人满意。

（2）增加上下楼的梯道，合理地分隔房间和配套住房。把含有六七间房间的大套间，改成只有一间、两间或三间的套间，并各配一间厨房。以适合住户的实际需要和经济条件。

房屋的改建，无论从住户的卫生、道德、经济利益和房产主的租金收益来看，实效都是很显著的。原来人多楼道少，上下楼极不方便，楼道的增加减少了对楼走廊、楼角的任意占用和对墙壁的污损，有助于住户养成爱护房屋的设施、整洁和守秩序的习惯；房屋分隔成适宜的套间，可减少住户之间尤其是在深夜的不必要的接触，在道德、卫生方面取得了巨大的进步。

把住宅分隔成小套间有助于伦理的改善。这样一来能把各个家庭分开，使家有可能名副其实，而且从根本上制止了转租剥削、拥挤与道德败坏。

住房的合理设置，一方面使住户住得更加舒适，并减轻了他们的经济负担；另一方面使房产主增加收入，即可额外获得原来转租者那部分租金。房产主把原先月租金为 8 元的一套 6 间住房的套间改成 3 套一间房间、一间厨房的阳光充足、空气流通的小套间，其收入显然能增加。

在今天看来，这种改建的道德意义是巨大的。它消除了拥挤和男女杂居所产生的不良影响，并给这些人带来生气。他们在温暖的家庭里第一次享受到天伦之乐。

协会的目标不仅于此。协会提供给住户的住房不仅光线充足，空气流通，而且设备齐全、维修精良、四壁生辉，一切都焕然一新。但是，要享受这种舒适的住房和美好的生活环境，住户应承担一定的管理责任，还须缴纳适量的“爱护”（care）房屋和“善意”（good will）税。为此，住户必须经常保持楼房从进口处到自己住房全部墙壁的清洁，爱护房屋及各种设施，注意公共卫生和睦邻关系。这样，住户们皆同心协力地维护良好的秩序和环境卫生，保持房屋完好。

的确，协会颇有创新！到现在为止，只有国家公房才有经常的维修资金。在这里，房屋的日常维修委托给一百个左右的“工人”，即委托给居住在这里的人。他们对房屋的爱护是真心诚意的，房屋被保护得完好，没有一点污损。今天，我们在这里所看到的几幢楼房已租给住户使用了两年，它完全由住户管理，维修工作也完全由住户们自己负责。在整洁和维护方面，我们自己的住房，也很少有几所可以与这些贫穷人家的住房相比。

这种实验的结果是令人鼓舞的。这些贫穷人不仅知道持家、爱护清洁卫生，而且还逐渐着手装饰他们的房间。协会也在院落与门厅周围栽种上树木花草，帮助他们美化环境。

出于为了幸福生活的诚实竞争，一种对这一住宅区是崭新的自豪感得到了发展，爱护房屋这就是以最好地爱护住宅、创建更高文明的生活而自豪。他们不仅住在房屋里，而且知道怎样生活，他们知道怎样爱护自己所居住的房屋。

这种变化进一步导致了其他方面的改革。他们从保持房屋清洁卫生转向注意个人清洁。因为整洁的房屋内不能容忍安放肮脏的家具；长期居住在整洁房屋里的人，自然也要求个人的整洁。

协会对于住户个人卫生的重要改进措施是解决洗澡间问题。经过改建后的每一栋楼房都开设一个专用的公用洗澡间，既可盆浴，也可淋浴；既供应冷水，也供应热水；住户可按次序洗澡，就像各家依次到院子里用自来水洗衣服一样。这一做法鼓励了人们讲究个人卫生。在住宅楼里提供冷热水浴与进普通公共浴室相比是一个重大改进。这样，不但有利于居民的健康，同时也使他们变得文雅，使这些曾栖身于黑暗陋室中的人们不仅见到了阳光，而且也获得了进步。

然而，协会在努力实现房屋半免费维修计划时，遇到了学龄前儿童的问题。父母上班时，往往整天把孩子们单独留在家里。小孩们尚不懂得要求他们的父母爱护房屋这一举动的教育意义，他们是一群无知的小捣蛋，随意污损墙壁和楼梯。这就促使了协会的另一个改革。改革的费用间接由住户承担，即利用他们支付的房屋“爱护”税创办“儿童之家”，专门接纳学龄前儿童。可以说，这是由于当代的进步和文明的推动所设想出的重大税收改革。“儿童之家”也是儿童的父母爱护住房所赢得的。这样，母亲可以放心地把孩子送进“儿童之家”，由教师照管和教育，而自己则毫无牵挂地外出工作。但是，不交纳“爱护”和“善意”税的住户，是不能享受这种福利的。同时，“儿童之家”的规章① 向父母提出如下明确要求：

“母亲必须把自己的孩子打扮得整整洁洁地送到‘儿童之家’，并且在教育工作中必须与女指导员(directree)密切合作。”

以上两项义务是从身体和道德方面关心自己的孩子。如果通过孩子的说话和行为反映出家长的影响削弱了“儿童之家”的教育效果，便把孩子送回家，以此告诫家长必须珍惜这种良好的机会；那些习于低级趣味、行为粗野、爱吵架斗殴的家长，会意识到教育孩子的责任，而不得不克制和改正自己的言行；否则自己心爱的小宝贝将重新过无人照管的黑暗愚昧的悲惨生活。也就是说，父母必须懂得并学会怎样才能享受“儿童之家”给他们的孩子和自己带来的巨大好处。

只要父母有“良好意愿”(即自愿满足协会对他们的要求)就已足够了，因为“儿童之家”的教师都经过训练并且愿意教他们怎么做。“章程”规定母亲每周至少去“儿童之家”一次，与教师交谈孩子的情况，并听取教师提出有关孩子的健康和教育方面的建议。这些建议对儿童的健康和教育必然是最有帮助的，因为每个“儿童之家”都配有受过教育和训练的教师和医生各一位。

教师在工作中经常与母亲们协作。教师作为有文化的、受过教育的人，她的生活永远是贫民住宅中的全体居民的楷模，因为她必须和贫民大众住在同一楼内，而且是她的所有的小学生的家庭的邻居。这是一个非常重要的事实。夜里是无人敢于赤手空拳地走进这些住宅中的，一位文质彬彬的有文化的妇女，一

① 参见本书第100—101页：“儿童之家”的章程规则。

位职业教师来到了这些近乎野蛮的人群中，不仅进行教学，而且与这里的人过着同样的生活，她把自己的时间和生命都用来帮助周围的人们。她是一个真正的“传教士”，是这些人群中的道德女神。如果她热诚地工作，方法得当，必然会获得空前的良好效果。

这里的贫民住宅区的新面貌，似乎是难以实现的梦境。确实在这种尝试之前也曾有过仁人志士到穷人中去生活，去开化他们。但这些工作不切实际，除非穷人的住房是卫生的，使穷人有可能达到较高的生活水准。除非有一些共同利益把全体住户团结在一起，为更美好的生活努力，这些工作是不可能达到其目的的。

这种居住区是新颖的还因为这里有“儿童之家”这样的教育机构。这不单纯是一个寄托孩子的地方或儿童收容所，而且是用科学的教育方法教育孩子的真正学校。

在这里，孩子们的身体发育受到重视，学校从人类学的观点研究每个儿童。语言练习、系统的感觉训练以及直接与孩子实际生活能力有关的其他练习等构成全部教育工作的基础。教学是直观性的，它有效地应用了丰富多采的教学材料。

我不可能详尽讲述所有细节，但有必要提一下，学校已有了洗澡间，孩子们可以洗热水浴或冷水浴，也可以洗手、洗脸、洗脖子和耳朵。只要可能，协会还提供一块空地，让孩子们学习种植一般的蔬菜。

在这里，我要谈谈作为教育机构的“儿童之家”取得的教育进步，这是很重要的。熟悉学校基本问题的人都知道，今天特别值得注意的一个重要原则，几乎也是一个难以实现的理想，就是要求学校教育和家庭教育的目标协调一致。然而，家庭一般与学校教育不一致，而且家庭教育大多与学校的理想相悖。它成了学校不可捉摸的幽灵。家庭不仅与教育进步紧密联系，而且也与社会进步紧密联系。在这里，我第一次看到可能实现长久以来所谈论的教育理想了。我们已把学校建立在居民楼内；并且把它作为集体的财富，把教师为完成她的崇高使命的全部生命活动都展现在家长面前。

“学校为集体所有”是一种非常美好的和具有深刻教育意义的新思想。

学生家长知道“儿童之家”是他们自己的财产，是靠他们支付的一部分房租维持的。母亲们随时可以观察、赞美或思考那里的生活。一切都激励着她们，使她们相信，上帝正在为她们的孩子造福。可以说，母亲们十分敬慕“儿童之家”和教师。她们对教育自己孩子的教师关怀备至，体贴入微；经常把糖果或鲜花放到教室的窗台上，作为无声的祝福，虔诚的奉献。

经过3年的教育和训练之后，母亲们把自己的孩子送去上小学。这时她们已有足够的经验与学校教育相配合。在教育孩子方面，她们已具备了最好的社会阶层中的母亲们难以获得的高尚情感和思想：她们以自己的行为和品德表明自己无愧于拥有一个有教养的儿子。

“儿童之家”取得的另一进步与建立科学教育学有关。到目前为止，教育学仍然是建立在对学生进行人类学研究的基础上，这仅仅触及到关于改革教育的实际问题的一部分。然而，人不是动物，而是社会产物，在教育过程中个体的社会环境是家庭。如果科学教育学不能影响新一代成长的社会环境，那么，它寻找改良新一代教育的努力也是徒劳！因此我相信，只有把居民住宅之门向新的真理之光敞开，向文明进步敞开时，我们才能解决恰当地改善新一代成长的环境问题，才有可能实际运用科学教育学的基本原理。

“儿童之家”取得的另一成果是向着家庭教育的社会化迈出了第一步。居民在自己的宿舍里有了寄托孩子的地方，这不但安全，而且有种种优越条件。

请记住，这里所有的母亲都能享有这种权利，她们可以轻松地放心地去上班。然而，在这以前，社会上只有一个阶级享有这种优越条件，即只有富家的妇女才能把孩子交给保姆或家庭教师照管，自己去从事社会交际和娱乐活动。今天，改良了的贫民住宅楼内的妇女们可以像贵妇人一样地说：“我把儿子交给家庭的女教师（‘保姆’）了！”不仅如此，她们还可以像皇家公主一样地说：“还有家庭的医生看护他们，指导他们健康成长呢！”这些母亲像英、美上流社会的母亲那样，拥有教养员和医生填写的关于孩子成长和实际情况的“个人成长纪录卡”。

大家都熟悉对一般环境进行共产主义改造的种种巨大优越性。例如，铁路、街道照明、电话的集体使用，等等。工业发展带来了大规模生产，使大家可能有干净的衣服、地毯、窗帘、佳肴、精致的餐具等……这种福利事业发展的一般趋势将逐步消除社会等级。所有这些我们在现实中都看到了。但是人的共产主义化还是一个新课题。集体将从公仆，即护士、教师的服务中受益——这是现代的理想。

“儿童之家”就是这种理想的实证。这在意大利或其他国家都是首创的。它符合时代的要求，具有深远的意义。我们不再说什么“儿童之家”的方便，剥夺了母亲照管和教育其娇嫩的子女这一最重要的天然的社会职责。今天社会和经济的发展要求劳动妇女走入工薪者的行列，迫使她们部分地放弃其最宝贵的职责！无论怎样，母亲必须离开她的孩子。我们这种教育机构的优越性并不仅仅局限于劳动阶级，它可以扩展到一般中产阶级中从事脑力劳动的人们，如教师、教授们往往在课余时间还去给私人上课，因而被迫把孩子整天留给一些粗俗无知的女仆看管。的确，第一个“儿童之家”通告发出后，中产阶级的人们的信件如雪片般飞来，纷纷要求把这些有益的改革推广到他们的居住区。

那么，如此说来，我们正在把“母亲的职能”——妇女的职能共产主义化。在这里，我们可以看到，正在以实际的行动解决过去看来不可能解决的妇女问题。有人会问：“如果妇女离开了家，那么，家会变成什么样呢？”答案是，家庭将被改造，妇女要承担起社会主力军的作用。

我相信，在未来社会中，共产主义的其他生活方式也会出现。

以“住宅医务室”为例。妇女是全家亲人的天然护士，但谁都知道，当她不得不离开家里的病人去上班的时候，她常暗自饮泣！可是竞争又是那么激烈，她一旦旷工就有失去赖以维持生计的工作的危险。如果能把病人留在“住宅医务室”，她可以随时去看望病人，晚上有时还可以去守护。“住宅医务室”对这样的妇女具有明显的优越性。

“住宅医务室”可以进行隔离和消毒，这对于家庭卫生来说是多么大的进步啊！谁不知道，当穷人的一个孩子患上某种传染病时要把她与其他孩子隔离是多么困难；这样的家庭在城里往往没有亲戚或朋友，没有可把其余的孩子送去寄托的地方。

公共食堂尽管是更遥远的事，但也是可能的。“公共食堂”一旦建立，人们可以在清早预订饭菜，而在约定的时间食堂工人可以把饭菜送到楼内各家。事实上，这在美国已获得成功。这种改革对中产阶级的家庭最有好处，他们在过去只能把自己的健康和餐桌上的快乐交给无知的、常把饭菜搞糟的佣人。目前，唯一的另一种选择就是到餐馆中吃便宜的客饭。

的确，由于妇女成为工薪者而导致家庭缺少主妇，住房改革确实应当为此采取必要的补救措施。

这样，居民楼将成为一个中心。在周围建立一些原来没有的良好设施，如学校、公共浴室、医院，等等。

所以，它的发展趋势是把过去蕴藏着罪恶、危险的贫民住宅区变成一种教育、文化、娱乐中心。除了为孩子们兴建学校外，如果再为居民开办俱乐部、阅览室，那就更有益于居民了，特别是男人们可以在那里正当地、有益地度过愉快的夜晚。像“儿童之家”一样，建立居民俱乐部对社会各阶层都可能是有益的，它可以取代赌场和酒吧间，有助于改变人们的道德面貌。我相信，住房改善协会不久将要在圣罗伦佐区的改建过的楼房里建立俱乐部。居民可在里面读书、看报、听通俗有益的讲座。

随着社会和经济情况的改变，妇女也必须用一定时间和精力去从事有报酬的工作，我们不必因为这一事实而惧怕家庭的解体。家自身将具有家庭主妇的温柔的女性特征。房客只要付给房东一定的钱，作为交换就可以得到舒适的生活所必需的一切东西；换句话说，房产管理处将成为家庭的“管家”，这样的日子将会到来。

由此，可以认为，“住宅”（house）在进化过程中，比“家”（home）包含更崇高更广泛的意义。它不是仅仅由四壁组成，虽然这些洁白的墙壁护卫着家庭的神圣标志——亲密无间。家的内涵将比这更丰富。它生活着，有自己的灵魂！可以说，它如同女性温柔的手臂拥抱着一家大小；它是道德和幸福的赐与者；它关怀、教育和抚养着下一代。劳累的工人在家里将得到休息，恢复体力；他在家中过着温馨生活，享受天伦之乐。

新型的妇女，就像刚脱蛹而出的蝴蝶展翅飞翔，从旧时代的束缚中获得解放；她们不再是男人的附属品。她们像男人一样也是人，是自由的人，是社会劳动者。她们也像男人一样，在经过改造和共产主义化的住宅里寻求幸福、和谐、平静的生活。

女人期待着爱，而不是供人享乐或消遣的玩物。她希望摆脱一切奴役性的“爱情”。人类爱情的目的不是为了个人私欲的满足，它的崇高目的是增进人类自由精神的力量，几乎是神圣不可侵犯，而在这种美满纯洁的爱情生活中延续后代。

这种理想的爱情，曾在弗里德里克·尼采（Friedrick·Nietzsche）描述的扎拉士特拉（Zayathustra）的妇女身上体现出来。她真诚地希望儿子比自己强。她问丈夫：“你为什么需要我？可能是感到独居可怕吧？

“如果是这样，你就滚开吧！我希望的是一个征服自己的男人。我希望的是一个整洁健壮的男人，他愿意与我从肉体到灵魂都结合在一起，共同造就儿子！造就前所未有的、更好、更完美、更健壮的儿子！”

有意识地改善自身的素质，锻炼体魄，增进自身的德行，使后代变得更优秀，这应该是人类婚姻的目标。但这个崇高的理想还很少有人考虑过。将来的社会化的家的生活是丰富多采的，友善和睦的；家既是教育者，又是安慰者，它是那些希望改善自身品质而延续后代的夫妻伴侣最值珍惜的，它使人类繁荣昌盛！

“儿童之家”的章程规则

罗马住宅改善协会在贫民住宅楼内××号建立“儿童之家”，凡居住于该楼家庭的学龄前儿童均可入学。

“儿童之家”的主要目的：为那些外出工作不能照顾孩子的

父母提供免费服务。

“儿童之家”根据儿童的年龄特点进行教育，增进健康，促使身心的协调发展。

“儿童之家”设女指导员（directree）、医生、保育员各一名。

“儿童之家”的工作程序及时间表由教师安排。

凡本楼 3～7 岁儿童均可入“儿童之家”。

凡愿意把自己的孩子送入“儿童之家”享受这种优惠的父母，无须缴费，但必须承担下列义务：

（1）家长必须按规定时间把孩子送入“儿童之家”，儿童的身体、衣着必须整洁，并配合适围裙，否则教师和保育员可以拒绝接收。

（2）家长对指导员和“儿童之家”的其他工作人员应给予最大的尊重。在儿童教育方面与指导员密切合作。母亲每周必须去“儿童之家”一次，与指导员交谈，向指导员提供孩子在家中的表现，听取指导员的有益建议。

凡属下列情况者，“儿童之家”可将孩子除名：

（1）父母将孩子送进“儿童之家”时，未曾梳洗，衣着不整洁；

（2）屡教不改者；

（3）父母不尊重“儿童之家”的指导员和工作人员，或父母不良行为破坏“儿童之家”的教育工作。

第四章　“儿童之家”的教育方法

当我得知我被分配教一个幼儿班时，我就设想把这个班变成一个科学教育学和儿童心理学的实验场所。我开始工作时，正如冯特所说：“儿童心理学还不存在。”实际上，关于儿童的实验研究，如普赖尔（Preyer）和鲍德温（Baldwin）的研究，只不过是以他们自己的两三个孩子为实验对象。况且心理测验仪器在用于孩子之前还需要加以改进和简化，因为孩子不愿消极地作为实验对象。儿童心理学只有通过外部观察的方法才能建立。我们必须放弃进行内心状态记录的任何想法，因为内心状态只有通过实验对象的内省才能揭示；而用于教育学中的心理测量仪器迄今只限于研究触觉。

我打算仍接触其他人的研究，但我的研究得保持自己的独立，在工作中不带任何先入之见。我只得保留了冯特的一个主要论断，或者说是定义：“实验心理学的一切方法可归结为一个方法，即对实验对象进行详细的记录观察。”

对研究儿童来说，还需要考虑另一要素：研究儿童的发展。在这里，我也保留了同样的一般标准，但不墨守按照年龄区分儿童活动的权威论断。

人类学的思考

关于身体的发育，我首先考虑的是进行定期人体测量的观察，有选择地进行最重要的测量观察。

我设计了一个米制的人体测量仪。长度范围是0.5～1.5米，一小凳，高30厘米；可置于测量器水平台上，以便测量坐姿高度。我建议制造一种在立柱两侧有刻度的带平台的测量仪，一面测身高，一面测坐姿体高。立柱上的指示刻度分别为两个，可以同时测量两个孩子。这种测量方便省时，无需挪动凳子，也避免刻度换算的麻烦。

在简化了研究的方法之后，我决定每月测量一次孩子的坐高和身高，为了使这种测量规律化，尽可能准确地掌握儿童发育与年龄的关系，为了使教师的研究更有规律性，我规定把各个孩子的满月日期分别为他们的测量日。为此我设计了下面这样一个登记表。

日期	姓　　名	九　月		十　月		……
		身　　高	坐　　高	身　　高	坐　　高	……
1						
2						
3						
4						
5						(续)
⋮						

对着日期的空格，用以填写每月该日出生孩子的姓名。这样教员一看日历牌就知道哪一天应该测量哪些孩子，并把测量结果填入该日出生的孩子的姓名栏内。这种做法使教师能获得非常准确的记录，然而并不感到负担过重和过分劳累。

孩子的体重则安排每星期测量一次。浴室的更衣室设有一对磅秤。按孩子出生日，如星期一、二、三……等在洗澡前测量体重。我们考虑到一个班级有50个孩子，洗澡不是一个小问题，因此把孩子洗澡的时间分为7天，每天有3至5个孩子洗澡。当然，从理论上讲需要每天洗一次。但要让这么多孩子同时洗澡，必须有个大浴池或许多小浴盆。即使每周洗一次也有困难，有时还不得不放弃洗澡。但无论如何，我按照规定的洗澡周期测量体重。①

这里所列的表格用来记录孩子的体重，每月一张。

星期	姓　　名	九　　月			
		第一周(磅)	第二周(磅)	第三周(磅)	第四周(磅)
星期一					
星期二					
星期三					

① 顺便说明一下，我发明了一种供孩子们同时洗澡又不需要大浴池的方法。为此我设计了一个底部带支撑的长形木槽，在上面可放一排底部带孔的小盆，大槽充水，水也注入小盆，直至水槽和小盆的水平面一致。当水平衡后，水就不再由一个小盆流向另一小盆。孩子们就可以在各自的盆里洗澡。木槽的水放空时，小盆的水也同时放空。小盆由轻金属制成，容易移动，便于刷洗槽底部；小盆的孔上可有软塞。但这只是一种设想。

我觉得，上面介绍的这些人体测量项目是教师必须掌握的，也是学校要切实进行测量的项目。其他测量应由已经成为或准备成为幼儿人类学专家的内科医生来进行。同时，我本人也亲自进行了这些特殊测量。

内科医生的检查必须是综合的，为了简化这些测量并使之具有规律性，我设计和印刷了体检卡，其形式如下。

编号＿＿＿＿＿＿＿＿＿＿日期＿＿＿＿＿＿＿＿＿＿

姓名＿＿＿＿＿＿＿＿＿＿年龄＿＿＿＿＿＿＿＿＿＿

父母姓名＿＿＿＿＿＿＿＿＿＿母亲年龄＿＿＿＿父亲年龄＿＿＿＿

职业＿＿＿＿＿＿＿＿＿＿

详细遗传情况＿＿＿＿＿＿＿＿＿＿＿＿＿＿＿＿＿＿＿＿＿＿＿＿

＿＿＿＿＿＿＿＿＿＿＿＿＿＿＿＿＿＿＿＿＿＿＿＿＿＿＿＿＿＿

＿＿＿＿＿＿＿＿＿＿＿＿＿＿＿＿＿＿＿＿＿＿＿＿＿＿＿＿＿＿

本人情况＿＿＿＿＿＿＿＿＿＿＿＿＿＿＿＿＿＿＿＿＿＿＿＿＿＿

＿＿＿＿＿＿＿＿＿＿＿＿＿＿＿＿＿＿＿＿＿＿＿＿＿＿＿＿＿＿

＿＿＿＿＿＿＿＿＿＿＿＿＿＿＿＿＿＿＿＿＿＿＿＿＿＿＿＿＿＿

人 体 记 录

身高	体重	胸围	坐高	身高指数①	体重指数②	头部			
						周长	前后直径	左右直径	头部指数

身体素质（体格情况）＿＿＿＿＿＿＿＿＿＿＿＿＿＿＿＿＿＿＿

肌肉情况＿＿＿＿＿＿＿＿＿＿

① 身高指数指立姿与坐姿身高之比。

② 体重指数指身高与体重之比。

肤色__________________

发色__________________

评语：____

____

____

如上所见，表示形式极为简单。之所以这样设计，是为了便于医生和女教师自由独立地使用。

用这种方法进行人体测量可有条不紊，它方法简便，表格清楚，保证了最基本的观察方法。至于医生用的体检卡，建议每年进行一次如下项目的测量：头部的周长，头部的前后、左右的直径；胸围、头部指数，体重指数及身高指数。关于选择这些测量的更详细的资料，可参看我的论文《教育人类学》。这些测量均要求医生在孩子满足岁的那个星期或至少在该月内进行。如有可能，在生日那天测量更好。这种做法因其规律性使医生能较容易地完成任务。我们每所学校最多有 50 个孩子，生日分布在一年的 365 天，使医生可能届时分别测量，工作不致繁重。教师有责任将每个孩子的生日告知医生。

进行这些人体测量，对孩子也可以起教育作用，当离开“儿童之家”时，他就知道怎样确切地回答下列问题：

你的生日是星期几？

你的生日是几月几日？

什么时候是你的生日？

通过这些测量，孩子们能养成有条理的习惯，尤其是观察自己的习惯。可以说，孩子们的确把测量当成极大的乐趣。老师只要对一个孩子说，量身高，他马上就自动把鞋脱掉，笑着跑到身高测量仪的踏板上来，端正地站好。老师只需移动指示器和记录测量的结果。

医生除用一般的器具（卡尺、直尺）进行测量，还观察孩子的脸色，考察肌肉、淋巴腺、血液等情况，而且注意有无异常病变，详细说明病变情况（如软骨病的趋势、小儿麻痹、视力不正常等）。对孩子进行这种客观的研究，有助于医生适时将情况告知家长。此后，当医生觉得有必要时，可对其家庭进行一次彻底的卫生检查，或采取必要的治疗，如医治湿疹、耳炎、发烧、肠功能紊乱等疾病。这一工作可以得到居民医疗所的大力协助。由他们对孩子进行有效治疗和连续观察。

我发现，向诊所里的病人提出的一般问题并不适合于我们学校的情况，因为住在这些公寓里的家庭成员大部分是很正常的人。

所以，我鼓励教师从与学生的母亲们的交谈中收集更多实际情况，从而得知家长的教育、习惯、收支等。教师据此可了解每户家庭过去的情况。这种做法大都基于让·布莱（Le—Play）采用的序列。当然，这种方法只有当教师住在学生居住的地方时，才切实可行。

无论如何，在这种情况下，每次医生向母亲们提出的关于每个孩子的卫生健康的具体建议，或关于卫生健康的一般指导，都表明是最有效益的。教师应在这方面起桥梁作用，因为母亲们信任教师，同时教师向母亲提出建议也理所当然。

环境：教室的设备

观察方法，毫无疑问必须包括对学生形体发育的系统观察，但请允许我重复一下，尽管这种观察是必要的，但观察方法的建立并非基于这种特殊的观察。

观察的方法是建立在一个根本原则——学生自然表现的自由原则的基础上。

有鉴于此，我首先把注意力转向环境问题。这当然应该包括教室的设备问题。我认为学校环境的一个重要部分，应当有一个带有花园的宽阔操场。但这不是什么新建议。

新奇的可能是我想怎样利用这个露天场地。它与教室直通，因此孩子们整天都可以随便自由进出。这点后面再详述。

学校设备的改进主要是取消了一般的课桌、长凳或固定的椅子。我设置了一些又宽又结实的八边形和八条腿的桌子，它既稳定又轻便；两个 4 岁的孩子可不费力地搬动它。另外的桌子呈长方形，而且很宽；长的一边可坐两个孩子，如果坐挤点可坐 3 人。还备些较小的桌子，供 1 个孩子单用。

我还设计和制成一种小椅，原来打算用藤制，但经验表明藤椅太不经用，所以现已全改为木椅，它们轻便美观。另外，在每间教室放置一些木质或柳条编的小扶手椅。

教室里的另一设施是一小盥洗架。盥洗架很低，3 岁小孩也能使用。盆架涂以白色防水瓷漆。盆架除了有较宽的上下两层架子可放小白搪瓷盆和小壶外，侧面还有小格子可放肥皂盒、指甲刷、毛巾等。另有一水容器，用于专盛洗水盆倒出的脏水，如可能，还放一个小柜橱，每个孩子占据一块空间，放自己的肥皂、指甲刷、牙刷等物品。

每个教室有一排专门设计的装教具的矮长柜橱，橱门易开，孩子们自己照管教具。橱顶放植物盆和鱼缸，或各种给孩子随意玩的玩具。教室里设有很多黑板，挂得很低，最小的孩子也能在上面写画。每块黑板一侧放有一个装粉笔的小盆和一块擦黑板的白布。

黑板上端的壁上挂着一些精选的优美图画，构图简单，但能自然地引起孩子们的兴趣。在罗马“儿童之家”教室挂的图画中，我们选了拉斐尔（Raphall）的圣母像作为“儿童之家”的象征。事实上，这些“儿童之家”不仅代表社会的进步，而且代表人类的普遍进步。这与母性观念的提高、妇女的进步和保护幼儿的事业紧紧相连。拉斐尔用这美好的想象不仅表现圣母是一位怀抱着比自己更伟大的婴儿的神圣的母亲，而且在圣洁的母性象征的身旁，展现了代表人性的圣约翰。从拉斐尔的画中我们看到了人类对母性的敬仰。母性，是人性胜利的至高无上的象征。除了美好的象征意义，这幅画的价值还在于它是一位伟大的意大利画家的艺术杰作。如果有那么一天，在全世界建立起“儿童之家”，我们希望，在每个“儿童之家”都挂上拉斐尔的这幅画，它可以理直气壮地说：最早建立“儿童之家”的国家是意大利。

当然，孩子们并不能理解圣母像的象征意义，但他们能看到比一般画更美的东西，他们能从中看到妈妈、爸爸和孩子。长期有这样的画伴随，将在他们的心灵中唤起宗教的情感。

这就是我为受教育的孩子选择的环境。

我知道，那些习惯于用旧的方法保持秩序的人，他们在思想上产生的第一个反对意见是：这种学校的孩子到处乱跑，会弄翻小桌椅，产生喧嚣和无秩序。这是长期以来人们对待孩子的偏见，但并无确实的根据。

多少世纪以来，人们一直认为，襁褓对新生儿是必要的，学步椅对幼儿是不可缺少的，因此，我们仍在相信学校里固定在地板上的笨重的桌椅对学生也是合理的。所有这些都基于一种想法，即认为孩子应当在呆着不动中长大。还基于一种奇怪的偏见，即在实施任何教育的时候，必须让身体保持一种特殊姿态，就像我们认为在祷告时必须保持特殊姿态一样。

我们的小桌子和各种椅子都很轻巧，便于搬动，并且我们允许孩子选择他们觉得最舒适的坐姿，各自可以舒适地坐在座位上。这仅是外部的自由象征，而且是一种教育手段。如果一个孩子由于行动笨拙弄翻了椅子，倒在地板上发出噪声，这就明显地证明了他还缺乏能力；如果有孩子被绊倒于固定的板凳之间，便不会引起人们的注意。所以孩子有纠正自己行为的一些方式，一旦他纠正了自己的行为，就证明他的能力已提高了；他可以无声地把小桌子和小椅子放还原位。这清楚地表明，孩子已学会支配自己的行动。

在旧的教育方法中，用以证明纪律是否建立的事实，则与此完全相反，这种事实就是孩子们一动也不动并绝对保持安静。这种不许动和肃静的旧纪律阻碍孩子学会举止文雅，判断正确，使他们处于缺乏锻炼的状态，以致一旦他们处于桌椅不是固定在地板上的情况下，不把轻的桌椅碰翻就无法走动。在“儿童之家”的孩子们不仅学会行为得当，文雅，而且逐渐懂得一些道理。他们所学到的行动能力，将受用终生。当他们还是小孩时就能得体地行动，而且是完全自由的。

在米兰，“儿童之家”的女指导员做了一个上面可放小桌的狭长架子，安放在窗下，小桌上摆着图画课备用的金属几何模型。但架子太窄，孩子们在挑选自己想用的模型时，常把小桌上的东西碰落在地，金属模型也就摔得砰然作响。女指导员本来就打算把架子改一改，但木匠迟迟不到，就在等木匠这段时间里，她发现孩子们已学会细心取用这些东西了。虽然架子很窄，并有些倾斜，但小桌上的东西再也不被碰落了。

孩子们通过细心支配自己的行动，克服了设备的不足。设备的简陋和不完善，往往有助于发展学生动作的敏捷和灵巧。这就是我们用于“儿童之家”的使人惊奇的方法之一。

看来，一切都合乎逻辑，一切都经过试验获得证明，对每个人来讲，无疑就像“哥伦布的鸡蛋”①那样简单。

---

① 哥伦布（1451—1506）意大利航海家。1492年，在西班牙国王支持下，他第一次横渡大西洋，发现美洲大陆。回到西班牙后，他受到人们的热烈欢迎和国王的赞许，但一些贵族绅士则不以为然。在一次国王举行的宴会上，与会的一些贵族绅士奚落哥伦布，声称横渡大西洋是一件极为简单容易的事，只要有了船就能办到。哥伦布对此并未作正面回答，只随手拿起盘中一只鸡蛋，对各位绅士说："谁能把这只鸡蛋用尖的一端立在桌面上，本人将衷心佩服。"于是将鸡蛋沿着座位传递了一圈，谁也没能把鸡蛋立在桌上。哥伦布接过鸡蛋，在它的尖的一端轻轻地磕了一下，鸡蛋便立在桌上了。哥伦布便说："诸位，瞧，只要有人第一次这样做了，不是就很简单了，人人都能做了吗？"——译者注

第五章 纪　　律

自由就是活动。观察教育法以儿童自由为基础。

纪律必须通过自由而获得。这是奉行旧教育法的人难以理解的另一个教育原则。人们会问：在孩子各行其是的教室里怎会有纪律呢？当然，在我们的教育体系中的纪律概念与一般所说的纪律截然不同。如果纪律是建立在自由的基础上，那么纪律就必须是积极主动的。我们并不认为当一个人像哑巴一样默不作声，或像瘫痪病人那样不能活动时才是守纪律的。他只不过是一个失去了个性的人，而不是一个守纪律的人。

当一个人是自己的主人，在需要遵从某些生活准则的时候，他能够节制自己的行为，我们就可称他是守纪律的人。这种积极的纪律概念，当然不易理解，也很难养成这种纪律。但是肯定地说，这种纪律中蕴含着与旧时代那种绝对的、不容讨论的、高压下的“不许动”截然不同的教育原则。

如果一个教师要使孩子终身沿着正确道路前进，不断提高他们的自制能力，那么她就需要具有引导孩子沿着这条纪律之路前进的特殊技能。因为孩子现在在学习活动，而不是学习静坐；不是为上学作准备，而是为生活作准备，是为了通过养成习惯和实践获得在社会或集体生活中轻松地、正确地完成一些简单动作的能力。这里，孩子们所习惯的纪律，不仅仅限于学校环境，而且也扩展到社会。

孩子们的自由，就其限度而言，应在维护集体利益范围之内；就其行为方式而言，应具有我们一般所认为的良好教养。因此，只要孩子冒犯或干扰他人，有不礼貌或粗野行为，就应加以制止。至于其余的一切——即有益于儿童身心的各种表现——不管是什么行为，以什么形式表现出来，教师不仅允许，而且还必须进行观察。这是关键所在。因此，教师自己在经过科学训练之后，不仅要具备观察自然现象的能力，而且还要具备观察自然现象的愿望。在我们的教育体系中，教师更多的应该是一个被动的观察者，而不是主动施加影响的观察者。而且，她的被动性包含着她的急切的科学好奇心，包含着对她希望观察到的现象的绝对尊重。教师必须理解和感觉到自己作为观察者的地位。主动必须包含在现象之中。

这些原则肯定适用于初次展现幼儿心灵的幼儿学校。我们不知道窒息孩子刚刚开始的积极的自发行为的后果是什么，也许就是窒息了生命本身。人类在幼儿期展现的智慧就像黎明的阳光、蓓蕾的芬芳。我们必须以宗教般的虔诚尊重儿童早期的个性表现。如果要使教育产生效果，那就应该促进生命的充分发展。要起到这种作用，必须严格避免抑制孩子们的自发活动，避免蛮横无理地强加各种任务来加重孩子们的负担。不言而喻，我们所说的并非指那些毫无益处的或危险的行为，对这样的行为必须制止和杜绝。

没有经过科学观察训练的教师，特别是那些习惯于普通学校那种古板的盛气凌人的方法的教师，必须通过培训和实践来适应这种新的方法。学校里训练教师的经验使我深信，两种方法的差别是悬殊的。即使是一个懂得这些原则的聪明教师，实际应用起来也会有许多困难。她不理解她的新任务应该是被动地像天文学家那样进行观察，尽管各种天体在宇宙空间不停地运行，他仍然静止不动地坐在望远镜前细心观察。生命本身在运动，为了研究它，探索它的秘密，指导它的活动，就必须观察它，不带先入之见地去理解它。这种思想，对任何人来讲，要接受它并付诸实践，并非易事。

教师本来早已学会了做学校里的自由行动者。她长期以来所履行的职责，实际上就是窒息学生的自发活动和抑制学生的主动性。当她到“儿童之家”的头几天，无法维持教室的秩序和安静时，她左顾右盼不知所措；好像在请求大家原谅，又好像在请求在场人证明这并非她的过错。我们虽对她反复说，开始没有秩序是必然的，可是她完全不理解。最后，当我们责成她除了看着孩子们外，什么也不必做时，她问自己是否最好应辞职？因为照此做法，她以为自己已不再是一个教师了。

但是，当她开始发现她的职责是辨别应该制止哪些行为、应该观察哪些行为时，这位从旧学校来的教师便感到自己非常空虚，并开始怀疑自己是否能胜任这种新任务。事实上，在这方面没有经过训练的她，长时间感到羞愧和无能为力；然而，如果在实验心理学方面她的科学文化和实践经验越宽广，那么她就越能很快地发现生命的奇迹，并对之深感兴趣。

诺塔利（Notari）在他的批评现代习俗的小说《我的百万富翁叔叔》中，以他特有的生动笔力描述了一个极有说服力的旧学校维护纪律的方法的生动事例。这位“叔叔”小时候很调皮，到处捣乱，简直闹翻了全镇。后来，他被关进了学校，处于极端痛苦之中。人们都叫他福福。在这里，援引一段福福第一次动心向善的经历：“有一天，福福来到美丽的小福费塔身边，当他发现小福费塔非常饥饿，还没有吃午饭的时候，他的良心第一次被感动了。

“他看了看周围，又看看福费塔，站了起来，拿出自己的午饭篮子，一句话也没有说，放到福费塔的裙兜里。

“然后，他从她那儿跑开了。他不知道为什么要这样做，低下头，流出了眼泪。

“我的叔叔的确不知道如何解释自己的眼泪为什么会夺眶而出。

“他第一次看见了一双充满悲伤含着泪水的善良的眼睛。他忐忑不安，羞愧难容，实在没脸在一个饥饿无食的人面前吃东西。

“他不知道怎样表达自己内心的激动，也不知应该说什么使她接受自己的小篮子，更不知道找什么借口来解释送给她吃的东西。他只好让自己幼小的心灵忍受着这第一次激烈的冲动。

“慌乱得不知所措的福费塔很快地向他跑去。她极温柔地移开他那掩着脸面的胳膊。

“‘别哭，福福！’她温柔地说，几乎像是在恳求他，好像是在对她可爱的布娃娃说话。她像母亲般亲切，举止文雅而庄重。

“然后，小女孩吻了他一下。叔叔由于内心的激动顺从了，双臂搂住她的脖子，沉默着，抽泣着，回吻了她一下。然后，深深地吸了一口气，擦去他脸上那激动的泪痕，重新笑了。

“刺耳的呼叫声从院子的另一端传来。

“喂，喂，你们两个在那儿干什么，快点，两个都进去！

“那是他们的监护人——教师。她用像对待两个打架的孩子一样的鲁莽行动，压倒了一个叛逆者内心出现的第一次自发冲动。

“是大家回校的时候了——每个人都必须服从校规。”

我看见在我的实验学校“儿童之家”的教师们在最初的一些日子的所作所为就像上面描述的那样。他们不观察也不分辨他们所压制的儿童活动的本质，他们几乎是在不自觉地要求孩子们保持不动。有这样一个例子：一个小女孩把她的小伙伴们召集在她的周围，她站在中间，开始一边比划一边说。这时老师马上跑过去，抓着她的胳膊，告诫她要安静。但是我在观察这个孩子时发现，她是在扮演其他孩子的老师或妈妈，教他们做早祷，向圣灵祈祷，画十字，表现出她俨然是一个指导者了。另外一个小男孩，他经常乱说乱动，被认为是不安分的、反常的孩子。有一天，他专心致志地搬桌子玩，因弄得响声太大，立刻被老师发觉而被罚站，不许他出声。这是可以变得协调的并向有益的方向发展的举止在这个孩子身上的初步表现。通过这种举止孩子表现了一定的倾向性，因此这是本应得到尊重的行动。事实上，从那以后，这个孩子不管什么时候移动什么小东西，或在桌子上摆什么东西，都像其他孩子一样，高高兴兴、安安静静地去做。

经常发生这样的现象，当教师把用过的各种教材重新放回盒子去的时候，有孩子跑过来，拿起这些小玩艺，想模仿教师。但是教师首先想到的却是要孩子回到他的位置上去，对孩子说："别动！回到你的座位去。"然而孩子正是通过这种行动表现出做好事的愿望，正是在这一时刻，例如让孩子练习"东西用后归还原处"，能使孩子受益匪浅。

有一天，孩子们围成一圈，又说又笑。圈子的中间有个水盆，盆里漂浮着一些玩具。学校里有个刚两岁半的男孩。他独自一人站在圈外，不难看出，他充满了好奇心。我饶有兴趣地在远处看着他。他开始慢慢走近其他孩子，想挤进去，但他没有劲，挤不进去。于是他仍站着看着周围。在他那张小脸上表现出来的思想是非常有意思的，当时要是有个照相机把他照下来就好了。突然他的目光偶然落在一张小椅子上，显然他决定把椅子搬到这群孩子的后面，然后爬上这个椅子。他开始走向椅子，脸上露出了希望的神情。正在这个时候，老师走去蛮横地（她可能会说是轻轻地）抓住他，把他举过其他孩子们的头顶，让他看水盆，并且还说："来，可怜的小家伙，你也看看吧！"

毫无疑问，尽管这个小孩看见了漂浮着的玩具，但他却没有体验到通过他自己的力量去征服了障碍物所获得的快乐。看到那些玩具并没有给他带来任何好处，而通过他自己努力使用智慧才能发展其内在能力。在这种情况下，这位教师阻碍了这个孩子的自我教育，而且没有给孩子任何有益的补偿。这个小家伙在感到自己快要成为胜利者的时候，却发现自己不由自主地被一双钳得死死的手举了起来。原来他脸上那种使我觉得非常有趣的欢欣、探索和期望的表情，一下子荡然无存，剩下的只是一种"别人会替他做事"的孩子的那种呆滞表情。

当教师们厌倦观察时，便听任孩子们为所欲为。我看见有的孩子把脚搁在桌子上，或者用手指挖鼻孔，却没有被及时纠正；我又看见一些孩子推他们的伙伴，脸上显露出要打架的神气，教师也一点没注意。于是我不得不进行干预，严肃地指出这些行为必须加以制止，应逐步减少那些不该做的事情，使孩子们能明确地分清好坏。

要维持持久的纪律，关键在于要有正确的方法。这对教师来说，开头一段时间是最为困难的。为了建立积极的纪律，孩子们首先应具备的思想是分清好坏；教师的任务在于使孩子不要混淆好和不动，也不要混淆坏与活动，然而旧的纪律常常把它们混淆。所有这些要求都是因为我们的目的是要建立积极的纪律，工作的纪律，良好的纪律；而不是建立静止不动的纪律，被动的纪律，屈从的纪律。

所有的孩子在一个房间里忙来忙去地进行有益的、运用智力的、自觉的活动，而没有粗野的举动。我认为这样的房间才是一个真正有良好纪律的教室。

像普通学校那样，让孩子在教室里一排排地对号入座，全班保持肃静——这在以后是可以达到的，这将是集体教育的开端。因为在生活中，我们有时也必须安静地坐在位置上。例如，参加音乐会或听讲演就是这样。但是我们知道即使对我们成年人来说，这也需要自我克制才行。

当我们已经建立了个人的纪律，如果我们能安排孩子各就各位，同时设法使他们懂得这样安排会使他们看上去更好，懂得教室秩序井然是件好事，懂得这样的布置是好的，赏心悦目的；于是他们就安安静静不声不响地坐在自己的座位上。这将是一种练习上课的结果，而不是强迫的结果。要使他们懂得这一切不能通过过分强制性的练习，要让他们理解遵守集体秩序的原则——这点非常重要。

如果他们懂得上述的这一切以后，还要站起来，和别人说话，或任意换位置，那么他们已不会是不自觉的或不加思索地做这一切，而是因为他们想站起来，想要说话等等；也就是说，当他们要改变他们完全理解的那种安静的有秩序的状态时，其目的是想做他们自己愿意做的事情，由于知道这样做是禁止的，这就会使他们产生一种新的冲动去区分好与坏。

孩子们的处于有秩序的状态的行动，随着时间的推移，变得越来越协调完美。事实上，他们在学习思考自己的行动。观察孩子们从最初没有秩序的行动过渡到自发的、有秩序的行动。这种观察可以说是一本教师手册，是一本鼓舞教师行动的书，是一本想成为一个真正教育者的人必须仔细阅读和深入研究的书。

在一定程度上，孩子是通过练习来选择自我趋向，最初的这些趋向是混乱的和无意识的活动。如果我们按这种方法让孩子自觉地、自由地显露他的趋向，就会发现他们的个性有明显的区别。

有的孩子安静地坐在自己的座位上，无动于衷或昏昏欲睡；有的则离开自己的座位去和人吵闹或打架，弄翻积木和玩具；有的则开始完成一项有目的的行动：把椅子搬到某个地方并坐在那里，移动一张桌子，看一幅画，等等。有的表现出智力落后或身体有病；有的表现出性格上的畏缩，一些聪明的孩子能够轻松地适应环境，能够表达自己的体会、倾向、自发注意的能力、潜能的范围。

我们关于儿童自由的概念，并不是他们在观察植物、昆虫等这些东西时所用的那种简单的自由概念。

由于儿童生下来时是软弱无能的，又由于儿童是属于社会的个体，他的活动必然受到约束。

因此，我们必须采用以自由为基础的教育方法去帮助儿童赢得自由。换句话说，对儿童的训练应帮助儿童把限制他的活动的社会束缚尽可能地减到最少。

随着孩子在这种环境中成长，他们的自发表现就会慢慢变得日益明显，真实地表现他的本性。因此，教育介入的首要形式，必须以引导孩子向独立自主的方向发展为目标。

独　立　性

谁若不能独立，谁就谈不上自由。因此，必须引导儿童个体自由的最初的积极表现，使儿童可能通过这种活动走向独立。婴儿从断奶的那一天起，就开始了努力走上独立的道路。

什么是断奶的小孩？实际上就是一个不依赖于母乳的小孩。他将找到各种食物代替这种营养源，这意味着他生存手段增多了，他能在某种程度上选择自己的食物了，而原先他却完全局限于一种营养形式。

不过，他仍然有依赖性，因为他还不会走路、洗脸、穿衣，还不会用简明易懂的语言表达他的需求。这个时期在很大程度上他还是别人的奴隶。但到了3岁，孩子在很大程度上就能独立和自由地支配自己了。

我们之所以还没有彻底理解独立这一最崇高的观念，是因为我们还生活在奴役性的社会形态之中。在存在着仆人的文明时代，所谓“独立生活方式”这一概念不可能生根或自由发展。在奴隶社会时代，自由概念更是被歪曲，被弄模糊了。

不是仆人依赖主人，而是主人依赖仆人。

如果人们尚未意识到这种根深蒂固的错误观念对道德堕落的普遍影响，而新的人与人之间的关系作为我们社会结构的组成部分，也不可能被普遍接受。我们往往认为自己是独立的，只是因为没有人处处命令我们，而是我们命令别人。但实际上，需要仆人帮助的达官贵人，由于自己无能，而表现出了真正的依赖性；瘫痪病人不能自己脱掉靴子是由于病理的原因，而公子王孙不愿自己脱靴则是由于社会原因。实质上同样都是依赖性。

凡是接受了奴役思想而且相信人侍候人是天经地义的国家，他们都把奴性看成是人的天性。事实上，我们都太容易赞同这种奉承的侍候，还美其名曰“礼貌、大雅、仁爱”。

要别人服侍的人实际上是限制了自己的独立性。这一概念将成为未来个人尊严的基础。“我不希望别人服侍我，因为我并非无能。”人必须具有这种思想，才能感觉到自己是真正自由的。

任何教育活动，如果对幼儿教育有效，那么就必须帮助儿童在独立的道路上前进。我们必须帮助他们无须搀扶而学会走路、上下楼梯、拾起落下的物品、穿脱衣服、自己洗澡、口齿清楚地说话和明确地表达自己的需要等等。我们必须给予孩子的帮助是使他们能够达到自己的目的，满足自己的愿望。这些都是培养独立性的教育的一部分。

我们习惯于服侍小孩，这对他们不仅是一种奴化，而且也是危险的，因为这很容易窒息他们自发的活动和独立自主意识，扼杀他们十分有益的主动性和创造性。我们倾向于把孩子当成木偶，给他们洗，给他们吃，好像他们是布娃娃；我们总是不停地认为孩子不会做事，不知道怎样做。然而，他们确实必须会做一些事。大自然赋与了他们可以进行各种活动的身体条件，也赋与了他们智慧，可以学会怎样进行这些活动。我们对他们的责任在任何情况下都是帮助他们去完成他们自己应该完成的有益活动。母亲喂孩子时，一点也不教他如何自己拿匙，怎样把食物送进嘴里，母亲也不至少吃一口，不示范给孩子看如何吃东西，这样的母亲不是好母亲。她冒犯了她儿子作为人的基本尊严，她把他当成了玩偶。然而，他是大自然托付给她照料的人。

谁不知道，教孩子自己吃、自己洗、自己穿衣，比喂孩子吃、替孩子洗、替孩子穿衣更是乏味，更加困难，更需要有耐心！前者是一位教育者的工作，而后者只是一个仆人的简单的呆板的工作。这样做对妈妈比较容易，然而对孩子很危险，因为这会堵塞孩子的生命发展的道路，在这条道路上设置障碍。

父母持这种态度的最终后果可能是非常严重的。雇佣许多仆人的高贵绅士不仅越来越依赖于仆人，直到最后实际上成为仆人的奴隶。他的肌肉由于不活动变得软弱无力，终于失去天然的活动能力。一个人不为自己的需要而操心，一味只叫别人来满足自己，他的思想也将变得迟钝。如果这样的人有朝一日发觉自己处于如此低能的情况，想重新获得独立生活的能力，到那时，他会觉得自己再也没有力量做到这一点了。特别应该向社会特权阶级家庭的父母指出这种危险性，如果他们的孩子任意使用他们的特权。不必要的帮助是天然能力发展的实际障碍。

诚然东方妇女穿裤子，西方妇女穿裙子，可是前者所受的不许动的教育比后者更多。对待妇女的这种态度，导致了男人工作不仅要养活自己，而且还要养活女人。这样，妇女浪费了她的天赋力量与才能，并在奴役中衰退了。她们不仅被别人养活，被别人侍候，而且作为人存在的权利和人格也被贬低，被蔑视。她们作为社会的一个成员，其地位和作用已微不足道；她们各方面的能力低下，仅仅是为了生命的延续。请让我描绘一下这种状况。

一辆载着父亲、母亲和儿子的马车正沿着乡村道路行进，一帮武装匪徒上前拦住马车，喝道："要命还是要钱！"车上三个人面临这种情况，有三种不同态度。父亲是一个训练有素的射手，有一支左轮手枪，他立即举枪瞄准拦路的强盗；儿子只有两条轻快的腿，大叫一声，拔腿就跑；而女人呢？她没有任何武器，既无人工的，也无天然的护卫自己的能力（因为她的两条小腿从未训练过，被裙子裹得动不了），吓得直哆嗦，结果跌倒在地，不省人事。

这三种不同的反应与这三个人各自的自由和独立状况密切相关。那个女人昏倒在地，她带的包袱早为强盗们看见，强盗们忙着去捡地下的东西，这样，她才幸免于死。

奴役和依赖的危险不仅在于"白白地浪费生命"，导致软弱无能，而且在正常人的个性发展中也明显地表现出令人遗憾的堕落和退化。我指的是那种盛气凌人和专横跋扈的行为，这样的例子在生活中屡见不鲜。专横跋扈和软弱无能是相辅相成的。专横跋扈是想征服他人屈从自己、为自己工作所表现出的一种情绪。所以，我们常常可以看到，主人对待仆人就像暴君，这是一种奴隶主对奴隶的心态。

让我们想象，有一个聪明熟练的工人，他不仅又快又好地完成生产任务，而且还能向工厂提出合理化建议；因为他具有管理和指导他工作环境的一般活动的能力，因而这个工人是他工作环境的主人；当别人对他生气时，他会付之一笑，表现出由于他对自己能力的自信而产生的高度自我控制力。然而，毫不奇怪，当他回到家里，如果妻子做的汤不合口味或者没有按时开饭，他就会对妻子一顿申斥。在家里，能干的工人已不是他，而是侍候他和为他做饭的妻子。在能够表现出他是有能力的强者的地方，他是一个安详的愉快的人，但在他被别人侍候的时候，就变成了一个飞扬跋扈的人。也许，如果他也学会了做汤就可能变成一个完人！一个人通过自己的努力，能够完成满足自己生命发展和享受所需要的一切行动，他就征服了自己，并在做的过程中增强他的能力，成为一个完善的人。

我们必须把我们的后代造就成为强有力的人，也就是我们所说的独立和自由的人。

废除奖励和外在惩罚

我们一旦接受和建立了上述原则，奖励和外在惩罚也就随之而废除。因享有自由和守纪律的人，他所追求的不是使他受到轻蔑而感到沮丧的奖励，而是从他的内在生命中产生的人类的力量、自由的源泉和更大的积极性。

从我的亲身经历中，我经常惊奇地发现，这个道理是多么正确。在“儿童之家”的最初几个月里，教师还没有学会运用自由和纪律的教育原则。有一位教师特别忙乱。当我不在时，就用她原来习惯的方法来修改我的方法。一天，我意外地提前回到“儿童之家”，发现班上一个最聪明的孩子胸前挂着一枚用白色缎带做成的希腊式银质十字奖章，而另一个孩子坐在教室中间最显眼地方的一把扶手椅上。

前一个孩子是受到了奖励，第二个孩子是在受惩罚。至少是当我在场的那个时候，教师没有进行任何干预。对于这种情况，我也没有作声，静静地坐在便于观察的地方。

得到十字奖章的孩子，在来回地搬东西，把他用的那些东西从自己的桌子搬到教师的桌子上，把其他的搬回原处。他高兴地忙着。他来回走动的时候都要经过受罚的孩子坐的地方。一次他的奖章从颈上滑下来掉在了地上，受罚坐着的孩子捡了起来，提着缎带摇晃着，翻来倒去地看，然后对他的伙伴说：“你知道掉了什么吗？”那个掉下奖章的孩子转过身无所谓地瞟了一眼那小玩艺儿，他的表情好像说：“别打断我，我对那玩意儿无所谓。”受罚的孩子平静地说：“你真的无所谓吗？那么让我戴一戴吧！”他回答说：“你戴吧。”好像语气中还带着“你让我安静点好吗？”

于是这受罚的孩子小心地整理了一下缎带，把奖章挂在自己的粉红色的围裙前，他可以欣赏奖章的式样和光泽，然后又让自己在小椅子上坐得更舒服一些，把双手搁在扶手上，显得那么轻松愉快。事情就是这样，也完全合乎情理。悬挂十字奖章能满足受罚的孩子，但不能满足积极主动、内心充足、愉快工作的孩子。

有一天，我带一位女士参观另一所“儿童之家”。她高度赞扬孩子们。她打开了随身带的盒子，把系有红色缎带闪闪发光的奖章给孩子们看。她说：“由你们的老师把这些奖章戴在那些最聪明、最优秀的孩子胸前。”

由于没有必要用我的方法来指教这位来访者，我没有作声，老师接过了盒子。就在这时，一个静静地坐在小桌旁的非常聪明的 4 岁小男孩，皱了皱眉头表示抗议，一次又一次喊道：“别给男孩！别给男孩！”

多好的启示呀！这个小家伙已知道他属于班上最好最强的孩子之列，虽然谁也没有这么对他说过，但他心里很明白。他不希望受到这种奖励的伤害。由于不知道怎样维护自己的尊严，他就求助于他的男性的优越性！

至于惩罚，我们曾多次遇到干扰别人，又根本不注意纠正错误的孩子。这样的孩子立即由医生进行检查。如果检查证明是正常的孩子，我们就在教室角落里摆一张小桌子，让他坐在那里，以此来孤立他。让他坐在舒适的小扶手椅上，让他能看到在工作的伙伴们；给他最能吸引他的玩具玩。这种孤立总是有效地使孩子安静下来。从他的位置上可以看到全体伙伴进行工作的情况和方法。这是较老师说什么都更有效的直观教学课。渐渐地他会明白，成为在他面前忙碌的伙伴中的一员的优越性，他会真的希望回去像其他孩子一样工作。我们用这种方法引导那些原来不守纪律的孩子，使他们也能很好遵守纪律。被孤立的孩子总是受到特别的关照，好像他生病似的。我自己就是这样，一走进教室，首先是走向这样的孩子，关心他，好像他是最小的孩子。然后再把注意力转向其他孩子，关心他们的工作，问他们问题，似乎把他们当小大人看待。我不知道，在我们必须进行纪律教育的孩子心灵上发生了什么变化，但可以肯定的是，这些孩子都转变得非常好，而且持久稳定。他们对于学会怎样工作和怎样表现自己感到自豪，对教师和我也总是表现出亲切之情。

在教育学中自由的生物学概念

从生物学观点看,幼儿早期教育的自由概念必须理解为:他们的环境必须适合幼儿个性最有利的发展。所以,从生理及心理方面这包括大脑的自由发展。教育者必须像一个受到对生命的真诚崇拜所鼓舞的人那样,当他以极大的兴趣进行观察时他必须尊重儿童生命的发展。这样,儿童的生命就不是一种抽象的概念,而是一个一个儿童的生命。这里只存在一个真正的生物学现象:活生生的个体。对每一个个体逐一观察,直接施教。必须把教育理解为对儿童生命的正常扩充与发展给予积极的帮助。儿童有成长着的身体,有发展着的心灵,即由生理和心理构成一个神圣整体,它是生命之源,也是生命本身。我们既不要损害也不要窒息存在于这两种生长形式之中的神秘力量,但是我们必须等待,我们知道,这种力量的表现形式将陆续展现出来。

无疑,环境是生命现象的第二因素,它可以促进和阻碍生命的发展,但决不能创造生命。现代进化论,从纳格利(Naegeli)到德夫利斯(Devries)都认为,在生物界的动植物两大分支的整个发展中,内部因素是物种变异和个体变异的基本力量。不论哪一种变异,其发展都源于内部。孩子们之所以生长,并非由于给予营养,由于他呼吸,由于他被置于适宜的温度条件下;儿童成长是由于其内部潜在的生命在发展,使生命本身成为看得见的,是由于生命的胚胎按照遗传决定的生物学规律发育。青春期的到来不是由于孩子欢笑、跳舞,或进行体操锻炼或营养良好;而是由于发育到了特定的生理阶段。生命自己表现自己,生命的发生与发展受到不可逾越的规律的限制。

物种的固有特性不能替换，只能变异。

德夫利斯在其《变种论》中提出的这一思想，也非常鲜明地说明了教育的有限性。我们可以影响与环境有关的变异，影响物种和个体的有限的微小变异，但我们不能够影响其变种，变种受到生命本体的起源的某些神秘关系的制约，并且这种制约力量超过环境因素的改变所产生的作用。

例如，一个物种不能通过任何适应现象而变为另一物种。另一方面，一个伟大的天才也不会为任何限制或错误的教育形式所窒息。

环境对个体生命施加的影响越大，个体生命就可能越不固定或变得越强。但环境的作用可分为有利于生命或窒息生命两个方面。例如棕榈树在热带长得很繁茂，因为那里的气候条件适于它生长。但是也有许多植物和动物在它们不能适应的地区被消灭了。

生命是至高无上的女神，她不断克服环境在她前进道路上设置的障碍，永远前进。只有那些生机勃勃的具有强大生命力的物种和个体才能永远坚持前进，不断走向胜利，这是一条基本的真理。

很明显，对于人类，特别是对于我们文明的人类或文明的社会，面临一个重要和迫切的问题就是爱护，或许应该说培养人的生命。

第六章　怎样授课

"让你说的每句话都算数。"

但　丁

通过自由的制度，学生在学校里可以表现他们的自然倾向；我们从这一观点出发，准备了环境和材料（孩子用来工作的物品）；因此，教师不仅要观察，而且还必须进行实验。

在这种方法中，上一次课就相当于做一次实验。教师对实验心理学的方法掌握得越好，就越懂得应该怎样上课。如果想要方法使用得当，那的确需要有特殊的技巧。教师至少需要参加关于"儿童之家"方法的训练班，以便掌握方法的基本原则，并学会应用这些基本原则。训练中最困难的部分是建立纪律的方法。

在"儿童之家"开始的一段时间里，孩子们不懂得集体秩序的意义，这需要通过纪律练习，使孩子们学会分辨好与坏。在这种情况下，显然，教师是无法上课的，因为孩子们随意离开自己的座位，不安静地听教师讲课，不注意教师在做什么；因此，很少上集体课。事实上，集体课并不重要，我们几乎把它取消了。

个别授课的特点：简洁、明白、客观。

授课是以个别方式进行的。简洁是个别授课的主要特征之一。但丁给教师提出过一个很好的建议，他说："让你说的每句话都算数。”我们越少说废话，课就上得越完善。教师在备课时应特别注意，要考虑和衡量每句话的价值。

“儿童之家”授课的另一特点是明白。教师一定要删除一切不正确的内容，一定不要讲含糊不清的话。这也包括在简洁这一特点之中，因此第二个特点与第一个特点密切相关，要求仔细选择尽可能明白易懂的字句，正确表达思想。

第三个特点是客观。授课必须以不表现出教师个性的方式进行，仅仅突出教师想要孩子注意的客观对象。教师必须认识到，简单明白的课应该是对客观对象的解释以及让儿童怎样使用的说明。

这种授课的基本指导方法必须是观察法，其中包括懂得儿童的自由。因此，教师应该观察孩子是否对对象感兴趣，怎样感兴趣，兴趣的持续时间长短，等等，甚至应该注意孩子的面部表情。教师必须特别谨慎地避免违反自由原则。因为如果她勉强孩子作出努力，她就不再懂得什么是儿童的自发积极性了。因此，如果教师是严格按照简洁、明白、准确的要求备课，而上课后孩子却不懂，不能接受关于对象的解释，那么有两点必须引起教师的注意：第一不要再上这样的课，第二不要让孩子感觉他自己犯了错误，或他自己不懂，因为这样做会使他故意努力去理解，这就会改变教师进行心理观察所要利用的自然状态。下面有几个例子可以用来说明这一点。

例如，让我们假设，教师想教孩子认识两种颜色：红色和蓝色。她想吸引孩子对于物品的注意力，因此，她说：“瞧这个！”接着，为了教学生识别颜色，她一边举起红色，一边说：“这是红色。”她说“红色”时，稍微提高一点声音，且缓慢、清楚。然后，举起另一种颜色说：“这是蓝色。”为了验证孩子确实已经懂了，她对孩子说：“把红的给我！”或“把蓝的给我！”假若这时孩子搞错了，教师不必重复，不要坚持再教。她可以笑一笑，友好地抚爱一下孩子，并把那些代表颜色的物品拿走。

一般的教师对这样的简洁都会非常惊奇。他们往往会说："这不是每个人都能做的吗！"的确这又有点像哥伦布的鸡蛋了，但并不是每个人都真正会做这样简单的事情——简洁明白地授课。衡量一个人的活动，并使活动符合简洁、明白、准确的标准，确是一件很困难的事情。特别对那些用旧方法培养出的教师更是如此。她学会了对孩子经常滔滔不绝地说废话，甚至假话。例如，有一位在公立学校任过教的教师，经常来我们这里上集体课。上集体课很重要的是内容要简明扼要，当有的孩子注意力分散时，必须让孩子们都注意听老师的讲解。这位教师可能以如下方式来开始上课：她首先说："孩子们，看你们能不能猜出我手里拿的是什么东西！"她知道，孩子们猜不着，所以就用虚假的方法来吸引孩子们的注意力。或许，她接着说："孩子们，看看外面的天空，你们以前看过吗？你们没有注意过在夜里的天空中到处都是闪闪发光的星星吗？没有！瞧我的围裙，你们知道它是什么颜色吗？不是有点像天空的颜色吗？好，那么再看看我手中的这种颜色，它和天空的颜色，和我围裙的颜色都是一样的，它是蓝色。现在，再瞧瞧你们周围，能不能找出这房间里的什么东西是蓝色的。再有，你们知道樱桃是什么颜色？在火炉里燃烧着的木碳是什么颜色？等等，等等。"

这样一来，孩子们白费劲地猜了一阵后，在脑子里缠绕着各种概念：天空呀，围裙呀，樱桃呀，等等。孩子们很难从这一团浆糊中简单明白地分辨出这堂课的主要内容，即认识红、蓝两种颜色。这对孩子来说，要具有这种选择和分辨能力，几乎是不可能的，他们还跟不上这么冗长的论述。

记得我参加过的一堂算术课，是教孩子们 2 加 3 等于 5。为了达到这一目的，老师利用了算盘，在算盘铁丝上串着彩色算珠。例如，她在算盘顶上一排拨上两个珠子，在下一排拨三个珠子，最后在底下一排拨上五个珠子。我记不很清楚整个课程的进展情况了，但我记得这位老师在上排的铁丝上除串有两个珠子外，还串着一个身穿蓝裙子作跳舞状的小纸人，而且当场给这个小纸人取了本班一个孩子所叫的名字作为教名。她说："这是玛丽丁娜。"然后，又在另外三个算珠边上添上一个不同颜色的纸人，命名为"吉金娜"。我已记不太清楚这位老师是怎样达到这堂课的预定目的的，但可以肯定，关于小纸人她讲了很长时间，还把这些纸人拨来拨去，等等。既然连我都是记得小纸人比记得算术过程更清楚，那么孩子们不也一定会是这样吗？如果他们通过这种方法能学会 2 加 3 等于 5 的话，那他们的脑子一定会很吃力，老师也必须认为有必要与小纸人作长时间的交谈。

我还见到一堂课，一位教师想向孩子讲明噪音和乐音的区别。她开始给孩子们讲了一个很长的故事。在讲故事过程中，事先约好让她的一位同事突然来砰砰地乱敲门，这时老师就停下来喝问道："怎么了！发生了什么事？到底是怎么回事呀？孩子们，你们知道这个人敲门是在干什么吗？我没法再给你们讲故事了，我一点也记不起来了，我只好不讲了。你们知道发生什么事了吗？你们听见了吗？你们懂了吗？那是噪音，那是噪音。哦！我们愿意跟这个小娃娃玩（她拿起用桌布包着的曼陀林琴）。哈，亲爱的小宝贝儿，我宁愿和你一起玩。你们看见了我手里抱着的这个小孩吗？"几个孩子回答道："它不是小孩。"另外一些孩子说："它是曼陀林。"老师还是继续说："不，不，它是个小孩，真是个小孩，我爱这个小娃娃。你们想要我让你们看看，它是个小孩吗？那么保持安静，再安静。我似乎觉得这孩子在哭呀，也许不是哭是在说话，也许它是在喊爸爸、妈妈呢！”她把手伸到桌布底下，拨动了曼陀林的琴弦。“啊，你们听见这小孩在哭吗？你们听见它在喊吗？”而孩子们喊道：“它是曼陀林，是你拨动了它的弦，叫它响的。”老师接着回答说：“安静、安静、孩子们，听我要干什么。”于是她打开了曼陀林的套衣，开始弹起来，说：“这是乐音。”

设想，孩子们从这样一堂课中能理解噪音和乐音的区别，这简直是荒谬！孩子可能得到这样一个印象：老师想捉弄他们；或者会觉得这个老师是多么笨。因为她记不起来被噪音打断的故事线索；因为她把曼陀林误当成小孩。可以肯定地说，通过这样一堂课，深深印在孩子们心里的是老师本人的形象，而不是这堂课应讲授的内容。

要把课上得简单明了，这对于用旧方法培养出的教师来说确实是一个非常困难的任务。我记得，在我对一位教师全面、详尽地讲解了教材之后，叫她用几何板镶嵌的方法教正方形和三角形的区别。教师的任务很简单，就是把木质正方形和三角形镶块分别放到正好容纳得下它们的空框里，她本来应先让孩子看她是怎样用手指把木块放到相应的框中，并同时说：“这是正方形，而这是三角形。”可是，我请来的这位老师，却开始让孩子们摸一摸正方形并说：“这是一条线，又是一条线，又是一条线，还有一条线，共有四条线；用你们的指头数一数，告诉我是几条线。还有角，数一数角，用你们的手指头摸一摸，瞧，角也是四个。好好看这一块，这是正方形。”我纠正这位教师，对她说，这样做不是在教孩子们认识形状，而是在教边、角和数的概念，这和她在这一课应该教的内容是不同的。她极力为自己辩解说：“可是，这是一回事呀！”然而，这不是一回事，一个是几何分析，一个是算术。这个年龄阶段的孩子有可能还不知道怎样数到 4，因此也不会在估价边和角的数量的情况下知道四边形的形状。抽象的边和角是不存在的，它们只存在于具有确定形状的这块木块中。这位教师煞费苦心的解释，不仅搅乱了孩子的思想，而且也超越了具体和抽象、物体形状和形状的数学之间的界限。

我对这位教师说，假定有一个建筑师带你参观一个圆屋顶，你对它的形状特别感兴趣，他可以用两种方法向你介绍他的工作。他可以让你注意线条的美、比例的和谐，然后引你进去，爬上屋顶，使你能够鉴赏各部分的相对比例，使你在关于这个圆顶各部分一般知识的基础上形成对此圆顶的整体印象；或者，他让你数窗户，数宽的和窄的檐口，还认真地给你介绍他的结构设计，他可以向你说明静力学定理，写出计算这些定理所必需的代数式。在第一种情况下，你将获得关于圆顶形状的印象；在第二种情况下，你可能什么也不懂，你的印象将是：这位建筑师自以为他是在对一位工程师或建筑学家而不是对一位旅游者谈话，而你的目的只不过是浏览一下这幢圆顶大楼的壮观和它周围的美景而已。我们不直截了当地对孩子们说："这是正方形"，并让他们摸一摸，以建立起关于物体形状的概念，而是进行物体外形及其结构的几何分析，这就与上述建筑师的第二种做法毫无二致。

如果在教孩子平面几何图形的同时也教给数学概念，我们确实会觉得这是在促使孩子早熟，但是我们并不是认为孩子还小到以致不能鉴别简单的几何形状。恰恰相反，这些孩子要看到正方形的窗户或正方形的桌子并不难，他们在日常生活中经常看见这些形状。让孩子注意一定的形状是让他明确平时已经获得的印象，以建立起一个固定的概念。这很像我们在无意中看着湖岸的时候，突然有位画家对我们说："看，在那峭壁倒影衬托下的湖岸曲线多美啊!”听他这么一说，我们几乎是在无意中看见的景致，突然被阳光照亮，深印脑海，并使我们体验到以前隐隐约约的感觉豁然明朗而产生的快感。

在不断前进的道路上，给孩子们以阳光，这就是我们的职责。

关于这些启蒙课的作用，我可以作个比喻。这好像一个人独自在森林中漫步，宁静、愉快、沉思；任凭自己内心世界自由地徐徐展开。突然远处传来的和谐悠扬的钟声把他唤醒，使他比以前更加强烈地感受到这里的平静和美丽，而以前他对此又有一些朦胧的感觉。

激发生命，让生命自由发展，这是教育者的首要任务。在完成这一细微的工作时，需要有高度艺术，要把握时机和恰到好处，不致造成紊乱和偏差；只能是帮助，而不可强制或代替，坚定不移地依靠儿童自身力量，即正在进入充分发展的内在生命。这种艺术必须以科学方法为指导。

如果教师用这种方法触摸到了每个学生的心灵，那她就像一个看不见的神灵，能唤醒和鼓舞他们的生命，她的一个手势、一句话，就足以支配每个学生的心灵，满足每个学生的愿望。因为每一个学生都以生动活泼的方式感觉到她，熟悉她，服从她。将有那么一天，教师会吃惊地看到所有孩子都高兴地、温顺地，不仅迅速，而且坚决地服从她。他们盼望她，崇敬她，因为是她使他们充满生机与活力，他们更渴望继续从她那里获得新的生命力。

所有这一切都已经为经验所证明。这就是令那些“儿童之家”的访问者惊奇的主要原因。好像用魔法的力量建立了集体纪律。五六十个 2 岁半至 6 岁的孩子在一起，在同一时间里全都知道怎样保持安静，安静得简直像在沙漠里一样。如果教师轻声对孩子们说："起来，踮着脚尖在房间里绕着走几圈，然后，悄悄地回到你们各自的位置上。"所有孩子就像一个人似地站了起来，都尽可能不出声，一个跟一个地走着。教师对每个孩子说话不多，然而每个孩子都希望从中得到启示，获得内心的喜悦。他们怀着这种感情，像一个个的探险者，热切地小心翼翼地在自己的道路上前进着。

我们的纪律问题又有点像哥伦布的鸡蛋了。乐队指挥必须训练每个队员都能非常和谐地完成集体的演奏，而每个队员在他能跟从无声命令的指挥棒以前，必须完善他自己。

公立学校所采用的方法多么不同！就像一个乐队指挥在教各种不同的乐器和嗓音，要它们同时发出同一个单调的弦律，但有时却是杂乱无章的弦律。

于是我们发现，最守纪律的社会成员都是经过最好训练的人们，他们已使自己达到完美的程度。但是训练和完美都是通过和他人接触而获得的。集体的完善不可能只来自机械的组织所具有的庸俗的和粗暴的团结。

在幼儿心理学方面，我们的偏见多于实际知识。时至今日，我们一直是想通过强迫，通过外部法规的力量来支配儿童，而不是从内心去征服儿童，以便像指引人的灵魂那样去指引他。所以，儿童一直就生活在我们之外，不为我们所了解。但是如果我们取消限制他们的这些人为手段，取消我们曾愚蠢地强迫他们遵守纪律的暴力，那么他们就会向我们展示自己全部的儿童天性。

他们的温顺是如此的绝对，是如此的可亲，使我们从中认识到人的幼年仍然受到各种形式的枷锁和不公正待遇的压抑。儿童对知识的爱如此强烈，超过了对其他事物的爱，使我们不禁想到这样一个真理，人类有一种推动理智进行思想以达到征服的欲望，使得奴役的枷锁一个世纪一个世纪地有所松弛。

第七章　实际生活练习

“儿童之家”冬季作息时间表

上午 9：00 开门——下午 4：00 关门。

9：00—10：00　进门，问候。个人卫生检查。实际生活练习，互相帮助脱衣，穿戴围裙。查看教室是否整洁。语言、会话课：孩子报告前一天活动。宗教练习。

10：00—11：00　智力练习，实物课，中间有短暂休息。物品名称练习，感觉练习。

11：00——11：30　简单体操：优美地做各种规定动作，体态正常；列队行走，敬礼，立正，轻放物品。

11：30——12：00　午餐，餐前祷告。

12：00——1：00　自由游戏。

1：00——2：00　有指导的游戏，尽可能在室外进行。此时，较大的孩子轮流进行实际生活练习：打扫教室，掸除灰尘，整理摆放教材。清洁大检查。会话。

2：00——3：00　体力劳作，粘土造型，作图等。

3：00——4：00　集体体操及唱歌，尽可能在室外进行。培养制定计划的能力的练习。参观、照管动植物。

学校一建立，就出现了作息时间问题。制定作息时间表时必须考虑到两方面：学日长短和学习及生活活动的分配。

我断定在“儿童之家”中和在“低能儿童学校”中一样，时间应较长，占据整个白天。对于穷家孩子，特别是对工人住宅区的附属“儿童之家”，我应建议：冬季学日为早9：00至晚5：00；夏季为早8：00至晚6：00。若从有利于孩子的成长原则考虑，需要这么长的时间。在这种情况下，幼儿至少需要一小时午睡，但存在很大的实际困难。目前还只能让小家伙在自己坐位上将就午睡。但我想，不久以后，我们就会有安静的、遮光的房间，让孩子们在帆布吊床上午睡。不过，我认为在室外午睡更好。

在罗马的“儿童之家”，因为不必出楼上街，孩子是送回各自家里午睡。

必须考虑到，这样长的时间表，不仅需要午睡，而且需要准备午饭。还必须考虑，“儿童之家”这样的学校，其目的是帮助、指导孩子在3岁至6岁这一重要发育期更好地成长。

“儿童之家”是培育幼儿的园地，当然不能像在校学生那样学习那么长的时间。

在我们的方法中，必须采取的第一步是唤起他们。时而唤起他们的注意力，时而唤起他们内在的生命，时而唤起他们和别人一起生活的能力。做一个不完全恰当的比较，当我们做实验的时候，就必须像进行实验心理学或人类学实验那样，在准备好仪器（这相当于环境）后，还须准备好实验对象。从整个方法考虑，工作必须从为孩子适应社会生活方式作准备开始，必须吸引他们对这些生活方式的注意。

建立第一个“儿童之家”时所规定的时间表，并未完全执行，（因为时间分配不当，不适合自由制度），而是从一系列实际生活练习作为一天的开始。我得承认，这些练习是大纲中仅有的已被证明为完全稳定的部分，这些练习很成功，以致所有“儿童之家”每天均以此为开始。首先就是：

清洁

秩序

安静

会话

孩子一到校，就进行清洁检查。如果可能，当着孩子的妈妈的面进行，但并不直接要求她们注意检查。检查手、指甲、脖子、耳朵、牙齿，也注意头发是否整洁。如果衣服已破，撕坏或肮脏，缺少钮扣，鞋不干净，即提醒孩子注意。这样会使孩子养成观察自己、随时注意自己的仪表的习惯。

“儿童之家”的孩子轮流洗澡，当然不可能每天一次。然而，每班都设有盥洗架，上有水罐、盆子，由教师教孩子进行局部盥洗。例如，让他们学习怎样洗手和清理指甲。有时还教他们如何洗脚。特别教他们小心洗耳朵和眼睛。还教他们认真刷牙嗽口。在此过程中，让他们注意盥洗的各个不同部位及不同的盥洗方法：洗眼用清水，洗手用肥皂和水，刷牙用牙刷等。教大的帮小的，这样会鼓励较小的孩子更快学会照料自己。

个人卫生检查完毕，戴上小围裙。孩子们都自己或相互帮助戴上围裙。然后开始巡视教室，注意查看一切东西是否整洁，教孩子们如何将积满灰尘的各个角落打扫干净，如何使用打扫房间的各种工具，如抹布、刷子和小笤帚等。当允许孩子们自己做时，这些工作很快就能完成。然后，孩子们走向各自的坐位，教师向他们讲解每个人坐在坐位上的正确姿势，保持安静，脚搁在地板上，手放在桌子上，头保持端正。这样教孩子们保持安静和沉着。然后让孩子们起立唱圣歌。教他们在起立和坐下时不发出声响，以此种方式让孩子们学会小心和沉着地在家具之间走动。此后，再让孩子们进行一系列举止文雅的练习，来回走动，互相敬礼，小心地拿起东西，有礼貌地互相授受物品。教师可用略带惊叹的语气要大家注意那些干净的孩子、整齐的教室、安静的班级、文雅的动作等。

我们从这样的起点进行自由教学，也就是，教师不再评论孩子或指导孩子怎样离开自己的坐位等，而只限于纠正那些不规矩的举动。

教师以这种方式讲评完孩子们的表现和教室的布置后，就请孩子与她谈话。她问他们头一天都干了什么，她应控制自己的询问使孩子不必报告家庭私事，但要报告他们自己的行为、游戏和对父母的态度，等等。她问孩子们是否已经能自己上楼而不把自己弄脏，是否能和碰到的朋友礼貌地讲话，是否帮助妈妈干活，是否把学校学到的表演给家里人看，是否在街上玩耍，等等。休息日之后的星期一，谈话时间较长，要孩子们谈谈星期天和家里人一起都干了什么，是否离开了家，是否吃了小孩通常不应该吃的东西。如果吃了，就劝他们以后不可再吃，并尽量教他们知道这些东西的害处。以这种方式谈话，能促进孩子的语言能力的发展，并且有很大的教育意义，因为教师能防止孩子去唠叨家里或邻居发生的事情，而主动选择适合的、愉快的话题，还能以这种方法教孩子知道那些想让他们知道的事情，如我们生活中碰到的事，公众的事或各人家中的事，或许就是孩子们自己遇到的事。如洗礼、生日，以及其他可以作为偶然谈话的话题。这些话题将鼓励孩子们自己讲述。在进行这种午前谈话之后，再进行其他课程。

第八章　儿童膳食

儿童膳食问题应联系实际生活练习一起考虑。

为了保护儿童的发育，特别是在儿童健康标准尚未普及到各家庭的街区，最好把儿童的大部分饮食委托学校办理。人们都知道，饮食必须适合儿童体质，如像儿童服用的药不是减少了剂量的成人服用的药，儿童的饮食也不只是简单地减少数量的成人的饮食。因此，虽然住宅楼内“儿童之家”的孩子能回家用饭，但是，我仍主张最好是成立儿童食堂。此外，即使是对富裕家庭的孩子，在科学烹调尚未应用到为孩子做特殊饭菜以前，学校为儿童提供饮食是值得推荐的。

幼儿饮食必须有丰富的脂肪和糖分。第一是为儿童有机体储备营养；第二是因为儿童形成有机组织的需要，而糖分是有机组织形成过程中的兴奋剂。

在调制儿童食品时，最好把有关的营养物质切细，因为儿童还没有充分咀嚼食物的能力，胃也尚未具备完成粉碎食物的功能。

因此，汤、菜泥和肉丸应该是儿童菜肴的通常形式。

2 至 3 岁儿童含蛋白质的饮食主要是牛奶和鸡蛋，但 2 岁以后可喝肉汤。3 岁半以后可食肉，穷人家孩子可吃蔬菜，也建议孩子们多吃水果。

扼要地具体介绍一下儿童膳食可能有用，特别是对母亲们会有所帮助。

幼儿吃的肉汤的制备（这里指的是 3 至 6 岁的孩子，稍大的孩子可吃家里的普通肉汤）　一克肉加一毫升汤，并应将肉放入冷水，不加香料，可适量加盐调味。煮2小时，撇去浮油，代之以黄油；穷人家庭，可以用一匙橄榄油代替，但不能用人造黄油等物代替。肉汤应现吃现做，所以最好在饭前两小时把汤炖在火上，因为汤一凉，化学物质开始分解，吃了对孩子有害，容易引起腹泻。

汤　汤食对幼儿最好，最简单的汤食是盐水或汤煮面包，多加油调味。这是穷人家孩子的典型汤食，也是很好的营养食物。与此类似的是用黄油烤面包丁做成的汤菜，或者把黄油烤面包丁泡入加黄油的肉汤里。面包渣汤也属这类。

粉丝　特别是糯米粉丝，都具有同样的性质，易于消化。但只有社会上的特权阶层才能享用。

穷人应知道，陈面包渣煮肉汤比肉汁的干粗粉面条汤有益得多，干粗粉面条汤小儿最不容易消化。

最好的汤是用菜泥（蚕豆、豌豆、扁豆）做成的汤。目前可在商店买到适合做这种汤的干菜。先放入盐水中煮烂，去皮，冷却后过滤（如皮已去掉，则直接压碎），加黄油，缓缓搅拌成泥，倾入开水，注意搅散溶化，不使结团。

菜汤也可加猪肉调味，也可用牛奶加糖代替肉汤做菜泥的稀料。

我极力推荐孩子吃肉汤或牛奶熬成的稻米粥，也可吃加大量黄油（不是加乳酪）的玉米面粥（长时间熬烂）。

较穷阶层的人不能供孩子吃肉汤，可用面包煮汤和米粥加食油，也同样有益。

牛奶和鸡蛋　不仅含有大量易于消化的蛋白质，而且含有酶，酶能促进吸收并构成机体组织，因此特别有利于孩子的生长。如果食物是新鲜的，营养物质完整无损，更容易被吸收。

刚从奶牛身上挤出的鲜奶，母鸡刚下的仍温的鸡蛋，最易被吸收。牛奶、鸡蛋煮后反而失去其特殊的可吸收性，使其营养价值降低到一般的蛋白质水平。

因此，目前正在建立供应儿童需要的特殊奶场，实行无菌生产，奶牛的生活环境非常清洁，挤奶前，奶头、挤奶员的手和盛奶容器都须消毒，最后将容器密封。如果远程运输，则立即冷藏。最好是挤出即喝。因为保证了牛奶无菌，也勿需煮沸消毒，可保持营养成分不被破坏。

鸡蛋也是如此。小孩吃鸡蛋的最好方法是鸡蛋刚产趁温吃下，然后让孩子到室外活动，有利于消化。不可能这样做时，则必须选择新鲜鸡蛋放入水中稍煮（蛋黄未凝固）食用。

所有其他吃法，如牛奶蛋汤、摊鸡蛋，等等，都能使牛奶和鸡蛋成为非常好的食物，成为我们最推崇的食物，但是都失去了它们原有的易于吸收的特性。

肉类　各种肉都不适于小孩食用，即使按孩子年龄使用不同方法烹制也不适宜。所以，例如 3 至 5 岁的孩子只应该吃少量绞得很碎的肉，而 5 岁的孩子则可以完全靠牙齿嚼烂。但要教孩子怎样细嚼，因为他们容易囫囵吞食，可能造成消化不良和腹泻。

这就是为什么“儿童之家”的集体伙食值得提倡的另一个原因。这样孩子的饮食可以和“儿童之家”的教育体系联系起来，得到合理的考虑。

最适宜儿童食用的是嫩肉，首先是鸡肉、小牛肉和易于消化的鱼肉（鳎鱼、狗鱼、鳕鱼）。

孩子 4 岁以后，也可食牛肉饼，但不可食难于消化的肉和肥肉，如猪肉、阉鸡、鳗鱼、金枪鱼等。儿童的食谱中要绝对排除软体动物和甲壳动物，如牡蛎、龙虾。

肉糜、面包渣加牛奶、鸡蛋搅拌后，用黄油炸制成的肉饼，也是有益于儿童健康的食物。另一种很好的食法是肉糜、甜水果蜜饯加鸡蛋和糖搅拌制成丸子。

5 岁的孩子可以吃烤鸡脯肉，偶尔也可吃点用小牛肉糜制成的烤肉饼和一般的烤牛肉片。

一定不要给孩子吃煮的肉，煮肉失去多种养分，且不易消化。

神经补品　孩子 4 岁以后，除了吃肉以外，还可吃脑髓、甜面包渣和鸡肉糜一起炸制成的丸子。

奶制品　各种乳酪都不能列入儿童的食谱。适于 3 至 6 岁儿童吃的唯一奶制品是鲜黄油。

牛奶蛋糕　也须现吃现做，并且选用非常新鲜的牛奶和鸡蛋。如无此条件，宁可不做。

面包　从上述各种汤食中可知，面包是儿童的一种极好的食品。但应有选择，面包屑不太易消化，但可让它干了后再做成面包屑肉汤食用。如果只给孩子一片面包，最好是面包皮或面包的两头。凡是经济能力许可，都应食用面包，面包是一种上等食品。

面包含有多种含氮物质及淀粉，但缺少脂肪。众所周知，饮食的三个基本成分是：蛋白质（含氮物质）、糖分（淀粉）和脂肪。面包系不完全食物，因此需要给孩子吃涂黄油的面包才能构成供早餐用的完全食物。

绿色蔬菜　儿童不宜吃生菜，如沙拉、蔬菜之类；只能吃熟食。实际上，不管熟食还是生食，我都不太赞成食用，但菠菜例外，可适量食用。

然而，土豆做成的土豆泥，多加黄油，则是很好的辅助营养食物。

水果　水果中有一些很适宜儿童食用。水果若是新采摘的，还处于有助于吸收活质状态下，就如同牛奶和鸡蛋一样。

然而，这在城里不易做到，故须考虑以各种不同方法制备各种不太新鲜的水果食品。不是任何一种水果都适宜儿童。主要问题是水果成熟的程度、果肉的硬度、甜度和酸度。桃、杏、葡萄、无核小葡萄、桔子、柑子宜生食，其他水果，如梨、苹果、李子应煮熟或制成果浆食用。

无花果、菠萝、海枣、各种瓜类、樱桃、胡桃、扁桃、榛子、栗子，由于各种不同的原因，都不适宜幼儿食用。

在准备让孩子吃水果时，必须去掉不易消化的部分，如果皮以及孩子有可能不小心咽下的果核。

4 岁或 5 岁孩子，应早一点教会他们削果皮和去果核。往后便可以给他们一个完整的水果，他们自己知道怎样吃法。

水果的烹饪过程主要有二：一煮，二加糖。

除了简单煮食外，可制成果酱和果冻。果酱和果冻很可口，不过只有富裕阶层的人家才能享用。虽然儿童可食果酱和果冻，但果脯，如冻糖栗子之类则绝对禁食。

调味品　严格限用调味品是儿童饮食卫生的重要方面。我已指出，儿童食物中的主要调味品是糖和某些油类、食盐（氯化钠）。此外，可增加有机酸（醋酸、柠檬酸），即醋和柠檬汁。柠檬汁适用于烹制鱼类、炸肉饼和菠菜等。

适于幼儿食用的其他调味品还有芳香类蔬菜，如蒜和芸香，能杀灭肠道和肺里的细菌，并有直接驱肠虫作用。

但是其他香料，如胡椒、豆蔻、桂皮、丁香，特别是芥末，则绝对禁用。

饮料　儿童正在成长的机体含大量水分，因此，需要不断供给水分。饮料中最好的，唯一可以推荐的是新鲜矿泉水。有钱人家孩子可以喝微带碱性的食用矿泉水，如圣格米尼和亚考·克罗地亚的矿泉水，用果酱如樱桃酱冲饮。

众所周知，发酵饮料和刺激神经系统的兴奋饮料对儿童有害，因此，酒类和咖啡类饮料，绝对不能列入儿童饮料。不仅白酒，就是葡萄酒和啤酒也应该让孩子点滴不沾。咖啡和茶也不应让孩子接触。

酒对孩子身体的危害作用无需赘述，但是有一个非常重要的问题，在此重提绝非多余。酒是一种毒剂，特别对儿童机体形成过程有致命影响，不仅抑制发育（导致幼稚型、白痴），而且引起神经系统疾病（癫痫、脑膜炎）、消化器官和新陈代谢疾病（肝硬化、消化不良、贫血）。

如果“儿童之家”能够用这些道理成功地启发人们，那就是为下一代的健康做了一件崇高的工作。

不饮咖啡，孩子可饮用水煮炒制大麦、麦芽，特别是巧克力，尤其再加牛奶冲饮，更是儿童上等食品。

膳 食 分 配

儿童饮食的另一个问题是关于膳食分配。有一条原则是必须绝对遵守并在母亲中推广和普及，这就是饮食必须严格定时，以使孩子消化良好，保持身体健康。在人们中的确流行着一种偏见（也是对孩子最有害的一种愚蠢的母爱）：认为要孩子长得快，就得不断地给他吃，几乎是习惯性地毫无规律地让孩子随时随地啃着面包皮或别的什么食物，然而由于儿童消化力特别弱，需要节制饮食，更需要饮食定时。我觉得，采用“儿童之家”制定的间隔时间较长的定时用食的制度更适宜培养孩子饮食的规律性。在规定的进餐时间之外，儿童不吃零食。

“儿童之家”规定吃两餐，主餐在中午，下午大约4点一次点心。主餐应有汤食、荤菜和面包。有钱人家孩子，还有水果或牛奶蛋糕和抹面包的黄油。

4点钟的点心，是一片黄油面包或面包夹果酱、巧克力、蜂蜜、牛奶、蛋糕等。薄脆饼干、软饼、煮水果等也佳。最适宜的点心可能是牛奶泡面包，或是煮鸡蛋加面包卷，或一杯牛奶加一勺麦林粉。我之所以极力推崇麦林粉，是因为它不仅对婴儿，而且对较大儿童也适合。它易于消化，营养丰富，味美可口，孩子喜食。

麦林粉是用大麦、小麦制成的面粉，含有两种谷物的大量营养成分。将粉溶于少许热水中，然后冲入鲜奶即可饮用。

孩子可在自己家里吃另外两餐，即早餐和晚餐。晚餐须少吃，以便进餐后不久就寝。关于如何进餐，应向母亲提出建议，促使其配合完成“儿童之家”的保健工作，以有利于孩子健康。

有钱人家的孩子，早餐可吃牛奶加巧克力，或牛奶加麦芽糖和饼干，烤面包抹黄油或蜂蜜则更好。穷人家孩子可喝一杯牛奶和吃一些面包。

建议晚餐有一道汤（孩子一天应喝两次汤）、煮鸡蛋，或一杯牛奶，或牛奶稻米粥，黄油面包，煮水果等。

至于营养成分的比例计算，虽然实际用处不大，但我仍建议读者阅读有关保健的专门文章。

在“儿童之家”，特别是居民比较穷的情况下，我建议多用蔬菜汤。在菜园里多栽培食用蔬菜，以便现摘现用。如果可能，也栽些果树，饲养一些家畜家禽，以便能得到鲜奶和鲜蛋。山羊奶可直接由年龄较大的孩子来挤，事先把手洗干净。在“儿童之家”的膳食安排中，建议与“实际生活”联系起来，如准备桌子，铺桌布，学习各种物品和食品的名称等。以后，我将介绍怎样逐渐提高这种练习的难度，并构成一套很重要的教具。

这里还应该指出，教会孩子们进餐时保持清洁是很重要的。既要保持个人清洁，又要保持环境卫生（不要弄脏桌布）。教他们学会使用餐具（至少要让幼小者学会用勺，大一点的学会用刀叉）。

第九章　肌肉训练——体操

我认为，人们对体操的普遍看法是很不恰当的。在普通学校中，习惯于把体操作为一种集体进行的肌肉训练，其目的是让孩子们按口令学会一套规定的动作。这样的体操，其指导精神是强迫，以强迫运动代替自然运动。我不知道选择这些强迫运动的心理学依据何在。与此类似的运动也可应用于医疗体操，目的在于使麻痹的肌肉恢复正常运动，或者让麻痹的肌肉做正常的运动。学校中所做的一系列胸部运动原本是用来治疗内部器官的麻痹症。我实在难以理解，这种锻炼对一群正常的孩子会起什么作用。此外，还可以在体育馆里看见这种形式的体操，然而，那是培养杂技演员的基本训练。可是本文并不打算批判普通学校的体操，当然我们所考虑的也并不是这种体操。的确，许多人听我讲到关于幼儿学校的体操时，都直率地表示不满；当他们听到我谈论幼儿体育馆时，更表示不赞成。事实上，如果体操训练和体育馆像普通学校的那样，别说人们不赞成，就像我上面批判的那样，我更不赞成。

我们必须把体操和一般肌肉训练作为有助于生理运动（如走路、呼吸、说话等）的正常发育以及保护这种发育的一系列训练。如果孩子表现出发育迟缓或异常时，就应鼓励他们做有助于完成最基本的生活动作（如穿衣、脱衣、扣衣扣、系鞋带、拿物品如皮球、积木等）的有关运动。如果存在必须用体操锻炼来保护儿童的年龄阶段，那么这一年龄阶段无疑是 3 至 6 岁。这个生命阶段特别需要的体操就是保健体操，其主要形式是练习走步。儿童体形发育的特点是躯干比下肢发达。新生儿的躯干，从头顶到腹股沟底端的长度为身高的68%，下肢仅为身高的32%。在成长过程中，这个比例关系发生显著变化，例如，成年人躯干占身高一半，根据个别统计，为51%或52%。

新生儿和成年人之间这种体形差别在生长过程中逐渐缩小。新生儿在头几年仍保持躯干比四肢发育快的趋势。1岁儿童的躯干为身高的65%，2岁时为63%，3岁时则为62%。

当孩子达到入幼儿学校的年龄，其下肢仍比躯干短，仅为躯干的38%。6岁至7岁之间，躯干占身高的比例为57～56%，所以，在这段时间，孩子不仅明显长高（3岁时约为0.85米，6岁时则为1.05米），而且躯干和下肢比例也发生很大变化，下肢长度明显增长。这种增长是长骨两端软骨的增长，但此时整个骨骼还未完全骨化。可是，娇嫩的下肢骨头又必须承受大得不成比例的躯干的重量。如果我们考虑到这点，那我们就不会以成人走路的步态标准来要求孩子，要他们也那样步态平稳。如果孩子不够强壮，站立和走步都容易疲劳，下肢长骨不堪承受身体的重量，就容易造成畸形，通常是弯曲成罗圈腿。这种情况特别容易在营养不良的穷家孩子或骨化缓慢但又确未患软骨病的孩子中发生。

从身体上看，如果把儿童当成小大人，那就错了。他们的身体有其年龄的特殊比例和特点。小孩常有向后伸腰和向前踢脚的倾向，这表明他们有因身体比例的生理需要。幼儿喜欢像四足动物一样爬行，只是因为他的四肢还太短。我们往往用愚蠢的方式强使孩子改变他的这种自然表现，不让下地，不让伸腿等等，强迫他跟大人一起走路，要求他跟上大人的步速，还借口说不能让他任性，不能让他想干什么就干什么，这实在是大错特错。这样通常就会造成罗圈腿。因此，最好是开导妈妈们特别注意这些方面的幼儿保健。这就是说，我们能够而且应该用体操来帮助孩子发育，让所做的运动是他们需要的运动，并保证他们的下肢不致疲劳。

对孩子们的观察使我想出一个帮助他们活动的最简单方法。教师正在让孩子们齐步前进，领着他们在楼房和街心花园之间的院子里转圈。花园围着栅栏，栅栏就是间隔一定距离打入地上的一些木桩，木桩上平行地拉上几行粗铁丝。沿栅栏下部有突台，孩子走累了就习惯地坐在上面休息。此外，我总是把小椅子搬出来，靠墙放着。不时总有一些 2 岁半到 3 岁的小家伙落在队伍后面，显然他们累了；但是他们既不坐在地上也不坐在小椅子上休息，而总是跑向矮栅栏，手抓住上面一排铁丝，脚踏下面一排铁丝，横着走来走去。他们笑嘻嘻地看着仍在院子里绕圈走着的大伙伴，眼睛闪烁着光芒，这表明爬铁丝栅栏给了他们很大的乐趣。正是这些孩子以非常实际的方法帮助我解决了一个问题。他们沿着铁丝斜吊着身子横着走，他们的下肢就不致承受整个身体的重量。要是把这种器械设置在幼儿体育馆里，就能满足孩子们在地上爬行和踢腿的活动需要，可以做他们在铁丝围栏上所做的那些运动，甚至能更正确地满足身体发育的需要。因此，我建议在儿童游艺室设置小围栏。小围栏可以设计成一排排立柱之间横穿若干平行的木棍，让孩子们在这种栏杆上玩时，可以愉快地看到其他孩子玩要的情况。

体育馆的其他器械可以按同样的考虑来设计，即目的在于为孩子们每个人的活动提供一种适当的设备。塞贡发明了一种设备，用来锻炼下肢，特别用来增强体弱孩子的膝关节，叫做篮椅。

这是一种坐式秋千，它有一个很宽的坐位，孩子坐上面，双腿向前伸出，也可以完全放在坐位上。坐椅用绳子吊起来，可以来回摆动。前面墙上加装一块结实木板，孩子用脚蹬这块木板，椅子就来回摆动，使他的下肢得到锻炼。木板离墙稍隔距离，并稍低一些，使孩子能看到其顶端。当他坐在椅子里摆动时，通过这种只锻炼其下肢的器械使其下肢强壮，而且不用将身体重量压在双腿上就能达到此锻炼目的。另外一些体育器械，从保健观点看并不重要，但孩子们很感兴趣，可简单介绍一下。一种叫“摆球”，它是用一根绳子挂起来的一个橡皮球，可以由一个孩子或几个孩子做游戏。孩子们坐在小扶手椅上击球，传给另一个孩子。这是一种锻炼双臂、脊柱，同时也锻炼眼睛估计运动物体的距离的运动。另一种游戏叫“走直线”，即在地上用粉笔划一条直线，让孩子们沿着直线走。这有助于孩子按规定方向调整和引导自己的自由运动。在下雪后进行这种类似的游戏更是有趣，孩子们在雪地上走出一条条直线。鼓励他们比赛，看谁走的线最直。

另一种游戏是爬小圆梯。梯子用木头制成，呈螺旋形。梯子一侧用栏杆围护，并做扶手，另一侧敞开。这种爬梯游戏有助于孩子逐步养成上下楼梯时不扶栏杆的习惯，并学会上下运动时控制平衡。整个梯子不高，梯距也小，在这样的梯子上行走，可使小孩子得到在家爬楼梯得不到的锻炼，因为家里楼梯是按成人身体比例设计的。

另一种体育器械用来练习跳远，是一个用木头制成的低平台，上面用油漆划了若干条横线，以标示跳远的距离。还有一小段阶梯，配合平台使用，可以练习和测量跳高。

我还认为，绳梯也适用于幼儿学校。配对使用时，可帮助练习和完善许多动作，如跪下、站起、前弯、后仰，等等。若不借助于绳梯，孩子做这些动作就会失去平衡。这些运动有助于孩子们，第一，掌握平衡，第二，协助肌肉运动，还可增加肺活量。此外，这些运动还能增强手的最原始、最基本的动作——抓握。手在能够完成其他精细动作之前，首先要能够抓握。塞贡曾经成功地应用这种器械增强痴呆儿童的握力以及全身力量。

因此，体育馆是促进建立生活中一般动作，如行走、掷物、上下楼梯、跪下、起立、跳跃等的协调，进行各种锻炼的场所。

自由体操

我所说的自由体操是不用任何器械的体操。这种体操分为两类：有指导的、在口令下做的体操和自由的游戏活动。第一类，我建议采用齐步行进操，其目的不仅练习节奏感，而且练习保持平衡。行进时，最好随脚步节奏唱短小的歌曲，这样可以加强肺部的呼吸运动。除齐步行进操外还可采用福禄培尔的那些伴有歌唱的游戏，它们很像小孩子们常常喜欢玩的那些游戏。在自由游戏时，我们给孩子们提供皮球、铁环、小包儿（内装豆子）和风筝。有树木的地方是孩子们做“小猫抢墙角”和其他许多追逐游戏的场所。

教育体操

我们把两套分列练习归入教育体操，这些练习真正构成学校教育工作的一部分，例如，翻土、栽种植物、饲养动物（浇水、剪枝、喂鸡等）。这些活动要求协调各种动作，例如，锄地、蹲下栽植物、起立等，都要求动作协调。让孩子们把物品搬运到指定地点，并实际使用这些物品，都是极为有益的体育锻炼机会。撒些像玉米、燕麦这样的小东西，以及关闭、打开花园门和鸡舍门，都是有益的锻炼。这些活动一般都在室外进行，因此更有益。在我们的教育体操中，还包括增强手指协调动作的练习，为孩子们的实际生活做准备，如穿衣、脱衣、解纽扣等。进行这种练习的基本教材极为简单：一些木制框架，每个框架上绷上两块布或两张皮，分别缝上或空出一排排纽扣和扣眼、挂钩和钩眼，带子和带眼或拉链等。

在“儿童之家”我们用了10个这样的框架，每个框架子表示一种不同的穿衣脱衣方法。

一、框架上绷两块较厚的毛织品，缝上骨质扣，相当于儿童外衣；

二、框架上绷两块亚麻布，缝上珠形扣，相当于儿童内衣；

三、框架上绷两块皮革，缝上鞋扣：孩子用纽扣钩连接这两张皮，这相当于童鞋；

四、框架上绷两块皮革，用鞋带、带眼系住；

五、框架上绷两块布，以带子系紧连接，相当于意大利农妇穿的紧身围腰；

六、框架上绷两块料子，用大挂钩和钩眼相连接；

七、框架上绷两块亚麻布，用小挂钩和钩眼相连接；

八、框架上绷两块布，用彩色宽缎带打蝴蝶结相连；

九、框架上绷两块布，用圆绳系紧，系绳的顺序与儿童内衣相同；

十、框架上绷两块布，用拉链连接。

使用这种玩具，孩子们能通过实践分解穿衣、脱衣所必需的动作，经过反复练习，使自己能独立地完成这些动作。不用任何直接的强迫命令，在孩子们不知不觉中，就成功地学会自己穿衣和脱衣。一旦他们学会这些动作，马上就希望在实际生活中应用自己的这种能力，为自己具有不依赖他人就能穿衣的能力而感到高兴和自豪。这会使他们早日懂得仪表，而没有受过这种实际教育的孩子在这方面的能力发展得太迟。孩子们非常喜欢各种系扣的游戏，当10个孩子围坐于小桌旁，用10个框架同时进行练习，这些小伙伴做得如此认真、严肃、兴致勃勃，很像是一个坐满小工人的工作室。

呼 吸 体 操

这些体操的目的是调节呼吸运动。换句话说，就是教孩子呼吸的方法。它也极有助于孩子养成正确的说话习惯。我们所用的练习选自萨拉（Sala）教授采用过的学校用书。从他的论文《口吃的治疗》的内容介绍中选取了一些简单项目，包括许多有关呼吸体操练习及协调肌肉练习。例如：

双手叉腰，口大张开，舌头平直。

深深吸气，迅速提肩，横隔膜放低。

慢慢呼气，缓缓放肩，回复原姿势。

教师也应该自己选择或设计简单的呼吸体操，伴之以手臂运动等。

正确运用嘴唇、舌头和牙齿的练习。这些练习是教嘴唇和舌头在发某些基本辅音时如何运动，增强有关的口腔肌肉，使之随时能自然地发出这些音。这些体操是锻炼语言器官的练习。

开始我们以全班形式进行练习，然后逐个检查。我们要孩子用力大声发出一个词的第一个音节。当每个孩子都尽了最大努力，再逐个地叫每个孩子重复读这个词。如果他发音正确，让他站在右边；如果发音不正确，让他站在左边。读这个词有困难的，则鼓励他多读几次。教师要注意孩子的年龄，以及发音中肌肉运动的具体缺点。然后，她可以摸一下应该运用的那部分肌肉，例如摸一摸嘴唇，或甚至拉住孩子的舌头，使之对着上齿，或者自己发这个音节，做出更清楚的示范。

作为这类体操的基础练习，我们让孩子练习发下列词的音：*pana*—*fame*—*tana*—*zina*—*stalla*—*rane*—*gatto*。

在发 *pane* 的时候，应让孩子用力地重复发 *pa*，*pa*，*pa*，练习嘴唇肌肉产生圆形收缩。

在发 *fame* 时，重复 *fa*，*fa*，*fa*，练习下嘴唇对着上齿的运动。

在发 *tana* 时，让孩子重复 *ta*，*ta*，*ta*，练习舌头对着上齿的运动。

在发 *zina* 时，练习上下齿靠近。

练习 *stalla* 时，重复整个词，上下齿合拢，并将舌头（趋向外伸）接近上齿。

在发 *rane* 时，重复 *r*，*r*，*r*，练习舌头弹动。

练习 *gatto* 时，注意发喉音 *g*。

第十章　自然教育

——农业劳动：动植物培育

伊塔在著名的教育论文《阿维龙野孩的初步发育》中，详述了试图战胜一个白痴的愚昧、同时把一个人从原始自然状态中抢夺回来而进行的大量戏剧性的奇特教育。

阿维龙野孩是一个在大自然中长大的孩子。他从小被罪恶地抛弃在森林中，企图置他于死地的人以为他已经丧命，殊不知他竟被大自然救活了。他赤身裸体，孤单地在荒野中幸存多年，直到被猎人所获，才开始进入巴黎的文明生活。他遍体的累累伤痕，说明了他曾和野兽搏斗、跌落悬崖的悲惨遭遇。

野孩已成哑巴，从不说话。据平纳尔诊断，其智力如同白痴，几乎绝不可能接受智力教育。

对这样的孩子首先应进行积极教育。伊塔是聋哑医生，还通晓哲学，他用已部分试用于治疗听力缺陷的方法，着手对野孩进行教育。他认为这个野孩表现出的低能特征并非因生理器官退化，而是由于缺乏教育。他信奉赫尔维修（*Helvetius*）的原则："没有人的工作，人就不成其为人。"也就是说，他相信教育万能，反对卢梭在革命前传播的教育学原则："凡出自造物主之手的东西，都是好的，而到人的手里，就变坏了。"这也就是说，教育是有害的，它毁坏了人。

根据伊塔错误的初次印象，这个野孩通过实验表现的特征证明了上述前一种论断是正确的。然而，当伊塔在平纳尔帮助下得知不得不和一个白痴打交道时，他的哲学理论就让位给最令人钦佩的试验性实验教育学了。

伊塔把这个野孩的教育分为两部分：首先，极力引导他从自然界的生活走向社会生活；第二步，试图应用对白痴进行智力教育方法对他进行教育。这个孩子在他那可怕的被抛弃后的生活中，找到了一种幸福。姑且如此说吧，他沉浸在大自然之中，与大自然合为一体，从中得到快乐——雨雪、风暴、无际的空间成为他欢乐的源泉，成为他的伴侣和他的爱。文明生活抛弃了这一切，但这正是人类取得进步的结果。在伊塔的文章中，他生动描写了他扩大野孩的需要，给他以爱抚，从中将他引向文明所进行的道义工作。这里有个例子，说明伊塔作为他的学生的自发表现的观察者，进行了多么令人钦佩的耐心工作。这的确为那些为实验教学法作准备的教师作出了榜样：对待所观察的对象应该具有什么样的耐心和自我克制精神。伊塔写道：

“例如，当在他的房间里观察他时，可以看见，他忧郁地、无聊地在房间里踱步，不时望着窗户，恍惚地凝视着旷野。如在此时，暴风雨突来，或云层后的太阳突现光芒，撒满大地，他就会大笑不止，欣喜若狂。但有时又不是这种欢乐的表情，而是气急败坏，咬牙切齿，挥动胳膊，捏紧拳头，恨不得把周围的人吃掉。

“一天早晨下着大雪，他还在睡觉。当他醒来见此情景，发出惊喜的喊叫，从床上跳下，未及穿衣，跑向窗户，迫不及待地穿过一道道房门，跑到花园里，以刺耳的尖叫发泄其喜悦。在雪地里奔跑打滚，一把一把抓雪，贪婪地咽下去。

“但是他对这壮观的自然景色并不总是以这种活泼喧闹的方式来表达自己的激动。有时却显得沉闷和忧伤。当严酷的天气使人们都不到花园去的时候，他却偏到那儿去，围着花园走几圈，然后在喷泉旁坐下。

“我经常整小时地停下来，以无法形容的欣喜心情瞧他那样坐着，看着他面部表情的变化，时而没有表情，时而作成鬼脸，又渐渐呈现出哀伤忧郁的回忆表情，两眼盯着水面，不时把几片落叶扔进水中。

“如果皓月当空，柔和的月光射进房间，他多半会醒来，走到窗边。他会直挺挺地站在那里，一动不动地呆上大半夜，探头盯着沐浴在月光下的野外大地，陷入沉思。这片静寂间或被深深的叹息声打破，最后在一阵哀叹声中结束。”

在另外地方，伊塔写道，这个野孩不知道文明生活中走路的步态，只知道跑。伊塔说，当把这野孩带到巴黎大街上的时候，开始他是怎样跟着这野孩跑，而没有粗暴地制止他。

通过展示社会生活的各个方面来逐渐诱导野孩，这就要求教师在开始时去适应学生，而不是让学生去适应教师；要不断地吸引他注意一种新的生活，这要用新生活的魅力去征服他，而不是强加于他，使他觉得是负担和折磨。所有这些都是可以推广应用于儿童教育的宝贵教育经验。

我认为，迄今为止还没有任何资料提供过如此鲜明、令人信服的社会生活与自然生活之间的对照，也没有如此直观地表明过社会仅仅是由放弃和限制所构成。由满足他原来的跑到限制他跑而会走路；由满足他原来的大声叫喊到限制他喊叫而会调节一般说话的声音。

伊塔未曾采用任何强迫手段，而是让社会生活逐渐吸引这个野孩，结果他的教育取得了成功。的确文明生活就是由放弃自然生活所构成。这几乎就像从母亲的怀抱里夺过一个新生婴儿一样，从大自然的怀抱里夺过一个人来，不过同时还赋予他一个新的生命。

从伊塔的文章中，我们看到对人的爱最终战胜对自然的爱。阿维龙野孩被他的亲切关怀所感动，流出了眼泪，结束了他沉溺于皑皑白雪之快乐和对朗朗夜空的向往；一天他试图逃跑到乡下去，可后来恭顺地懊悔地回来了，去找他那好吃的汤菜和他那温暖的床。

的确，人类已创造了社会生活的欢乐，在共同生活中产生了强烈的人类之爱。但人总还是属于自然，特别当他在孩童时期，更必须从自然中获取力量以发展其身心。我们与自然界有密切关系，对我们身体的成长甚至有物质的影响。例如，一位生物学家通过隔离装置把小豚鼠与地磁隔绝，发现这些小豚鼠长大后均患佝偻病。

伊塔的教育历史剧将在幼儿教育中重演。我们必须培养属于生物因而也属于自然界的人适应社会生活；因为社会生活是人的特殊工作，所以它也必须符合人的自然活动的表现。

但是，我们在培养人适应这种社会生活的时候，在很大程度上忽略了他在生命初期是植物生物的有利因素。

为缓和教育中的这种转变，必须把自然本身作为大部分教育工作，这好像不要突然强制把小孩从妈妈那里夺走送进学校一样。“儿童之家”恰好是这样做的，它建立在孩子父母居住的楼里，孩子的呼喊，妈妈的答应都能彼此呼应。

目前，这部分教育以儿童保健形式进行，多半是培育。让孩子们在室外、在公园里成长，或者让他们半裸体在海边晒几小时太阳。从事航运业的和亚平宁山区的人们从经验中已经懂得，让孩子健壮成长的最好方法是让他们沐浴在大自然之中。

舒适的短童装、凉鞋、裸露的下肢是摆脱文明枷锁的一种解放。

一个显而易见的原则是：在教育中对自然特权的牺牲只限

于为获得文明提供的最大满足所需的程度，不能做无谓牺牲。

但是在现代儿童教育的全部进步中，我们迄今尚未摆脱否定儿童心理表现和否定儿童精神需要的偏见，简单地把他看成是须加以爱护、亲昵、使之运动的正在生长的躯体。一个好母亲或一个现代的好教师，在今天所能给予，例如说，一个正在花园乱跑的孩子的教育，不过是不要攀折花木，不要践踏草地之类的忠告，似乎通过活动孩子腿脚和呼吸新鲜空气就足以满足他的身体的生理需要似的。

但是，既然儿童的肉体生命需要大自然的力量，那么他的精神生命也需要使心灵与天地万物接触，以便直接从生动的大自然的造化能力中吸取养分。达到这一目的的方法是让儿童从事农业劳动，引导他们培育动植物，并从中思考自然，理解自然。

在英国，莱特（*Latter*）夫人设计了通过园林学和园艺学进行儿童教育的方法的基础。她从思考生命发展，看到宗教基础，因为儿童的心灵可以从造物通向造物主。她也看到了智力教育的起点，她把这个起点局限于写生画，把写生画作为通向艺术的阶梯，作为获取关于植物、昆虫和农候季节思想的阶梯，也作为获取关于日常家庭生活初步概念的阶梯，因为家庭生活来源于栽培和烹饪给孩子们在餐桌上食用的食品以及餐后需洗刷的饮具和餐具。

莱特夫人的见解虽然太片面，但她所制定的条例仍继续在英国推广，无疑地是在完善迄今还只局限于身体锻炼方面的自然教育，这种教育在增强英国儿童体质方面已取得了明显效果。此外，她的经验为在儿童中进行农业教学的实际可行性提供确实证据。

在巴黎我看到过对有缺陷儿童进行大规模的农业教育。方法是根据巴西利(*Baccelli*)试图在小学里建立“小教育园地”的精神制定的。在每个“小园地”里都播种各种农作物,实际展示收播时间、收播方法、生长周期、翻耕土地、施用化肥和天然肥料,等等。同时培植观赏植物和从事园艺,当他到了就业年龄时,这就会给他们创造可观的收入。

虽然这种教育首先包括客观的智力培养方法,其次是就业准备,但是我认为尚未认真考虑将它用于儿童教育。现代儿童教育的概念必须是也只能是促进儿童个人身心两方面的发展。农作物和动物培育本身就包含着道德教育的宝贵手段,其含义比莱特夫人分析的还要丰富。她从中看到的主要是一种把儿童心灵引导至宗教感情的方法。事实上,这种不断进步和提高的方法可以分为若干等级。在此我提出几个主要方面。

第一,引导孩子观察生命现象。孩子们与动植物的关系类似于观察他们的老师和他们的关系。随着观察兴趣的逐渐增长,关心生物的热忱也随之增长。这样孩子们也就必然会感激妈妈和老师对他们的爱护。

第二,引导孩子们通过自我教育而具有预见。当孩子们懂得播种的植物的生命依靠他们喂水、喂食,否则,植物就会干枯、动物就会死亡时,他们就会像一个开始感到对生命负有责任的人一样,变得有警惕性。此外,一个与妈妈和老师全然不同的、呼唤他忠于职守的声音,就会告诫他们,千万不要忘记自己承担的责任。这声音就是在他们照管下的垂危的生命的哀求声。在孩子和他们照管的动植物之间会产生一种神秘的一致性,诱导孩子无需教师介入去完成一定行动,即引导他们进行自我教育。

孩子们所得的报偿也仍留在他们和自然界之间:经过他们长时间耐心地给孵蛋的鸽子送草、送食之后,在一个明朗的晴天，终于看见小鸽子了！老母鸡昨天还一动不动地趴在窝里，今天终于看见它身边出现了一群唧唧喳喳的小鸡；兔笼子里原来只有一对寂寞的大兔，他曾爱抚它们，用妈妈厨房的菜叶喂养它们，一天终于看见它们有小兔了。

在罗马我还没能够建立动物饲养场所，但在米兰的“儿童之家”却养了一些动物，其中有一对美国小白鸡，住在一个小巧玲珑的像中国宝塔模样的鸡舍里。鸡舍前用篱笆围出一小片供小鸡游戏的空地。鸡舍门每晚由孩子们轮流负责上锁，他们每天早晨高高兴兴跑去开锁，送水送干草，白天细心地照料着小鸡，晚上看小鸡确实什么也不需要了才上锁。教师告诉我说，在所有的教育练习中，这个最受欢迎，看来也最重要。经常出现这种现象，当孩子们安静地完成自己的任务，各自从事自己喜欢的工作时，一个、两个或三个，悄悄地站起来，出去瞥一眼饲养的动物，看它们是否需要什么。经常有这样的事，一个孩子很长时间不在教室里，最后教师惊奇地发现，原来他在喷水池旁看着水中游来游去的鱼儿入了迷。

一天，我收到了米兰一位教师的信，她以极大的热情告诉我一个好消息：小鸽子孵出来了。对于孩子们，这简直是一个盛大的节日。他们觉得自己好像就是这些小东西的父母。没有任何人为的阿谀、虚荣的奖赏能激起这样真诚的情感。栽培植物也使孩子得到不少欢乐。在罗马的一个“儿童之家”中没有可供栽培的土地，经过塔拉莫先生的努力，沿平台布置了许多花盆，靠墙跟种植了攀缘植物。孩子们从不忘记用喷壶给花草浇水。

一天，我发现孩子们在地上围坐成一圈，原来他们是在观看头天夜里开放的一朵红玫瑰，静寂无语，沉浸在无声的冥想之中。

第三，引导孩子学习具有耐心和信心的品格。这种品格是一种信仰和生活哲学的形式。

当孩子们把一粒种子种入地里，一直等它结果，首先看见的是不成型的幼芽，等它生长变化，开花结果。看到一些植物发芽早些，一些植物发芽晚些；落叶植物生长得快些，而果树生长得慢些。他们最终获得心理上的平衡，在幼小的心灵里萌发像农民知道按时耕种那样的智慧。

第四，培养孩子们对大自然的感情。大自然以其神奇造化之功哺育这种感情，大自然付给劳动者以慷慨报酬，谁为大自然的生命发展付出了劳动，谁就会获得丰硕的果实。

甚至在劳动过程中，在孩子们的心灵与其照管下发展的生命之间产生一种一致性，孩子们自然地热爱生命的各种表现形式。莱特夫人告诉我们，小孩子们是多么容易对蚯蚓和粪蛆的运动产生兴趣，而不像我们这些远离大自然长大、没有接触过某些动物的人那么感到害怕。这种兴趣就会发展成对一切活着的生物的信任之情，这是一种爱的形式，是同宇宙融为一体的一种形式。

但是，最能培养对大自然感情的是栽培植物，因为植物在其自然发展中给予的远比索取的为多，不断地展示它的美和变化。当孩子们栽培了蝴蝶花或三色紫罗兰、玫瑰或风信子，播下了种子或埋下了根球，也按时浇了水；或者种了果树，最后，那盛开的花朵、成熟的果实，就是大自然赐给他们的慷慨礼物，是对少量劳动付给的大量报酬，似乎大自然在以礼物报答耕耘者的倾心之爱，渴望之情，而不斤斤计较与其有形劳动量保持平衡。

当孩子们不得不采集劳动的物质成果时，情况就完全不同了，不会动的、青一色的果实都用于消费，分配殆尽，而不是增加积累。

农业产品和工业产品、天然产品和人工产品之间的差别就像一个不可改变的事实，必然会在孩子们心里自发产生。

但同时，像果树必须结果一样，人也必须劳动。

第五，孩子沿着人类发展的自然道路前进。简言之，这种教育使得个人发展和人类发展协调起来。人类通过农业从自然状态进入人工状态。当人类发现土地增产的秘密时，它就获得了文明化的酬报。

注定要成为文明人的孩子也必须经历这条道路。

如此理解自然教育的作用，它就容易付诸实践了。因为即使缺少供体育练习用的宽阔操场和庭院，但找几平方米用于栽培或一小块地方让鸽子做窝，以便进行精神教育总还是可能的。即使是窗台上的一盆花，如果需要，也可以用于教育目的。

在罗马的第一个“儿童之家”，我们有了一个宽大的院子作为种植园地。孩子们除了在那里自由进出活动外，还在那里进行种植；在一块长土地上一边种树，另一边分给每个孩子一块以栽培植物，两边有一条路隔开。

较小的孩子在路上跑来跑去或在树荫底下休息的时候，拥有土地的孩子（4 岁以上）正在播种、耕锄、浇水或查看，好让种子发芽。有这么一件很有趣的事：孩子们的小块土地是分布在沿住宅楼墙边，因为通向死胡同，而不为人们注意，所以居民们习惯地把各种脏物从窗户扔下来，以致起初我们的花园被弄得很脏。后来，虽然我们没有提出任何劝告，但是，出于人们尊重孩子劳动的感情，再也不从窗户扔东西下来了，投向小宝贝们心爱的这块土地上的是他们妈妈爱护的眼光和亲切的微笑。

第十一章 体力劳动
——陶土工艺和房屋建筑

体力劳动和体育锻炼的区别在于目的不同：体育锻炼是为了锻炼双手，增强体质，完善个人；而体力劳动则是为了完成特定的任务，生产出对社会有用的产品，增加世界的物质财富。但二者又相互联系，一般说，只有双手完善的人，才能生产出有用的产品。

经过短期试验，我得出结论，最好是完全取消福禄培尔的练习。因为在硬纸板上进行编织和缝纫很不适合儿童视觉器官的生理状况。儿童眼睛的调节能力尚未完全发展，因此这些练习会造成视觉器官负担过重，对视力发育造成严重损害。另外一些福禄培尔的小练习，如摺纸，是练习手，而不是工作。

泥塑仍予保留，它让孩子仿制泥塑品，是福禄培尔的练习中最合理部分。

但是，出於我所倡导的自由体系的考虑，我不想让孩子们仿制任何东西，只让他们用粘土按自己的意愿去塑造；不指导孩子们生产有用的产品，也不求完成什么教育计划，因为泥塑工作（我稍后将指出）是为在孩子自发表现中进行心理个性研究服务的，而不是为了进行教育。

所以，我决定在“儿童之家”尝试一下我曾在艺术家兰敦（Randone）教授建立的“教育艺术学校”见过的一些很有趣的练习。该校和乔文内扎·金泰尔青年社团同时建立；二者的目的都在於教育青年文明地对待环境：爱护物品、建筑、纪念碑等。这是文明教育真正重要的一部分，也是与“儿童之家”有联系的和我特别感兴趣的部分。因为“儿童之家”的基本目的，就是切实教育孩子爱护墙壁、房屋和环境。

兰敦教授断定，不能把青年社团的教育建立在枯燥的公民原则说教或儿童道德保证的基础上，而必须通过引导青年鉴赏、热爱艺术来进行教育，最后达到保护物品特别是保护纪念碑及历史建筑的目的，这是很恰当的。所以这所教育艺术学校广泛吸收各种艺术思想，包括复制在周围环境中经常见到的物品，讲述它们的生产史，介绍主要城市的纪念碑，在罗马大多是建筑纪念碑。为了更直接达到目的，兰敦教授把他那为人赞赏的学校建在罗马城墙最富有艺术性的一个缺口——贝利萨柳斯(Belisarius）墙旁，俯瞰昂伯托·普利莫别墅。该处是既不为市政当局所重视，也不为市民所爱护的一座城墙。兰敦教授则备加关注，把城墙的外侧布置成幽雅的空中花园，艺术学校就设在园中，乔文内扎·金泰尔青年艺术社团，正是由这所学校组成的。

兰敦教授打算在这里重建和复兴曾使意大利和佛罗伦萨引以为荣的艺术形式——陶工艺术，即制作陶器的艺术。

陶器具有极大的考古价值和历史价值，也具有极大的艺术价值，它可以与钱币艺术相媲美。事实上，人类感到最需要的第一件东西便是陶器。陶器随火的利用而被广泛使用，但它的发明早於取火。其实，人类第一次熟食就是装在陶器内煮熟的。

判断一个种族的原始人达到的文明程度最重要标志之一，就是视其陶器工艺所达到的水平，事实上，用於家庭生活的陶器和用於社会生活的斧头是我们发现的史前时期的最神圣的象征，是与崇拜神庙和崇拜先人相联系的宗教象征，甚至在今天，仍有宗教徒在他们的私宅重地供奉着圣瓶。

在文明中取得长足进步的人民仍然对陶器及其演变形式表现出艺术感和审美感，如我们在埃及，伊特拉斯和希腊艺术中所见到的那样。

陶器在人类文明过程中出现、完善、扩大用途，增添品种，陶器史随人类史发展而发展，陶器除有生活和精神意义外，还有另一种实用价值：适于塑造各种形式的装饰品，为艺术家提供发挥个人天才的自由天地。

一旦学会了制陶工艺（这工作的一部分是在教师直接指导下逐渐学会的），任何人都根据自己审美爱好和艺术灵感进行塑造。这是表现工作的艺术性和个性的方面。此外，在兰敦的学校里，还教如何使用陶工旋盘，如何配方制作花饰浴盆，如何在炉内焙烧陶坯，以及如何完成工业制陶的各种体力劳动。

教育艺术学校的另一项工作是制造小型砖，放在炉中焙烧后，用以砌成小型墙。砌墙过程与泥瓦匠建房时砌墙一样，砖块之间填以灰浆，用泥刀抹平。孩子非常喜欢砌墙，一砖又一砖，一层又一层往上砌。砌完后，孩子们也就经历了建造真正房屋的过程——先用锄头和铁锹在地上挖个大坑，打好基础，然后再砌砖，建成房子。这些小房子也像真房子一样开有门窗，房子正面都镶砌上孩子们自己烧制的彩色瓷砖。

这样，孩子们不但学会鉴赏物品及周围的建筑物，同时实际的体力劳动和艺术创作还给他们以有益的锻炼。

这就是我们在“儿童之家”所采用的手工学科。经过两三堂课的学习之后，小学生们就很热心於制作陶器了。他们很细心地保存自己的作品并为之感到骄傲。然后，就用他们的塑造技术仿制小东西、鸡蛋和水果，把这些东西放在陶器里。开始是用红土做一个简单的陶器，装上用白土做成的鸡蛋。然后再仿制带一个把或两个把、带小口的陶器，以及带两耳或三耳的三脚鼎、酒罐等。

5 岁至 6 岁的孩子开始使用陶工旋盘进行工作。但孩子们最喜欢的工作还是用小砖砌墙，然后就是欣赏他们自己的劳动成果：屹立在长着他们所栽培的植物的地面上的小房子。这样，他们在童年就大致了解了人类从游牧生活转变为定居生活的主要劳动：向土地索取果实，建造栖身场所，制造陶器用以煮熟从沃土生产出的食物。

第十二章　感觉训练

在实验教育学的方法中，感觉训练无疑起着最重要的作用。实验心理学也是通过感觉测量而获得活动的记录的。

教育学虽然利用心理测量学，但其目的并非测量感觉，而是训练感觉。这一点易于理解，却常被混淆。虽然对幼儿不能进行大量的感觉测量，但进行感觉训练却是完全可能的。

我们不是从实验心理学的结论出发，也就是说，不是按照一定年龄儿童的一般感觉条件的知识出发，决定我们所要进行的教育和训练。我们基本上是从一种方法出发，让心理学大概能如此地理解教育学并得出其结论，而不是相反。

我采用的方法是以教具进行教学实验，期待孩子的自发反应。这种方法与实验心理学的方法很相似。

我用的教具初看起来可能与心理测量所用的东西相混同。曾在米兰实验心理学校进行过心理测量的教师，看到我的教具时可能认为是测量颜色、硬度和重量感觉的材料，而且可能会得出结论说：我对教育学其实并没有作出什么新贡献，因为这些器具是他们早已知道的。

但两种材料的悬殊差别在于：感觉测量仪只能进行测量，而我的教具却相反，往往不能测量，只适于孩子进行感觉训练。

为了使一种器具达到这样的教育学目的，必须使它不致使孩子厌倦，而是使他们高兴，这是选择教具的困难所在。大家知道，心理测量仪消耗孩子的大量能量。因此，当皮佐利(Pizzoli)想用这种仪器来作感觉训练时，结果失败了；因为孩子们讨厌这种仪器而且感到疲劳。然而，训练目的却应当是增加能量。

心理测量仪，或较好一点的感觉测量仪，都是按韦伯定律分不同等级制成。其实韦伯定律是从对成人进行实验而推导出来的。

对使用于幼儿的教具，他们还必须继续进行试验，必须选择使他们产生兴趣的教具。

在“儿童之家”的第一年里，我采用大量的多种刺激进行了这样的试验,其中有许多是我在缺陷儿童学校已经试验过的。

但是，应用于缺陷儿童的教具，一般说来在正常儿童训练中都未再直接使用,但却采用了许多经过改造的材料。然而，我认为，这已经达到选择材料的目的，满足了实际进行感觉训练的基本需要（在这里我不想把材料说成心理学名词“刺激”）。

这些材料构成我使用的教具体系，全部由米兰慈善家协会的“劳动之家”制造。

这些材料将在以后阐明教育内容时一并逐一说明。这里只提出几点一般考虑。

第一，缺陷儿童和正常儿童对按刺激等级构成的教具表现出的反映不同，这种不同可以从这样的事实中明显地看出，就是同一个教具用于缺陷儿童可能起到训练作用，而用于正常儿童则产生自动训练的效应。

这是在我整个经历中所碰到的最有意思的事实之一。它鼓舞和促使我认识到，自由和观察的方法是可行的。

假定用我们的第一种材料——一套立体几何形状的模型。一块木板上的一排圆孔中插着相应尺寸的10根圆木柱。柱径逐个递减约2毫米。这样进行游戏：先把圆柱全部从孔中拔出，放在桌上打乱，然后让儿童挑选适合于圆孔的木柱再逐个插回原位。目的是训练眼睛对面积大小的不同感觉。

对于缺陷儿童，需要从具有更鲜明对比的练习开始，只有事先进行许多预备练习后，才能进行上述练习。

对于正常儿童，则可以不经预备练习即开始，作为一种自动活动的首次练习。2 岁半到 3 岁的孩子，在所有教具中，最喜欢这种游戏。一次，我们让一个缺陷儿童做这项练习，总需要不断提醒他注意，要他瞧着木板，把不同大小的圆柱给他看。如果他把圆柱都插回了原位，他就停止不动了，游戏就结束了。不论什么时候出了错，就需要替他纠正，或促使他纠正。即使当他能够自己纠正错误的时候，通常表情也很冷淡。

然而正常儿童对这个游戏却自发地表现出浓厚的兴趣，把妨碍和帮助他的人推开，愿意独立解决问题。

我们早已注意到，两三岁的孩子以摆弄小物体为最大乐趣。“儿童之家”的这个实验再次证明了心理学家的这一论断的正确性。

有一点很重要，就是正常儿童注意观察木板上的孔和需要插入孔中的圆柱之间的尺寸关系，从他的小脸上表现出专注的神情，他对这个游戏很感兴趣。

如果他弄错了，用一根圆柱去插比它小的孔，他就会拿开这根圆柱，进行多次尝试，寻找合适的孔。如果他把一根圆柱错插到了稍大的孔中，然后把其余圆柱依次插进稍大一点的孔里，最后他会发现手里剩下一根最大的圆柱，而板上却空着一个最小的孔。这套教具能检查出每一个错误。孩子们能以各种方法自己改正错误。他经常靠触摸或靠摇晃圆柱来识别哪一根是最大的。有时一眼就能看出错在哪儿，从不该插的孔中拔出，再插到应该插的孔中。然后，把其他的一一插好。正常的孩子是越来越有兴趣地反复做这项练习。

实际上这套教具的教育意义正是在于错误的发现和纠正。当孩子确有把握把每个圆柱都插入正确的位置时，表明他的能力已超过这个练习，这套教具对他就没有意义了。

这种自我改正引导孩子把注意力集中在大小的区别和把不同圆柱加以比较。心理感觉练习也正是在于这种比较。

所以，不存在通过这套教具教给孩子大小尺寸的知识问题，目的也不是要孩子知道如何不出错地使用这套教材圆满地完成这个练习。

否则，就使我们的教具与其他许多教具，例如福禄培尔教具那样，建立在相同基础上了。如果应用福禄培尔的教材，为了让孩子学会使用这些材料，还将要求教师去忙碌一番，首先忙于充实自己的知识，然后忙于纠正孩子的每个错误。

恰好相反，我们是让孩子自己工作，自动纠正错误，自我进行教育。没有一个教师能够教给孩子只有通过体操锻炼才能获得的那种敏捷。学生需要通过自己的努力完善自己，感觉训练也是一样。

也可以说，每种训练形式都是这样，一个人之所以这样而不是那样，不是由于教师而是由于他自己。

从旧学校来的教师要实际应用这种方法的困难之一，是当教师看到孩子在错误面前一时迷惑不解皱紧眉头，紧闭双唇，反复设法纠正自己的错误时，他很难不干预。他们一见这种情况，就为怜悯之心所动，几乎以一种不可阻挡的力量要去帮孩子的忙。当我们阻止这种干预时，他们会说出一大堆怜悯孩子的话。可是很快孩子微笑的脸上浮现出克服困难后的喜悦心情。

正常孩子多次重复这种练习，但重复次数各有不同。有的孩子完成五六次就厌烦了，有的则饶有兴趣地玩上至少 20 次。有一次，我注视着一个 4 岁的小女孩重复完成了 16 次之后，就让别的孩子唱歌以分散她的注意力，可是她毫无所动，继续拔出那些小圆柱，打乱后，又插到原位。

一个聪明的教师应该能够进行非常有趣的个人心理观察，并能够大致估计各种刺激能保持注意力的时间长短。

事实上，当孩子做练习，而且教具本身会使孩子检查出并纠正错误的时候，教师除观察外，什么也不必做。因此，她更多的是一个心理学家而不是教师，这就说明了对教师进行科学培训的重要性。

用我的方法，的确是教师教得少，观察得多。此外，她的作用是指导孩子的心理活动和生理发展，因此，我把教师这个名称改为指导员（directress）。

开始这个名称引起许多人讥笑，因为人人都问：她既无助手，又必须让学生自由，这位教师能指导谁呢？但是她的指导的意义比一般理解的要深远和重要得多，因为这位教师指导的是生命和灵魂。

第二，感觉训练的目的在于通过反复练习改善对不同刺激的感觉能力。

存在一种感觉培养，它一般不为人们重视，但它是感觉测量的一个因素。

例如，在法国进行的智力测验或是在桑克蒂斯（De Sanctis）诊断智力状态的一系列测验中，我经常看到按不同距离放置的不同大小的立方块。让孩子选出最小的和最大的，同时，记时器记下从发出命令到完成动作之间的时间。并记下错误次数。我再重复一遍，在这样的实验中忘记了培养因素。我指的是感觉培养。

例如，我们的感觉训练教具中也有一组 10 个立方块。第一个底面见方 10 厘米，其余依次小 1 厘米，最小的一个是 1 立方厘米。练习的做法是把这些粉红色的立方块撒在绿色地毯上，然后把它们垒成一座小塔，最大的立方块做塔底，然后按大小依次搭上去，用最小的一块做塔顶。

小家伙每次都得从撒在地毯上的立方块中挑出最大的一块。这个游戏最使2岁半的孩子高兴，他们一搭好塔，就用手推倒它，欣赏撒在地毯上的粉红方块。然后又开始搭。搭好又推，推了又搭，反复多次。

如果让“儿童之家”的一个3岁或4岁的孩子与一个小学一年级学生（6岁或7岁）一起进行上述测验，毫无疑问，我的学生反应时间会短一些，而且不出差错。关于颜色感觉等训练也可以如此说。

所以，这种训练方法应该能引起实验心理学者和教师的兴趣。

最后让我简单地概括一下。我们的教具使进行自我教育成为可能，允许进行系统的感觉训练。这种教育不是依靠教师的能力，而是依靠教具的系统性。第一，教具提供能吸引孩子自发注意力的实物；第二，实物包含合理的刺激等级。

我们一定不能把感觉训练与通过感觉从周围环境可能获取具体概念相混淆。在我们思想上既不能把感觉训练与表达相应具体概念的语言名称相等同，也不能把感觉训练与获取练习的抽象概念相等同。

让我们考虑一下，一个音乐教师在教弹钢琴时做些什么。他教学生身体保持正确姿势，教学生乐谱概念，给学生示范乐谱和弹奏指法的关系，然后才让学生自己练习。如果要把这个孩子培养成一个钢琴家，那么教师教给概念之后，还必须有一个长期耐心的应用练习过程，使指关节和肌腱灵巧，使特殊的肌肉运动协调自如，使手的肌肉具有足够力量。

所以，钢琴家必须自觉行动，促使他坚持练习的自然倾向越强烈，他的成就越大。然而，若没有教师的指导，单是练习还不足以使一个学习者发展成一个真正的钢琴家。

“儿童之家”的指导员在自己的工作中对两个因素必须有明确概念：指导孩子和孩子的个人练习。

只有这种概念深植于她的思想之中，她才可能应用这种方法去指导孩子自发训练和给孩子以必要的启示。

掌握干预时机和方式，是教育者的个人艺术。

例如，普拉蒂“儿童之家”的学生都来自中产阶级家庭。开学一个月后，我发现一个5岁的孩子已经知道怎样拼成任何一个词，因为他在两个星期内就很好地学会了字母表。他知道怎样在黑板上写字。在自由绘画练习中，他表现出不仅会观察，而且还能有一定立体感地伶俐地画出房子和椅子。在颜色感觉练习中，他能调配出我们常用的深浅不同等级的8种颜色；并且能从一堆缠绕着8种颜色不同、深浅各异的丝线的64块小木板中，迅速地先按颜色分成8组，然后又轻易地把每种颜色按深浅等级正确排列。在这类游戏中，他几乎能把一张小桌涂满颜色，像是盖上一块颜色层次极其鲜明的桌布一样。我做了个实验：把他带到窗前，在充足的自然光下让他看一块有色小板，要他仔细看，以便记住。然后让他回到桌旁，桌上撒满各种颜色的小木板，要他找出与刚才看过的颜色相同的木板。他经常选得正确，但更经常是选了相邻一级的颜色，很少越过两个颜色等级，所以他的错误是很微小的。这样，这个孩子有了辨别力和对颜色的惊人记忆力。和其他所有孩子一样，他非常喜欢颜色练习。但是当我问他白色线轴的名称时，他犹豫很久才不太肯定地回答说：“白色。”那么像这样聪明的孩子，即使没有老师的特别指点，也应该能在自己家中学会这些颜色的名称了。

指导员告诉我，她发现这个孩子很难记住颜色名称，于是就让他自由地做颜色感觉游戏的练习，直到他记住为止。与此同时，这孩子很快发展了书面语言能力，这种能力在我的方法中是通过解决一系列问题表现出来的。而这一系列问题又是以感觉训练的方式提出的。所以说这个孩子很聪明，他灵敏的感觉和很强的智力活动——注意力和判断力保持同步发展，但对名称的记忆力较差。

该指导员认为，在教学时最好也不要干涉孩子。当然，对孩子的教育显得有点乱，并且让孩子的智力活动非常自由，处于自发状态。但是，希望能把感觉训练作为智力概念的基础，同时还建议把这些感觉和语言联系起来。

在这方面我已经找到了非常适用于正常儿童的按塞贡原则配置的三个阶段。

第一阶段——把感觉和名称联系起来。

例如，向孩子出示红、蓝两种颜色。出示红色时，就简单地说："这是红的"；出示蓝色时说："这是蓝的"。然后就把这些有色线辐放在孩子面前的桌子上，好让他们看见。

第二阶段——认识相应名称的物品。对孩子说："给我红的，"然后说："给我蓝的。"

第三阶段——记忆相应物品的名称。我们给孩子看一件物品，问他："这是什么颜色？"他应该回答说"红色"，"蓝色"。

塞贡坚决地坚持这三个阶段，并坚持要一次一次把颜色放在孩子面前。他还建议，绝不要一次只示出一种颜色，而要两种颜色，因为对比有助于颜色记忆。我也确实检验过，再没有比这更好的教缺陷儿童识别颜色的方法了。用这种方法，他们能比一般学校中偶尔进行感觉训练的正常儿童学得好。然而，对于正常儿童在塞贡三阶段之前还有一个阶段——实际感觉训练期，这是只通过自我训练就能获得感觉差别的准确性的时期。

这是一个说明正常儿童具有很大优越性的例子。也说明，用这种教育方法训练智力发展正常的儿童，比训练缺陷儿童会取得更大效果。

把刺激与名称联系起来的练习使正常儿童感到非常快乐。记得有一天，我教一个小女孩3种颜色的名称，她还不到3岁，语言能力发展较慢。我让孩子们把一张桌子摆在窗户旁边，我坐在一把小椅子上，叫小女孩坐在我的右边。

我把6个有色线轴成对地放在桌上，两个红的，两个蓝的，两个黄的。在第一阶段，在她面前放一个线轴，让她找出另一个相同的线轴。对3种颜色的线轴，都这样做；同时还做给她看，怎样仔细地成对地放在一起。然后接着进行完塞贡的三个阶段。小女孩学会了认识3种颜色，还能正确说出每种颜色的名称。

她高兴地看着我好一阵子，然后开始蹦呀，跳呀。我看她这么高兴，就笑着问她："你认识颜色了吗？"她还跳着蹦着，回答说："是的！是的！"她高兴得没个完，在我身边跳着，高兴地等着我再问她同样的问题，她好同样回答"是的！是的！"

感觉训练的另一个重要技术特点是感觉隔离，任何时候都可能做到这一点。例如，训练听觉应在不仅安静，而且黑暗的环境中进行，这能取得更好效果。

对一般感觉训练，如触觉、温觉、压觉和立体感觉的训练，都把孩子的眼睛蒙起来进行。心理学已为这种特殊技术提供了充分依据。这里只需指出，在这种情况下，会大大提高正常儿童的兴趣，不致使练习陷入嘻闹玩笑之中，也不致把儿童的注意集中到蒙眼上，而是集中到我们想进行的感觉刺激上。

例如，为了测验孩子们听觉的灵敏性（教师应知道的重要情况），我使用了医生做体格检查时普遍使用的经验方法。测验通过把声音变成耳语形式进行。孩子的眼睛被蒙住，教师站在其身后，在不同距离小声叫他的名字。教室很肃静，拉上遮光的窗帘，让孩子低着头，用手在前面支撑着。然后我轻声地、一个一个地叫孩子们的名字；离得近的，小声些；离得远的，叫得清楚些。每个孩子都在黑暗中等着听到叫他们的微弱声音，注意听着，高兴地随时准备着听到那神秘的非常向往的呼唤。

正常儿童可以蒙住眼睛做游戏，例如，识别各种重物。这可以帮助他把注意力集中在所测重物的刺激上。蒙住眼睛还可以增添乐趣，因为孩子会为自己能猜中而感到骄傲。

这些游戏对缺陷儿童的效果就大不一样。他们一进暗室，往往就会睡觉，或者做不守规则的动作；当蒙上眼睛时，他们的注意力就集中在蒙眼布上，把练习变成了游戏，达不到做练习的目的。

诚然，在训练中我们也用到游戏这个词，但必须明确，我们把这个词理解为一种自由活动，有秩序地达到一定的目的，而不是分散注意力的无秩序的喧闹声。

下面摘引的伊塔的著作，说明了这位教育学先驱所进行的耐心实验的一种思想。这些实验没有完全成功，大部分是由于本可以在继续实验中予以纠正的一些错误，另一部分是由于实验对象的智力所限。

“IV：在这最后一个实验中，不需要像前一个实验那样，要求学生复述他所听到的声音。这种复述工作会分散他的注意力，这不在我分别训练每个器官的意图之内。所以我只限于单纯地考察听觉。为了取得这种结果，我让学生位于我的面前，蒙上眼睛，握拳，我每发出一个声音，就要他伸开一个手指。他懂得了做法，当声音一传到他的耳里，他就迅速地伸开一个手指，显出很高兴的样子。毫无疑问，学生把这种稀奇古怪的训练当作一种乐趣。是否他从人的声音中发现了真正的快乐，还是他终于克服了最初因被剥夺光明而造成的烦恼，事实上是在休息时他不止一次地用手蒙住眼睛向我走来，当他感到我的手接近了他的头时，高兴地跳了起来。

“V：因为我完全相信，通过上述实验，维多利奥能听出任何一种声音，不管强度如何，就继续尝试让他比较这些声音。不再只是单纯注意发现声音，而是感觉和鉴别这些声音的变化，以及构成音乐语言的音调。这一个任务和前一个有极大不同，特别对他来说是这样。他的发展是靠逐渐努力，他之所以向文明前进，只是因为我的细心引导，而他并未察觉自己的进步。面对目前的困难，我需要有比以前更大的耐心和涵养。希望鼓舞着我，只要我一旦克服这种阻碍，整个听觉实验也就完成了。

“我们从比较元音开始，这里也是用手指来表示我们的实验结果。每一个手指代表五个元音中的一个元音。例如，大拇指代表A，一听到这个元音时，就竖起大拇指。食指代表E，中指代表I，如此等等。

“VI：费了不少精力，花了许多时间，我才教清楚了各个元音的具体概念。首先区分清楚的是O，然后是A。其余的三个困难更大，很长时间混淆不清。但最后，耳朵终于开始感觉清楚了，于是重新又出现我前面说过的那些活泼高兴的表现了。这种情况一直发展到嘻闹的程度，声音开始分不清了，手指头乱伸。他大笑不止，这真让我失去耐心！只要我一蒙上他的眼睛，笑声就开始了。”

[伊塔发现，他的训练进行不下去了，决定去掉蒙布。笑闹确实停止了，可孩子的注意力却被周围任何一点细微的活动分散了。蒙眼还是需要的，但必须让孩子懂得，他不应该笑得那

么厉害，他是在上课。伊塔的纠正方法和动人的结局值得在这里介绍一下。]

“我想以我的态度来吓唬他，但又不能以眼色来表示。于是我拿来了一个小鼓，只要他一出错，我就轻敲一下小鼓，可是他却把这种纠正误当成闹着玩儿，乐得比以前更厉害了。于是我觉得我的纠正方法得更厉害一点。可以理解，我看到这孩子阴沉的脸上露出了哭笑皆非的表情，感情的伤害超过了挨打的不痛快。眼泪从蒙布下面流了出来，他要我把蒙布取掉，但是，不管是出于窘迫，还是害怕，还是某种内心成见，当我取掉蒙布时，他的双眼还是紧紧闭着。我不能嘲笑他那悲伤的小脸，从紧闭的眼睑中还在不时流出眼泪。啊，此时此刻，也像其他许多时刻一样，我准备放弃我的任务了，并且我感到我为他献出的时间全白费了。我甚至多么后悔我认识了这个孩子啊！我多么严厉地谴责人们的那种无聊的非人道的好奇心啊！是他们为了取得科学进步才使这孩子离开了天真烂漫幸福愉快的生活啊！”

[这也证明了科学教育法对教育正常儿童的优越性。]

最后，是刺激分配中的技术问题。这将在介绍教材系统和感觉训练时更详细说明。这里只需指出，应该从少数对比强烈的刺激开始，逐渐发展到更多的差别细微的刺激。例如，我们首先只一起出示红色与蓝色、最短和最长的棍，最薄和最厚的物品等等，然后再过渡到细微的不同色度、不同长度和不同大小的区别。

第十三章　感觉训练和教学材料的说明

一般感觉：触觉、热觉、压觉和立体感觉

触觉和热觉训练是紧密联系、同时进行的，因为触觉浴盆里的温水时一般说来对高温比较敏感。由于触觉训练离不开"触摸"，因此，当我们用热水给儿童洗手时，可以顺便教给儿童清洁卫生的原则——即不要用手去摸不干净的东西。所以，我把诸如洗手、剪指甲等实际生活的一般概念作为辨别触觉刺激之前的准备练习。

实际生活表明，限制戴指套的触觉练习是必要的。带指套练习是一个必要的训练阶段，因为它是为生活作准备，在实际生活中人们通过手指这个中间媒介练习和运用触觉。因此，我让孩子们在小盆里用肥皂仔细把手洗干净，并在另一个盆里用温水再清洗一遍。然后，我告诉他们怎样把手轻轻擦干，这样，就为他们独自洗手、洗澡作了准备。下一步，我便教孩子们怎样触及物体——即触及物体表面的方式。为此必须把着孩子的手，让他用手指轻轻地在物体表面移动。

另一个技术特点是让孩子在触摸时闭上眼睛，告诉他们这样能更好地辨别感觉的区别，并鼓励他们这样做，引导他们不借助视觉来区别触觉产生的变化。孩子学得很快，并且乐于做这种练习。经常在做这种练习之后，就有孩子闭着眼睛走到你跟前，轻轻地摸你的手掌或衣服的布面，特别是丝绒花边。他们

孩子们在做彩色丝绸块的游戏

的确是在练习触觉。他们特别喜欢摸细软的表面和区分沙纸表面的粗细。

教学材料包括：(a) 一块分成两个相等长方形的木板，一个长方形贴上光滑的纸，或者把木板面打磨得很光滑；另一个长方形则贴上砂纸；(b) 又一块与上面相同的木板，用光滑的纸和砂纸纸条相间蒙在上面。

我还利用一组不同光滑度（从光滑的精制纸到粗糙的砂纸）的纸条。在其他地方介绍的有关材料，在这些训练中也可使用。

至于热觉训练，我使用一套小金属碗，内盛不同温度的水。

（A）女孩在触摸字母，男孩在掂量物体的重量

（B）按色阶排列彩色丝绸块

我用温度计测量水温，设法使其中两碗的水温相等。

我设计了一套用轻金属制成的带盖的容器，注入水，容器附有一个温度计。触摸碗的外面，就可以得到所要求的不同热度的感觉。

我还要求孩子们把手浸入冷水、温水和热水中，这是他们最感兴趣的练习。我想这种练习也可用脚重复做，但我还没有机会试验过。

对于压觉（重量感觉）的训练，我很成功地利用了一些8×6×1/2公分的三种不同木质（紫藤木、胡桃木和松木）的小木板，重量分别为24、18、12克，逐个相差6克。木板应十分光滑，如果可能的话，表面涂以清漆，以免板面粗糙，并保留木质的本色。孩子一看颜色，就知道它们的不同重量，这提供了检验练习的一种方法。让孩子取两块木板分别托在手掌上，然后手上下移动以测重量。手的上下移动应逐渐变得几乎感觉不出来。让孩子闭上眼睛，区分重量不是靠看颜色，而是纯粹靠压觉。他们能学会自己这样做，并对这种“猜测”表现出很大兴趣。

这个游戏还能吸引周围看的孩子，他们会要求依次来猜一猜。有时孩子们会自动地蒙上眼睛，轮流参与这种游戏，并不时发出阵阵愉快的笑声。

立体感觉的训练

这种感觉训练是同时通过触觉和肌肉感觉的帮助来识别物体。

以这种联合感觉为基础，我进行了实验，并取得了惊人的教育效果。我觉得，为了帮助教师，应把这些练习介绍一下。

我们的第一套教材是由福禄培尔砖块和立方块组成。叫孩子注意这两种物体的不同形状。要他们睁着眼睛，仔细准确地感触这些物体，并反复用话提醒他们，把注意力集中于物体各自特点上。然后，告诉孩子把立方块放在右边，把小砖块放在左边。只是触摸，不用眼睛看。最后，让孩子蒙住眼睛，再重复这种练习。几乎所有孩子都能做好这个练习，经过两三次后，他们就能够完全不出错误。练习中共有24块小砖和立方块，这样，通过这个“游戏”便能保持一定时间的注意力。由于有一群热情的感兴趣的伙伴观看，大大增添孩子的乐趣。

一天，一个指导员叫我注意观察一个3岁的小女孩，她是我们最小的学生之一，已能熟练地重复这个练习。我们让她在桌边一把舒适的扶手椅上坐下，然后，把这24个方块放在她面前的桌上，弄乱，叫她注意不同的形状，把立方块放在右边，把小砖块放在左边，蒙上眼睛后，她就按我们说的办法开始练习，每只手各拿一块，感觉出来后，就把它们放到规定的一边。有时她拿的两块都是立方块，或都是小砖块；有时，右手拿的是小砖块，左手拿的是立方块。孩子不仅需要辨别不同形状，还得自始至终记住它们分别应放在哪一边。在我看来，这对于一个3岁小孩是很困难的。

但是我看她不但完成得轻松，而且我们教她的那些感觉物体形状的动作，似乎都成为多余。事实上，她拿起两块在手里，如果碰巧左手拿的是立方块，右手拿的是小砖块，她会立刻把它们换过位置，然后再按我们教她的那样，费劲地摸一摸，感觉它们的形状。也许她认为需要再这样做一遍，但实际上当她第一次接触物体时，就已经分辨出它们的形状，即拿取与辨别是同时的。

我继续对这个实验对象进行研究，发现这位小姑娘具有左右手都能灵活使用的功能。为了同时训练两只手，我对这种现象进行了更广泛的研究。

我叫其他孩子重复这一练习，发现他们识别物体的不同是在感觉其轮廓之前。对于年岁小的孩子更是如此。我们的教育法在这方面配备了一套极好的联想式体操练习，这种练习能训练确实惊人的迅速判断能力，并且具备完全适合于幼儿的优点。

这种触摸感觉练习可以多种方式进行，和热觉练习一样，它使孩子在识别物体的同时得到快乐。例如可以用任何小物体：玩具兵、小球，此外还可用各种硬币。还可以让他们区别各种差别很小的物体，如玉米粒、麦粒和稻粒。

不需用眼看就能区别各种物体，孩子们为此而自豪。他们举起双手叫喊："这就是我的眼睛！""我能用手看！"事实上，小朋友们正按照我们计划的道路前进。他们那出乎意料的进步，使我们天天为之感到吃惊。每当看到他们取得一个新的胜利而狂喜时，我们也深深为之惊叹，陷入沉思。

味觉和嗅觉训练

这一阶段的感觉训练最困难，至今我还没记录到满意的效果。我只能说，平时用于心理测量试验中的练习，在我看来，对幼小儿童并不适用。

孩子的嗅觉尚未充分发展，这使得用嗅觉方法很难吸引他们的注意力。我们采用过一种实验，但这种实验还没有经过反复应用，还不足以构成一种方法的基础。我们先让孩子嗅新鲜的紫罗兰和茉莉花，然后蒙住他的眼说："现在我们给你花"，于是一个小朋友拿一束紫罗兰凑近他的鼻子底下，使他能猜出花的名称。为区别花香气味的浓淡，花的给予量逐渐减少，直至一朵。

这部分训练如同味觉训练一样，也可在吃午饭时进行。以学会识别各种味道。

至于味觉，用舌头接触各种味道的溶液：苦的、酸的、甜的以及咸的都行。4 岁的孩子很容易学会这种游戏，这也正好可以作为教他们怎样嗽口的理由。孩子们很喜欢识别各种味道，每次实验完了后，用玻璃杯装上温水，仔细嗽口。于是，味觉练习也就成为一种保健练习。

视 觉 训 练

Ⅰ. 关于大小的视觉区别

第一，镶块。这套教材由长 55 厘米，宽 8 厘米，厚 6 厘米的三块木块组成，每块又包括 10 个嵌在相应大小孔里的圆柱形木块，顶端有木质或黄铜提钮，其形状类似化学家使用的砝码。这一组的第一套圆柱高都为 55 毫米，但直径不同。最小的直径为 1 厘米，其余的依次递增 1/2 厘米。第二套中的所有圆柱直径都相同，为前一套中最大直径的一半——27 毫米，但高度不同。第一个像小圆盘，高度仅为 1 厘米，其余的依次递增 5 毫米，第十个高度为 55 毫米。第三套中的各个圆柱的直径和高度都不同，第一个直径和高度均为 1 厘米，其余的高度和直径都依次递增 1/2 厘米。孩子用这些镶块自己进行练习，学会根据厚度、高度和大小区别物体。

在教室里，这三套材料可供三个孩子在一张桌子上玩，并互相交换以增加多样性。孩子把小圆柱从板孔拔出来，弄乱，然后把每一个圆柱插回到原来的位置。教材由松木制成，打光，并漆以清漆。

第二，分级的大方块。有三套，最好每个学校每套都准备两副。

(a) 大小：较大和较小的物体。这一组由 10 个涂以玫瑰色漆的木质立方块组成。最大的底边为 10 厘米，最小的为 1 厘米。其间每个递减 1 厘米。另配备一块绿布毯，这可以是油布，也可以是硬纸板。游戏玩法是从大到小依次垒起这些木块，垒成一个小宝塔，最大的一块作为塔底，最小的一块作为塔顶。毯子铺在地板上，立方块散乱地放在毯子上。在毯子上垒塔的过程中，孩子们练习跪下、起立等动作。检验方法是看塔从底到顶是不是逐渐变小。错放的木块一眼就可以看出。因为塔边线条不齐。孩子们开始玩这套积木时，最常见的错误是把第二个立方块当作第一个做了塔底，而把第一个放在第二个的上面。混淆了最大的这两块。我曾注意到在德·桑克蒂斯 (De Sanctis) 的试验中，缺陷儿童也出同样的差错。当问："哪一个最大？"孩子拿的不是最大的一个，而总是次大的一个。

(b) 厚度：这一套由从厚到薄的 10 个棱柱体组成。最大的底边长 10 厘米，其余依次递减 1 厘米，长度都是 20 厘米。涂成深褐色。孩子玩时，把它们撒在小地毯上，弄乱后按其厚薄顺序一块挨着一块摆好，注意其长度完全一样。这一套棱柱体构成一个梯形形状，从低到高，一步比一步宽，孩子可随意从薄的开始或从厚的开始。这项练习的检验不像圆柱镶块那样肯定，大圆柱不可能插入小圆孔，较高的圆柱会突出孔板的表面等等。而在大楼梯的游戏中，孩子的眼睛就很容易发现错误，因为如果排置错误，楼梯就呈不规则状，不是一阶比一阶高，而是高阶后出现了低阶。

(c) 长度：长短物体。由 10 根正四方形木棍组成。边长为

3 厘米，第一根长为 1 米，最后一根长为 10 厘米，其他依次递减 10 厘米。全棍以 10 厘米为间隔交错漆以红蓝两色。把木棍并排放在一起时，颜色必须相对应，以形成横向红蓝条。整个形状如同风琴的风管组成的直角三角形，斜边逐渐缩短。

孩子把这些撒开弄乱的木棍加以排列，然后按长短次序和对应的颜色排列在一起。这个练习也提供了很明显的检验错误

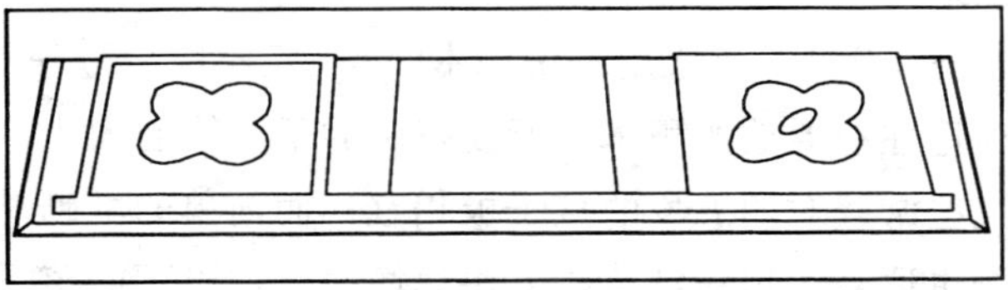

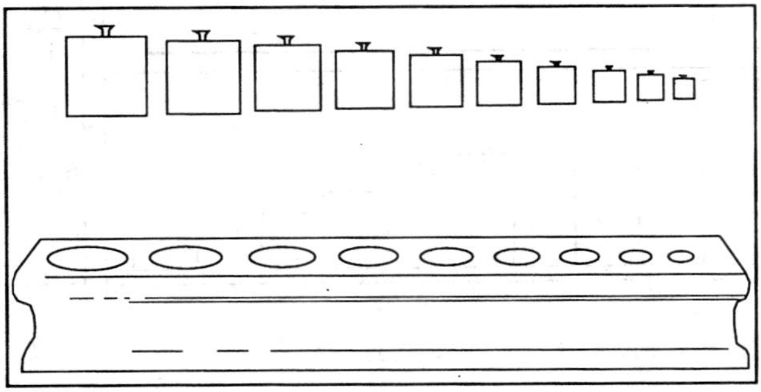

的方法。如果位置摆得不对，木棍沿斜边的递减长度则会参差不齐。

正如我们将看到的那样，这套最重要的积木将在算术中得到应用。可以用它从 1 数到 10，组成加法和其他算法表。还可用来初步学习十进制和米制。

这三套积木都允许孩子用稍微不同的方法堆砌，将积木散乱放在地毯或桌上，然后在隔有一定距离的另一张桌上把它们排列整齐。当孩子每搬走一块积木时，一定不能分散注意力，因为必须记住在混放的积木中所要找出的下一块的大小。

这些游戏对四五岁的孩子极相宜；而简单的堆砌对三四岁的孩子更适合；用粉红色立方块建塔对 3 岁以下的孩子最有吸引力，他们总是一次又一次地推倒了又砌。

（A）型板及镶块，（B）木板、木块的一部分用砂纸覆盖，分别形成粗糙和光滑的表面。（C）立体镶块，孩子用这些镶块学习物体的厚度、高度和大小。

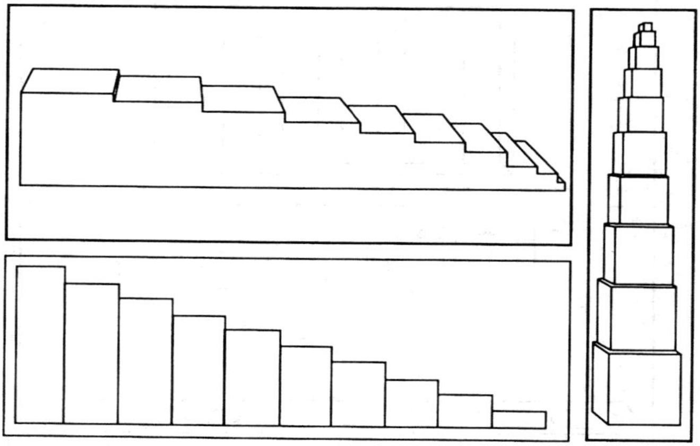

（A）宽阶梯，（B）长阶梯，用这些积木教孩子厚度、长度和大小。

教认识形状的木质几何形镶块。

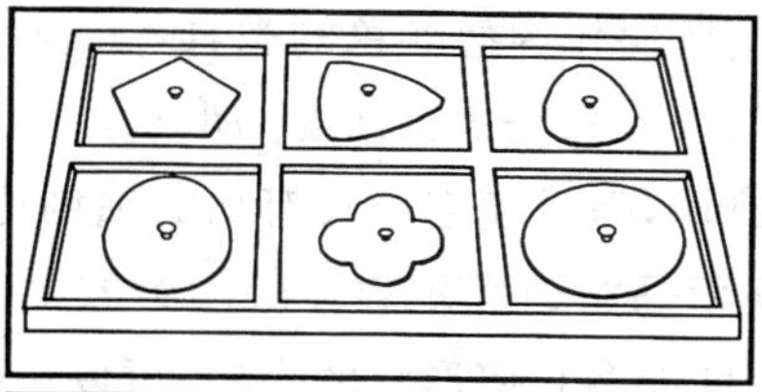

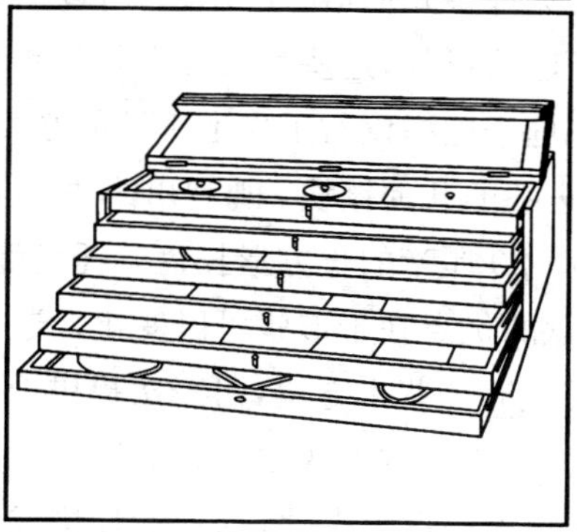

（A）木制几何形镶块和框架
（B）小框（贮存镶块，框架）

Ⅱ．形状视觉差异和视—触—肌肉的知觉

教具：木制平面几何镶块。这些镶块的构想源于伊塔，塞贡也用过。

在缺陷儿童学校，我曾按前辈用过的同样的形式制作和应用过这些镶块。用两块木板重叠固定在一起，底下一块保持原样，上面一块凿成各种几何形孔。游戏就是把木制镶块镶入相应的几何形孔中。为了便于取放，在镶块上安了一个黄铜提钮。

在我的缺陷儿童学校里，我把这种镶块游戏多样化，并且把教颜色用的和教形状用的区别开。教颜色用的都是图形，教形状用的都漆成蓝色，有大量各种深浅色调和各种形状的镶块。这些教具昂贵且笨重。

在后来对正常儿童的许多实验中，经过多次实验后，我完全取消了用平面几何镶块作为教颜色的教具，因为这种教具不能检验错误，孩子的任务只是盖上面前的形状。

我保留了几何镶块，但已使它们具有新的独创特点。现在制作的形状，是我参观罗马圣迈克尔教养院的劳教学校时受到的启发。在那里，我看见许多几何形状的木模，可以用来嵌入相应的框内，或者覆盖相应的形状，这些教具要求几何镶块在形状和尺寸方面非常精确；框子能提供对工作准确性的必要检验。

这使我想到改进我的几何镶块，既利用镶块，也利用框子。于是我做了一个 30×20 厘米的长方形托盘，托盘漆成深蓝色，黑色边框。这种托盘的优点在于形状可以变化，这样我们便能作出任何配套选择。我有一些木方块，可一次提供至少 2 至 3 个几何形状。其余地方仍用空木方块填补。对于这种教具，我还增添了一套 10 厘米见方的白色卡片，这些卡片构成一组别种性质的几何形状。这组的第一套形状用蓝色纸剪成，裱贴在卡片上。第二套用蓝纸剪成同样形状的轮廓，轮廓线宽为 1 厘米。第三套，形状相同，轮廓由黑线划成。这样，我们便有了托盘、装有小镶框及其相应的镶块，以及 3 套硬卡片。

我还设计了可装 6 个托盘的框子，框的前面板可随顶板掀开并取下，于是托盘就像抽屉一样被拉出来。每个抽屉里装有

6个与镶块对应的镶框。第一个抽屉里装有4个光木方块和两个镶框，一个镶框是长菱形，另一个是梯形。第二个抽屉装有1个方块和5个长边相同、短边各异的长方形；第三个抽屉装的是直径递减的圆形；第四个抽屉装的是6个三角形；第五个抽屉装有6个多角形，从五角形到十角形；在第六个抽屉里，装的曲线形（一个椭圆形，一个卵形等，还有一个四瓣梅花形）。

镶块练习 练习时，我们给孩子一个大框子或托盘，里面放着我们想让他们练的形状。我们把镶块取出放在桌上，弄乱后叫孩子放回去。这种游戏对3岁以下的孩子也适用，并能使他们长时间地保持兴趣，虽然，没有玩圆柱体游戏时所保持的时间长。事实上，我没有见过一个孩子重复玩过5次或6次以上。孩子玩这个游戏确实很费劲，他必须识别形状，必须仔细观察。

开始时，许多孩子只有经过多次尝试后才能成功地放对镶块。例如，试着把三角形先往梯形、矩形等图形里放。或他们已拿着一个矩形，也识别出该往哪儿放，但仍然把它的长边塞进孔的短边处，只有经过多次尝试后才能成功。经过三四次练习后，孩子能极其熟练地识别几何形状，漫不经心地把镶块放到应放的地方，或者觉得这种练习太容易了。这便是可以引导孩子系统观察几何形状的时机。我们掉换框子里的形状，用相似的形状来进行对比练习，孩子很轻松；并习惯地放在正确的镶框里，没有错误，也没有错误的尝试。

在这种练习的第一阶段，即使是明显不同的形状，孩子也必须反复试做，联合应用视觉和关于形状的触觉对识别大有帮助。我先让孩子用右手食指触摸① 镶块的轮廓，然后让他触摸

---

① 此处和全书中其他地方出现的“触摸”一词，不仅用来表示手指与物体间的接触，还表示手指或手在物体表面或沿其轮廓移动。

相应镶孔的轮廓。我们成功地使孩子养成了这种习惯，这很容易，因为孩子都很喜欢触摸东西。通过对缺陷儿童的工作我已经知道，在各种感觉记忆形式中，肌肉感觉记忆最先发展。事实上，许多孩子还未具备视觉识别物体的能力，只能靠触摸识别，即靠估量沿物体轮廓所作的必要运动来识别。大多数正常儿童是如此，出现混淆时，总是徒劳地试来试去，只要他触摸镶块和孔的轮廓，他们就能很快成功。无疑，联合使用触觉和视觉会大大帮助形状感知，并固定在记忆中。

在这些练习中，检验是绝对的，因为它是固定镶块，镶块只能镶入对应的镶框内。这使孩子们能自己工作，在对形状的视觉知觉中完成真正的感觉自我训练。

三套硬纸片练习中的某些纸片的形状

三套硬纸片练习 第一套：我们给孩子木制镶块和贴着蓝

色的硬纸片。然后把硬纸片在桌上弄乱。孩子们必须按自己的喜好把它们排成一条线，然后把相应形状的木块盖在硬纸片上。在这儿用眼睛进行控制。孩子必须识别形状，并用木块盖上，与硬纸板上的图形完全吻合，这里，孩子的眼睛相当于镶框，它首先把两件东西联系起来。除了要覆盖图形，孩子将习惯于触摸纸板上的图形，作为练习的一部分（孩子总是自愿地做这一动作），然后放上木块，再用手指去触摸轮廓使上面的木板准确地盖住下面的图形。

第二套：我们给孩子一些硬纸片和相应的木制镶块。在第二套中，用蓝色纸剪成的轮廓重复这些形状。通过这些练习，孩子逐渐从具体过渡到抽象。起初，孩子只能操作固体物体，然后过渡到平面图形——并非真正存在的平面图形。他现在正过渡到线条，但这种线条不是平面图形的抽象轮廓，而是他常用食指运动的线路，这条线是运动的轨迹。再次在硬纸片上用食指沿着这条线路运动，孩子就得到实际线路的印象，因为食指是沿图形运动的。现在是眼在引导运动，但必须记住，这种运动是当孩子在触摸固体木块的轮廓时就已经准备好了。

第三套：给孩子们一些硬纸片，上面的图形是用黑线画出的，像前面一样给他相应的木块。这时，他已经真正过渡到线条，即过渡到抽象了，而且也有了运动结果的概念。

当然，这不是手指留下的运动线路，而是例如，铅笔在手控制下做同样运动留下的轨迹。这些由简单线条构成的几何图形已经逐渐脱离具体可见可触的表征物体（representation），当儿童完成遮盖相应的木制镶块图形的练习时，这些表征物体就印入儿童的内心。

Ⅲ．颜色的视觉区别——色觉训练

在许多颜色练习中，我们利用了颜色鲜明的材料和缠绕不

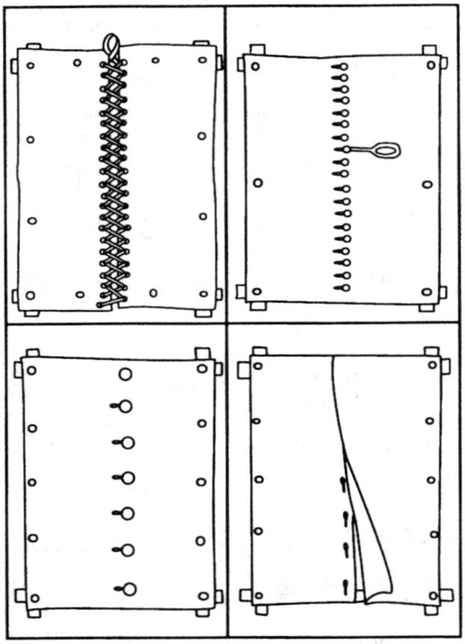

（A）衣服系带　　（B）鞋扣
(C)其他衣服的扣子　(D)风纪扣
图示说明穿衣和脱衣的不同过程

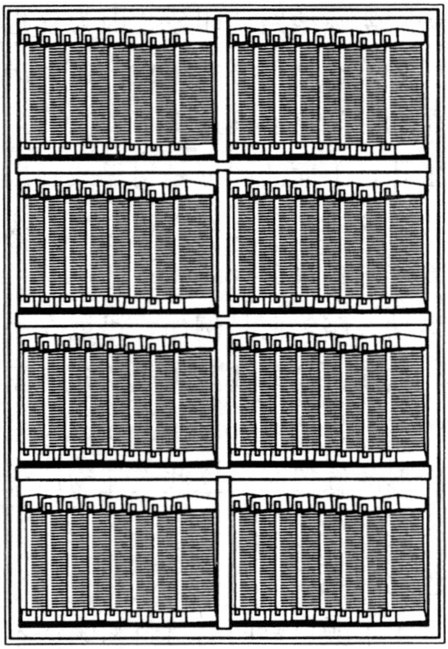

绕有彩色丝线的板

用来对儿童进行感觉训练。彩线板放在盒子中同颜色毛线的彩球。进行色觉训练的教材，我是在对正常儿童进行了长时间的一系列试验之后才确定的。(对缺陷儿童，我用的是上面已经讲过的镶块。)现在的教材由许多绕着彩色毛线或丝线的小板组成。这些小板两头都有木边，防止缠在上面的丝线和桌面接触。教孩子在拿小板时要抓住木边，以免弄脏了鲜艳的颜色。这样，我们就可用很久而又不用更换这些材料。

我选了 8 种颜色，每种颜色又有 8 种深浅色度，于是共有 64 块小块。所选的 8 种颜色是黑（从灰到白）、红、橙、黄、绿、蓝、紫和棕色。我们有两套这样的小板，共 128 块。把它们装在两个大盒子里，每个盒子分成 8 格，每格里放 8 块。这样，一个大盒子里共有 64 块。

用色板进行的练习 最初我们用 3 种鲜明的颜色，如两套红，蓝，黄。我们把这 6 块色板摆在孩子面前的桌上。从中拿出一种颜色的色板，要他从混杂的色板中找出与此相同的另一块。把这两块并排摆在一起，这样，我们就可以把 6 块色板成对地摆成两行。

这个游戏中的色板数目可增加到 8 块或 16 块。当用完最深的颜色后，可按同样方法使用较浅的色调。最后，把两块或 3 块同样颜色但不同色调的色板给孩子示范，按颜色的层次摆好，直到最后把 8 个不同层次的都摆出来。

接着，在孩子面前，摆出两种不同颜色（红和蓝）的 8 个层次。给他示范怎样分组，并且每组按层次安排，随课程的进展，我们提供较相近的颜色。例如蓝、紫、橙和黄，等等。

在一个“儿童之家”我曾见过一种玩法，它很有效，也很有趣，并且非常迅速。指导教师把几种色板摆放在孩子们面前的桌上，色板数和孩子数相等，例如，三组。她先让孩子注意自己选定或被指定的颜色，然后她把这三组颜色板混合在一起，孩子们各自迅速选出自己所注意的板，按层次摆好，最后形成了几条彩带。

在另一个“儿童之家”，我看见孩子们把整盒的64块色板都倒在桌子上，小心混合后又迅速按组选出来，分层次并排摆好，组成一幅色彩艳丽的小地毯。孩子们这种能力的提高快得使我们吃惊。连3岁孩子也能把所有颜色按层次摆出来。

颜色记忆实验 记忆颜色的实验可按如下方式进行：先给孩子一种颜色，让他尽可能地观察，然后让他到离此处一定距离的另一张桌边去，从上面放着的所有彩线板中挑出刚才看过的那种颜色来，孩子玩得都很成功，很少犯错误。5岁的孩子很喜欢玩这种游戏，乐于比较两个线板，判定自己选得是否正确。

在我刚开始工作时，我曾用过皮佐利（Pizoli）发明的一种工具。它由一个小棕色圆盘组成。圆盘上面有半月形的开口，通过旋转由各种颜色条纹组成的圆盘，各种颜色就可依次在开口处显示出来，教师让孩子注意某种颜色，接着旋转圆盘，让孩子指示在开口处再现的那种颜色。做这种练习，孩子是被动的，他不能控制教材，所以，它是一种不能促进感觉训练的工具。

区别声音练习

在这方面最好结合在德国和美国的一些大的聋哑人机构中用来进行听觉训练的教学材料，这些练习都是为了掌握语言，用一种很特别的方式使孩子集中注意力“去区别人说话的声音变化”。

语言训练对于很小的孩子是非常重要的。这种训练的另一个目的是训练孩子的耳朵使他习惯于区别轻微的噪音和正常的声音，使对噪音或杂乱的声音感到厌烦。这种练习具有训练美感的价值，也不失为培养实际纪律的有益方法。我们都知道，小孩的叫嚷和甩打东西的噪音会破坏教室的秩序。

训练听觉的严格的科学方法不可能实际应用于教学。这是因为孩子不能像在其他感觉训练中那样通过自己的活动来训练自己。一次只能有一个孩子利用音响仪器进行练习，换句话说，为了区别声音，需要绝对安静。

米兰第一所“儿童之家”的女指导员玛歇伦尼（后来她到了罗马的一个修道院工作）发明了并且也制造出了一组挂在木框架上的13个小铃，这些小铃形状都一样，但敲击后发出的声音不一样，组成下列13个音符：

每套由两组共26个小铃4根击锤组成。先击一下第一组的一个小铃，然后孩子必须在第二组找出相应的音。这样的练习很困难，因为孩子不知道怎样才能使每次敲击的力度相同，所以发出的声音强弱不同，即使教师来敲击，孩子也难分辨清楚。因此，我们觉得现在这种形式的这套器材不完全实用。

为了辨别声音，曾有一段时间，我们利用皮佐利的系列口哨。为了辨别噪音，我们利用装上不同的小东西（如沙粒，石子）的盒子。摇动盒子能产生不同噪音。

我以如下方式上听觉训练课：让教师以通常的方式建立安静秩序，接着我继续进行工作，当更加安静时，我说：“吡！吡！”声调不断变化，时而高声短促，时而低声悠长，孩子慢慢就被吸引住了，有时我还说：“再安静些——再安静些！”

然后，我又开始发出：“吡！吡！”的声音，总是越来越轻，并小声重复说：“再安静些！”然后我以更低的声音悄悄说：“好，我听得见时钟走动的声音了!”“好，我听得见苍蝇飞动的声音了!”“好，现在我能听见花园里树叶的沙沙声了!”

孩子们高兴得入了迷，坐在如此的寂静之中，似乎屋内空无一人。接着，我轻轻说：“让我们闭上眼睛!”反复进行这种练习，就使孩子们习惯于保持不动和绝对安静，即使有个别人破坏这种秩序，只要发一个音，做一个手势，他就会立即恢复良好秩序。

在寂静中，我们发出乐音和噪音，开始时发出强烈对比性的音，然后再发相近的音。有时我们进行乐音和噪音的比较。我相信，利用伊塔在 1805 年用过的原始方法能取得最好的效果。他用的是鼓和钟，他的计划是用一套产生噪音的鼓（或者，更恰当点说，是重乐音，因为鼓也是一种乐器）和一套钟。音叉、哨子、盒子都不能吸引孩子，训练听觉的效果也不如其他工具。很有意思的是，人类的两件大事：一是表示恨的战争，二是表示爱的宗教，分别采用的就是鼓和钟这两件东西。

我认为，建立安静秩序后，能更好地进行钟声音调的训练，宁静、甜蜜、清新的钟声的振动能传遍孩子的全身心。除了训练听力外，我们还进行全身振动训练，通过精心选择的钟声产生一种宁静感，这种宁静感弥漫全身每根纤维。我以为这些幼小的身体将对噪音很敏感，孩子们讨厌噪音，并停止发出杂乱难听的声音。

用这种方式，使其耳朵受过了音乐训练的人遭受着嘈杂紊乱鼓声之苦。我勿需再说明对孩子广泛进行这种训练的重要性，新的一代将变得更宁静，他们会避开在今天的贫民窟中发出的那种刺耳的噪音。在贫民窟里穷人拥挤地住在一起，沉溺于野人般的本能的生活。

音 乐 训 练

音乐训练必须训练有方、引导得法。一般说，我们看见小孩就像动物一样，从一个正在演奏的伟大音乐家身旁走过。他们不能感觉出优美复杂的乐音。街头上一群孩子围着观看演奏手摇风琴，叫喊着像在欣赏，但实际上他们对噪音更感兴趣，而非乐音。

为了进行音乐训练，我们不仅要创造音乐，而且必须创造乐器。这种乐器除能辨音外，还能唤起节律感，刺激那些已在平静中准备振动的肌肉，使他们作出宁静而和谐的运动。

我认为弦乐器（或者一些大大简化的竖琴）可能非常方便，弦乐器与鼓、钟一起形成古典乐器的三重奏。竖琴是所谓“个人内心生活”的乐器。神话描述它是乐神俄耳浦斯的乐器，民间故事描述它是仙女的乐器，而浪漫故事则把它说成是一个征服了坏王子心的公主的乐器。

背对着学生进行演奏（往往都是演奏得不好者）的教师，不可能成为学生乐感的训练者。

要用各种方式，包括用眼神和姿势使孩子们感到欢悦。教师把孩子们召集在自己周围，让他们自由地或留或走，他拨动琴弦，用简单的弦乐声与孩子们的心灵沟通。如果能自弹自唱更好。也可以让孩子们自愿跟着唱，不要强迫。因此，她应该选择所有孩子都会唱的歌作为训练歌曲。还可根据不同年龄调整乐曲节律的复杂程度，这样，她可以看到此时不仅一些较大的孩子能合上节律，而且较小的孩子也能合上节律。总之，我认为简单而且原始的乐器适合用来唤起儿童心灵的音乐。

我曾试图让米兰“儿童之家”里一位指导员（她是一位天

才的音乐家）做一些尝试和实验，以便更多地发现小孩子的音乐能力。她用钢琴进行了多次试验，观察到孩子们对音调不敏感，只注意节律。她根据节律编排了一些简单短小的舞蹈，注意研究节律对肌肉协调运动的影响。她非常意外地发现了这种音乐的节律训练效果。通过自由的方法，她的孩子们被明智地、艺术地引向自发地安排自己的行为和运动，然而他们曾经生活在大街上或大院里，几乎普遍都有乱蹦乱跳的习惯。

作为一个笃信自由方法的人，她并不认为蹦跳是不良行为，从来不纠正他们。

现在她发现，随着她增加和重复进行节律练习，孩子们慢慢放弃了难看的蹦跳，最后乱蹦乱跳消失了。一天，指导员问孩子们，为什么会有这种行为上的变化。几个小一点的孩子只看着教师，什么也没有说；大一点的孩子作出了各种大同小异的回答：

“蹦跳不好呗！”

“蹦跳太难看！”

“蹦跳太粗野了！”

当然，这是我们的方法获得的可喜成就！

这一经验表明，训练孩子的肌肉感觉是可能的，并且，假如肌肉感觉与肌肉记忆与其他感觉记忆相结合，这种感觉会变得更优美完善！

听觉灵敏度测验

我们在“儿童之家”取得完全成功的试验就是用时钟和微弱的声音进行的，这些实验完全是经验性的，不能进行感觉测量，但非常有用，能帮助我们近似地知道孩子的听觉灵敏度。

这种练习是当完全安静时，注意听时钟的嘀嗒声及其他不平常的微弱的噪声。最后，我们从隔壁房间小声地挨个叫每个孩子的名字。准备这样的练习，必须首先教给孩子知道安静的真正意义。

为此，我有几个练习安静的游戏。它以特别的方式帮助我大大加强了孩子的纪律性。

我叫孩子们注意我，并告诉他们，看我多么安静，我做出不同的姿势，站起来，坐下，并安静不动地保持每个姿势。即使动一个指头也可能产生噪音，虽然这种声音可能听不见。我们可以听到自己的呼吸声。但是我要保持绝对安静，这的确不易做到。我叫一个孩子学我做。他调整他的双脚，想做一个更好的姿势，这就弄出了声音！他伸胳膊放到椅子的扶手上，也弄出了声音：他呼吸不像我一样完全听不见。

在一部分孩子做这些练习的过程中，只有我评论解释时才短暂地打破平静，其他孩子都看着和听着。许多孩子对他们过去从未注意到的这样的事情很感兴趣：即我们无意识地制造了这样多噪音，而且还有安静的等级！存在着绝对安静，在绝对安静的地方绝对没有任何东西在运动！他们以惊奇的眼光看着我，我站在屋子中央，非常安静，似乎我根本不在此地。然后他们努力模仿我，甚至比我做得还好。我随时提醒注意几乎是无意地晃动的脚。要求他们注意使身体的每一部分都尽量做到一动不动。

当孩子这样努力练习时，用这种方式建立起的安静与我们轻率地称作安静的那种安静是很不相同的。

生命似乎逐渐在消失，房间慢慢变空了，好像再也不存在人了。这时，我们开始听时钟的嘀嗒声，绝对安静使嘀嗒声变强。从原来仿佛什么都没有的院子里传来了小鸟的啾啾声和小孩的脚步声。孩子们着魔似地坐着，好像被什么东西迷住了。指导员说：“这里已没有任何人，所有孩子都走了。”

当已做到这步后，我们就把窗帘拉上，让孩子闭上眼睛，手托着脸，他们在黑暗中保持这种姿势，寂静又出现了。

这时，我们可以说：“好，听着，我将小声叫你们的名字。”于是走到孩子们身后一间房，房门开着，我站在那里，低声地叫名字，拖长声调，似穿山越岭的呼唤声。这声音神奇地到达了孩子的心里，呼唤着他的灵魂。每个孩子当被喊到时，就抬起头，睁大快乐的双眼，然后站起来，静静地寻觅着，但不挪动椅子，他用脚尖走着，几乎听不见脚步声。但是他的脚步声却在继续保持的寂静中回荡。

他走到了门口，显出高兴的样子，跳进了屋里，抑制住笑声。另一个孩子可能把脸藏在我的衣服下面，再一个孩子也许回头看着他那些还静静地像塑像一样坐着等待着呼唤的伙伴们。被叫到的孩子感觉到是一种荣誉，如得到一件礼物，一种奖励。没有被叫到的也知道一定会被呼唤到。开始被呼唤到的是房间里保持得最安静的人。所以每个孩子都努力保持完全安静去迎接呼唤。有一次我看见一个 3 岁小孩成功地忍住了打喷嚏，她在压着她的胸，屏住呼吸，取得了成功。多么惊人的努力！

这个游戏使小朋友们无限愉快，他们专注的脸，保持安静的耐性，显示出他们极大的欢欣。开始时，我还未唤起孩子的心灵。我曾想过给他们看糖果和小玩具，许诺叫到谁就给谁糖果或小玩具，我以为礼物是使孩子作出必要的努力所必需的。但我很快就发现这是不必要的。

孩子们在努力保持安静后感到兴奋，从安静中得到了快乐。他们像安全停靠码头的航船为新鲜的经历感到幸福，也为自己成为自己的战胜者感到高兴。实际上这就是他们得到的报酬。他们忘却了许诺给他们的糖果，再未想要得到我想用来吸引他们的玩具。因此我抛弃了这种无用的方法。我惊奇地看到，这种游戏不断变得越来越完善，甚至3岁的孩子也能一直保持安静，直到40个孩子全部都从房间里叫出来为止。

于是我知道，孩子的心灵有着自己的满足方式和特殊的精神享受。通过这样的练习后，我觉得孩子们对我更亲近了，当然他们就更听话，更温文尔雅了。事实上，我们曾与外界隔绝并相互进行了短时间的感情交流，我希望呼唤他们，而他们则在完全安静之中，依次听到我的呼唤，得到快乐。

一堂肃静课

我想介绍一堂肃静课，它证实了能够达到安静的最成功的教育方法。一天，当我走进一个“儿童之家”，在院子里碰到一位母亲，她抱着她4个月大的孩子，这小家伙还在襁褓中裹着，因为这还是当时罗马人的习惯。因此，我们把裹着的婴儿叫做幼蛹。这个安静的小家伙像是平静的化身。我把他接过来，抱在自己怀里，她仍很安静。我抱着她走向教室，从教室里跑来迎接我的孩子们总是伸开双臂，拉着我的裙子，几乎要把我撞倒。我向他们微笑着，让他们看这条“蛹”。他们懂得这个意思，在我身边跳着，闪着快乐的眼睛看着我，他们因为爱护我抱着的小家伙而不碰我。

我与簇拥着我的孩子们一起走进教室。我们坐下，我坐在一张大沙发上，不像平常那样坐在他们的小扶手椅上。换句话说，我是严肃地坐着，他们带着既温柔又高兴的神情看着我抱着的小孩。我们谁也没有说话。最后我对他们说："我给你们带来了一位小老师。"惊奇的眼光、愉快的笑声。我接着说："是的，一位小老师，因为你们谁都不知道怎样做到像她这样安静。"这一下，孩子们都变了姿势，变得安静了。"还没有一个人的手脚像她这样安静。"每个孩子都认真注意自己的手脚姿势，我微笑着看着他们，"是的，但是你们的脚不会像她的脚那样安静。你们总要动一下，但她一点也不动，所以你们谁也不像她那样安静。"孩子们严肃地看着。关于这位小老师比他们更行的想法，看来已为他们接受了。一些孩子笑了，他们的眼似乎在说：襁褓应受到奖赏。"你们谁也不能像她这样安静无声。"比较安静了。"不可能像她这样安静，因为——听她的呼吸多么微弱！你们踮起脚尖走近点听一听。"

有几个孩子站起来，踮着脚尖慢慢走到婴儿跟前，弯腰听着。更加安静了。"你们谁都不如她这样安静地呼吸。"孩子们惊奇地看着周围，他们从未想到，即使他们安静地坐着仍会发出声音；也从未想到，小婴儿比长大的人更能保持安静！他们几乎停止了呼吸。我站起来，说道："悄悄地，悄悄地走出去，踮着脚尖走，别出声！"我跟在他们后面说："我还是听到一点声音，但是只有她，这个婴儿和我一起走，没有发出任何声音。她无声地走出来了！"孩子们笑了，他们理解了我说的真理和笑话。我走去开窗户，并把婴儿递给了看着我们的那位母亲。

这小家伙似乎留下了她微妙的魅力，占据了孩子们的心灵。事实上，自然界没有什么东西比新生婴儿的呼吸更优美。在这个人类的小生命中，凝聚着力量和新奇，体现着人类生命无比威严。与此相比较，描写自然界安静的词汇，如："多么安静，多么宁静，只有船桨的划水声"都逊色了。孩子们也在这个人类新生儿生命的安静之中感到了诗情和美意。

第十四章 关于感觉训练的一般评论

我并不认为，幼儿的感觉训练法已达到了完善的程度，但我确信，它为心理学的研究开辟了一个新领域，带来丰富而有价值的结果。

迄今为止，实验心理学都一直把注意力集中在感觉测量的精密仪器上，而尚未有人尝试对个人感觉进行系统的培训。我认为心理测量学的发展应更多着眼于个人的培养，而非测量仪器的改进。

先撇开这个纯科学的问题不谈，感觉训练也一定具有较大的教育学意义。

一般说，我们的教育具有双重目的：一是生物学的目的，二是社会学方面的目的。从生物学上讲，我们希望教育能帮助个体自然地发展；从社会学上看，我们教育的目的是培养个人适应环境。就后一目的而论，技术教育就应有其相应的地位，因为它能教育个体利用环境。从这两个观点来看，感觉训练都很重要，感觉器官比高级智力活动发展得早，3 岁至 7 岁的孩子正处在形成期。

那么，在此期间我们能够帮助感觉器官的发展。我们要划分刺激的等级并与之相适应。比如说，在语言还未充分发展之前，给以适当的逐步的刺激是帮助形成语言能力所必需的。

儿童的一切教育都必须遵循一个原则：即帮助孩子的身心自然发展。

应该在急速发展时期过后更多地注意教育的另一个目的(即使人能适应环境)。

教育的这两个阶段总是交叉重叠的，但根据孩子年龄也应各有所重侧重。在 3 岁至 7 岁这段生命时期包括了身体的加速发展时期，是与智力相关的感觉器官活动的形成期。儿童在这个年龄阶段发展其感觉能力。儿童的注意力以被动的好奇形式，更进一步被周围环境所吸引。

并非是事物的原因，而是刺激吸引儿童的注意力。所以，在这个时期，我们应该系统地给予直接的感觉刺激，仅刺激产生的感觉能帮助感官合理发展。这种感觉训练将为以后的智力发展打下坚实可靠的基础。

此外，感觉训练还能够发现并纠正学校里现在尚未发现的缺陷。当明显的无法补救的缺陷自己表现出来时，利用儿童自己生命力去补救已经晚了，如耳聋、眼睛近视等缺陷。所以这种训练有生理学意义，它直接为智力教育作准备，完善感觉器官神经发射和联络通道。

但是，教育的另一方面，即培养个人适应环境，还是间接涉及的。我们用我们的方法把婴儿培养成当代人类。现代文明的人是环境的杰出观察家，因为他们必须最大限度地利用他们的环境的所有财富。

和古希腊时代一样，今天的艺术从本质上讲也是建立在对事实观察的基础上的。

实证科学的进步以观察为基础。它在近百年来改变我们文明环境的所有发明与应用，也都是沿着这条路线——即通过观察作出的。所以，我们必须培养新一代具有这种态度。这是现代文明生活的要求，也是一个人要为我们的进步而继续工作的必要条件。

我们看到伦琴射线①的发明是由于观察。赫电波、镭的放射性以及马可尼电报奇迹都是通过这种方法发现的。然而，历史上还从来没有像本世纪这样从实证研究中取得了这样丰富的思想。本世纪在关于精神问题的思辨哲学领域，也发出了新的光彩。有关物质问题的理论也导致非常有趣的形而上学的概念。可以说，我们在准备通向精神发现的道路。

感觉训练是把人培养成为一个观察者，不仅为了能够适应现代文明时代而完成一般工作，而且也是直接为实际生活作准备。直到现在，我认为我们还没有一个关于生命实际生活需要的完整概念。我们一直总是从概念出发，再由此而进入运动器官的活动。例如，教育方法一直是先培养智力，然后再让孩子遵循他所学到的原则。一般来说，我们在进行教学时，是先谈及我们感兴趣的对象。让学生理解了以后，再引导他们去完成与这些对象有关的工作。但是，只懂得概念的学生，在完成给他的任务时往往很困难，因为他缺乏非常重要的一部分教育，即完善他们的感觉。我可以举几个例子来说明这一点。我们叫厨师去买“鲜鱼”，她虽懂得这个意思，并试图按这个意思去做，但是，如果这个厨师没有受过训练，通过视觉和嗅觉来识别新鲜鱼的标志，她就不知怎样遵从我们给她的要求。

这种缺乏实际经验的现象，在烹饪操作上表现得更为明显。一个厨师的知识可能是从书本上学来的，她可以从书本中知道准确的配方和烹饪的时间长短，她也能进行烹调的一切技术操作，但当要根据菜肴的气味准确地决定合适的烹调时间，或用眼睛或根据味道决定什么时候应加什么调味品时，如果她没有进行足够的感觉训练，就一定会犯错误。

---

① 德国物理学家（Wilhelm konrad，1845—1932）定名的 x 射线。——译者注

她只有通过长期实践才能获得这种能力。烹调实践不像别的，往往是一种滞后的感觉训练——往往已不可能再获得正确的感觉，这就是为什么很难找到好厨师。

医生也是如此。一个医科大学生，从理论上学习了脉搏的特点，怀着最好的愿望坐在病人床边想诊出脉象，但是，如果他的手指不知道怎样感觉出脉象，那么他的学习也是枉然。他必须具有对不同感觉刺激的分辨能力，才可能成为医生。

对于学生从理论上研究的心跳，也可以像上面那样说，但耳朵只有通过实践才能学会分辨心的跳动。

对于一切细微的颤动和运动都能这样说，医生的手往往不能觉察出来。温度计对医生来说是不可缺少的，他对于热觉刺激越不敏感，越没有训练，温度计就越不可缺少。一个医生可能很有学问，很聪明，但缺乏实际经验者要成为一个好的开业医生，必须经过长期实践才可能。这是完全可以理解的。实际上，这种长期实践不是别的，而是滞后的，往往是无效的感觉训练。一个医生在掌握了丰富的理论知识之后，他自己就会明白，不得不进行枯燥无味的劳动，即做好病历，记下他所观察发现的病状以及病人的化验结果。如果想从所学理论获得一点实际结果，他就必须做好这些工作。

这样，要让新手以常规的方式着手进行触诊、叩诊、听诊来辨别脉象、胸腔回音，呼吸频率以及其他能帮助诊断的声音以达到诊断目的。这使得许多年轻医生深感沮丧。此外，这需耽误好几年才能补救，于是就产生一种不道德的现象，即允许一个医术不高、还不能正确诊断病情的人去从事这种责任重大的职业。整个医术建立在感觉训练基础上，然而，学校却是通过古典医学著作来培养医生的。古典著作虽好，医生智力得到充分发展，但由于感觉能力很差，仍然是无能为力。

一天，我听到一个外科医生给几个可怜的母亲讲课，介绍关于如何识别小儿佝偻病初期症状。他的目的是让母亲们把患这种病的孩子趁还能医治的时候及早送去医治，母亲们也懂得这个意思，但是她们不知道怎样识别病变特征，因为她们缺乏区分病态和常态标志的感觉训练。

因此，这样的训练是无用的。如果我们稍微想一下就会明白，所有掺假的食品之所以能骗人，是因为多数人的感觉迟钝。欺骗性工业存在的基础就是公众缺乏感觉训练。任何欺骗能得逞都在于受骗者的无知。我们经常可以看到买东西的人把希望寄托于商人的诚实、公司的信誉，或包装的商标，这是因为这些买主自已缺乏直接判断的能力，他们不知道怎样用他们的感觉器官分辨出各种物品的不同特性。事实上，在许多情况下，由于缺乏实践经验，智力也会变得无用。所谓实践经验几乎就等于感觉训练。每个人都知道，在实际生活中，最基本的是必须准确判断各种刺激，才能作出正确反应。

但是，感觉训练对成人来说，往往十分困难，比如，他想成为一个钢琴家，手指的训练就很困难。如果我们想通过训练使某种感觉充分发展，那么我们就应该在这种感觉的形成期就用相应的方法开始训练。感觉训练应从婴儿期就开始系统进行，并在准备进入社会生活的整个时期坚持不懈。

美育和德育与感觉训练密切相关，丰富感觉和发展对不同刺激的鉴别能力，也就是提高了感觉能力，增加了人们的娱乐享受。

美在于协调，不在于冲突。而协调必须精确。因此，如果我们要鉴别协调，就必须有精确的感觉。对于具有粗劣感觉的人来说就享受不到自然和谐的美，世界对他是狭小的、贫乏的。在我们的生活中，存在着无穷无尽的美的源泉，人们走过它前却视而不见，这正像动物只从那粗劣显眼的感觉中寻找它们的乐趣一样，因为这是它们唯一能接受的感觉。

从粗野的娱乐中往往暴露出恶劣习惯。实际上，强烈刺激并不使感觉变得敏锐，反而变得迟钝。这样就要求刺激更强烈，感觉也就更粗劣。

在底层社会的正常儿童中，经常发现手淫、酗酒，喜欢看成人的调情活动。这些代表了那些精神空虚、感觉迟钝的不幸者的乐趣。这种乐趣扼杀了人性，召唤动物般的生活。

事实上，从生理学观点看，只要看一看神经系统功能反射

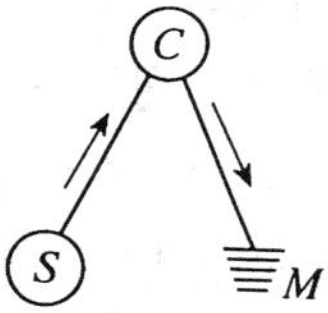

图，感觉训练的重要性就一目了然。外界刺激作用感觉器官，所得印象沿中枢神经通路传到神经中枢。那里产生出相应的运动脉冲，又沿神经通路传到运动器官，引起运动。虽然反射弧只粗略地代表了脊髓的作用机制，但仍可作为复杂的神经机制现象的基本解释。人用他的外周感觉系统从环境中接受各种刺激，并以此同周围环境直接交换信息。所以，心理生命的发展与中枢神经系统相关。主要指社会活动的人类的活动，通过个人的活动，即体力劳动、书写、讲话，等等，由心理和运动器官表现出来。

教育训练应该引导和完善三个阶段上的发展，利用外周系统和中枢神经系统的发展。确切点说，因为这个过程基本归于中枢系统，所以心理感觉的训练和心理运动训练应具有同样重要的意义。

如果不是这样，我们就把人和环境隔绝了。事实上，如果我们相信只用智力培养就可完成教育，那么我们所培养的便只能是超俗脱凡的空想家，而非从事实际工作的人。另一方面，如果我们想通过教育为实际生活作准备，然而只局限在心理活动的训练阶段，那么我们就失去了教育应该让人与外界直通信息的主要目的。

由于专业工作几乎总是要求人去利用环境，所以技术学校不得不返回到教育的最初的开始阶段——感觉训练，以满足各方面的迫切需要。

第十五章 智力教育

"……把儿童从感觉训练引向概念"

爱德华·塞贡

感觉练习是一种自我教育，如果反复进行练习，就会完善孩子的心理感觉过程。指导教师必须引导孩子从感觉走向概念——从具体到抽象，到概念之间的联系。为此，她应该用一种方法来隔离孩子的内部注意力，把它固定在某一知觉上，就像最初上课时一样，孩子的客观注意力通过隔离而固定在某一刺激上。

换句话说，教师上课时，必须设法限制孩子的意识域，使其集中到课的内容上。例如，在感觉训练中，她就隔离出要孩子练习的那一感觉。

为此，需要有关于特殊技术的知识，教育者必须"尽可能地限制自己的介入，同时也不让孩子在自我训练中过于劳累"。

在这里，各个教师的知识水平和敏感程度明显有别。换句话说，介入的质量决定每个教师的教学技术。

教师明确的工作之一就是教授准确的名称术语。

在绝大多数情况下，她应该只说出事物的名称和形容词，不再增加更多的说明。对这些词，她要说得口齿清楚，声音宏亮，以便孩子能听清组成每个词的各个音节。

例如，在第一次触觉练习触摸平滑的和粗糙的硬纸板时，她应该说："这是平滑的，这是粗糙的。"以不同声调重复这些词，既要声调明快，又要发音清晰。“光滑，光滑，光滑；粗糙、粗糙、粗糙。”

同样，在教冷热感觉时，她必须说：“这是冷的，”“这是热的，”“这是冰冷的，”“这是温热的，”然后，她可以用普通术语：“热”、“比较热”、“不热”，等等。

第一，教授的名称必须简单，只引起名称和它代表的物体或抽象概念之间的联想。”这样，使孩子在思想上接受这些名称和物体时能相应地把它们统一起来。为此，最要紧的就是除了名称外，不再说其他的话。

第二，教师必须随时考查自己的教授是否达到了预期的目的。考查也必须局限在名称能唤起的意识域内。

第一次考查应该发现，在孩子思想上，名称和物体是否还保持联系。考查应在教完名称后，让孩子沉默一会儿后再进行。缓慢清晰地提出关于所教名称或相应物体的问题：“哪一个是光滑的？”“哪一个是粗糙的？”

孩子用手指着物体，教师就知道他已作出了所要求的联想。但是，如果孩子不是这样做的，也就是说，他如果做错了，教师不必纠正，而必须考虑等到另一天再重新上。事实上，何必纠正呢？如果孩子没有把事物和名称联系起来，唯一能使他联系起来的办法，便是重复感觉刺激和教授名称的活动。换言之，也就是重新上课。但是，我们应知道，当孩子失败时，他并没有准备接受我们唤起他们的心理联想，所以我们必须另选时机。

假如我们纠正孩子说：“不对，你错了！”这种责备的话就会比其他的话（如光滑的或粗糙的）更深地留在孩子的心中，妨碍他对名称的学习。相反，在错误之后沉默不语，保持明确的意识域，下一课便可以接着顺利进行。事实上，指出错误便可能导致孩子作出不必要的记忆努力或挫伤他们的勇气，我们的任务就是尽可能避免他们作出一切非自然的努力，避免他们丧失信心。

第三，如果孩子没有犯什么错误，老师便可以唤起和这一物体概念相关的运动活动，即说出名称。她可以问："这是什么样的？"孩子就应该回答："光滑的"。然后老师可以打断孩子的话，教他怎样正确、清晰地发这个音。先深吸一口气，然后稍大声说："光滑的。"当孩子发音时，教师可以注意他具体的发音缺陷，或某种已习惯的特殊的孩子腔调。

关于将孩子所学的概念一般化的问题，即把这些概念应用于他所处的环境之中去，我并不主张在一定时间，甚至在几个月内上这样的课。孩子们在触摸过几次材料，或只是光滑的和粗糙的硬纸后，就会完全自发地触摸各种材料的表面，重复说："这是光滑的！这是粗糙的！这是柔软的！"等等。对于正常孩子，我们必须等待他们对环境的自发探究，或者如我们喜欢说的探索精神的自动爆发。在这种情况下，孩子们会尝到每一新发现的快乐。使他们意识到一种可贵和满意的感觉，这会鼓舞他从自己周围环境中去寻求更多的这种新感觉，使他们成为自发的观察者。

教师应该密切注意孩子在什么时候，以及怎样达到概念的概括。例如，我们有一个 4 岁的小孩，一天在院子里跑着玩，突然站住不动，叫喊道："噢！天空是蓝的！"并望着蓝色的广阔天空出了神。

一天，我走进一个"儿童之家"，五六个小孩静静地围着我，开始抚摸我的手和衣服，说道："这是光滑的，""这也是柔软的，""这是粗糙的，"其他几个孩子也走来摸我，认真而严肃地重复说那些话。指导老师想干预，让他们放开我，但我示意她不要说话。我站着不动，默许这些孩子自发的智力活动。我们教育方法的最大成功应该总是这样给孩子们带来自发的进步。

一天，一个小男孩在做图画练习，选用彩色铅笔描一颗树的轮廓。他把树干涂成红色。教师想干预，说道："你想想树干是红的吗？"我制止了她，让孩子把树涂成红色。这幅画对我们很宝贵，它表明孩子还没有成为周围环境的观察者。我对待这种问题的方法是鼓励多做色彩游戏来增强色感，让他每天和其他孩子一道走进花园，可以随时看到树干。例如感觉练习已使孩子自发地注意到周围颜色，那么在某一欢乐时刻，正像前面讲的那个孩子在玩的时候突然发现天空是蓝色的一样，他也会发现树干是褐色而不是红色。的确，这位老师继续让那个孩子描树的轮廓时，有一天，他运用褐色铅笔来描树干了，而把树枝和树叶描成绿色。后来，他把树枝也描成褐色，只把树叶描成绿色了。

这样，我们就考查了孩子的智力发展进程。我们培养观察者不是靠说："观察吧！"而是有赖于教给他们观察的能力和方法。而这种能力和方法的获得则是通过感觉训练。我们一旦激发起了这种能动性，自我训练就得到了保证。因为经过良好训练的精确感觉会使我们更仔细地观察环境，这样，变化无常的环境就会吸引注意力，使心理感觉训练继续进行。

另一方面，如果在感觉训练问题中，我们把某些物体的某些性质的概念单独取出来，那么这些物体就局部地和限制于那些概念的训练联系在一起。这种感觉训练得不出什么结果。例如，当教师用老方法上颜色名称课时，训练颜色感觉。于是孩子对这些颜色的感觉很肤浅，随时都会忘掉，最多不过能按老师描述的来进行鉴别。所以，用旧方法的教师在进行概念一般化教育时，例如就只能说："这花是什么颜色？""这缎带是什么颜色？"而孩子的注意力也只能呆板地停留于她提供的例子上。

我们可以把孩子比作一个时钟，按旧的说法，就好像我们让钟的齿轮静止，而用手指在钟盘上拨动指针，指针只随我们手指的拨动（这是必具的动力）而在钟盘上转动。受到文化条件的限制，教师对孩子所进行的工作就是如此。新方法则不同，可以比作是上发条过程，它使整个机器都运动。

这种运动直接与机器相关，而不直接与上发条有关，因此孩子自发的心理发展是连续不断的，并直接与孩子本身的心理潜力相关，而不直接与老师的工作相关。这种运动或自发的心理活动在此即从感觉训练开始，并以观察能力来维持。例如，猎狗的能力不是来自主人对它的训练，而是来自它本身感觉的特殊敏锐性。一旦在合适的环境中，如打猎练习中利用这种生理特性，感觉就不断得到改善，给狗以极大快乐，它就会热心于追捕。对钢琴家也是这样，他在改善自己乐感和手指敏捷性的同时，越来越喜欢从钢琴中得到和谐。这种完善一直进行下去，直达到钢琴家的天赋限度为止。一个物理学家可以知道一切谐音的定律，这是他的自然科学知识的一个组成部分，但他也许连最简单的乐曲也写不出来。不管他的科学知识多么广博，总要受所从事的学科范围的限制。幼儿教育的目的在于帮助幼儿的智力、精神和体格得到自然发展，而不是把幼儿培养成为一般所说的学者。所以，我们在提供给孩子适合于促进他的感觉发展的教材之后必须等待，让他的观察能力自然发展并达到自觉的程度，这正是教育者的艺术所在。她应知道怎样衡量帮助儿童个性发展的行动。具有正确态度的教师，很快就会发现孩子们个性的差别，正是这种差别要求教师使用各种不同的帮助方式。有些可能根本不需要她的干预，而有的则要求她及时指教。所以，教学必须严格遵照最大限度地减少教育者的积极干预的原则。

为了尽量遵循这个原则，我们行之有效地利用了以下一些游戏和问题。

瞎 子 游 戏

瞎子游戏绝大部分是用来作一般感觉的练习，游戏如下。

材料　在我们的教具中有个漂亮的小五斗橱，在五斗橱的抽屉里装着各种长方形布料，有毛绒、绸子、缎子、棉布、麻布，等等。我们让一个孩子触摸这些布料，教给恰当的名称以及有关的性质特点，如粗细、软硬。接着叫他坐在桌边，让其他孩子都能看见，蒙上他的眼睛，把布料一块一块地给他。他摸一摸，展开，用手指捻一捻，然后判断说："这是毛绒，这是细麻布，这是粗棉布，"等等。孩子们大都对这个练习感兴趣。当我们给他一件意想不到的别的物件时，例如说，一张纸、一块面纱，别的孩子就会焦急地等着他的回答。

重量　把一个孩子安置在同一位置上，让他注意做重量感觉训练时所用的木板，再让他注意到已经知道的重量差别，然后，告诉他把深色的、较重的木板放在右手边，把浅色的、较轻的木板放到左手边。再蒙上他的眼睛，让他继续做游戏。每次拿两块，一只手一块，有时拿到两块同样的颜色，有时候拿不同的颜色，但正好与他要放在桌子上的位置相反。这个游戏非常吸引儿童；例如，当这孩子手里拿到两块深色的木板，拿不定主意在左右手中不停地交换，最后还是把它们一起都放到右边时，其他孩子总是非常焦急地看着，他们长长地出了口气才表示出他们终于松了口气。游戏正确地做完后，大伙的欢呼声也给人留下一种印象：即他们的小伙伴能用双手区分出不同颜色的木板了。

大小和形状 与前一个游戏相似，我们让孩子区别出硬币、立方块和福禄培尔砖块、干种子，如扁豆和豌豆。这种游戏不像前一个游戏那样激发起孩子们的强烈兴趣，然而却很有益处，可以由此使儿童认识各种东西自身的特点，也可以知道它们的名称。

应用视觉训练观察环境

名称 这是最重要的教育阶段之一。实际上，这是为准确使用语言作准备。在我们学校中经常碰到不能准确使用语言的情况。例如，许多孩子把厚和大、长和高交换使用。用我们已介绍过的方法，老师便可以很容易地借助教材建立起非常明确的概念，并把他们与相应的词汇联系起来。

使用教材的方法

大小 在孩子已经玩了很长时间的三套立体的镶嵌游戏并已经很熟练了以后，指导教师就把第一套中所有的等高圆柱从镶框中拿出来，并把它们水平地一个接一个地排列在桌子上。然后，她选出两头的两个，说道："这是最粗的。这是最细的。"她把这两个并排放在一起，以便比较得更加明显。然后拿着提纽，比较它们的底，让孩子注意其差别，接着把它们垂直地并排在一起，表示其高度是相等的；并反复说几次"粗——细"，做完这些以后，教师应该紧跟着检查一下，问道："把最粗的给我，把最细的给我。”最后，她还应该检查一下名称，问道：“这是什么?”。从此以后的课程中，教师可以把这两个拿走，然后用剩下来的圆柱中最粗和最细的重复这种练习直到把所有的圆柱练习完为止。然后，她可随意从镶框中取出一个，说道：“请把比这个粗一点的给我，”或“请把比这一个细一点的给我”。然后拿出第二套圆柱镶块照此方法进行练习。她把这些圆柱立着放成一排，它们的底都够宽，能够让它们直立着保持原来的位置。这里她应该说：“这是最高的”和“这是最低的”，然后把两头的两个拿出来，并排地放着，并比较它们的底部，表示它们是一样的。如前一套的做法一样，她可就剩下的对比最明显的继续进行练习。

对于第三套圆柱体，教师把它们排列成行叫孩子注意第一个，说道：“这是最大的，”对最后一个则说：“这是最小的。”然后，把它们并排放着，比较它们的底和高是怎样的不同。然后，像其他两组练习一样，再就剩下的逐对进行练习。

对于棱柱、圆柱和立方块各套材料，上课时也可按类似方法。棱柱粗细不一，长度相等；圆棍长短不一，粗细相等；立方块则是大小不一，高度也不等。

当我们在测量孩子身高体重时，很容易应用这些概念。他们自己也会互相比较，说：“我高一点，你胖一点。”类似的比较还常见于：孩子们伸出他们的小手，表示是干净的，教师伸出自己的手，表示她的手也是干净的。比较手的大小常常引起大笑。孩子们自己做比较高矮的游戏。两个人肩并肩站，看看谁高谁矮。他们经常跑去和大人站在一块，新奇而有趣地观察他们和成人在高度上的巨大差别。

形状 当孩子们表现出他们能正确地区别平面的几何镶块的形状时，教师便可以上名称课。她应该从两个对比鲜明的形状开始，如方形和圆形；并应按照一般方法，利用塞贡的三个阶段。我们不把所有的几何形状的名称都教给孩子，而只教最常见的，如方形、圆形、长方形、三角形、卵形。我们让孩子注意，长方形有的窄而长，有的则短而宽，而正方形的所有边都一样，只有大小不同。这很容易用镶框表示出来。把正方形转一个方向，它仍然能放入镶框去，而长方形则不能。孩子对这个练习很感兴趣，我们在一个方镶框里放了一个正方形和一组长方形，这些长方形最长边等于正方形的边长，而另一边则逐渐缩短。

我们用同样的方法表示出卵形、椭圆形、圆形的区别。不管怎么放或怎么旋转，圆形都能放进镶框里去，椭圆形横放就放不进去，但如果顺着放就能放进去；然而卵形不仅横放放不进去，即使顺着放如头的方向不对也放不进去，它只能在大的一头对着镶框孔大的一头，小的对着镶框孔小的一头，才能放得进去。

圆形不论大小，不管怎样旋转都能放进镶框里去。卵形和椭圆形的区别，我在训练的最后阶段才揭示出来，并且不是对所有孩子，而只是对那些对形状特别感兴趣、经常爱做这种游戏的孩子，或者问及它们的区别的孩子。我宁愿让孩子晚一点（可能在小学）自发地认识这种区别。

许多人觉得，教这些形状是在教几何学，认为对这样小的孩子是太早了。另一些人觉得，如果要教几何形状，那最好用更具体的实物。

我想，在此我要谈谈自己的不同看法。观察几何形状并不等于分析几何形状，几何学是从分析开始的。例如我们对孩子说边、角，并给他做一些解释，即使是用直观的方法，如同福禄培尔所提倡的（例如，正方形有四个边，并能用四根等长的棍构成）那么这的确进入了几何学范围。我认为对幼儿来说是太早了。但是观察形状，对于这样年龄的孩子来说并不早。孩子每天坐在桌子旁吃饭，桌面可能是长方形的，盛饭菜用的盘子是圆形的。我们肯定不会认为，让孩子看看桌子和盘子是太早了吧！

我们所提供的镶块只引起孩子对形状的注意。至于名称，就像孩子学叫其他东西的名字一样。孩子在家里随时都能听到圆盘之类的话，那为什么要认为我们教孩子说圆的、方的、卵形的这些话是太早了呢？孩子会听见父母说方桌、椭圆桌等，如果我们不像教形状那样给他们以及时的帮助，这些常用词就会在他脑子里和话语中长期含混不清。

我们应该注意这种现象，孩子经常自己吃力地理解成人的话和他周围的事物的意义，及时给予的教导能防止这种过分的努力，因此这不是造成疲劳，而是减轻负担，并满足了孩子的求知欲，事实上，孩子的各种愉快表情说明他对上述练习满意。同时，如果他的注意力被吸引到那些说得不好的字眼上，就会加重他的语言缺陷。

另外，还普遍存在一种成见，即认为让孩子自行其事，就可以给他的脑子以绝对的休息。如果真是这样，那么他就会对世界感到陌生。与此相反，我们看到他总是一点一点地，自发地在掌握各种概念和词汇。他是一个生活旅行者，在旅途中观察新事物，并试图弄懂周围的人所讲的陌生话。事实上，他自己在极力地自愿地理解和模仿。儿童教育应该是直接减少不必要的精力消耗，使他本身变成广泛掌握知识的轻松的娱乐。我们是那些刚刚进入人类思想世界的旅行者的向导。我们应该成为聪明的有修养的向导，不说废话，清楚简明地讲解旅行者们感兴趣的艺术般的工作，并尊重他，让他尽兴观察。我们的主动权在于引导他观察生活中最重要、最美好的东西，使他不致于把时间和精力耗费在无益的事物上，使他整个人生旅程都获得欢乐与满足。

我已经提到过一种偏见，就是认为给孩子提供立体几何形状如立方体、球体和棱柱体比提供平面几何形状更合适。姑且不谈这种偏见在生理学方面的问题，即立体形状的视觉认识过程比平面形状更为复杂，让我们仅从实际生活的教育观点来看一看这个问题。

我们每天看见的大多数物体展现了比我们所提供的平面几何镶块更多的几何形状。事实上，门窗框、镜框、木板或石板桌面虽都是立体的，但它们其中一个维度的尺寸很小时，另两个维度决定了它们都更像平面。

当平面形状占显著优势时，我们便说，窗户是长方形，镜框是卵形，桌子是方形等。引起我们注意的几乎都是以平面为主的立体的东西。我们的平面几何镶块就代表了这些立体实物。

孩子们从环境中经常能认出他们通过这种方法而学到的那些形状，但他很少能认出立体的几何形状。

在他观察到他每天都在上面放东西的桌面是长方形很久后，他才知道桌腿是棱柱形或截圆锥形，或长圆柱形。所以，我们不谈论认识房子是棱柱形或立方体这样的事实。实际上，纯立体的几何形状并不存在于我周围的事物之中，而是表现为各种形状的综合。且不说孩子一眼很难看出房子的复杂形状，即使认识房子，他也不是从它形状的同一性出发，而是从相似性出发。

然而，他能看出用门窗和家中日常用品所表示出的平面几何形状。以平面几何镶块形式教给他关于形状的知识，这对他来讲，好像是一把能打开外在世界的万能钥匙，使他感到他知道了世界的秘密。

有一天，我和一个上小学的男孩子游览屏西山，他已学过几何图形，并知道分析平面几何图形。我们到达了最高处，从那里能望见民众广场，看见城市从它的背面延伸出去，我手指着前方说："瞧，人类建造的一切都是几何图形！"真的，有长方形的、卵形的、三角形的、带孔和雕花半圆形的，以及各种长方形的灰色房屋。众多建筑如此单调，似乎证明了人类智慧的局限性。而在与花园毗连的土地上，生长着的灌木花草千姿百态，表明了自然形状的无限多样性。

这个男孩从来没有进行过这样的观察，他学过角、边和几何图形的轮廓构造，从未想过其他，只是很讨厌这种枯燥无味的功课。开始，他嘲笑关于人类把大量几何图形聚积在一起的说法，后来又变得感兴趣了，久久地看着他面前的这些建筑，脸上露出积极思索的表情。在马格赫利塔桥的右面有一座正在建设中的工厂，厂房构架显示出是一系列的长方形。"多么单调的工作啊！"这孩子这么说。意思是指工人的工作多么单调。然后，等我们走近花园，静静地站着，欣赏着正从这里自然冒出的花草时，他却说："多美啊！"而这个"美"字，说明了他心灵的觉醒。

这种经历使我感到观察平面几何形状和观察小花园里的植物生长是孩子精神和智力宝贵源泉。因此我想扩展我的工作，不仅引导孩子观察周围的各种形状．而且也区别人工和自然之不同，以鉴赏人类的运动成果。

自由绘画　我给孩子一张白纸和一支铅笔，告诉他，可以画他喜欢画的任何东西，实验心理学早已对这种绘画感兴趣了。其意义在于它能反映出孩子的观察力及个性倾向。一般说，开始的画都是不成形的，紊乱的。教师应该问孩子他想画的是什么，并在画下做下记录。慢慢地，图画就变得可以理解了，反应出孩子在观察周围事物的形状方面所取得的进步。往往他把观察到的一种东西的最微小的细节都画在草图上。既然孩子画的是他想画的东西，那么他就实际告诉了我们，什么东西最吸引他的注意力。

着色 即对完整的轮廓图形填色。这些图画是很重要的，因为它们是“为书写作准备”。自由绘画是反映形状感觉，而照图上着色则是反映颜色感觉。换句话说，它像自由绘画反应孩子对周围东西的形状观察能力一样，反应出孩子对周围颜色的观察能力。我将在“书写”章中详细论述这一点。练习就是用彩色铅笔填满用黑色铅笔画的某种东西的轮廓图形。这些轮廓是一些简单的几何图形，是孩子们在教室，在家里或在花园里经常见到的各种东西的图形。孩子必须选择颜色填描，这就可向我们表示，他是否已观察到他周围的这种东西的颜色。

自由塑造练习

这种练习和自由绘画和照图上色相似，这是让孩子用泥来塑出自己愿意塑的东西，也就是说，他以他记得最清楚、印象最深刻的东西为模特儿。我们给孩子一个装着一块泥的木盘，然后就等着他工作。我们有孩子们塑造出的许多精彩的泥塑品，有些非常细微地再现了他们所观察到的东西。更令人吃惊的是，塑造出的模型不仅反映了实物形状，而且也反映出所用的那些实物的尺寸。

许多孩子仿制他们在家里看到的东西，特别是厨房里的东西：水缸、水壶和锅。有时，我们还看到，孩子塑出一个摇篮，里面有一个小弟弟或小妹妹等。像对自由绘画一样，一开始塑出的东西也需要加以说明才能看懂。然而，以后塑出的模型就很容易懂了，而且孩子们还学习复现立体几何形状。无疑，这些泥塑模型对教师来说是很有价值的材料，它们明显地表现出了许多个性差异，使她能更充分地了解她教导下的孩子们。这些材料在我们的方法里对于表明孩子们某一年龄阶段的心理发展也有价值。这些材料还可以作为教师教育孩子时是否进行干预的行动指南。在泥塑工作中，孩子们表现为观察者，他们可能养成对周围环境进行观察的习惯，他们也能通过这种练习间接帮助达到一个目的——确立各种感觉和概念并提高对这些感觉和概念的准确性。

这些孩子也将最快地掌握自发书写的动作，而对那些不会做泥塑的孩子，可能需要教师进行直接启发，教师需用某种直观材料去引起他们对周围物品的注意。

几何图形的分析：边、角、中心、底。

对图形的几何分析不适用于年幼的孩子。我曾试用一种方法来引进各种分析教育，只局限于长方形，并要用游戏的形式进行。这种游戏中包括几何分析，但又不把孩子的注意力固定在分析上面，游戏提供了非常明确的概念。

我们所用的长方形是孩子使用的一张桌面。游戏是摆桌子进餐。我在每个“儿童之家”都设置了一套在玩具店里能买到的玩具餐具。其中有菜盘、汤盘、汤钵、盐瓶、玻璃杯、小口瓶、小刀、小叉、小匙，等等。我叫他们摆好供 6 人用的餐具。桌子长边各摆两套，短边各摆一套。一个孩子按我的指示去摆，我叫他把汤钵摆在桌子的中央，餐巾摆在桌子角上，“把盘子放在短边的中间”。

然后，我叫那孩子看着桌子，我说：“在这个角上还缺点东西，在这一边我们还要一个杯子，现在看看，在长的两边是不是都摆齐了，而在短的两边都摆齐了吗？在四个角上是否还缺点什么东西？”

我认为6岁以下的儿童不能做比这复杂的分析，因为我认为总有一天孩子应该自己拿起平面镶块，自发地开始去数它的边和角。当然，如果我教给他们这些概念，他们也可能学会，但仅仅是知道公式，而没有应用的经验。

颜色感觉练习

我已讲过我们进行的颜色练习，这里我想更全面更详细地再介绍一下。

图案和绘画 我们准备了许多轮廓图案，让孩子们用彩色铅笔着色，然后再用水彩笔蘸上他们准备用的水彩颜料。他们开始画的是花、蝴蝶、树木、动物等等，然后过渡到包括花草、天空、房子和人物的风景画。

这些图画帮助我们研究孩子作为环境观察者的自然发展，也就是对色彩的观察发展。孩子们在工作过程中完全自由地选用颜色。如果他们把一只鸡染成红色，或把一只牛染成绿色，这表明他们还没有成为观察者。这一点我在方法的一般讨论中已经说过了。这些图画也表明关于色彩感觉训练的效果。只要孩子选用精细、和谐的或强烈对比的颜色，我们就能判断他在完善自己色彩感觉方面的发展。

儿童必须记住图画中所画东西的颜色，这会鼓励孩子去观察周围的这些东西。然后，他希望描画更复杂的图案。只有那些知道怎样给图案着色或正确地再现那种东西颜色的孩子，才可能进行更难的工作。这些图案着色都很容易，往往很有效果，有的像真正美术家的作品。墨西哥学校的一位指导教师和我研究了很久后送我两幅画，一幅画的是悬崖，其中石头的颜色用的是非常和谐的浅紫色和暗褐色，而树则是两种暗绿色，天空是蔚蓝色；另一幅是一匹马，披戴着核桃色的铠甲、黑色的马鬃和马尾。

第十六章　阅读和书写的教学方法

书面语言的自然发展　当我任罗马心理矫正学校的指导教师时，我就开始用各种教学手段进行阅读和书写的教学实验。这些实验实际上是从我开始进行的。

伊塔和塞贡并没有提出书写教学的合理方法。在前面曾经引述的章节里，可以看到伊塔是怎样进行字母表的教学的，这里我再引述一下塞贡关于书写教学的论述：

“要让孩子从图画过渡到书写，书写就是画画的最直接的应用。老师只要告诉说D是一个半圆加一竖，A是两斜笔相交于顶端，下加一横……

“我们无须再担心孩子会怎样学会书写，他既然开始画了，那他就将会写。不用说，我们应该让孩子根据相反和相似的规律来画字母。例如，O和I不相干，B和P相似，T和L相反，等等。”

根据塞贡的说法，那么我们就不必教书写了，孩子会画，也就会写。但是书写对他来说就是印刻大写字母！在别的地方他也没有解释过他的学生是否按别的方法书写，而是以大量篇幅介绍为书写作准备的和包括书写的画画。这种画画的方法困难很多，它仅仅建立在伊塔和塞贡意图相结合的基础上。

“十一章：构图。在构图过程中获得的第一个概念是决定得到图案的有关平面的概念。第二个概念是有关轨迹或轮廓的概念。这两个概念贯穿于所有的构图和一切线条创作之中。

“这两个概念是相互联系的，它们之间的关系形成某种概念，或者在这种意义上说，即是构思绘画线条的能力；只有遵循一定的方法和特定方向的线条才能被称作绘画线条：无方向性的轨迹并不是绘画线条；偶然产生的轨迹是没有名称的。

“相反，合理的符号就有名称，因为它有方向性。写字或绘画不是别的，而是把各种方向用线条组合起来的一个合成物。在探讨什么是书写时，我们必须坚持平面和线条的概念。一般的孩子是通过本能掌握这些概念的，但是为使白痴儿童在书写中能变得仔细和敏感，坚持这些概念是必要的。通过系统的绘画，他将渐渐接触到平面和线条的各个部分，用模仿的方法，从简到繁地画出各种线条。

“首先，可教学生画各种线条；然后，在不同方向上画线条，并画在平面的不同位置上；再后，将这些线条由简到繁地组合成各种图形。所以我们必须教学生区别直线和曲线、垂直线和横直线，以及各种斜线，最后弄明白由两条或两条以上的线条组成一个图形时的主要交接点。

“对将要导致书写的绘画作合理的分析，这在其书写和阅读的一切活动中是最基本的组成部分。因此，即便是托付给我教管以前就能写许多字母的孩子，他也花了 6 天的时间去学习画竖线和直线；在此之前，还花了 15 天的时间模仿画曲线和斜线。事实上，我的大多数学生很长时间都不会模仿我的手在纸上按一定方向画线条的动作。最善于模仿的，或者说比较起来最不笨的学生，在让他们画出与我给他们看的正好相反的符号时，但他们仍把两条线的交接点弄错，尽管两种符号的区别是如此明显。诚然，我教给他们的关于线条和形状的全部知识帮助他们建立必须在平面之间确立的联系和必须用来布满该平面的各种符号。但是由于这些学生都有生理缺陷，他们学习竖、横、斜、曲线的进展必须取决于每种线条对于一个智力迟钝、手法笨拙的孩子在理解和运用上产生的困难。

“此处我并不讨论单纯地让孩子们做某种困难的事情,因为我旨在让他们去克服一系列的困难;基于这种原因,我常问自己:有些困难的难度是否不够大或有些困难的难度是否太小;这些困难是否像定理似地不能逐步加难。上述这些就是我的指导思想。

“垂直线是从上至下,我们的手眼直接随之移动。水平线对手和眼均不是自然的,它自己越走越低,沿一条曲线从中心走向平面的侧端(像地平线,因此而得名)。

“斜线包含了更复杂的比较概念,而曲线则要求更加明确区分它相对于平面的众多关系,以致于我们可能花费很多时间才能学习这些线条。所以说垂线最简单,这就是我怎样教学生学习这一概念的。

“第一个几何定理是:通过给定的一点向另一点只能作出一条直线。

“从这一仅用手就可以证明的公理出发,我在黑板上给定两点,并用一垂直线将它们相连。我也让学生试着在纸上把两点连接起来。但他们有些人画的偏右,一些人则偏左。这说明他们的手并不是向所有方向都偏离。这种偏离多半是由于手而不是智力和视觉上的缺陷产生的;为了阻止这种情况,我想出一个限制平面范围的好办法。在两点的左右两边各划一条相互平行的直线,然后再让孩子以平行于这两条平行线的直线连接两点。如果这还不行,我就竖着放两把尺子在纸上,这样就能绝对地限制手的偏离。然而,这些东西勿需用很久。我们就取消用尺子,而回到用两条平行线,让痴呆儿童学习在两条平行线之间划出第三条平行线。然后再去掉一条导向线,只留下一条,有的留在左边,有的留在右边;再进一步,把留下的一条线也去掉；最后，把位于上面起笔的那一点也擦掉。这样让孩子在没有东西控制、没有比较点的情况下学习画垂直线。

“画横线的方法一样，困难一样，克服困难的办法也一样。偶尔即使开始画得好，我们也必须等到他画弯，像自然驱使他一样，他会偏离中心画到另一端，其原因上面我讲过了。如果两点还不足以使手听使唤，我们就用平行线或尺子以防止偏离。

“最后，叫他画一横线与竖放的直尺相连构成直角。这样，孩子会开始理解，竖直线和横直线的真正意义。当他们画出图后，就会看到它们两者的关系。

“从线条的发展顺序看，好像应该在学了竖、横之后就学斜线。其实不然，斜线和竖线的倾斜相同，但又和横线的方向相同，兼有竖斜二者的属性（因为它也是直线）。由于它和其他线条的这种关系，要是没有准备，它的概念就复杂得难以鉴别了。

“于是塞贡用了好几页的篇幅来讲述各种方向的斜线，他让学生在两条平行线间练习这些斜线。然后，他讲了四种曲线，让学生在竖线的左右和横线的上下画出这些曲线。他总结说：“于是，我们找到了解决问题的方法：竖线、横线、斜线以及构成一个圆圈的四条曲线。包括了书写中可能用的所有线条。

“达到了这一点后，伊塔和我都曾长时间停滞不前。线条已经知道了，下一步该让孩子画规则图形，当然要从最简单的开始。按照一般意见，伊塔建议我从方形开始，我听从了他的建议。三个月后，我仍没能使孩子明白我的意思。”

塞贡在关于几何图形起源的思想指导下，长时间地进行了一系列实验后，才明白三角形是最容易画的图形。

“三条直线相交，总是构成三角形，而四条直线则可能不平行地在各个不同的方向相交，而且也难以构成正方形。

“从这些及其他实验中，我推演出痴呆儿童学习书写和绘画的初步原则。这些原则的应用非常简单，勿需再作进一步的论述。”

以上就是我的前辈教育缺陷儿童学习书写时使用的方法。至于阅读，伊塔是这样做的：在墙上钉上钉子，再挂上木制的几何图形，如三角形、正方形、圆形；把这些图形准确地印在墙上后，把木制图形拿走，再让“阿维龙（野孩）”重新把这些木制图形挂到相应的位置上。从这一设计中，伊塔产生了关于平面几何镶块的思想。最后用许多木制印刷体字母，像几何图形一样进行练习，也就是说，在墙上排列字母图形，在墙上钉钉子，使孩子能够把字母挂上去，取下来。后来，塞贡利用水平平面代替墙壁。在盒子底板上画上字母，让孩子用字母模块去覆盖。以后 20 年来塞贡一直没有改变这种方法。

批评伊塔和塞贡所用的阅读和书写教学法，我觉得是多余的。这种方法有两个基本的错误，所以不适合用来教育正常儿童。这就是，书写大写印刷体字母和通过学习合理的几何学来为书写作准备，这样的事，我们现在只能指望中学生才能做。

在这里塞贡完全混淆了概念，他突然从对孩子心理的观察及其从孩子与其环境的关系跳到了对线的起源和线与平面的关系的研究。

他说，孩子很容易画出一条竖线，但画横线很快就会弯曲，因为“天性使然”，人们看见地平线像曲线这个事实就表明了这个“自然的命令”！

塞贡的例子说明需要有一种适合人们观察和指导人们逻辑思维的特殊教育。

观察必须绝对客观。换言之，必须去掉偏见。塞贡的偏见就是几何图形必定为书写作准备。这使他不能认识到这种准备真正必需的自然步骤。他的另一偏见是关于直线的偏离以及孩子画线不准确是由于“思想和眼睛的原因，而不是手的原因”，所以他花了几个月煞费苦心地给痴呆儿童讲解线的方向，指导白痴儿童的视觉。

似乎塞贡觉得一种好方法必须是从优越的几何学出发，孩子的智力只能从它和抽象事物的关系来加以注意。难道这不是常有的错误吗？

让我们看那些平庸之辈，他们自负有学识，对普通事物不屑一顾。再让我们研究一下公认的天才的思想吧。牛顿安静地坐在苹果园里，苹果从树上掉了下来，他看见后就问：“为什么？”任何现象都不是没有道理的。跌落的苹果和万有引力之间的联系，只有天才的思想家才能想到。

如果牛顿作为一个儿童教师，他就会领着孩子观察繁星闪烁的夜空，而作为一个学者就可能觉得首先必须让孩子掌握天文学的钥匙，学好高深的微积分——伽里略正是看到了高挂着的钟的摆动才发现了钟摆定律。

智力生活的朴素就是抛弃个人头脑中的偏见，这样才会发现新事物；这就像道德生活的谦逊和物质生活的贫困会使人达到崇高的精神境界一样。

如果我们研究一下发明史就会发现：发明是来自真正客观的观察和逻辑的思考。这是很简单的事情，但很少有人能做得到。

这难道不奇怪吗？比如说，在拉佛兰（Laveran）发现侵入红血球的疟原虫后，我们还不顾血液系统是封闭系统这一事实，仍然怀疑叮人的蚊虫会向人体输入疟原虫，而却相信病魔来自低洼地、非洲风或湿气等理论。尽管这些理论都是一些模糊的概念，而疟原虫的确是一种生物标本。

当疟蚊的发现在逻辑上完全证实了拉佛兰的发现时，这种奇迹才使人目瞪口呆。不过，我们从生物学知道，植物体的增长是通过互生孢子分裂，而动物体则是通过互生孢子结合后再分裂，即是说，在原细胞分裂成新细胞后的一定时期，形成雌性和雄性两种不同对等数目的细胞，它们必须结合成一个细胞才能重复进行下一次的繁殖分裂。这一切在拉佛兰时代都已知道，也知道疟原虫是一种原生动物。似乎按逻辑应该考虑到把疟原虫在红血球中存在那段时间看成是形成性形式和分裂阶段。然而，并不是这样，分裂被看成是像孢子结构。拉佛兰和其他进行有关研究的科学家都不知道如何解释这种性形式。拉佛兰提出了一种立即被人们接受的想法，就是这两种形式是疟原虫的退化形式，所以不能引起病状的变化。的确，疟原虫呈两种性形式表现时疟疾明显是治愈了，因为两种性细胞在人的血液里不可能结合在一起。不久莫雷尔（Morel）提出的关于人类退化伴随畸形和弱化的理论，支持了拉佛兰的解释，大家感到这位杰出的病理学家的想法很幸运，因为它受到莫雷尔理论重要概念的支持。

然而，如果有人只限于如下的推理：疟原虫既是一种原生动物，它的繁殖是通过分裂，这可以在我眼皮下进行，当分裂完成后，我们可看见两个不同形状的细胞：一个是半月形，另一个是线状体。这就是雌性和雄性细胞，它们必须通过结合才能进行再次分裂——这样一个推理者就可能开辟发明之路。但是这样简单的推理过程竟没有人做出来。我们真应该问问自己，如果都以特殊教育方式培养人去进行单纯观察和逻辑思考，那世界将取得多么大的进步呢。

世界浪费了大量时间和才智，因为谬误显得太多，而真理又似乎太少而无足轻重。

我讲这些是为我们正面临的一种需要而辩护，即必须用更合理的方法来教育我们的后代。世界正等待他们推动前进。我们已学会了利用环境，但是我认为，我们已进入必须用科学教育来开发利用人类力量的时代了。

让我们再回到塞贡的书写教学方法，它说明了另一个真理，就是我们的教学走着一条曲折的道路。这与我们爱把事物复杂化的本能大有关系。类似于我们倾向于欣赏复杂的事物。我们看到塞贡为了教会孩子写字而教几何学，使孩子的思想尽量达到几何的抽象程度，然后才回到简单动作，努力画出印刷体的D，最后，难道孩子勿需再作努力忘掉印刷体而学会手写体吗？

时至今日我们还相信，孩子要学会写字，首先必须学竖笔划。这种信念很普遍，然后看来这并不符合自然。字母表的书写体字母都是圆体的，何必要从直线和锐角开始呢？

说真的，我们不知道画出一个漂亮的圆曲线形O，对于一个刚学写字的人要摆脱这种尖角和直线书写的习惯有多么困难。况且学生和老师还要作多大努力，学生才能被迫填写完一篇又一篇直线和尖角啊？学写字必须从直线开始，这由来已久的思想到底是谁提出的？为什么我们要回避为曲线和拐弯作准备？

让我们暂时不谈这些偏见，按更简单的方法来进行教学。这样可以为后辈减轻学习书写的负担。

学习书写一定要从写竖笔开始吗？只要明白地和符合逻辑地思考一下就可以作出否定的回答。做这些练习孩子付出了太痛苦的努力。相反，第一步应该最容易。而上下笔划是钢笔书写中最难的笔划之一，只有专业书法家才能按正规要求填满一整篇这样的笔划。而一般书写水平的人填写一篇这种笔划，只能说看得过去。事实上，直线是两点之间唯一的最短线，任何偏离就意味着不是直线。所以，这些无限多的偏离比那唯一的完善的直线要容易一些。

如果我们命令一些成年人在黑板上画直线，每人会画出一条不同方向的直线，一些人从这边开始，另一些人从那边开始，几乎所有的人都能画出直线来。假若，我们再要求他从某一特定的点的特定的方向画出直线，那么我们可看到，一开始就画好的可能性大大降低，直线中有许多错误或不合规定的地方。几乎所有的线都会画得很长，因为每个人必然需要集中精力，使他的线画得直。

假若我们要求画短线，并包含在准确的限度内，那么错误将增加，因为这会妨碍精力集中于一定方向。在一般教书写的方法中，还包括有执笔的规定，要按一定的方法执笔，而不能按各人本能所驱使的方法。

这样，我们以最自觉、最严格的方式才接近书写的第一个动作，而这本来应该是自由的动作。开始书写时，还要求一笔一划保持平行，把孩子的任务弄得既困难又枯燥，使孩子无目标，不理解所有这一切细节的意义。

我从法国缺陷儿童的练习本中发现〔沃伊森（Voisin）也曾提到过这种现象〕，连篇的竖笔画练习，一开始还像，可最后成了C形线。这表明缺陷儿童的心理不如正常儿童持久，最初的努力和模仿被一点一点地耗尽了，而自然动作却逐渐地取代了靠强迫和刺激维持的动作。于是直线就变成了曲线，越写越像字母C。这种现象在正常儿童的填写练习中没有出现，因为他们通过努力能坚持到底，把一整篇填写完。而且，像通常发生的一样，掩盖了这种教法的错误。

但是让我们观察一下正常儿童的自发图画。例如，当他们从地上拾起一根树枝在沙地画图形时，我们看到的都不是短线，而总是长长的相互交织的曲线。

塞贡在让他的学生画横线时也发现，横线很快变成了曲线，他把这种现象归为对地平线的模拟。

把练习竖笔画作为书写字母的准备是非常不合逻辑的。字母是由曲线构成，而我们则必须通过学习直线来为它的书写作准备。

“但是，”有人说，“许多字母也确实有直线！”是的，但这不能成为我们挑选一个完整形式的一个细节来作为开始书写的理由。我们可以通过这种方式分析字母符号，发现直线和曲线，就像通过分析讲话发现语法规则。但我们大家说话都不依赖这些规则，为什么我们书写就不应该不依赖这些分析和不把组成字母的各个部分分别处理呢？

事实上，如果我们只能在学会了语法后才说话，那将太可悲了！这就像我们在望天空的星星之前必须学会微积分，在教白痴儿童学写字之前必须先让他懂得线的抽象区别和几何问题一样！

如果为了书写，我们必须分解组成字母符号的各部分来进行学习，那我们同样可悲。事实上，我们所认为学习书写必须伴随的努力纯粹是人为的，与写字无关，而只与教写字的方法有关。

我们先把与此有关的教条都抛在一边，不去注意传统文化或习惯。这里，我们对人类是怎样开始书写并不感兴趣，也不在意书写本身的起源如何。我们再抛开长期的运用中获得的信念。即写字必须从竖笔练习开始，让我们内心像我们所追求的真理一样明白，不带偏见。

让我们来观察一个写字的人，并分析他的书写动作，即他书写时完成的机械操作。这将是进行关于书写的哲学研究，这一研究用不着说，我们应考察的是书写的个人，而不是书写；考察的是主体，而不是客体。许多人考察书写是从客体开始，并由此而构成了许多方法。

但是采用从研究个人开始的这种方法，应该说是开创性的，它很不同于以前的方法。实际上，它标志了把书法建立在人类学基础上的一个新时期。

其实，当我对正常儿童进行实验时，如果说我已想出这种书写法的名字的话，那就是人类学方法，但我并不知道会有什么结果。当然，我研究人类学就想到了这个方法，但实际经验告诉了我另一个更令人惊讶的却又是更自然的名称："自发书写法"。

在我教一个缺陷儿童时，偶然观察到这样一个事实：一个11岁的呆傻女孩，其身体和手的运动能力正常，但学不会缝纫，或者说连缝纫的第一步缝补都学不会。这只不过把针扎过第一层及其下层织物，然后再挑起来，抽过线，反复如此缝而已。于是，我先让这女孩用福禄培尔席子学编织，就是把一根纸条横着一上一下地穿过两头都固定着的一排纵向纸条。我想这两种练习有相似性，很有兴趣地对她进行观察。当她能熟练编织后，我再让她学缝纫。我高兴地看到她现在会织补了。从那以后，我们的缝纫班都从正规的福禄培尔编织课开始。

我看到，没有让儿童缝纫就为缝纫所需的手的运动作好了准备；我们的确应该在让孩子完成一个任务之前，真正找到如何教他去完成这个任务的方法。我特别注意到，准备性的动作可以学会并变成一种机制，不需通过完成任务本身，而是通过为它作准备的练习反复练习。然后学生就能进入实际工作，他能够完成他以前没有直接着手进行过的工作。

我想到，我也许能以这种方法来为书写作准备。这一想法使我着了迷。我感到这种方法惊人地简单，我恨自己没有在观察那个不会缝纫的女孩以前想出这种方法。

事实上，鉴于我已经教过孩子触摸平面几何镶块的轮廓，现在只要教他们用手指触摸字母形状就行了。

我制造了一套漂亮精制的字母。字母是行书体，低矮的字母的高为 8 厘米，较高字母的高按比例而定。字母用木料制成，厚度为 5 毫米，上面涂有瓷漆；辅音字母涂成蓝色，元音字母涂成红色；字母的底面不用瓷漆，而用青铜覆盖而成，更耐用。我们只有一套木制字母，但有许多套用硬纸卡做成的字母，其颜色、尺寸、形状和木制的一样。这些字母按照形状的对比性或相似性分成组，编排在纸卡上。

与字母表中的每个字母相对应，我们还有一张画，画上的东西的名字的第一字母就是相应的那个字母。在图画上端写有一个很大的字母，旁边是同样的要小得多的印刷体字母。这张图画是用来加强记忆字母的发音，小写印刷体和行书体联系起来，以便以后阅读书籍。这些图画实际上虽没有反映什么新思想，但这种配套编排以前确实还没有过。这样一套字母表当然很昂贵，如果用手工制作得花 50 美元。

我这个实验的有趣部分，是我向孩子们表明，怎样把可以移动的木制字母放到各组纸卡字母上之后，让他们反复触摸行书体字母。

我以各种不同方式扩大这种练习，以此让孩子们不通过书写就学会复现书写符号的形状所需动作。

我为一个以前从未有过的念头所震动，这就是在书写时有两种不同形式的运动：除了复现形状的动作外，还有一种操作书写工具的动作。事实上，当有心理缺陷的儿童已能熟练地触摸所有字母的形状时，但还不知道怎样握铅笔。为了把握和运用好笔杆，需要建立与书写动作相应的但是独立的特殊肌肉机制。实际上这种运动机制必须和书写各种字母形状所需的动作相一致。这就是说，这是一个性质不同的机制，它必须和单个书写符号的运动记忆共存。当我在让缺陷儿童用手指触摸字母作出书写特有的动作时，就已机械地训练了他们心理运动轨迹，建立了每个字母相应的肌肉运动的记忆。现在只剩下把握和运用书写工具所需要的肌肉运动机制的准备了，我于是在原有第一阶段上（已作了介绍）再增加两个阶段。在第二阶段上让孩子触摸字母时，不仅用他右手的食指，而且还用上中指。而在第三阶段上让他像握笔一样握一根小木棍触摸字母。实际上，我让他有时握着小木棍，有时不用小木棍，重复进行同样的运动。

我说过，孩子要按照字母轮廓的视觉想象进行书写。诚然，他的手指已经过触摸几何形状轮廓的训练，但这还不够。事实上，即使是成年人，如果通过玻璃或透明纸描一个图案，我们也不能完全沿着看到的线条描好。为了能准确地把眼睛所看到的事实描下来，图案要求对铅笔的运用有一定控制和机械导向。

所以，有心理缺陷的儿童并不总是能用手指或小棍准确地进行描摹。教材没有提供任何对描摹的控制，至多提供了一种对孩子的目光不确定性的控制，使他们看着手指是否继续沿着图形运动。于是我想，为了让学生更准确地描摹动作，更直接地进入导向，我应该把字母形状做成凹形的，使它呈槽形，这样小木棍便可以沿槽运动。我设计了这种图形，但却因太贵而未能实现计划。

用上述方法进行大量实验之后，我就把它全面地介绍给了国立心理矫正学校训练班的教师们。这些讲义被印了出来，虽然发到了二百多名小学教师手里，但下面我要引述的话并未从这些讲义中吸取任何一点有用的想法。费勒里（Ferreri）教授在一篇文章中也曾惊讶地谈到这种事实。

“在这时，我们给出涂成红色的元音字母卡，孩子看到了涂成红色的不规则的形状。然后再给他木制的元音字母块，也是涂成红色的，并让他用这些字母覆盖纸卡上涂成红色的字母。我们让他像书写一样触摸木制的元音字母，并告诉他每个字母的名称。这些字母在卡片上按形状相似原则排列：

o　　e　　a

i　　　　u

“于是，我们对孩子说，比如：‘找出o，放到它的位置上去。’然后，又说：‘这是什么字母呢?’在这里，我们发现，如果孩子只看字母，不少人就会犯错误。

“然而他们却能根据触摸说出字母来，更有意思的是，可以发现不同个别类型：视觉型、运动型。

“我们让孩子触摸纸卡上的字母，先用食指，然后加上中指，最后再像拿笔似地拿一根小木棍，必须像书写一样描字母。

“辅音字母涂成蓝色，按形状相似的原则排列在纸卡上。这些纸卡也配有一套涂成蓝色的可以移动的木制字母，就像元音字母木块那样，用来覆盖辅音字母纸卡。另外，除了这套材料外，还准备了另一套纸卡。纸卡上除了辅音字母外，还有一个或两个图形，这些图形所代表东西的名称的开头字母就是那个辅音字母。在书写体字母旁边还有其印刷体，字体较小，颜色相同。

“教师按语音教学法读出辅音字母的名称，指着字母，然后指着纸卡读出所画的东西的名称，并重读其第一个字母，例如，p—pear，请给我把辅音字母p放到它的位置上去，并摸摸它，等等。从中，我们研究孩子的语言缺陷。

“像写字一样描字母是为书写准备而开始进行的肌肉训练。我们曾用这种方法教一小女孩，虽然她还不认识所有的字母，但她已经能用钢笔写出全部字母。她写的字母8厘米高，非常齐。

这孩子做的手工也很好。这孩子就是通过看、认，像写字那样地描摹字母，同时为阅读和书写做了准备。

“描字母的同时也看字母，通过这两种感官的协作，能更快地固定印象。随后，把它们分开，看就变成阅读，描就变成书写。根据不同的个别类型，有的先学会读，有的是先学会写。”

大约是从 1899 年起我就开始遵循现在仍然遵循的基本方法教书写和阅读。我曾给一个缺陷儿童一支粉笔，他在黑板上毫不犹豫地敏捷地写出字母表中的全部字母，这是他第一次书写，这令我十分吃惊。

他达到这种程度比我预料的要快得多，正如我已说过，有的孩子连字母都还不认识，就能用钢笔把它们写出来。我已发现，在正常儿童中，肌肉感觉在婴儿时期最容易发展，这对正常儿童来说，书写就变得很容易。它不像阅读那样要求更长更多的教学课程和更高的智力发展，因为为了使词能被理解，需要解释符号意义和调节语音的音调，所有这些都是智力的任务，而在书写时，孩子只要根据口授，把声音翻译成符号，机械地运动，这对他来说总是容易和高兴做的事。书写的发展对于幼儿来说很容易，带有自发性，类似于口语的发展——它只是一种可听见的声音的一种运动翻译。相反，阅读构成抽象智力修养的一部分，它解释书写符号表示的概念意义，这要晚一些才能掌握。

我对正常儿童进行的第一次实验是 1907 年 11 月上半月开始的。

在圣罗伦佐的两个“儿童之家”，从它们各自开学那天起，(一个是 1 月 6 日，另一个是 3 月 7 日)，我只利用实际生活游戏和感觉训练游戏，我并没有用书写练习。因为像其他人一样我也有偏见，即教读和写要尽可能晚一些，一定要在 6 岁以后才好。

但是孩子们似乎要求对练习作出某种总结。这些练习已大大发展了他们的智力，足以令人吃惊。他们知道怎样穿衣、脱衣，怎样洗刷，怎样扫地、擦去家具上的灰尘、整理房间、开关箱子、用钥匙开各种锁，他们知道把教具整齐地放回柜橱；他们也能栽培植物，知道怎样观察东西，知道怎样用手识别东西。有些孩子直率地要求我们教读和写。有些孩子尽管遭到拒绝，仍来到学校并骄傲地向我们表示他们知道怎样在黑板上写字母O。

最后，许多母亲请求我们教孩子学习写字，她们说："这是'儿童之家'，孩子在这里都变得懂事了，很容易地学会了这么多东西，如果你们教读和写，他们也会很快学会，而且可以为以后上小学减轻负担。"母亲们相信孩子会很容易地从我们这里不感疲劳地学会读和写，这给我留下很深的印象。考虑到我在心理缺陷儿童学校取得的成果，我决定在8月的休假期间对9月开学进行试验。但考虑再三，决定最好在9月继续做上学期中断的功课，在10月小学开学后才进行读和写的试验。这样就可提供一个机会，使我们可以把小学一年级学生的进步和我们的同时学习同样的课程的孩子的进步相比较。

所以在9月份我开始找人制作教材，但是没有人愿意接受这个工作。我本想做一套精致的字母表，做得像我对有心理缺陷儿童用过的那样。我放弃了这个想法，只要找到商店橱窗上用的那种彩色字母也就满意了。但我在哪儿也没有找到这种书写体字母，我很失望。

10月份就这样过去了。小学一年级的孩子们已填写了许多篇竖笔划，而我们的孩子们还在等着。于是我决定剪一些大型的纸片字母，并叫一个教师把这些字母的一面涂上蓝色。为了触摸字母，我就用砂纸剪字母表，然后贴到光滑的硬纸板上，做成很像开始触觉练习时所用的东西。

只是在我做成这种简单东西以后我才明白，这种字母表比我原来对心理缺陷儿童用的那种漂亮的字母表要优越，为我那种字母我白花了两个月的时间！如果我非常富有的话，我就有那种漂亮的但过时无用的字母表了！我们迷恋旧事物，因为我们不理解新事物；我们总是追求那属于衰败事物的豪华，而看不见在卑微的新思想的简朴中有着发展的幼芽。

最后我懂了，纸字母表容易大量制作，许多孩子可以同时使用，不仅可以用来认字，而且可用来拼字，在砂纸字母表中，我找到了长期寻找的摸字母时手指的导向。从而就不再是只靠眼睛看，而且也靠触摸来直接教准确的、能控制的书写动作。

下午放学后，我和两个教师以极大的热情开始用书写纸剪字母，另一些字母则用砂纸剪成。前一种涂成蓝色，后一种贴在硬纸卡上。当我们做完的时候，一幅完善的方法的图景清楚地展现在我的心里。它是这么简单，我自己也觉得好笑，我以前怎么没有想到呢！

我们最初尝试的故事是很有趣的。一天，一个教师病了，我派了我的学生费德莉（Signorina Anna Fedeli）去代替。她是一所正规学校的教育学教授。当我下班去看她时，她给我看她自己改进的两种字母表。一种是每一个字母后面横放一张白纸条，使孩子在经常翻来倒去中能识别字母的方向。另一个是做一个硬纸盒，每个字母可以放在相应的格里，而不像原先那样乱放。我还保存着这个用旧纸箱做成的盒子。它是费德莉在院子里捡来、用白线粗针缝成的。

她笑着给我看，要我对她的粗活不要见怪，但我非常喜欢这件东西，并立即意识到，放在盒里的字母成了一种珍贵的教具。的确，它为孩子的眼睛提供了比较所有字母的可能性。并从中选择他们所需要的。这就是我要介绍的教材的起源。

我只需补充一点，在圣诞节时当小学一年级的学生还在努力忘记那些讨厌的直钩直线并为写曲线形的 O 及其他元音字母费劲地工作时，我的两个 4 岁的小学生就分别以他们伙伴的名义向塔拉莫先生写了一封表示良好祝愿和感谢的信。信是用笔记本纸写的，上面没有任何涂改和污点，经鉴定他们已达到小学三年级学生的书写水平。

第十七章 教材及其使用方法介绍

第一阶段：掌握和运用书写工具的肌肉运动机制练习

为书写作准备的图画教材 这样的教材有小木桌、金属镶块、轮廓画、彩色铅笔。在我的教材中有两张小木桌，表面倾斜，下端有挡头，以防止东西从上面滑下来。桌面刚好能搁下四个方镶框。镶框里放着金属的平面几何镶块。桌面的颜色和三个模拟镶框一样漆成褐色。每个模拟镶框有一个和金属镶块中心孔一样的深蓝色方形中心孔。

金属镶块完全按照已介绍过的木制平面几何镶块的尺寸和形状制作。

练习 把这两张小桌子并排放在教师的桌子或学生的一张小桌子上，形成一个包含 8 个图形的长桌。孩子在拿起镶框时可以选择一个或几个图形。金属镶块和木制的平面几何镶块是完全相似的。但此处孩子可以自由使用这些镶块，而以前是把镶块往木镶框里安放。首先他拿起金属框，把它放在一张白纸上，用彩色铅笔沿着中空的轮廓描画一周；然后把框拿走，于是在纸上就留下一个几何图形。

这是孩子第一次通过画画复制出几何图形。到现在，他仅做过用几何镶块覆盖那三套硬纸板上画的图形的练习，而现在他仅把金属镶块放到他自己画的图形上，正像他以前把木制镶块放到纸板上的图形上一样。他的下一个动作是用另一种颜色的铅笔沿着金属镶块轮廓画一周，然后拿起金属镶块，于是他可以看见在纸上描出的两种颜色的图形。

这里第一次产生了几何图形的抽象概念。因为从两块如此不同形状的东西（金属框子和镶块）中产生出了用线条表示的同一图形。这一事实引起孩子的注意，他往往感到惊奇，这样不同的两件东西竟可以产生同一个图形；他以很大兴趣长时间寻找原因，从哪里来的复制图形——似乎真是从他手的导向模型生出来的。

除这些外，孩子还学会描画决定图形的线条，这就会带来更令人吃惊和喜悦的那一天，到时他将会描画决定字的书面符号来。

然后，他开始为直接掌握和运用书写工具的肌肉运动机制的形成进行准备练习，用一支他自己选定的彩色铅笔，像握钢笔一样握着，用线条填满他描下的那个轮廓图形。我们教他不要把线条越出轮廓线，这样做的目的是吸引他注意这个轮廓，以此确立一条线条可以决定一个图形的概念。

仅仅一个图形的填色需要孩子反复做的运笔动作，就顶得上做 10 篇竖笔画填写练习，但孩子并不会感到厌烦，因为，虽然他必须做工作要求的肌肉协调运动，但他是自由地按他自己喜欢的方式进行，同时他的眼睛则是看着一个大而鲜明的彩色图形。开始，孩子们一篇又一篇地填大的方块、三角形、椭圆形、梯形，填成红色、橙色、绿色、蓝色、浅蓝色和粉红色。

渐渐地他们自己只局限于用深蓝色和褐色了。用这两种颜色描画轮廓和填满图形，得到与金属镶块外表一样的颜色。许多孩子还自己在图形的中央画上一橙色的圆圈，以表示黄铜提纽。他们为此高兴，他们能像真正的画家一样，准确地画出在他们面前小课桌上所摆的东西。

连续观察一个孩子的绘画，可以向我们展示出他的进步形式。

第一，越出轮廓线的情况越来越少，最后完全没有，而且使中心部分和边缘部分的笔画都紧密一致。

第二，在许多情况下孩子填的笔画开始从短而乱逐渐变得较长，而且几乎都平行，直至从图形一边到另一边都填满非常规则的上下直笔。这证明，孩子已掌握铅笔了，操纵书写工具必需的肌肉运动机制已经建立。所以我们可以通过考察这样的图画获得孩子是否熟练掌握铅笔或钢笔的清晰概念。我们利用上面介绍过的轮廓图形来改变练习。通过这些图形来完善运用铅笔的手法，因为它们使孩子能画出各种长短不同的线条，越来越有把握地运用铅笔。

如果我们计算一下孩子填图时所画线条并换算成书写符号，那么他们相当于填写了许多本练习本了！事实上，我们的孩子在熟练程度上已达到了普通小学三年级的水平。当他们第一次把铅笔或钢笔握在手中书写时，他们像练过很久的人一样，知道怎样使用这支笔。

我不相信能找到其他什么方法能这样成功、这样迅速地掌握书写工具。最重要的是它使孩子感到高兴和愉快。我原来用于有心理缺陷儿童的旧方法，即用一根小棍描绘凸形字母的方法，与现在的方法相比，就显得枯燥乏味。

由于图形形状可以变化，变得更复杂，所以即使孩子们已经知道怎样写字，也还可以让他们继续练习，继续取得进步。孩子们每填一张画，虽然基本上是做同样的动作，但却可获得不同的图画集，而这些图画集会变得日趋完美。孩子们也会为此而自豪。这样，通过所谓的准备练习我不仅驱使孩子们学习书写，而且还完善书写。不是通过反复练习书写，而是通过填图使笔运用得越来越熟练。这就是说，我的孩子们不是通过真正书写去学会和完善书写的。

第二阶段：建立字母符号的视觉—肌肉感觉印象和建立书写的肌肉运动记忆的练习

教材贴有用砂纸剪成的单个字母的硬纸卡，较大的包含一组字母的硬纸卡。

用以贴砂纸剪成的字母的硬纸卡，其尺寸和形式要和每个字母相适应。元音字母用浅色砂纸剪成，贴在深色硬纸卡上；辅音字母及成组字母用黑色砂纸，贴在白色硬纸卡上。成组字母的编排要注意形状对比或形状相似。

字母剪成清楚的行书体，笔画粗重部分剪得稍宽，我们选用小学用的正体行书。

练习 教字母时我们先教元音，然后教辅音。直发其音，不教其名。在教辅音时，我们直接把这个辅音和一个元音联系，按一般拼音方法反复组成音节。

教学按已介绍过的三个阶段进行。

第一，把视觉和肌肉的触觉与字母读音联系起来。

教师给孩子两张卡片，视情况而定，上面贴着的可能是两个元音字母或两个辅音字母，假设这两个字母是i和o，老师出示卡片时就说："这是i，这是o！"当我们教给孩子字母的读音后，马上就叫他描这个字母，仔细向他示范这个字母的描法，如果有必要就把着他右手用食指像书写一样在砂纸字母上描一遍。

"知道怎样描"就包括知道写某个字母符号必须遵循的方向。

孩子学得很快，他的手指已在触觉练习中熟练，能在细砂纸轻度粗糙的引导下，准确地沿字母字迹走过。为了学会写这个字母，他可以无数次地重复这种动作，不怕如第一次用铅笔写的那样会写错；如果他偏离了，光滑的纸板面就会警告他的错误了。

孩子一旦能熟练地描绘字母，就很喜欢闭着眼重复，让砂纸引着手指移动，不用眼睛看。于是通过直接的肌肉触觉就建立起对字母的知觉。总而言之，再也不只是视觉印象，而且也是触觉印象。这种印象会指引孩子的手进行相应的运动。这种运动也就固定了肌肉记忆。

当教师给孩子看字母并让他描摹字母时，同时发展了三种感觉：视觉、触觉和肌肉感觉。用这种方法形成的对书写符号的印象比原来只用视觉的方法所获得的印象所花的时间要短得多。我们将发现，幼儿的肌肉记忆最强，同时也最易。事实上，有时候他们不看字母，只通过触摸就能认出字母来。此外，这些印象同时也和字母读音建立了联系。

第二，知觉。当孩子听到相应字母的发音时，他应该知道怎样比较和识别它们。

例如，教师对学生说："给我 o！给我 i！"如果这孩子看着相应字母认不出来，教师就叫他描摹这些字母，如果他还认不出来，课程就此结束，可以改天再进行。我已讲过，不必指出错误，当孩子尚无充分准备，不要继续进行。

第三，语言。让这些字母在桌子上放一会，教师问孩子："这是什么？"孩子应回答说："o，i。"

对于教辅音字母，教师只发音，而且在发音后立即把它和元音相拼，读出所组成的音节；并利用与不同元音相拼，改变这项小小的练习。她必须经常注意强调辅音字母的发音，重复这一辅音字母，例如，m，m，m，ma，me，mi，m，m。当孩子重复时，就让他单发这个音，然后再和元音拼读。

在教完辅音之前，不必教完所有的元音，孩子一旦知道一个辅音，他就可以组字。然而，这类问题还是留给教育家去判断吧。

我不认为这是教辅音字母时可实际遵循的特殊规则。往往由于孩子对某个辅音字母的好奇使我们去教那个他想知道的字母；某个名称可能唤起他急于知道那个组成这个字的辅音，并且，学生的这种意愿比任何字母教学规则都更有效。

当孩子发出某个辅音字母的音时，他感到十分高兴，也很新鲜。这一系列的音，各不相同，互有区别，代表着字母表中各个神奇的符号。这种种神秘性，最能引起孩子们的兴趣。有一天我到平台上，孩子们正在那里做游戏。我带着一个2岁半的小男孩。小男孩的母亲把他暂时留在这儿。椅子上散放着我们使用的字母卡片，于是我把这些字母分别放回到各自的格子里。放好后，我把这些装字母的盒子摆在我旁边的两个椅子上。这个小男孩先注视着我，后来他走近一个盒子，从中拿出一个字母捏在手中，碰巧是f。这时，排成一队跑步的孩子正经过我们身边，看见了这个字母，一起读出了它的发音，又继续跑过去了。这个男孩并不注意他们，他放回了f，拿起了r。那些在跑步的孩子又跑过来了，看着小男孩大笑，一起又叫道“r，r，r！r，r，r!”慢慢地这个小男孩明白了，当他手里拿着一个字母，那些跑过来的孩子就叫出一个声音。这使他感到好玩，而我则想观察他能坚持多久才厌烦。他玩了三刻钟！那些孩子也对他感兴趣。成群地围着他，一起发音，并笑他那惊喜的样子。最后，在他几次举着f，并听到大家都发同样的音后，他拿着这个字母给我看，并说：“f，f，f!”在混乱的声音中，他居然学会了这个字母，这个最初引起那些跑动的孩子注意的长形字母给他留下了深刻印象。

毋需表明，字母的单独发音会怎样揭示出孩子语言的状况。缺陷几乎都与其语言本身发展不完全有关，缺陷会自动表现出来，教师可以逐一记录。这样她可以具有关于这个孩子进步过程的记录，这将有助于她进行个别教学，并揭示出与某个孩子语言发展有关的许多情况。

在纠正语言缺陷问题时我们发现，遵循儿童发展的生理学规则对调节我们课程的难度很有帮助。然而，当孩子的语言能力已充分发展，能发所有的语音时，课上选什么字母就不成问题了。

成年人具有的许多永久性缺陷是由于幼年时期语言发展的功能性错误。如果我们把在高年级才注意纠正孩子的语言缺陷，改成在幼小时期就注意其语言发展方向，那么我们的工作就会更符合实际，更具有价值。事实上，许多语言缺陷来源于方言的使用。这在儿童期之后几乎是不可能纠正的。然而，通过专门适于完善幼儿语言的教育方法，这些缺陷则是非常容易消除的。

我这里讲的不是关于解剖学或生理学上的弱点，也不是关于那些改变神经系统功能的病理事实所造成的真正语言缺陷。我谈的只是由于重复不正确的发音，或模仿不正确的发音而造成的缺陷。这些缺陷可以在发任何一个辅音字母时暴露出来，我相信，没有任何其他方法比通过发音练习来系统纠正语言缺陷会更实际，更有效。这种发音练习是通过我的方法学习文字语言不可缺少的组成部分。这一重要的问题，需要专辟一章来论述。

在直接回到书写教学作用的方法时，请注意包括在上述两个阶段的事实。这种练习使孩子能学到并固定正确握笔和书写文字符号的肌肉运动机制。只要他花了足够的时间来做这种练习，他就潜在地做好了书写字母表中的所有字母和所有简单音节的准备，虽然他的手还从未曾拿过粉笔或铅笔。

此外，在我们开始教书写的同时，已开始教阅读了。当我们给孩子一个字母并清晰地发出它的读音时，通过视觉，也通过肌肉触觉，在他心目中固定了这个字母的印象，他还把声音和相应符号联系起来，即把声音和文字符号联系起来。但是，当他看和认的时候，就是在阅读；当他触摸时，就是在书写。这样，他的心理同时接受两种动作，随着往后的发展，这两种动作就会分开，变成两个不同的过程：阅读和书写。同时或结合教这两种活动，我们使孩子面对一种新的语言形式，而不必确定其中哪一种活动更重要。

我们用不着担心在此发展过程中孩子是先学阅读还是先学书写，或哪个困难哪个容易。我们必须摆脱所有的偏见，等待由实践来回答这些问题。我们可以预料，个体差异将自然表现出来，不同孩子的发展显示出不同的活动的优势。从中便能够进行最有趣的个体心理学研究，进一步扩展以个性自由发展为基础的这种工作方法。

第三阶段：拼字练习

教材 主要是字母表。此处用的字母和已经介绍过的用砂纸剪成的字母形状及尺寸一样，但只是用硬纸剪成，不用粘贴。这样一个字母一张卡片，便于孩子使用，想放到哪里就放到那里。每个字母都有好几张。我设计了专门装这些字母的盒子。这些盒子很浅，分成格，格中又分格，每一个格里放一个字母，一共四张完全相同。格与格尺寸不同，但每格尺寸与所装的字母尺寸一致。每一格底上都贴有一个用黑纸剪成的字母，使孩子们放回时能不费力地找到相应的格子。元音字母用蓝色纸板、辅音字母用红色纸板剪成。

除这些字母外，我们还有一套用砂纸剪成贴在硬纸板上的大写字母，以及一套用硬纸板剪成的大写字母，其数量的处理与上述方法一样。

练习 一旦孩子知道某些元音字母和辅音字母，我们就把装有他知道的所有元音和辅音字母的大盒子摆在他面前。教师非常清晰地说出一个音节，例如，“ma，ma，”把 m 发得特别清楚，并重复几次。孩子几乎总是一下子就抓出 m，把它放在桌子上。老师再重念“ma——ma”，孩子再找出 a，放在 m 旁边。然后他就会很容易组成另一个音节了。但是要读出他已经组成的字，就不那么容易了。事实上，一般都要经过一番努力才能读得出来。在这种情况下，我就帮助孩子，要他跟着读，我非常清楚地读一两次 ma；ma，ma。但是一旦孩子懂得了这种游戏的道理，往后他就自己做了，并且非常感兴趣。我们可以读出任何一个字，只要注意孩子能懂得分别组成这个字的字母就行。他把发相应声音的字母一个接一个地摆放在一起，就组成了一个新字。

观看孩子做这种练习的确很有趣，他的注意力高度集中，坐着并盯着盒子，嘴唇微微地动着，一个接一个地取出所需要的字母，很少犯拼音错误。嘴唇的微动说明他在不断地重复他要拼的字，把它的音转变成字母符号。虽然孩子能够拼任何一个发音清楚的字，但我们一般只对他口授他熟知的一些字，因为我们希望他在拼字中能产生一个概念。如果使用熟悉的字，他就会自发地多次重复读出他拼成的字，并且一边思考一边重复该词的读音。

这些练习的意义很复杂，当一个孩子在摆放同他发出的每个音相应的一个字母卡片时，他就是在分析、完善和确定他的口语。拼字能从根本上保证他必须具有的清晰有力的口音。

于是,练习就把听到的声音与其相应的文字符号联系起来,为正规的和完善的拼写打下了坚实的基础。

此外，拼字本身就是智力练习。给孩子读出一个字，就是给他提出了一个问题。他必须通过回忆字母，从中选择出所需的字母，并把它们按适当顺序排列成字以解决这个问题。当他重读他拼组成的字，对于已经知道这个字的意思的人来说，就是对解决问题正确性的一种检验。

当孩子听到别人读出他拼成的字时，他带着满足和骄傲的神情，并充满惊奇和喜悦。通过象征符号在他和别人之间进行的交流给他留下印象。书面语言表示出他的智力所达到的最高成就，同时也是对这一巨大成就的奖赏。

当学生拼成字并按我们的要求读出后，按照我们试图把所有工作联系起来的一贯做法，我们把字母收起来，把每个字母分别放回到相应的格子里。这样在拼字过程中，孩子简单、方便地把比较和选择字母两种练习联系起来了。第一是从整盒子的字母中取出他所需要的字母，第二是找出每个字母应放回的格子。于是，三种练习被融为一体，三种练习都联合起来确定与该字声音相应的字母的印象。这是从三种途径完成学习任务，掌握某一概念所需要的时间只相当于旧方法的三分之一。下面我们将很快看到，孩子在听到或想到他已知道的字时，他就会在内心里看到拼成这个字所需的所有字母,并自动排列成字。看到他熟练地再现内心视觉，我们很吃惊。一天，一个4岁的小男孩在平台上自己跑着玩，听到他重复多次说：“为了拼成zaira，我们需要有z—a—i—r—a”。另一次，迪·多纳托(Di Donato)教授访问一个“儿童之家”时，对一个4岁的孩子说出自己的名字，那孩子就用小写字母把名字拼成一个词，开始是——

diton，这位教授立即把这个词发得更清楚：di、do，nato，于是他没有打散所有的字母就拿开 to 音节，放在一边，用 do 音节去填补其空位，接着在 n 之后放上 a，最后再把放在一边的 to 接上去拼成了这个字。很明显，当发音更清楚后，孩子就知道 to 不应该在那个位置，应该在字尾，所以把它放在一边备用。这对一个 4 岁孩子来说是非常令人吃惊的，在场的人无不感到惊讶。这说明，如果孩子要组成他听到的字，他必须具有清楚的同时也是复杂的关于字母符号的内心视觉印象。这一非凡的行动主要由于他通过反复进行发展智力的自发练习，而具有了有序思维能力。

这三个阶段包括了获取书面语言的整个方法。这种方法的意思是清楚的。联合建立阅读和书写的心理生理活动要分别地、仔细地训练。书写字母所特需的肌肉运动要分别作准备，掌握书写工具也是如此。拼字也变成联结视听印象的生理机制的练习。到时候孩子就能不加思索用竖笔划自然而均匀地填满几何图形；到时候孩子闭上眼睛也能摸出字母，并用手指在空中划出其形状；还会出现这样的时刻，拼字会变成一种心理冲动，使孩子反复自言自语："为了拼成 zaira，我必须有 z—a—i—r—a。"

这样，虽然这个孩子从未书写过，但他已掌握了书写必需的一切活动。他在听写时，不但知道怎样拼这个字，而且这个字会立即完整地呈现在心里，并把它书写出来，因为他知道如何在闭着眼睛时作出再现这些字母所必需的运动，还因为他几乎能无意识地操作书写工具。

而且，孩子自由地获得的机械技巧为内心冲动或精神作好了行动准备，随时都可能通过其机械能力作媒介而表现出来。他迟早会充满能量，以自发爆炸的方式进入书写。实际上，这是正常儿童在我的实验中所作出的奇妙反应。在一个由贝蒂妮(Signorina Bittini)指导的“儿童之家”里，我特别注意到书写的教法，而且我们已从这个学校得到了许多非常漂亮的书写标本，因此，我最好还是介绍一下这个学校中工作的发展情况。

12月的一天，阳光灿烂，空气清新，像春天一样宜人，我走上孩子们所在的屋顶。他们正在自由地做游戏，一些孩子见到我，就跑过来围在我身旁。我坐在一个烟囱旁边，并对坐在我旁边的一个5岁小男孩说：“给我画一张这个烟囱的画好吗？”并随手给了他一支粉笔。他很顺从地蹲下就在阳台的砖地上画出了烟囱的草图。我习惯地鼓励了他，称赞他画得好。这孩子看着我，微笑着，像要爆发出某种兴高采烈的动作，一会儿他叫了起来：“我会写了！我会写了！”并又跪下去在地板上写出“手”这个字，然后又充满热情地写了“烟囱”、“屋顶”这些字。他一边写，一边继续叫着：“我会写了！我知道怎样写了！”他高兴的叫喊声惊动了其他孩子，他们围成一圈，看着他写，惊得目瞪口呆。其中有两三个激动得哆嗦着对我说：“给我粉笔，我也会写。”真的，他们真开始写出了各种字：妈妈、手、约翰、烟囱、艾达，等等。

他们没有一个曾用粉笔或其他书写工具进行过书写，这是他们第一次书写出完整的字，像一个孩子第一次说话时说出了一个完整的字一样。

婴儿说出的第一个字会使母亲感到无比高兴。孩子选择了“妈妈”这个字似乎是对母亲的报答。我的这些小学生写出的第一个字引起了他们自己内心的无比激动，他们原来在心理上还不能调节准备和行动之间的联结关系，他们被幻想控制着，现在长得够大了，就知道怎样书写了。换句话说，书写对他们来说只是许多天赋中的一种天赋而已。

他们相信，随着他们长得更大更壮一些，美妙的日子就会到来，他们就会知道怎样书写。也的确如此，他们的想法变成了现实。孩子说话的准备，开始总是无意识的，并且是逐步完善使他能清晰说话的心理和肌肉活动机制。对写字来说，孩子几乎也是这样的，但是在直接的教育帮助下，通过教具进行书写动作的准备，使书写的能力比正确的说话的能力发展得更迅速，更完善。

虽然任务完成得这么容易，但准备却不马虎，而是全面进行的。孩子要掌握书写必需的所有动作。书面语言的发展不是逐步的，而是爆发式的，就是说，孩子会写出任何一个字。这就是我们在孩子的书面语言发展中最初的经历。在那些日子里我们非常激动，好像是在梦幻之中，好像我们帮助创造了某种奇迹。

一个第一次写出字来的孩子高兴得像刚下蛋的母鸡。真的，谁也躲不开小孩们的吵闹，他会叫每个人去看，要是你不去，他就跑来拉着你衣服强迫你去看。我们都不得不去。站在他写出来的字旁边，赞美这种奇迹，把我们的惊叹声融合在幸运的小作者的欢叫声中。通常这第一个字是写在地板上的，然后这孩子跪在它面前，离他的作品更近些，更仔细地欣赏。

写出第一个字后，孩子们带着狂喜，继续到处写。我看见孩子们挤在一块黑板前，前面一排小的站在地上写，后面又一排大一点的站在椅子上越过前排孩子的头顶在写。没有挤进去的孩子就生气了，为了找到一点点能写字的地方，他们就推倒站着人的椅子；另外一些孩子跑到窗户或门边，在窗台和门板上写满了字，在起初的这些日子里，我们简直是在写满字的地毯上走路。母亲们每天的报告表明，家里的情况也是这样。有的母亲为了节省开支（因为甚至发现面包皮上也写满了字），给孩子买了纸和铅笔作为礼物。一天一个孩子给我看一个写满字的小练习本，他母亲告诉我，这孩子写了一天连睡觉时手里还拿着纸和铅笔。

这种冲动行为在开始那些日子里，我们无法控制，使我想到大自然的智慧，它一点一滴地发展口头语言，让它与概念一起手拉手地逐渐形成，想想要是大自然也像我这样鲁莽从事，其结果将会怎样呢？假如大自然首先让人类通过感觉收集到各种各样的丰富材料，形成大量概念储备，然后又为口头语言准备好一切手段，这时就对一直闭口到那时还不会说话的孩子说："去——说话吧！"结果就会突然爆发疯狂症。在其影响下，孩子们感到不受任何限制，将掀起一阵陌生的、最难懂的令人精疲力竭的说话狂潮。

然而，我相信在这两种极端之间存在着一种既正确又实际的可喜的折衷方法，我们应该引导孩子更加循序渐进地掌握书面语言，同时仍然让它作为一种自发事实到来，让孩子一开始写字就几乎完美无缺。

经验告诉我们应该怎样控制这种现象，怎样引导孩子平静地对待这种新的能力。孩子们看见他们的伙伴在写字，这一事实通过模仿引导他们一旦能写就立即去写。在这种情况下，当一个孩子会写时，他还没有掌握全部字母，他能写的字也很有限。他甚至还不能够认识他用他知道的字母所写成的所有的字。但是他仍然会从写出第一个字得到极大快乐，只不过再也不会是极度惊奇的源泉，因为他看到这样美好的事情天天都在发生，他知道每个人迟早都会具备这种能力。这就会导致创造一个安静和有秩序的环境，产生更加美好、更加惊人的结果。

即使在开学的几周里去访问"儿童之家"，也可以有新的发现。例如，两个小孩，虽然他们脸上流露出快乐自豪的神情，却在平静地写着字，然而这两个孩子昨天还不曾想过写字呢！

指导教师告诉我说，其中一个是昨天上午11点才开始写，另一个是下午3点。我们已经接受了这种平静现象，并默认它是儿童发展的一种自然形式。

教师的聪明才智将决定需要鼓励一个孩子去书写的时刻。只有当三个阶段的准备练习都已做完了，而孩子自己又没有主动写的时候，才去鼓励他写。这里存在着一种延迟书写活动的危险，孩子最后可能陷入盲无头绪的瞎努力，这是由于他虽知道全部字母，但不知道自然检验。

根据以下三个标志，教师一般都能准确判断出孩子书写条件是否已经成熟：填画几何图形的平行线条的规则性；闭眼识别出砂纸字母；拼字正确熟练。在直接叫孩子书写之前最好至少等上一个星期，让他能自发地开始书写。当他自发地开始书写后教师可以介入去指导他取得进步。首先帮助他在黑板上划线，引导他把字书写得正规，大小适度。

第二，指导教师应诱导书写还不稳定的孩子重复进行触摸砂纸字母的练习。她不应去直接纠正孩子的书写。因为孩子不是通过重复书写行动，而是通过重复书写准备练习来完善书写。我记得有一个初学写字的小孩想写好黑板字，他拿来了所有砂纸字母，在书写前先触摸两三遍他需要写的那些字母。如果他觉得一个字母写得不好，就擦掉，再触摸这个字母卡，然后再写。

我们的这些孩子，即使进行了一年的书写练习，还继续重复进行三种准备练习。这样他们既学习书写，又要完善书写，却不借助真正的书写活动。对于他们，真正的书写是一种检验，是一种内心冲动的表露，是一种高尚娱乐活动，而不是一种练习。像神秘的灵魂是通过祈祷来完善一样，我们的孩子的书面语言，作为文明的最高表现，是通过类似书写但又不是书写的练习来掌握和完善的。

尝试之前先使自己作好准备，在继续前进之前先完善自己，这一思想体现出一种教育价值。为了进一步纠正其错误而大胆地让学生做他做不好或力所不及之事，这就会使儿童精神迟钝，对自己犯的错误失去敏感性。我教书写的方法包含着一种教育概念，就是教孩子以谨慎，使之避免犯错误；教孩子以认真使之永远向前，精益求精；教孩子以谦虚，使之消除幻想，追本溯源，不满足现有成绩，在自己选择的道路上继续前进。

刚刚开始进行那三种练习的孩子和已经书写数月的孩子，每天都在一起重复着同样的练习，这使他们团结友爱，平等相待。这里没有新手和老手的区别，所有孩子都用彩色铅笔填图形，触摸砂纸剪成的字母，用活动字母表拼单词；小的在大的旁边，得到大的帮助。不管是正在做准备的还是正在完善提高的孩子，都在同一条路上前进。这是共同的生活道路，比任何社会差别更重要，因为这里蕴含着一种平等，人人皆兄弟他们汇合到一起；或者，如同在精神生活中一样，贪婪者和圣贤者都一再经受同样的经历。

书写很快就能学会，因为我们开始教的只是那些表现出想要学书写的孩子。他们自发地注意听教师给其他孩子的讲课，或注意看别人在做的练习。有的孩子甚至没有经过任何正式授课，只旁听给别的孩子的讲课就学会了。

一般说 4 岁的孩子已对书写有强烈兴趣，不过也有 3 岁半的孩子就开始书写的。我们发现，孩子们特别喜欢做摸砂纸剪成的字母练习。

在我实验的第一阶段中，有一天第一次给孩子们看字母，我叫贝蒂妮把她自己做的各种字母都拿到孩子们玩耍的阳台上。

孩子们一看到这些字母，全都跑了过来，围着我们，急切地伸手去摸这些字母。那些把卡片弄到手的也不能很好摸它，因为其他孩子挤着要想从我们的衣袋里拿到卡片。我还记得那激动的场面，拿到卡片的孩子，高高地像举旗帜一样，一个一个地齐步前进。伴随其他孩子的鼓掌声、高兴的叫喊声，排成一行从我们面前走过。大的、小的都大声欢笑，住在这楼里的母亲们被欢笑声吸引，也从窗户探出头来看这情景。

从第一次准备练习到第一次写字之间的平均时间，4 岁孩子是 1 个月到 1 个半月。5 岁的孩子要短一些，大约 1 个月。但是我们有一个孩子只用了 20 天就学会在书写中应用全部字母。4 岁的孩子，在他们入学两个半月后，就能听写出任何词，并能用钢笔在练习本上书写。我们的孩子一般经过 3 个月后，就能熟练地书写，6 个月后，可以和小学三年级学生相比。无疑，书写是一种孩子最容易和最喜欢掌握的本事了。

要是成人也能像 6 岁以下的孩子那样容易地学会书写，扫除文盲就简单多了。但我们可以发现达到这个目的有两个主要困难，一是肌肉感觉迟钝，二是口语的某些永久性缺陷，会妨碍把口语正确转译成书面语。我们没做过这方面的实验，但我相信，花一个学年时间足以使一个文盲不仅会书写，而且还能以书面形式表达自己的思想。

这是关于学习书写所需的时间。至于技巧，我们的孩子从一开始就写得好，字母样式写得圆滑、流利、漂亮，与砂纸模型字母的样式极为相似。没有进行过专门书写练习的任何小学生都不能写得这么漂亮。我仔细研究过书法，我知道教一个十二三岁的学生不提起笔就写成一个完整的字是多么困难，当然少数需要提笔的字母例外。上下笔划的填写练习使他们几乎不可能流利地书写。

另一方面，我们的小学生是自发地、非常熟练地、不提笔就写完一个字，保持字母的适当斜度，并使字母间距离相等，这已引起了不止一个参观者的赞叹："如果我不是亲眼所见，我决不会相信。"实际上，书法是教书写的良好形式，也是纠正原有缺点所必须采取的一种方法。这对一个孩子来说要经历长时间的努力，一边看字帖，一边根据字帖模仿必需的动作，而视觉和他必须模仿的动作之间不能直接协调一致，而且常常是在年龄过大时才教书法，此时所有的缺点都已形成，建立肌肉记忆的生理敏感期已经过去。

我们不仅直接训练孩子写字，而且训练书法，非常注意形式美（让孩子触摸行书体的字母），同时也注意字母书写的流利（填图练习就是为此做准备）。

阅　读

教材　阅读教材由清晰书写的单词和短语纸片和卡片组成。此外，还备有大量的各种玩具。

经验告诉我要清楚地区分书写和阅读，这两种活动并不是绝对同时进行的。与一般想法相反，书写先于阅读。我并不把孩子写字后的检查认为是阅读，他是在把符号翻译成声音，如同最初他把声音翻译成符号一样。在这样的检查中，他已经知道了这个字，在他写的时候，又默默地重复了一遍。我所理解的阅读是对书写符号的思想意义的解释。一个孩子，当他还没有听见这个词的发音，而是他看到用桌上的字母卡片拼出这个词来时，就认识它并能说出它的意思，这才是阅读。他读出的词与书面语言的关系，就像他听到的词与口头语言的关系一样，两者都是接受别人传达给我们的语言。所以在孩子看不懂书面文字的意思时，不能说他会阅读。

如果愿意的话，我们可以这么说，书写主要是如上所述的心理运动机制起作用，而阅读则纯粹是智力活动。但是我们的书写方法是怎样为阅读作准备，使阅读几乎毫无困难这一点是显而易见的。事实上，书写是让孩子准备机械地解释组成所写字的字母声音的联合体。我们学校的学生，当他知道如何写字的时候，他也就知道他所书写的字的读音。但是应该注意，当孩子用活动字母拼字或写字时，他有时间思考需用什么字母符号来组成这个字。写一个字比读同样一个字花的时间要多得多。

一个会写字的孩子，如果一个字摆在他面前让他读，说出这个字的意思，他会沉默很久，一般地说，像他写这个字时一样慢慢地读出构成这个字的声音。而这个字的意思则只有以清晰的语调读出来后才能明白。那么为了确定音调，孩子必须认识这个字，也就是必须知道这个字所代表的意思。如果他要阅读，那就必须有高级的智力活动的介入。所以，我以如下方式来进行阅读练习，显然我完全抛弃了旧的识字课本。

我准备了许多用普通的书写纸做成的小卡片，在每一张卡片上我清楚地用行书体写上某一个熟知的词。这个词孩子已说过了许多次，并且它就代表眼前实际存在的或大家熟知的一件物品。如果这个词表示的这件物品就在孩子面前，我就把它拿来放在孩子眼前，使他容易明白这个词的意思。我要说，这些书写游戏所用的东西，绝大部分是我们“儿童之家”的大量玩具。其中包括玩具小屋的各种设备、球、娃娃、树木、羊群、各种动物、玩具士兵、铁路，以及许多各种各样的简单的图形。

如果说书写是修正，或更正确地说，是指导和完善孩子们的口头语言的运动机制的话，那么阅读就是帮助他发展思维及其相应的语言。事实上，书写有助于提高生理语言能力。而阅读则有助于提高社交语言能力。

如我所指出的，我们是从名称开始，也就是说，是从读出大家都知道的或者就在眼前的东西的名称开始。

这里不存在从难词或易词开始的问题，因为孩子已经知道怎样读任何一个词。也就是说，他知道拼写出的任何一个词的读音。我让孩子慢慢地读出写好的词的读音。要是读音是正确的，我就只说一声“快一点!”这孩子便更快地读第二遍，但往往还不能理解其意思，于是我就重复说：“快一点，再快一点!”他一次比一次读得快，重复着这同一组合音，终于突然意识到了这个词的意思。于是他看着它，像认识了一位朋友，表现出我们的小朋友们经常流露出的满意的神情。这样就完成了阅读练习。课程进行得很快。因为这只是给那些已经经过书写准备的孩子上课。真的，我们把冗长而愚蠢的ABC识字课本以及无用的抄写练习本统统都埋葬了!

孩子们读出了这个词后，他就把这个词的卡片放到叫这个名字的物品下面，练习也结束了。

在努力想让孩子通过游戏轻松学会读字的过程中，我们有一个非常有趣的发明。我们把大量的各种玩具都摆在一张大桌子上，每一件玩具都有张卡片，上面写着它的名字。我们把这些小卡片折叠起来放在一个篮子里，把它们弄乱，让那些会读词的孩子有秩序地从篮子里抓出一张卡片，各自拿着回到自己的座位上，静静地打开，看那是什么，不准让旁边的人看到，然后再重新折好并保守秘密。孩子手里拿着折好的卡片走到大桌子旁边，对老师清楚地说出那件玩具的名字，以便老师检查他说得对不对。如果他读得清楚，并能正确指出那件玩具，这张卡片就作为货币，用它可以换到它上面写的那件玩具。因为老师允许他拿走那一件玩具，他想玩多久就玩多久。

当每个孩子都轮一遍后，老师再叫第一个孩子让他从另一个篮子抓一张卡片；他一抓出这张卡片，就得读出来。这上面写的是那些还不会读，因此也不可能得到玩具的小伙伴的名字。他读出这个名字后，就应该把自己玩过的玩具让给这位小朋友玩。我们教孩子给玩具的时候要文雅有礼貌，要点头鞠躬，以此消除等级差别观念，培养对那些没有像自己那样幸运的人的同情心。这种读字游戏进行得很好。可以想象得出，这些穷孩子能得到这样漂亮的玩具并玩一会儿，他们是多么满意啊！

但使我惊讶的是，当孩子读对了卡片上的玩具名称后却拒绝领取玩具。他们说，他们不愿耽误游戏时间，带着渴望的心情，宁愿换张卡片，再读卡片。

我看着他们，努力想知道他们灵魂深处的秘密，我不曾知道它竟有这么伟大！我站在热情的孩子们中间沉思，发现他们热爱的是知识，而不是可笑的游戏。这使我惊奇，不禁想到人类灵魂的伟大！

于是，我们抛开玩具，开始制作数百张纸片，上面写的是孩子的名字、城市和物品的名称，也有的写着从感觉训练中已知的颜色、特征的名称。我们把这些纸片放到一些打开的箱子里，放在孩子们可自由使用它们的地方。我想，孩子趋向于从一只箱子转到另一只箱子，这至少表现出孩子的不稳定性。但是并非如此，每个孩子都是读完一只箱子里的卡片后才去读另一只箱子里的卡片，表现出了强烈的阅读愿望。

一天我来到学校，看到教师让孩子把桌椅搬到阳台上，在外面上课。一些小的孩子在太阳底下玩耍，另一些则围着桌子坐着进行砂纸字母和活动字母的练习。

教师坐在附近，膝盖上放着一只装满写有名称纸片的狭长箱子。一只只小手簇拥在箱子的周围，抽取心爱的卡片。“你可以不信，”这位教师告诉我说，“从开始到现在已一个多小时了，可是他们还没有满足!”他们试图用球、玩具娃娃来吸引这些孩子，但没有用，这些东西无法与知识相提并论。

看到这种令人惊奇的结果，我想对孩子试一试印刷体，并建议教师在一些卡片上手写体的字下面再印上印刷体。但孩子们已经抢先了！在大厅里有一本日历，上面有许多清晰的印刷体字；另一些则是哥特体字，在阅读热潮中，孩子们已经开始看这本日历了。使我意外惊奇的是，他们不仅能阅读印刷体字，而且也能阅读哥特式书写体。

于是只有给孩子们整本书了，但我觉得任何现行的书都不适合我们的方法。

很快，母亲们证明他们的孩子进步了。在孩子们的衣袋里发现小卡片，上面简单地记着购买的物品，如面包、盐等。我们的孩子已经为母亲们列购物单了！另一些母亲告诉我们，她们的孩子再也不满街乱跑了，而是停在商店前读那些广告。

有一个在私人家里受这种方法教育的4岁孩子，他使我们很吃惊。孩子的父亲是位议员，收到了很多信件。他知道，他的儿子已经过了两个月的书写和阅读练习训练，但他对此并不在意，实际上是不怎么相信这种方法。有一天，他坐着看书，孩子在旁边玩耍，仆人走进来，往桌上放了许多刚收到的信件。这个小男孩的注意力转到了这些信件上。他拿起了一封又一封信并读出信上写的地址，这对他的父亲来说是个真正的奇迹。

关于学会读、写所需要的平均时间，经验似乎表明，从孩子开始写的时刻起，即从这种低级的书写语言阶段向高级阅读阶段过渡，平均为两个星期。然而，阅读要达到熟练的程度却比完善的书写要慢得多，绝大多数孩子已经写得很好了，但阅读还比较差。

并不是所有同龄的孩子都在一个时间内学会书写和阅读，我们不仅不强迫孩子，甚至在他还不想做的时候，根本不邀请和哄骗他来写字和读字。这样，有时候某些孩子对这种课没有自发兴趣，就不打扰他们，所以他们也就还不会读或写。

老方法粗暴地对待孩子的意愿，破坏其自发性，如果这种老方法不相信在 6 岁以前应该学习书面语言，那就更不相信我们这样做了！

没有经过更广泛的实验，我还不打算断言口语充分发展的时期是否是开始发展书面语言的合适时机。

总之，用我们的方法，几乎所有正常孩子都是在 4 岁开始书写，在 5 岁就知道怎样阅读和书写，并至少是达到小学一年级结束时的水平。他们可以进入小学二年级，如果进入小学一年级，那实际上就抢先了一年时间。

读句子游戏　我的朋友们看到孩子们能读印刷体字时，他们就送给我许多漂亮的带插图的书。我看着这些具有丰富知识的书，觉得孩子可能看不懂。教师却充满信心，认为他们的学生有这种能力，他们力图向我表明我的想法是错误的。于是他们叫不同的孩子读这本书给我听，并且说，他们比修完小学二年级的学生读得还好些。

然而，为不让自己受骗，我做了两个试验。首先让教师给孩子讲个故事，而我则观察他们能自发地理解到什么程度。孩子的注意力很快就分散了。我禁止教师命令那些不听讲的孩子注意听讲。于是，逐渐在教室里形成了嗡嗡声，每个孩子都不注意听了，而转向做自己的事。

看来很喜欢阅读这些书的孩子们，显然并不是喜欢这些书的内容，而是欣赏他们自己所具有的机械能力，能把书面符号翻译成他们认出的字的读音。事实上，孩子们在读这些书时，其表现并不像读卡片那么稳定，因为在书中他们遇到许多不认识的字。

我的第二个试验是叫一个孩子给我读一本书，我不以任何方式去打断他，不像教师那样试图以提示来帮助他掌握他所读故事的发展线索。例如，说："停一会，你懂吗？你读的是什么意思？你告诉过我，这小孩是怎样去驾驶大车的，对吗？注意这书里说的是什么，等等。"

我把书给一个小男孩，我很友好地坐在他旁边，等他读完了，我像对朋友一样简洁、严肃地问他："你读的你懂吗？"他回答说："不懂！"但是，他脸上的表情是在请我解释一下我的要求。事实上，通过阅读一系列词句，应该能够了解他人所表达的复杂思想，这种想法是我的学生们应该征服的又一个美好目标，它将是又一个充满新奇和快乐的源泉。

书依靠的是逻辑语言，而不是语言技巧。孩子们必须先具有逻辑语言，然后他才能懂得书的内容和享受到书的乐趣。在认识书上的字和理解这些字的意思之间还有一段距离，正如知道字的发音和知道造句说话之间的距离一样。所以，我停止了读书，并等待了一段时间。

一天，在自由交谈的时候，有四个孩子同时站起来，脸上带着高兴的表情跑向黑板，写出了下列句子：

"啊！我们多高兴，我们花园里的花儿开放了！"这使我大为惊奇，我深受感动，这些孩子已自发地能够作文了，就像他们曾经自发地写出第一个字一样。

机械的准备过程是一样的，现象是合乎逻辑地发展的。当时机一成熟，逻辑的口头语言就会引起相应的书面语言的爆发。

我知道，是该进行句子阅读的时候了。我借用了这些孩子用的方法，就是说，我在黑板上写出：“你们爱我吗?”孩子们慢慢地大声朗读，沉默了一会儿，好像是在思索，接着就叫喊道：“是的！是的!”我继续写：“那么请安静，看着我。”他们几乎如叫喊一般大声读出，但是一读完，就肃静了，只听见为了安静地坐好而挪动椅子的声音。这样就开始了我和他们之间用书面语言交流思想，这使孩子们感到有趣极了。逐渐他们发现书写的最大特点——传达思想。不管什么时候，只要我一开始写，他们就急切地想理解我的意思，不等我说话解释。

事实上，书写语言不需要说话，当书面语言完全与口头语言隔离的时候，才能理解其全部重要意义。

在阅读入门之后是进行孩子们很喜欢的以下的游戏。我在卡片上，写下一个长句子，说明要孩子们完成的某种行动。例如，“关上百叶窗，打开前门，然后等一会儿，再把窗户和前门恢复成原样。”“很有礼貌地请你的8位伙伴离开座位，到房间的中央排成两行，然后让他们用脚尖前后走动，不出声。”“请你的3位唱歌唱得好的老伙伴，如果他们愿意，就请他们到教室中间，排成一排，请你和他们一起唱首你选的歌曲。”等等，我一写完，孩子们就拿着纸片走向自己的座位，非常小心地在一片自发的肃静中阅读卡片。

然后，我问：“你们懂吗?”“懂！懂!”我便说：“那么你们便按卡片告诉的意思行动吧!”看到孩子们迅速准确地按照卡片的指示行动，我感到特别愉快，教室里产生了一种新的运动，一种大活动。有的先关上窗户，接着又打开；有的让他的伙伴用脚尖跑步，或唱歌；有的在黑板上书写，或从柜橱里取东西。惊异和好奇导致了一片安静，课上得很有趣，好像我发出了某种魔力，造成教室里这种从未见过的活跃。而这种魔力就来自文明的最大成就——书面语言。而孩子们又是多么深刻地懂得了书面语言的重要性！当我要走时，他们围着我，带着感激的表情亲切地说：“谢谢！谢谢！谢谢您给我们上课！”

这已变成孩子们特别喜欢的一个游戏：先建立安静，然后拿出装有折叠着纸条的篮子；每张纸条上写有说明一个行动的长句子；所有会读的孩子都可以抽取纸条，默念一两次，直至完全理解为止。然后，他把纸条交给老师，便开始执行纸条上告诉的行动。由于许多行动需要得到尚不会读的其他孩子的帮助，需要处理和应用教具，孩子们普遍有秩序地发挥了积极性。在安静的教室里，只能间或听到小伙伴轻快的脚步声，或唱歌的孩子们的歌声。这意外地显示出良好的自发纪律。

实践经验告诉我们，作文必须先于逻辑性阅读，就像写字先于读字一样。经验还表明，如果要用阅读教孩子接受一个概念，那么阅读就应该是默读，而不应朗读出声。

大声朗读包含了语言的两种机械形式，即口头发声形式和书写符号形式，因此是一种综合任务。谁都知道，一个成年人在向大家读报时，他必须先掌握报纸的内容。朗读是一种最困难的智力活动。所以通过理解思想开始阅读的孩子应该默读。当书面语言用来表达逻辑思想时，它应该跟口头语言分开。事实上，它是远距离传达思想的语言，而感官和肌肉的活动机制都是无声的。它是一种精神化的语言，是会阅读的人们之间的交流工具。

在“儿童之家”的教育既已达到了某种程度，按逻辑推理，整个小学的教育就必须改变。怎样改革小学低年级的教育，最终将会根据我们的方法来进行，这是一个大问题，不可能在这里讨论。我只能说，小学一年级的内容将完全被取消，将包括在我们的幼儿教育中来完成。

将来的小学应该从像我们这里培养的孩子开始，他们知道怎样读和写，知道照料自己，穿衣，脱衣，梳洗；他们有礼貌，懂规矩，守纪律，通过自由发展成为能控制自己的人；他们不但完全掌握了口头语言，而且还具备阅读书面语言的基本能力，开始掌握逻辑语言。

这些孩子口齿清楚，书写流利，动作文雅，他们具有最真挚的人性，因为他们从小，从万能的人性的幼年期就受到美的熏陶。由于他们聪明耐心地观察周围环境，所以，在智力自由形式下具备了自发推理能力。

对这样的孩子，我们应该找到一所这样的小学来接受他们，引导他们沿着生活的道路、文明的道路继续前进。该小学忠于尊重儿童自由和尊重儿童自发表现的同样的教育原则，即培养这些小大人的人格应遵循的原则。

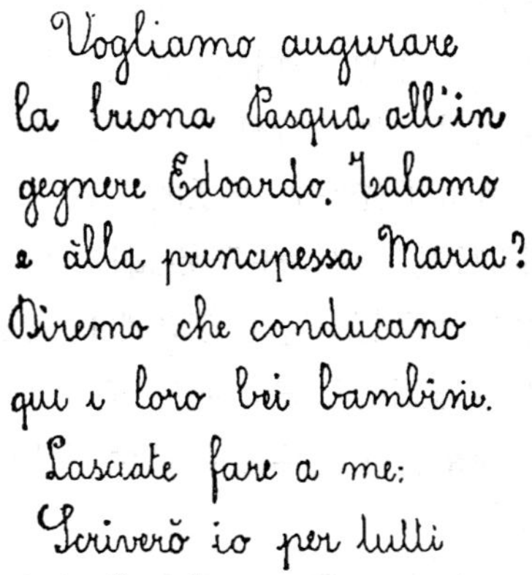
Vogliamo augurare
la buona Pasqua all'in
gegnere Edoardo. Talamo
e àlla principessa Maria?
Diremo che conducano
qui i loro bei bambini.
Lasciate fare a me:
Scriverò io per tutti
7 Aprile 1909.

一个 5 岁孩子用钢笔写出的样本。缩小四分之一。

译文："我们祝愿工程师 Edoardo Talamo 和 Mavia 公主复活节快乐。我们请他们带他们的漂亮的孩子们到这里来。把它留给我，我将给大家写。1909 年 4 月 7 日。"

第十八章　儿童期的语言

包括听写和阅读在内的书面语言包含着口头语言的全部机制（听觉通道、中枢通道、运动通道），而按我的方法所引起的书面语言发展的方式，主要建立在口头语言的基础上。

因此，书面语言可以从以下两种观点来考虑。

(a) 从获得具有重要社会意义的新语言来看，它是自然人的口头语言的补充。这就是通常赋予书面语言的文化意义。所以在学校教授书面语言时没有考虑到它和口头语言的任何关系，只是孤立地注意到，它是提供给社会成员建立相互之间关系的一种必需的工具。

(b) 从书面语言和口头语言的关系来看，最终可能利用书面语言来完善口头语言。这是我所要坚持的一种新看法。这种看法赋予书面语言生理学的意义。

此外，如同口头语言是人的自然功能同时又是达到社会目的的工具一样，书面语言从其形成过程看，可以看作是建立在神经系统中的新机制的一个有机整体，同时也可用作为达到社会目的的一种工具。

总之，这是一个不仅要赋予书面语言以生理学意义，而且要让它有一个独立的以后必须起作用的高级功能的发展阶段的问题。

在我看来，初学书面语言时会感到困难重重，不仅是因为迄今为止所采用的教学方法不合理，而且还因为我们一旦掌握了它，就想用它来教授一个文明民族经过许多世纪的完善而固定下来的书面语言，发挥其高级功能。

想一想我们一直采用的教学方法是多么不合理！我们分析的是书写符号，而不是产生字母符号所必需的生理活动；并且没有考虑到任何书写符号都是很难掌握的，因为符号的视觉表征与产生视觉表征所必需的运动表征之间没有遗传联系。例如，它不像一个字的听觉表征与口头语言的运动机制之间存在着联系。所以，唤起一种刺激性运动动作总是一件难事，除非在产生符号的视觉表征之前，我们就已经建立起这种动作。要引起产生一种动作的活动的确是困难的，除非事先通过实践或习惯的力量已经建立这种活动。

因此，例如，我们把书写符号分解成一些小直线和小曲线，作为没有意义的符号呈现在孩子面前。这样就不会引起他们的兴趣，而且这些符号也不能引起一种自发的运动冲动。所以，人为的作用会造成意志的努力，这会很快使儿童疲倦，表现出厌烦和痛苦。此外，还加上使肌肉同步运动的努力，以协调掌握和操作书写工具所需的动作。

各种消极情绪伴随着这种努力，并导致产生教师不得不纠正的缺点和错误，由于这些书写上的缺点和错误孩子不断受到批评，这使他感到灰心丧气。因此，当儿童被迫作出努力时，教师是在压抑，而不是复苏儿童的精神力量。

虽然是按照这种错误方法在进行学习，然而如此艰难地学到的书面语言被立即用于社会目的；并且，把这种还不完善和不成熟的书面语言用来为语言的句法结构服务，作为高级心理活动中枢的理想表达方式。我们一定记得，口头语言实际上是逐渐形成的。当高级神经中枢按照库斯毛尔（Kussmal）所谓的逻辑思维按表达复杂思想所需的语法结构，即按逻辑思维语言使用词句时，利用这些词句的口头语言早就建立起来了。

总之，语言机制是高级心理活动必须具备的先决条件。

因此，语言发展有两个阶段：一个是低级阶段，即准备神经通道和开通感觉通道与运动通道联系的中枢神经活动机制的阶段；另一个是高级阶段，即通过预先形成的语言机制所决定的方式来表达的高级心理活动阶段。

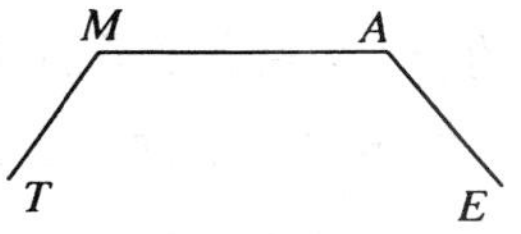

例如，在库斯毛尔绘出的关于口头语言机制的简图中，必须首先区别的是大脑反射弧（cerebral diastaltic arc）（说明纯粹的说话机制）的类别，它在最初口头语言形成时就建立起来了。E 代表耳朵，T 代表说话用的各个运动器官，而此处则代表舌头，A 代表语言听觉中枢，M 代表运动中枢。EA 和 MT 为外围通道，前者为输入通道，后者为输出通道，AM 为中枢联络通道。

词语的听觉印象在中枢 A 可再分为三部分，如下图所示。

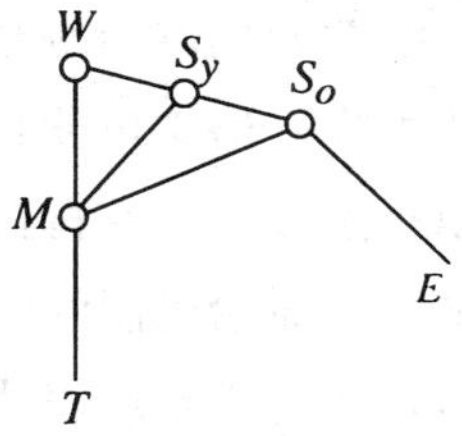

So—声音，Sy—音节，W—单词（或字）。

语言病理学似乎可以确定，确实可以形成音和音节的局部中枢。因为在某些患中枢感觉语言困难症的病人只能发出声音，或者至多某些音或音节。

幼儿也是这样，在一开始对简单的语音尤其敏感，尤其是带 S 的音，他们的母亲常用这些声音去逗他们玩和吸引他们的注意力。稍后，幼儿则对母亲常用来逗他们玩的另一些音节很敏感，譬如："ba，ba，punf，fuf！"

最后，是简单的词，多半是双音节词引起幼儿的注意。

而就运动中枢来看，情况也是这样。幼儿说话是从单音或双音开始的，例如 bl，gl，ch，这是母亲高兴地招呼孩子时所发出的音。然后，孩子们开始清楚地发出有音节的音：ga，ba；最后，发出双音节词，通常为唇音：ma ma。

我们认为，孩子的口头语言是在他所说出的单词能表示某种意义时开始的，如在他看见母亲并认出她而叫"妈妈"之时，或看见狗而说出"狗"之时，或者想吃东西而喊"爸爸"之时。

这就是说，我们认为语言是从它和知觉建立起联系时开始的，不过，这时的语言就其心理运动机制来看，还是很初步的。

也就是说，当尚是无意识地在反射弧之上形成语言的机制时，就发生了认识字或词的过程。换言之，词被感知并把它与它所代表的实物联系起来，这就被认为是语言的开始。

随后在此水平上，随着对词语的听觉能力的提高以及心理运动通道的传输性能的提高，语言也就相应地不断完善。

这是口头语言的第一阶段。它有自己的开始、发展，并能通过知觉而导致语言本身的原始机制的完善；是在这一阶段建立起了我们所说的口语，作为成年后表达自己思想的工具。它一旦形成，到了成年后就难以得到改善和纠正。事实上，某些人已有高度的修养，但仍伴随着不完善的口语，阻碍着他们优美地表达自己的思想。

口语是在 2 至 7 岁这个年龄期间建立和发展的。这也是知觉发展的年龄。在这期间，孩子们的注意力自发地转向外界事物，并且记忆力也特别强。这也是好动的年龄阶段。在这一阶段，所有的心理运动通道都被疏通，肌肉运动机制也建立起来。

在生命的这一阶段，由于口头语言的听觉通道和运动通道的神秘联结，知觉似乎能直接引起说话的连锁运动。好像口语是遗传下来的，在睡眠状态中被唤醒，当它一受到听觉刺激便本能地发展起来。众所周知，只有在这一年龄阶段，才有可能掌握说话的所有特点，若以后再来建立，则是白费力气。只能说好母语，就是因为它是在儿童时期学到的。成年人学习一种新语言，必然存在带有外国腔的缺点。只有 7 岁以下的儿童在同时学习几种语言时，才能接受和再现全部语调和语音的风格特点。

同样，从小形成的“缺陷”，如方言或由坏习惯造成的缺陷，成年后也是难以改变的。

随后发展起的高级语言，逻辑思维语言（dictorium），就语言机制而论别无起源，而是智力发展来运用机械的语言。正如口语是通过对其机制的反复使用而得到发展、通过知觉而丰满起来一样，逻辑思维语言是通过句法而发展、通过智力活动而丰富起来的。回头再来看语言简图，可以看到，在确立较低级语言的弧之上建立起逻辑思维语言中枢 D，从 D 产生言语的运动冲动，它是作为口语建立起来的，适合于表达具有智力的人的心理作用。这种语言将通过智力培养逐渐丰富，通过句法语法学习不断完善。

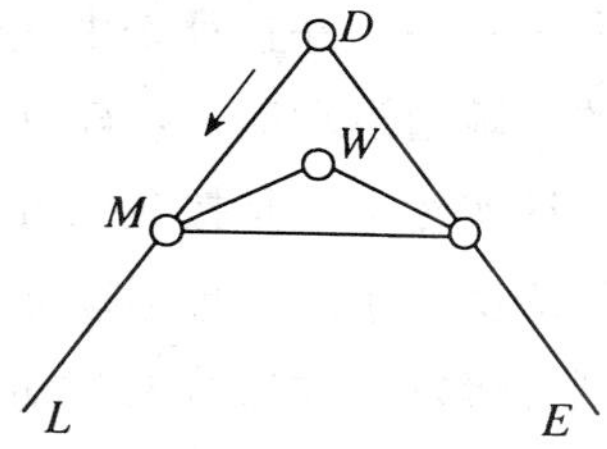

由于先入之见，迄今为止人们还认为只有书面语言才能进入逻辑思维语言的发展，作为掌握文化知识和对语言结构和语法进行分析的合适手段。既然“口头词语有翅膀”，那就得承认，智力培养只能借助于稳定的、客观的以及能被分析的如书面语言这样一种语言。

但是，既然我们承认书面语言是一种宝贵而不可缺少的智力教育工具，因为它能固定人的思想，能够进行分析，能够印入书本成为一种不可更改的文字记录，可随时提供进行语言结构和句法分析，那么为什么我们不能承认它在固定代表知觉的单词以及在分析这些单词的语音成分的低级任务中也有用呢？

迫于教育学的偏见，我们不能把书面语言的概念和我们迄今为止让它专门发挥的一种动能的概念分开；并且让人似乎感到，当孩子们处于简单知觉和好动的年龄阶段就教给他们这种语言，是犯了生理学上和教育学上的严重错误。

然而，如果摆脱这种偏见，从书面语言本身来考虑，重建其心理生理机制，这比口头语言的心理生理机制要简单得多，也更容易直接进行训练。

书写尤其是十分简单的。让我们来看看听写。既然运动的动作必须和听到的言语一致，那么听写就有一个和口头语言完全平行的过程。确实，这里并不存在听到的言语和说出的口语之间的神秘的遗传关系，然而书写的运动却比说话所需的运动要简单得多，并且都是由我们赖以直接运动外部的大块肌肉执行的，疏通运动通道，建立心理—肌肉的作用机制。

这实际上就是按我的方法去做，直接准备这种运动，使听到言语所产生的心理运动冲动能找到已建立起的运动通道，并以某种爆发方式通过书写动作表现出来。

真正的困难在于解释书写符号，但我们必须记住这是在知觉发展的年龄阶段，这时的感觉、记忆以及原始的联系都准确地包含在特定的自然发展过程中。此外，通过各种感觉训练，通过系统地建立概念以及通过感知书写符号的心理联结，我们的孩子已经作好了准备。这就有点像感知概念的残余在发展过程中给语言提供了材料。能认识三角形，并能把它叫作三角形的孩子就能认识字母S，并以S的音来给它命名，这是显而易见的。

且不论过早教学的问题，让我们摆脱偏见而诉诸经验。经验表明，实际上孩子们发展得并不费力，而且非常乐于识别代表实物的书写符号。

以此为前提，让我们来考察一下两种语言机制之间的关系。

三四岁的孩子早已按我们所绘出的图式开始他的口语了，但是他还正处于完善口头语言机制的阶段。与此同时，他也正处于从感知残余获取语言内容的阶段。

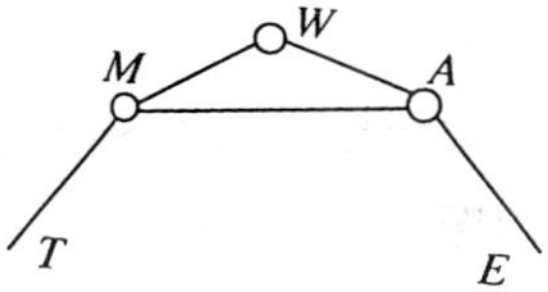

或许，一个孩子还未能准确听到过他所发出的单词的全部语音，或者，他虽已经准确听到过，但他自己发不好这些单词的语音，结果就会造成错误的听觉。最好是在运动适应性强的年龄阶段尚未过之前，让孩子们通过练习他们的口头语言的运动通道，建立起正确发音所需的准确运动；而如果把这种错误机制固定下来了，其缺陷就将难以纠正。

为此目的，有必要来分析一下言语。如果我们想完善语言，那么首先应从让孩子学习作文开始，然后过渡到语法的学习；如果我们想完善语言的形式，那么首先则应当教孩子按语法规则来写作，然后再来分析语言的形式。因此，如果我们想完善言语，首要的是必须存在这个言语，然后才适当地对它进行分析。所以，当孩子会说话，而在未完成建立其言语固定机制之前，应当从完善言语的角度来分析言语。

到目前为止，由于不可能对口语进行语法和修辞分析，而只能求助记录谈话的书面语言对之进行分析，对言语的分析也只能如此进行。

对瞬时性的东西进行分析是不可能的。

必须使言语物化并固定下来。因此，需要有书面语言或用书写符号代表的语言。

在我教书写的方法的第三阶段上，即言语的构成阶段上，不仅包括把单词分解成符号，而且也包括把单词分解成音素，而这些符号则是单词的翻译形式。就是说，孩子是把他所听到的并知其意思的词作为一个整体来接受，他把这个词分解成音素和音节。

请注意下面表示书面语言和口头语言作用机制的相互关系的简图。

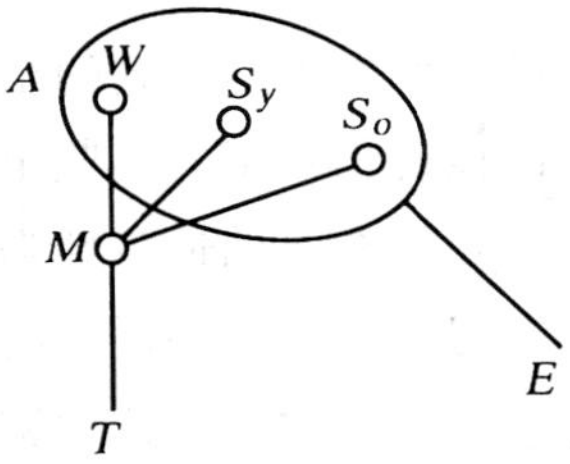

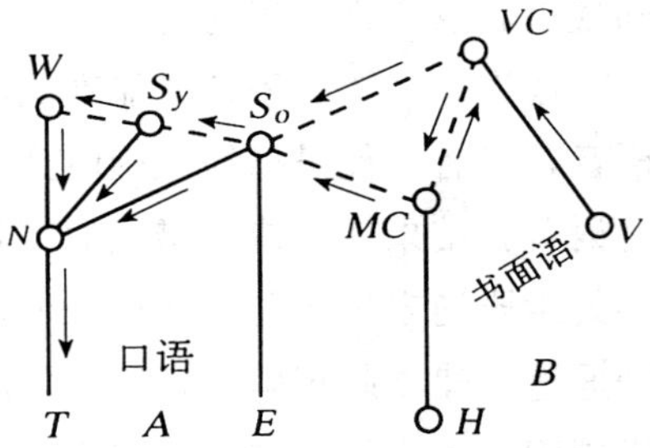

简图说明：

粗实线表示外围通道，虚线表示中枢联结通道，细实线表示与所听言语的发展的关系中的联结。

E—— 耳；So—— 声音听觉中枢；Sy—— 音节听觉中枢；W—— 单词听觉中枢；M—— 口语运动中枢；T—— 口语外部器官（舌头）；H—— 书写外部器官（手）；Mc—— 书写运动中枢；Vc—— 书写符号视觉中枢；V—— 视觉器官。

鉴于在口语发展过程中组成单词的音素可能被错误地感知，所以在教以相应音素的书写符号（教的过程包括提供给孩子砂纸字母，清楚地教给字母名称，并让孩子看见和触摸砂纸字母）时，不仅是对听到的清晰固定的各个音素的感知，而且这种感知还和另两种感知相联系，即书写符号的中枢运动感知和中枢视觉感知。

Vc、Mc、So 构成的三角形代表与语言分析有关系的三种感觉。

当把字母拿给孩子，让他触摸和看，同时读出字母的名称时，输入通道 ESo；H，Mc，So；V，Vc，So 都在起作用。而当要求孩子念出字母（单念辅音或连带元音）名称时，外部刺激作用于 V，并通过通道 V，Vc，So，M，T 以及 V，Vc，So，Sy，T，T。

当依靠书写符号提供的视觉刺激建立起这些联结通道时，相应的口语动作就会被引发，从而我们就能逐个研究这些动作中存在的缺陷，而通过保持引起声音的书写符号的视觉刺激，并伴以由教师发出的相应声音的听觉刺激，发音就可以得到完善。发音和所听见的言语有先天联系。换句话说，在由视觉刺激引起的发音过程中，以及在语言器官的有关运动的重复过程中，用作练习的听觉刺激对于发构成口语单词的单音和音节音都能起改善作用。

以后，当孩子进行听写，把听到的口语声音转变成符号时，他把听到的言语分解成音素，并通过由相应的肌肉感觉训练所疏通的通道转变成书写运动。

语言的缺陷和不完善，部分原因在于缺乏教育，器官有毛病，这包括器官变成畸形或神经系统发生病变，另一部分原因则与语言形成期形成的功能缺陷有关，这包括口语单词各构成音素的发音错误。这种错误是由于孩子听到不正确发音或糟糕的语言所造成的。方言口音就属于这一类，还有坏习惯，它可能使孩子保持儿时语言的自然缺陷；或者模仿童年时期周围人们所特有的语言缺陷所形成的缺陷。

儿童语言中的正常缺陷是由于语言器官的肌肉连锁机构还不能很好发挥作用，因此不能发出某种固有运动给予敏感性刺激本应发出的音。口语发音所需运动之间的连锁关系是逐步建立的。结果可能造成语音不正，吐字不清。这种缺陷统称为“口齿不清”，主要是由于孩子还不能随心所欲地指挥其舌头运动。口齿不清主要包括 s、r、l、g 等音发音不准，以及唇音和喉音的发音缺陷。按照某些作者，如普雷尔（Prayer）的观点，发唇音困难还包括不能发好单词的第一个音。

有关元音和辅音的某一些发音缺陷是由于孩子完全重复所听到的不正确的发音所造成的。

前一种情况是外部运动器官和神经通道的功能不健全产生的问题，原因在于个人；而后一种情况，错误是由听觉刺激引起的，原因在外部环境。

这种缺陷虽会随年龄增长而减少，但往往也会保留到少年和成年，以致最后会产生一种错误的语言，并引起书写上的附加错误。例如，像方言引起的书写错误。

假如一个人考虑到人类言语的魅力，那么他就必定会承认一个没有掌握正确口语的人是低级的、不完美的；如果不特别注意完善口头语言，就很难想象教育的美学观念。虽然希腊人曾把语言教育艺术传播到了罗马，但人文主义并没有把它放在实践中继承下来。人文主义关心的是环境美学和文艺复兴，而不是人的本身完善。

今天，我们刚刚开始实践用教育方法来纠正严重的语言缺陷，诸如口吃，但是为改进这种实践而提倡的语言体操（Linguistic gymnastics）还没有作为一种普遍方法，作为完善美化人的巨大工程的一个具体措施，在学校中推广开来。

一些聋哑人的教师和热心于正音的有识之士已取得一点成绩，他们正试图在小学中采用他们的方法纠正各种形式的口齿不清的毛病。他们统计研究的结果表明，学生中广泛存在着这类语言缺陷。弥补这些语言缺陷所采用的练习主要包括“安静疗法”，它使语言器官保持安静休息的状态，以及耐心地重复发单个的元音和辅音。这些练习中也附加有呼吸锻炼。此处不便详细介绍这些练习方法。这些练习需要耐心和时间，和学校教学很难协调。然而，在我的方法中却可找到纠正语言的所有练习。

(a)安静练习。它为语言的神经通道正确接收新的刺激做好准备。

(b) 发音课程。首先由教师清晰地发出少数单词（特别是必须联系具体含义的名词）的音，这样就开始了语言的正确和清楚的听觉刺激。当孩子已领悟到单词所代表的实物的意义（认出实物）时，教师就反复进行这种刺激；最后，引发出孩子的口头语言，他必须单独大声地重复这个词，发出这个词的每个音素。

(c) 书面语言练习。这种练习分析言语的音素，并以几种方式分别重复念这些音，换句话说，当孩子学习字母表中的单个字母，或拼写单词时，都要分别重复他翻译成书面语言的字母或单词的读音。

(d) 体操练习。如前所述，它包括呼吸练习和发音练习。

我相信，今天在小学中开始使用的“纠正语言缺陷”这一概念，在将来的学校中一定会消失，取而代之的将是更合理的概念，即在“儿童之家”，也就是在儿童语言建立的年龄阶段，关心儿童语言的发展，从根本上防止语言缺陷的产生。

第十九章　计数教学：算术入门

3岁的孩子在进入我们的学校时已懂得数数，能数到2或3了。所以，他们很容易学会计数，数物品的件数。为达到这个目的，可以使用很多不同的方法，并且日常生活也可以提供许多机会，如在母亲说“你的围裙掉了2颗纽扣”时或者“桌子上还要3只盘子”时，都可以利用来达到计数的目的。

我首先采用的方法之一是数钱。我弄到一些新币，如有可能，我就把硬纸片复制成假币，在伦敦的缺陷儿童学校中，我曾看见使用过这种假币。

换钱是一种很有趣的计算活动，它能吸引孩子的注意力。我提供给孩子们1、2、4生丁的钱币，这样他们就能学计数，计到10。

没有比让孩子熟悉通常使用的硬币更实际的教学方式了，也没有比换钱更有用的练习了。这些练习和日常生活有十分密切的联系，使孩子们很感兴趣。

用这种经验方式教过计数后，我便过渡到更为系统的练习。使用的教具是一套在感觉训练中已用过的教具，即用来进行长度教学的10根棍子。其中，最短的棍为10厘米长，最长的为1米，把每根棍分为10厘米一段，段与段相间交错漆成红色和蓝色。

一天，让一个孩子把这些棍按长度顺序摆好后，我们就让他从最短的一根开始，数红色和蓝色的记号，即1；1、2；1、2、3；等等。每数一根棍时都要返回到1，从A边开始。然后，再

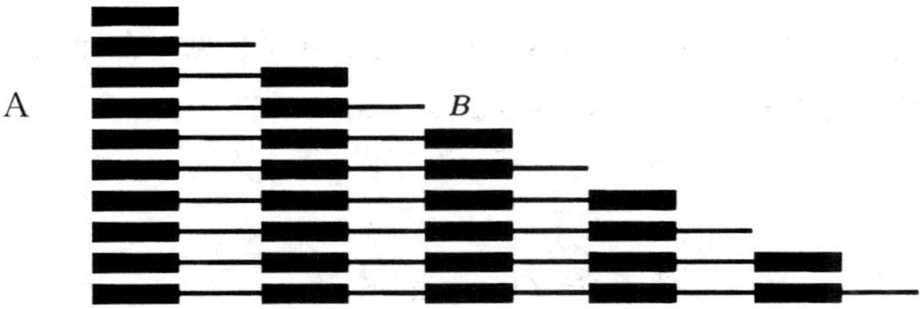

1

1 2

1 2 3

1 2 3 4

1 2 3 4 5

1 2 3 4 5 6

1 2 3 4 5 6 7

1 2 3 4 5 6 7 8

1 2 3 4 5 6 7 8 9

1 2 3 4 5 6 7 8 9 10

让孩子摸着呈阶梯状的边，说出每根棍由几段组成，从最短的开始。结果依次是1、2、3、4、5、6、7、8、9、10，与最长一根棍的段数一样。要想知道棍的数目，就从A边数，结果也是1、2、3、4、5、6、7、8、9、10。这就相当于三角形的三条边，便于孩子自己验证自己计数是否正确。由于这一练习十分有趣，孩子们乐意反复进行。

现在我们把计数练习和上面的认识长短棍的感知练习合并起来。先把这些棍混在一起放在地毯上，教师从中选出一根给孩子看，让他数出这根棍的段数，如5段；然后，让孩子凭目测选出长度顺序中的下一根，并让他把选出的这根与前一根并放在一起，数出段数，以便查对选得是否正确。这种练习可以用种种不同方式反复进行。在这种练习中，可以让孩子们学着给这一长“阶梯”中的每一根棍取一个特定的名称。这里可以叫它们一号棍、二号棍，等等。最后为了方便起见，在课堂上可以简称它们为 1、2、3，等等。

用书写符号表示数

此时，如果孩子已会书写，我们便可把用砂纸剪成的数字以及数字卡片拿给孩子学习。所采用的教学方法和教字母时的方法一样。给出一张，便说：“这是 1”，“这是 2”，“给我 1”，“给我 2”，“这是什么数?”等等，让孩子们像用手触摸字母一样去触摸这些数字。

数字练习　书写符号和数量的联系。

我设计了两个托盘，每个分成五个小格。每格的底部可以放一张有数字的卡片。第一个托盘里的数字是 0、1、2、3、4。第二个托盘里的数字则是 5、6、7、8、9。

练习很简单，就是按照格子底部卡片上注明的数字，把相应数量的物件放到格子里去。为了变化形式，我便给孩子各种物件，但主要是大木钉，其形状做得使它不至于从桌上滑落下来。我们把一定数量的木钉放到孩子面前，让他放到各个格子里去；1 颗木钉便相当于卡片上的 1，等等。孩子放完木钉后，便把托盘拿给教师看，让教师检查他做得是否正确。

关于零的教学　我们等到孩子指着卡片上标着 0 的格子问“这一格我该放多少呢?”的时候，我们便回答：“什么都不放，0 就是什么也没有。”但这往往还不够，还必须让孩子感觉到我们所说的“什么也没有”的意思。为此，我们采用了一个广泛用于吸引孩子的小游戏。我站在孩子们中间，对一个已经用过上述教具的孩子说："过来，到我这里来零次！"这孩子几乎已一步步地朝我走来，然后又走回他原来的地方。我则说道："但是，孩子，你来了一次啊，而我是叫你来0次！"于是他开始迷惑不解："那我该怎么办呢？""什么都不干；零是什么都没有。""那么，怎样做到什么都不干呢？"我便告诉他："你什么都不要做；你必须静静地坐着，你完全不必过来，一次也不要来，零次就是一次也没有。"我反复重复这样的练习，一直到孩子们理解了为止。后来，当我叫他们到我这里来零次，或是抛给我零个飞吻时，他们都非常高兴地静静地保持不动。他们经常自己叫喊道："零是什么都没有！零是什么都没有！"

数的记忆练习

当孩子们已认识书写的数字，已懂得这些数字的数量意义时，我就叫他们做下面的练习。

我从旧日历上剪下数字，把它们贴在纸条上，并把纸条折叠起来放进一个盒子，让孩子从中抓出一个纸条，拿回到自己的座位，打开看一下，然后又折叠起来以保守秘密。然后，让孩子们一个一个地或一组一组地（自然，他们都是班上的大孩子）走到老师的大桌旁，桌上摆着各种各样的小物品，让每个孩子选出与他所抽到的数字一样多的物品。这时，因为纸条还留在自己的座位上，还神秘地折叠在那儿，所以孩子们必须记住纸条上的数字，不仅在走向和离开讲桌的过程中要记住，而且在挑选物品、一个一个地数物品的件数时也要记住。这时，教师可以做一次有关数字记忆的有趣的个别观察。

当孩子们把所选出的物品按两个一行排放在自己的桌上

时，若物品的件数为奇数，就让他把剩下的单个放到最下面一排，对准上排两个物品的中间位置。排列的方式如下：

0	0	0	0	0	0	0	0	0	0
×	××	××	××	××	××	××	××	××	××
		×	××	××	××	××	××	××	××
				×	××	××	××	××	××
						×	××	××	××
								×	××

这里的×代表物品，而上面的0代表贴着数字并折叠起的纸条。孩子们摆好物品后就等着检查，教师走过去打开纸条，念出上面贴着的数字，并数物品的件数。

在我们开始玩这种游戏时，常常发生孩子拿的件数要比纸条上写的件数多的情况。这并不完全是因为孩子们没有记住数字，而是由于孩子喜欢占有大量东西这种癖好引起的，本能地有些贪多，如同原始的没有开化的人一样。教师要想法给孩子们解释清楚，把桌上所有的东西都拿去也没有用，游戏的意义在于要按纸条上贴着的数字准确地取走物品。

孩子们会渐渐地明白这个意思，但也不像一般人所想象的那么容易。这需要努力做到真正的自我克制，让孩子能服从既定的限制。例如，即使当他看到别人拿走更多的东西时，他自己也只拿走限定的两件。所以，我认为这不仅是一个记忆数字的游戏，而且更是一种锻炼意志的游戏。拿到零的孩子，即使看到伙伴们都去自由地取不允许他取的东西时，也应不离开他的座位。许多次零都落到了那些很会数数的孩子手里，而使他们本来想大大享受一番聚集物品、正确排放物品的快乐，并满有把握地等待老师来检查的愿望都成了零。

最有趣的就是研究拿到零的孩子的表情。不同人的表情几乎总会表现出他们“性格”的差异。有的毫无表情，假装勇敢地面对现实，以掩盖失望的痛苦；有的以不由自主的手势表示失望；还有的禁不住微笑起来，这种微笑使他们发现能以此引起同伴们的好奇心。有些小伙伴以渴望的、几乎是嫉妒的眼光看着同伴们的每个动作，而另一些则立刻显出安于这种状况的模样。当检查时孩子们承认自己拿到的是零的表情也同样有趣。当问道：“你什么东西都没有拿吗？”回答是：“我拿到的是零。”“是零。”回答的话一般都是这样，但面部表情和声调则大不一样。事实上，很少有人在回答时有高兴的表情，多数看起来或者是不高兴，或者是无可奈何。

所以在讲解这个游戏的意义时应当说：“保守0的秘密是很困难的，大家要把纸条折好，别让秘密泄露了。这是件最难办到的事情。”事实上，不一会儿，孩子们就出现了难于保持安静的局面。而当他们打开纸条看到是零的时候，可以看出他们还是愿意保守这个秘密的。

从1到20的加减乘除法

用于初步的算术运算教学的教具与计数教学的教具相同，就是分段的长短棍。按米制尺寸分段排列，包含着十进制的初步概念。

我已经说过，这些棍可以用它们所代表的数字来称呼：1，2，3，等等。把它们按长度排列起来，也就是把它们按数字顺序排列起来。

第一个练习是把较短的棍以一种能构成10的方式放在一起。最简单的做法是从最短的1开始，连续地一根根地把棍放到9以下的相应的棍的末端。这样做时可以命令孩子们："把1加到9的后面，把2加到8的后面，把3加到7的后面，把4加到6的后面。"这样我们便构成4根等于10的棍。这样还剩下一根5。把它倒一下头，正好与10相等；所以很明显，5的2倍是10。

反复进行这些练习，孩子们就能逐渐学会相应的技术语言：9加1等于10；8加2等于10；7加3等于10；6加4等于10；而对于剩下的5，则是5乘2等于10。最后，如果孩子们已学会了书写，便可以教他们加号、等号和乘号。这样，我们便可以看到，在孩子的练习本上整齐地写着：

$$9+1=10$$

$$8+2=10$$

$$5\times 2=10$$

$$7+3=10$$

$$6+4=10$$

当孩子们已掌握了这些，并能把它们愉快地写在纸上时，我们就叫他们注意下面这件工作，即把组成10的一组组棍拆开并放还原处。从组成10的最后一组拿走4留下6；从上一组拿走3留下7；从再上一组拿走2留下8；从最后一组拿走1留下9。恰当的说法是：10减去4等于6；10减去3等于7；10减去2等于8；10减去1等于9。

到剩下的5，它是10的一半。把长棍一分为二，即是10除以2，我们便得到5。10除以2等于5。把这些写出来就是：

$$10-4=6$$

$$10-3=7$$

$$10\div 2=5$$

$$10-2=8$$

10－9＝1

孩子们一旦掌握了这些练习,就会自发地把练习扩展开。我们能用两种方法得到3吗？我们把1放到2的后面，并写下来，以便记忆，那是2＋1＝3。我们能使两根棍组成4吗？3＋1＝4；又4－3＝1；4－1＝3。2号棍和4号棍的关系与5和10的关系处理方法一样，即是：我们把2号棍倒头，让孩子们看出4号棍是它的两倍：4÷2＝2；2×2＝4。另一问题是：让我们看看，能用多少棍来做这样的游戏。我们还能用上3和6，4和8；即：

2×2＝4　3×2＝6　4×2＝8　5×2＝10　10÷2＝5　8÷2＝4　6÷2＝3　4÷2＝2

这时我们发现，我们曾用在数字记忆游戏中的立方块在这里也有用。

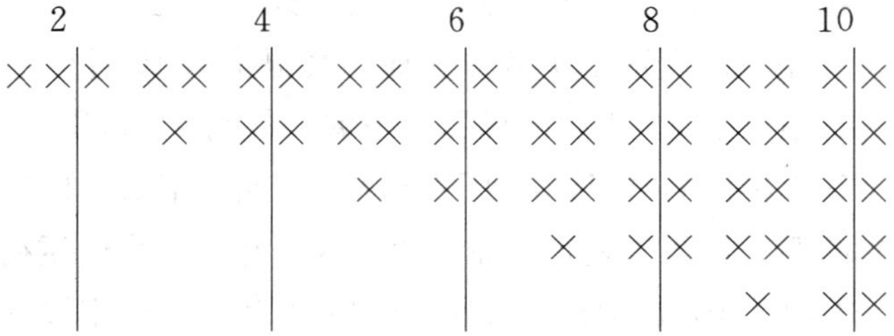

从这种排列中。一眼便可看出，那些可以被2除的数，其最下面一排都不是单数。这些数都是双数，因为他们都是成双成对地排列，可以被2除尽。两个、两个地并排被分成两个竖行。数出这些排数便得到商数。为了组成原来的数，只需重新两个一排地排成行就行了。2×3＝6。这对5岁的孩子来说，要做到是并不困难的。

这种重复性的练习很快就会变得单调乏味，幸而练习的方式是很容易变换的。重新组合长棍，不再把最短的1放到9的后面，而放到10的后面。同样，把2放到9的后面，把3放到

8 的后面。这样我们就得到比 10 还长的棍的组合。我们必须学会叫这些长度为 11，12，13，等等，直至 20。也可以利用小立方块来记这些较大的数。

学会 10 以内的运算后，就不难进到 20 以内的运算了。这里的困难在于十进位数，得专门上课。

十进位数的课：10 以上的算术运算

所需教具包括一些方纸卡片，上面印着大号字的 10，以及另外一些长方形纸卡片，其大小为方形卡片的一半，上面分别印着从 1 到 9 的单个数字。我们把数字排成一行：1，2，3，4，5，6，7，8，9，10。接下去没有其他数了，我们必须返回，再从 1 开始数。而这个 1 就像在那一套棍中的 10 号棍的段数一样，它超过了 9。沿“阶梯”往下数，数到 9，这里剩下一段，由于往下再没有数了。我们又再从 1 开始往下数，但这个 1 比原先的要大，为了把它与原先的 1 区分开来，我们便在它后面加一个符号 0，就得到 10。用长方形卡片上的数字按顺序覆盖这个 0，我们便可以看到：11，12，13，14，15，16，17，18，19。再用那套棍组成这些数字，在 10 号棍上加 1 号棍，然后 2 号棍、3 号棍，直至在 10 号棍上加上 9 号棍，形成一根很长的棍，数出这根棍上红、蓝色相间的段数，也得到 19。

然后，教师给孩子出示 16 的卡片，孩子们便把 6 号棍放在 10 号棍后面。教师再把 6 拿走，在 0 的位置上覆盖上 8，于是孩子们便把 6 号棍拿走，换成 8 号棍，得到 18。每做一次可以记录一下：10＋6＝16；10＋8＝18 等等。我们也用这种相同的方法进行减法。

当孩子们都明了这些数的意义时，就可放一张综合的长卡片，把印有 1 至 9 的数字的长方形卡片重新排放成 A 和 B 两栏。

10		10	
10		20	
10		30	
10	A	40	B
10		50	
10		60	
10		70	
10		80	
10		90	

在卡片 A 上的第二个 10 的 0 上重放上 1 的长方形卡片，在下一个 10 的 0 上重放上 2 的长方形卡片，以此类推。这样 10 的左边一行不变，而右边一行的数则是从 0 到 9，即是：

10
11
12
13
14
15
16
17
18
19
20

卡片 B 的应用要复杂一些。重放上长方形卡片后就成为等

差为 10 的数列。

几乎所有的孩子都能数到 100。给他们 100 这个数，能满足他们想学这个数的好奇心。

我想这一阶段的教学没有必要再作进一步说明了。每个教师都可以利用孩子们容易使用的简单物品来扩充实际的算术运算练习。

第二十章　练习的顺序

知道练习的顺序或各种序列对于方法的实际应用是有好处的，必须让孩子们循序渐进地进行练习。

在本书的第一版中，曾明确指出了每个练习的进度，而在“儿童之家”，我们采用了齐头并进的方式，各种不同的练习大部分都同时开始。从总体说提供的教材是分阶段地发展的。从本书第一次出版以来，通过“儿童之家”的实践，阶段定义更明确了。

提供教材的阶段和练习顺序

第一阶段

孩子们一来到学校，便可让他们进行以下的练习：

无声地移动座位（实际生活练习）；

系带、扣纽扣、挂裤钩，等等；

圆柱体练习（感觉训练）。

在这些练习中，最有用的练习是圆柱体（固体镶块）的练习。从这里孩子开始“固定”自己的注意力，第一次进行比较和第一次进行选择，从中也就训练了判断力。所以也开始了智力开发。

这些固体镶块的练习，其从易到难的顺序是：

（a）高度相等、直径逐渐减小的圆柱体；

（b）各个维度逐渐缩小的圆柱体；

（c）只是高度逐渐减小的圆柱体。

第二阶段

实际生活练习 无声地起立和坐下。按直线行走。

感觉练习 有关尺寸的教具包括长梯、棱柱体或长梯、立方体。孩子们做这些练习就像做圆柱体练习一样，要分辨出尺寸大小，只是情况不同而已。这里使用的物体之间的差别要比先前练习中的差别更为显著，但这里只能凭眼力去辨别物体和检验差错。而在前面的练习中，错误是通过教学材料本身机械地显示在儿童面前，只可能把镶块放进相应的镶框里，不可放到其他什么地方去。最后，在过去的练习中孩子们只做简单得多的动作（坐着用手依次摆放小物体）；而在这些新的练习中，要求他们完成的动作要复杂和困难得多，而且肌肉还要稍许用些力。他们要从桌旁走向地毯，起立、跪下、搬运重物等。

我们注意到，孩子们容易把最后两个较大尺寸的物体搞乱。他们已经学会按顺序正确摆放其他物体后，在很长时间内仍无意识地继续犯这种错误。事实上，这些物体之间的尺寸变化完全是一样的，但它们之间的相对差别却随着尺寸的增大而减小。例如，小立方体，边长 2 厘米的和边长 1 厘米的相比，两者边长相差两倍；而边长为 10 厘米的最大一个立方体和和边长为 9 厘米的次大的一个相比，两者边长相差仅 1/10。

因此从理论上看，在这种练习中我们似乎应该从最小的一个立方体开始，实际上，我们也可以通过已教过的关于长度和大小的教具来这样做，但是用立方体却不能这样做，必须将立方体摆成一座小“塔”。这样就总是要用最大的一个做底。

塔最能吸引孩子们，他们很早就开始玩造塔的游戏了。所以我们可以时常看见很小的孩子在玩塔，他们用次大的一个立方体做底，并高兴地认为自己已搭成了一座塔。但是当孩子们反复进行这种练习，已主动纠正并不再重犯这种错误时，我们便可以肯定，他们的眼睛已经训练得能感觉出各个物体之间的最小差别了。

在三套用于教学尺寸大小的教具中，一套教具中的两件教具的长度相差为10厘米，而在另两套中，各套中的两件教具的长度相差仅为1厘米。从理论上讲，似乎长棍这套教具应首先吸引孩子们的注意力，并首先克服错误。然而实际上并不是这样。孩子们虽然对这套玩具感兴趣，但在使用中所犯错误却最大。只有当他们克服了玩其他两套教具中的所有错误后，很长时间内才能真正正确地摆出长阶梯来。因此可以认为，这套教具是教学尺寸大小的教具中最难的一套。

把孩子训练得达到这种程度后，他就能够很有兴趣地把注意力集中于热觉和触觉刺激。

所以，这些感觉发展过程实际上和心理测量学用研究对象得出的理论结果不一致，和生理学和解剖学关于感觉器官关系说明也不一致。

事实上，触觉是原始感觉，触觉器官是最简单而分布最广的器官。但很容易说明为什么最简单的感觉、最不复杂的器官，在提供感觉刺激的教具中并不是首先通过它们来引起孩子们的注意力。

所以，只有当注意力训练已经开始后，我们才可以提供给孩子们一些粗糙和光滑表面进行练习（本书中有说明，在某些热觉练习之后）。

如果提供这种练习的时机恰当，就能极大地引起孩子们的兴趣。应当记住，这些游戏在整个方法中最为重要，因为我们以后引入的手的运动的练习将与之结合，为掌握书写打下基础。

和上述这两套感觉练习一起，我们可以开始所谓的“颜色配对”练习，即识别两件物品的颜色是否相同。这是第一个色觉练习。

和尺寸练习时一样，此处也只是让孩子们的眼睛参与判断。第一个色觉练习很容易，但如果要让孩子们有趣地重复这个练习，必须让他们通过预先的练习，接受一定程度的注意力训练。

与此同时，孩子们已听过音乐，在老师有节奏的进行曲的伴奏下，沿直线进行过行走。逐渐自发地学会伴随音乐做某种运动。当然这必须重复同一个乐曲（为掌握节奏感，反复练习是必要的，这和处理所有自发活动的训练形式一样）。

保持安静的练习也应该反复进行。

第三阶段

实际生活练习 让孩子们学会自己洗漱、穿衣、脱衣、擦桌子以及使用各种器具等。

感觉训练 现在应引导孩子们识别刺激的程度（如触觉程度、色觉程度等），让他们自由练习。

开始提供听觉（乐音、噪音）刺激和压觉刺激（使用不同质量的小木板）。

在进行程度练习的同时，我们可以提供平面几何镶块的练习。这个练习就是开始让孩子们用手指沿着平面几何镶块的轮廓运动，使之与其他识别（触觉程度的练习）一起，为书写作准备。

在孩子已经清楚地识别木镶块的形状后，我们再提供给他们一系列画有相应几何图形的卡片。这些硬纸卡片是为构成书写抽象符号作准备的，使孩子们学会辨认轮廓形状。在进行完所有这些练习后，孩子们将形成一种有秩序和有思想的人格特点，这些练习可以看成是由感觉训练通向书写、由准备到实际步入教学的桥梁。

第四阶段

实际生活练习 让孩子们摆放和擦净饭桌,学会整理房间,然后进一步教会他们关心自己个人卫生（怎样刷牙、清理指甲等）。

通过在音乐伴奏下的走直线练习，达到行走平稳自如等要求。

他们已经知道怎样控制和指挥自己的运动（怎样保持安静——怎样搬动物品，使之不掉落、不损坏以及不产生噪音）。

感觉练习 在这一阶段,我们重复所有的感觉练习。另外,还让孩子们借助于成双的编钟来识辨音调。

和书写有关的练习：图画 让孩子们通过平面几何的金属镶块练习。这时，他们已经能够协调用手触摸轮廓的动作，现在他不再用手指，而是要用铅笔把轮廓图描绘在纸上，然后用彩色铅笔填满这些轮廓图，要求握铅笔的姿势和以后写字时握钢笔的姿势一样。

与此同时,还教孩子们识别和触摸一些用砂纸做成的字母。

算术练习 这时，在让孩子们重复感觉练习的同时也让他们做长梯练习，但目的与以前进行的练习有所不同。让孩子们数各根棍上蓝、红两色的段数,从只有 1 段的棍数到有 10 段的棍，除坚持反复进行这种练习外，还给孩子们其他一些复杂的练习。

在图画练习中，从填满几何镶块轮廓过渡到填满在四年实践中建立起来轮廓图形，这些轮廓图形将作为标准编印出版。

这些图形具有重要的教育意义。从内容到层次都按我的方法进行过细致研究。

这些练习是感觉训练的继续，帮助孩子们观察环境。这样就可以发展孩子的智力，而对于书写，则可以为长短笔划的书写作准备。以后，便容易写高矮字母。不必用至今在意大利小学各年级还在使用的横格写字本了。

致于学习使用书面语言，我们让孩子们认识字母表中的字母，并学会用活动字母进行拼写。

在算术方面，孩子们已学习了数字，并能把相应的数字放到组成长梯的每根棍中的红、蓝色段数的旁边了。

现在应让孩子们用木钉做练习了，同时也应该做摆放筹码的游戏。在桌上的数字下摆放上相应数量的彩色筹码。这些筹码应摆成并排的两行，形成明显的奇数和偶数问题（这种排列方式来自塞贡）。

第五阶段

继续进行以往的练习，并开始增加更复杂的节律练习。

在图画练习中应开始：

（a）使用水彩；

（b）自然写生（花、草等）。

用活动的字母拼组单词和短语：

（a）自发地书写单词和短语；

（b）阅读教师准备的纸条。

应继续进行从长梯开始的算术运算练习。

在这个阶段，孩子们表现出非常有趣的发展差异，明显达到可以进行教学的程度，智力在飞速发展。

当我们看到人性在这些孩子们的心灵中遵循其内在规律愉快发展时，我们感到欣慰。只有播种者才能体会到收获的快乐。

第二十一章　再谈纪律

自从本书的意大利文版出版以来，我们积累的经验一再表明：我们的一个班有四五十个孩子，他们的纪律要比普通小学班级的纪律好得多。因此，我想分析一下通过我的方法（它以自由为基础）所获得的纪律，也许会引起美国读者的兴趣。

无论谁参观一个管理良好的学校（例如我的学生马切罗尼在罗马所指导的一所学校）都会对孩子们的纪律性感到吃惊。一个学校有40个从3岁至7岁的孩子，每个孩子都在专心地干自己的工作。他们中的一个在做感觉练习；一个在摆弄字母；一个在画画；一个在绷有布料的木框上练习解扣和扣扣；一个在打扫灰尘。他们中有的坐在桌旁；有的则坐在地毯上；都尽量避免发出声音，轻轻地搬动东西，并用脚尖走路。有时他们压低声音高兴地呼唤："老师，老师，看，我做出什么了！"但作为一条规则：不互相干扰，保持安静；孩子们完全沉浸在自己的工作中。

教师静静地观察，在教室里轻轻地走动；不管哪个孩子叫她，她都走近他身旁。她巡视着孩子们的工作，任何人需要她的时候，都可能发现她就在身边；谁不需要她，也不在乎她的存在。有时，她几个小时不说一句话，一些参观"儿童之家"的人称这些孩子为"小大人"，而另一些人则称他们是"深思熟虑的裁判员"。

在这种专心工作的过程中，从未发生过为占有物品而争吵的事。要是谁做得特别好，其他孩子就会会心地赞扬他的成绩并为他感到高兴，谁也不会感到不安，一个人的成功会使大家感到愉快。还可以经常看到模仿者。大家都为他人会做某事而感到快慰，毫无嫉妒之心。3 岁的小孩在 7 岁的孩子身旁安静地工作着，如同他满意自己的身高一样，他不会妒忌比他高大的孩子。一切都在非常平静的气氛中进行。

如果教师想让全体孩子干一件事，如要他们放下自己非常感兴趣的工作，她只需低声地呼唤或做一个手势，大家就会立刻注意到，热切地望着她，急切地想知道教师如何吩咐。许多参观者看到，教师把指示写在黑板上，孩子们都高兴地执行了。不仅是教师，而且其他任何要学生做事的人都会惊奇地看到：他们服从命令一丝不苟，活泼愉快。经常有参观者想听一个正在画画的孩子唱歌，这个孩子就会立刻放下画画而愉快地唱歌，当他一完成这一礼貌的行动，又会马上去继续他所中断的工作。有时，较小的孩子要先完成自己的工作后，才按临时吩咐的做。

在对曾听过我讲座的教师的教学进行实地考查时，我们会注意到这种纪律所产生的惊人效果。这种考查是实际的，我们相应地，把成组的孩子置于被考查教师的支配下，教师按照抽签确定教学内容，然后由她带领孩子去完成练习作业。当孩子们在等待轮到自己时，允许他们自由地从事自己所喜欢的活动。所有的孩子都在连续不断工作，当由考查引起的干扰一结束，孩子们又会回头去干自己的工作。有的孩子还会把他在考察过程的间隙中作的画给我们看。美国芝加哥的乔治小姐曾多次看到过这种场面。在巴黎建立第一个“儿童之家”的普乔尔斯女士也为孩子们的耐心、坚持性和极大热情感到惊讶。

如果不是这些孩子表现得毫无拘束、轻松自如，如果不是这些孩子用明亮的眼睛、高兴的笑脸热情地欢迎客人，并解答客人的提问，可能有人会以为他们受到了严重的压抑或强制。所有这些，使我们感到孩子们是“儿童之家”的真正主人。孩子们热情地抱住老师的双腿，他们让老师弯下腰来以便亲吻她的脸，显示出他们幼小的心灵在自由地成长。

无论谁见到孩子们摆桌子进餐的情景都会非常吃惊。4 岁的小服务员取出餐刀、餐叉和汤匙，摆放到各个座位上，然后端出装有 5 个玻璃杯的托盘，最后端出盛有热汤的大钵送到各桌。这当中没有差错出现，没有打破杯子，没有泼出汤。而在整个进餐过程中，不显眼的小服务员都在勤快地服务，没有表现出丝毫的怠慢。如果一个孩子吃完了第一道饭菜，准备吃下一道了，小服务员就会立即收走空盘，及时送上第二道。孩子们自由自在，没有任何强制，愉快地进食或服务。

想一想在一般情况下，4 岁孩子总爱又哭又叫，并且容易摔破东西，总是要人侍候。那么，见到上述情景，谁不为之深深感动呢？如此情景，显然是人类的潜在生命力充分发展的结果。我经常看到参观者都为之感动得热泪盈眶。

但是，这种纪律决不是靠命令、说教以及常为人们所称道的惩戒性的措施所能得到的。这些孩子不仅行动有条不紊，而且生活内容日渐丰富起来。事实上，这种良好的纪律是通过学校里进行的特别练习得到的；它当然不是取决于教师，而是取决于每个孩子的精神生活所产生的一种奇迹。

如果我们平行地比较一下成人的生活，就会注意到一种可供对照的现象，只有那殉道者和基督徒超人的毅力、传教士的坚贞、修道士的虔诚，可以与之比拟。除此之外，世界上再也没有什么能和“儿童之家”的良好纪律所表现出的那种纯洁高尚的精神相比了。

要达到这种良好的纪律，指望惩戒和说教是徒劳的。最初，这样的手段也许表面上有效，但不能持久。当现实生活要求真正的自觉的纪律时，那些表面的虚假的纪律现象就成为泡影，即幻觉须让位于现实，犹如“黑夜让位于白昼”。

真正纪律的第一道曙光来自工作。在孩子们非常热衷于某件工作的特定时刻，他们的激情、高度集中的注意力、细心和耐心、毅力和持续性、自动性和创造精神，是纪律的充分体现。也正是孩子们开始走上了纪律之路。不管他们承担什么任务（感觉练习、解扣或系带练习，或洗盘子练习），都会同样地保持良好的纪律。

对于我们来说，就是通过反复的“肃静课”施加一定的影响，以增加以上在工作中体现的纪律的持久性。这种课，就是让孩子们完全保持安静，集中注意倾听从远处传来的低声呼喊名字的声音；细心地完成各种协调动作；不碰撞桌椅、用脚尖行走；使孩子们的天性、运动能力以及心理活动都进入有序状态。这是一种最好的、循序渐进的和有效的培养方法。

当孩子们的工作习惯一旦形成，接着，就必须做到严格监督，经验告诉我们，在建立纪律的过程中，一定严格按我的原则和方法进行，按照不同层次、分阶段练习，不强制和用说教来达到目的。没有人是“通过听别人的说教”来学会自觉遵守纪律的。良好的纪律需要经过一系列成套的动作准备，如像准备真正运用一种合理的教育方法一样。我们应当知道：纪律是通过间接的方法建立起来的，要达到目的，不是通过攻讦错误以及向错误作斗争，而是通过自发地工作以及开展活动。

这种工作方式不是随意提出的，我们使用的方法很精确；它符合人的本能要求和生命自然发展的潜在倾向，或者说，符合个人能力的逐步提高。

这种工作，首先是使个性成长进入秩序状态，并为其继续成长创造广泛的可能性。例如，我们要抓住婴儿缺乏控制力的弱点；这主要是婴儿缺乏肌肉训练的原因。他总是处于无序的运动状态：他摔倒在地，做出奇怪的姿势，或大哭大叫。我们可以看出，孩子身上有一种潜在倾向力求建立协调运动。但是，他还是一个不能准确进行各种肌肉运动的人，也是一个还不能控制语言器官的人。虽然，他最终会建立起这种运动，而目前还处于充满错误的试验阶段，还在不断地努力去发挥本能中潜在的能力，但是仍然是无意识地进行。对婴儿说“像我一样静静地站着”，这既不可能，也不现实。在个体的发展过程中，要使婴儿的复杂的心理——肌肉和神经系统建立起秩序，依靠命令是不行的。在这点上我们容易和成人的情况混淆起来。一个成人，他可能会因为一个不良冲动而喜欢无秩序的行为，他也可以（假定他能）因服从严厉的警告而改变自己的意志而转向认识秩序和达到他力所能及的秩序的方向发展。而儿童的情况则不同。对于儿童来说，存在着一个如何帮助儿童自愿行动的自然发展问题。所以，有必要教会儿童所有的协调运动，尽可能把这些运动分解开来，让他们一点点地逐步学会。

例如，必须训练孩子们保持安静，教会他们各种协调动作；如从椅子上起立和坐下的有关动作；走路、在教室里用脚尖行走以及沿着地板上的直线行走等保持平衡所需要的动作；教孩子们搬运东西时轻拿轻放；以及教孩子们穿衣、脱衣的复杂动作（在学习过程中分解成在框上系带、解扣等动作）。甚至每项练习中，也必须把动作分解为不同的几部分。完全的静止状态和连续的完美行为是在“安静！别动”这种普通的命令下产生的。当孩子们在他们这个年龄阶段还缺乏自我约束的时候，通过这样的练习，使他们在学会各种动作的过程中获得了秩序感，并形成了纪律。这是一个毫不令人惊奇而非常自然的结果。总之，孩子们会自然作出反应，因为他们在行动中。但这些行动指向一个目标，不再显得紊乱，而是在工作。这就是纪律。它代表了通过一系列努力而达到的结果。孩子们以这样的方式受到训练，已不再是当初的自己了，他们不但已经知道怎样去做才是正确的，而且他们已是经过自我完善的个体，克服了通常的年龄局限，向前迈进了一大步，现在就已征服了自己的未来。

因此，孩子们便扩大了自主范围。他们不再需要身边随时有人徒劳地（混淆两个相反的概念）告诉他们："安静！做个好孩子！"孩子们取得的成果不是惰性堆积成的，而是行动造就成的。事实上，只有不断做好事的，才是好人。这里所说的好事，是孩子们的内在发展更有序和有益的外部行动。

在我们培养孩子们的努力中，外表行动是刺激其内部心灵发展的手段，而内部心灵发展又会通过外表行动表现出来。这两种因素相互促进，共同发展。工作使孩子们的心灵得到发展，而心灵充分发展又会促使其工作得更好；工作进步又使孩子们感到愉快——于是他们的心灵又进一步得到发展。所以，纪律不是一种事实，而是一种途径，沿着这条途径，孩子们便可以科学、准确地掌握"好"这一抽象概念。

除此之外，在达到最终目的的道路上，孩子们通过克服困难会品尝到精神"有序"的极大快乐。在长期的准备过程中，孩子们经历了内心的快乐、精神的觉醒，构成孩子们的精神宝库——在这个宝库中，还不断储存进去甜蜜回忆、坚强和毅力。这将是他们未来正直性格的源泉。

总之，孩子们不仅学会了走动，而且学会完成有益的行动。他们掌握了一种特殊的行动规范使他们的姿势更加正确、优美、可爱，手脚更灵巧。事实上，整个身体更加平衡协调，行动更加有把握。行动规范也美化了他们的面部表情和他们那安详、明亮的一双眼睛，这表明精神生命的火光已在又一个人的内心点燃了。

显然，这样自发地（即孩子们自己选择和进行练习）发展起来的协调动作，必然要比没有受过训练的孩子们的无序运动省力得多。肌肉天生就是要运动，肌肉真正的休息就是有规律地运动。如同肺一样，肺真正的休息就是有节奏地吸入新鲜空气和排出二氧化碳。不让肌肉运动就是迫使它不进行自律搏动。这样，不但会使它疲劳，而且还会使它退化，这就像不让肺进行呼吸一样，不仅肺立刻死亡，整个生命也会随之而死亡。

所以我们必须随时记住这样一个事实，就是无论何种自然活动的休息都是存在于符合其本性的某种特殊形式的运动之中。

按照人的内在自然规律行动——这就是休息。在这种特殊情况下，人既然是一种智慧生物，那么人的行动越多用智力，人也就越能保持内心平静。当一个孩子的行动没有次序，没有规范，他的神经必然处于高度紧张状态，而另一方面，神经能量也可通过积极的智力活动而增加和积蓄，使孩子得到真正的满足，并为自我征服而感到骄傲；他还会感到，自己已经越过了看来是不可逾越的边境，到达了一个充满着引路人默默关怀的新世界。

“神经能量的积蓄”代表了一个可分析的生理过程，这就是通过合理的练习使器官得到发展，使血液更好循环，使所有组织积极活动——即所有有利于身体健康发展的因素都积极活动的过程。精神促进身体的成长。心脏、神经和肌肉在发展过程中都受益于精神活动，因为灵魂和肉体并行于同一条道路。

以此类推，可以认为儿童的智力发展亦如此。婴儿的心理虽说是处于其特有的紊乱状态，但这却也是一种“探寻目标的方式”。通过不疲倦的实验，往往达到了目的，但也经常遭到迫害。有一次在罗马的平西安公园中，我见到一个大约1岁半的孩子（那是一个面带微笑的漂亮孩子）正在专心干活，用小铲把沙装进小桶。旁边是一个衣着整洁的保姆，她虽然很喜欢这个孩子，这类保姆总认为自己给了孩子最亲切和最明智的关怀。到了该回家的时候，保姆耐心地哄劝孩子放下他的工作，要把他抱进童车里去。但她的哄劝无效，孩子执意要玩，于是她便自己动手把小桶装满沙，把小桶和孩子一起放进了车里。她以为这样就是满足了孩子的要求。

然而，那个孩子大声哭叫，这哭叫声震动了我。在那孩子的小脸上显露出对暴力侵犯和不公平待遇的抗议。那是对刚萌发的智慧多么错误的打击呀！这个孩子并不是希望有一满桶沙，而是希望通过装沙的运动来满足机体的发展需要。孩子无意识的目标就是其自我发展，并不是装满一桶沙这个外部事实。外界光怪陆离、富有吸引力的事物只不过是空虚的幻觉，他的生命需要才是现实。事实上，如果他把小桶装满沙了，也许他又会倒掉，然后又重新装，直到心满意足为止。在未遭干涉之前，工作使他满意，粉红的小脸上带着微笑。精神愉快、自由练习和灿烂的阳光是使孩子生活丰富多采的三个源泉。

这是那个孩子的一段普通的生活情节，也是所有孩子都常常遇到的事，即使受到最好的抚育和关怀的孩子也是如此。他们不为成人理解，因为成人总是以自己的尺度去衡量他们，总是以为孩子们希望的是得到某些可见而又可及的东西，并总是希望帮助他们达到这种目的。而孩子们则通常有自己的无意识的欲望，即他们内心的自我发展的要求。因此，孩子们总是不满意什么都是现成的，总是向往那些尚未发现的东西。例如，即使别人给他穿衣穿得很好，他也宁愿自己穿戴。为达到“干净”的心理满足，他宁愿自己洗漱；他宁愿自己造一间小屋而不只是要拥有它。自我发展是孩子们的真正的并且几乎是唯一的娱乐，婴儿的自我发展，在1岁以前，在很大程度上是吸取营养，但在这之后则变为帮助自己逐步建立起机体的心理-生理功能。

平西安公园里的那个漂亮孩子的举动象征着：他希望协调他的自愿行动，希望通过举物训练其肌肉，通过估计距离训练其眼睛，通过工作中的推理发展其智力，通过自主活动激发其注意力。而那个爱他的保姆则以为他的目的是想拥有一桶沙，结果使他伤心。

当我们以为学生的愿望就是想要得到某些知识的时候，我们也往往屡犯类似的错误，我们从智力上帮助他们掌握这些孤立的知识，而同时却妨碍他们的自我发展，使他们受到伤害。普遍认为，在学校的满足方法就是"学习某种知识"，但是，在我们这种自由的学校里，我们的明确目标，是按照孩子们自发的自我发展的自然方法来培养孩子们。

学会某些知识，对于孩子们来说仅仅是一个起点。当他们领会了一个练习的含义，便会喜欢反复地进行这个练习，甚至无数次地反复进行，直到从中得到最大满足为止。他们喜欢完成这种行动是因为通过这种行动他们发展着自己的心理活动。

当人们观察到这一事实后，便开始对当今许多学校的做法进行批评。例如，经常有这种情况，教师向学生提出问题后，她会对那些跃跃欲试的学生说："不，不用你来回答，因为你知道答案。"而专门要那些她认为一定不知道答案的学生来回答。结果不知道的不得不说话，而知道的却得保持沉默。这种情况之所以发生，是因为一般习惯认为，知道某件事就是行为的结束。

然而在日常生活中，我们却不知道多少次重复我们最熟知、最关心以及那些体现出引起我们生命力反响共鸣的事情。我们喜欢哼唱我们最熟悉的乐曲，并从中体验到快乐，以至于让它成为我们生活的一部分。我们喜欢重温愉快的往事，尽管我们自己也知道我们讲的并没有什么新东西，但仍然爱一遍又一遍地讲给人听。“主的祷文”不知被我们讲了多少遍，但我们总感到它是那么新鲜。任何两人间的感情都比不上一对恋人那样笃信彼此的爱情，但恋人总喜欢无休无止地重复彼此相爱之言。

但是，为了要用这种方式进行重复，就必须首先要有进行重复的念头。从心理上抓住这一念头是开始进行重复不可缺少的条件。但发展生命的练习则由重复构成，不只是抓住重复的念头。当孩子们已经达到重复练习这一步时，他就走上了自我发展的道路。其外部标志就是他们自觉的纪律性。

然而，并不是总能产生上述现象。同样的练习不一定被所有不同年龄的孩子重复。事实上，重复将与需要一致。这里涉及到实验教育的方法步骤。必须提供与孩子们的身体发展需要相一致的练习。若一个孩子的年龄已超过了某种需要，那么他再也不能得到与他在所错过时机相应的充分发展。这样孩子长大后，往往就会留下不可弥补的缺陷。

另一个十分有趣的观察，是关于完成一件事所需时间的长短。孩子们第一次干某件事，动作总是很慢。在这方面，支配他们行动的生命规律与支配我们的特别不同，小孩慢慢地坚持完成很适合他们的复杂的操作任务。诸如穿衣、脱衣、打扫房间、洗脸洗手、摆放桌椅、吃饭，等等。在做这些事当中，他们表现得很有耐心，克服由于生理器官正处于形成过程中而产生的各种困难。但是，另一方面，当我们看到他们在“白费力气”或“浪费时间”地完成某件事时，我们可以毫不费力地一下就完成，于是我们便越俎代庖，自己动手参与。同样，我们总是带着这种错误的想法（以为行动的完成就达到了目的）去给孩子穿衣洗脸，从孩子手中夺过他们喜欢摆弄的东西，把汤倒进他们的碗里，喂他们，并为他们摆放好桌椅。为他们如此忙碌之后，我们又以一种不公正的态度看待他们，即使关怀也表现出武断，认为他们笨拙无能。我们经常说他们“没有耐心”，恰恰是因为我们缺乏耐心，要求他们按照我们的速度行事。我们说他们“专横”，恰恰是因为我们专横地对待他们。这种嫁祸于人的污蔑诽谤竟成了有关儿童理论的组成部分，实际上儿童是很有耐心的，也是很温顺的。

儿童和其他为生存权利而斗争的生物界中的强者一样，压制必然引起反抗。他们内心冲动，鸣放不平：挥拳动足或嚎啕大哭，抗议横遭压迫，剥夺他们生命的天职；反对那些不理解他们和在一切生活琐事中为他们代庖的人。因而，成人们就把这些孩子看作是目无传统的叛逆者和革命者；于是，就连最亲近、最喜爱他们的成人也给他们加上一个罪名：天生的顽童，而把他们的正当防卫和顽皮混为一谈。

假如我们落入一群耍杂技的人的手里，我们会怎样行动呢？如果我们继续像平常一样保持平静，然而眼看着自己即将遭到他们变幻莫测的袭击，或者用暴力掏我们的腰包；假如强迫给我们喂食，而我们无法吞下；或者将我们干得很吃力的工作被他们夺去一下就完成，显示了我们的无能，因而使我们丧失威信。我们该怎么办呢？当我们在恐慌中无所适从时，我们便会用拳头和喊叫来保卫自己免遭这帮狂人的侵犯。即使他们并无恶意，而怀着最良好的愿望来为我们效劳，也会感到触犯了我们的尊严，引起我们的反抗，而没有其他选择；如果明白自己的处境，我们便会对那帮狂人说：“到我们的国度去吧。你们将会看到我们所创造的文明是多么的丰富多采，所取得的成就是多么令人吃惊。”当他们看到我们的世界，美妙无比、生机盎然、井然有序、和平友好，他们会赞美我们，但是比起他们的动作来，我们一切都太慢了。

在儿童和成人之间，存在类似的情形。

在感觉训练中进行重复练习正是这样，其目的不在于要知道颜色、形状以及物体的性质，而在于通过注意力、比较能力和判断力的练习提高感觉灵敏性。这些练习是真正的智力体操。这种体操在各种教具的正确诱导下促进智力的发展，如同体育锻炼能增进身体健康、加速身体各种机能成长一样。孩子通过外界刺激，分别训练各种感觉，集中注意力，激发心理活动；如同分别进行准备运动，为了开展肌肉的锻炼活动一样。这些心理体操不仅训练心理感觉，而且还为概念的自发联结和根据已有知识的推理开辟道路；为智力和谐均衡的发展准备条件。这些练习是引起孩子们“心理爆炸”的导火线。所谓心理爆炸，即突然从内心爆发出异常兴奋、喜悦——兴高采烈、欢呼！这是孩子们专心致志于某一种活动，经过他长时间的努力，反复试验，克服一个又一个困难，突然成功；或者对他周围环境的事物，经过仔细观察、反复思考、沉浸在沉思中突然有所发现……而常出现的一种心理现象。我们从这种情景中观察到，孩子在经过一阵炽热的兴奋、喜悦之后，突然又转入平静、思索，表现出腼腆、谦虚之类高雅情操。这标志着一种自发成熟过程的端倪；也是内部发展的一种外部表现。伴随着内部成长获得外部学习的成果——书写和阅读。我碰见这么一件事，有一个 2 岁的孩子，他妈妈是我的同事，曾带他到过我家。有一次，我到他家，看见这可爱的孩子从母亲身边跑开，到父亲书桌上玩弄开便条用的小本和墨水瓶盖等。我深有感触地看到这个聪明的小天使利用这些东西兴致勃勃地十分认真地做他自己设计的游戏。使我联想起“儿童之家”的孩子，以无限喜悦的心情反复进行练习的那种场景。可是这天真的孩子的妈妈却把他拉开，并狠狠地责备他，回头来向我解释说，让孩子玩弄父亲桌上的东西很不好，还说：“这孩子一刻也不停地翻弄屋子里的什物，非常淘气，实在令人厌烦。”尽管孩子并不是像她所说的那样，但我们总是经常见到这种类似情况。因为孩子常常“抓住什么东西都不放”。而我们却正是以引导和发展这种“抓住什么东西都不放”的自然本性的方法，让他们认识各种几何形状和各种线条的关系，并让他们任意画画涂涂。使 4 岁的小大人就能够为以后愉快、成功的自发书写做好准备。

去玩弄小本、墨水瓶盖及其他类似东西的孩子，总是白费力气，难以实现自己的愿望、总是受大人阻挠而失败，然后又总是因失败而激动和哭泣。如果父母认为这样的孩子一刻也不安定的话，那就错了；就像他们说那些渴望为自己的智慧大厦打基础的小大人是在“淘气”，犯了同样的，也许是更严重的错误。我们学校的孩子们会真正安宁的。他们十分愉快和自由地把几何图形镶块拿出来和放回到相应的镶嵌位置，这有助于使孩子们的本能得到更进一步的自我发展。他们享受着最完全的精神安宁。他们没想到，他们的眼睛和双手正在把他们引向一种新的语言的神秘世界。

我们的大多数孩子在进行这种练习时是十分平静的，因为他们的神经系统正处于休息状态。于是我们便说这样的孩子十分安静和守秩序，比普通学校极力追求的表面上的纪律要好得多。

然而，宁静自如的人和自我约束的人并不完全一样。所以，这里孩子们通过平静所表现出的外表事实，实际上只是他们内心正在发展的真正自我约束的部分表现。

我们经常认为（这又是一个错误观念），为了达到让孩子自愿行动的目的，就是“命令孩子们去做”。常常把这种被迫的自愿行动称为“自愿的顺从”、“听话”。我们发现幼儿特别不“顺从”，甚至更喜欢反抗；他们特别“不听话”，常常“反诘”甚至“反驳”。他们长到四五岁时，变得使我们丧失信心，几乎被迫放弃使他们服从的做法。但是，却不愿放弃一般的偏见，而坚持认为幼儿应具有“顺从美德”，并称为“幼儿美德”。事实上，我们还不懂，导致我们如此强调顺从的原因，因为我们还很难让孩子们顺从我们。

通过乞求、命令或暴力行为使孩子们服从是最常见的错误。但是，企图用这样的手段达到目的是非常困难的，或者根本就不可能。例如说，我们要孩子顺从我们，可是他反过来向我们要天上的月亮。

我们仅仅需要思考的是，我们如此轻率地对待的这种“顺从”，随着年龄的增长，特别到了成年，似乎“顺从”成为一种自然倾向，且成为人类最重要的本能之一。我们发现，社会就是建立在奇妙的“顺从”基础上的，文明就是在“顺从”筑成的道路上前进；人类组织往往滥用“顺从”，而罪犯集团则以“顺从”作为他们的基本准则。

必须把人们从被掠夺、被践踏的“顺从”状态中唤醒，这是历来社会解放运动的核心问题。

“顺从”意味着牺牲。在这个世界上我们习惯于无条件地“顺从”，习惯于自我牺牲，习惯于自我克制。尽管婚姻是以顺从和自我牺牲构成的，但它仍被称为“幸福生活”；士兵的天职就是服从，如果他们因服从而牺牲，一般人还会敬慕他们；如果谁企图逃避“服从”，则被认为是犯罪或发疯。此外，许多人都有过深刻的生活体验，大家都热衷于服从指引他们生活道路的事或人，而且甘愿为此作出牺牲。

所以，很自然，我们爱孩子，应该向他们指出服从是生命的规律。毫不奇怪，凡是面对着不服从的孩子的人，几乎都感到不安。但是要使之服从必须通过一个复杂的个性心理形成过程。服从，不仅需要有服从的愿望，而且也要知道怎样服从。当做某事的命令发出后，我们假定孩子将产生相应的行动或抑制能力，很明显，服从必然产生在相应的理智和意志形成之后。所以，为了一点一点地准备这个形成过程，就应当在分解的、分阶段的、分层次的练习过程中形成孩子的秩序感、纪律观念和意志力，从而间接地培养孩子的理智的服从。本书所论述的方法的每一部分都包含意志力的练习。当孩子完成有一定目标的协调行动时，当他们耐心地重复练习时，都是在形成他们的意志力。与此相似，通过一系列复杂的练习活动来培养他的抑制能力。例如，在“肃静课”中，需要长时间保持安静并停止某些活动。当孩子在等待叫他们的名字时，以及在后来，当听到他们的名字时，都需要严格的自制力，他不能高兴地回答，并跑到老师跟前，而必须尽量努力不碰到桌椅或弄出声音。

另一种抑制练习是算术练习。当孩子们随意抓到某个数时，必须从自己面前大量物品中抓取与该数字相应数量的物品。然而试验表明，孩子总喜欢尽可能多拿一些物品。此外，在我们的学校里，孩子进午餐时，当一个孩子双手捧着盛满热汤的汤钵送往餐厅的桌上，他必须排除外界一切干扰的刺激，防止冲动，随意跑跳；即使有苍蝇、蚊虫钉在自己脸上，也必须忍住，不得使汤泼出或打破汤钵；完全集中注意力完成任务。孩子们在这些活动和日常生活中培养和锻炼了自己的注意力。

注意力是通过系统练习来增强和发展的。而且，我们所有的意志力练习，既是心理练习，也是实际生活练习。在一般参观的人看来，孩子似乎是在学习行为的准确性和优雅的动作；或是在完善他们的感觉；或在学习读写。但他们未意识到，这些系统的练习或学习活动都是建立在独立的、自由的原则基础上的。因此它还有更深刻的意义；孩子们在学习怎样成为自己的主人，怎样成为思想敏捷和意志坚强的人。

我们经常听到人们说，儿童的意志是“薄弱”的。最好的意志训练是让儿童学会放弃自己的意志，服从成人的意志。即使我们撇开成人对孩子专横等产生的不公正的问题，这种观点也是不合乎逻辑的。因为怎能让儿童放弃自己本来所不曾具有的东西，而且总是考虑如何阻止培养和形成他们自己的意志，这就犯了最大、最可耻的错误。孩子们从没有机会检验自己，估计自己的力量和限度，因为他们的行为总是遭到阻挠与破坏，总是被迫服从我们的专制。使孩子们在不公正的待遇中变得软弱无力，因为他们总是由于成人无休止的破坏而受到严厉的责备。

这会产生一种自然后果，即儿童的胆怯。这是一种病态心理，是意志得不到发展和遭到有意无意的责骂而造成的，这会促使孩子们掩盖自己的错误，而我们却认为这是儿童的天生特点。然而在我们的学校里孩子从不胆怯，他们最引人注意的特点是对人直率坦白，他们在众多参观者的面前仍照常继续进行自己的工作，把自己的作品给人看，非常惹人喜爱。那些心理畸形发展的孩子，受压抑和胆怯的孩子，只有和他们自己熟悉的伙伴，或者和街上的顽童呆在一起时，他们才安稳自在。因为他们的意志力没有得到充分自由的发展。这种孩子在我们的学校中是没有的，这些因无知和野蛮造成的结果，类似于人为地把那些孩子的身体压制成为畸形的“家庭小丑”或博物馆怪物。然而在我们今天的文明时代，几乎所有的儿童从精神上都仍然受到这种待遇。

事实上，在所有的教育会议上都可以听到当前最大的危险是学生缺乏个性特点。但提出这样的警告的人却未指出，这种现状是由于教育管理方法不当造成的，不是由于学生处于奴隶状态。我认为这种特征是因为意志和个性受到压抑；补救的办法是让人自由发展。

除了提供发展意志力的练习外，在服从中还有另一个因素，就是要培养完成服从行动的能力。我的学生马切罗尼（她先在米兰学校，后来到了罗马的奎斯蒂学校）做了一项十分有趣的观察。观察孩子们的服从和知道服从的关系。孩子们的个性一旦形成，服从也就潜伏于孩子们的个性中了。例如，一个孩子开始试做某种练习，突然一次做成功了，他很高兴，凝视着，希望重新再做，但有时他会失败。然后，经过一个时期，当他自愿做时，几乎每次都能成功；而当别人叫他做时，却会出错。这是因为外部命令还没有使他从内心产生自愿行动。然而，当练习总是成功、有绝对把握时，别人的命令便会使孩子产生有条不紊的正确行动。这就是说，孩子每次都能完成命令了。这些不同个性的事实所表明的心理发展规律，每个人都可以在学校和家里与孩子交往的经验中领悟出来。

经常听到孩子说："我的确能做，也做过这样的事，但现在不会做了！"孩子不会做，老师感到失望，便这样说："还有某某孩子原来也会做——现在也不会了！"

最后，有一个完全发展时期，孩子们将获得某些永久性的操作技能。因此存在三个时期。第一，潜意识时期。孩子的意识模糊，有序行为通过神秘的内心冲动产生于无序行动之中，作为外部结果，完成某种有序行动。然而却在他们意识域外，似乎他还不能随意重复这种行动；第二，意识时期。这时某些行动是有意识的，意志出现在行动的发展和建立过程中；第三，完全发展时期。这时意志已能够指挥行动，因此也能执行他人的命令。

那么，服从也遵循着类似的顺序。第一，精神的无序时期。孩子们不能服从，这时他们好像是心理上的聋子，听不见命令；第二个时期，他们愿意服从，他们似乎懂得了命令，并愿意相应地去执行，但他们还做不到，或至少是不能完全成功地做到，他们的“心理活动的速度还不够快”，行动时显得不愉快。第三个时期，孩子们会立即服从，十分热情。随着练习越来越熟练，他们会感到骄傲，他们知道该怎样服从了。在这个乐于服从的时期，不管是多么小的要求都会使他们抛开正感兴趣的事情，打破自己生活的内心孤立状态，以服从的行动进入另一种精神状态。

所有的纪律和精神发展的现象，都是从原来的紊乱的意识状态中建立了秩序，犹如开创一个新世纪。心理活动由混乱而有序，若昼夜分明，突然产生了情感和精神的奇迹。于是使人想起了《圣经》中创世纪的故事。孩子的心理上不仅有他勤奋努力获得的成果，而且也有他精神生活的天赋力量，从而可放出仁爱、正义、文雅的花朵，散发出童心的芳香。将结出圣保罗的精神果实——“爱、欢乐、和平、忍耐、善良、忠诚和温顺。”

孩子们会有道德修养的。因为他们从反复的练习中训练了自己的耐心；从服从别人的命令和要求中训练了温顺；在为别人做好事中培养了善良，毫无妒忌或敌意。他们特别勤劳，甘愿为他人做事；但是他们并不为这样的正义行为而自鸣得意。因为他们在精神上并没有什么优越感，他们开始沿着正义的道路前进，纯粹是因为这是通向自我发展和学习的唯一道路。他们以纯朴的心享受着沿路收获的和平果实。

这是实验的初步梗概，它表明了培养间接纪律的形式，在这项实验中，合理组织儿童工作和自由的原则代替了教师的批评和说教，其中包含着普遍的宗教概念，而不是学院式的教育学概念。因为作为人类精神力量的源泉，它建立在一切公民进步的两条途径——工作和自由的基础上。

第二十二章　结论和印象

前面已经解释过的蒙台梭利方法的这一部分，我相信能引导教师实际应用它。

既强调教学艺术又能很好地领会其思想的人将会明白，在实践中应用这些方法同样是简单而容易的。

的确，过去那种极力维持纪律，因声嘶力竭、喋喋不休而耗尽精力的教师已不复存在。

我们已用那种本身包含了对失误的控制又使每个儿童的自我教育成为可能的“教材”取代了教师。教师则成为儿童自发活动的指导者而不是一种消极作用、一种静止的存在。

儿童以各不相同的方式忙于自己的活动，而观看其活动的指导教师则可进行心理观察，若采用科学的标准、系统的方法收集观察材料，它将对儿童心理学的重建和科学的教育学的发展产生极大的作用。我认为通过我的方法已建立了使科学教育学的发展成为可能的条件。一旦采用这种方法，每所学校、每个班级都将开设一个实验教育学实验室。

通过这种方法，我们须着手解决我们当今面临的所有教育学问题，因为通过这种方法已使得部分问题得到了解决：儿童自由、自发教育，儿童家庭生活中的工作、活动和学校任务间的协调性的建立以及它们在儿童教育中的有机结合。

宗教教育问题以及我们尚未认识到的它的重要性应通过实证教育得到解决。如果宗教与文明共生，那么它将植根于人类天性之中。我拥有许多儿童对知识本能的热爱的美好证据。过去人们以为儿童醉心于毫无意义的玩耍以及无思想性的游戏。而那些把对知识的追求蕴含于游戏中的儿童已向世界展示：他们是人之骄子，且一直是多少世纪以来科学和文明进步的缔造者。

否认天然的宗教情感，并剥夺这种情感，是教育犯了一个与否认儿童天然的对知识和求知的热爱之情相类似的错误。这种无知的想法导致我们去支配儿童使之成为表面服从约束的“奴隶”。

断言唯有成人阶段可接受宗教教育将陷入另一种严重错误。这种错误与正存在于当今教育中的那种相类似，即在儿童能够进行感官教育的阶段忽视了这种教育。成人的生活实际上是综合运用感官从周围环境中获得感觉。缺乏这种准备，常造成实际生活能力的缺乏，缺乏平衡能力将导致许多人在毫无目的的努力中白白耗费许多精力。我们并不是在作为实际生活向导的感官教育与作为道德生活向导的宗教教育之间形成一种平衡，而是为证明我的观点。我提请大家注意，在非宗教信仰者中，我们常常发现他们效率低下，动摇不定，白白浪费掉大量的个人精力。但这种精神上的醒悟为时已晚，正像有时所做的，通过一种淡淡的感伤力量已不能建立起一种平衡，因心灵的成长已习惯于长期缺乏精神的生活。

多少人都有过这样的经历！我们同样可以看到可怜的宗教狂热的事例，观察到寻求自身避风港的心灵和不断地将其拉回到充满冲突的观念及情感之海洋的思想之间的激烈冲突，在这里宁静是不可知的。这些是最具重要性的心理现象的全部。他们展示出人类问题的最严重性。我们欧洲人依然充满偏见，同时被束缚在那种先入为主的思想之中。我们正是思想的奴隶。我们相信思想和意识的自由不存在于某种精神的信仰，自由不会存在于对某些事物的窒息之中而是存在于无限的发展之中。那里，生活自由而无拘束。无所信的人并不为他所不相信的事物所畏惧，也不会为对他来说不存在的东西去奋斗。假如他相信并为此奋斗，那他就变成了自由的一个敌人。

美国伟大的实证科学家詹姆斯(Willian James)阐述了情感的生理学理论，同时也说明了宗教“意识”的心理学意义。虽然我们不可能知道思想未来的发展，但在这里，比如“儿童之家”通过自由和独立建立良好的纪律的成功事实，标志着未来教育方法的发展基础。而对我来说则展示了通过教育来拯救人类的最大希望。

也许，以同样的方法，通过获得思想与意识的自由，我们还能开辟一条通往伟大的宗教胜利之路。经验证明，在“儿童之家”中沿此方向进行的心理学观察，无疑将引起人们极大的兴趣。

这本论述方法的著作是一个人独立编写的，但必定有许多人采用它。我希望其他教育家能从我们的个体研究儿童方法开始，提出进一步的实验结果，这是我们将期望的教育著作。

从学校实际工作看，我们这种方法具有能在一个教室里教不同年龄的儿童的优越性。在我们的“儿童之家”有尚不能进行任何简单的感觉练习的 2 岁半的儿童，其智力的发展已达到很容易通过进入小学三年级的考试程度的 5 岁半的儿童。每个儿童都能通过自己的能力完善自己，在自己特有的内在个性力量的指引下取得进步。

这种方法的一大优点就是易于乡村办学，对于小城镇办学也具有很大优越性，那里的儿童不多，但又分各个年级。这种学校只能有一个教师。我们的经验表明，一个教师可以指导一组发展水平不同的从 3 岁到小学三年级的儿童。另一大优点是能使书面语言的教学简单易行，便于消除文盲和推广国家的标准语言。

至于教师，他们可以整天和不同程度的儿童呆在一起而不觉疲倦，就像母亲在家里可以和年龄不同的孩子呆在一起一样。

一旦孩子们独立工作，他们就能赢得对纪律的主动性和对日常活动的独立性，这就像他们通过征服日常生活琐事而在智力发展方面取得进步一样。一个明智的教师，不仅应关心儿童的智力发展和道德方面的进步，而且应关心他们的身体发展。儿童在她的指导下采用我们的方法可以获得极好的身体发展，同时也能展示出他们完美的不同于一般常人的心灵。

我们曾错误地认为，儿童的自然教育应纯粹是身体的。其实心灵同样具有其自然性。精神生活在人生的各个阶段都支配着人的存在。我们的方法充分地考虑到儿童自发的心理发展，并通过观察和经验证明，这种方法是明智的。

如果身体方面的关怀会使儿童获得健康身体的愉悦，那么智力和道德方面的关怀就能够使他们在精神方面获得最高的享受，就能够把他们引向一个新奇的广阔世界。

正是通过这种娱乐方式，一个理想的人便成长起来。在人的幼儿教育中，只有这种娱乐式教育才配占有重要地位。

我们学校的儿童和在灰墙一般的学校里成长起来的儿童截然不同。我们的学生性格开朗，愉快活泼，坦诚友好，他们觉得自己是行动的主人。他们敢于跑去围住参观者和他们进行亲切坦率的交谈，他们会伸出自己的小手，显得既文雅又庄重，既热情又有教养。当他们有礼貌地感谢客人时，他们那已成熟起来的举止在向我们致意：他们那有神的目光、愉快的声音使我们感到，他们确实是些不同寻常的小大人。当他们显示自己的工作和能力时，表现得非常自信和单纯，简单就像从参观者那里得到了母亲般的赞许一般。经常，有儿童坐在一些参观者旁边的地板上，默不出声地写出自己的名字和礼貌的感谢语，似乎在希望让参观者感到这是出自他们内心的真诚的谢意。

目睹这些情况，特别是当我们和儿童们一起从忙碌的教室里的工作活动转入他们已学会享受的绝对的安静时，我们不禁感到我们已经接触到这些儿童的心灵。

“儿童之家”似乎对每个人都产生了精神影响。在这里，我们既看到事务活动家和忙于国事的大政治家像脱去了一件不合身的衣服一般卸掉了世界大事的重担，从而进入到简单的忘却一切的状态,他们为人类灵魂的真正自然的成长而深受感动。我想，这就是他们称我们的小朋友为优秀的儿童、幸福的儿童的原因吧，因为这些儿童比我们在幼年时期的发展程度更高。我理解伟大的英国诗人华兹华斯（Wordsworth）为什么那样倾心于自然，那样想指出它那宁静而美丽的奥秘。最后，这一奥秘终于展示在他的面前——整个自然的奥秘即存在于幼儿的心灵之中。它蕴藏着人生的真谛。但是这种“存在于我们周围的幼小心灵中的”美是朦胧模糊的,“牢房的影子、开始逼近成长中的少年……最后，成人感觉它已经死去，已经在光天化日之下消失”。

的确，我们的社会生活往往太黑暗了。我们的自然生命已经死去。这些方法正是为了保护人的精神火花，让它放射出本来的自然光辉,使它摆脱社会枷锁的束缚和压迫而自由发展。这种教育方法是与康德（Immanuel Kant）的崇高观点：“完美的艺术复归于自然”相符合的。

有吸收力的心理

The Absorbent Mind

By

Maria Montessori

Translated from the Italian by

Claude A. Claremont

B. Sc. (London): F. B. Ps. S.: A. C. G. I

1973

Kalakshetra Publications

目　　录

首 版 序 言

本书是根据玛丽亚·蒙台梭利博士在印度避难期间在亚美达巴德（Ahmedabad）举办的第一期教育训练班的讲稿整理而成；她在印度一直生活到第二次世界大战结束。在本书中她对幼儿独特的心理能力进行了详细的阐述：这些心理能力能够使儿童在仅仅几年的时间里建构并牢固地形成（在没有教师、没有任何通常的教育帮助的情况下，几乎是在不受限制和阻碍的情况下）人的个性的所有特点。

新生儿具有巨大的潜在能力，然而其肌体极其脆弱，又缺乏所有的一般心理能力，以致于人们几乎称其为“零”，但是不到6年其能力就已经超过了所有其他的物种，他的这一成就确实是生命的最大秘密之一。

在本书中蒙台梭利博士在深入细致的观察和精确的评价的基础上，根据人的生活中这个最早的然而又是最具有决定意义的时期里出现的种种现象，不仅表现出她的深邃的洞察力，而且指出了成人对此应负的责任。她确实对目前人们已普遍接受的“教育自出生起”的必要性赋予了实际的意义。

只有当教育成为“对生活的帮助”，超越单纯的讲授和对知识与思想的直接传播的狭隘限制时，这种实际的意义才能实现。蒙台梭利方法中一个最为有名的原则就是“为生活作准备”。在生活的这个阶段，即在儿童上学之前，这条原则提供了“教育自出生起”的关键，并规定了对人类个体从最初开始的真正培养。

这是一个建立在科学基础之上的“论点”，而且这一“论点”已为观察和帮助了世界各地儿童天性的各种表现形式的人的经验所证实。这些伟大而崇高的心理和精神的表现形式与今天人类的状况形成了惊人的对比——今天的人在其形成期中完全受到忽视，以致于构成其自身生存的最大威胁。

玛丽亚·蒙台梭利

1949 年于卡拉奇

英译者说明

如果我将本书尊奉为有史以来出现的最为重要的著作（除《圣经》外），也许有些言过其实。然而如果让我说出对于人类未来的幸福更有价值的著作，我却不能。作者指出："我们知道如何在牡蛎壳中发现珍珠，在山里发现金子和在地下找到煤矿，但我们却没有意识到当儿童降临世间时所隐藏着的使人类复兴的精神胚芽（the spiritual germs）和创造星云（the creative nebulae）。"一旦人类科学依赖其本身开始为人的心理创造出奇迹时，谁又能够预见人类进步的目标呢？

本书所取代的第一版是蒙台梭利博士演讲稿的英译本，是由意大利文直译而成的。蒙台梭利博士然后用母语为意大利的广大读者写了一本几乎是独立的、经过全面修订的文本。这里呈现给读者的就是该意大利文本的英文再译本。那些熟悉第一版的读者不会没有注意到本文本的各种变化和删增。这都是出自蒙台梭利本人之手。

她的意大利文精确、简洁、科学和通俗易懂，文字毫无晦涩之风，既不模糊又不模棱两可。在翻译此书时仅其风格曾就使我陶醉、惊奇和深感荣幸；因为每一细微的差别和措辞都是那么精确和恰如其分。我努力体现这种风格，如果原文有时为明晰起见而选用某个俗语，我力争不改变原意，不使语气加强和削弱，也不改变其戏剧般引人入胜的效果。读者可以确信这是蒙台梭利的风格，尽管译文是出自我手。

克劳德·A·克莱蒙特

于 1958 年 9 月

编者按：克莱蒙特先生是英国心理学会会员。他是蒙台梭利博士最早的英国弟子，在参加1913年在罗马开办的第一届国际训练班课程期间学习了意大利文；而且在开办第二届国际训练班课程（1914年在罗马）期间担任翻译。后来，为了与蒙台梭利博士的思想发展保持一致，他学习了（有时是翻译）她每隔一段时间在英国讲授的所有课程，①直到蒙台梭利博士1946年最后一次开课。当她的思想最初在世界上产生影响时，他已获得了工程学学士学位，但他明白她的事业需要更加坚实的科学基础，需要有更加广泛的文化修养，因此作为研究生重新进入大学，选修了现代科学中的一些课程，包括心理学、评估统计数学微积分〔他直接受业于其创始人卡尔·皮尔逊（Karl Pearson)〕，同时跟凯特尔（Kattle）学习病理学，跟斯塔林(Starling)学习生理学。这些课程使他能够在一个极其广阔的范围内领悟科学方法的原则。为了亲自证实蒙台梭利方法的成效他连续5年天天在蒙台梭利学校授课，而且由于在蒙台梭利的学生的行为中找到了普通心理学中许多问题的答案，他写出了有关这个学科的几篇颇有独到见解的论文和几本专著。1923年神学教育信托公司邀请他负责该公司下属学院的蒙台梭利教师培训系以及该学院附属的试验学校，即来茨渥斯地方的圣克里斯朵夫学校。后来该学院改为蒙台梭利师范学院并获得独立，他一直担任这个职位。

---

① 自1919至1937年间，蒙台梭利每隔一年在伦敦开课一次。——译者注

第一章　儿童在重建世界中的作用

本书作为挣脱我们思想禁锢的一个环节，旨在为获得我们活动的权利，保护儿童巨大的内在潜力而竭诚尽力。

当今世界处于矛盾冲突之中，许多计划方案只是为未来的重建作准备，教育已被广泛视为实现这一目标的最佳手段。因为人们都承认（从智力的角度而言）人类还远远没有达到文明所要求的水平。

人类需要实现自己的抱负，需要建设一个和睦融洽、友好和平的社会，消灭战争，我也相信人类要达到这一成熟期还相距甚远。人们还无法决定自己的命运，控制并引导世界所发生的事件，与此相反他们却变成了牺牲品。

尽管人们已承认教育是促进人类文明的途径之一，然而却仍然认为教育仅仅是一种“心智的教育”。由此人们仍然按照陈旧的方法去训练学生，而从不试图采取任何新的富有生命力的和建设性的措施。

我并不怀疑哲学和宗教能够为实现这一任务作出巨大贡献，但是在这个“极文明”的世界上能有多少哲学家呢！在过去没有多少，在将来又能增加多少呢！我们总有着很多崇高的思想和很高的标准，这些在我们的教学中占据了相当大的部分。然而战争与冲突却没有丝毫减少的迹象。如果我们总是按照单纯的传授知识的陈腐教育方式，就不会有丝毫的希望来改善人类的未来。因为如果个性的整个发展落后了，传授知识还有什么用呢？因此我们必须重视心理的实质、社会个性、新世界的力量以及至今仍被埋没和忽视的无数因素的总体性。要想帮助和拯救世界只能依靠儿童，因为儿童是人类的创造者。

儿童被赋予各种未知的能力，这些能力能够引导我们走向一个光辉灿烂的未来。如果我们确实渴望一个新世界，那么教育就必须把发展这些潜在的可能性作为它的目标。

当今时代已在很大程度上唤醒了我们对新生儿心理生活的兴趣。一些心理学家从儿童出生后 3 小时起就对其生长进行特别的观察。另外一些心理学家经过深入细致的研究得出结论：人的最初两年是人生整个旅途中最重要的时期。

“人类个性的巨大发展在出生之日起即已开始。”从这一几乎是不可思议的断言中我们得出了一个似乎很奇怪的结论：教育必须自出生开始。这一结论之所以奇怪是因为，从实际意义上说我们如何能够教育一个新生儿或一个 2 岁的婴儿呢？这些小生命对我们的话毫不理解，甚至连四肢都不会动弹，我们能给他们上什么课呢？难道我们所说的对这些小生命的教育仅仅是指卫生学吗？绝对不是，我们所指的要比这广泛得多。

在最初几年，教育只能被理解为帮助发展儿童的先天心理能力。也就是说我们不能够采用依靠讲授的保守的教学方法。

遭浪费的财富

近期的研究已广泛证明，幼儿被赋予一种他们所特有的心理天性。这就为教育者指出了一条新的途径。这种心理天性是某种异乎寻常的至今仍未被认识的东西，然而它对于人类却是至关重要的。儿童的真正的建设性能力，即能动性，几千年来一直被忽视。就像人类一直在地球上生息耕作却没有注意到在地球深处埋藏着巨大的宝藏一样，我们今天的人们在文明生活中取得了一个又一个成就却没有注意到埋藏在幼儿精神世界中的宝藏。

从地球上产生人类之日起，这些能量一直被压抑，被废弃，直至今天才开始直觉地发现这些能量的存在。例如，仅仅在近期卡洛尔才写道："幼儿期无容置疑是一个最丰富的阶段。教育应用一切可能与可信的方法利用它。这一阶段生命的荒废将是永远无法弥补的。因此我们的责任就是竭尽全力去培养而不是忽视儿童的幼年。"①

今天我们已开始认识到这些未经采撷的果实的价值。它们比金子更珍贵，因为它们是人类本身的精神。

生命的最初两年为我们展示了一个崭新的世界。在这里我们可以看到至今仍尚未被认识的心理形成规律。这是儿童本身给我们提供的启示。儿童使我们认识到一种与成年人完全不同的心理生活内容。这条新途径就在这里。它不再是使教授们把心理学运用于儿童而是让儿童自己把他们的心理呈现给研究他们的人。

这看起来似乎模棱两可，但只要我们再深入分析一下就会清楚。儿童有一种能够吸收知识的心理，他们能够自己教自己。这一观点只要我们简单地观察一下即可证实。儿童在其成长过程中能够自如地模仿父母的语言，然而对于成人来说学会一种语言是一个非常巨大的智力成就。即使没有人专门教他，渐渐地他也能学会自如地使用名词、动词和形容词。

---

① 引自阿克雷斯·卡洛尔博士（Dr. Alexis Carrel）《人类，不为人所知》（L'Homme Cet Inconnu）巴黎1947年版第222页，1935年第一次出版，同年译成英语。

跟踪儿童的语言发展是一项最为有趣的研究，所有致力于这项研究的人都认为字词与名称——语言的最基本要素——的运用适宜儿童生活的一个固定时期，就好像一个严格的记时员在监督着这一部分活动。儿童好像遵循着自然所规定的一个严格程序，它比任何组织严密的旧学校所规定的程序更加精密、可靠。按照这一程序，儿童还能够异常勤奋地学会所学语言的不规则变化和语法结构。

儿童发展的关键期

可以说每个儿童都有一位辛勤的教师，其教学技巧之高可以使世界各地的儿童都取得相同的成绩。人们说得最好的语言就是在没有人能教他们任何事情的婴儿期学习的语言，不仅如此，如果儿童以后学习另一种语言，即使没有人专门教他，他也能讲得同第一种语言一样完美。

因此一定有一种特殊的能够帮助婴幼儿发展的心理力量在起作用。而且这不仅仅对于语言，因为 2 岁的儿童已经能够识别周围所有的人和物。如果我们确信这一点，那么对于儿童担负着内部形成 (inner formation) 的重要任务这一点就更加清楚了。我们自己都经历过幼儿期，经历过生命的头两年。儿童不仅要认识周围所看到的事物，要了解和适应我们的生活方式，而且在他们还无法受教育时就要建造起将来能变成我们智力的复杂结构，为了我们的宗教情感建造起我们特殊的民族与社会的情感基础。这仿佛是大自然为了保护儿童免受成人经验的影响而给予能促进儿童发展的内在教师 (the inner teacher) 以优先权。在成人的智力能够影响和改变儿童之前，儿童已有机会建筑起完整的心理结构。

3 岁时儿童已经打下了作为一个人的人格基础，直到这时他才需要受特殊教育的影响。他取得了如此巨大的成就，因而人们很可能会说：3 岁上学的儿童已经是一个小大人了。心理学家常常断言如果将我们成人的能力同儿童作一比较，我们将需要 60 年的努力才能赶上 3 岁的儿童。他们用这样一句话表达了这个意思："3 岁的儿童已长大成人。"然而儿童在其环境中形成的这种特殊的吸收能力还远远没有穷尽。

儿童过去通常是 3 岁进入我们最初的学校。因为他们还没有接受能力，所以没有人能教他们，然而他们却给了我们伟大的人类灵魂惊人的启示。我们的学校是为儿童准备的一所房子，而不是一所真正的学校。我们为儿童预备了一个场所，在这里儿童可以直接从环境中吸收弥漫文化（diffused culture）而无需任何直接教学。入学的儿童都来自社会最底层而且他们的父母都是目不识丁，然而这些儿童在 5 岁前都学会了读、写，而且没有人教给他们任何知识。如果参观者问他们："谁教你们写字？"他们常常惊讶地回答："教我？没有人教我。"

4 岁半的儿童竟能学会写字，而且竟然是在没有感觉到任何人教的情况下学会的，这在当时仿佛是奇迹一般。

新闻界开始谈论"自然地习得文化"问题。心理学家怀疑这些儿童与一般儿童有所不同。我们自己对此也好长时间迷惑不解，直到经过多次重复试验我们才得出确切结论：所有儿童天生具有一种"吸收"文化的能力。如果这是真的（我们那时仍在争论），如果文化可以轻而易举地获得，我们就给儿童提供一些其他的文化要素。我们发现他们的"吸收"能力远远超过读和写，他们还具有"吸收"植物学、动物学、数学和地理学的能力，而且同样地容易、自然、不知疲倦。

由此我们发现教育并非教师教的过程，而是人的本能发展的一种自然过程。不是通过听，而是依靠儿童作用于环境获得的经验。教师的任务不是讲解，而是在为儿童设置的特殊环境中预备和安排一系列有目的的文化活动主题。我们的试验是在许多不同的国家进行的，到现在已进行了40年，随着儿童的成长，父母们不断要求我将我的方法扩展运用于年龄更大的儿童。后来我发现个体活动是刺激与促进发展的一个因素，而且不仅适用于学龄前幼儿，而且同样适用于学校低年级、中年级和高年级的儿童。

新人的诞生

一个新的形象已出现在我们眼前。它不只是一所学校或一种教育方法，而是人本身：是在自由发展的能力中呈现其天性的人，是成人的心理压迫不再对他产生影响、不再限制其内部功能和压抑其精神、其伟大之处可以显而易见的人。

因此我坚持任何教育改革必须依据人的天性。人本身必须成为教育的中心。我们应切记人不是在大学才得到发展，而是自出生起其心理发展即已开始，而且在生命的最初三年中其发展最为迅速。在这一时期积极地关心儿童的发展比任何其他时期更为必要。如果我们遵循这些原则，儿童不仅不会成为负担，而且会以自然奇迹中最伟大、最令人欣慰的形象出现在我们面前。我们会发现自己所面对的将不再是一个被看作幼弱无依的生命，像一个需要我们的智慧去填充的容器；而是一个具有崇高的尊严而被看作是我们自己的心灵塑造者的人，一个自我引导按照精确的时间表在愉快与欢乐中孜孜不倦地从事着创造宇宙中最伟大的奇迹——人——的工作的人。我们教师只能像仆人侍奉主人那样地帮助儿童进行工作。然后我们会变成人类灵魂发展的见证人。“新人”的出现将不再成为事件的牺牲品，而是由于其远见卓识将能够指导和塑造人类的未来。

第二章　生活教育

为了在本文开头即阐明自出生起开始的生活教育的真正含义，有必要进行详细的叙述。世界上有一个国家的领袖——他就是甘地——不久前宣布教育必须与生活共存，不仅如此，他还说教育的中心点必须是维护生活。世俗和宗教领袖提出这样一个问题还是第一次。另一方面科学不仅已经宣布这是非常必要的，而且自本世纪初以来一直在证实将教育延伸至整个生活是切实可行的，然而却没有一个公共教育部接受这一思想。

我们当前的教育只重视方法、目标及社会目的，但人们仍然可以说它并未将生活本身考虑在内。在不同国家所有法定的教育方法中没有一个旨在帮助自出生开始的个体，并保护其发展。目前形成的教育是一种既与个体生活分离又与社会生活分离的教育。进入教育界的所有人往往都要与社会隔绝。大学生必须遵守其所属学校制定的各种规章制度，还要一致按照当局所制定的教学大纲进行学习。可以说一直到最近，大学仍然对学生的物质生活条件和社会生活条件丝毫不感兴趣。如果一个学生营养不良，或者由于他的视听缺陷削弱了他的能力性向，他只能得到低分数。当然身体缺陷目前已开始引起注意，但也仅仅是从卫生学的角度。还没有人询问目前极不合理、极不完善的教育方法是否会威胁或者甚至损害学生的心理。新教育运动受到克莱泼雷德（Clapared）的热烈拥护。在这一运动中，对课程的学科数目进行了调查，并试图减少学习科目以减轻学生的心理疲劳。但是这并没有接触到怎样才能使学生既能学到丰富的知识又不感到疲劳这一问题。在大多数由国家控制的教育体系中，最为重要的就是完成教学大纲。如果一位大学生对社会的不平等或对自己深有感触的有关政治问题作出反应，权威人士就会出来干涉说青年人必须避开政治，应集中精力学习。结果导致青年人在离开大学时其心理极其脆弱狭隘，以致于失去了所有的个性能力，对他们所处时代的问题无法作出判断。

学校机构与社会生活脱离，其程度之甚仿佛社会生活以及其所有问题都远离于校园之外。教育界就像一个孤岛，岛上与世隔绝的人想通过排除生活的影响来为生活作准备。假如一名大学生染上肺结核死去，学校作为他生活的社会环境在他染恙之际置若罔闻，这时却突然出人意料地以代表的身份出现在葬礼上，这难道不使人感到奇怪和悲哀吗？①有些毕业生在走向社会之际惊慌失措，一切无所适从，同时也成为家庭和朋友的一种负担。而学校并没有认识到这一点：各种规章制度为这种漠然视之的现象大加辩护，不允许学校关心各种心理个案，而只允许它组织学习和进行考试。通过考试的学生被授予证书或学位。这在我们今天仍然是公共教育所追求的最高目标。同时调查社会问题的研究人员发现大学毕业生和得到学士学位的学生并不能适应生活，而且不仅如此，他们有效地从事社会工作的能力也受到削弱。统计表明精神病患者、犯罪者以及被邻里称为“怪人”的人数有了惊人的增加。社会学家呼吁学校要纠正这些弊病，但是学校是一个与这类问题相隔绝、与这类问题相脱离的世界。它是一个具有古老血统的机构，已无法从其本身

---

① 二次大战后只有少数几个国家采取措施试图改变这种境况。例如在荷兰目前就设有学生疗养院。（另一个例外就是英国比较古老的大学的寄宿学院长期以来一直采用导师制。但这些更像“寄宿学校”，使个人的自由相应丧失。——英文版译者注）

改变其内部的传统。只有通过外界的压力才能改变和消除危害各级教育的弊端并找到治疗这些弊端的方法，因为这些学校的各个环节都受到限制而积重难返。

学　前　期

从出生至六七岁这一时期如何呢？恰当地说，所谓的学校对这一时期并不感兴趣。因此称之为学前是指它被置于正式教学之外。确实，这些新生儿在学校能做些什么呢？无论哪里，为学前儿童建立的机构都很少依赖于中心学校的权威，而是受非官方组织的控制或受那些以从事慈善事业为目的的人们的管理。这些组织或个人像对待社会问题那样并不对保护幼儿的心理生活感兴趣。此外社会还宣称幼儿属于家庭而不属于国家。

对于新生儿最初几年生活的重要性，已有了新的认识，但还未发展到人们为此提供任何实际的建议和援助。至今人们想到的就是家庭生活能够得到改善，由此认为必须对母亲进行一种训练。但是家庭并不是学校的一部分，而是属于社会。因此人的个性或对人的个性的关心实际上破灭了。一方面家庭属于社会，但其生活又与社会脱离，而且被社会忽视；另一方面学校同样与社会脱离，大学也同样如此。没有观念的统一性，社会也就不可能关心这种生活。只有这种生活的各个方面依次相互忽视，不断地或有选择地求助于学校、家庭或大学，而后者又被看作是为最后一个阶段的教育而设立的另一类型的学校。甚至新兴的社会科学如社会学、社会心理学虽然已觉察出上述相互脱节的弊病，其研究也总是置于学校之外。因此并不存在真正能够帮助儿童生活发展的制度。如我所说，提供这种帮助的教育概念对科学并不新鲜，但是在社会组织中仍然没有地位。这是文明所需采取的下一步紧急措施，其途径已经标示出来。批评很容易显现出我们目前的错误境地，各种研究人员已清楚地证明生活的所有方面都需要治疗，因此万事俱备只欠东风。科学所做的各种贡献就像采石场加工好的石头只需垒成楼房一样，我们所要做的一切就是等人们把这些石头聚在一起，由我们来建筑起文明所迫切需要的新大厦。

社会和教育的任务

把关心活生生的人作为中心，这一教育观念改变了所有先前的思想。教育不能再停留在课程或时间表上，而必须适合人的生活实际。根据这一信念，对新生儿的教育就变为头等大事。确实，新生幼儿不能做任何事情，从普通意义上讲我们还不能教他们。他们只能作为我们所必须进行的研究的观察对象，通过研究观察来发现他们的迫切需要。这正是我们一直在进行的那种观察。其目的是发现生活的法则，因为如果我们对生活有所帮助，其成功的首要条件就是我们必须懂得控制生活的法则。当然仅仅懂得这些还不够，因为如果我们就此止步，就会仅仅停留在心理学的领域，而无法继续前进并最终成为一名教育者。

对幼小儿童心理发展的认识还必须广泛深入地进行。因为只有到那时教育才能以崭新的姿态出现，才能够有权威性地向世界宣布：“生活的法则就是如此这般，它们是不能忽视的。人们必须与其相一致，因为它们显示了对所有人都普遍的、共同的“人的权利”。

如果社会认为实行强迫教育是必需的，这就意味着教育必须被赋予一种切合实际的形式。如果我们现在同意教育自出生起即开始,那么每一个人都要懂得发展的规律就变得极为必要。为了教育不再远离社会和为社会所忽视，就必须掌握管理社会的权力。社会机构必须适应生活要得到保护这一新观念的内在必要性。所有的人都应该帮助实现这一观念。父母必须担负起他们的责任；如果家庭由于缺乏方法而难负其责，那么这就要求社会不仅给予必要的指导，而且需要提供教养儿童所必需的支持。如果教育表示对个体加以保护，如果社会承认儿童所需要的东西是必需的而家庭又无法提供，那么提供这些东西就成为社会的责任。国家必须永远不抛弃儿童。

教育将要因此被迫对社会起权威作用，而在过去社会与教育在形式上是脱节的。显然社会应该对人的个体施加有益的控制，同样如果人们确实认为教育是对生活的帮助，那么这种控制就不应受到限制和压制,但必须给予物质上和精神上的帮助。这就意味着社会的首要措施就是给教育投入更高比例的资金。

对儿童成长期的需要问题已经进行过研究，其研究结果也已公布。现在总体上讲社会应该自觉地担负起教育的责任，同时教育也同样应该通过其自身进步所取得的利益慷慨地报偿社会。如此设想的教育不再仅仅与儿童及其父母有关，而且与国家和国际关系有关。教育成为社会团体各个组成部分的刺激物和社会取得最大进步的刺激物。还有什么能比今天的教育更加保守，更加停滞不前和更加不受重视的呢？当国家要节约开支时，教育当然首当其冲地成为牺牲品。如果我们要求一位政治家谈谈他对教育的观点，他会说这与他毫无关系，他把教养儿童的任务交给了他的妻子，而他的妻子又把它委托给学校。将来，政治家决不可能再作出这样的回答或决不可能表现出如此的冷漠。

作为成人创造者的儿童

我们从对刚出生的儿童进行研究的心理学家的报告中会得出怎样的推论呢？人们都同意儿童经过适当的关怀和帮助能够长得更高，能够获得更好的心理平衡和形成更加活泼的性格。我们不应将一切仅仅归之于偶然，这一时期儿童的成长应该是一个受到科学关注的问题。这就意味着他们所需要的不仅仅是生理卫生。正像生理卫生是为了防止身体受到损害一样，我们还需要心理卫生来保护儿童的心理和灵魂免受伤害。

对新生儿的研究已有其他发现。怀抱中的婴儿其心理能力比我们通常想象的要大得多。从心理学上讲婴儿在出生时一无所知。这不只是针对心理而言，出生时他甚至不能够协调活动。他的四肢几乎是毫无用处，什么都不会做。即使看到周围的事物他也不能说话。然而随着时间的推移，儿童开始走路、说话而且随之成就一个接着一个，直至用其身体的和心理的全部伟大的天赋形成一个真正的人。这就为一个非常重要的真理打开了大门：儿童不是一个事事依赖我们的呆滞的生命，好像他是一个需要我们去填充的空容器。不是的，是儿童创造了成人；不经历童年，不经过儿童的创造，就不存在成人。

对于儿童巨大的建设性能力问题我们已谈了很多，同时也促使科学家对此进行研究，但这一问题至今仍然为一大堆有关母性的观点所掩盖。我们过去常说母亲塑造了儿童，因为是母亲教他走路、说话，等等。但这些实际上都非由母亲所教，这是儿童的成就。母亲所带来的只是婴儿，是婴儿创造了成人。如果母亲去世，婴儿依然会长大并完成其创造人的工作。一名被带到美国的印度婴儿，被置于美国人的关怀之下，他学会的是讲英语而不是印第语。因此他的语言不是来自母亲，是儿童吸收了语言，就像他吸收他生活其中的人们的风俗习惯一样。因此他所获得的任何能力都非遗传所得。是儿童吸收了周围世界的材料并将其塑造成未来的人。

承认儿童所能完成的这一巨大工作并不意味着削弱父母的权威。一旦他们能够说服自己，承认自己不是建设者，而仅仅是这一建设过程的合作者,他们就能更好地履行其真正职责;到那时根据其远见卓识,他们所给予的帮助才能变得真正有价值。只有以恰当的方式给予这种帮助，儿童才能建设好自己。因此父母的权威并非来自其所具有的尊严，而是来自他们所能够给予儿童的帮助。父母的真正权威和尊严只能依据于此。

让我们以另一种观点来考虑一下儿童在社会上的地位。

马克思主义理论所颂扬的对劳动者的写照现在已成为现代意识的一部分。劳动者被看作是财富和幸福的生产者，创造文明这一伟大工作的基本伙伴。社会已逐渐承认其道德和经济的价值，并把其工作所需要的手段和条件看作是正当的问题。

假定我们把这一思想运用于儿童。儿童也是一个劳动者,其工作的目的是创造人。父母确实应该为儿童提供生活和创造活动所必需的条件，但与其相关的社会问题更为重要，因为其劳动的果实不仅仅是物质的东西，儿童是在塑造人类本身——不仅仅是一个种族、一个社会阶层或一个社会集团，而是整个人类。这样我们就必然会得出一个结论：社会必须关心儿童，承认其权利，满足其需要。一旦我们将注意力和研究重点集中于生活本身，我们就会发现我们已开始触及到人类的秘密，就会把握住如何对其进行支配和帮助。当我们论及教育时也是在宣告一场革命，一场对我们所了解的一切都加以改变的革命。我们视之为非暴力的、不流一滴血的、最终将暴力完全排除在外的革命——因为即使有一点点暴力的阴影，幼儿的心理生产力（psychic productivity）也会葬送殆尽。我们必须保护人类的正常建设。难道我们一切努力的目的不都在于排除儿童发展道路上的障碍，不都在于消除所有威胁其发展的威胁和误解吗？

这就是教育，一种被理解为促进生活的教育；一种自出生起通过和平革命将儿童作为唯一中心并为这一共同目的而联合一切的教育。父亲、母亲、政治家，所有的人都必须尊重和帮助这一棘手的形成工作；儿童是在内部导引的保护下，在深奥的心理秘密深处进行这一工作的。这是人类新的光明和希望之所在。人类灵魂所要求我们的并非是重新建设，而是促进这一建设性工作。这一形成工作为儿童——人类之子带来巨大的潜力。

第三章 成长期

对儿童从出生至大学时期的成长过程进行过研究的心理学家认为这一成长过程可以划分为各种不同的阶段。继哈弗洛克·埃利斯（Havelock Ellis）以及更近一些的斯特恩（W. Stern）之后，其他人也接受了这一观点，著名的有夏洛特·彪勒（Charlotte Bühler）及其门徒。然而从另一种观点看，弗洛伊德学派也对这一过程进行了大量研究，其观点与先前流行的观点显著不同。先前的那些观点认为幼年对人是无关紧要的，随着年龄的增长其价值也随之提高。根据这一观点，幼童在其发展过程中是渺小的，其价值是逐渐提高的，但总是保持着相同的形态。今天的心理学已抛弃了这一陈旧观点，认为在连续的成长阶段具有不同类型的智力。① 这些阶段之间具有显著不同的差别，而且有趣地发现这些阶段与生理的成长阶段是相对应的。从心理学上讲，这些变化如此显著，有时可用下面这句形象生动的夸张来形容，即“发展是一系列的再生”。一个心理个性阶段结束，另一阶段便开始。第一个时期是从出生至 6 岁。虽然这一时期与后一时期具有显著的不同，但这种智力在这一时期里却保持着相同的状态。这一时期又可分为两个阶段，即自出

① 有关这个主题以及上述各种观点方面的最新资料，请参阅斯特恩的《幼儿心理学：直到 6 岁》1930 年第二版（1914 年德文第一版）；夏·彪勒的“Kindheit and Jugend”1931 年第 3 版；琼斯的《青春期的一些问题》（《英国心理学杂志》1922 年 7 月 22 日）。为更加深入地论述生物学方面的问题，可查阅阿诺德·格塞尔（Arnold Gessell）的著作。

生至 3 岁和自 3 岁至 6 岁。在头三年儿童具有一种成人所不能接近的心理，也就是说我们不能够对其施以任何直接的影响。实际上没有为这个阶段的儿童设立的学校。在第二阶段（从 3 岁至 6 岁）仍然保持着相同的心理类型，但是儿童开始能够在某些方面接受成人的影响。这一时期儿童的个性经历了巨大的变化。我们只能把新生儿与 6 岁儿童进行比较才能够看到这一点。暂时抛开这些变化是如何发生的，实际上用通俗的话说 6 岁的儿童已能够上学了。

下一时期是 6～12 岁。这一时期的成长并不伴随着其他的变化。儿童无忧无虑、幸福快乐。从精神上讲，他处于一种健康、强壮的状态并保持其稳定性。罗斯在描写这个年龄的儿童时说："这种稳定性（包括心理上和生理上），是童年时期最引人注目的特点。就像另一个行星上的人一样，对人类一无所知，假如他们没有遇到过真正的成人，会很容易把这十年当作人类的成年期。"①

在生理方面，有种种迹象表明，在这两个心理阶段之间存在着种种固定的分界线。迹象之一就是儿童换掉第一批牙齿，开始长出第二批。

第三个时期是从 12 岁至 18 岁，这一时期的变化之大可以使人回想起第一个时期。这个时期再次被分为两个阶段：一是从 12 岁至 15 岁，二是从 15 岁至 18 岁。在这一时期生理上也有很多变化，身体达到完全成熟。人过了 18 岁已完全发育了，身体上不再会发生进一步变化，只是年龄的增长而已。

令人奇怪的是正规教育已认识到这些不同的心理类型。人

---

① 选自罗斯（J. E. Ross）的《教育心理学基础》伦敦 1944 年版，第 114 页（1931 年第一次出版）。

们好像对此已有模糊的直觉。从出生至 6 岁的第一时期已被清楚地认识，因为这一时期被排除于义务教育之外。众所周知儿童在 6 岁时发生了一个变化，儿童已成熟到能够参与学校生活，因此也就承认 6 岁的儿童已经懂得很多事情。实际上如果儿童不能认识周围的路，不能行走或者不懂得教师说的话，他们也就不会适应集体生活。因此我们可以说这一变化在实践中已经得到认识。然而教育理论家还迟迟没有觉察到如果儿童能够自己去学校，认识周围的路，理解放在他们面前的概念，这就意味着他们的心理已得到巨大发展，因为在出生时儿童对这些事情是一无所知的。

第二个时期也不知不觉地得到人们的承认，因为在许多国家，儿童在 12 岁离开预备学校或小学而进入中学。为什么 6～12 岁这个时期适宜于教给儿童最基本的文化概念呢？这种情况发生于世界上所有的国家，因此这不属于纯粹灵感的偶然性问题。只有所有儿童共同的心理基础才能使这种学校组织类型变为可能，这毫无疑问依据于经验所得出的结论。事实上经验告诉我们，这一时期儿童已能够遵守学校所要求的智力劳动的“统治”：他能把握教师的意思，能够耐心听讲和学习。在整个这一时期，儿童精力集中，身体强健。这就是为什么这一时期被看作是学习文化的最佳时期的原因。

12 岁以后一种更高层次的学校教育开始了，这就意味着正规教育已经意识到个体现在正进入另一种心理生活。中学分为两个部分：高中和初中；初中 3 年，高中有时 4 年，这一事实表明这一时期再次被分为两个阶段。分配给教学的时间究竟是多少年，这一点是无关紧要的。我们感兴趣的是看到在中等教育中这 6 年实际上也被分为两个阶段。总的来讲这一时期不像前一时期那样平静、安分。对青春期教育感兴趣的心理学家认为这一时期心理变化之大不亚于第一时期（从出生至6岁）。儿童的性格在这个时期很不稳定，有不守纪律和对抗迹象。心理健康比以前缺乏稳定性和自信心。但是学校忽视了这一点。时间表制定出来了，儿童就不得不遵守。他们还必须长时间地坐着听讲，必须服从地花费大量时间去记住所学的教材。

作为这些年学校生活的桂冠就是接着上大学，也许除了工作强度不同以外，大学与先前的学校并无实质性的不同。在这里同样是教授讲，学生听。在我的学生时代，青年人都不修面，他们在大礼堂集中时其模样看上去是非常滑稽的，大多数人留着或多或少的令人生畏的络腮胡须，而且所有的人都留着小胡子。然而这些十足的成人却受到小孩般的待遇：他们不得不坐着听课；按教授告诉的去做；香烟和电车票都要靠他们父亲的慷慨资助，如果考试不及格就会随时遇到父亲的严厉叱责。这些人都已成年，有朝一日他们会成为用自己的智慧和经验去指导社会的男子汉。心智是他们将来从事最高级职业的劳动工具，他们是未来的医生、律师、工程师。

我们可以算一算，在那个时代，一个人需要多少年才能获得一个学位呢？谁又能保证自己将来能自谋生路呢？谁愿请一个不甚合格的医生呢？谁能相信一个年轻的工程师所进行的工厂设计呢？或者谁能雇佣一个勉强的律师呢？我们如何理解这种缺乏信任的现象呢？其原因就是这些年轻人把几年的时间都花费在听课上，听讲不能造就一个人。只有实际工作和经验才能引导一个人走向成熟。这就是为什么我们看到青年医生必须先在医院里工作几年；青年律师必须要在有经验的律师事务所实习；工程师在他们能够独立工作之前同样必须如此的原因。不仅如此，毕业生为了进入这些实习场所还必须寻求各种支持和推荐，而且要克服各种各样的障碍。可悲的是这种现象存在于所有国家。一个典型的例子就是在纽约曾经组织了一支由几百名失业大学毕业生组成的游行队伍。他们举着横幅，上面写着“我们没有工作，我们在挨饿。我们应该做些什么？”没有人能回答这个问题。教育失灵，已无法改变其根深蒂固的痼疾。至今教育所做的一切就是认识到了在个体的成长过程中，在生命的各个不同阶段，发展形式是不同的。

创　造　期

在我的少年时代，没有人关心 2 至 6 岁的儿童。现在已有各种收纳 3 至 6 岁儿童的学前机关，但是今天大学依旧最受重视，因为那些最能够培养基本的人类智力才能的人都出自大学。但是既然心理学家已经开始研究生活本身，就必然会兴起一种与此恰恰相反的对立倾向。有好多人像我一样地认为，最重要的生活时期不是大学学习阶段，而是自出生至 6 岁这个时期，即第一阶段，因为在这个时期人的智力本身（其思维的最重要的工具）正处在形成过程中。而且这不仅仅包括他的智力，而是他的心理能力的总和。这个新的观点给那些洞察儿童心理生活的人们以极大的影响。许多人开始对作为成人个性的创造者的新生儿和 1 岁儿童进行研究。

令人惊奇的是，对于这个问题的集中研究所唤起的研究者的情感与人们早期联想起死亡时所曾经感觉到的情感正好吻合。人死以后会怎样呢？不可能再使人的心脏跳动，但是现在捕捉想象是进入这一世界的入口。因为我们在新生儿身上发现了我们自己的隐蔽天性（hidden nature）。

为什么人必须要经历一个如此漫长而艰辛的婴儿期呢？任

何动物的幼年都不必经历这一艰难的阶段。以后又会如何呢？毫无疑问存在着一种创造力。起初什么都不存在，然而在大约一年以后儿童就能认识一切。出生时儿童一无所知，没有记忆力和意志力，只是随着时光的推移而产生。小猫刚出生就能模模糊糊地发出喵咪的声音，刚孵出的小鸟和刚出生的牛犊能发出同它们发育成熟后一样的声音。但婴儿不会说话，只能通过哭声来表现自己。因此对人来说我们所面临的不是如何发展，而是如何形成的问题；不存在的东西只能从乌有开始产生。婴儿采取的妙策就是从无到有，我们的心理是很难把握这一难解之谜的。

与我们不同的心理是需要采取这种步骤的。儿童还具有与我们不同的其他能力，他所获得的创造能力是很大的，这就是一切。儿童不仅创造了语言，而且形成了使其说话的器官。他必须创造一切活动的生理基础，创造我们智力的一切要素以及人们所具有的一切。这一了不起的工作并非意向的产物。我们成人懂得自己需要什么。如果我们想学什么就会自觉地去学习。但是这种主动性并不存在于儿童；知识和意志都需要去创造。

如果我们称成人的心理为意识心理，那么我们就必须称儿童的心理为无意识心理。但这种无意识心理未必低劣，无意识心理可能是最富有才智的。我们发现这种无意识心理在各个物种中甚至包括在昆虫当中都在起作用。尽管看起来它们具有理性，具有一种无意识智力。儿童正是具备这种无意识类型的智力，而且这就是儿童取得惊人发展的原因所在。

儿童的智力是从对周围环境的认识开始的。儿童是如何吸收其环境的呢？他只是借助于我们现在知道的儿童所具有的那些特性中的一种，这就是强烈而又特别的灵敏性。由于这种灵敏性，儿童周围的事物引起他强烈的兴趣和热情。儿童吸收这些印象不是依靠其心理而是依靠其生命本身。

语言是一个最为明显的例子。儿童是如何学会讲话的呢?我们说他是凭着他的听觉,通过听人的声音而获得说话的能力。但是即使承认这一点,我们仍然要问,在他周围成千上万种声音中为何他所听到或模仿的仅仅是人的声音。如果他确实是通过听觉,如果他学会的确实仅仅是人类的语言,那么人的语言所发出的声音必须比其他任何声音能给儿童留下更深的印象。这些印象一定是非常深刻,并能引起一种非常强烈的情感,这种情感所激起的热情非常强烈,能调动起人体内隐纤维的运动,这些纤维为重新发出那些声音产生颤动。

以此类推,让我们想一想在音乐会上的情景。一种内隐的表情渐渐映现在听众脸上,头和双手开始有节奏地摆动。除了对音乐的心理反应外,什么能引起这种现象呢?在儿童的无意识心理中也一定存在着类似情况。声音对儿童的影响是如此深刻,以致我们对音乐的反应相形见绌。我们几乎可以看到儿童舌部的摆动以及儿童声带和面颊的颤动。一切都在运动,默默地准备模仿在其无意识心理中引起骚动的声音。儿童又是如何学会语言的各个细节,并且如此精细和牢固以致于变成其心理个性的一部分的呢?他在幼年学会的语言称为母语。这与他以后可能要学的所有语言有着明显不同,就像一口自然长出的牙齿与一口假牙不同一般。

这些声音起初是无意义的,然而又如何突然使他理解并赋予意义呢?儿童不仅吸收了词及其意义,实际上还吸收了句子及其句子结构。不理解句子结构就不可能理解语言。假如我们说:“那个玻璃杯在桌上放着,”我们所给予的这些词的意义部分是从我们听说的句子顺序中派生出来的。如果我们说:“在玻璃杯上桌子放着那个!”我们就很难抓住句子的意思。我们根据词序来把握其意义，这同样是儿童能够吸收的。

吸收的心理

这一切是如何发生的呢？我们说："婴儿能记住事情，"但是要记住某一事情就必须要有记忆力，然而这却是儿童所不具备的。相反他必须建构记忆力。在一个人能懂得句子中词序是如何影响其意义时，他必须能够推理。这也是儿童不得不形成的一种能力。

我们的心理，确实不能够像婴儿的那样从零开始，发展一种语言需要一种不同类型的心理。这是儿童所具有的。他的智力与我们的智力是大不相同的。

可以这样说，我们是通过运用心理来获得知识，然而儿童吸收知识要直接进入其心理生活。仅仅为了生存，婴儿学会讲母语。这是一种心理化学在其内部起作用，相反我们是具有接收能力的。我们接受印象并将其存贮于大脑之中，但我们自己依然与其保持分离，就像一个花瓶与其容纳的水相分离一样。然而婴儿却要经历一个转化过程，印象不仅进入其心理，而且形成其心理。这些印象本身在儿童身上得到具体化。儿童创造了自己的"心理肌肉"，用于周围世界所发现的事物。我们将这种心理类型称之为"吸收的心理"。

对我们来说，很难想象幼儿的这种心理能力，但毫无疑问它是不受一般法则所制约的。如果我们能够保留我们在儿童时所具有的那种奇妙的能力该有多好啊！那时我们总是快乐地嬉闹玩耍，又蹦又跳，同时完全学会了一种新的复杂的语言。如果所有的知识进入我们的大脑仅仅是为了生存，就像吃喝和呼吸那样无需作任何努力那该有多好啊！起初我们不会注意到有什么特殊变化。然后我们所学的东西突然像闪耀的知识之星全部显现在我们的大脑里。我们应该开始认识到它们的存在，意识到这些思想已不知不觉地变成了我们的思想。

假定我说在一个行星上，没有学校和教师，人们对学习一无所知，而居民除了生活和走路外无需干任何其他事情就能学会一切，就能将全部知识装进大脑里，你认为我是在虚构吗？这看似荒诞，甚至被认为纯粹是想象丰富的虚构，然而这却是现实，这就是儿童的学习方法，这就是儿童经历的途径。他学会一切而不知自己是在学习。与此同时他逐步从无意识过渡到有意识，而在这一过程中总是充满着欢乐和爱。

人的学习对我们来说似乎是一件大事；要懂得知识；要形成人所具有的心理。但我们必须为此付出代价，因为一旦我们变得有意识，我们要学习每一点知识都需付出艰辛的劳动。

运动是儿童的另一巨大收获。婴儿降生后要在摇床上生活几个月。然而不久之后就会看到他走路，在他的小天地里活动、做事。他忙忙碌碌却非常快活。他只在白天这样生活，每天一点一点地学会运动。渐渐地他就掌握了复杂的语言，并用语言按其需要支配其运动能力。然而不仅如此，他还能以惊人的速度学会很多其他东西。他吸收其周围所有的一切；将习惯、风俗、宗教铭刻在心。

儿童所做的各种运动并非是任意选择的，而是具有固定性的。每一种运动都来自某一特定的发展时期。当婴儿开始运动时，其有吸收能力的心理就已经能够吸收其环境。在他开始运动以前，一种无意识的心理发展在其身上已经起作用，当他开始进行初步运动时，这种心理发展就开始变得有意识了。如果你观察一个 3 岁儿童，你会看到他总是在玩弄着什么。这就意味着他正在通过活动完成其无意识心理先前吸收的东西，同时在形成意识。通过这种外部经验，假借一种游戏，他审视着这些东西以及无意识地吸收到的印象。通过这些活动他逐步具备了完整的意识并建筑起未来的人。他直接受一种神秘力量的指挥，并渐渐地使这种巨大而神奇的力量具体化。通过这种方式他变成一个人。他通过他的手，通过先是游戏后是工作的经验形成一个人。双手是人的智慧的工具。作为这些经验的结果，儿童的个性就表现出独特性，因此受到形式的限制，因为知识领域总是比无意识或潜意识领域受到更多的限制。

儿童踏进人生，开始其神秘的工作；逐渐形成适应其国家及其时代的神奇的能力。他逐渐建构起他的心理直到具有了记忆力、理解力和思维能力，就这样一直到6岁。然后，突然地我们教育者醒悟了。我们面对的是一个具有理解力、能够耐心听我们讲话的生命，而先前我们是无法接近的。他的生活还处在与我们截然不同的阶段。

上述所论及的就是儿童的第一阶段。对儿童最初几年生活的心理研究在我们面前呈现的奇迹使所有理解儿童的人无不为之惊叹。成人的工作不是教，而是在幼儿的发展过程中帮助其心理的形成。如果我们能够随时随地聪明地对待儿童，理解其最迫切的需要从而延长儿童这个具有吸收能力的时期那该有多好呀！如果我们能够帮助人类不费任何气力便获得知识，如果人类能像变魔术一样地获得丰富的知识那又该多妙呀！不管这是否真实，宇宙万物的一切都是魔术般的奇迹。

儿童具有一种依靠自己而能够吸收的心理，这一发现给教育界带来了一场革命。我们现在能够轻而易举地理解为什么人的发展的第一时期，性格形成时期，是最为重要的。正是在这个时期儿童最需要一种明智的帮助，影响其创造活动的任何障碍都将影响其充分的发展。我们应该帮助儿童。由此，我们不再把儿童视为一种弱小的生物，而是赋予儿童一种巨大的创造能力，然而这种能力非常脆弱，需要爱和正确的保护。我们要帮助的是这些能力的形成，而不是儿童，也不是儿童的弱点。当我们懂得这些能力属于一种无意识心理，而其只有通过活动及其通过从世界上所获得的生活经验才能变为有意识时，我们就会意识到儿童幼年的心理是不同于我们的，我们不能够通过文字教学来达到目的；也不能直接干涉儿童所经历的从无意识到有意识的过程（这是一个形成人的能力的过程），那时教育的整个概念就改变了。教育的任务就变成了为儿童的生活、为人的心理发展提供帮助，而不再是记忆词语或概念这种强迫性的任务。

这是为教育所铺设的一条新路，它旨在帮助儿童心理发展过程中的心理形成，旨在帮助和加强儿童的多种能力。

第四章　新途径

现代生物学正转向一个新的方向。有一个时期其所有的研究内容都局限于成人。当科学家研究动物或植物时，他们采集的标本总是成体标本。对人类的研究也同样如此。无论是有关人的道德问题还是社会形成问题，所讨论的也都仅仅是成人。人们最经常讨论的话题就是死亡，这对我们来讲是无需大惊小怪的，因为成人在其人生道路上的归宿就是死亡。整个的道德问题就是一个法律问题，或者是成人世界中的社会关系问题。现在科学已开始转向另一恰恰相反的方向。这几乎像是在倒退。因为无论是对人的研究，或是对其他形式的生命的研究，其兴趣已集中到幼体标本，甚至集中到这些生命的起源。胚胎学和细胞学——细胞生命的科学已经产生；在这种一般水平的调查研究的基础上，一门有些像新哲学一样的学科正在兴起，这远远不是一门纯理论性的哲学。事实上它是建筑在观察之上，所以人们完全可以说它比过去通过抽象的思想家早期得出的许多结论更有权利称之为科学。因为这门哲学的展开正通过实验室里所获得的新发现而一步步地继续下去。

胚胎学实际上把我们带回到成人的起源阶段。在那个早期阶段有着成年阶段所不存在的东西，或者说即使存在，其形式也大不相同。科学揭示出一种不为早期思想家所知的生命，这就使人们对儿童的个性有了新的认识。

让我们从一个非常简单的转折开始。儿童不是像成人那样走向死亡，而是正在走向生活。他的工作就是要形成一个健全的人。到了成年期，儿童的特征就消失了。因此儿童的整个生活就是走向完善，走向更加完美。由此我们可以推断儿童非常乐意去做为完善自己所需要的工作。儿童的生活就是一种在工作中，即行使其职责的过程中，表现出快乐与幸福的生活。对我们成人来说，日常事物常常是令人沮丧的。

生活的过程，对儿童来说，就是一种自身的外延与加强。年龄越大就会变得越强壮、越聪明。他的工作和活动使他获得了这种力量与才智。但是对成人来讲，岁月的流逝会产生相反的结果。再者，童年时期不存在竞争，因为没有人能够替儿童做那种为建筑他正在形成的人而做的工作，而这种工作是儿童必须做的。总而言之，没有人能代替儿童成长。

但是如果我们更进一步地把儿童的生活追溯到出生前的那个时期，我们又会发现儿童与成人的联系，因为儿童的胚胎期是在母亲的子宫里度过的。在此以前，子宫里存在着第一个细胞，这个细胞就是由成人提供的两个细胞的结合而产生的。因此，无论我们追溯人的生命的起源，还是追随儿童的成长过程，我们总会发现成人离儿童不远。

儿童的生活是连接两代成人的分界线。儿童创造的和正在创造的生活总是从一个成人开始又以另一个成人结束。这条航道总是紧紧围绕着成人的生活，这项研究给我们带来极大的兴趣和启发。

两 种 生 活

自然总是任意使儿童受到保护。儿童生来就有爱，爱是儿童的本源。儿童一出生就受到父母无微不至的关怀。这就意味着他是降生于和谐的环境中，这是他从世界上得到的最初的爱。自然唤起父母对他们的小宝贝的爱，这种爱是毫无一丝做作的。它不仅仅是出于理性的爱，就像为了团结人类出于一种理性的愿望而结成兄弟那样。我们认为对儿童的这种爱应该成为成人世界上完全占支配地位的爱：这种爱就其本质而言，能够鼓舞人作出牺牲，能够使一个自我献身于另一个自我，使自身利益为他人利益服务。在这种爱的深处，所有的父母都放弃自己的生活而将其奉献给儿童。这种献身对他们来讲是非常自然的。它给他们带来欢乐而不会觉得是在付出牺牲。没有人会说：“看看那个不幸的人，他有两个孩子！”相反会认为他很幸运。父母为孩子作出的努力给他们自己带来了欢乐，孩子是父母身心的一部分。儿童唤醒了成人的观念、牺牲的观念、无私的观念——这些都是在家庭之外几乎无法得到的美德。什么样的商人在他能够得到他所需要的某种财产时会对他的竞争者说：“你可以拥有它！我把它让给你！”但是如果饥饿的父母缺乏食物，他会把最后的面包屑让给挨饿的孩子而不会留给自己。

因此，我们看到有两种生活，成人有幸都能够分享：在一种生活中是作为父母，在另一种生活中是作为社会的一员。两种生活中更好的一种是同儿童在一起，因为与儿童接近能够表现出我们最高尚的一面。

这两种不同的生活在动物中也是显而易见的。最凶残的野兽对它们的幼仔也会变得温顺。狮子和猛虎对它们的幼仔是多么的温柔；雌山羊在保护它的羊羔时又是多么的凶猛！似乎看起来所有的动物在它们的幼仔面前所表现出的本能与其惯常本能正好相反。好像动物所表现出的特性本身压倒了其惯常本能。甚至比人更温顺的动物也具有自卫本能，如果它们的幼仔需要保护，这些本能就会变为侵略性本能。

鸟儿也是这样。当危险来临时，其本能会使它们飞走。但是如果有幼鸟，它们就不会离开巢窝而是保持不动，用翅膀盖住容易暴露的白色鸟蛋。其他的鸟则假装受伤，仅仅在为了逃避犬爪的袭击时才会把狗从雏鸟身边引开，使雏鸟不被注意。在动物生活的无数地方都会发现同样的情境，也就是说它们存在着两种本能：防卫本能和保护其幼仔的本能。伟大的生物学家费柏拉（J. H. Fabre）为此提供了一个最为精彩的例子。他用这样几句话作为它的巨著的结束语：物种的幸存归功于母性的爱；确实如此，因为如果幸存仅仅归于在为生存而斗争的过程中发育完全的武器，那么幼小的动物在其武器长成之前是如何保护自己的呢？老虎及各种幼兽在没有长出牙齿、雏鸟在没有长出翅膀以前又怎么能保护自己呢？因此，如果生命要想生存，物种要想幸存，首先需要的是父母对尚未武装起来的幼仔的保护。

如果幸存仅仅归于强壮，那么物种就会灭亡。因此幸存的真正原因，“为生存而斗争”的基本要素就是“成年者对幼小者的爱”。

对最低级动物智力迹象的研究是博物学中最引人入胜的一部分。每一种动物都被赋予各种防卫本能，每一种本能又同样具有各自特殊类型的智能。但是这种智能主要用于对幼仔的保护。而且其自我防卫本能也比较单一，同时所伴随的智能更少。这些远远不能够为费柏拉在其16卷本的巨著中对昆虫的亲代行为（parental behaviour）的描写提供足够的材料。①

因此，如果我们要研究生命的不同类型，就有必要对两种

① Souvenirs Entomologiques. 英语译文是“The Life of the Spider，The Life of the Fly，The Hunting Wasps，etc”。中文译文是《蜘蛛的生活，苍蝇的生活，猎取黄蜂，等》。

本能、两种生活方式进行研究；如果我们要断言人类的生活，就有必要（如果单纯是为社会原因）去研究儿童，因为他们对成人有着很大影响，因此要想充分地研究人类生活，我们就必须从研究人的生活的起源开始。

第五章　创造的奇迹

最初根本不存在的东西，最后却变成了一个男人或女人，甚至能够思考，能够形成自己的观念。这一惊人的事实是每一个时代的思想家都无法回避的。

这是怎样产生的呢？所有这些异常复杂的器官是怎样形成的呢？眼睛、说话的舌头和大脑，以及人的无以数计的各个部分是怎样来的呢？18世纪初期的科学家，特别是当时的哲学家，他们相信先成说（Pre-formation）。他们确信，在卵细胞中肯定已经存在着一个很小的男人（或女人），当然由于太小，人们无法看见。但这个很小的男人或女人是肯定存在的，而且注定要生长。他们还认为所有的哺乳动物都是如此。但也确有两种思想分歧，一种是“精源论”，一种是“卵源论”。这是按照男人或女人的生发细胞内是否存在着微小的个体来划分的。围绕这一论点展开的学术讨论也曾风靡一时。

一位名叫沃尔夫①的医学博士决定采用刚刚发明的显微镜亲自观察和弄清楚这一创造过程究竟是怎么回事。为了达到这一目的，沃尔夫认真研究了鸡卵中受精的生殖细胞，由此，得出了一个惊人的结论（见沃尔夫著的《发生论》）：这根本不是

---

① 卡斯帕尔·沃尔夫（Caspar Friedrich Wolff，1733—1794）德国胚胎学家。1767年移居俄国，1759年发表《发生论》。他详细观察鸡胚的发育，证明鸡的血管是逐渐发生的。以后又确定小鸡的肠管是由简单的“平板”状结构逐渐形成的。他的这些观察，为渐成论提供了有力的证据。他还发现了胚胎的中肾管，故中肾管亦称“沃尔夫氏管”。——译者注

预先存在的，而是生物自己形成的。他描述了他所看到的这一形成过程。最初只有一个生殖细胞，这个生殖细胞分成两个部分，这两部分又分成四个部分（见图 1），正是通过这种细胞增殖才形成了新的生命。

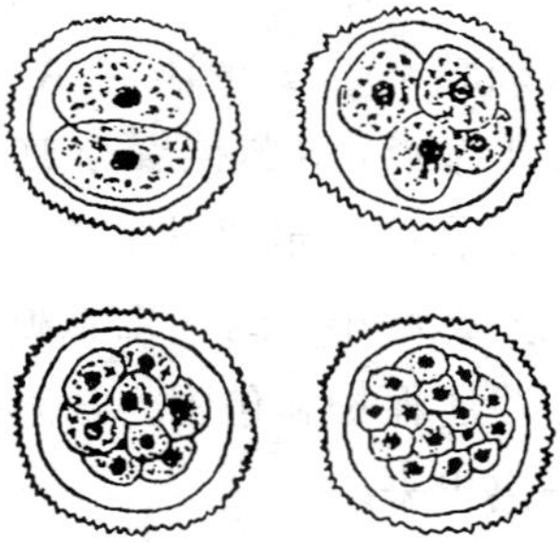

图 1　生殖细胞的增殖

为先成说争论不休的理论家们很自然地便把矛头疯狂地转向了沃尔夫：多么无知！多么放肆！简直是异端邪说！妄图削弱宗教！这样，沃尔夫处境艰难，不得不背井离乡，漂泊异地。现代胚胎学的创立者就这样被迫过着流放生活，在流放中离开了人间。

虽然显微镜不断增多，但是在沃尔夫后的 50 年里再没有人敢调查研究生命起源的秘密。不过，探索生命起源的奥秘的先驱者——沃尔夫的主张也确实取得了进展。另一位科学家冯贝尔（K. E. Von Baer）重复了沃尔夫的实验，结果发现，沃尔夫的主张是正确的。于是，这一新的理论为每个人所接受。科学上的一个新的分支，一门最有趣的科学——胚胎学诞生了。

不可否认，胚胎学是最富有吸引力的科学之一。它并不像解剖学那样主要研究高级生物的器官，也不像生理学那样主要研究生物器官的功能，也不像病理学那样研究疾病，它的主要目标和任务是揭示生命的创造过程，揭示并不存在的机体是怎样逐渐形成生物的。

每一动物，每一哺乳动物，甚至作为最高级动物的人，都是从最初的单细胞发展成各种简单形态。这些形态就像最原始的细胞一样没有差别，呈圆形。这些生发细胞因其微小而非常令人吃惊。人的生发细胞不超过 1/10 毫米。为了理解这一点，用一支很尖的铅笔作 1 个点，并紧挨着画 10 个点。无论你画的点有多小，10 个点的总长度肯定超过 1 毫米。由此我们明白了发展成为人的细胞是多么微小。这一细胞独立于它的先祖而发展。因为它被一种被膜所保护和包围。被膜把人的生发细胞从生发细胞的成人体隔离出来。

每种动物都是这样。由于生发细胞与其亲体相隔离，因此它所形成的生物确实是生殖细胞本身的产物。这是一个多么令人深思的不可穷尽的论题啊！最伟大的人，无论在哪个领域，无论是亚历山大还是拿破仑，无论是但丁还是莎士比亚，或者是甘地，他们跟谦卑的人一样，都产生于同样的异常微小的细胞体。

通过精密的显微镜对生殖细胞进行观察，就可以看到生殖细胞包含有一定数量的小体。由于这些小体能够通过化学反应很快染上颜色，因而被称为“染色体”。物种的不同，染色体的数量也不一样。人体内有 48 个染色体。有的动物有 15 个染色体，有的有 13 个染色体。因而染色体的数量是物种的固定特征之一。染色体总是被看作储藏室，遗传性特征正是通过储藏室得以传递。近年来，通过新型的更为精密的显微镜——超级显微镜就能看到，每一种染色体都是一种盒子，里面装着大约由 100 个很小的颗粒组成的一个链条或项链。当染色体打开时，颗粒就获得了解放，生殖细胞就成了大约有400个小体的储藏室，人们把这些小体称为基因（见图2）。基因意味着生殖。人们普遍认为，每一个基因可能是某种特定的遗传特征，例如鼻子的形状或头发的颜色的载体。

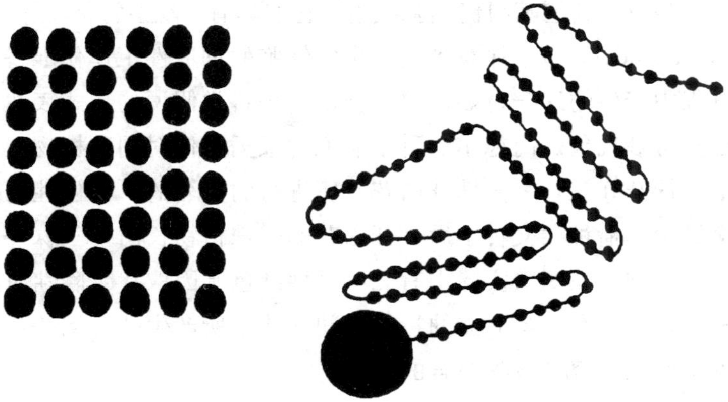

图2　100个基因画成一条线形成的链条。左边，每个人内部的48个染色体呈几何形状地排列。

当然，仅仅借助于显微镜还没有能实现探索生命奥秘的科学幻想。因为人的心理是创造性的，它并不像照片那样只是把印象保持下来，而是作为想象力的刺激。正是通过想象或者因为能够“深入到感觉所不能及的深处”的智力，人才能进行推测。所有科学和发现也正是从人的心理的这些能力中才获得了传递的推动力量。如果我们认真思考所有生命起源的奥秘，就不难发现，在科学的单调的陈述中渗透了多少神秘主义色彩。因为生殖细胞尽管异常微小，不为人所见，但它本身包含了过去积累起来的所有的遗传。在这一微小的颗粒内，体现了人类所有经验和种族的整个历史。

原细胞出现明显变化和开始分裂之前，基因之间已经逐渐趋向协调。基因之间存在着某种竞争，从而导致了选择。因为并不是某一特定细胞出现的所有基因都能在新生命的形成过程中发生作用，而只有那些在竞争中取胜的基因，才对新生命的形成起作用。这些取胜的基因具有“显性特征”。

相反，其他基因仍然隐藏着，它们具有“隐性特征”。门德尔（Mendel）最早注意到在为生发细胞的创造性工作作准备的过程中产生的这一奇妙现象。他以一种科学假说的形式表达了这一奇妙现象。门德尔的科学假说的根据是他对同种植物（其中一株开红花，另一株开白花）所进行的有名的、开创性的杂交试验。播种杂交种子后，开白花的一株植物长出了三株开红花的植物。在四次实验中有三次显性红色基因取代了隐性白色基因。不难看出，对立的特征之间的斗争所产生的比例关系不可避免地要遵循数学组合的法则。

自从把基因之间可能性组合的研究建立在数学假设的基础上以后，研究就更加复杂化了。但是，结论仍然是，任何胚原基在特定的条件下都可以按照基因之间起支配作用的优先权转化为漂亮的或不漂亮的、强壮的或虚弱的个体。

正是由于基因的不同组合，人类才千差万别。因此，在同一个家庭中同一对双亲的孩子，在外貌漂亮、身体强壮和智力水平等方面都有很大差别。

人们对优生儿童所产生的条件的研究发生了特别的兴趣。因此，一种新的科学——优生学便应运而生了。优生学（研究基因和基因组合的科学）翻开了科学历史的新篇章，它建立在多种假设的基础上。在对基因组合发生以后的直接研究中，优生学没有起什么作用。

形成机体的生物过程正是在基因组合发生以后开始的。这是一种细胞分裂，而且非常明显，很容易观察到。所以，沃尔夫第一次用显微镜观察到它以后，就能够描述出显象胚胎连续经历的阶段。

细胞最初分裂为仍然连接在一起的两个等同的细胞，然后两个变成 4 个，4 个变成 8 个，8 个变成 16 个，等等。这一分裂过程不停地进行，直到产生了成百上千个细胞。就好像建筑房屋时最初要积累足够的砖一样。到了一定时候，细胞形成明显的三层，就好像把砖砌成墙壁一样（这一比较来自赫克斯利）。所有动物都一样。首先，细胞形成像印度橡皮球一样的球状（桑椹胚），然后，球壳向内弯曲，形成相向的壁，然后在这两层之间渗入第三层，构成三壁。整个最后结构就从这三壁展开形成（见图 3）。

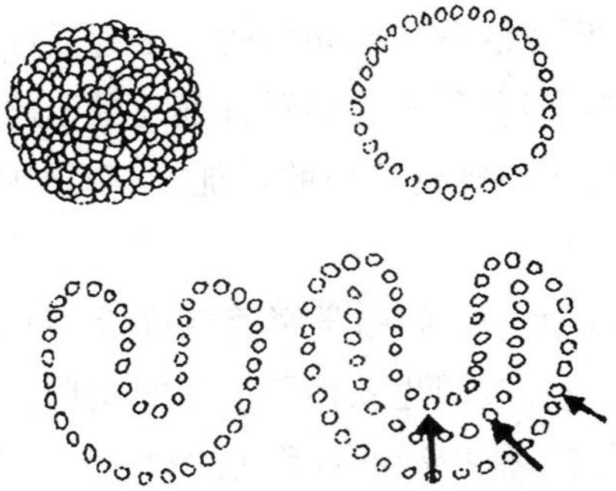

1. 内胚层　　2. 中胚层　　3. 外胚层

图 3　左上，由单壁组成的原始细胞球（桑椹胚）（右）。
左下，内折的双壁原肠胚。右下，原肠胚双壁之间形成的第三壁。

因此，这三个发展层，即“生殖叶”就形成外部的外胚层、中间的中胚层、里面的内胚层。它们一起形成一个微小的长形躯体，躯体内所有细胞大小相同，不过，比它们所起源的原始细胞要略微小一些。

这三壁中，每一壁都产生一个复杂的器官系统。外壁产生皮肤、感觉和神经系统。事实上，这是预料之中的，因为外壁是接触外部世界的一层。当感官和神经系统使外壁接触外部世界时，皮肤对外壁起着保护作用。内壁发展成为营养器官，例如肠、胃、消化腺、肝、胰和肺。第三壁或中间壁产生支撑整个身躯的骨骼和肌肉。神经系统的器官被称为“联络器官”，因为它们控制着与外部世界的联系。消化系统和呼吸系统的器官被称为“营养器官”，因为它们只为生物的植物性部分服务。

近年来更深入的研究才表明了器官本身的发展。研究表明，在均匀层内出现一些点或中枢，而且这些点突然显示出巨大的生物活性。细胞从胞壁基质中出现，逐渐形成器官或器官雏形。无论什么器官，形成的程序是相同的。尽管活性增长中枢不可捉摸，互不相关，但各种不同的器官都起源于此。这是芝加哥大学蔡尔德（Child）教授发现的，他把这些中枢称为“递增度”(gradie nt)。[1]

几乎在同时，另一位胚胎学家道格拉斯（Douglas）在不依赖蔡尔德的情况下在英国也获得了类似的发现。不过，他的观察只限于神经系统。他把活性点称为“桑格利亚”(Sanglia)，[2]认为正是因为这些活性点才产生了特别的敏感性。

最初，所有细胞都是相同的，但是当器官开始出现时，细胞本身就开始改变其类型，发生重大差别。这与器官将要产生的功能是一致的。这样就产生了“专化性”。细胞通过“专化

① C. M. 蔡尔德，《行为的生理学基础》，纽约，1924年版。

② A. C. 道格拉斯，《人的心理的生理机制》，爱丁堡，1925年版。

性”过程就适宜于它们正在形成的器官的工作。虽然这一敏锐的“专化性”是为了专门的功能产生的，但也只是在其功能开始发生作用以前。

如图 4 所示，有些细胞差别很大。肝细胞呈六棱状，并且相互接触，就像一块铺路石。它们没有结缔组织。相反，骨细胞呈椭圆状，相隔较远，但微薄的纤丝把它们联接起来。重要的部分，也就是骨骼最基本的部分，是由细胞本身精心制成的一种固体结缔组织。特别有趣的是气管皮膜。微小的壳头不断

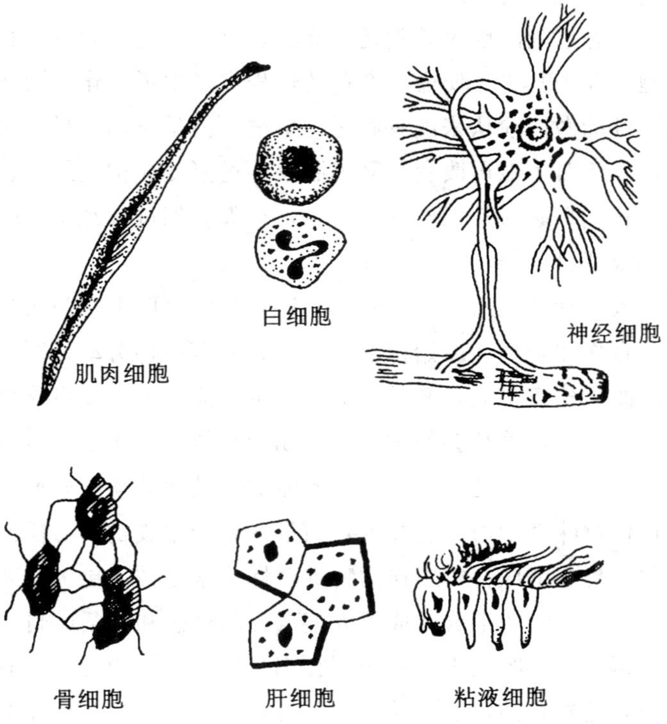

图 4　细胞类型

摘自 C. M. 蔡尔德：《行为的生理学基础》。

地泄出一种树胶状的物质，这种物质散布在三角细胞之间，粘住空气中的灰尘，附有一层总是颤动着的纤维边缘。它们使粘液不断地朝体外移动。皮肤有特殊的扁平细胞，并且分层次地排列着。其中外层注定要不断消失，被来自内层的细胞所代替。保护躯体外部表面的这些细胞使我们想起时刻准备为祖国献身的战士。

神经细胞是发展得最完善也是最重要的细胞，是不可替代的。它们总是以指挥者的身份出现。其轴突就像联络各大陆的电缆一样延伸得很远。

细胞之间的巨大差别是多么有趣啊。它们都起源于相似的细胞，在为其未来使命作准备的过程中发生了变化。因而每一细胞都能做以前从来没有做过的事情。但是它们一旦发生了变化，就绝对不能再改变。肝细胞决不可能变成神经细胞。相应地，它们不必为其工作准备自己，正如我们过去经常说的那样而要改变自己。

人类社会难道不是这样吗？这里我们可以把专门人员同机体器官作比较。在原始社会，每个人从事各种劳动，同一个人可能既是建筑工人，又是木匠、医生。简言之，他可能什么都是。但是，随着社会的发展，劳动越来越专门化了。每个人选择一种劳动，于是在心理上就不能适应其他劳动。职业训练并不仅仅意味着学习一门技术，而且还要产生成功所必需的内在变化。形成适应特定工作的特殊个性比学习技术更为重要。因此，特殊个性的形成就成了人们自己的理想和生活的目标。

再回到胚胎上来。每一器官都产生于专门的细胞，有着不同于其他器官的自己的功能。而且每一功能都是有机体的健康所必不可少的。因此，每一器官都是为了整个有机体而存在和工作。

处于发展中的胚胎不仅产生了器官，而且还提供了它们之间的内在联络。这是由两大系统来完成的，即循环系统和神经系统。它们比所有器官都复杂得多，它们也是联系其他系统的唯一系统。

循环系统像一条河，把物质输送到人体的各个部分。它还担任收集器。事实上，循环系统是总的运输工具。它把营养物质带到体内的每一细胞中，同时，它也从肺里吸收氧气。血液也转送内分泌腺所分泌的某些物质。这些物质称为激素，它们对器官发生影响，刺激器官的活动，最重要的是控制器官的操作，从而产生所有器官必需的协调动作。

激素是与产生激素的器官相隔较远的器官所必需的物质。因此，通过这一循环系统的活动，机体就相当完备了。每一个器官就像生活在江岸上，它从江里获取所需的东西，又把自己的东西倒入江中，其中一些也为其他器官所需要。

神经系统是协调整个身体活动的又一重要因素，在大脑中主要起着指挥的作用，或者称为“控制舱”。指令从“控制舱”传送到身体的每一部位。

即使在人类生活中，也发展起了循环系统。不同民族和国家所生产的产品进入到流通领域，每个人从物质流通中获取自己需要的东西。自己生产的东西又通过商业大河使其他人和国家能够享用。商人和巡回销售员不就类似于血液中的红色小体吗？在庞大的人类社会中，一个地方生产的产品不也是不断地被运到其他地方去消费吗？

近年来，人类对激素的研究有了发展。这些都是世界大国在计划环境、控制商业及刺激、鼓励和指导所有国家的事业中，为了更好地协调各国所作的努力。人们可能会说，在它们的这些企图中，也明显地暴露出很多弊端。这只能说明，社会循环系统的发展还很不成熟，虽然已开始，但离完善还相差甚远。至于神经系统的具体细胞，人类社会中与之相似的还相当缺乏。从当今世界的混乱状态中我们完全可以推测到实现其功能的条件尚未得以发展。因此就没有什么来同时协调和作用于整个社会。民主是我们政府倡导的文明的最高形式，它允许每个人参与选举，由此选举出他们的领袖人物。如果这发生在胚胎学领域，未免就有些荒谬可笑，令人难以置信。因此，如果每一细胞都得专门化，那么能够指导其他所有细胞的细胞就必须更加专门化。在一切工作中，统治是最困难的，它比任何其他东西都需要更高层次的专门化，因而就不存在选举的问题，而是通过训练使之适应其工作。谁要是指导他人，首先他就必须改造自己。没有受过训练的人，决不可能成为领导者或指导者。这一原则把专门化与作用联系起来，可能会更好地引起我们的能动的注意。更有甚者，它好像是人们在所有工作中都应遵循的自然法则和计划，人们可以看到它在能动的有机体内所产生的奇迹。

所以，胚胎学能够为我们指明方向，它成了灵感的源泉。朱利安·赫克斯利（Julian Huxley）很好地总结了胚胎的奇迹。"起初什么也不存在的东西后来发展成为充分发展的个体的复杂机体。这是生命的永恒的奇迹之一。这一伟大奇迹不使我们感到震惊，只是因为在日常生活中它经常出现在我们眼前。"①

无论我们研究什么动物、鸟或兔或其他任何脊椎动物，我们发现它都是由各种器官组成的，而且每一器官都相当复杂。更奇妙的是，这些器官不仅错综复杂，而且紧密相联。如果我们认真思考一下循环系统，就会发现一种输出系统。这一输出系

---

① J. S. 赫克斯利：《生命流》，1926年版。（摘自蒙台梭利的意大利语引文。——英译者注）

统的精密程度、复杂程度和完备程度，即使人类文明的最先进的系统也不能与之媲美。而且心理是思想的工具，它通过感官集聚对外部世界的印象。它真是奇妙得不可思议，现代任何机器与之相比都大为逊色。我们的机器设计能够与眼睛或耳朵所隐含的奇迹相提并论吗？如果我们研究人体内的化学反应就不可避免要面对整个实验室。这一实验室的设备精良得能生产出物质，而且把物质的各种成分结合在一起。它向我们最尖端的技术提出了挑战。

除神经系统中的通信网路外，即使是我们最卓越的成就——电话、收音机、电视和无线电报等也都显得粗陋和笨拙。

如果我们检阅世界上最训练有素的军队也会发现它不像肌肉那样顺从。它们直接对一个指挥者和战略家发出的命令作出反应。驯顺的仆人要练习一种时刻准备准确执行他们接受的命令的特殊技能。如果我们仔细思考一下这些现象，认识到这些器官——传递信息器官、肌肉和与体内每一最小细胞接触的神经是多么复杂，如果我们记住所有这些器官都来源于一个细胞——呈圆状的原生殖细胞，我们就会体会到自然的所有奇迹和奥秘的魅力。

第六章　胚胎学与行为

我们的探索发现，在胚胎的发展过程中，每个阶段对于包括人在内的所有高级动物都是相同的。低级动物的发展是不完全的，它们与高级动物的区别就在此意义上，它们的发展在其早期阶段就中止了。

例如团藻属一种远远没有发展到球状阶段的生物，它仍然像一个微小的空球在海水中旋转。在它的单层细胞外壁上有一层微小的颤动的绒毛，通过波动而旋转移动。

腔肠动物是相当于下一阶段或双壁阶段的动物，在这一阶段空球体外层向内弯曲形成双层细胞——外胚叶和内胚叶。而且一旦三层细胞都得到发展，其后的各个阶段就会与许多物种非常相似，以致于很容易混淆一种动物胚胎与另一种动物胚胎的区别。图 5 就很清楚地表明了这一点。

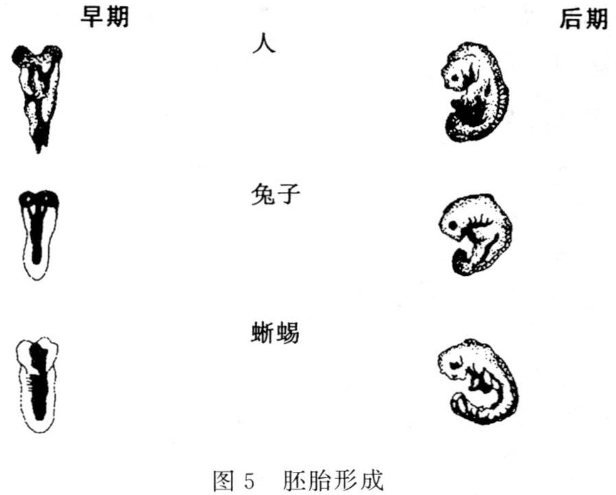

图 5　胚胎形成

通过对“动物界”各种不同等级的动物的研究，人们已把这一最后的事实看作是遗传理论最为确切的论据。由此推断出人类是由猿演变而来；哺乳动物和鸟类是由爬行动物演变而来；而爬行动物又是由两栖动物，两栖动物由鱼类演化而来；以此类推到最简单的形式，即推到仅仅含有一个细胞的生物为止。通过遗传过程，每一胚胎都必须经历祖先所经历的所有阶段；因此在胚胎中，物种的整个演化过程就集中或组合起来。这被称为“种族重现理论”。根据这一理论，个体的发育史重现了种系发育的历史。

基于这个原因，胚胎学被纳入达尔文的理论中，在他的学说中胚胎学被认为是最有说服力的证据，但后来德·弗雷斯①的发现被公布以后，人们发现如果要对生物进行解释，胚胎学必须包含更广泛的内容。

德·弗雷斯为了著述《突变理论》，观察了所有由相同亲代种类发育成的一种植物的各种不同变化。结果发现在没有任何影响的情况下，这种植物变化要归因于外部世界，这就使人们谈起自然变异问题。如果这些变化的原因不能够在环境中发现，那么就只能存在于胚体的内部活动中，因为迅速的演化只能在胚体中发生。

由此，除了达尔文提出的生物的缓慢适应性演化的假说外，人们还可以想象出其他的可能性。达尔文的假说需要相当长的时间去证实，这就可以使思想家们更为从容地运用其他的直观感觉去接受更多问题。

实际上，显微镜所显示的胚体的发育过程仅仅是机械部分

---

① 雨果·德·弗雷斯（Hugo de Vries），实验遗传学创始人，因本文所引用的《突变理论》（莱比锡，1902—3，二卷本）而著名。他的所有著述都收在文集“*Operate periodicls Collata*”（荷兰，乌特勒克，1918—27）。——译者注

的发育，因为生物并非是为了一个共同的目的而合力运转的器官装置。高级动物的真正神秘之处就在于爬行动物在发育程序上与鸟类、哺乳动物或人是非常相似的。

这些动物之间的主要区别在于它们的四肢、身躯、牙齿最后长成的形状，而且这种最后形成的形状与其胚体的过去毫无关系，而是与它们在居住的环境中所形成的行为有关。

这就使人们把它同自然中的建筑设计联系起来：一座建筑的样式很像人的手工艺品，在这方面即使是最变化多端的结构，简单的或宏伟的，都必须首先从准备材料（砖石）开始，然后用这些材料垒成墙壁。但是我们的建筑在外形上，在装饰上各具特色的原因是什么？不是所使用的材料，而是为适应不同的目的而进行的设计。

除此之外，真正重要的是胚胎学已经从抽象的推理阶段上脱颖而出，它不仅仅提出了新的观念，而且也为进行实验研究开辟了一条新途径。在这方面人们已取得了很大成就，形成了一门具有实际应用价值的科学。

实际上人们已经能够对胚胎施加影响，并能有效地使胚胎发生变化。这就是说人通过作用于胚胎，能够实验性地改变生命的进程。在这方面的研究已取得进展。

通过基因及基因的组合，我们能够干预植物的遗传，下一步将是对动物的遗传进行干预，它已取得了重要成果。一个广阔的趣味无穷的新领域已经开拓出来，这不仅在学术上是崭新的，而且在实践中也是行之有效的。胚胎的重要性在于胚胎期各个器官尚未发育完全，这样改变它们就较为容易。这个秘密现在已为人们所掌握。

几年前，胚胎学领域中的第一个专利在美国得到批准。人们已经培育出各种不带刺的蜜蜂，而且这些蜜蜂能比普通的蜜蜂采集更多的蜂蜜。同样各种各样的植物结出了更多的果实;或者长出了不带刺的花柄。培养出的其他植物的根也具有更大的食用价值;一些有毒的植物不再含有毒性。

最为有名的成果是对花蕾的改良。尽管这并非为大家所熟知,但人们的介入范围已远远超出干燥的土地,而且已深入到水下的动植物王国。由此我们可以说人通过运用智力已能够使地球变得美丽而富饶。另外正如生物学家所说的,如果我们对所有的生命都这样地进行研究,并考虑到其形态的相互影响及其这些影响所产生的结果,那么我们就已开始认识到人在地球上生活的目的之一,而且懂得人本身就是宇宙中巨大的力量。

人由于具有无穷的智力而实际上被看作是万物的延续者(像赫胥黎所说的),仿佛上帝指派他去运用这种力量来促进和加速创造的节奏。人通过控制其生活本身而使生活变得完美。

因此胚胎学的研究已不再是抽象的和枯燥无味的了。

如果我们通过运用有效的想象把心理发展设想为下列相类似的途径,就会很自然地认为:今天能够作用于生活从而创造出一种新的更高层次生活的人,同样能够帮助和控制人的心理的形成。

心理的发展就像身体的发展一样仿佛也遵循着相同的大自然的创造规律。正像身体起源于一个原始细胞,这个细胞与其他细胞的差别是很不明显的,因此人的心理同样是从乌有开始或者看起来是从乌有开始。

正像在原始生殖细胞中还没有形成一个完全的人一样,新生儿也不会形成任何心理个性。在心理方面,人们首先看到的是材料的积累,这是可以与生理方面细胞的增殖相比较的。心理方面材料的积累是由我所称之为的“吸收的心理”来完成的。在这方面,我们还能看到环绕着轮流出现的“感受点”的心理器官的形成。这些感受点具有非常强烈的活动性，成人是无法捕捉或回忆其形象的。在谈到儿童语言能力的获得时，我们已经暗示了这一点。因为心理本身不是由这些感受性创造的，而是由这些感受器官创造的。而且每个器官可以独立于其他的器官而发展。例如当语言得到发展时，判断距离和识别路途的能力则是各自独立发展的；平衡身体的能力及其他的协调能力也是如此。

这些能力中的每一种都有其特殊的兴趣而且这种感受性如此活泼从而导致其各个器官发挥一系列特定的作用。任何一种感受性都不能占据整个发展时期。每一种感受性所持续的时间足以建构一个心理器官。这个器官一旦形成其感受性便自行消失，但是当它存在时就会迸发出不可思议的能量。只是随着年龄的增长这种感受性才完全消失，以致于我们无法再记忆起这种我们曾有过的感受性。当所有的器官形成后就会联合起来形成我们所认为的个体的心理整体。

人的这些短暂的感受性的出现与在昆虫的生命周期里发现的各种感受性是相同的。创立突变理论的德·弗雷斯也同样表明了这些短暂的感受性是如何在昆虫一出生就立即开始引导它们经历一系列的活动变化，而且依次发生的每一种活动变化对其生存和发展都是必要的。德·弗雷斯的第二个发现引导人们对其他的动物进行生物学和心理学的研究。由此大量理论应运而生并得到不同团体的热烈拥护，后来美国心理学家华生便试图通过某些颇有争议的假说开辟一条新途径。

“让我们丢掉我们所不能证实的一切，”他说，“而仅仅依靠我们能够证实的东西。现在有一点是可以非常肯定的，这就是动物的行为，因为这是可以观察的。因此让我们以此作为我们的新的研究方法的基础。”

因此他以人们能够看到的动物的外显行为为出发点。由于他相信这些能为加深我们对生命的了解提供最安全的指导，因此他转向人的行为和儿童的心理研究时，就像转向我们能够直接了解的事物一样。但他很快发现在幼儿身上并不存在着先天的行为迹象。他也断言人是缺乏本能和心理遗传的，由此他认为人的行为是由于一系列的“条件反射作用”，而且是在一系列更高水平阶段上一种行为强加到另一行为的条件反射作用。因此他提出了在美国广为流行的“行为主义理论”，①尽管他的理论横遭反对和批评，被认为是很不成熟和肤浅的理论。

然而他的提议引起的兴趣促使另外两位美国科学家重新通过实验法和实验室实验法对行为进行证实和研究。

他们是科格希尔和格塞尔（Gesell）。前者为了阐明行为问题而研究了胚胎学；格塞尔则建立起著名的心理学实验室，对儿童的发展进行系统的研究。他的实验室引起了全世界的关注。

科格希尔在费城花了多年时间对一种单一类动物的胚胎发展进行了研究。这种动物叫做阿姆利托马，其进化水平尚不如两栖动物高。他选择这种动物是因为其结构简单，在研究中容易解释清楚。直到1929年科格希尔的研究成果才出版问世，②他之所以花费这样长的时间是由于他观察到的事实似乎与生物学家业已形成的信念大相径庭。尽管他不断地重复他的试验而且越来越精确，他还是不断发现大脑神经中枢的发展先于其所支配的器官的发展。例如视觉中枢的发育总是先于视神经。如果胚体是按照假定的顺序发展（通过这种顺序物种史上后期出

① 约翰·华生（John B Watson）的著作有《行为主义心理学》（1919）；《行为主义》（1925）。——英译者注

② 科格希尔（G·E Coghill）：《行为问题解剖》（剑桥大学出版社1929年。——英译者注）

现的组织结构也随之在胚胎中得到发展),那么我们首先看到的应该是各个器官的发展，中枢应该是各个器官活动的结果。那么视觉中枢的发展怎么能够先于眼睛的发展，甚至优先于那些使视觉中枢与眼睛发生联系的中枢呢?

科格希尔的研究对于研究动物行为问题的真相起了巨大的促进作用，而且还引起了一个令人吃惊的想法，即如果各个器官的发展落后于各中枢的发展，那么一定是因为它们能够表现出一种与其在环境中的功能相类似的形式。基于此它不仅证明了行为是遗传的(像我们假定的本能现象一样)，而且使人们产生了一个新的见解，即各器官的形成是与环境中生物的行为周期一致的。

实际上我们在自然中总是会遇到一些表明器官的形状与其功能之间非常一致的令人惊叹的例子，即使有时这些器官及其功能并不能给动物带来什么实际的好处。靠吮吸某种花蜜为生的昆虫为了适应花冠的长度而使其喙得到发展。但是它们的涂层也得到了发展，而这对昆虫本身是毫无用处的，它们只是用其采撷花粉，使它们以后还要光临的那种花受精。食蚁兽的嘴很小，只有其长长的小虫般的舌头能伸出来，舌头上附有一层粘性物质使它能够吃到蚂蚁等。

但是为什么动物的行为要受到如此的限制呢?为什么一种动物爬行，一种动物跳跃，而另一种则攀缘呢?为什么有的动物吃蚂蚁，另一些则只是使花受精呢?为什么有些动物吃活动物，而另一些则只吃腐肉呢?有些动物仅仅以草为食，而有些则只是在森林中繁殖或者终生在腐质性土壤上穿行。各种不同的物种数不胜数，这又是什么原因呢?为什么每一物种都具有其固定的行为模式，而且一物种与另一物种之间的差别又如此之大呢?为什么有些动物的本能是凶残而又富有侵略性，而另一些则是温顺和胆怯？在这个世界上生物的生活目的不能肯定地说就是为了生活，为了在求生存的斗争中求生存；正像达尔文的进化论中所设想的那样，每一物种在广泛的相互竞争中为其自身利益而试图成为环境中的强者。“生命力”① 似乎并非是为了在一连串的改进中不断地获得更大的完善。完善本身仿佛并非是生活的真正目标。

因此这就在我们的观念中产生了一个新的巨大的转变。根据这个新的观点，生物的目的似乎与环境所需要进行的工作有很大关系。这几乎好像生物就是创造的动因，每一种生物被赋予一种特定的任务，就像一个大家庭中的佣人或商店的雇员一样。地球表面上自然的和谐是由无数生物的努力创造的，每一种生物都各司其责。这些就是我们所观察到的各种行为形式，而且证明了这种行为所达到的目的远远超出每一生物的生命需要。

如果确实如此，那么长期在科学界占统治地位的进化理论会面临什么命运呢？会不会因此而衰微呢？决不会的。现在只是在发展这些理论。当然进化的观念不再是一种向着无限的完美连续不断地迈进的陈旧的直线形式。今天进化理论的范围已经扩大了，扩展到二度领域，在这个领域中包含着许多或远或近的机能关系，这些关系将生命的不同形式的活动连接起来。

我们不能把这些环节仅仅理解为简单的互助实例，而应该理解为与整个世界环境的普遍目的有关，即与一种自然的完整性有关。由于这个法则，所有的生物都得到为它们自己的生存所必需的要素。

生命能够具有一种与地球有关的功能，这一点已为上个世

---

① 波尔逊（Bergson）的《蓬勃的生机》。

纪的地质学家所承认。与达尔文同时代的里尔① 提出了在地质时代的不同时期不同的物种是怎样在地球上出现的。他能够根据在不同的岩层上发现的动物化石证实地球上的生物古迹。但是自那以后其他地质学家则证明了在地球表面本身的形成过程中动物行为的影响。《地球与生命》这篇论文是德国地质学家弗莱德瑞克·拉泽尔② 所著，他因此在本世纪初在我们国家也享有盛誉；其他的出版物也包含大量的发现和推论。

起初人们普遍惊叹竟能在喜玛拉雅山或阿尔卑斯山这样高的岩层中发现海生动物的遗迹。还在被水从山顶上冲下的沉积物中发现这些遗迹。毫无疑问，这些动物曾经在建筑陆地的工程中立下汗马功劳，就像我们仍然可以看到的它们在无数的珊瑚岛上做的那样。这些珊瑚岛在浩瀚无际的海洋中就像盛开的鲜花。这些遗迹便是一支无名的建筑队的“签字”，它们准备着复兴一个崩溃了的世界。

更多的例证和研究成果正与日俱增。地球表面的形状不能单纯归于风和水的作用，而应该将动植物和人的基本作用包括进去。意大利的地质学家安东尼奥·斯托帕尼③(Antonio Stoppani) 在表明地球的环境如何依赖于生物后以下列一句断言作为结束语：“动物都要建立一支训练有素、纪律严明的军队，为保持自然的和谐而战斗。”

今天已没有必要去引用一两个观察结果，因为一门研究生物之间相互关系的科学——生态学已经建立起来。这门学科通过对一物种与另一物种之间的相互影响的研究已经使行为的各

---

① 查尔斯·里尔 (Charles Lyell)：《地质根源》(1836 年)；《地质元素》(1838 年)；《旅美记》(1845 年)。

② 弗·拉泽尔 (F. Ratzel)：《地球与生命》(1901—2)。

③ 蒙台梭利博士经常高兴地讲起她同斯托帕尼家庭的关系。

个细节非常明确，在人们看来仿佛是把经济学运用到了自然中。借助于生态学，人们能够解决当地农村中的实际问题，就像人们在科学的农业中解决问题的方式一样。例如一种进口的植物已证明对人具有难以控制的危害性，为了保护一个地区不受此危害人们可以求助于生态学，根据生态学原理引进一种侵害性昆虫去恢复必要的平衡。这类例子在澳大利亚出现得尤其多。①

生态学可以被称作应用生物学，因为它研究物种之间的关系，不是孤立地研究每一物种的特点。

现代知识中最为有用和最具有启迪性的部分就是其实际应用方面，因为在这里进化的全过程是通过生物对环境的作用来完成的，这就使我们更加接近于真理的统一。从这个意义上说生物的功能是它们最为感人和最具有决定性的东西。生命出现在地球上不仅仅是为了求得生存，而且要经历一个对整个创造都不可缺少的过程，因此也是对所有的生物都必需的过程。

一个计划，一种方法

从我们今天的科学成就中派生出来的发现和理论都不足以解释生命的奥秘，但是这些成就所提供的每一份最新材料却能帮助我们加深对生命之谜的理解。

人们能够充分观察到的客观事实提供了必要的切实可行的引导。所有像我们一样愿意通过教育对生活有所帮助的人，都

① 有关生命科学的极为全面概括的研究可以在H·G威尔斯、朱利安·赫胥黎和G·P威尔斯合著的《生命科学》（伦敦1931年）里找到。

必须用同样的观点同等地看待儿童和正在成长中的其他任何生物。这就使我们极欲了解幼儿在生物学中，在整个生物界中占有什么位置。因为那种试图通过适应、遗传和趋于完美的冲力来解释遗传现象的线性进化概念已不尽完美。另外还存在着另外一种仅仅趋向生存的冲力，这是一种和谐的力量，这种力量将所有的作用力结合起来，使其为了共同的目的而发挥其功能。

因此在儿童身上除了创造本身和使自己变得完美的最重要的冲力外，一定还存在着另一种目的，即一种为了联合所有的力量而必须和谐地完成某种任务的责任。

你一定会问："那么什么是童年期的真正目的呢?"不首先回答这个问题我们就无法继续充满信心地从事科学的教育。

因为儿童具有双重职责。如果我们仅仅考虑其一个方面——成长的责任，那就会出现抑制儿童发挥其最佳能量的危险。

儿童出生时就具有各种内在的积极的可能性，这些可能性必须通过环境中的可能性来发展。我们认为这种推论是合情合理的。

儿童出生时空空如也，在这个意义上说他不具有任何心理特质，没有先天的运动能力，但是他本身具有各种决定其发展的潜能，这就使他能够在周围的世界中形成自己的特点。

新生婴儿的这种"空空如也"可以和胚体细胞表面上的"空空如也"相比较。

当然这种观点是不容易被人接受的。沃尔夫提出了生物体是由其本身建构而成，而且并非像当时的科学家通常所设想的那样在此以前什么都已形成，这在当时引起了极大的震惊。

儿童同样没有将其种族甚至家庭业已形成的任何技能带到这个世界上，他们必须重新建构一切。这是多么使人震惊呀!这种情况在各个地方都是如此。最原始、居住最分散的种族同最文明的种族一样；在这世界的每一角落都是如此。每个婴儿在外观上看都是一样的，都是一动不动、一无所知而且无足轻重。

然而在这个惰性生物身上存在着全部的能量；存在着驱使他成为那个时代的人和具有他那个时代文明水平的人的创造要素。而且在他所具有的这种吸收能力中他遵循着整个人类普遍的生长规律。

他的职责就是意识到发展着的社会所达到的现阶段的水平，这个社会来自于过去数十万年以前的古代；而且在这个社会面前还有一个数千年或许是数百万年的未来。因此他必须达到的水平并非是不受过去或未来限制的现在的水平。

在这种奇特的现象中或者在没有得到所获得的各种特征的遗传传播的帮助而独立发展的过程中，是很难意识到成人与儿童之间适当的劳动分工的。

然而一定存在某种儿童的中性现象，一种能够吸收他在周围所发现的一切并溶进他的性格的生物中性。在人们看来这是人类统一性的一个确凿的证据。

对这一令人吃惊的真理的理解，特别是在过去的几年里，极大地促进了对落后部落的研究。人们希望在落后部落中找到更多的证据。

伯尼迪克博士（Dr. Ruth Benedict）在她最近的一本书《文化模式》（纽约，1948 年版）中谈到一支从事现代人类学研究的法国传教团是怎样来到巴塔哥尼亚，在那里依然生活着几个被认为是世界最原始的民族。他们的文明水平和社会风俗尚处于石器时代。这些人对白人存在着一种恐惧感。白人一到他们就四处逃避，但是匆忙中一个巴塔哥尼亚人丢下了一个新生女婴。传教团救了这个女婴，今天她成了一名聪明的青年女子，能讲两门欧洲语言，具有西方人的行为举止，信奉天主教，她现在正在大学里研究生物学。在这18年间她实际上是从石器时代跨入了原子时代。

这就充分地证明了在生命的开始个体能够创造奇迹，而且无需任何努力，完全是无意识的。

从外界吸收各种特性是一个至关重要的现象，这使人们想起生物拟态现象。这虽是罕见的，但并不比我们以前想象的更少见。这种例证越来越经常地看到，它们如此之多以致于柏林的动物博物馆的整个侧室都改用来陈列所搜集到的丰富的生物拟态标本。拟态原来是一种防卫现象，在于将环境的外观吸收进自己的体内。这些拟态标本的身躯有的像北极熊白色的软毛，有的像有些蝴蝶的叶状双翼，有些昆虫与枝条或与植物的绿茎相似；而且有些昆虫像某种鱼类光滑的沙色表面。

这种环境特征的再生与其特征的历史无关，它并不依赖于对这些特征的有意识的解体。许多动物仅仅是观看环境的各个方面，其他动物则是吸收环境。

尽管这在本质上是完全不同的，但从其他形式的生命中得到的例证会帮助我们认识发生于儿童期的各种心理发展。

第七章　精神胚胎

新生儿必须做一项形成的工作，这项在精神领域里进行的工作与胚胎期生理领域里所做的工作非常相似。在他面前存在着一个既不同于他在子宫里的生活，又不同于他成为真正的人的生活的时期。出生后的工作是一种在被称为“形成期”里进行的建构活动。这使婴儿进入了一个“精神胚胎期”。

人似乎有两个胚胎期，一个是在出生以前，与动物相同；另一个时期是在出生以后，只有人才有。漫长的人类童年使人与动物完全区别开来。这是我们必须给予的含义。这就形成了一个完整的屏障，因此人被看作是与所有的生命不同的生命。他的能力既不是动物能力的延续，也不是动物能力的派生。他在地球上的出现是生命的一个飞跃；是新的命运的起点。

我们区别物种总是根据它们的不同点，而不是相似点。每一种新物种总是具有某些独特的新特征。它更多的不是旧的派生而是独特性的显现，它带有先前从未有过的特征。一种新的冲力已出现在生物王国。

因此就在这时哺乳动物与鸟类出现了。它们具有自己的“新奇性”。不是早期动物的复制、自然的变异或继续。当恐龙绝迹时，鸟类就显露出其新的特征；它温情地保护着产下的蛋，建筑鸟窝，照顾到小鸟会飞并勇敢地保护它们。迟钝的爬行动物恰恰相反，总是丢弃所产的蛋。而哺乳动物在保护其种类方面甚至要超过鸟类。它们不建筑巢穴而是让幼仔在其体内长大，并用自己的血喂养它们。

这些都是非常新奇的生物特征。

然而人类另具新的特征。人类具有一种双重胚胎生活，这种生活是采用一种新的设计建筑而成，与其他动物相比具有一种新的命运。

我们必须就此停止而重新开始对儿童的发展及对人的心理方面进行全面的研究。如果人在地球上的工作与其精神，与其创造智能有关，那么他的精神与智能必须是其存在的支撑点。围绕着这个支撑点，人的行为甚至包括其生理系统就被组织起来了。整个的人就在一种精神的光轮中发展起来。

今天，这种在印度哲学中曾一度占支配地位的思想，甚至也为我们西方观念所接受。经验本身已迫使我们注意到生理障碍常常是由心理状态，即精神控制失灵引起的。

如果人的本质是由“环绕着他的精神光轮”所控制，如果人须依赖于此并且人的所有行为都由此派生出来，那么应给予儿童的最最重要的关怀应该是精神生活的关怀，而不是像今天那样仅仅从生活上关怀肌体。

儿童作为适应的手段

发展着的儿童不仅获得人的官能、力量、智能和语言，而且他同时还使他正在建构的生命适应其周围世界的条件。这就使他们与成人的心理截然不同的特殊形式的心理产生功效。儿童与他们环境的关系不同于我们与环境的关系。成人羡慕他们的环境；可以记住环境并对其进行思考，而儿童却是吸收环境。他对所看到的事物不仅能记住，而且使它们成为其心灵的一部分。他能将其眼睛看到的、耳朵听到的周围的整个世界具体化。

相同的东西在使用时不会发生变化，但却能引起儿童的变化。沛西·能爵士（Sir Percy Nunn）给这种极为重要的不需要自觉地去记忆而是将映象吸收进个体的生命中的记忆力起了一个特别的名字，他把它叫作“记忆基质”。①

我们所看到的一个这样的例子就是语言。儿童并不“记住”声音，而是将其具体化然后使其达到完善。儿童能根据复杂的规则（包括全部特殊的规则在内）使用语言，这并非由于他曾经学习过，也不是通过正常地运用记忆。也许在其记忆中从未保持过什么语言，但这种语言最后却形成了他的精神生活和他本身的一部分。毫无疑问我们正在讨论着一种与纯粹的记忆过程不同的现象，即幼儿心理的一个最不可思议的方面。儿童有一种特殊的敏感性引导他去吸收其周围的一切，而且正是这种观察和吸收使他能够使自己适应生活。他做这项工作是凭着一种只存在于儿童身上的无意识力量。

儿童生活的第一个时期是适应期。我们必须弄清楚这里所说的“适应”一词的含义，而且要把这种“适应”同成人的那种适应区别开来。正是儿童的这种特殊的适应能力使其出生的那个国家成为他愿意永远生活的地方，就像他讲的最完美的语言是他的母语一样。一个生长在国外的成人永远不会以同样的方式适应生活并达到同样的程度。以传教士为例，他们是按照自己的意志到遥远的国家去履行其天职，但是如果你问他们，他们会说：“我们生活在这里是在牺牲我们的生命。”这种表白显

---

① “Mneme”一词用于表示这层意思，是由德国生物学家理查德·西蒙（Richard Semon）首次引入，但沛西·能爵士在他的《策动理论》中扩大和发展了它的含义。根据他所赋予的意义我们使用了这个词，另外还有其他的概念如：策动和印象（Horme and Engrams）。为了更深入地了解它，我们建议读者查阅沛西·能爵士的杰作《教育资料和基本原则》（1920年第一版）。

示了成人适应能力的局限性。

但是如果换成儿童，他会逐渐热爱其出生的国度，无论他生活在哪儿。不管那里的生活多么艰苦，他都会觉得比生活在其他任何地方都要幸福。一个人热爱芬兰严寒的平原，另一个则热爱荷兰的沙丘。每个人从儿童时代起就已适应这种生活，就已产生了对这个国家的爱。

产生这种感情的是儿童，而成人不知不觉地拥有了它。然后他会感觉到他是属于这个国家；真诚地热爱她，觉得她是这样地富有魅力，没有任何其他的地方会使他感到如此安宁、幸福。

在意大利有一个时期，那些生长在乡村的人们从生到死从不离故乡一步。意大利独立成一个国家后，许多人因为结婚或工作离开了原出生地；但是后来他们常常染上一种奇特的病：脸色苍白，心情抑郁，身体虚弱，贫血。他们多方治疗，最后医生总是建议患者返回家乡，呼吸一下故乡的空气。而且这一建议几乎总是取得最佳效果；病人的气色和健康得到了恢复。人们过去常说"家乡的空气可以治百病"，即使家乡的气候比我们离开的地方的气候恶劣得多。这些患者真正需要的是他们幼年所生活过的朴素而幽静的环境在他们的潜意识心理中形成的平静之感。

对我们来说没有什么比这种吸收的心理更为重要，这种心理塑造了成人并使其适应各种社会秩序、气候和区域。我们的整个研究必须以此为基础。任何声称"我爱我的家乡"的人并非是在哗众取宠或沽名钓誉，而是显示了其本人或其生活的基本部分。这是上述事实的恰当反应。

由此我们懂得儿童由于其特殊的心灵是如何吸收他所生活的地方的风俗习惯，直到形成其当时当地的典型个体。地方习惯是成人在童年期建筑起的另一个神秘的形成物。习惯、特殊心理与其所住地区是密切联系的，这一点是再清楚不过了，因为这些都不可能是自然形成或遗传性的。[①] 因此我们已经开始对儿童的活动有一个更加广泛的理解。儿童发展起来的行为不仅适合其时代和地区，而且适合于其地方心理(Local mentality)。因此在印度人们对生活非常尊重，以致于连动物在内也受到人们由衷的崇敬。如此深厚的情感成年人是无法获得的。仅仅说"生命是值得尊重的"并不能使我们产生这种情感。我也许会认为印度人是对的；我也应该尊重动物。但是对我来说这仅仅是一种推想而已；它不会激起我的情感。印度人所具有的例如对牛的敬奉，我们欧洲人是从未体验过的，在土生土长的印度人心中，这种情感早已根深蒂固。这些心理特征好像是遗传性的；实际上这是从婴儿的环境中派生出来的婴儿期的形成物。有一次在一个附属于当地的蒙台梭利学校的一个园子里，我们看到一个 2 岁大小的印度孩子正在目不转睛地注视着地面，他好像正在用手在地上划一条线。旁边有一个已断了两条腿的蚂蚁在艰难地爬行。这个孩子注意到蚂蚁所处的困境，便用手指为它划了一条线，试图帮助它。也许人们会猜测说这个印度孩子一定具有一种"遗传性的"对动物的喜好。

另一个孩子为上述举动所吸引。他走上前来，看到蚂蚁后则抬起脚将其踩死。第二个孩子是一位穆斯林。一名信奉基督教的孩子也有可能这样做，或者只是漠然而过。如果一个人认为动物与人不可同日而语，爱与尊敬只能适用于人，那么做出上述的事是可以原谅的，因为在我们的心里有一种遗传性的模

---

① 在罗斯·伯尼狄克（Ruth Benedict）的《文化模式》（纽约，1948 年）中可以找到这个真理的一个具有说服力的证据。

式。

世界上不同的国家有不同的宗教，但是即使当人们的心理抛弃一个古老的信条，心里都会觉得有一种莫名的不安。这些信仰和情感便构成我们心理的一部分，正如我们欧洲人所说的："这些是与生俱来的。"社会和道德习惯形成一个人的个性、等级情感以及各种各样的情感，并使一个人成为典型的印度人、典型的意大利人或典型的英国人。而所有的社会和道德习惯都是在幼儿期通过那种神秘的心理力量形成的。心理学家称这种心理力量为"记忆基质"。

这同样非常适用于通过习惯姿势、行为举止、走路步法来辨别许许多多的种族类型。非洲土著人具有一种适用于捕捉野兽的特殊的体格。另一些人则本能地进行各种适应的练习以使其听力变得敏捷，因此听觉敏捷就成为他们部落的一个显著特点。每个人在儿童时期吸收的个性特征固若磐石，即使理性后来加以否定，某些特征也会保持在其潜意识中。幼儿期形成的一切都不可能全部根除掉。这种"记忆基质"（我们可以将其看作一种优势记忆）不仅创造了个体的特殊特征，并使其与个性共存。儿童所吸收的一切成为其个性中的决定性成分，而且这些同样作用于他的四肢及各个器官，由此每个成人都具有一种幼年时期所铭刻的不可磨灭的个性。

因此要改变成人是徒劳无功的。当我们说"这个人缺乏教养"，或者谈论另一个人邋里邋遢时我们可能很容易伤害他们的自尊心或使他们感到受到羞辱，也会使他们意识到自己的缺点。但是这些缺点依然存在，因为这已根深蒂固，无法改变了。

以此同样可以解释人对各种时代的适应能力（我们称其为各种历史时代），因为虽然古人不能在今天的世界上生活，但儿童能够适应他进入这个世界时文明所已达到的水平。不管达到什么样的水平儿童都能够成功地形成与他所生活的时代的风俗相符合的人。这就表明在人的个体发育中幼儿的功能是具有适应性的；能够建筑一个行为模式并使他能够在其周围的世界中自由行动并影响其周围世界。

因此，在今天我们必须把儿童看作是一个联合点，一个连接不同时代、不同文明水平的环节。幼儿期的确是一个非常重要的时期，因为当我们想注入新的思想以改善一个人的行为和习惯或者向其民族特征注入新的生机时我们必须把儿童作为我们的工具；因为成人对此是无能为力的。如果我们真的渴望在大众中更为广泛地传播文明之光，那么要想达到这一目标我们必须求助于儿童。

在英国即将结束对印度的占领之际，一个英国外交官的家庭常常送他们的两个孩子与一个印度保姆一起到印度的一家豪华旅馆去进餐。在那里这个保姆坐在地上教孩子们按照印度的习惯用手抓吃米饭。这样做是为了让孩子们长大之后不会产生欧洲人对印度的这种民族习惯常常产生的藐视和厌恶之感。因为这些日常生活的差别以及由此引起的敌意是人们之间产生磨擦的主要原因。再者如果人们觉得现代风俗已颓废堕落，需要复兴旧的习惯，那么除了儿童以外都将无济于事。

要想影响社会我们必须将注意力转向儿童。幼儿学校的重要性就由此产生，因此是儿童在建筑着人类，他们只能按照我们所给予的材料来进行工作。

教育对儿童所产生的巨大影响是依靠环境作为手段，因为儿童吸收环境，从环境中吸收一切并将其具体化。由于儿童发展的无限可能性，就像他是人类的创造者一样也完全能够成为人类的改造者。儿童给我们带来了无限的希望和新的前景。

心理胚胎生活

这就是说儿童从出生起就必须被看作一个具有重要心理生活的生命，而且我们必须给予相应的对待。今天新生儿的心理生活实际上已引起人们很大的注意。心理学家对此如此感兴趣，很有可能建立一门新的学科——目前我们已经看到的事实就是为儿童的体能生活而建立了卫生学和儿科学。

但是如果心理生活也存在于新生儿，那么必定是生来就有的，否则就不可能存在。实际上这也是必定存在于胚胎中，而当这一思想最初被人们接受时，自然会被提出胚胎期的心理生活是什么时候开始的这一问题。就我们所知，有的孩子是 7 个月出生而不是 9 个月，而且在 7 个月时他完全可以活下来。因此他的心灵，像 9 个月的儿童一样，必定能够起作用。这个例子无需赘述，它已足以证明我的观点：生命即精神。每一种生物都被赋予几分精神能力和某种心理，不管这种生物是多么低级。如果我们观察一下单细胞生物，我们会看到它们好像具有直觉性；它们能够逃离危险、寻找食物等。

然而直到不久以前，人们还认为婴儿没有心理生活，只是近来婴儿的这种原先不被注意的心理特征才被科学所承认。

某些事实已得到证明并在成人的意识中形成新的光点。它们使我们产生了种种责任感。出生这件事本身突然引起人们的想象，我们不仅可以在心理疗法中，而且在文学中看到结果。

心理学家现在所说的“出生的冒险”，不是指母亲而是指儿童；指那些忍受着难言之苦而且只有当痛苦与挣扎结束后才能哭出声来的儿童。

儿童突然被迫去适应一个与他一直生活的环境完全不同的

环境；被迫承担从来没有执行过的责任，而且他发现自己是在一种无法形容的疲惫状态下这样做——这是一个人的整个生活中最艰难、最富有戏剧性的考验。现代心理学家就是这样说的，他们杜撰出“出生的恐怖”①一词来比喻儿童心理生活中这一关键的决定性的时刻。

我们当然不会遇到这种恐惧，但是如果儿童的心理会讲话，他会用这样的话表达这种处境：“你们为何将我置于这个可怕的世界上？我会做什么呢？我何以适应这种新的生活方式？我又如何忍受所有这些可怕的噪音，我从未听到过如此多的低语声？我如何能像您——我的母亲一直对我做的那样来承担这些困难的职责？我如何消化、呼吸？我总是一直在您体内温和不变的温度下欢乐地生活，现在又如何忍受这些变化多端的气候呢？”

儿童意识不到所发生的变化。不可能知道他正忍受着分娩时的痛苦，但一定会在他的心灵上留下某种印迹，即使是无意识的；他在其潜意识心理中感受到了我所试图表达的某种东西，并通过哭声来发泄情感。

因此，那些从事这个领域研究工作的人很自然地会认为一定存在着能够帮助儿童适应其最初环境的方法。我们不要忘记最幼小的婴儿也能够感受恐惧。在生命的最初时刻，当他被敏捷地浸到水里时常常会看到他乱抓的动作，仿佛他们感觉到自己正在下落。这就是典型的恐惧反应。大自然会怎样帮助新生儿呢？她当然会采取某种措施：例如她赋予母亲一种本能把婴儿紧紧地贴到胸部。这种保护措施是来自自然的灵光。母亲本身一时不知所措。仍然是出于自己的无意识反应，她传给婴儿

---

① 这个词语是由弗洛伊德的早期弟子奥托·兰卡（Otto Rank）在他的“出生的创伤”理论中首次使用的。尽管他的整个理论还没有普遍被人们所接受，但“出生恐惧或惊骇”这个概念已在当今的心理学领域确立了地位。

一种必要的宁静。这一切好像母亲不自觉地意识到对儿童造成的伤害，她把婴儿紧紧抱在怀里给他以温暖，使他免受过多的刺激。

在人类母亲身上，这些保护措施不像动物母亲所采取的措施那样行之有效。例如我们看到母猫是如何把小猫藏在黑暗的角落里，当有人走近时会感到局促不安。人类母亲的保护本能就没有如此强烈，因此就很容易消失。儿童一出生就被别人抱走，给他浸洗、穿衣，把他抱到亮处以便能看清楚他的眼睛的颜色，对待他总是像对待无生命的物体那样，而不是把他当作一个有生命的人那样。这不再是大自然的指导而是人的理性的指导，这种行为是荒谬的，因为这不是由于理解力的启示，而是由于我们习惯地认为儿童没有心理生活。

很显然，必须单独考虑这个时期，或者说甚至包括出生的那一时刻。

这与儿童一般的心理生活无关。它是儿童与外部世界首次相遇的一个插曲。博物学很清楚地说明自然是如何规定哺乳动物这一时期的生活的。在其幼仔没有见到光明之前，母兽将自己与兽群隔离，在其幼仔出生后它要继续与其孩子一起与兽群分开一段时间。这是群居动物如马、羊、象、狼、鼠、狗最为显著的特点。所有这些动物都是相同的，在隔离期间小动物就有时间与其外部环境相适应。它们单独与母兽在一起，母兽无微不至地爱护它们，看护它们，保护它们。就这样这些动物渐渐地能像其物种的其它动物那样行动了。在这短短的隔离期间，这些小动物产生了一种对环境刺激的连续的反映，这些反映伴随着一系列适合其物种的行为进程。因此当母兽重新加入到兽群中间时，幼兽已经能够为加入群体而作好生活准备，这不仅只就体力而言而且是从心理上说，幼兽的行为已经使其成为一匹小马、小狼、小牛等。

我们可以注意到即使是经过驯养的哺乳动物，在这方面也保持了其固有的本能。在我们家庭中我们看到狗和猫用身体把它们的幼仔藏起来。因此它们仍继续保持着野性本能，幼仔依恋其母兽的那种亲昵行为也保存下来。我们可以说即使幼兽已经离开母兽身边，也仍然保持着这种本能。任何其他的措施都不会使这种最初的生活方式逐渐地降到第二位。

因此今天我们不得不把这一重要阶段理解为：动物的种族本能在其生命的最初几天就被唤醒了。

困难的环境不仅仅引起或激发适应具体场合并受此场合限制的本能反映，而且我们还看到构成了真正创造过程本身的一部分动作。

如果这发生在动物身上,类似的情况也会发生在人的身上。我们所面临的不仅仅是一个困难的时刻，而且是关系到整个未来的关键时刻。现在正在发生的是一种潜在能力的觉醒。这些能力担负着指导儿童（这个精神胚胎）所进行的巨大创造工作的任务。而且因为在体格发展过程中大自然为每一重要变化都打上明显的生理符号，因此我们看到连接婴儿与母亲的脐带在出生几天后就脱掉了。这第一个阶段是最为重要的，因为在这一阶段各种神奇的能力正在形成过程中。

因此我们必须记住的不仅是要预防出生时可能造成的外部损伤，而且包括安排那些必然要进行的活动的可能性和不可能性。因为虽然儿童没有预先建立固定的行为方式（而动物却有),然而他却一定具有创造这种行为的能力。虽然没有隔代遗传记忆来导引儿童，然而他却将经历充满潜在能力的各种无形的星云欲望；而且它们会起指导作用并将儿童在其环境中认识的人的行为形式具体化。我们称这些无形的欲望为“星云”。①动物出生时遗传起了很大作用，它自然地会具有各种正确的活动、需要的控制力、选择适合的食物的能力以及适合该物种的各种防卫形式。

但是，人却不得不在他的社会生活全面展开期间为所有这一切作准备；因此儿童在出生以后不得不把社会群体的所有这些实践并入他的生活。他出生时并不具有这些实践能力，他不得不从其外部世界中吸收进来。幼儿的首要任务就是完成这种适应工作，以代替动物胚胎中呈现的那种遗传行为模式。

诞生与发展

弄清楚了儿童所起的这种特殊作用，我们现在就可以研究作为人类生活“一般机制”的儿童的发展问题。这是非常有趣的。

婴儿甚至在生理上也远远没有成为一个人，他必须建筑自己直到变成像人一样的复合生物（complex being）。他在同世界进行接触的第一阶段不具备新生动物所具有的那种“醒悟本能”。尽管他已经出生但仍然过着一种胚胎生活，这时他所建筑起来的好像只不过是一个“人的本能型式”。

因为对他来讲，先前没有什么固定的东西，所以他必须为自己创造人所有的精神生活和作为表达手段的运动神经机制。

他是一个甚至不能够抬起自己的脑袋的惰性动物，但是他

① “星云”的唤醒与动物“行为本能”的唤醒相似；这种情况发生于生命的最初几天，心理卫生必须对此特别重视。参阅蒙台梭利博士和阿德亚（T. P. H. Adyar）合著的《人的形成——星云与世界上的文盲》（1955 年于马德拉斯）。

会很快像被基督复活的儿童那样行动自如。儿童先是坐起，然后站起，然后开始学步。以同样的方式不能活动的儿童最后会在其活动生活中完全成为一个人。

儿童的肌肉惰性使我们想起科格希尔的发现——器官在神经中枢开始正常运转后才能形成。对儿童也是如此，必须在心理的行为模式建立以后他才能开始运动。因此，幼儿的运动性不是以肌肉而是以其心理为起点。

人的发展的最重要的方面是心理方面，因为人的运动必须根据心理生活的指导和支配。智力使人与动物区别开来，智力的建立是第一重要的，其他的一切都为其服务。

当婴儿降生时，他的器官还不完善；骨骼远未骨化；运动神经尚未被髓脂质覆盖，而髓脂质使神经互相隔开并能使它们传递大脑的指令。因此，身体保持着惰性仿佛只是为了身体而设计；而且只是粗略勾勒出的设计。

因此，人首先是发展智力，其余的发展完全是从他的心理生活中形成其行动方式。

没有什么可以证明比这第一年更为重要，智力的优先发展是儿童的特点。

儿童的成长包括许多方面，所有这些方面都遵循着一个固定的顺序，因此它们服从一个普遍的规律。对出生后的胚胎发展进行的一项详细研究表明了什么时候头盖骨长成；什么时候囟门（由于软骨各部分的接合）渐渐愈合；什么时候某些头盖骨缝诸如前头盖骨缝消失；然后整个的身体结构又怎样变化其相对比例并使其四肢都达到最后的骨化。同时表明了什么时候脊髓神经髓鞘化，什么时候小脑（出生时还非常小的人体平衡器官）开始突然而迅速地生长直至与大脑形成正常比例。最后还表明了内分泌腺和与消化过程有关的腺体怎样发生变化。

这些事实已经众所周知，它们表明了生理发展的不断“成熟”水平，同时伴随着神经系统心理的相应变化。因此，例如神经、小脑或后脑如果没有达到一定的成熟水平，儿童就不可能保持平衡，因此也就不可能坐起或站立。

教育或练习绝不能对这种可能性有其他限制。运动器官在成熟后才能逐渐地接受心理的指令，然后才能够使它们以不确定的方式进行运动以获得环境的经验。

通过这些经验和这些练习，儿童的运动变得协调，最后才能够有目的地进行运动。

“人不像动物，出生时不能够进行协调运动；他必须形成和协调自己的动作；他甚至没有预定的目的；他必须自己去发现目的。”绝大多数的哺乳动物与此有很大差别，根据其物种它们从出生起就能够行走、奔跑和跳跃。这些动物几乎立即就能够完成最困难的动作，例如攀缘（如果它们的遗传要求这样做）；跳越障碍物；或者迅速腾飞。

相反，人在进入这个世界时并不具有这些能力；然而在学会运动后他的天赋却是无与伦比的。他能够获得各种最富有想象力的技巧运动：工匠的、杂技演员的、舞蹈家的、音乐家的以及许多体育运动项目的冠军的技巧运动。

但所有这些技巧没有一个是仅仅来自运动器官的成熟，而总是一个在行动中，在实践中，也就是在教育中获得经验的问题。每一个人都是他自己的技巧的创造者，然而在开始时他们的体格都是一样的。是人本身使自己变得完善起来。

现在我们言归正传，辨别儿童身体构造的几个部分是十分重要的。

为阐明这个问题，我们首先必须接受这样一个事实：尽管当身体提供给儿童运动的生理基础后他们才能够运动，尽管这取决于已经达到的足够的成熟水平，然而他们的心理状态并非由此而定，因为正如我们看到的，一个人首先发展的是心理方面。各个器官必须等待着心理方面的发展，然后心理通过器官而活动。但是当各个器官发生作用时更高级的心理发展又开始了，当然心理的发展总是借助于在环境经验的过程中进行的各种活动。因此，如果当儿童已有了运动能力但却被阻止运用这些能力时，儿童的心理发展就会受到阻碍。尽管心理的发展没有任何限制，但它在很大程度上依赖于能够对行动器官的利用，依赖于通过这种手段来克服心理发展本身软弱性的束缚，但心理一直是依靠自己而发展。

心理的发展与一种神秘的事物、与未来命运的无形秘密有关，每一个体有着实现其愿望的不同能力，而且这些能力在儿童尚处于心理胚胎阶段时是无法证实的。

我们只能观察到在这一时期世界上所有儿童具有惊人的一致性。完全可以这样说："所有的儿童在出生时是相近似的，他们以一种相同的方式，按照同一的规律发展。"在他们的心理中所发生的现象与他们在胚胎中所发生的现象非常相像。在这一点上细胞的分裂总是经过相同的阶段，这是千真万确的。一个人很难说出一个胚胎与另一个胚胎的区别。然而随着细胞的繁殖将产生像蜥蜴、鸟类或兔类那样完全不同的生物。每一生物起初以同样的方式建筑自己，后来出现了极大的差别。

因此，就是这种"精神胚胎"后来可能产生天才的艺术家、有声望的领导人、一个圣徒或者一个非常普通的人。而且这些普通的人可能有不同的喜好，这些喜好使他们将来在社会上取得不同的地位。因为很清楚他们不可能像低级动物那样全部注定要"做同样的事情"，"产生同样的举动"，低级动物的活动是受其遗传限制的。

但是这种后来的发展，这些不同的目标我们是绝对无法预测的，而且在胚胎的形成时期以及在出生后的形成时期我们也是无法进行估计的。

在这个时期我们所能做的只有帮助扩展儿童的生活，虽然这种生活是以相同的方式进行的。尽管这一时期是适应期，尽管这在心理方面所进行的是生活的历险，但是如果能使这一时期与人类的生活需要相符合，每个人就将能够更好地发展他的个体能力。

因此只能有一种教育和训练幼儿的方式。如果教育在一出生就开始，那么这时就只能有一种教育。谈论印度婴儿、中国婴儿或欧洲婴儿的不同礼节，谈论那些属于不同社会等级的儿童的礼节是没有意义的。我们只能谈论一种遵循人的自然发展的方法。所有婴儿在达到人的正常身高以前有着相同的心理需要，都遵循着事物发展的相同顺序，我们所有的人都要经历相同的成长阶段。

毫无疑问，哲学家、思想家、实验室的实验专家都能够提出各种建议，能够进行这样或那样的陈述，但由于这不是一个看法上的问题，所以只有建立起各种法则和决定人在发展过程中的各种需要的自然才能够支配所遵循的教育方法。这是由自然的目的决定的，即要满足各种需要和建立各种生活法则。

这些法则和需要一定是儿童本身通过其自发现象以及所取得的进步而表现出来的。他的平静与欢乐、精力的集中以及其自由选择反应的坚定性都证明了这一点。

我们的一个责任就是随时随地向儿童学习并竭诚为他们服务。

出 生 阶 段

医学心理学目前从出生后的发展时期划分出一个短暂而又关键的阶段——出生阶段。虽然对这一阶段的释义目前只是基于弗洛伊德的学说，然而却提供了真实的价值并提出了区分这两个阶段的重要性。这个阶段处于同“出生创伤”有直接关联的“回归症状”(symptoms of regression) 和可能发生于随后的成长期的与环境有联系的“回归症状”之间。回归并非回归。它们表示新生儿的一种无意识决定；一种在发展中不是向前而是后退的决定。

现在人们已经注意到“出生的创伤”导致某种比儿童的哭喊和抗议更加糟糕的状况。其结果是一种心理的改变或者是心理力量的偏差。导致儿童的发展不是沿着我们正常的路途，而是向着一个不幸的方向偏离。

那些遭受出生的惊吓所造成的消极反应之苦的婴儿，不是在进步，而是给人一种仍然依恋于出生前那种状态的印象。儿童有几种回归症状，但所有这些症状都有一个普遍的特点：受害婴儿好像都对这一阶段进行判断；而且好像对自己说：“我要回到我原来的地方去。”幼小婴儿长时间的睡眠被认为是正常的；但过长时间的睡眠即使是对于新生儿也是不正常的；弗洛伊德把这种现象看作是对儿童退却的一种庇护，是他对生活和世界的一种急剧反应的表示。

另外，这不是在睡眠中找到了那种潜意识王国吗；当我们受到严重干扰时，我们会求助于睡眠；因为在睡眠中有梦境而没有现实；睡眠中有一种无需争求的生活。睡眠是逃避的场所，是一种对世界的退却。儿童在睡眠中的状况也要引起注意。新生儿的自然姿态应该是两只手靠近脸部，两条腿蜷曲。在有些情况下，这种姿态甚至在成人中也保持着；人们可以视其为婴儿在子宫中那种姿态的再现。儿童从睡梦中醒来时的哭泣可能是另一种回归症状。他好像受到了惊吓，仿佛他不得不再次经历把他带到这个不愉快的世界上来的那个可怕的时刻。婴幼儿常常遭受梦魇之苦，这些都增加了他们对生活的反感。

在以后的生活中，回归现象可能表现为儿童依恋他人的倾向，仿佛他害怕独自一人。这种依恋不是一种患病迹象，而是一种恐惧迹象。儿童是胆怯的，总是想和某个人，尤其是同母亲呆在一起。他不喜欢出门，而是喜欢呆在家里与外界隔绝。世界上应该使他欢乐的一切都使他充满恐惧，一想到新的试验他就觉得深恶痛绝。他的环境对于一个正在成长的人来讲是富有吸引力的，对他却相反，好像总是引起他的反感，而且如果（从幼年早期开始）儿童对他所赖以发展的环境觉得厌恶和反感，这必然会阻碍他获得正常的成长。儿童绝不会希望克服这种感觉，他也不会对他的世界进行吸收以使其成为他自己的一部分。对他来说吸收总是困难重重且又无休无止。人们可以用一句生动的谚语来比喻他："人生来就是悲哀的。"一切都使他疲倦，甚至连呼吸好像也需要他花费很大气力。他所做的一切与其爱好相矛盾。这种人需要更多的休息和睡眠。他们的消化能力常常是糟糕的。人们可以轻易地想象出未来对于儿童会是怎样的，因为这些症状不是短暂的，它们会伴随终生。就是这种常常哭喊、不断地吵闹着要人帮助的儿童看起来懒惰、悲哀和抑郁。长大之后，他们对于这个世界仍有一种嫌恶感，遇到陌生人就踌躇不前而且非常胆怯，这些人在生存的斗争中处于劣势。在社会生活中他们总是缺乏快乐、勇气和幸福。

这是无意识心理的可怕报复。有意识记忆容易忘记，而无意识记忆尽管看起来无足轻重，不需要记住但危害性却更大，因为这样形成的印象传入“记忆基质”。它们在个性中将是无法磨灭的。

这是人类的巨大危害。儿童的正常形成得不到保护，成为成人以后会向社会进行报复，我们的盲目性不会诱发成人中存在的那种反抗，但它形成的人比正常的人要脆弱得多。

它会产生阻碍个体生活的内在变化，会产生阻碍世界进步的各种个性。

星　　云

我在上文中强调的是心理专家所认为的出生阶段对人的心理生活中的重要性。但至今我们仅仅提到早期观察，这些观察结果表明了回归现象的危险性。与其相关，我们现在必须回顾一下所有的哺乳动物为了它们的幼仔所采取的保护措施。博物学家早就推断母兽在出生后的几天所特有的无微不至的关怀与其物种的新生动物的一般觉醒是紧密联系的；由此我们可以引申出一些对加深幼小儿童的心理理解非常有用的启示。

我们既必须重视儿童对于周围世界的适应，又必须记住儿童在出生时的惊吓，因为这告诉我们，儿童与母亲一样，同样需要特殊的照顾。母亲和儿童承受了不同的危险，但他们都经历了严重的困难。对儿童来讲他身体上承受的危险虽然很大，但比起他在心理上所遭受的危险要小得多。如果导致回归症状的唯一原因是由于出生时受到的外部损伤，那么所有的儿童都会出现这些症状。这就是我们为什么既根据人又根据动物提出一个范围更广的假设的原因。在生命的最初几天，很清楚某种最为至关重要的事情正在发生。根据哺乳动物的遗传行为的觉醒，某种（就像我们上面说的）相应的自然现象一定会在儿童身上出现，因为尽管他没有遗传行为模式可以遵循，然而他却有着能够使他发展的潜在能力，而且是通过对外部世界的吸收实现的。

据此我们提出了“星云”的概念，把引导儿童去吸收其环境的创造能力，比作作为天体起源的“星云”。天空中星云的粒子离我们如此遥远使星云没有真正的密度，但是同时它们形成了从遥远的距离看来好像是一个星群的可见物。就像这种星云随着时间的推移变成某种固定的东西，由此我们可以想象出某种非遗传性的，然而却是由遗传性本能倾向产生的事物的缓慢显现的东西。例如，儿童从“星云”中接受了能够形成自己母语的刺激的导引，他的母语不是与生俱来的而是从环境中发现并按照固定的规律吸收而来的。由于这种语言的星云能量，儿童能够逐渐从所听到的各种混杂的声音和噪声中区分出人的语言的声音。由于这一点，他能够将他所听到的语言体现出来，而且他体现得如此完美以致于好像这种语言是一种民族特点；同样他接受了社会的特征和风俗，这些特征和风俗使他成为一个属于世上特定区域的人。

语言星云不包含儿童注定要发展的那种特殊语言，但是通过语言星云，可以形成他出生时在其周围感觉到的所有语言，而且每种语言都能在相同的时间内得到发展，世界上所有国家的所有儿童都是按照同样的程序形成和发展语言的。

在此我们知道了人与动物的本质不同。就刚出生的动物来说，它们几乎立即就能够发出它的属类所特有的声音，作为遗传的一部分动物保持着这种模式；而儿童在相当长的时间里是哑的，后来他模仿其周围感觉到的那种语言而说话。因此一个在意大利人中间长大的荷兰儿童讲的不是荷兰语言而是意大利语，尽管他的父母都是荷兰血统。

因此很清楚，儿童没有继承一种预先建立的语言模式，但他继承了通过无意识吸收活动建立一种语言的能力。可以将这种潜能比喻成生殖细胞的遗传基因的潜能，这种潜能在出生组织的控制下形成一个精确而又复杂的器官——我们称之为“语言星云”。

同样，与儿童对环境的适应能力有关的星云，以及儿童出生时环绕着他的社会行为在他身上的出现，并不能由遗传产生早期的行为模式（通过这种模式种族才得以沿着自己的道路发展到目前的文明水平），但是却赋予出生后的儿童吸收在他环境中获得的特殊行为模式的能力，而且他的其他所有能力都是这样获得的。像卡雷尔① 公正地说的那样：“科学家的儿子并不能由遗传得到他父亲的任何知识要素，如果把他留在一个荒岛上，他的境况并不会比我们的原始人祖先好多少。”

我们在这里要说明一点，当我们谈及星云时读者可能会产生这样一个印象：我们的心理具有各种各样的本能，并且每种本能都是各自独立存在的，而且有人可能会反对，认为这会使心理的基本统一性变得模糊。但是这里所用的这种星云的类似性仅仅作为一种描写工具，并不包含对心理的原子论概念的任何偏好。对我们来说心理组织是一个有机的整体，它通过从环境中得到的积极经验改变其结构；另外它是受星云不同的、特殊的种类或阶段的能量“策动”② 引导的。

让我们想象，如果语言的星云由于某种莫名其妙的原因不

---

① 引自《人类，不为人所知》，第4页。

② “Horme”（策动）一词我们用于表示一种极其重要的促进力量。

能起作用或处于潜伏状态，那么语言就不会发展。这种并非不常见的反常现象会使语言和听力器官以及大脑完全正常的儿童不会说话。我曾经遇到过这样几个病例，在此之前仿佛是一种自然之谜使耳科和神经科专家对此迷惑不解。如果对这些病例进行观察和对在生命的最初几天里发生的这些不幸进行调查将是非常有趣的。

这些研究将能解释许多在其他领域至今仍然模糊不清的事实，如那些涉及社会适应性等问题。这些甚至比推测出生损伤的后果具有更实用的科学价值。我坚持认为许多回归倾向是由于缺乏引导儿童适应其社会环境的紧迫感。在这些情况下儿童由于缺乏适应的敏感性而不能从环境中吸收任何事物或只是进行一些不完美的吸收。由于环境对儿童不仅没有吸引力，反而使他反感，他就不能够从环境中通过一系列的对反感情绪的克服而获得独立，并以此来发展所谓的“对环境的热爱”。

那么种族类型的本质特征、风俗习惯、宗教等等就必然不能够用一般的方式被幼儿吸收；其结果就导致真正的道德变态，形成一个多余的人，一个表现出许多上述回归征候的被遗弃的人。人具有“创造感受性”而不具有遗传行为模式，如果儿童对环境的吸收是由于这些创造感受性，那么很清楚，个体的整个心理生活依赖于儿童在婴儿期所打下的基础。但是我们现在必须自问，我们应该把对这些创造感受性的延误或错误以及唤醒归于什么原因呢？对于这个问题尚无法作出回答。每个人都必须从这些不幸者的生活中去寻找答案，对于这些情况科学本身仍然感到迷惑不解，认为这些还是难解之谜。

此刻，我仅仅了解一个可以作为调查线索的病例。这个病例是一个无法训导和不适于对其进行研究的青年人：由于他性情暴躁难以相处又无法管教，因此不得不将其隔离。他相貌英俊，身体健康，也很聪明。但在他生命的头 15 天，由于严重的营养不良致使他的体重明显下降，骨瘦如柴，尤其是脸部。请来照料他的奶妈认为他非常讨厌，称他为“瘦猴”。两个星期以后，以及在他的有生之年，他的发展非常正常。他是一个强壮的小孩（否则他早就死了），但他成年以后注定要犯罪。

这些必须加以证实的假设已经足够了。这是提出了一个极其重要的事实：灵敏的星云就像体内形成中的受精卵的遗传基因条件一样决定着新生儿的正常发展。在这方面，我们不应只是谈论怎样关怀 1 岁或几个月的儿童，更不应将这种关怀仅仅局限于身体的健康方面。我们的目的要建立一条对有能力的母亲和普通的家庭都至关重要的原则，为了照顾好刚出生的和刚出生几天的儿童，就必须有一个严格而又确切的特别准则。

第八章　儿童对独立的获取

儿童除带有逆向的倾向外，还具有争取获得独立的特征。发育以朝着更多独立的驱动力的形式出现。这种发育成长如离弦之箭，径直、迅速而平稳。儿童一旦进入生活便开始去获得独立。他在发育的同时不断完善自身，克服前进道路上一个又一个的艰难险阻。一种生命力在活动并指引他努力达到目的。沛西·能爵士称之为“策动”。①

如果我们想在意识生活中寻找某种类似策动之物，那么它也许可以用意志力来作比喻。但是，这也许是一个极其不恰当的比喻。意志的概念受到极大的限制，个体意识的成分太多。策动属于普遍的生命力，属于可称之为神圣的强烈欲望这种所有进化的源泉。儿童成长的生命力促使他完成许多活动。儿童若能正常成长，不受阻碍，这种生命力便在我们称为“生命之享受”中得到表现。儿童总是热情洋溢，总是幸福快乐。

儿童对独立的获取是所谓“自然成长”的基础。换言之，如果我们非常仔细地观察自然成长，便会知道，这种成长能够被定义为连续的不同独立水平的获取。这不仅在心智领域中是这样，在身体方面也是如此，因为身体也具有成长的倾向，具有非常强烈的、只有死亡才能中止的冲动和欲望。

因此，让我们对这一成长的途径及其阶段进行研究。孩子

---

① 本术语与伯格森的生命冲动（elan vital）或弗洛伊德的利比多（libido）相近似。它最先由沛西·能（P. Nunn）提出，后来为麦独孤所采用。参见同一作者著《心理学纲要》，伦敦，1984 年版。

出生如同出狱——母亲的子宫，这使他独立于母体的作用之外。此外，婴儿具有面对外部世界并予以吸收的欲望或需要。可以说，他生来便具有“征服世界的心理”。他通过吸收在周围发现的一切，从而形成自己的个性。

这便是他步入世界的最初阶段的标记。孩子如果感到有征服环境的冲动，那么可以断言，环境对他一定有某种吸引力。因此，可以这样说（用不太确切的话），孩子一定和他的世界“相爱了”。我们也可以用凯茨的话说：“这个世界向儿童展示了丰富的情感刺激。”①

儿童最早活动的器官是感官。但这些若不是吸收器官，又是什么呢？感官是我们获取印象的工具。对于儿童，印象必须具体化，构成儿童性格的一个组成部分。

我们环顾四周看到些什么呢？能看见的都看见了。我们注意听，又能听到些什么呢？能听见的都听见了。因此，我们能在上面画画的土地似乎非常之大，几乎是全球性的，这即是自然法则。我们并非先接收某种声音，然后再接收另一种声音，也不是每次接收一种不同的声音，而是将它们作为一个不可分割的整体同时接收。物与物之间的区别，噪音与音符之间的区别或音符与音符之间的区别像是从这个全球性的积累中演变而来似的。姗姗来迟。这与格式塔心理学②是多么一致啊！

这便是正常儿童心灵的图画。他首先将世界整个吸收，然后再加以分析。

但是，假设世上还有另一种儿童，他们不能感觉到这种对环境不可抗拒的吸引力。在这类儿童中，他们对世界的爱受到

---

① D·凯茨教授：《完形心理学》，意大利文版，1950年，第188页。

② 格式塔心理学即完形心理学，是现在欧美主要心理学派别之一。——汉译者注

阻挠，并由恐惧取而代之。这种恐惧把孩子给吓坏了。

显而易见，第一种类型的儿童的发育与第二种类型儿童的发育大相径庭。对婴儿发育的研究表明，如果孩子6个月时发生某种变化，那么，他的发育便为正常。其中，有些变化是身体方面的，但肉眼不能看见，需要检查才能确定。譬如，胃开始分泌消化所必需的氢氯酸，长出了第一颗牙。因此，我们看到了身体按照某种成长进程发育，渐渐完善。结果，6个月后婴儿便能不靠母亲的乳汁而生存，至少可以搀加一些别的粮食了。如果我们还记得在这之前婴儿因为受不了他不能消化的食品，还必须完全靠母汁来养活自己的话，那么，我们便知道孩子今天已经取得的独立程度是多么惊人。这几乎等于6个月时婴儿说道："我不想再靠母亲生存了。我现在已完全活下来了，能自己吃饭了。"青春期孩子开始对依靠家庭感到羞愧，想方设法自己挣饭，这时也会发生类似的事。

正是在这个时期（即使我们想起危险期的时期），儿童开始呀呀学语。这便是儿童将要建造的语言大厦的最初的砖瓦，是儿童在独立方面取得的另一大飞跃，另一收益。儿童一旦能言语，便能表达自己的思想，就不再依靠别人猜测其需要。他发现自己与人类社会息息相关，因为人们只能靠语言进行交流。

因此，学说话并由此而带来的健谈又是在独立之路上迈出的最可观的一步。儿童最初几乎像是聋哑人，无法表达自己，也无法明白别人说些什么，而这时好像同时获得了听力以及运用词的能力。

儿童转眼间到了1岁，便开始学步。这又使他从另一所监狱中解放出来。他现在可以东奔西跑了。你若靠近他，他便跑开并躲藏起来，好像他想到哪里，他的双腿便会将他带到那里似的。因此，人类是逐步发育成熟的。他所享有的自由是朝着独立的方向一步一步地取得的。这不是一个决定是否“释放他”或要他自由的问题。他的独立是一种生理状态，一种成长进程慢慢带来的变化。确实，是大自然赐与了儿童成长的机会；是大自然赐与他独立，并指引他成功地获得自由。

学步具有特别重要的意义，这不仅因为它非常复杂，而且因为它是在生命的最初阶段完成的，即与语言的形成以及四处活动等等同时进行的。走步对儿童是重要的心理事件。其他别的哺乳动物皆勿需学步。只有人类才需要经过一个漫长而脆弱的成长阶段才能走路。人类在站直之前（还谈不上走步），必须取得三次心理上的胜利。相反，小牛犊与别的其他动物一落地便开始走动。尽管这些动物体格庞大，但都要比我们低下得多。我们似乎生来就无援无助，因为我们的体质太脆弱了，以致逐渐建立起这些力量要花更长的时间。

站立和用双腿行走的力量需要一个由几个部分组成的非常复杂的神经组织。其中之一便是位于脑基部的小脑或后脑（见图6）。

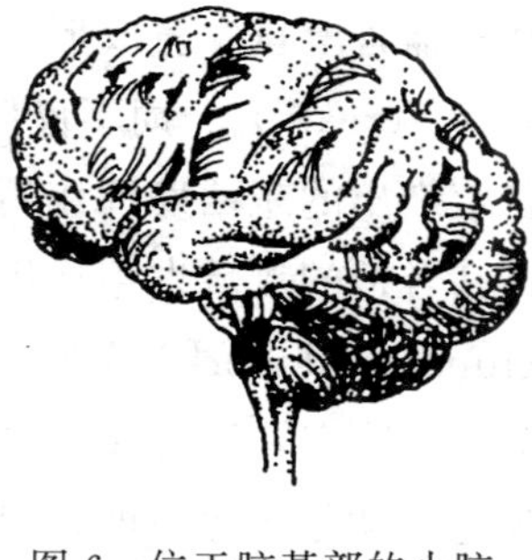

图6　位于脑基部的小脑

儿童刚满6个月，小脑便开始以惊人的速度发育。这种速度的发育一直持续到第14或15个月，然后便慢了下来。小脑仍继续发育，一直到儿童长到4岁半。站立和行走的力量随这种发育的程度而定，这在儿童身上是显而易见的。现实中有两种连续的发育。孩子6个月时开始坐立，9个月时开始爬行，或手脚并用地爬动。长到10个月时便能站立，12个月或13个月时便能行走。15个月时，他肯定能跑动了。

该复杂进程的另一部分是某些神经发育的完成。除非对大腿传递指令的脊椎骨神经发育完毕，这些指令便不能传递。本阶段完成的这些神经对控制肌肉至关重要。因此，若要行走，便必须协调某一复杂发育的诸多因素。第三要素是骨骼的发育。正如我们所见到的，初生婴儿的大腿尚未完全骨化，一部分尚是软骨，因此还是软的。这样他怎么能支撑其身躯呢？骨骼必须在小孩学步前骨化。还有一点值得注意：婴儿出生时尚未相联的头盖骨现在合拢了。这样，如果儿童跌倒了，也不会再冒损伤大脑的严重风险。

我们若靠教育的手段教孩子在此阶段前行走，是注定要失败的，因为行走要依靠一连串同时产生的身体发育。局部的发育必须首先完成，任何加快孩子自然发育的努力只能是拔苗助长。起指导作用的是大自然。万物皆须依赖她，听从她的命令。同样，如果我们想方设法阻止儿童学步，那也只能是徒劳，因为某一器官一旦发育成形，便要投入使用。在大自然的语言中，“创造”（create）一词不仅仅有“生产某物”的意思，还有必须让已生产出的东西发挥作用的意思。某器官一旦发育完成，便要在其合适的领域发生作用。用现代术语来说，这种器官的工作（functional work）就叫做“环境经验”（environmental experience）。该器官若没有获得这样的经验，便不能得到正常的发育，因为它最初是不完备的，只有在使用中才能趋于完成。

我们可以说，儿童只有靠环境经验才能得到充分的发育。我们称这种经验为“工作”。语言一出现，儿童便开始喋喋不休，谁也阻止不了他。世上难事之一便是让小孩保持安静。若不准儿童走动，也不让他喋喋不休，他便得不到正常的发展，儿童的发育便会受到阻止。相反，儿童东奔西跑，东跳西蹦，便在使用中完善了双腿。

因此，依靠获得新的力量来加强自己独立的儿童只有在任其发挥这些力量时才能得到正常发育。儿童只有使用所获得的独立才能得到发育。总之，正如现代心理学所说的那样，发育并非自身能发生的。“每一个体的行为都是其环境经验的产物。”

因此，如果我们所说的教育是指帮助儿童正在成长的生命，那么，每当儿童向我们展示他已达到的独立的新高度时，我们应欢欣不已。当儿童初次说话时，我们感到多么的欣慰啊！当我们意识到儿童勿需我们的帮助也能说话时，我们会更加欣慰。但直接摆在我们面前的一个教育问题是孩子的这个进步（无论使它停止有多么困难）都会因不能获得所需的环境而受到阻碍或延缓。

因此，儿童教育所要求的第一件事就是为儿童提供一个能够发挥大自然赐予的力量的环境。这不是指取悦孩子，任其为所欲为，而是指我们必须调整思想，与自然齐心协力，遵循大自然的规律——成长源于环境经验的规律。

儿童带着最初的足迹，到达更高的经验境界。我们这时观察他，便会发现他总是想加强自己的独立。他想自行其事——搬东西、穿衣、脱衣，这些都不是由于我们的提示。他的冲动是如此强烈，致使我们通常作出的反应是阻止这种冲动。然而，我们这样做确实不是阻止儿童，而是自然本身。因为儿童的意志与自然的意志是一致的，儿童在一条一条地遵循自然的规律。

儿童从不同的方面慢慢减少对周围人的依赖，直到他也想获得精神上的独立的时候。然后他喜欢用自己的经验，而非用别人的经验来培养自己的大脑。他开始寻找事物的答案。这样，人类的个性在婴儿期便已形成。这些并不是理论或见解的问题，而是显而易见的事实。我们说孩子的自由必须完整，他的独立以及正常活动必须得到社会的保障时，我们并没有使用模糊理念论的语言。这些都是实际观察生活和自然所得出的真理。人类的成长只有通过自由和环境经验才变得现实可行。

同样，我们决不能向儿童世界灌输我们成人世界奉为理想的独立、自由的观念。我们若要成人检查自身，给自由和独立下定义，那么，他们是不能给出确切的定义的，因为自由的概念对他们是蹩脚的。他们缺乏大自然无限宽阔的胸襟。我们只有在儿童身上才能领悟到大自然的雄伟。大自然在赐予自由以及独立的同时也赐予生命本身。她在遵循个体的年龄以及需求的永恒规律时，赐予了生命。她使自由成为生命的法则：要么自由，要么死亡。

我坚信大自然的方法为我们提供了帮助。提供了一个解释社会生活的新基础。成长中的儿童似乎毫无保留地将一切都展现在我们的面前（在社会生活中我们却只从中摄取一些细枝末节）。儿童所表现的是正确的，因为它为我们提供了现实和真理的指南。每当发现一条自然的真理，真理便驱散疑虑。因此，孩子发育成长所获得的自由能让我们进行妙趣横生、新颖别致的思索。

获取越来越多的独立的目的究竟是什么呢?它从何处而来?是从不断成长的个性中产生，并保护自身。但该现象在大自然中比比皆是。每一生物都独立活动，我们因此知道儿童是在遵循大自然的规律。儿童获得了自由，而自由又是一切事物的首要法则。儿童是怎样获得独立的呢? 他是通过不断活动获取的。他是怎样获得自由的呢？靠不断的努力。任何生命都不会是静止不动的，独立也不是一种静止状态，而是一种不断的获取。要获得自由、力量和完善自我的能力，就必须走这条艰苦不懈之路。

儿童的第一本能是在没有任何人帮助他的情况下自己完成

动作。当他不让其他人为他完成动作时，他就为独立作出了最初的努力。为了靠自己获得成功他坚持不懈地努力。

像许多人所想象的那样，如果最美好的生活是东坐西躺，让人侍候，无所事事，那么，还有什么比婴儿出生前所过的生活更理想呢？婴儿在母体中时母亲为他做了所有的事情。我们想过学说话这项艰巨的任务吗？是这项任务使成人能与其同伴交谈。“休息”若是生活的真正理想，那么，儿童不是就可以不学说话，不用使自己适应正常食物了吗？他不就可以免去行走、动脑的麻烦和认识周围世界所感到的欢欣了吗？

然而，这与儿童所证明的现实相距甚远。现实表明，大自然的教导与社会崇高的理想大相径庭。儿童通过工作获得独立——身体以及思维的独立。他对别人的知识毫不在乎；他希望获取自己的知识，获取世界的经验，凭自己的力量感知世界。我们必须清楚地懂得，当我们向儿童施予自由和独立时，我们是在向一位已经潜心工作，不工作、不活动便无法生存的人施予自由。这与其他生活形式一样，阻止它便会使孩子退化。

充满生机的世界，万物生机勃勃。生命为这种盎然生机之最。只有通过活动，生命的完善才能追寻，才能获得。先辈传给我们的社会期望，向往最少的工作时间、让别人为我们工作及懒惰思想，变得更完整了，这些暴露了自然在童年留下的退化印记。这些期望是那些在刚出世的日子里没人帮助他们适应环境，因此对环境，对努力感到反感的人退化的标记。他们是那种希望得到帮助、得到侍候、让人抱在怀里或放在轮车上的儿童，那种羞于结伴、喜欢长眠的儿童。他们具有科学已认识到的并把它称为重返母体倾向的特征。出生正常、生长正常的儿童朝着独立前进。谁要逃避这种独立，谁便在退化。

对这些不幸者的教育是一个完全不同的难题。我们应怎样治愈、阻止和扭曲正常生长的退化呢？误入歧途的儿童不爱环境，因为他觉得环境包含的困难太多。环境对他太苛刻、太有抵抗力。今天，正是这些误入歧途的儿童占据了科学儿童心理学的舞台中心。这种科学儿童心理学最好叫作儿童精神病理学。儿童指导诊所如雨后春笋般地建立起来。人们还发明了诸如游戏疗法（play-therapy）这样的新技术，以对付日益增多的受挫儿童。教育学对我们说，环境一定不能有太大的抵抗力。因此，环境中可以避免的障碍越来越多地被减少了，也许被统统撤除了。今天，尤其是为了那些对环境感到反感的儿童，儿童周围的一切都安排得尽量迷人。这样做的目的是希望激起同情和爱，来战胜冷漠和厌恶。我们还为他们提供愉快的活动，因为我们知道生长发育源于活动。让兴趣促使孩子活动，激励孩子进行自身经验的环境动机必须丰富多彩。这些便是生活与大自然颁布的法则。这些法则帮助那些已经沾染了退化特征的孩子从懒惰的倾向向渴望工作转变，从倦怠和惰性向活动转变，从某种恐惧状态（这种恐惧有时表现在对儿童所离不开的人的过分依赖中）向充满快乐的自由——开始征服生命的自由的转化。

从惰性向工作转化！正像从惰性向工作转化是正常儿童的成长之路一样，这是一条治愈之路。这是新教育的基础。自然颁布并建立了这一基础。

成熟的含义

我虽然并不希望从理论上进行冗长的讨论，但还是想在此之前对我使用的“成熟”一词作一点申明，因为我认为对这个题目的观点不仅对理解以下章节至关重要，而且对本书的其他部分也是非常重要的。“成熟”一词最初用于遗传学和胚胎学，指受孕胎产生之前，最初的生殖细胞从不成熟细胞到成熟细胞的发展时期。①

但在幼儿心理学中，该术语的含义就更为广泛。它指一种控制生长的机制。该机制能保障整个生物体乃至在生长刺激方面的发展平衡。阿诺德·格塞尔没有下任何确切的定义，却发展了这个概念。然而，如果我对他的意思理解正确的话，那么，他强调的是：个体的成长受到固定法则的支配。这些法则必须遵循，因为儿童“具有决定怎样学，学什么，在某种程度上甚至决定着什么时候学的多半是天生的体格特性和趋势。”②

换言之，格塞尔说儿童身上具有不为教育所影响的机能。③

就物质生活而言，这种观点是正确的。实际上，如上所述，在某一器官成熟之前，我们不能教儿童走步。同样，没有一个儿童能在一定年龄之前学说话（正如儿童一开始说话，便谁也无法阻止他一样）。无论是谁，只要他一直在看我的著作，便会知道，我向来是为儿童根据自然法则成长的观点辩护的先驱之一；确实，我把这些法则看作教育的基础。然而，我觉得若将格塞尔的观点完全应用于儿童的精神成长，便显得太生搬硬套了。根据他的一元论学说，他认为：“由于儿童的发展进程，他的智力水平与身体发展成正比。”④但是，很难说这是确切的。我

---

① 若想进一步了解该过程，参见 H. S. 詹宁斯《遗传学(Genetics)》一书。纽约，1935 年。

② 阿诺德·格塞尔医学博士：《当今文化中的婴、幼儿 (Infant and child in the Culture of Today)》，纽约和伦敦，1948 年版，第 40 页。

③ 阿诺德·格塞尔医学博士：《儿童发展的阶梯实验研究 (Stairclimbing Experiment in child Development)》，纽约和伦敦，1948 年版，第 58 页。

④ 格塞尔：《行为胚胎学 (The Embryology of Behaviour)》，纽约和伦敦，1945 年版。

们若在一个远离人烟、与世隔绝的地方将孩子养大成人，只给他们物质食粮，别的什么也不给，那么，孩子的身体发育会是正常的，而大脑的发育却受到严重损伤。伊塔博士关于耐心地教当时家喻户晓的"阿维龙野孩"的叙述给了我们一个令人信服的例子。

正如我常说的，我们不能制造天才，这是千真万确的。我们只能为每一个体提供实现其潜在能力的机会。但是，我们若要讨论"生物成熟"的进程，就必须准备认识"心理成熟"的进程。正如我们在前面几章所竭力阐述的一样，这与胚胎学中所有的现象相似。

在形成有机体的生命进程中，我们无论怎样也找不到一个一起成长的整体；生长发育也并非有规律、慢慢地进行的。每一器官的发育都是围绕着活动点进行的。这些点的活动持续一段时间。当器官一经形成，它便消失了。除了这些与器官的形成有关的点或活动中心外，还有对指导动物的行为，直到它能在外部世界生存起重要作用的敏感区。这是由荷兰生物学家德·夫里斯指出的。我们发现它与儿童心理发展非常相似——一个使我们相信人类的本性从头至尾都与生命的规律相同的事实。

因此，"成熟"远非单纯是"在自我限制的时间范围内活动的遗传因子的总效果。"[①] 因为除遗传因子的作用外，还有它们对之起作用的环境的影响。环境在成熟的过程中起着主导作用。

至于心理成熟，这只能通过环境经验才能完成。后者在每一发展阶段都要改变其形式，因为"策动"总在改变其类型，在个体身上表现为无目的地长时间重复一定行为的强烈兴趣，直

① A·格塞尔：《行为胚胎学》，第23页。

到（正因为这种重复）一种新功能突然有力地出现。因此，该功能的特殊形式便通过一种不为外界察觉的成熟建立起来。这些不断重复的行为似乎与它们所产生的作用没有任何直接联系，并且，它们一出现便消失了。与此同时，孩子与之相应的兴趣便转移到将为另一种功能作准备的其他活动。恰在大自然准备让儿童享受经验的乐趣时阻挠儿童去享受这种经验，引导他向那方面发展的特殊的敏感性便会消失，他的发展便会受到干扰，结果影响到他的成熟。

我们若看看最近一本心理学教科书中给成熟所下的更广泛的定义，[①] 便会发现它是这样说的："成熟主要包括遗传的结构变化，即它们源于受精卵细胞的染色体。但是，这些变化在一定程度上也通过有机体与其环境之间的相互作用而产生。"

根据我们的调查结果来解释该定义，可以说，人类生来便具有在吸收的心理的普遍结构中存在的生命力（策动），具有我们已在谈论关于"星云"时涉及的具体化与差别。

这种结构在我们（根据德·维里斯）叫作敏感区[②] 的指导下，在婴儿期发生变化。因此，成长和心理发展受到吸收的心理、星云、敏感性及其不同的机能的支配。这些都是遗传的，是人类的特性。然而，他们的承诺只有通过对环境进行的自由活动所得到经验才能完成。

---

① E. G. 博林、H. S. 兰菲尔德、H. P. 韦尔德：《心理学导论(Introduction to Psychology)》，纽约，1939 年版。

② 参见玛丽亚·蒙台梭利博士：《童年的秘密》，马德拉斯 1951 年版。

第九章　人生初期

如果我们义不容辞的责任是促进人的精神生活的进步，那么我们必须首先认识到，幼儿的吸收的心理是不断从环境中摄入营养的。它必须如此，并且必须用摄取的营养来滋养自己。因此，在人生的初期，我们必须尽力使环境变得趣味盎然和富有吸引力。

正如我们所知，儿童的成长要经历一系列连续的发展阶段，在每一个阶段，他周围的环境对其成长都有着重要的作用，只不过作用的大小有别而已。但是，环境在其他任何阶段的作用都不能与其在幼儿刚诞生那个阶段的作用相提并论。然而，迄今为止，认识到这一点的人可说是寥若晨星。因为就在不久以前，人们几乎连想都不曾想过，在人生的最初两年里，儿童居然还会有各种心理需求。不过，现在人们已经知道，它们是非常重要的，决不能有些微忽视，否则，今后会出现极其有害的后果。

过去，科学家们往往把注意力只集中在儿童健康的物质方面。尤其是在本世纪，为了降低一度高居不下的婴儿死亡率，在医学和卫生学领域里出现了一种精细繁琐的疗法。但是，正因为它的目标是降低死亡率，所以它也就仅仅局限在身体健康方面。心理健康几乎完全无人问津。即使有人曾涉足该领域，但收获甚微，难以摆脱自然历史的空白。他们认为，幼儿期的首要目的是形成一个能适应社会生活的个体。

自然历史是什么意思呢？它是第一个孤独期和对外部世界

的心理适应期——即使对于那些生来就带有未来行为痕迹的哺乳动物来说，对外部世界的适应也是不可或缺的。

但是，如果我们还记得人的行为并不是与生俱来、先天注定的，儿童的首要问题不是心理唤醒，而是心理创造，那么我们就会立即明白，环境在他一生中的作用到底有多大。它的价值和重要性被过分夸大了，正如它蕴藏的危险被过度夸大了一样。所以，我们必须注意婴儿周围的一切环境条件，使他不受排斥，不产生退化行为，要使他降临其中的世界变得对他有吸引力。这对他完成吸收的重任是很有帮助的。他的进步、成长和发展都依赖着这种吸收。

在人生伊始的头一年里有很多不同的时期，对每个时期都应特别注意。[①] 第一个时期，即婴儿的诞生，是非常短暂的。在此，我们不想赘述各种细枝末节，我们只指出某些基本的原则。最初几天，婴儿必须尽量与母亲保持接触。温度、光线、声响等与诞生前各种条件的对比度不能太大，因为母亲的子宫非常宁静、黑暗和温暖。在现代儿科诊所里，母婴被安置在一间四壁皆为玻璃的房间里，室内的温度是可控的，因此很稳定，可以缓慢地改变它，使其与室外的常温一致。玻璃是蓝色的，因此光线很柔和。对触摸和移动婴儿也有严格的规定。这与先前的做法大相径庭。那时候，人们往往把婴儿扔进地上的浴盆里，让他受到了严重的惊吓。而今，科学告诉我们，应尽量少触摸婴儿，不应给他穿任何衣服，应该把他放在一间没有穿堂风的房间里，室内必须有充足的热量，使他感到温暖，而不是像过去那样，根本不考虑他的感觉，手忙脚乱地给他穿戴一番，就

---

① 如果想对此作穷尽透彻的研究，请参看弗洛伦斯·布朗·谢尔本的《儿童》一书，纽约和伦敦，1941 年。

好像他是一个没有知觉的物体一样。现在移动婴儿的方法也不同了。应先将他轻轻地放在一张类似吊床的鸭绒垫上，然后再抱起他。千万不能突然抱起或放下，动作一定要温柔，就像我们在对待伤员时那样。之所以如此，并不仅仅是因为考虑到他的健康。护士都戴着口罩，以防细菌从她们的呼吸里扩散到空气中。母婴像同一躯体上彼此相联的器官一样受到护士的精心护理。这对儿童适应世界极为有利，因为就像磁的吸引一样，母婴之间有着特殊的联系。

母亲身上会散发各种无形的力量，幼儿对它们颇为习惯。在适应世界的困难时期，它们对他是一种极大的帮助。

我们可以这么说，相对于她而言，婴儿只是改变了一下自己的位置；他现在是在其体外，而非体内。但是，其他的一切还是依然如故，且他们之间的交流或联系仍然存在。此即人们今天所理解的母婴关系。然而就在几年以前，即使在最好的儿科诊所里，只要婴儿一呱呱坠地，就立即将母亲和新生儿分开。

我上面所说的基本原则，在科学的婴儿护理中，被认为是一种不可变更的“金科玉律”。但是婴儿的本性告诉我们，在整个婴儿期，我们并不是自始至终都会一成不变地使用这些极端的办法。婴儿诞生后不久，母婴就可摆脱孤独，参与社会生活了。

儿童所遇到的各种社会问题与成年人的不尽相同。迄今为止，社会不平等对儿童的影响与对其父母的影响截然相反。因为我们认为，成人会在穷人中遭受不幸，而儿童却会在富人中罹受不幸，这种说法根本不是悖论。除了形形色色的衣服、千奇百怪的社会习俗和络绎不绝的探婴亲朋外，富裕阶级的母亲有时候把自己的宝贝孩子托付给一个乳母照料，或寻求其他解决办法。而贫穷人家的母亲则沿着本性的道路，把婴儿放在自己身边喂养。我们发现在很多细微之处，成人认为有价值的东西在儿童看来可能会适得其反。

过此阶段儿童就能镇定自若、轻而易举地适应环境。他开始迈开步伐，走上我们所说的独立之路。他张开双臂去拥抱环境。他兼容并蓄各种风俗，并把它们变成自己的东西。

在这条道路上，他从事的第一个活动——可以称其为一种征服之举，是使用自己的感官。因其骨骼组织的发展尚欠完善，故他尚无活动能力，四肢还不能活动，所以他的生活是不活跃的，只有他的心灵是积极的，吸收着感官的印象。

他的双眸晶莹明亮，充满着热切的希望。我们必须牢记，如科学近来指出的那样，儿童的双眸并不仅仅受光线的影响。他压根儿不是消极被动的。在兼容并蓄各种印象的同时，他还在世界中积极寻觅各种印象。

现在，假若我们解剖一只动物的眼睛，我们就会发现一个类似相机暗盒的视觉器官，它和我们的眼睛并无二致。但是，动物是受其本能的驱使而使用它们的眼睛的，因而比较有限。它们对某些事物的兴趣大于对另一些事物的兴趣。因此，它们不可能吸收环境的全部营养。它们体内的某些向导将它们的活动导向某些渠道之中，它们使用眼睛时也是服从这一向导的。

它们体内的这种向导一开始就有了。它们形成和完善其感官的目的就是为了能遵循该向导的指引。因而，猫的眼睛（像其他夜游捕食的动物的眼睛一样）虽然能适应黑暗，但是，尽管它对黑暗有浓厚兴趣，它只注意运动的事物，对静止的事物视而不见。只要黑暗中一有动静，它就会立即扑向它。而对其他东西则不理不睬。它对其环境没有广泛的兴趣，只对环境的某些方面有一种本能的冲动。依此类推，某些昆虫只为某种特殊颜色的花丛所吸引，因为它们是在这种颜色的花簇中采集其食物的。不过从蛹里脱壳而出的幼虫则不是这样。它受其本能的驱使，它的眼睛帮助它进行适当的活动。这种向导主宰着种或类的行为。而一个人则根本不会机械地受其感官的奴役。他不会被它们牵着鼻子走。但感官是存在的并为其主人服务，然而人的行动要接受感官的指导。

儿童受到了特殊的恩赐。他的感官虽然也有一个向导，但不像动物的感官那样受到种种束缚。猫要受到环境中运动物体的束缚，它只注意它们。儿童则没有这种羁绊。他对视野中的一切事物都会给予注意，经验还告诉我们，他会一律加以吸收。而且，他并不是仅凭其自动相机——眼睛来摄取印象的，而是依靠一种心理-化学反应来摄取印象的，因此，这些印象是其个性的有机组成部分。我们可以这么说（这与科学证据大相径庭），一个人的生活如果仅仅受其欲望的主宰，任由它们摆布，那么他正受到内部某种缺陷的煎熬。他的内部向导虽然仍旧存在，但其影响儿童行为的力量已经减弱了。于是，他就成了其感官的可怜的牺牲品，成了一个失落者和一个弃儿。

因此，爱护和唤醒每个婴儿的内部向导是至关重要的。

我们所作的比较能帮助我们理解儿童吸收环境养料的能力。有的昆虫看似植物的叶，而有的则看似植物的茎。它们在植物的叶和茎上走完其生命的旅程，它们与植物的叶和茎是如此地相似，几乎融为一体。类似的情况在儿童中也存在。正如昆虫与其赖以维生的植物融为一体一样，儿童兼容并蓄周围的社会生活，并与其融为一体。儿童的印象是如此深刻，以致会产生一种生物或心理-化学反应，结果他的心灵与环境本身如出一辙。儿童会变得热爱和喜欢所有的东西。我们发现，在每一种生命中都存在着一种吸收和模仿环境的能力。只不过，在上述的昆虫和动物中，它是一种生理的能量，而在儿童的身上则是一种心理能量。

我们认为，这是生物的一种倾向。儿童不是像我们那样去观察世界。我们看到某物时可能脱口而出："美哉!"然后又去走马观花地看其他事物，结果只留下一种模糊的记忆。儿童则用深刻的印象来建造其心灵深处的自我，在其生命的初期更是如此。儿童是在婴儿期，凭借其幼稚的能力，获得其独特的个性特征的，如语言、宗教、种族等。即他适应世界的方式，在该世界中他寻找到其自我。在此过程中，他感到非常愉快，其心灵也日臻成熟。

不仅如此，他还要适应今后可能遇到的各种环境。我们此处所说的"适应"指什么呢？它是指改变自我以适应环境——环境以后也会成为其本性的一部分。因此，如果我们想帮助儿童，我们就必须扪心自问，应该为他们做些什么，应该为他们创造一种什么样的环境。

假若我们所说的是一个3岁的儿童，他很可能把答案告诉我们。我们应该知道，他并不缺少鲜花和玩具。我们应该预见和提供各种与其发展阶段相应的活动动机。我们很容易发现，为了锻炼其正在成长的能力，应给他提供什么样的活动动机。但是，如果我们所说的是一个必须从头开始适应世界的新生儿，那么我们又能为他创造一个什么样的环境呢？

如今该问题尚悬而未决。但事实上，婴儿的自然环境就是他周围的那个世界，是他周围的一切事物。要学会一门语言，他就必须和说此种语言的人生活在一起，否则就不可能学会它。假若他要获得某些特殊的心理能力，那么他必须与持之以恒地使用它们的那些人生活在一起。其群体的举止、习惯和风俗，只有通过与它们的拥有者融为一体才能得到。

托　儿　所

事实上，这是一种极其革命的观点，因为它反对近年来所想过和所做过的一切。一种仅仅建立在生理卫生学基础上的推理竟然得出这样一种结论（或谬论）：应该把儿童隔离起来！于是，为儿童们特设了一个房间，或称“托儿所”，一旦发现其“不卫生”时，就用医院来取而代之。让儿童一个人独自呆在里面，并让其尽量睡觉，犹如一个病人似的。

但我们必须认识到，如果这也是身体健康上的一种进步，那么它对精神生活则是有害无益的。如果婴儿被关在一个与世隔绝的托儿所里，里面除了一个保育员外，别无他人相伴；如果他得不到真正的母爱，其正常的成长和发展势必受到阻碍。一种发育迟缓、愤愤不平和精神饥饿的感觉将给他带来有害的影响。现在与他为伴的只有那位少言寡语的保育员，而不是他希望与其生活在一起，与其有着特殊情感纽带的生身母亲。他常常被禁闭在一架“婴儿车”里，根本就不能目睹周围正在发生的一切。

他出生其中的那个家庭越是富有，此等不利条件就越是恶劣。不过，值得庆幸的是，战后这种状况已大有好转。穷困潦倒和新社会观把父母慈爱的陪伴重新送回到儿童的身边。

新　卫　生　学

应该把抚育儿童真正作为一件具有社会意义的大事来抓。现代观察和研究使我们认识到，一旦他能走出房门，我们即可带着他到处走走，让他尽量多看看世界。这使我们回想起使用高栏童车的时代。现在托儿所的设计也改变了。除了要符合卫生标准外，它的四壁还要装饰很多图画，婴儿躺在一个微倾的支撑物上，以便他能将整个景象尽收眼底，而不是让其目不转睛地盯着天花板。儿童的语言问题颇为棘手，尤其当聘请的保姆与儿童的社会阶级不相同时，就更为棘手。该问题的另一面是，当父母与朋友聊天时是否应该让其参加。虽然会受到反对，但我们还是要说，如果我们要帮助儿童，那么我们必须让他和我们呆在一起，让他看清我们的言谈举止。即使他不能有意识地领悟所发生的一切，也将保留一点潜意识的印象。吸收的印象能促进他的成长。当儿童被带到户外的时候，他的兴趣将转向何处？没有人能胸有成竹地回答这个问题，但是我们可以观察儿童。内行的母亲和保姆如果发现儿童对某物特别感兴趣，就会让他随心所欲地长时间地观察它。她们将他举起来，让他能够凝视它。她们发现，儿童的脸上洋溢着对吸引其注意力的事物的浓厚兴趣和无限热爱。我们怎么知道什么事物使儿童感兴趣呢？在这个问题上我们必须听他的。必须把一切过去的观点颠倒过来，必须在成人中间传播有关这场革命的知识。我们必须相信，适应环境对于儿童来说是生命攸关、不可或缺的，因此，他必须与它保持全面而完整的联系。因为，如果他在这方面失败了，我们就会面临严峻的社会问题。

不论是在道德领域，抑或是在其他领域，由于个体不能调节自我、适应环境而产生的社会问题，人所不知者尚有几何？此乃首要的问题，它使我们认识到，儿童护理科学最终必将成为每个文明社会最永恒和最深刻的关注所在。

我们不禁要问，一个如此伟大和昭然的真理，怎么会长期被忽略呢？怀疑新鲜事物之流将如此老生常谈：前辈们没有这种知识，不也照样挺过来了么。他们对咱们说：“人类非常古老；千千万万的人曾经生活过；我成长起来了，我的儿子们也成长起来了，但我们并没有得到这些理论的帮助。我们今天的孩子照样学会了说话，甚至还获得了一些习惯，它们是如此的根深蒂固，几至成为偏见！”

但是，让我们想一想生活在不同文化层次上的许多民族吧。在抚育儿童方面，他们似乎全都比我们更熟谙西方极端摩登的理想。事实上，在别的任何地方，我们都找不到这种与儿童的自然需要完全背道而驰的抚育方式。几乎在所有国家里，不论母亲走到哪里，儿童总是寸步不离地跟着她。母亲和婴儿是不能分开的。他们一块外出的时候，总是母亲娓娓地讲述，婴儿用心地聆听。假如母亲在儿童的面前和商人讨价还价，他就会看到和听到所发生的一切。这种情况在整个哺乳期都存在。母亲哺乳是母婴之间亲密无间的原因。因为母亲给婴儿哺乳责无旁贷，所以每当外出的时候，她就不能将他只身一人丢在家中。这种对食物的需要增加了母婴之间的互相喜欢和互相热爱。这样，婴儿对营养的需要及将母婴二人结合在一起的热爱，在解决儿童适应世界问题的过程中联结起来了。这种结合是很自然的。因为母亲和婴儿是同一的。

除非有些地方的文化打破了惯例，否则没有哪位母亲会把自己的婴儿托给别人喂养。婴儿分享着母亲的生命，永远聆听着她的教诲。人们常说，母亲们喜欢唠唠叨叨，喋喋不休，但是这对儿童的发展和适应工作是一种帮助。然而，如果他只是倾听对他讲的话，那么他将收获甚微。只有倾听成人的全部讲话，观察成人用以帮助表情达意的动作，他才能循序渐进地掌握句子的构造。这比母亲对他讲的单音节词重要得多。它是一种用行为表达出来的有生命的思维语言。

一切伟大的人类群体、民族和种族，都有其个别差异；比如，他们带婴儿的方式就很不相同。这方面的研究是现代人种学研究中最有趣的课题之一。在世界上的大多数地方，母亲们都将婴儿放在一张小床上，或放进一个大袋里；她们从不怀抱婴儿。在有些国家，母亲用带子把婴儿套在一根木棍上，出去工作的时候就用肩挑着它。有的把婴儿吊在胸前，有的把他背在背上；有的则把他装在一只小篮里。但是，有一点是相同的，那就是在所有国家，母亲们都有一种随身携带婴儿的方式。在背婴儿的时候，通常都要采取一些特殊的预防措施，解决婴儿的呼吸问题，防止发生窒息危险。比如，日本人在背婴儿的时候，让婴儿的头高于背负者的肩膀。此即首批赴日者称日本人为“双头民族”的原因。印度人把婴儿挎在髋关节处，而红色印第安人则把婴儿放在一只系有背带的摇篮里背在背上，婴儿背靠着母亲，因此他能观察因母亲背后所发生的一切。任何母亲都不会产生抛弃婴儿的念头。有一次，当一个非洲部落的新女王带着自己的婴儿出现在即将举行的加冕典礼上时，莅临加冕典礼的众教士莫不目瞪口呆，惊诧不已。

另外一个问题就是延长哺乳期的习俗。有时哺乳期是 1 年半；有时则是 2 年，甚至 3 年。这与婴儿的营养需要没有必然的联系，因为他已经能吸收其他食物了，但是，哺乳期的延长要求母亲和婴儿呆在一起，而这也能满足她潜意识的需要，即给婴儿提供一种丰富的社会生活，社会生活是婴儿的心灵赖以建造的基础。因为，即使母亲不对他说话，光是与他呆在一起也能使他接触世界；他观察和倾听街市上人们的言行举止。马车、动物和其他景象会在他的心中占据一定的位置，即使他还不知道它们的名称。当他的母亲在一个水果摊前和卖主讨价还价时，请留心观察他的面部表情。你立即会发现，他们的言语和手势激起了他浓厚的兴趣。

婴儿的啼哭

我们在观察中还发现，除非生病或受伤，否则，和母亲一起徜徉的小家伙从不会啼哭。有时候他会沉入梦乡，酣然入睡，但不会啼哭。假如你看一组记录某国社会生活的照片，你将看到，照片上与母亲在一起的儿童没有哪个在嚎啕。

但是，在西方国家，婴儿的啼哭却是一个令人头疼的问题。我们的耳畔何时停止过父母对婴儿那无休无止的啼哭的抱怨呢？他们经常讨论如何安慰和取悦儿童。对于这个问题，现代心理学的回答如下：“婴儿之所以啼哭不止、烦燥不安、嚎啕阵阵、愤怒不已，是因为他正在忍受精神饥饿的噬咬和折磨。”这种解释完全正确。婴儿很厌烦。他正在忍受精神饥饿，他成了一个被囚禁在狭窄空间中的囚徒，除了能力发挥上的挫折外，别无所获。因此，唯一的办法是把他从孤独的樊篱中解放出来，让他加入到社会生活的洪流中去。很多国家都自然地、潜意识地这样做了。而我们则必须把它作为一种深思熟虑的结果，予以透彻的理解和自觉的运用。

第十章　关于儿童的语言

现在，让我们把视线转移到儿童的语言发展问题上。对这一问题的思考是必要的，否则我们也许就无法认识语言同社会生活的联系。语言不仅使人类形成各种群体和民族，而且还是人类与他类相区别的重要标志。语言还是环境变化——我们所说的文明的根源。

人类生活不尽同于动物的本能性活动。婴儿来到世界，没有人能够预言他的未来。但是，如果没有同其他人的相互交流，他就不会做出什么大事。仅有思考的能力还不够。人类无论多么聪明，仅凭聪明是不可能达到人们之间的相互交流和协调一致的。而人们之间的相互交流和协调一致又是取得成就所不可或缺的。语言是集体思想的工具。

人降生于世之前，语言并不存在。那么它是什么呢？它只不过是一种呼吸，是几种杂音的混合物。

语音本身是没有意义的。在人和壶之间也没有什么逻辑联系，只不过是人们赋予了这些声音特定的意义。其他的词也是如此。在人类某一群体的成员之间形成了相同的表达方式，只有那些懂得的人才能理解。其他群体可能用完全不同的声音来表达同样的意思。因此，可以说，语言是一种围住人类的某一特定群体，并使之同其他群体相隔离的围墙。词对于人的心灵来说，总是具有一种神秘的涵义，原因或许就在于此。语言似乎比国籍具有更大的团结力量。文字是人与人之间的纽带，人类依其心理的需要发展和分化语言。所以，我们可以说，语言随着人类思想的发展而发展。

奇妙的是，仅这么几个语音就能组合成如此纷繁众多的词语。它们组合的方式是多种多样的。按照这些方式，我们可以造出难以数计的词。一个音可以放在另一个音的前面或后面；有些是浊音，有些是清音；有些音在发出时要双唇紧闭，有些要双唇张开。然而，更令人惊讶的是人的记忆力，他要记住如此纷繁浩瀚的组合及其意义。思想必须通过由词组成的句子来表达。句子中的词必须有特定的顺序，而不能像房间里的家具随意摆设。听者按照一定的规则去理解说话人的意思。要表达某种思想，说话人必须使用特定的名词和形容词。在句子中，主语、动词和宾语都有其恰当的位置。仅选用恰当的词还不够，词与词之间的顺序也同等重要。要证实这一点是很容易的。将一句表达清晰的句子写在纸上，再剪下纸上的每一个字，然后再把这些字随便地排在一起，其原来的意思就消失了。同样多的词，因为顺序改变了，就不能表达任何意义。由此可知，人们也必须规定词的顺序。①

所以，语言确实是一种超智力的表现。历史上，语言的发展也不是一帆风顺的。当它所服务的文明遭到破坏时，这些语言也就废而不用，而且因为很难记忆，也就消失了。初看起来人们会认为语言是自然赋予我们的。然而，我们不得不承认，语言高于自然，是一种超自然的创造，是集体智慧的产物。它犹如一张无限延伸的网，宇宙万物，无一不能表达。尽管我们长期致力于学习诸如梵语和拉丁语，然而，终不能完全掌握，真是深不可测，永无止境。要实现某种计划，人们必须同心协力，

---

① 参见G·雷维茨：《语言的起源和发展，(Ursprung und Vorgeschishu der Spracke)》，伯尔尼，1946年版。

因而需要共同的语言。这种语言是客观存在的，然而它却是人们使用的一切工具中最不固定的。

人是怎样掌握语言这一工具的？对这一问题的注意导致我们相信是儿童“吸收”语言。这种吸收是深刻的，难以理解的，人们还没给予足够的重视。我们通常认为，“儿童同会说话的人生活在一起，自然就会说话了。”但是，如果我们思考一下语言的各种复杂问题，这种看法未免就过于肤浅。尽管如此，千百年来，这种看法一直占统治地位，没有丝毫的进展。

对这一问题的研究引出了另一种看法。也就是，一种语言，无论我们觉得有多难，未受过教育的本族人都会说。例如拉丁语，即使对于会说现代拉丁语的人来说都不那么容易，然而最初使用这一语言的却是罗马帝国时期的奴隶。当时的拉丁语和现代拉丁语一样复杂，但是，未受教育的农夫和罗马宫廷里的3岁小孩不都同样使用这一语言吗？

在许多年前的印度，田里的农夫、森林中的流浪者不也是自然地用梵语表达他们的思想吗？

被这些问题诱发出的好奇心促使我们去细心研究语言的发展，而从现实的儿童身上能观察到语言的发展。我是说儿童的语言是发展而来的，而不是教出来的，因为母亲不教她的孩子语言。儿童语言的自然发展有如自发的创造。同时，它的发展遵循着适宜于所有儿童的固定法则。因此，无论语言是简单还是复杂，在儿童生活的相同阶段，世界各地所有儿童达到的语言水平都是等同的。儿童掌握原始人讲的异常简单的语言同掌握更加复杂的语言所达到的水平也是等同的。所有儿童都要经历这样一个过程，在某个时期只能说一些简单的音节，再过一个时期就能说音节较为复杂的词了，最后才能掌握整个句子和文法。①

儿童说话时，既要涉及到阴性和阳性、单数和复数的区别，也要涉及到时态和语态、前缀和后缀的差异。语言或许相当复杂，即使是所有的规则也不可能包罗万象，仍然存在着很多不规范的语言。但是，吸收这种语言的儿童把它作为一个整体来学习，而且他使用这种语言的年龄，与非洲儿童使用少数几个基本词汇的年龄相同。如果我们对不同的发音进行观察就会发现，发音同样有规律可循。单词中的每一个音都是通过相应的机制发出的。有时鼻和喉要协调活动，有时舌和面颊必须配合。身体的每个部位都参予这一机制的形成。这对儿童学习语言起着异乎寻常的作用。但是，当我们成年人听外国人说话时，我们甚至感受不到向我们发出的每一个音，更不用说再发出来了。我们只能运用我们自己的语言机制。儿童也只有他自己才能建构其声音发生机制，并学会周围人对他讲出的各种语言。

这并不是有意识活动的结果，而是在无意识中获得的。儿童的语言开始于无意识，并在无意识中扩展。它一旦形成也就固定下来。我们成年人只能想象怎样有意识地学习语言，然后有意识地去学习。我们还必须形成另一种观念，即自然机制观或超自然机制观。也就是说，语言机制的活动与意识无关，其发展也并非是我们的观察所能直接了解到的。我们只能获得它们显而易见的、对全人类是共同的外部表现。从总体上讲，自然机制观更能引人注目，某些细节也更为深刻。一是在所有民族的语言中，发音都存在着代代相传的连续性。再是吸收复杂的语言和吸收简单的语言难度相同。无论多么复杂还是多么简

① 关于儿童语言发展的不同阶段，参见 W · 斯特恩：《幼儿心理学》(Psgchology of early childlood) 或皮亚杰的著作。

单，任何儿童对学习自己的母语都不会感到厌烦，也不论他们的母语是何种语言，儿童的声音发生机制都会把它视为一个独立的整体。

儿童对语言的吸收，使我联想到一种类比。尽管与正题联系并不紧密，但可以给我们提供儿童心理发展的一些暗示。

假使我们需要某种东西的图象，我们既可以用铅笔和颜料自己画，也可以拍照，二者取决于截然不同的原理。照片就是录在感光板上的图象，感光板接收十个人的图象就像接收一个人的图象一样容易，所有一切都在闪光的瞬间发生，即使拍一千个人也不会有什么困难。制作一本书的封面或者外文书页也是如此。化学药品无论是对复杂的东西还是简单的东西，只在瞬间便起反应。但是，如果我们亲手画一幅人像，那就需要更多的时间。要画的人像越多，需要的时间就越长。倘若复制一本书的封面要花很长时间，那么要制作更小的封面花的时间就会更长。不仅如此，通过拍照所摄下的图象是在绝对黑暗中印在底片上的，冲印过程也是在黑暗中进行的，并在黑暗中定影，然后才能在亮处显现出摄下的图象。但这时的图象已无法改变了。

儿童学习语言的心理机制也是这样。它始于无意识，并在无意识中发展、成型，然后才公开表现出来。当然这都是某种机制活动的结果。

一旦认识到这一点，我们自然就会想弄个水落石出。目前，许多人正热衷于探究这个问题，但某些问题纯属观察性的，通过观察熟悉的事物我们自己就能解决。这种研究必须非常准确。人们今天对从出生到 2 岁或 2 岁以上的儿童非常谨慎。记录下每天发生的事，对发展缓慢的时期也作记录。从这些记录中能发现某些类似里程碑的事实。儿童的心理活动丰富多采，然而外部表现出来的却非常有限。这就意味着儿童的心理活动和表现能力极不相称。而且还会发现，我们所看到的儿童的进步并不是渐变的，而是呈现出跳跃性。比如，在某个时期，儿童只能发单音节，而且以后几个月仍然如此。看起来似乎没有什么进步，但突然间，他嘴里冒出了一个单词，在以后的几个月内他仍然只会说一两个词。看起来似乎是如此缓慢，令人气馁。但是，儿童的其他活动表明，他的内心世界正在持续稳定地迅速发展。

然而，我们自己经历的事情是不是不同呢？在历史长河中，原始人曾经过着极其低水平的生活，经历了多少世纪好像毫无进步。但历史学家就很清楚，这只不过是表面现象。事实上，人类仍然在不知不觉地持续发展。猛然间还会发生急促的变革。在下一次重大变革之前，又要经历一个平静、缓慢的发展时期。

这和儿童的语言发展一样。语言的发展并不是逐字地、均衡地、缓慢地进行的，而是同样存在着心理学家所说的爆发性现象。这种现象不是老师的行为激起的，而是自发形成的。每个儿童，在他生活的某一特定阶段，都能陡然说出许多发音完全正确的词语。即使是接近哑了的儿童，他也能在3个月内容易地学会运用名词、动词、前缀、后缀的各种变化形式。所有这一切都发生在每个儿童年满2岁时。

儿童的例子使我们深受鼓舞，使我们乐于继续观察。在历史处于缓慢发展的时期，我们总是希望进步。人或许远不及看起来这般愚蠢，美好的未来可能潜藏在我们看不见的内心深处而突然出现。

儿童在2周岁以后，表达能力的发展仍然存在着爆发性。简单句和复杂句的使用、动词的时态和语态的变化、主语的用法以及并列复句和主从复句等都不知不觉地出现在儿童的语言中。这样形成了儿童所属民族或社会特有的心理结构和语言表达机制。这是在无意识中积蓄起来、由意识传递出去的宝贵财富。这样，儿童拥有了新的能力，就喋喋不休地说话了。

2岁半是一个人心理形成的分界线。2岁半以后，儿童开始了组织语言的新阶段。这一阶段持续稳定地，而不是爆发性地发展。同时也产生了大量的主动性和自发性。这一阶段要延续到大约5岁到6岁。在这个时期，儿童学习许多新单词，完善句子结构。如果儿童生活在一个只能听到很少的单词或方言的环境中，那么他能说的也只局限于这些词或方言。如果儿童生活在一个有文化的环境里，就会丰富他的词汇。由此可见，环境是非常重要的，但是，无论环境怎样，儿童在这个时候的语言比过去更加丰富了。

一些比利时心理学家发现，2岁半的儿童只有两三百个词汇，6岁时他就知道了上千个。这些词都不是老师教的，而是他们自动学到的。当儿童自己学到了上千个词汇以后，我们就把他送进学校，教他学习字母。

我们必须仔细记住儿童随后出现的双重性。无意识活动是儿童语言发展的准备阶段，然后无意识活动发展到有意识过程，而有意识过程又继承了无意识活动的全部成果。其结果如何呢？儿童透过无意识活动的预备语言与有意过程的逐渐表达便形成“人”。儿童到了6岁，学会了怎样正确说话，知道并能运用母语的语言规则。这都是无意识活动的结果。但他无论如何也不能描述他的这一活动。然而这是成为“人”的儿童独自的作为，他就是其语言的创造者。但是，如果缺乏这种能力，他就不能主动地掌握语言，人类活动就不会有什么成效，因而也就不会有文明。

这是我们看待儿童必须采取的正确态度。这对儿童来说是非常重要的。儿童什么事都能做到。所谓文明就是建立在他们活动的基础上。因此，我们必须提供儿童所需要的帮助，随时辅助他们，使他们不致于独自摸索、盲目前进。

第十一章　语言对儿童的感召

在此，请允许我就语言机制本身的很多奇事作一些说明。众所周知，中枢神经系统为生物提供了适应外部世界的器官，各种感觉器官、神经和神经中枢以及运动肌肉器官都在中枢神经系统中起作用。在某种意义上，语言机制不单纯是物质因素。上一个世纪末期的研究表明，语言同大脑皮质的神经细胞区或“中枢”有关，其中主要有两个：一个是感觉中枢，管接受语言；另一个是运动中枢，管语言的产生。

显然，语言机制包含许多器官，而且同样可以进行支解。听觉器官中枢接受言语的声音，嘴、喉、鼻等的器官中枢发出言语的声音。两种中枢在生理和心理方面都独立发展。在某种程度上，听觉器官同神秘的内心世界是相联系的。儿童的语言在其内心世界中不知不觉地发展。而运动器官的活动又同异常复杂和准确的说话的动作相联系。

很明显，运动器官比听觉器官发展得缓慢，表现得晚。为什么呢？这只能是因为儿童发出声音所不可缺少的微妙运动是由儿童听到的声音所激起的。

这当然是很合乎逻辑的。因为如果儿童不是幸好有已经形成的语言（但实际上还得创造自己的语言），那么，在他重复别人向他发出的声音以前，肯定就会自然而然地听到这些声音。因此，复述别人的话的动作必须以记在心里的声音为基础。因为，将要做出的动作取决于听到的，而且是记在心里的声音。这很容易理解。但我们还得记住，言语是通过自然机制产生的，而不是通过逻辑推理。只有真正的自然才是合乎逻辑的。在研究自然时，我们首先注意到的是一些事实。当我们理解了这些事实之后，就会认为它们是合乎逻辑的。我们自然会认为，“肯定有某种导引它们的智慧力量，”这一智力导引创造性地活动，它对心理现象的影响比对纯粹的生理现象更加明显。不过，即使是对生理现象，它的影响也足以引人注目。人们想到花，就会想到那斑斓的颜色和美丽的形状。显而易见的是，儿童出生时，既没有听力，也没有言语。那有什么呢？什么也没有，但一切都将出现。

就某一特定的语言来讲，运动中枢和感觉中枢同声音和遗传影响关系不大。但是，它们具有利用语言、激起说话运动的能力。它们是自然用来发展言语的机制的一部分。

作更深入的探讨就会发现，除了这两种神经中枢外，肯定还存在着特殊的敏感性和动作的预备期。因此，儿童的活动服从于他的听觉。一切都安排得天衣无缝，儿童一生下来，就能开始适应环境和为说话作准备。

这些器官本身形成了复杂的语言准备的又一部分。观察这些器官，我们就会发现类似心理变化的机制。耳朵（言语的听觉器官）是由自然在儿童还在子宫内的神秘条件下形成的，它是一种灵敏而又复杂的工具，好像是一位音乐天才的奇巧的制作物。耳朵的中心部分就像一个竖琴。竖琴上的弦能够根据各种声音的长度发出振动，从而重新发出这些声音。我们耳朵的竖琴有 64 根弦，由于空间狭小，它们按不同的长度被置放成类似贝壳的形状。尽管只有这个有限的空间，自然还是巧妙地提供了接收音乐旋律所需的一切。但什么使这些弦发生振动呢？因为，如果没有什么振动琴弦，它们就犹如一架不用的钢琴，长期沉默。竖琴的前面有一层像鼓面似的振膜，声音一旦振动鼓膜，竖膜的弦就发生振动。由此，我们的听觉就捕捉到了语言那悦耳的音乐。

由于耳朵里只有64根弦，不能将宇宙间所有的声音都接收进去，但却可以在上面弹奏出相当复杂的音乐。语言虽然有各种音调和重音的细致变化，但还是可以由它来传送。还在神秘的胎儿期，耳朵就产生了。如果婴儿在第七个月降生，他的耳朵就已经完全形成，只等发生作用。耳朵是怎样沿着细微的神经纤维把它得到的声音传送到大脑中的声音接收特别中枢的呢？我们又一次面对自然的一大奥秘。

婴儿出生后，言语是怎样形成的呢？一些专门研究新生儿童的心理学家认为，听觉的发展是最迟的。由于听觉在这时还很麻木，因而很多人认为婴儿生来是聋子。婴儿对于不理解的各种嘈杂的声音没有反应。在我看来，这可能含有某种神秘的意义。我并不怀疑感觉迟钝，但我认为，它更是声音的聚集，是言语中枢，特别是词汇积累中枢里感觉的集中。因此可以推断，这些中枢是专门捕捉语言和词汇的。听觉机制也许只对口语作出反应。结果，儿童听到的词开动了复杂的机制，产生了运动机能，从而重演出接收到的声音。假如这些中枢的特殊机能没有建立，由它们随意接收任何声音，儿童就会发出怪异的嘈杂声音。他每到一地，就会模仿那个地方特有的声音，甚至还会模仿非人类的声音。正是由于自然为人类语言建造了感觉和运动中枢，并且分离了二者，儿童才能学会说话。由于某种原因被抛弃在丛林中的“狼孩”经过某种方式保留了生命，这样的儿童的周围尽管有鸟兽的怪叫，淙淙的流水声和树叶的瑟瑟声，但他们仍然是哑巴。他们什么声音也发不出来，因为他们从来没有听到过唯一能刺激言语机制的人类语言。①

我强调这一点，是因为我想证实语言的特殊机制的存在。人类不是天生就有了语言，而是具有创造语言的机制，这也是区别人类的标志。由于儿童的器官任凭他开动，因而语言是儿童创造的。在刚刚出生后的神秘时期，儿童是一个具有特殊感觉形式的心理统一体，处于自我睡眠状态。但他突然间醒来，听到了优美的音乐，所有神经纤维都开始振动。婴儿可能认为，他没有听到其他的声音，但事实上是因为他对其他的声音不作出反应，只有人类的言语才能鼓动他。

如果想到创造和保存生命的巨大强制力量，我们就能理解这一音乐引起的神经纤维的振动必须永存的道理，就会理解为什么不断降生于世的新生命就是保持语言的延续性的手段。这时，在儿童的记忆中，无论形成了什么都能成为永恒。

富有节奏的歌曲和舞蹈也是这样。人类每一个民族都喜爱音乐。正如每一个民族都创造了自己的语言一样，他们都创造了自己的音乐，并通过身体的运动对其音乐作出反应，还赋予相应的词。人的声音就是一种音乐，词就是它的音符。它们本身没有什么意义，但每一民族都赋予了它们某种特殊的意义。在印度，成百种语言把它分成众多民族，但音乐却把它们都联系起来——这又一次证明了童年的保持力。我们试想想这意味着什么。没有哪种动物有音乐和舞蹈，而整个人类都知道并创作了歌曲和舞蹈。言语的声音在无意识中固定下来。我们不知道生物内部所发生的事情，但其外部表现给我们提供了导引。首先固定于婴儿无意识中的是单音，这是母语的基础部分，我们可以称它为字母。接着是音节，然后是词。但婴儿并不理解它

① 阿维龙野孩就是一个有趣的实例，参见 424 页。

们的意思，正如有时儿童大声朗读识字课本一样。然而，一切都进行得多么巧妙啊！在儿童内部有一个小老师，她像古时候的老师那样，经常先让儿童背诵字母，然后拼音节，再朗读单词。然而古时候的教师不能适时施教，他们是在儿童自己已经能够说话并完全掌握了言语之后才施教。儿童内部的老师却不同，她是在恰当的时候教儿童学习语言的。儿童首先掌握单音，然后是音节，循序渐进，正如语言本身一样合乎逻辑，接着是单词，最后是语法。最先学习的单词是表示事物名称的名词。可以想象，自然的教育给我们的启示是何等巨大啊！自然就是老师，儿童在她的教诲下，学习我们成年人看来似乎是最枯燥的语言。然而，儿童却表现出最强烈的兴趣，并持续到儿童发展的下一个阶段——3 岁到 5 岁。她有条不紊地教儿童名词和形容词、连词和副词、动词不定式，然后教会儿童使用动词的各种变化形式和名词变格、前缀和后缀以及所有不规则形式。正像在学校里，学期结束时我们要对儿童进行考试，儿童以实践表明他能运用每一种词类。只有在这时，我们才意识到他有一个多么好的老师，他是一个多么勤奋的学生，他是多么聪明能干，完全掌握了所有词类。然而，没有人羡慕这一优异的工作，而且只有当儿童开始上学读书时，我们才真正对他所学的发生兴趣；对他的成绩感到自豪。如果我们年长的人对儿童有着真诚的爱的话，就应该看重他们的成功，而不是所谓的缺陷。

儿童确实是非凡的，教育工作者应该深刻认识到这一点。只在两年时间内，儿童什么都学会了。在这两年中，儿童内心的意识逐渐觉醒，节奏逐渐加快。直到突然间，它好像被一股顺风冲击，从此意识便开始支配一切。婴儿大约在 4 个月时（有些人认为还应该早一些，我也趋向于比 4 个月早），就察觉到在他周围并深深触动他的这一“神秘”的音乐（指语言）是出自人的口，是由嘴和唇的动作产生的。人们很少注意到婴儿在观察说话人的嘴唇时是多么仔细。他全神贯注地盯着说话人的嘴唇，还试着模仿嘴唇的运动。

然后，儿童的意识在活动中起积极作用。当然，婴儿已在无意识中准备好了运动的机能，但产生口语所需要的全部细微肌肉纤维并没有完全协调起来。不过，有意识兴趣被激起了，从而加强了他的注意，他便开始有意识地做一些生动而机智的尝试。

婴儿通过两个月的细致观察，说出了一些简单的音节。这时他才 6 个月。在这以前，他一个字也不会说。一天早晨，婴儿醒来时，他说“爸……爸……，妈……妈……”。他已经会说爸爸和妈妈这两个词了。以后的一段时间，他仍然只说这两个词。这时我们就会说：“婴儿只会说爸爸和妈妈。”但我们必须记住，他是在付出了极大的努力之后才达到这个水平的，它是婴儿自我发现的结果，婴儿已意识到他自己的能力。现在，我们有了一个儿童，有了一个可以自如地开动自己器官的人，而不再是一台机器。

到 10 个多月时，婴儿发现，从嘴里发出的音乐不仅仅是音乐，而且还具有一定的目的。当我们高兴地同他说话时，他便意识到这些话是对他讲的，而且也开始明白我们说话的意思。到 1 岁时，儿童发生了两件事：他在无意识中理解了语言，并进而达到了有意识阶段；儿童创造了语言——虽然只是咿咿呀呀、简单地重复和声音的组合。

在 1 周岁时，儿童说出了第一个代表一定意义的单词。虽然跟以前一样咿咿呀呀，但他的咿咿呀呀有了一定的意思。这就是有意识智力的证明。儿童内部又是如何呢？细致的研究表明，婴儿内部的能力远远大于外部所表现出来的能力。儿童进

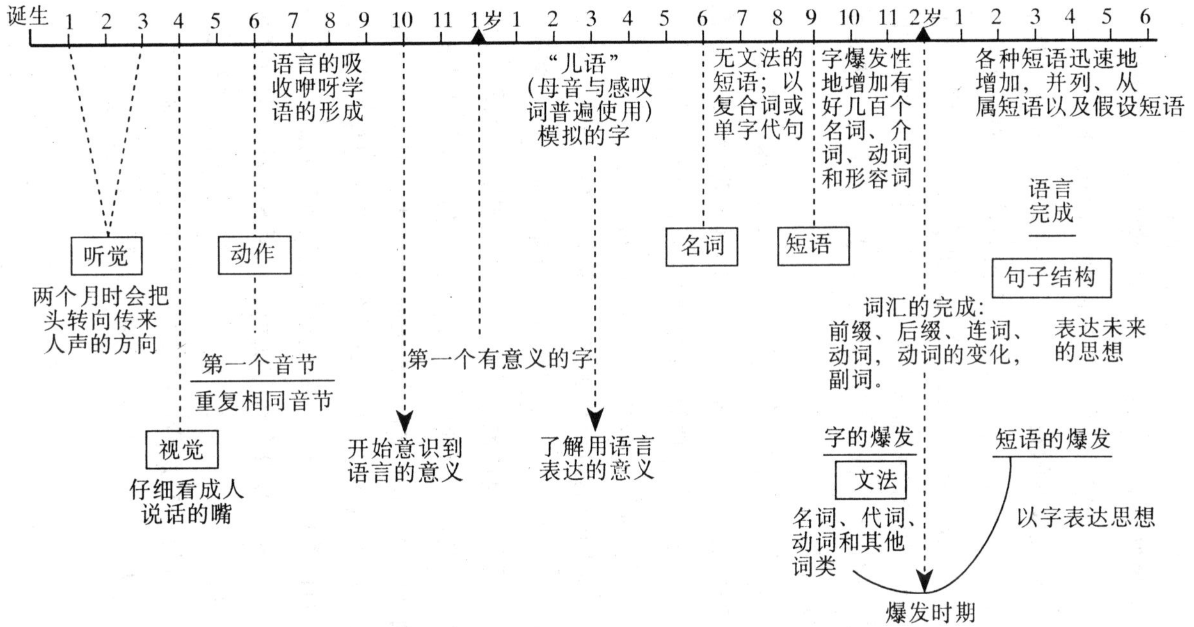
诞生 1 2 3 4 5 6 7 8 9 10 11 1岁 1 2 3 4 5 6 7 8 9 10 11 2岁 1 2 3 4 5 6
听觉
两个月时会把头转向传来人声的方向
视觉
仔细看成人说话的嘴
动作
语言的吸收咿呀学语的形成
第一个音节
重复相同音节
开始意识到语言的意义
第一个有意义的字
“儿语”(母音与感叹词普遍使用)模拟的字
了解用语言表达的意义
名词
无文法的短语；以复合词或单字代句
短语
字爆发性地增加有好几百个名词、介词、动词和形容词
词汇的完成：前缀、后缀、连词、动词，动词的变化，副词。
字的爆发
文法
名词、代词、动词和其他词类
爆发时期
各种短语迅速地增加，并列、从属短语以及假设短语
语言完成
句子结构
表达未来的思想
短语的爆发
以字表达思想

图7　言语的发展

一步意识到语言的产生依赖于他的环境，儿童有意识掌握语言的愿望也变得更加强烈。这时，婴儿内部也出现了重大冲突，即意识反抗生理器官的斗争。这是在人的内部出现的第一次冲突，是人的各部位之间的第一次交战。让我以我自己的经验来说明这个问题。假如我有很多想法要说出来，为了打动听众，我想用另外一种语言来表达我的思想（正如常常在国外发生的那样）。但我用外语说话无异于无用的咿呀学语。我知道我的听众是很聪明的，希望同他们互相交流，但由于缺乏表达的手段而失去了这个机会。

婴儿头脑里充满了许多想告诉他人的想法，但由于不会说话而不能把它们表达出来。这时，儿童正处于一个戏剧性变化的时期，有生以来，他第一次感到失望。于是，他下意识地努力学习，独立探索，便取得了惊人的成功。

一个试图表达自己思想的人，迫切需要一个发音非常清晰的教师。为什么家庭不能做到这一点呢？因为我们通常不是帮助儿童，而只是模仿他们的咿呀学语。如果儿童没有他自己的内部教师，他就不可能学会说话。正是其内部教师让他听成年人的相互交谈，即使没有谈论他时，儿童也要听他们的谈话。这促使儿童准确地掌握其语言，我们对此并没起什么作用。

正如在学校里一样，我们可能会安排聪明的人同 1 岁的儿童交谈。但我们并没有充分认识到儿童的困难，没有意识到给儿童提供良好的学习机会的重要性。我们必须明白，儿童是通过自己掌握语法知识的，但决不因为这样，我们就放弃对儿童讲规范的语言，或者根本不帮助他遣词造句。

从出生到2岁的儿童的新“家庭助手”① (helper in the home)必须具备语言发展的科学知识。通过对儿童的帮助，我们成了儿童的服务员和创造儿童的自然的协同者。②而且，我们还发现，儿童的整个学习计划都已制定妥当。

再回到原来的问题上。如果我想用外语谈一件相当重要的事情，但说起外语来又只是咿咿呀呀的，那我该怎么办呢？我很可能会发脾气，生气，甚至会大声嚷嚷。一两岁的儿童也是如此。当他尽力用一个单词告诉我们某件事的时候，我们听不懂，他就会大发雷霆，沉溺在对我们好像是毫无意义的狂怒之中。事实上，我们常说：“瞧！现在你可以亲自看一看与生俱来的人类天性的堕落。”

然而，他是一个被人误解而又正在争取独立的幼儿。由于还不会说话，他唯一能做到的就是发怒。但是，他有创造语言的能力。他的恼怒在于，尽管他尽了最大努力，还是没有找到恰当的词汇。不管怎样，无论是失望还是误解，都不会终止儿童的探索，他使用的相类似的词汇也逐渐增多。

大约在1岁半的时候，儿童发现了另一事实，那就是每样东西都有自己的名称。这表明，儿童已经能够从他听到的所有词语中挑选名词，特别是具体名词。至此为止，他已迈出了多么惊人而又崭新的一步啊！他意识到他生活在一个物质的世界里，而且每一物体都有一个相应的词来表示。当然，谁都不可能用名词表达一切。起初，他只能用一个词来表达一个完整的意思。心理学家就特别注意儿童用来代替句子的这些词语。这些词称为“复合词”，有时被称为“单词代句”，即“独词句”。

---

① 罗马蒙台梭利协会为这些“家庭助手”开设了专门培训课程。家庭助手专门照管这个年龄的儿童。

② 作者认为儿童是自然创造的。——译者注

看到晚饭准备好了，儿童就说："mupper，"意思就是说，"妈妈，我要吃晚饭。"

这种简缩化语言的一个明显特征就是这些词语本身发生了变化。它们常常和一些拟声词联在一起，如狗的"汪——汪"声，或者这个词纯属生造。我们把它们统称为儿语（baby talk）。迄至今日，我们对儿语的研究还远远不够，只是局限于儿童照管人员的研究范围。

儿童在这个年龄所形成的远远不只是语言，其中还形成了秩序感。这绝不是我们经常主观臆断的那种表面的或暂时的现象，它产生于实际需要。在其心理的积极形成阶段，儿童常常感到一种强有力的冲动力量，催促他按照自己的逻辑，把混乱的语言变得条理清楚。

儿童的孤立无助是多么容易使他陷入精神上的痛苦。而我们对儿童语言的理解，这对于把他们从精神的痛苦中解救出来，使其内心趋于平静起着多么重大的作用啊！

本来这样的实例是俯拾皆是的。但我还是想起了我以往提及到的一个实例。①因为这个实例有助于说明这一点。这是一个西班牙儿童的故事。这个儿童想说"abrigo"（大衣），但他却经常说"go"（去），而不说"abrigo"（大衣）。他想说"espalda"（肩膀），却经常说"palda"，而不说"espalda"。儿童说的这两个词"go"和"palda"产生于一种心理冲突，这一冲突使他尖叫和对抗。儿童的母亲脱掉了大衣，放在手臂上，儿童立即就尖叫起来，无论如何也不能安静下来。最后我建议他母亲穿好大衣，儿童果然立即停止哭叫了，还高兴地说"Go palda"，意

① 这个例子以及其他类似的例子表明，在儿童能表达自己思想前，他就甚至能理解成年人的整个谈话。参见《童年的秘密》。

思是说“现在对了，大衣应该穿在肩上”。这个故事很能说明儿童对秩序的渴求和对混乱的反感。因此，我再一次强调为 1 岁到 1 岁半的儿童建立特殊“学校”的重要性。我认为，母亲和整个社会都不应该孤立儿童，而应该让他们同成年人多多接触，让他们经常听发音清晰的最好的言语。

第十二章　儿童语言发展的障碍及其影响

我认为，谈谈儿童心理所具有的强烈的敏感性，对于我们更清楚地认识儿童的潜在趋向是大有裨益的，我们好像是在对婴儿进行心理分析。在图 8[①]和图 9 中，我使用了一些表示儿童语言发展的符号，这有助于澄清我们的观念。

黑三角形代表名词（事物的名称），红圈代表动词，其他词

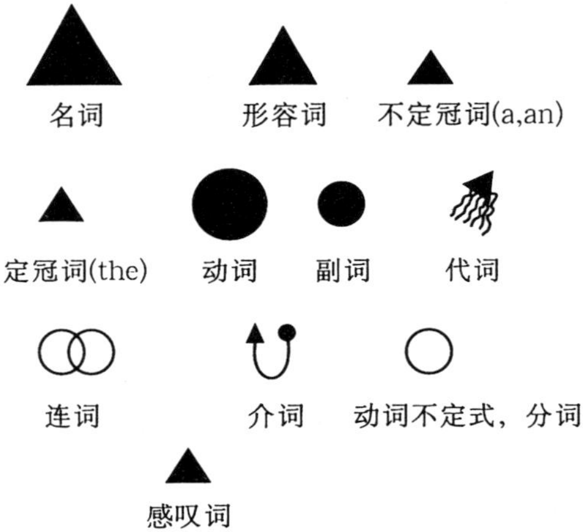

图 9　图 8 中使用的语法符号

① 原文缺图 8。——译者注

类如图 9 所示。如果我们知道儿童在某一特定年龄能够运用大约两三百个词汇，那么，通过我提供的这种方法，我们就能用图片把它表示出来,因而我们一眼就能看出语言是怎样发展的。因为，不论儿童的语言是英语、泰米尔语、鸠遮拉特语(Gujerati)、意大利语，还是西班牙语，在图中，相同的词类总是用同样的符号表示。

图的最左边是一些星云状的斑片，表示婴儿说话的第一次努力：如呼喊、惊叹等。然后是发出双音节的阶段，然后是三个音节，再是单词。再接下来，在接近图的右边是儿童经常使用的各组名词,然后是双词短语,这些短语表达整句的意思,每个字表示许多意义。① 紧接着是巨大的“爆发”时期。在这个阶段，儿童使用的新字爆发性地增加。在图中，我已表示出了心理学家估计的实际数字。在这前面有一组词，其中绝大多数为名词。靠近它们的是零乱排列的其他各种词类。但 2 岁一过便马上进入第二个阶段，词语有次序地分组。这是字词到句子的爆发性阶段。因此，第一次爆发是字词的爆发，第二次是思想的爆发。

但是，在爆发出现以前，一定有某种准备过程。这种准备可能秘而不宣，但它的存在并非纯粹的猜想或假设。因为我们从儿童的行动中能够看到他为表达思想作出的努力。由于成年人并不总是能够理解小孩在竭力说些什么，所以，在这个时期，儿童会一阵阵地发脾气和抱怨。这在前面已稍稍提及到了。在这个年龄，烦恼是儿童生活的一部分。如果他的努力没有获得成功，他就会生气。聋子和哑巴特别好争吵，这是众所周知的事实。这可能是因为他们不能用语言表达其思想的缘故。儿童

① 参见第十一章。

丰富的内心世界急需表达出来。然而，即使是正常儿童要找到恰当的表达方式也是非常困难的。

对儿童来说，这是一个困难时期。因为其发展的障碍都产生于环境，或者是因为其自身能力的局限。这是儿童一生中第二次感到适应环境的困难。第一次是在婴儿刚刚出生后，人们要求他独立活动的时候。在这以前，他的一切全由母亲包办。这时，儿童对出生的震惊，其心灵的创伤以及由此产生的退化，在缺乏足够的关心和理解的情况下，是怎样威胁着他，这是可想而知的。我们也看到有些儿童是怎样比其他儿童更加强壮，或者更加幸运，是怎样朝着独立（正常发展的基础）直线迈进的。儿童现在的状况与此类似。语言的获得是一个走往更加独立的艰难旅程，而且还潜伏着退化的危险。

读者还应该记住儿童在这一创造性阶段中的另一个特征，即儿童心理接受的印象和印象激起的情绪都会长期存在。这对学习口语和语法是有用的。但是，正如儿童在这个时期保留了他所学习的、对以后的生活有用的东西一样，他也保留了其心理障碍的消极影响。富于创造性生活的每一阶段都具有这一双重性质。奋争、恐惧、退化，能够造成严重后果。因为这些障碍的消极影响跟进步的积极影响一样根深蒂固。摄影时因为漏光在底片上形成的污点，在以后的每一张照片上都会出现。所以，在这个时期，儿童的性格可能会正常发展，同时其个性也会出现畸形和偏差。这种畸形和偏差在儿童以后的发展中变得更为严重。

正是在这个形成时期，步行和说话都固定下来了。这个时期持续到2岁半，以后其发展的深度和广度开始减退。然而，正如这些能力继续增强和发展一样，在这个时期出现的缺陷和困难也更加严重。事实上，成年生活的许多心理障碍可以追溯到这些幼年时期，这是心理分析的一个简单道理。

同正常发展密切联系的困难属于“压抑”的总体范围。“压抑”是普通心理学上使用的术语，但同心理分析有着特殊的联系。我们现在所说的“压抑”来源于婴儿期。它广泛出现在人类活动的各个领域。仅仅是语言就能提供不胜枚举的例子。当“字的爆发”开始时，许许多多的单词必须有一个出现的突破口。目前的教育理论非常重视自由表达，不仅把它同言语机制的直接需要联系起来，而且还同个人未来的生活联系起来。有的时候，在该发生正常的爆发时却没有发生。例如，3 岁或 3 岁半的儿童可能只有他以前说习惯了的少数几个词汇，或者他干脆保持沉默。但他的言语器官却是正常的。这就叫做“心理失语症”(mental dumbness)，因为它完全是由于心理因素造成的，是一种心理病态。

心理分析（现代医学的一个分支）研究的其他类型的心理障碍也始于这个时期。“心理失语症”也许突然奇迹般消失，儿童出乎人们意料地口若悬河，镇静自如地开始谈话，同时还特别注意语法规则。不言而喻，一切都已在儿童的内心深处准备妥当，只是由于某些障碍而没有显露出来。

在我们学校里，有些 3 岁和 4 岁的儿童从来没有开过口，甚至连 2 岁儿童说的复合词，他们都没有说过。由于他们感到自由和周围环境的刺激而突然说话了，这表明他们本来就可以说话。这是怎么回事呢？一定是某种严重的心理创伤或长期的障碍压抑了儿童丰富的语言。

很多成年人觉得说话困难。他们说起话来非常吃力，好像总是疑惑不定，不知要说些什么。具体表现在：

①缺乏说话的勇气；

②缺乏组词的勇气；

③使用句子时感到困难；

④说话速度比正常速度慢，还搀杂着突然迸发出来的 er——ah——um 等声音。

潜伏在内部的这些困难到现在已经是无法克服了。它们是长期自卑的表现，而且将纠缠人的一生。

心理障碍也阻扰了儿童清晰的发音。诸如口吃或发音有缺陷。这些缺陷起源于言语机制的形成时期。因此，语言习得的每一阶段都存在着退化现象，这是不言而喻的。

第一阶段

词语形成机制的获得。

相应的退化：发音不良、口吃。

第二阶段

句子形成机制的获得（表达思想）。

相应的退化：造句时犹豫不决。

这些退化形式与儿童的敏感性有关。正如为了创造和增强他的能力，他特别容易接受一样，他相当具有反抗性。结果，受到阻扰的创造性成为以后永生的缺陷。我们必须时刻记住，儿童的敏感性是我们的想象所不能及的。

我们常常在无意中阻碍了儿童的发展。因此，我们应该对他们终身的畸形负责。我们很难认识到自己是多么生硬和粗暴，所以，我们必须时时刻刻尽可能温和地对待儿童，避免粗暴，必须仔细地观察我们自己。教育的真正准备就是研究自己。教师是帮助儿童生活的，教师的训练远远不只是学习知识，还包括人格的培养，这是精神上的准备。

儿童有多种敏感性。但是他们对创伤的敏感都是相同的。伤害儿童是多么容易啊！儿童对成年人的冷淡和无情的沉默特别敏感，“亲爱的，记住妈妈的话。”那些仍然习惯于把自己的孩子托付给保姆的父母，应该特别注意保姆说话时经常表现出的这种冷酷的权力主义的态度。一些上层人物，他们尽管信心十足，但说起话来也会战战兢兢，疑惑不定或者结结巴巴，原因就在于此。

有时我自己对儿童也过分严格了。我在《童年的秘密》一书中举了这样一个例子。有个儿童把他出门穿的鞋放在漂亮的丝织床单上。为了让他知道这不是放鞋的地方，我固执地把鞋拿开了，而且还神气十足地把床单刷干净。在这以后的两三个月里，无论什么时候，只要他一看见鞋就连忙先把它放到别的地方，再去找床单或坐垫，并刷去上面的灰尘。换言之，我过分的教训并没有引起儿童的愤恨和反抗情绪，他没有说“不要那样对待我，我喜欢把鞋放哪儿就放那儿”。然而，他以一种变态行为反抗我的错误做法。儿童常常不是作出粗暴的反应，倘若他们真的发怒了，也许还好些。因为发怒的儿童已经知道了怎样保护自己，因而以后还可能正常发展。但是，如果他以性格的改变或变态作出反应，那么儿童的整个生活就受到损害。成人没有意识到这一点，反而认为，只要儿童不生气，他们就可以高枕无忧。

成年人中间还有一种畸形，就是感觉不到的恐惧和“痉挛”。其中大多数也可以追根溯源到对幼儿的极端敏感性施行的粗暴行为。有些恐惧或痉挛反映了他们同动物，如猫或鸡的不幸经历，其他的源自幼儿对被锁在房间里的恐惧。无论是推理，还是规劝都无助于这些恐惧的受害者。医学上把这种恐惧称为“恐怖症”。有些恐怖症甚至还比较普遍，因而还有专有名称，例如“幽闭恐怖”(claus trophobia)，指对锁门或关闭房间的恐怖。

从医学实践中可以引用更多的实例。但我之所以提及这些只是为了表明儿童在这一年龄时期的心理类型，为了说明我们对儿童的干涉不仅对当时，而且对他以后将成为一个什么样的人都将起着重大作用。

要理解婴儿的心理，就必须借助于观察和发现。我们必须像心理分析那样深入到成年人内心的无意识。当然这绝非易事。因为我们了解的关于“儿语”的知识极其有限，或者难以把握儿童想要表达的特定含义。要让儿童在面临困难时保持头脑清醒，有时就得需要了解他们的整个生活，至少要调查他们刚刚经历的事情。我们多么希望有一个解释者（interpreter），告诉我们儿童所要表达的意思。

我对这个问题进行了长期的研究，竭力使自己成为儿童的解释者。我惊奇地发现，如果你能成为儿童的解释者，儿童就会跑来找你，似乎他了解有人能帮助他似的。儿童对这些仅仅关心和爱抚他们的人的感情，与他对解释者的热情不同。儿童寄希望于一位解释者，因为解释者为他开启了被世界所关闭的“发现的花园”(the garden of discovery)，因为解释者给儿童的亲密援助胜过了情谊——帮助是比安慰更宝贵的礼物。

我曾经生活在一个住宅里，那时我习惯于早起。每天很早就开始工作。一天清早，一个不过1岁半的男孩来到我的房间。我亲热地问他，想知道他是不是想找我要吃的东西。他回答说：“虫”(worms)。我吃惊地问：“虫，要虫吗？”他看我迷惑不解的样子，又加了一个单词“蛋”(egg)以帮助我理解。我自言自语地说：“他不可能是想要早上的饮料吧。他究竟想说什么呢？”过了一会儿，他说：“尼娜，蛋、虫。”这下我明白了。因为我记得（这里我重复强调了解儿童整个生活的重要性），有一天，他姐姐很生气，就把他送走了。他没有反抗姐姐，但他坚定而又耐心等待着再试的机会。我给他一支蜡笔和椭圆形的金属镶边。他顿时很高兴，但他不会画蛋的图形，我只好帮他画。然后他开始用波浪线画起来。他姐姐用的是通常采用的直线，他却别出心裁，用波浪线，就像虫一样。所以，这个儿童一直等到除他的解释者外别人都睡了的时候，便向解释者走去，并相信能够从她那里得到帮助。

儿童这个时期的标志不是愤怒和暴行，而是耐心，等待机会的耐心。只有当儿童不能表达自己的思想，感到心理障碍阻止了其愿望的实现时，他才表现出愤怒和暴行。上面的例子也说明小孩是怎样试图像年长者那样表现自己的。如果一个 3 岁儿童着手做某事，1 岁半的儿童也同样想做。他也许感到困难，但他还是要试试。

在我们的住宅里，有个小男孩想模仿他的正在学习一种新的舞步的 3 岁的姐姐。教师问过我们，怎么要求她教这样小的女孩学习芭蕾舞。我们恳求她不要担心小女孩能够学到多少，只是试试而已。教师知道我们的意图是促进儿童的发展，于是便屈尊施教。1 岁半的小男孩立刻就跑来，哭叫着说："我也要学跳舞。"

教师对小男孩的态度是坚决的。她断言这是绝对不可能的事，而且教这样的儿童跳舞有损于她作为一个芭蕾舞教师的尊严。但我们还是劝她抑制她的自尊心，满足我们的愿望。于是，她开始表演步伐，可小男孩立即大发脾气，拒绝移动脚步。教师认为这恰好证实了她的看法。然而小男孩并不是害怕跳舞，他生气的原因在于教师把帽子放在沙发上。他既不说"帽子"，也不说"老师"，只是非常生气地重复着"大厅"和"钉子"两个词。他的意思是说"把帽子放在沙发上是大错特错的，应该把帽子放在大厅的钉子上。"他忘记了跳舞的欢欣，仿佛感到一种要把杂乱无章变为井井有条的强有力的感召力量。帽子一挂在大厅的钉子上，小男孩立即就安静下来，准备学习舞步了。显然，幼儿对秩序的基本需要胜过其他所有的社会要求。

对词和儿童的敏感性的研究，使我们能够深入到心理学家很少涉猎的儿童的内心深处。

第一个例子中儿童的耐心和第二个例子中儿童对秩序的要求，激起了我们强烈的兴趣和思考。这里再举一个例子。有一次，有个儿童明白了人们的整个谈话，但不同意最后一位发言人关于一篇正在讨论的记叙文的喜剧性结尾的结论。[①] 由此可以看出，除图 7 所表示出的事实外，儿童的内心深处还孕育着秘而不宣的整个生活，整个心理的戏剧性变化。

对这一时期的儿童心灵的每一发现，都应该公诸于众，因为这有助于儿童更好地适应环境。无论我们感到多么厌倦，只要是有益于人类生活，就有着相当重要的价值。在婴儿期，儿童的助手有着崇高的任务。这个任务就是开始并协调发展，这种发展是未来的科学，心理的发展和性格的形成最终必须依靠它。同时，我们也应该挑起这副重担，以防止损害儿童个性的偏差和缺陷，以及因偏差和缺陷而产生质量低劣的成人的现象发生。最后，我们必须记住：

①人生的最初两年将会影响人的一生；

②人们对婴儿所具有的巨大的心理能力还没有给予足够的重视；

③儿童极其敏感，因此，任何粗暴的行为不仅会引起即刻的反应，而且还会造成儿童终生的缺陷。

---

① 参见《童年的秘密》。

第十三章　运动在儿童总体发展中的作用

现在，教育理论应该以一种新的观点来认识运动。对于运动的本质，特别是在童年期，我们的理解不但有些偏颇，而且许多错误的观念使我们低估了运动的重要性。学校优先考虑的是智力，运动作为学校生活的一部分，其作用一直没有受到重视。即使开设运动课程，也只是被称为“操练”、“体育”或“游戏”，忽视了运动同心理发展的紧密联系。

先回顾一下人类极其复杂的神经系统。在这一系统中最主要的是大脑（或中枢），其次是集聚印象并将印象传递到大脑的各种感觉器官，然后是肌肉。那么神经的作用是什么呢？它们像电缆一样把神经能量传到肌肉，从而控制肌肉的运动。因此，神经系统主要有三个部分：大脑、感官和肌肉。运动是所有这些巧妙的机制活动的最终结果。实际上，个性只有通过运动才能表现出来。最伟大的哲学家也必须通过语言或文字来表达其思想，这就牵涉到肌肉运动。如果不把思想表达出来，再好的思想又有什么用呢？然而，要表达其思想，就必须通过肌肉活动。

如果我们观察一下动物，给我们的第一印象就是，动物只能凭借其运动来表达其意图。所以，对人来说，如果忽略了其存在的运动方面，似乎就不太符合逻辑。

生理学家把肌肉看作是中枢神经系统的一部分。他们认为，肌肉整体的协调活动把人和周围环境联系起来。实际上，大脑、感官和肌肉整个系统常常被称为联络系统，也就是说，它使人同客观世界、同生物和非生物联系起来，因而也同其他人联系起来。没有这一联络系统，人类就无法跟周围环境或同伴取得联系。

跟联络系统比较起来，人体的其他部位可以说都是自私自利的，因为它们只服务于人本身。它们使人能够存活于世或“像植物一样生长”，因而被称为“植物性器官和系统”。植物性系统只有助于人的存在和生长。只有联络系统才能把人同客观世界联系起来。

植物性系统给人提供了健康的身体。神经系统则完全不同。神经系统赋予我们美好的印象、美好的思想，它还是一切灵感的源泉。因此，对神经系统和植物性系统，我们不可等量齐观。如果我们坚持的标准仅仅同我们的自我完善、同精神提高相联系，那么这会使我们因此而感到精神的自豪。然而，这却是一个严重的错误，或许是人能够犯的最大的错误。动物的行为不仅仅是要形成漂亮的身体和优雅的动作，而且还有更远大的目的。同样，人的生活是有目的的。达到更高的精神境界和心灵美还不够。理所当然，一个人可能而且应该总是把目标指向生理和心理完美的最高水准。然而，如果他的愿望只限于此，那么他的生活是空虚的没有价值的。大脑或肌肉派什么用场呢？宇宙万物无一不对整个机体发生作用。如果自然赋予我们精神财富、美感和良好意识，它们都不是为了我们自己，而要把这些礼物用来为所有的人造福，而且在整个精神生活过程中发生作用。

精神力量是一种宝贵财富。它们必须不断循环，才能使其他人享受它们；为完成人类关系的循环，它们必须表达出来，并加以利用。即使是最高灵性，如果只为了自己，也是毫无价值的。如果我们的目标只是为了自己，我们就会忽略生活的更多方面及其目的。倘若我们相信死而复生，对我们自己说“现在好好生活吧，下辈子会更好些”，这只是自私的说法，会把我们从精神的高度降低到植物性水平上。如果我们总是考虑自己，甚至我们的来世，那我们会永远自私。相反，我们必须持另一种观点，不仅考虑我们的日常生活，而且还考虑教育。自然赋予了我们很多能力，这些能力必须得到发展，不仅要得到发展，而且还要得到运用。

下面的推论或许是有益的。我们知道，要想身体健康，心、肺、胃就得协调活动。为什么不把这一规律运用到联络系统，即中枢神经系统呢？我们的大脑、感官和肌肉都必须相互配合，协调一致，各部分都发挥作用，任何部分都不可忽略。要想让脑力出类超群，我们就必须同时顾及到其他部位，要使某种活动更加完善，最后还得需要运动。换言之，高尚的灵性只能通过运动才能获得。这是我们评价运动所持的观点。运动属于中枢神经系统的整体活动，不能忽视。联络系统尽管有三个部分，但它是一个有机的整体，只有整体的协调活动才能发挥最佳作用。

当今的一个最大错误是孤立地考虑运动问题，似乎它和心理功能无关。我们把肌肉当作仅仅为了健康而使用的器官。我们锻炼身体或做体操，以保持身体健康，呼吸良好，吃得痛快，睡得舒心。然而，就好像把一个伟大的君主变成了一个仆人。君主——肌肉系统，只是发挥了促进植物性生命的作用。

这一严重的错误割裂了运动和思想的联系，只能带来恶果。因为儿童既有身体，也有心灵。所以，我们必须给儿童开设游戏课程，以免忽略了儿童身心的任何一个部分。然而，始终考虑心灵和身体会破坏它们之间的连续性，使思想同行动分离开来。运动的真正目的远不止增强食欲和扩大肺活量，它服务于存在的目的，服务于自然界普遍的心理过程。

我们要正确地看待运动和思想。人的运动必须同中枢——大脑协调配合。思想和行动不仅是同一实体的两个部分，而且高级生命的思想是通过运动来表达的。否则，人的身体就成了没有大脑的一团肉。植物性方面可能获得了发展，但心理和肌肉的相互联系没有能同步进行。判断的能力缺乏肌肉控制，而判断力只要通过肌肉控制就能表达出来。这样，不但没有获得独立，而且还破坏了自然的整体性。

当论及心理发展时，许多人曾说："运动如何进入心理发展？我们所谈的是关于心理。"当我们想到智力活动时，我们总是想象那些静坐不动的人。但心理发展必须与运动相结合，而且有赖于运动。这一观念对教育理论与实践是非常重要的。

迄今，绝大多数教育工作者都认为运动和肌肉系统有助于呼吸或血液循环，或者把它们看作是增强体质的手段。但是，按照我们的新观点，运动对心理发展本身起着非常重要的作用。假如行为是与心理活动结合进行，那么心理与精神的成长均会从运动中获益，反之，如果二者不结合，那么心理就不会有最大的进步，也不会有最大的健康。在自然中可以找到大量的证据，而且只要我们注意观察儿童的发展，就会发现这是不可辩驳的事实。通过对儿童的观察，我们明显感到儿童的心理发展有赖于运动。例如在儿童言语的发展中，我们看到，儿童的理解力随其发音和识字所引起的肌肉扩张而发展。由此可以证明，儿童利用活动以增强其理解力。运动促进了心理的发展，并使更进一步的运动得到更新的表现。这就是所谓的周期。因为心理与运动是同一实体的两个部分。感官也相同。儿童如果缺乏感官活动的机会，那么他的心理就会仍然停留于较低的水准上。

由脑所导引的肌肉称为随意肌，亦即它们受意志控制。意志力是心理的最高表现之一。如果没有意志力，那么精神生活就几乎不存在。因此，如果随意肌能为意志所导引，则必须形成一种心理器官。

肌肉是身体的肉质部分，构成身体的大部分。骨骼只起支撑肌肉的作用。因此，它们也构成同一系统的一部分。我们所看到的人和动物的外貌是由骨骼和肌肉决定的，而最刺眼的形状取决于随意肌。随意肌的数目几乎无法估计，它们之间的差别更是各有千秋，有大块大块的，也有极其细微的；有相当短小的，也有很长呈条状的。它们的大小形状不同，其功能也不一样。如果我们朝某个方向拉，它也会朝相反的方向用力。这一相对的力越是强，越是恰到好处，运动也就越柔和。如果我们经常重复或练习一种新运动，以使肌肉尽可能变得完美，这就会成为使相对的力之间出现绝妙的和谐的练习。结果便会产生协调和对应、一致与不一致的统一。

我们根本没有意识到这些相对的力，因此应该感谢它们对我们有意识地做出的运动的控制。对动物来说，这种内在的协调是自然赋予的。老虎跳跃的优美姿态或松鼠飞跃的轻快动作都是因为相反力的平衡作用而产生的。人们不禁想到工作完全正常的复杂机器，例如时钟，轮子朝相反方向旋转，通过准确的调节，就能保证准确的时间。

因此，所有的运动都有一个异常复杂而又细微的机制。只有人类却没有一样是与生俱来的。儿童只有活动才能形成自己，使自己达到完美。与动物不同，人有着丰富的肌肉，因此他能够学会做出几乎各种动作。当他运动时，我们并不是说增强他的肌肉，而是说使肌肉协调。增强肌肉和协调肌肉是迥然不同的。关键在于对人来说，所有肌肉是不协调的，所有运动的神经调节靠心理支配的动作来形成和完善。换句话说，儿童有创造协调的潜在能力，而且协调一旦形成，便能通过练习继续加以完善。显然，儿童本身是产生肌肉协调的主要创造性因素之一。

奇妙的是，人的动作不像动物那样固定和有限。他能够决定和选择他将学习哪些动作。有些动物具有爬、跑或游泳的特殊天赋，人却没有。不过人只有一种天赋，那就是无论是爬、跑，还是游泳，他都能学会，而且还能比动物做得更好。

然而，多才多艺的能力有赖于工作，需要反复的练习，并在此过程中达到肌肉的和谐动作。因为神经联系能够无意识地发现所需要的和谐，意志给它提供了主动性。

人能够获得所有的肌肉能力，但事实上，谁也没有全部获得过。正如拥有巨大财富的人，因为太富裕了，他只能使用其中的一部分，但他可以随意挑选他使用的那部分。一个人可能成为职业运动员，但并不是说他生来就有与众不同的特殊肌肉。职业舞蹈家也不是生来就有艺术所需要的特殊肌肉。运动员和舞蹈家都是在意志的支配下经过练习发展而成的。可见，无论是谁，也不管他想要做什么，都有广泛选择肌肉的能力，而且为自己确定一个发展方向。人的心理对他的发展能够起到建议和导引的作用。一切都不是预先注定的，只要有了意志，任何事情都可能办到。

同类动物发展的途径相同，而人类却不一样，并不是所有的人都沿着相同的途径发展。即使很多人探索同一艺术，他们从事的方式也不尽相同。书法就是一个佐证。虽然我们都会写字，但每个人的笔迹都不一样。每个人都有自己的做事方法。

一个人的工作性质通过运动表现出来。因为人的工作是其心理（他的精神生活）的表现，而且牵涉到各种运动，运动的发展服务于人的内心世界的这一核心导引部分。如果一个人没能发展其整个肌肉，或者正如有时发生的一样，他只发展繁重的体力劳动所需要的那部分肌肉，那么他的心理也同样只停留在其运动所维持的低水平上。因此，人的精神生活可能要受他所面临的或者他选择的那种工作的限制。任何一个游手好闲、无所事事的人，其精神生活是极端危险的。因为，虽然并非所有的肌肉能力都能得到使用，但是有一个限度，低于这个限度，所使用的肌肉能力就会削弱，人的整个生活就会遭受损失。这就是为什么体育和游戏成为学校的必修课程的原因。开设体育和游戏课程以避免过多的肌肉闲置不用。

儿童并不是经常练习他的肌肉，因而，我们也必须按照普通学校那样设计一种智力活动和身体活动的交替课程。这与学习特殊技能毫无关系，与某些现代教育趋势迥然不同。某些现代教育理论认为，儿童认真学习书写，是为了将来成为秘书，其他人从事锄头和铁铲的工作是为了以后成为较好的劳动者。这种职业训练同我们所理解的教育中的运动的真正目的是大相径庭的。我们的概念截然不同，我们指的是儿童协调其精神生活中必需的运动，以丰富其精神生活。

如果大脑不与运动联系起来，只凭自己发展，就似乎脱离了大脑工作的结果。不受心理导引的运动只是偶然现象，而且具有危害性。任何个人都要接触外界并形成与他人的关系，运动对任何人来说都是最重要的。因此，从这个意义上讲，必须发展运动。

运动服务于人的整体，服务于人与外界的联系。①

目前的教育思想和原则，都过分强调自我完善和自我实现。一旦我们理解了运动的真正目的，这种自我中心论就一定会消失。我们不得不扩充这一概念，使之包括能够实现的所有潜能。总之，我们必须毫不动摇地坚持所谓的“运动哲学”。运动是区

---

① 关于运动的必要性，J. J. 布登迪杰克教授的《通过生动的实例教育》一书，作了清晰而有说服力的论述。

别生物和非生物的标志，而且生物也决不会随意乱动，而是每一活动都有一定的目的，它们的生活也都遵循自然的法则。（为了更清楚地说明这一点）试想想，如果天地万物都静止不动，结果会怎样呢？如果植物内部一切运动都停止了，就不会有鲜花和果实，空气中的毒气成分将会空前增长，泛滥成灾。如果一切运动都停止了，飞禽静静地呆在树梢，不再飞翔；所有昆虫都掉在地上，不再移动；猛兽不再漫游荒野；鱼儿不再畅游水中。那么，我们这个世界将是多么可怕啊！

静止不动是不可能的。如果一切运动都停止了，或者生物漫无目的地四处乱窜，世界就会变得乱七八糟。每一生物都有它自己独特的运动和预先规定的目标。为实现某种目的，一切生物都相互配合，在他们不同的活动之间有一种和谐的平衡。

工作和运动是不可分割的。人类及伟大的人类社会的生活均与运动密切联系。如果每一个人只停止工作一个月，人类就会毁灭。所以，运动不仅具有保健作用，也有其社会性的一面。如果人的所有运动能力都投入到“锻炼”之中，那人类的整个能量就会消耗殆尽，而又一无所获。社会秩序的真正存在取决于具有建设性目的的运动。社会生活中，个人的行为既是为了个人，也是为了社会。当我们论及人和动物的“行为”时，我们指的就是这种有目的性的运动。这种行为是人与动物活动的核心。它不限于诸如打扫卫生、整理房间等个人需求的活动，它更是服务于更远大的目的，为他人的利益而活动。否则，人的工作只能算是体操练习。在所有运动中，跳舞是最有个性的。但是，即便是跳舞，如果没有观众，换句话说，如果没有社会或超自然的目的，也就毫无意义可言。各种各样的生活都取决于心理所导引的运动。这种运动的影响超过了他们的有意识目的。理解了这一点，就能够理解和更好地指导儿童的活动。

第十四章　手与智力

研究运动的机械发展是非常有趣的，这不仅因为它的错综复杂，而且因为其发展的每一阶段都显而易见。

在图 10 中，用两条水平线和水平线上的许多三角形表示运动的发展。蓝色三角形表示 6 个月的间隔期，红色三角形表示 1 年的间隔期。下面的水平线表示手的发展，上面的水平线表示平衡和步行的发展。因此，该图分别表示出了上肢和下肢的发展。

低等动物的四肢同时活动、同步发展。但人的上肢和下肢的发展却大相径庭。这显然表明，人的上肢和下肢服务于不同的目的。简单地说，脚和手具有不同的功能。行走和保持平衡的能力有规律地发展，所有人都相差甚微，因而我们可以把它看作一种生物现象。毫无疑义，人一旦降生于世，就肯定要行走，并且所有人行走的姿势都大同小异。但没有人能够说出任何一个特定的人将用手做什么。谁知道今天的婴儿将会发展起什么样的特殊技能呢？先辈们发展了完全不同的技能。因此，依照我们对手或脚的研究，这两条水平线有着不同的含义。

毫无疑问，脚的功能有其生物基础，甚至同大脑的内在发展相联系。另一方面，人是唯一用两只脚走路的哺乳动物，而所有其他的哺乳动物都是靠四只脚走路。人一旦获得了平衡，他就能够只靠两只脚保持这种困难的直立姿势。但平衡的获得决非轻而易举，实际上，它是一种需经长期练习的技能形式。要完全驾驭这种技能，人必须把整个脚置于地面，而大多数动物则靠趾尖行走。动物趾尖的支撑力虽然很小，但4只脚的力合起来就可观了。所以，可以从三方面来研究人的脚：生理学、生物学和解剖学。这三个领域都是相当有趣的。

但是，如果手缺乏脚的生物指导，如果手的动作不是预先注定了的，那又是什么来指导手的发展呢？可以肯定，这决不是靠生物学，也不是靠生理学，对手的发展的指导只能来源于心理。手直接同人的心灵相联系，而且不只是同个人的心灵联系，还与人们在不同时间和不同地点所采取的不同的生活方式相联系。人手的技能同其心理的发展息息相关。从历史上看，它还与文明的发展相联系。人的双手能够表达其思想。从人类出现之日起，其手工遗迹也就名垂青史。举凡文明的伟大时代，都遗留下了这个时代典型的人工制品。在印度，曾有一种绝妙的手工技艺，至今也难以模仿。在埃及也发现了惊人的手工劳动遗迹。即使是发展水平比较低下的文明社会也留下了相对粗糙的遗迹。

由此可见，手工技能的发展同心理的发展相辅而行。当然，愈是精细的工作，就愈需要理性的指导。在中世纪的欧洲，曾经有一个伟大的理性觉醒时代。当时，反应新观念的书籍和手稿放射出璀璨的光辉，甚至于似乎远离世俗的精神生活也大放异彩。圣殿是人们共同崇拜的对象，其建筑奇迹令我们赞叹不已。哪里有精神生活，那里的殿堂就崛地而起。

传说阿西西[①]的圣弗朗西斯（St. Francis）（也许是人类最天真、最单纯的灵魂）曾经常说：

“瞧这些崇高的小山吧，它们是我们圣殿的围墙，我们心灵的志向！”

---

① 位于意大利。——译者注

一天，他和他神圣的兄弟应邀建筑一座殿堂。因为他们都很贫穷，于是，他们就地取材，利用现有的岩石，肩挑背扛地把这些岩石运去建起了一座小教堂。其实只要自由的精神还存在，它就必然在某种劳动中显示出来，因而也就需要劳动的双手。无论在哪里，我们都能发现人的手工劳动遗迹，通过这些遗迹，我们可以瞥见当时人们的精神和思想。

如果我们要试图回忆朦胧遥远的过去，岁月之长，连尸骨都已化尽，那又是什么帮助我们设想出那些时代，描绘当时人们的生活呢？是他们的艺术品。史前时代的一些遗迹表明，原始文明建立在体力的基础上。墓碑和人工制品是用大块石头做成的。我们不禁会问它们是怎样建成的。在其他地方，更精致的艺术品展示了不同凡响的高度文明。所以我们可以说，人手的活动是人的智力、精神生活和情感的体现。手留下的痕迹表明了他的存在。但是，即便撇开心理学的这一方面，我们也可以说，人类环境的一切变化都是由手带来的。事实上，智力的整个职责就好像是指导双手的活动。因为人如果只用言语交流思想，仅凭词语表达智慧，先辈就不会留下任何遗迹。正是因为有了心灵的伙伴——双手，文明才得以产生。手一直是人类遗传过程中的伟大器官。

因此，人的双手同心理生活有关。古代的手相艺术不也主张人类历史刻印于手上，手是心理的器官吗？所以，研究儿童的心理发展必须与研究受心理刺激的手的活动紧密联系起来。再没有什么比这更好地说明这二者是怎样紧密联系在一起的。

我们可以这样说，如果没有手的帮助，儿童的智力仍然可以发展到一定的水平。但是，如果能得到手的帮助，则智力的发展可以达到更高的水准，并且儿童能获得更加健全的品格。所以，即使我们倾向于把它当作纯心理的问题来考虑，也会得出这样的结论：如果儿童没有机会运用其运动能力于周围的环境，那么，他的品格就只能停留在最初发展的水平。根据我自己的经验，如果儿童因为某种特殊原因而无法使用其双手，则其品格的形成就仍然停留在低水平的阶段，表现为不能顺从、缺乏主动、懒惰和忧郁；而那些一直用手劳动的儿童则发展顺利、迅速，且能达到突出的道德水平。

这使我联想到埃及的一段有趣的历史。那时，熟练的手工劳动运用于艺术、建筑和宗教等所有领域。当时基碑上的碑铭表明，人能够获得的最高称誉就是被称为是一个有品格的人。因此，对取得了辉煌的手工劳动业绩的人来说，品格的发展似乎非常重要。这再次说明，在整个历史长河中，手的活动怎样跟品格和文明的发展齐步并进，手怎样与个性紧密相联。

与此相反，如果我们要确定当时所有的人们步行的姿势的话，正如人们可能预料到的那样，就是让两条腿直立，并保持平衡。他们跳舞和跑步的姿势可能跟我们有些不同，但他们也总是只靠两条腿的摆动。

运动的发展具有双重性。部分同生物法则相关，部分同内心生活联系。不过，二者都取决于肌肉的运用。所以，在研究儿童时，我们不得不遵循发展的两条路线：一个是手的发展，另一个是步行和保持平衡的发展。从图 10 中，我们可以看到，儿童只有在 1 岁半时，其手的发展才能与步行和保持平衡的发展发生联系。这时，儿童希望用手携带重物，其腿不得不支撑他。腿是人的自然运输工具，它把人带到能够工作的地方，但要工作，就得靠人的双手。人可以行云万里，而且事实上，人类已逐渐占据了整个地球。人类在征服地球的过程中不断地生息、不断地死亡。留下的遗迹则是他们双手的劳动成果。

在研究言语发展时，我们发现，言语和听力基本上同步发展。但动作是同视觉相联系的，因为我们需要看到我们在何处落脚，用手劳动时，需要看清在做什么。听觉和视觉在儿童身心发展中是至关重要的。在儿童的内心生活中，首先萌发的是对周围事物的观察能力。显然，儿童必须逐步认识他将在其中活动的世界。婴儿的观察先于他的第一次运动。当儿童开始运动时，他要受已有的知识和已经能够理解的事物的指导。运动与理解都依赖于先前的心理发展水平。刚出生的婴儿，最初一动不动，原因就在于此。以后当他运动时，他就能遵循其心理的指导了。

儿童运动的最早象征是抓握或取物。在这以前，婴儿已注意到了使他能够抓拿的双手。抓握最初是无意识的，现在变成了有意识的活动。而且，正如通过对儿童的观察我们所看到的那样，首先吸引儿童注意的不是他的脚，而是手。他一旦注意到手，抓握就会急速发展，而且从起初的本能性活动变成有目的有意识的活动。10 个月时，儿童对周围世界的观察唤起了他对抓拿的兴趣，且渴望掌握。在期望的驱使下，儿童有意识的抓握不再是单纯地抓拿东西，而成了手的练习，特别表现在到处移动物品上。儿童对其环境有了清楚的认识，也充满了各种愿望，于是就开始行动了。还不到 1 岁时，婴儿的两只小手就开始忙个不停。食橱和有盖箱子的开关，柜子的抽屉的拉进拉出，瓶塞的取出与放回，篮子里零散的东西的拿进拿出等等。正是通过这些努力，渐渐地，婴儿就越来越能够控制他的双手。

这时，下肢的发展又是如何呢？在这里，智力和意识都不必介入。只是小脑的迅速发展在这时出现了。肌肉使人保持平衡，而小脑又是控制肌肉的特殊器官。

小脑就好似响铃，唤起呆滞的躯体，保持躯体的平衡。环境在这里不起什么作用。指令来自大脑。在自己的努力和别人的帮助下，儿童先是坐起来，然后蹒跚起步。

如今心理学家认为，人的直立姿势是经过四个阶段建立起来的。首先是坐，然后是以腹部滚动和爬行。在这个时期，如果向婴儿伸出两根手指让他紧紧抓着，他就可以轮流移动其双脚，但只是趾尖触地。当他终于独立地站起来时，则是整个脚着地。当他能够保持人的正常站立姿势时，他抓住某样东西，比如妈妈的衣服，就能行走了。随后婴儿很快进入到自己能独自行走的第四个阶段。

这些都纯粹来自于成熟的内在过程。紧接着儿童就会说：“因为我的脚能够行走了，我走了，再见！”

发展哲学

现在，儿童已经达到了另一种独立水平。因为独立的本质就是能够独自做某事。在不断地获得独立的过程中所包含的哲学思想是：人类通过努力而获得独立。所谓独立就是不需别人的帮助而能独自做某事。儿童一旦获得了独立，就能迅速取得进步。否则，其进步就会十分缓慢。领悟了这些道理，我们就会明白该怎样对待并有效地管理儿童。虽然我们的天性都倾向于帮助儿童作出努力，但发展哲学教导我们，绝对不能给予儿童超出他所需要的帮助。儿童想要独自行走，就一定得让他试一试。因为只有练习，才能增强正在发展的能力。即使已经具备了基本能力，也依然需要练习。如果儿童到了3岁，仍然总是被抱在别人的怀抱里（这是比较常见的现象），这对儿童的发展是有害而无益的。儿童一旦获得了独立，成年人若继续帮助他，那就会阻碍儿童的发展。

所以，不言而喻，我们不必老是抱着婴儿，而要让他行走。倘若他想动手做事，我们就必须给他提供用以进行智力活动之物。儿童自己的行动可引导他走向独立之路。

观察表明，儿童在1岁半时，出现了一种对手和脚的发展都非常重要的新因素——力量。这时儿童已变得积极活跃，做事也熟练灵巧了。他感觉到自身的强壮。儿童无论在做什么事情时，他所想到的不仅仅是练习，而是竭尽全力去做。(这和我们是多么的不同啊！)

自然似乎在告诉儿童："你有活力与技巧，现在你必须变得强壮，否则你将成为无用的人。"这就要求手的技能和脚保持平衡的能力二者之间保持协调一致。这时，儿童喜欢的不再仅仅是行走，而且还喜欢走远路和携带重物。事实上，人不仅要行走，而且还要携带重物。学会了抓握的手还必须训练举重和搬运。有个1岁半的小孩，双手艰难地抱着一罐水，费了好大劲才保持平衡，并缓慢地行走，同时他也表现出一种蔑视重力法则并战胜这些法则的快感。小孩喜欢四处乱爬，在爬的时候，凭藉双手，慢慢向前移动。这时，他紧紧抓住，不再是为了占有，而是为了爬行。这些都是力量的磨炼，并且人生中有一个专门进行力量磨炼的时期。所以，我们又一次领悟了自然的逻辑，因为成年人必须身强力壮。

儿童能够行走，对自己的力量满怀信心。从此以后，他开始注意周围人的动作，而且还试作模仿。儿童在这个时期模仿他人，不是因为别人叫他这样做，而是因为他感到一种内在的需求。只有当儿童自由自在时，我们才能感觉到这一点。从儿童身上，我们可以看到自然的逻辑：

(1) 教会儿童直立的姿势；

(2) 使儿童行走而变得强壮；

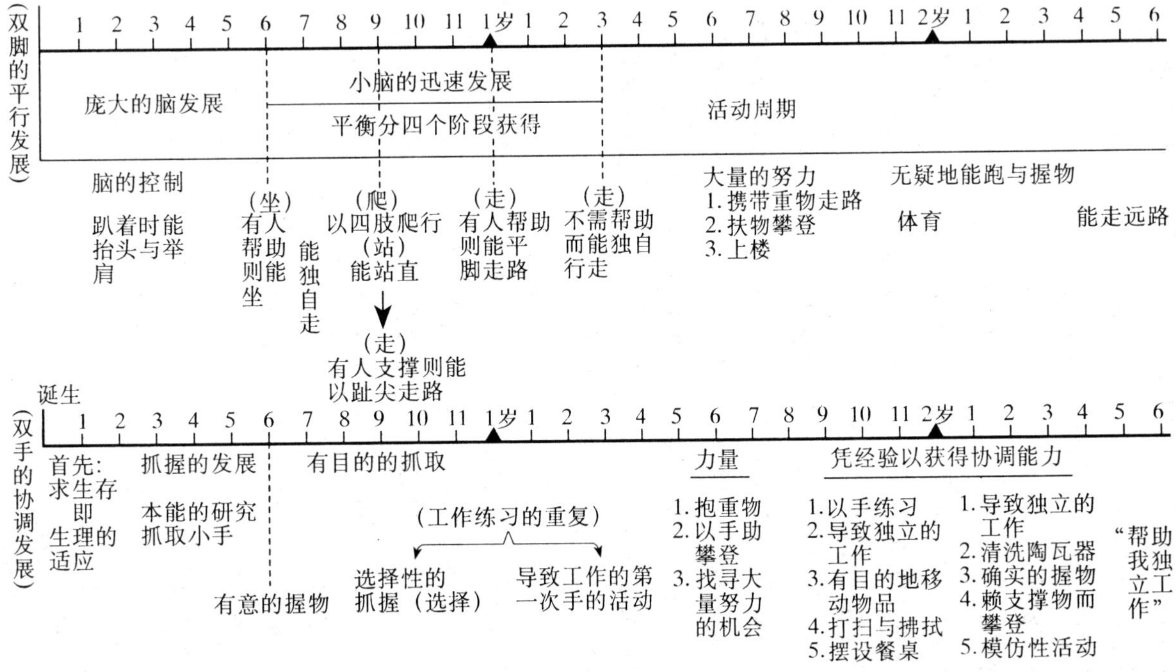
（双脚的平行发展）
1 2 3 4 5 6 7 8 9 10 11 1岁 1 2 3 4 5 6 7 8 9 10 11 2岁 1 2 3 4 5 6
庞大的脑发展
小脑的迅速发展
平衡分四个阶段获得
活动周期
脑的控制
趴着时能抬头与举肩
（坐）有人帮助则能坐
能独自走
（爬）以四肢爬行
（站）能站直
（走）有人支撑则能以趾尖走路
（走）有人帮助则能平脚走路
（走）不需帮助而能独自行走
大量的努力
1. 携带重物走路
2. 扶物攀登
3. 上楼
无疑地能跑与握物
体育
能走远路
诞生
（双手的协调发展）
1 2 3 4 5 6 7 8 9 10 11 1岁 1 2 3 4 5 6 7 8 9 10 11 2岁 1 2 3 4 5 6
首先：求生存即生理的适应
抓握的发展
本能的研究抓取小手
有意的握物
有目的的抓取
（工作练习的重复）
选择性的抓握（选择）
导致工作的第一次手的活动
力量
1. 抱重物
2. 以手助攀登
3. 找寻大量努力的机会
凭经验以获得协调能力
1. 以手练习
2. 导致独立的工作
3. 有目的地移动物品
4. 打扫与拂拭
5. 摆设餐桌
1. 导致独立的工作
2. 清洗陶瓦器
3. 确实的握物
4. 赖支撑物而攀登
5. 模仿性活动
“帮助我独立工作”

图 10 运动的发展

（3）使儿童能参予其周围的生活。

从这里，我们看到儿童发展的准备阶段是怎样一个紧接一个。儿童必须首先准备自己及其身体的器官，然后变得强壮，观察别人，最后开始自己做事。儿童的天性驱策着他，甚至建议进行体育锻炼，诸如爬到椅子上和爬梯子等。只有经过体育锻炼之后，儿童才能进入感到有独自做事的需求的新阶段。他好像说："我已准备好了，现在我想要自由。"

儿童成为伟大的步行者，具有长途远行的需求。但迄今，还没有哪位心理学家对这一事实给予足够的重视。我们常常要么把婴儿抱在怀里，要么把他放在小人车里。按照我们的想法，儿童还不会走路，所以我们要给他配备运输工具；他还不会做事，因而我们应该帮他做。在儿童迈入生活的关键时刻，我们使他形成了一种自卑情结。

第十五章　发展与模仿

在上一章我们已经探讨了儿童1岁半以前的情况，该年龄已经成为人们关注的焦点，因此它完全可以成为教育的一个转折点。此时，儿童上下肢的活动开始协调起来。儿童的性格（或人格）也即将发展起来，因为过了2岁时的“语言爆炸”，他很快就会进入一个真正全面的发展阶段。在此之前即1岁半时，他已经开始尝试表述其内心的衷肠。这是一个需要艰苦努力和建设性工作的时刻。

在儿童发展的该阶段，我们务必谨慎从事，以免摧毁了生命的自然趋向。如果自然清楚地告诉我们，这是一个需要紧张努力的阶段，那么我们必须作好准备，为儿童稍尽绵薄。我只提出了一个一般的主张，详细透彻的研究则留待研究儿童期的众多学者们去做。他们认为，在生命的这个阶段，儿童已开始进行模仿。实质上，这并非什么新观点。因为据说儿童永远都在模仿年长者。但是，这样说未免太肤浅。现在我们认识到，在其能模仿之前，他必须首先要理解。但陈腐的观点却认为，我们成人只要照章办事，按步就班就行了，儿童们呢，通过模仿，长大后跟我们亦步亦趋，依样画葫芦就可以了。这就终止了我们应尽的责任。当然，我们认为，其中包括“以身作则”。并且还强调，所有成人，尤其是教师都应该如此。他们的表率是人类善良美德的基础。母亲们也应该完美无瑕。然而自然却不这样认为。它并不关心成人的完美与否。重要的是在儿童能模仿之前，他必须有所准备，这种准备来自他人一直在作的种种努力。每个人都莫不如此。成人树立的楷模只给他提供了模仿的目标或动机，并不会导致模仿的成功。事实上，一旦儿童开始进行模仿以后，他常常都会比榜样做得更好。他会把一切做得更加无懈可击和正确无误。在某些行为中，这是很明显的。每一个人都知道，一个儿童要成为一个钢琴家，仅仅模仿那些已能演奏钢琴的人是不够的，他必须进行更多的练习。为了娴熟地掌握演奏所需的指法，他必须进行持之以恒的练习。但是，我们经常把这种对模仿的朴素（或幼稚）信仰运用到一些高级领域中去。我们给他朗读和讲述关于英雄和圣人的故事，以期通过这种影响使他也成为英雄和圣人。然而，如果缺乏深厚的精神准备，则此种想法就会恰似镜中拈花，水中捞月。仅靠模仿而成伟人者，亘古未有。典范可以唤起人的希冀，激起人的兴趣。模仿的欲望可以激励一个人去作不懈的努力。但是，如果没有大量的训练，就不可能达到光辉的顶点。自然告诉我们，在教育领域中，模仿离不开一定的准备。儿童起初并不是想模仿，而是想形成模仿的能力；他们想把自己变成所憧憬的事物。这说明，间接准备是极端重要的。自然赋予我们的不止是模仿的能力，还有改变自己的能力和变成榜样所象征之物的能力。作为教育者，如果我们相信我们能够帮助儿童的生命能力实现其目标，那么知道在哪些节骨眼上给予有益的帮助就显得极端重要了。

如果我们观察一个该年龄的儿童，就会发现他正在试图从事某种目标明确的事。在我们看来，他的所作所为也许很荒唐，但这无关紧要。他必须完成它。体内的生命冲动命令他这样做。如果他的活动周期为人所破，则必将导致其人格偏差，茫无目的和兴趣索然。现在，人们认为，听其活动周期自然而然地发展和结束是至关重要的。各种间接准备也很重要；事实上，它们都是活动的表现形式。他们的全部生活都是在间接地为未来作准备。大凡干过一些重要事情者，在其完成工作之前，总是有一个勤奋努力、顽强拼搏的时期。他从事的工作尽管互不相同，但他必须按某种方法付出紧张而艰苦的努力，倘使它能完全竭尽全力，那么它就成为一种精神准备。活动的周期必须完整。因此，不管儿童从事的是什么样的智力活动，我们都不能干扰他；即使在我们看来它很荒唐，或违背我们的愿望（当然，前提条件是他对儿童无害）。因为儿童必须永远能完成其渴望的活动周期。

如前一章所说，该年龄的幼儿实现其意图的方式是很有趣的。我们经常看到，未满 2 岁的幼儿在搬运远远超出其体力范围的重荷，但他并非因为某种明显的原因而这样做的。我的一位朋友家有一些笨重的凳子，有一次，我看见一个 1 岁半的幼儿抱着一只凳子，吃力地将它从房间一端搬到另一端。儿童喜欢帮忙铺餐桌，搬运大摞的面包，每次搬得如此的多，以致连脚下的路都看不见。他们周而复始地将重物搬来搬去，不到精疲力竭之时决不罢休。成人通常总想解除儿童的重负，但是，现在心理学家们认为，这样的帮助实际上干扰了儿童喜欢的活动。是我们所能采取的抑制行为中最有害的一种。许多“困难”儿童的神经疾患，追根究底就是由此种干扰所铸成的。

儿童们喜欢做的另一种活动就是爬楼梯。我们这样做带着一定的目的，但儿童这样做却没有任何目的。爬到楼梯的顶端以后，他并不心满意足，而是拾级而下，再拾级而上，这样循环往复地重复其活动周期。在学校操场上我们可以经常看到的那种木料或水泥做的滑板，对于他们从事该种活动是很有帮助的。对于幼儿来说，要紧的不是往下滑，而是往上爬，是那种艰苦努力所产生的欢乐。

不干涉幼儿活动的成人，真是寥若晨星。因而，心理学家们全都要求划出专门的场所供儿童游玩，让其免受干扰。因此，给儿童，尤其是婴儿和 1 岁半多点的幼儿设立日间托儿所和幼儿园就极其重要了。这些托儿所和幼儿园里的一切都是特制的。树顶上可能有一间小屋，有一架梯子可供上下。但是，这间小屋并非居住或憩息之所，而是儿童将要达到的顶点。达到顶点所需的努力才是主要的，小屋本身则是次要的。假如幼儿想搬东西，那么他永远是选择他能找到的物体中最笨重的那种。上面所说的攀登本能，尽管它十分令人瞩目，也只不过是想作出必要的努力的一种愿望。他试图寻找某种“困难”之物让他爬上去，这种“困难”的东西可能是一把椅子。但是，楼梯给与他的欢乐最大，因为儿童天性就有一种往上爬的倾向。①

此种活动没有任何外部目的，它的目的是给儿童们协调其动作提供所需的练习。只有掌握了协调动作（即肌肉之间相互配合的动作），儿童才能模仿我们的行为。儿童活动的表面目标并非其活动的最终目标；他的一切活动都受某种内部冲动的支配。只有在他有所准备之后，他方能模仿成人。只有此时环境才能激起他的兴趣。如果他看到某人在打扫地板或制作糕点，他现在能够参加进去了。这种新观念能导致行为的成功。

漫游与探索

现在，我们来探讨一下 2 岁儿童及其闲游需要。他有这种需要是很正常的，因为他必须为未来作准备，因此他必须锻炼和培养人类的各种基本能力。2 岁儿童完全能够步行一两英里，

① 在拙著《童年的秘密》一书中，读者可以找到很多活动周期的例子。

如果他有此兴致的话，还能够攀爬。崎岖坎坷的路段对他最有魅力。我们务必记住，儿童的漫步观念与我们的大相径庭。我们之所以认为长距离的散步为他力所不及，是因为我们想让他与我们同步前行。此种想法犹如我们徒步行走，骏马奔驰，而我们却想与之并驾齐驱一样，愚蠢之至。骏马看见我们上气不接下气之状，就会对我们说（如像我们对儿童说）："你这是枉费力气，徒劳无益。跳到我背上，咱们一块儿到达目的地吧。"但是，儿童并不试图"到达目的地"，他只想漫无目的地走走。因其腿脚比我们的短，我们一定不能力图让他跟上我们的步行。而是我们必须与他同步。显然，在这种情况下，我们必须慢步缓行，切不可性急。我们认为，无论在何时何领域我们教育儿童，此规则都是适用的。儿童的发展有其自身的规律，倘若我们想促进他成长，那么，关键是我们应该遵循规律，切忌随心所欲，强其所难。儿童不仅用腿脚漫游，而且还用眼睛漫游。鞭策其前行的是他看到的有趣之物。此处有一只羊在吃草。他就坐在附近观察它。倾刻，他站起来，前行一段路，看到了一朵鲜花，他嗅嗅它的芬芳，又看到了一棵树，于是走上前去，绕行几圈，然后坐在地上观察它。这样，他可以漫游数英里。他一路上走走停停，同时他的漫游也充满了有趣的发现。如果某种障碍物例如一堆石头或一棵树干横在他前进的道路上，那么他会因此而高兴至极。他是多么热爱流水啊。坐在潺湲的小河边，他会高兴地喃喃自语："水啊，水啊！"他的成人伴侣因为想尽快赶到某处，所以他关于漫游目的的观念就截然不同。

儿童的漫游方式类似于首批部落在地球上的漫游方式。那时候，没有人说"咱们到巴黎去"，因为那时还没有巴黎，没有人说"咱们乘火车吧"，因为那时还没有火车。他们不停地游荡，只有遇到有用或有趣之物时才停顿下来，比如一片可以拾木柴的森林，或饲料充足的开阔平原。儿童们就犹如他们一样。到处漫游和不断发现的本能是他们本性的一部分，同时也是其教育的组成部分。在教育者看来，漫游的儿童是一个探索者。探索或搜索如今已被作为学校作业的一种替换或变化而加以采用。它应该成为一种正式的、定期的教育活动，并且实施它的时间应该更早一些。所有儿童都应该进行类似的受有趣之物驱使的散步活动。如果那样，学校可以在课堂里预先给儿童提供一定的帮助，比如，教给他们颜色的名称，叶子及叶脉的形状，昆虫、鸟儿和其他动物的习性。它们将开辟一些有趣的领域：儿童知道得越多，看到的也就越多，因而漫游得就更远。一个人必须具有广泛深刻的智力兴趣才能从事探索活动，而培养这种智力兴趣是我们责无旁贷的义务。

散步本身就是一种全面的练习。除此之外，没有必要进行其他肌肉练习。一个坚持散步的人，其呼吸和消化功能更佳，能享受到我们在体育运动中所追求的一切有益于身体健康的好处。它是一种健美操。如果我们在路边发现了某种可以收集和分类的有趣东西，发现可以一跳而过的一条水沟，发现一片可以捡来生火的木柴，那么这些伸臂弯腰动作就使散步成为一种优美的体操，随着他的知识日益增长，他的智力兴趣也日渐广泛，因而他的身体活动也日趋增多。教育的道路应该顺应个体发展的道路，即游历越广，见识越多。

在人们较少散步、经常乘坐各种交通工具的今天，把该原则作为教育一个组成部分特别重要。把生命分割成两部分，即四肢从事运动，大脑从事读书，这并非好事。生命应该是一个不可分割的有机整体，尤其是在人生初期，当儿童正在按照其成长规律塑造自我的时候，更应如此。

第十六章　从一个潜意识的创造者到一个有意识的劳动者

迄今，我们一直在讨论儿童发展的一个特殊阶段。我们发现，儿童在该阶段的发展与胎儿在子宫里的生活有很多相似之处。此种发展要持续到3岁才告结束，在此阶段——这是一个极富创造性的阶段——会发生许多重要变化。但是，尽管如此，我们还是把它作为一种为人忘却、湮没沉寂的生活的一部分。恰似本性划了一条分界线一样，分界线这边是我们再也记不起来的事件，而另一边却是记忆的开始。被忘却的那部分生活，我们称其为心理-胚胎期，即无人能忆起的、明显区别于生理胚胎期的那部分生活。

在此心理-胚胎期，各种能力，如语言、手臂动作如腿脚动作等的发展是彼此独立、互不相依的。一些感知觉能力也开始形成了。此即胎儿期的情形。在胎儿期，身体器官正在独立自主、自由自在地发展。因此，我们发现，在该心理-胚胎期，各种控制的心理能力正在独立地产生。因此，倘使我们忘记了所发生的一切，那么请不要感到惊诧，因为人格尚未统一——只有各部分皆已齐备的时候，它才能统一。

因而，3岁的时候，生活似乎才重新开始；因为现在正是意识大放光芒、欣欣向荣、繁荣昌盛的时候。在这两个阶段即潜意识发展阶段和有意识发展阶段之间，似乎存在着一条明确的分界线。在前一个阶段，还没有有意识记忆。只有意识产生之后，人格才会统一，因而记忆能力才会产生。

3岁之前，各种功能尚处于被创造的阶段，而3岁之后，它们即处于发展的阶段。这两个阶段之间的分界线使我们联想到了希腊神话中的那条遗忘川。我们发现，回忆3岁以前，甚至2岁以前的往事，极为困难。心理分析千方百计想把人的记忆拽回到过去，但是一般地说，没有谁能将其记忆推回到比3岁更远的时期。所以，即使某种情境很激动人心，身历其境者也不能告诉我们有关它的任何情况，因为此时造化正在从无到有地创造我们。

该潜意识的创造者，即被忘却的生活，恰似从人类记忆中被抹去了，因而我们发现，3岁时来向我们致意的儿童，是一个我们无法理解的人。把我们与他连结在一起的纽带被本性的利刃割断了。成人摧毁本性正在试图从事的工作之所以极其危险，其原因就在于此。因为我们必须记住，在生活伊始的初期，儿童是完全依附于我们的。他尚不能自我照料、自谋其生。因此，除非我们成人熟谙其心理发展方式——无论是由于本性的启迪，还是由于科学的启示，否则我们就可能成为其进步的最大障碍。

不过，到该阶段结束的时候，儿童已经获得了自卫的能力。假如他感到自己受到了成人的压制，那么他就会进行言语抗议，或者逃遁，或者搞恶作剧。儿童的真正目标不是保护自己，而是驾驭其环境，从中寻求发展的途径。准确地说，他要发展的是什么呢？是迄今他一直在创造的所有能力。所以，3岁到6岁这段时期，他开始进入一个真正的建设时期，因为他现在能够从容自如地、自觉积极地应付其环境了。他先前在创造的各种潜隐的能力现在能够显露出来了，因为他现在有各种机会在其周围世界中有意识地寻觅经验。此种经验或经历并不仅仅是游玩或一系列毫无目的的活动，而是其成长所必须从事的工作。他那受智慧支配的双手开始从事人类特有的活动。开始的时候，如果儿童是一个喜欢沉思默想者——被动地注视世界并将它作为构造他心灵大厦的基础。那么在这个新世界中，他在发挥其意志的力量了。起初，他受一种隐藏其中的非人的力量所支配；而现在，他受有意识的“我”，受其自我所支配，因而我们发现，他的双手十分忙碌。仿佛凭潜意识的智慧吸收了世界的儿童，现在“占有”着它一样。

刚刚开始的另一种发展就是各种习得能力的完善。语言就是一个明显的例子，因为它的发展要持续到 5 岁左右才告一段落。在儿童 2 岁半的时候它就出现了，但要到此时它才发展成熟，因为儿童现在不仅能构造词语，而且还能使用语法正确的句子。但是，那种特别的敏感性（我们称其为语言的敏感期）仍在驱使儿童去更加准确地掌握语音，尤其是驱使他去扩大词汇量。

因而，存在着两种倾向：一种是通过作用于环境的活动来延伸意识；另一种是完善和丰富习得的各种能力。这说明，3 至 6 岁是一个通过活动进行“建设性的完善工作”的阶段。

心理能力尽管一直在孜孜不倦地从世界中吸取养料，但是现在积极的经验却促进和充实了此种吸收。它已经不再纯粹是感官的事了。手也开始发挥作用了。手成了“心灵的捕捉器官”。过去，儿童常常是在人们带着他四处走动的时候，通过观察世界而吸收营养，而现在，他表现出这样一种强烈的倾向：触摸每一个事物，对每个事物都注目一会儿。他的双手一直没有空闲过，他忙碌不停，快乐不已。他的智力不再仅仅因其存在而发展，它还需要一个给它提供活动动机的事物世界才能发展，因为在此形成期，心理还会进一步地发展。

人们称它为“幸福愉快的游戏时期”——人们对此已有所

了解，但只是最近才开始对它进行科学的研究。

在欧洲和美洲，文明生活的飞速发展扩大了人与自然之间的分裂，为了适应这种需要，人们就给儿童堆积如山的玩具，但他们真正需要的是与此完全不同的刺激物。在此期间，儿童应该触摸和把玩各种事物，然而人们几乎没有给他们任何真实的物品由他们支配，而且他们能见到的物品，大多数又禁止他们触摸。唯有一种物质是可以允许现代儿童自由触摸的，那就是沙粒。让儿童玩沙粒现在已成为一种普遍的做法。有时候即使允许儿童玩沙，也不会让他玩得太多，因为儿童会把衣服弄湿，且水沙相混，十分龌龊。成人对于处理这些后果极为不快！

但是，我们发现，在那些玩具制造业不甚发达的国家里，儿童们的情趣大不相同。他们更镇静、更明智、更快乐。他们唯一的念头就是参加周围正在进行的活动。他们和一般的人没有什么区别，因为他们使用和操纵的东西与成人的并无二致。母亲洗涤衣服，或制做面包和蛋糕的时候，儿童也参加。虽然他的行为是一种模仿性行为，但这是一种有选择的理智的模仿行为，儿童就是通过此种行为为在世界中发挥作用作准备的。毋庸置疑，儿童所做的这些事情都是为其内部的，与自我发展有关的目的服务的。在我们的学校里，我们给儿童提供所需的一切事物，以便让他能够模仿他在家中或居住国所看到的一切行为。另外，我们还有一些专为儿童制造的器具，其大小刚好与儿童的身材和体力相称。有一间专供他用的房间，他可以在里面自由走动、说话及从事一些智力性的和形成性的工作。

如今，人们对这种观点已明白无疑了，可是，当初我破天荒提出这一观点的时候，人们却感到异常吃惊。我和我的助手们为 3 至 6 岁的儿童们创造了一个特殊的世界，里面陈设的器具与他们的身材十分相称，儿童们生活在里面就像生活在自己的家中一样。有人认为，此情此境，蔚为奇妙。小桌椅，让他们洗涮的小碗碟及摆设餐桌、清扫火炉、打扫地板、掸除灰尘等“真实”活动，此外，还有供他们学习穿着打扮的穿衣镜，都被人们欢呼为教育观念的惊人革新。

在这种环境中生活过的儿童会显露出一些意想不到的倾向和爱好。儿童们更喜欢与同伴在一起，而不太喜欢与玩具娃娃在一起；他们更喜欢“真实”的小器具，而不太喜欢玩具。

著名的美国教育家约翰·杜威教授讲述了他的一次亲身经历。他想，在纽约这个美国生活的伟大中心，他一定能买到一些专供儿童使用的特制小器具。因而，他曾只身一人到纽约的各家店铺里寻找小扫帚、小凳子、小碟子，等等。但是，那里根本没有他要找的器具，人们根本没有想到过要制造它们。有的只是不可胜数的形形色色的玩具。于是他惊奇地喊道：“儿童们已经被遗忘了！”

天哪！儿童们不仅在这方面被遗忘了，在其他许多方面也被遗忘了。他是一个被忘却的公民，在他生活的世界中，其他的人都是应有尽有，而他却一无所有。在这个空空如也的世界中，他毫无目标地漂泊流浪，接连不断地调皮捣蛋和捣毁自己的玩具，徒劳无益地寻求精神满足，然而成人却完全不知道他的真正需要是什么。

在我们的学校里，我们冲破了这种障碍，撕掉了蒙在真理脸上的面纱，给儿童提供了一些真实世界的真实事物，因而我们发现，儿童在使用它们的时候感到十分高兴和愉悦。然而，我们发现的实际上要比这多得多。儿童的整个人格都改变了，其变化的第一个标志是儿童要求独立。仿佛他在说：“我想独立自主地完成每件事情。请不要帮助我。”

顷刻之间，他变成了一个寻求自立更生、嘲笑一切帮助的人。谁曾料到他会如此变化呢？又有谁曾料到成人将不得不扮演一个观察者的角色呢？儿童一旦被安置在这个世界里，他就会立即占领它。社会生活和性格形成就会随即自动产生。

因此，结果是，儿童不仅得到了快乐，而且还开始了创造一个人的工作。快乐并非教育的全部目标。一个人必须具有独立的能力和性格，必须能够胜任工作，必须能够驾驭依赖他的一切。此即儿童期给我们的启发，在儿童期，意识已经诞生，并且开始控制行为。

第十七章　通过文化和想象进一步完善

自发的活动

该年龄的儿童们会受其本性的规律所驱使，到周围的世界里去积极地寻觅经验。因此，他们开始使用双手，但是不止是为了达到实际的目的，而且也是为了获得知识。如果我们让儿童在我们创造的新环境中自由活动，那么他们的本性和能力将给我们留下意想不到的印象。他们感到更快乐，他们的兴趣非常浓厚，因此他们能长时间不知疲倦地工作。于是，他们敞开了心灵的门扉，他们渴求知识。

这是“书写爆炸”以后的事。此事使幼儿那人所不知的精神生活第一次受到了广泛的注意。

但是，书写爆炸实际上只是“火堆里冒出的一缕轻烟”。真正的爆炸发生在人格内部。我们不禁联想起那些内蕴着熔炉的山岳。从外面看，它们似乎坚不可变。但是，某一天，轰轰的巨响和浓浓的火焰从巨大的岩石中喷涌而出。根据涌出的火焰、烟雾及陌生固体物质的特性，专家们就能推断地球内部的情况。

儿童们立即发现，他们置身于真实的生活条件中。在这种生活环境中，有专供他们使用的、与他们的身体相称的真实器具，在他们体内，一些出乎意料的活动似乎在复苏。它们既出人意外，又清楚明白。我们应该遵循它们的规律，解释它们的意义，促进其他类似的活动的发生，并在此基础上形成教育的方法。

一般地说，这一切并非教育方法的功劳。恰恰相反，它们（当它们逐渐发展的时候）才是我们的向导，才能教导我们如何对待儿童。首先，我们应该努力为儿童创造满意的生活条件，此种生活条件不应阻碍儿童的发展，应该让儿童自由选择我们提供的各种活动手段。因此，可以这么说，我们所做的工作是儿童心理学的一个重要发现。事实上，刚从北极归来的探险家皮埃里称我们的工作“发现了人的灵魂”。他认为，与称其为一种教育方法相比较，这种说法能更好地说明其性质。

从一开始就凸现出了两组鲜明的事实。一组事实是，儿童能够获得文化的年龄比人们通常所想象的要早得多，但是他是通过某些含有动作的活动来吸收知识的。该年龄的儿童只有凭借行为活动才能进行学习。为了发展其正在绽开的自我，他必须从事某种活动。现在，既然我们已经知道他在 3 至 6 岁期间接受能力的大小，那么对此就再也不会有任何疑问了。

第二组事实与性格形成有关，但是我将把它们留待下一章去讨论。在此，我只集中讨论第一组事实，即通过自发的活动来吸收文化。

儿童们对那些童年初期（通过吸收）即已熟悉的事物怀有特别浓厚的兴趣。他们能够易如反掌地专心致志于这些事物。比如，儿童的书写爆炸和他对语言的特殊敏感性密切相关，在他开始说话的时候，这种敏感性仍然存在。但是，到 5 岁半或 6 岁的时候，此种敏感性已不复存在；因此很显然，只有在该年龄之前，儿童才能高高兴兴、热情洋溢地学习书写。大于该年龄的儿童已经丧失了本性赋予他们的、不需额外用功和有意识的意志努力即可学会书写的特殊机会。

不过，由其他经验可知，流畅的书写不能仅仅依靠使用敏感期，还必须依靠儿童在早期所做的一种预备练习。在童年早期，儿童的双手正在忙于玩弄为锻炼其感官识别能力而精心设计的器具。因此，我们的教育方法中增加了一条新的原则，即“间接准备”原则。

本性会影响这条原则。早在胚胎期，在个体需要这种器官之前，她就在构造它们了。但是，只有在组织健全的时候，她才会使它发挥作用。

因而，如果儿童倾向于在第二个阶段完善第一个阶段所塑造的内部形成物，那么我们就可以把最后命名的那些形成物作为后继形成物的向导。比如，我们发现，在获得言语方面，儿童在第一个阶段要经历一系列的阶段，这些阶段犹如语法书中的阶段一样组织得井井有条。他依次发出单个的语音、音节、名词、动词、形容词、副词、介词、连词，等等。由此可见，我们可以按照同样的顺序帮助他。不错，从一开始我们就教他学习语法！诚然，按今天的思维方式看来，这是很荒谬的：我们竟然首先从语法开始进行直接的语言教学，在还没有开始读写之前，儿童居然能学习语法。

但是，让我们仔细想一想吧。有意义言语的基础是什么呢？难道不是语法么？无论何时，只要我们（也包括儿童）开口说话，我们的讲话都是符合一定语法规则的。因而，他年满 4 岁以后，在他完善其语言机制、丰富其词汇的时候，如果我们给他提供一些语法上的帮助，那么我们就创造了一些促进其工作的有利条件。通过语法教学，我们能帮助他完美地掌握他正在吸收的口语。经验告诉我们，幼儿对语法怀有强烈的兴趣，因此，这是让他们接触语法的良好时机。在第一个时期（0 岁至 3 岁），语法形式的获得是潜意识的；而现在，语法形式的完善则是有意识的。而且，我们还注意到了另外一种情况：该年龄的儿童居然掌握了许多生词。他对单词特别敏感，它们激起了他们的浓厚兴趣，因而他自发地积累了大量的生词。

许多实验表明，在这个阶段，词汇增加得最迅速。仿佛儿童渴望生词一样。因此，如果他得不到帮助，那么，在获得它们的时候，他就会相当费力和毫无目的。所以，为了促进他的工作，我们把他将来需要的词汇收集起来，系统地提供给他。

说到这里，我们突然想起了我们一直使用的另一种程序。在我的工作的初始阶段帮助过我的教师们都没有受过高等教育。他们写了许多单词让儿童们诵读，每张卡片上写一个单词。但是，没过多久，他们过来告诉我，他们已经把有关服饰、家什、街道、树名等的单词都写完了。可是，儿童们还想要。因此，我开始从高深学问里选择一些单词，比如，儿童们使用感觉器官时玩耍的各种几何图形的名称：多边形、梯形、三角形，等等。儿童们竟然全部学会了！于是，我们又写了一些科学仪器的名称：温度计、气压计等，然后又写了一些植物学术语：花萼、花瓣、雄蕊、雌蕊等。这些他们也热情洋溢地学会了，而且他们还想要。当带着儿童出去散步的时候，教师们发现，当儿童告诉他们每种汽车的名字的时候不发怒是很困难的，因为他们的孤陋寡闻被暴露了！

该年龄的儿童对单词的渴望是永远得不到满足的，学习它们的能力是无穷无尽的。但是，第二阶段的情况就不是这样了。在第二阶段，其他官能正在产生，所以儿童学习这些单词时要困难得多。我们发现，早期曾学习过这些单词的儿童，在八九岁左右上了普通学校以后，以及在以后的岁月里，还记得它们，并且还能娴熟地使用它们。但是，让 8 岁及 8 岁以上的儿童第一次学习这些相同的单词，其结果要差得多。由此可见，3 至 6 岁期间是教儿童学习科学词汇的最佳时期；当然，不是用机械的方式进行教学，而是与相应的物体联系起来进行教学，或者在其探索过程中进行教学，以便他们的词汇与其经验同步增长。比如，我们把一片叶子或一朵鲜花的各个部分显示给他看，或者把地球仪上的一些地理单位（海角、海湾、岛屿等）指给他看。获得一些供儿童们使用的固体模型、图画和图表并不困难。理解它们儿童并不感到困难，但是，教师常常不知道标志它们的词汇，或者很难记住这些词汇，且容易混淆它们。

在柯代卡洛尔，我曾看见一群普通学校的14岁男孩正在琢磨该把一朵鲜花的不同部分安个什么名字。一个3岁男孩走过来帮助他们。他说："雄蕊。"说完，就跑回去继续从事自己的工作。

还有一次，我们解释完课本中植物根的分类以后，就用挂在墙壁上的一些图片来说明它们，这时，一个小孩进来问道，那些图片上画着些什么？我们告诉了他，但是不一会儿我们发现，花园里的许多植物都被连根拔掉了。小家伙们对根这一观念着了迷，他们想亲眼目睹一下这些植物都长着些什么样的根！因此，我们认为，可以适当教给儿童一些直接的知识，但是这样做会导致父母们的抗议，因为他们说，儿童回到家里把花园里的所有植物都拔起来，再把它们的根冲洗干净，以便能看看它们的形状。

想　　象

儿童的心理只局限于他所见的事物么？不，他还有一种超越具体事物的心理。他拥有伟大的想象力。

只有凭借特殊的高级心理能力才能想象出那些没在眼前的

实物。假若人的心理只局限于实际的所见所观，那么其视野就会极其枯燥乏味。我们并非仅仅用眼睛观看，文化也并非仅仅由我们所看见的一切所构成。拿我们关于世界的知识来说吧，即使我们的视野内没有碧蓝的湖泊和皑皑的白雪，但我们可以在“心灵的眼睛”中看到它们。不过，只有凭借某种心理活动才能看到它们。

儿童的想象力究竟有多高？因为不知道答案，所以我们就开始用 6 岁儿童做实验，但是，我们的实验不从一些细小的地理单位（河流、海湾、岛屿等）开始，相反，我们把整个世界立即呈现给他们，即我们把一个水陆地球仪——“世界”呈现给他们。

儿童没有从周围环境里获得任何关于世界的感官印象。因此，即使他形成了关于世界的观念，那也只能归功于他那无形的心理能力即想象力。我们给儿童呈现一个小地球仪，地球仪上的海洋是一个湛蓝的平滑表面，陆地则是一个由闪亮的细粉做成的粗糙表面。① 地球仪上虽然没有通常的标记、名称或地点，但儿童们立即开始说：

“这是陆地。”

“那是海洋。”

“瞧，这是美国。”

“这是印度。”……

他们非常喜欢地球仪，它成了他们房间里最受欢迎的东西。3 至 6 岁期间的儿童不仅能凭借理智洞察事物之间的关系，而且还能在心里想象出那些凭肉眼不能直接看见的事物。在儿童

① 比如特纯硅砂。可以把它喷涂在一个粘稠的树胶或油漆表面上，待其变干即可。

心理学中，想象永远占据着一个显著的地位，全世界的人们都爱给儿童讲述童话故事，他们非常喜欢它们，仿佛儿童想运用这种伟大的天赋才能一样，毫无疑问，想象的确是一种伟大的天赋才能。但是，既然我们全都认为儿童喜欢想象，那么，为什么只给他们提供童话故事和玩具以锻炼该天赋能力呢？如果儿童能想象一个仙女和一处仙境，那么想象美国对于他来说也就没有困难了。他可以通过观看标有美国的地球仪来澄清他关于美国的观念，而不是偶尔听到别人在谈话中模糊地提及它。我们经常忘记，想象是发现真理的一种巨大力量。心灵不是一种消极之物，而是一般吞噬一切的火焰，是一股永不熄灭、永远燃烧的火焰。

有一次，一群 6 岁的儿童正站在地球仪四周讨论，这时，一个 3 岁半儿童挤上前来说：

“让我瞧瞧。这是世界么？”

“是的，”其他儿童回答，他们有点吃惊。

“现在，我搞懂了。我叔叔曾环行地球三次！”他并非不知道这是一个模型，因为他知道世界很大。他一定是从无意中听到的谈话中逐渐形成这一观念的。

另外一个 4 岁半的男童也要求看看地球仪。他仔细地观看了它，聆听了一些年长儿童关于美国的讨论，他们没有注意到他也在场，突然，他插话说：

“请问，纽约在哪儿？”其他儿童感到非常吃惊，不过还是指给他看了。接着他又问：“那么，荷兰在哪儿？”这使其他儿童更为吃惊，但是，他们指给他看以后，他说：

“噢，这就是海洋！”听到这，他们全都怀着迫切的好奇心开始询问他，于是，他讲述了下面这样一个故事。

“我爸一年去美国两次，他要在纽约逗留一阵。他出发以后，我妈说：‘你爸正在海上。’好多天她都这么说。后来她说：‘你爸已到达纽约。’过几天她又说：‘你爸又到海上了。’最后，有一天天气晴朗，她说：‘现在他已回到荷兰，我们到阿姆斯特丹去接他。’”

这个儿童听到了很多关于美国的情况，因此，当听到别人把它和地球仪联系在一起的时候，他立即驻足观看，他的表情似乎在说：“我发现美国了！”

正如他以前在物质世界中所做的那样，在思维世界中，他获得洞察力的尝试失败以后，想象客体事物对他肯定是一种巨大的安慰。在讲之前，他只能胡思乱想，胡乱猜测他所听到的单词，通常，儿童只能这样做。

人们向来认为，玩积木和听童话是该年龄儿童的两种主要需要。他们认为，第一种活动可以在儿童的心灵和周围的环境之间建立起直接的联系，从而使他能够认识它，驾驭它，使他能够得到长足的发展。他们认为，第二种活动表明，儿童游戏中倾泻出来的想象力极其丰富，但是，如果我们给儿童提供某种可以在其上运用此种强大力量的真实事物，那么我们就可以这样认为，他得到了巨大的帮助，因为此时他的心灵与外部世界也有接触了。

该年龄的儿童总是不停地要我们解释事物。每个人都知道，他们是多么好奇，我们感到，我们不断受到问题连珠炮似的轰击。但是，如果我们不把它们看成一种苦恼，而是把它们看成一颗渴望求知的心灵的倾诉，那么我们就会发现，它们很有启发性。该年龄的儿童不能领悟冗长的解释，但是，我们常常试图面面俱到、详尽无遗。

一个小男孩曾经问他爸爸，为什么叶子是绿色的。他爸爸认为这是智力高的一个标志，所以就给他冗长地讲述了关于叶绿素及其如何利用阳光进行光合作用的道理。但是，后来他无意中听到儿童自言自语地嘀咕:“我想知道的仅仅是叶子为什么是绿色的，而不是有关叶绿素和阳光的大段废话!”

众所周知，喜欢游玩、想象和提问是该年龄儿童的三大特征。但是，经常会发生误解。有时候；儿童所提的问题挺棘手。

“妈妈，”儿童说，“我从哪儿来?”对此他感到很费解。一位日日期待着该问题的明智母亲立即决定把真相告诉他。因此，一旦4岁的小家伙提出了该问题,她便回答说:“我亲爱的宝贝，是我创造了你。”

她的回答迅速而简短，小孩子立即安静下来。约一年以后，她对他说：“现在，我正在创造另一个孩子。”当她到私人医院去的时候，她宣布，回来的时候她将把婴儿带回来。

回到家里，她把婴儿抱给他看，并对他说：“这是你弟弟。我像创造你一样地创造了他。”

但是，到此时，该男孩要满6岁了，他提出了强烈的抗议。“你为什么不告诉我，我们到底是怎样来到这个世界的?现在，我已经长大了，我可以知道了。因此，你为什么不把真相告诉我?自从你告诉我你正在创造另一个婴儿时开始，我就一直在仔细地观察你，可你什么也没有做啊?”

把真相告诉给他并不像看起来那么容易。教师和父母都需要具备知道如何发挥幼儿想象力的特殊机智。

教师需要接受专门的训练，因为这些问题并不是我们的逻辑推理所能解决的。我们必须知道儿童是怎样发展的，并且必须摒弃一切先入之见。理解3至6岁儿童的心灵需要足够的机智和灵敏的观察，但成人却常常不具备这样的品质。不过，值得庆幸的是，儿童从周围环境中学到的东西比从我们身上学到的东西要多一些。但是，我们只有具备丰富的心理学知识，才能尽力帮助他。

心 理 发 展

儿童做事的方式是启迪我们的无穷无尽的源泉。

它告诉我们，使我们迄今仍然对儿童心理的实质盲然无知的偏见是极其根深蒂固的，用先验原则来指导他的发展是完全不可能的，因为他还是一个未知数。只有儿童本人能够教导我们如何认识他，我们只能通过其行为去认识他。

在数以千计的场合中我们都发现，儿童不仅需要别人提供有趣的事情让他做，而且还希望别人准确地告诉他如何去做。精确性对他具有很强的吸引力，正是这种精确性使他得以坚守其工作岗位。由此可见，他只是为一种潜意识的目标而从事这些操作性工作的。儿童具有一种协调和控制其动作的本能。

另一个极端重要的观察表明，当儿童对一件工作着了迷的时候，他会一次又一次地重复相同序列的动作。再也没有什么比观看一个儿童津津有味地从事所谓“实际生活练习”更令人吃惊的了，比如，他全神贯注地擦拭铜制器皿，并且小心翼翼地按着指示去做，直到把它擦亮，紧接着，他又马不停蹄地全部从头开始把每一个细节都重复一遍，直到把擦得发亮的铜制器皿擦拭数遍方才罢休！这就说明，外部目标仅仅是一种刺激。真正的目标是满足潜意识的需要，这就是他的活动具有形成性的原因，因为儿童重复同样动作的目的是为了在其神经系统里建立一个崭新的控制系统，换言之，是为了建立肌肉之间的新协调，此种协调并非本性赐与，而须后天习得。我们在体育运动和热情重复的所有运动中的情形和这种情形并无二致。乒乓球、足球等运动的目的并非仅仅是准确地传递一个球，而是激励我们去获得一种新技巧（此种技巧是以前所没有的），我们能力得到提高的这种感觉才是我们在运动中享受到的快乐的真正源泉。

的确，有人可能认为，在这些活动中，儿童只是在玩耍。但是，这种玩耍需要付出一定的努力。它能使儿童获得将来所需的新能力。

他适应时代需要的本能已经被唤醒。它表现为一种进行内部建设的艰苦努力。仿佛有人告诉他："并非随随便便地建造，而须如此这般地建造。因为你将来需要的是这些动作，而非其他动作。"但是，这种努力是儿童期所特有的，而这就是我说儿童的模仿本能激励他们从事自我建设性工作的原因。

因而，在这里我们看到了儿童塑造其能力的真正动力。儿童所看到的周围人们的行为能激励儿童从事一些旨在形成其能力的活动。他形成的是什么呢？比如，在一门语言的学习中，它类似于织布工先绷在织布机上的经线——经线不是要织的布料，而是布料的基础。单调的语音就相当于这种经线，因为它们有韵律、节奏及按语法形式排列的顺序。所以，一个特定的民族或种族就是通过这些实际生活练习来纺织其一般行为的经线的。在 3 至 6 岁这个阶段，布料已经织成和臻于完美。因此，6 岁以下那个阶段是一个决定性的阶段。儿童在此阶段所形成的一切能力将保持终生，永不消失。他走路和做事的方式成了其人格中永恒不变的特征，并且成了区分其属于下层社会或上层社会的标志，因为几乎就像导致民族分离的语言差别一样，它们是导致阶级分离的差别。

因此，一个出身卑微之人，即使环境改变，爬进了社会上层圈子里，也不能甩掉出身刻划的痕迹。同样，一位贵族即使把自己乔装成一位工人，其行为习惯和言谈举止中的某种东西也会使他原形毕露。

就语言方面来说，该年龄阶段正是方言定型的时期。因此，即使某人是一位习惯于使用高度专业性词汇的大学教授，其口音也会千真万确地表明其原籍。

无论多么高深的高等教育都不可能抵消幼年期所形成的一切。由此可见，在该年龄阶段，社会教育极为重要。在此阶段，还有机会纠正头三年里遇到的各种障碍所造成的人格偏差，因为这正是本性完成其工作的时候。与此同时，如果按照科学的方法实施教育，我们就可以有效地缩小不同种族和国家人们之间的差别，从而使地球上的生活变得更加和谐。换言之，文化能改变人，正如它能改变自然界提供给他的环境一样。于是，人类拥有了一些不可思议的神奇力量。

感官教育与精确心理

积极参与指导儿童发展的那部分人格表现在他所从事的所有活动中。它从事的活动与儿童从事的感官练习相同。

什么是感官教育呢？

感官是我们和环境之间的接触点，心灵可以凭借感官经验变得极其灵巧，正如一位钢琴家可以在同一批琴键上奏出最优美的旋律一样。比如，缫丝工人能够获得惊人的触觉辨别力，他们能够区别出其手指下的一股丝线是由一根丝还是两根丝所拧成。一个野蛮部落的成员能够听到一条蛇爬行时发出的沙沙声，此种声音微弱得几乎听不见。

这种敏锐的辨别力是在普通的日常生活中锻炼出来的，它们之间有很大的个别差异。但是，如果不把感官教育作为某种含有智慧和动作的整体活动的一部分，那么就永远也不可能有什么感官教育。

个别差异随由兴趣所产生的内部倾向的不同而不同。人们都不同程度地拥有这种兴趣。换言之，我们都具有促使我们按照自己的独特本性成长和发展的天生引力。

从事过感官工作的儿童不仅能更加娴熟地使用双手，而且能更加敏锐地感知来自外部世界的刺激。因此，从这种程度上说，外部世界对于他而言，变得更加丰富多采了。因为他已经能够鉴别细微的差别了，对于一个感知觉稍逊一筹的人来说，此种差别或许根本就不存在。

我们的感官材料能给我们的观察提供向导，因为它把每种感官所能接收到的印象进行分类：颜色、乐音、噪音、形状、大小、触觉、嗅觉和味觉。毋庸置疑，这也是一种陶冶，因为它使我们不仅要注意我们自己，而且还要注意周围的环境。作为一种熏陶，它并不亚于言语和书写，它完善我们的人格，充实我们的天赋能力。

同时，和儿童的高级能力有关的一切都能变成一种刺激，此种刺激能开动其创造力，延伸其探索心灵的兴趣。

现在，普通学校的教师们经常开所谓的“直观教学课”，这种课要求儿童枚举某一特定物体的各种特性，比如颜色、形状、结构，等等。但是，尽管世界上的物体形形色色，不可胜数，但它们的特性却屈指可数。因此，这些特性类似于字母表中的字母，它可以构成不胜枚举的单词。

如果我们给儿童呈现一些物体，每种物体表示一种特性，那么，这就类似于给他们一个可供自由探索的字母表，一把可以开启知识殿堂大门的钥匙。一个人如果既知道事物特性的有规则的分类，又知晓每种特性的等级，那么他就能够把周围环境和自然界中纷繁复杂的一切理顺。

外部世界的这张“字母表”具有不可估量的价值。事实上，正如我们上面所说，陶冶并不仅仅是知识的积累，而且还指人格的延伸。教一个受过感官教育的儿童和教一个没有受过此种帮助的儿童是截然不同的两码事。呈现的任何一个物体，灌输的任何一种观念，发出的任何一种观察的邀请，无不受到他热烈的欢迎，因为儿童已经能够敏锐地鉴别诸如叶子的形状、花朵的颜色、昆虫的躯体之间的细微差别。关键在于他能否注意观察和是否感兴趣。一颗有准备的心灵比一位好老师更重要。

正如我上面所说，我们是根据事物的不同特性来设计各种器具的。因此，儿童可以由此获得一种对组织其心理最有效的帮助。

人们天生就会区别事物及其特征。虽然没有受过任何专门的教育，但是，每个人都能鉴别颜色、乐音、形状等特性之间的差别。显然，这与人类心理本身的结构有关。人类心理具有如下特征：它不仅能想象（即想象那些不在眼前的事物），而且还能收集和重组心理内容，比如，它能从我们遇到的不可胜数的外界事物中抽象出一张“特性字母表”。它是凭借其抽象思维能力来进行此种抽象活动的，字母表的发明者运用的就是此种能力。因为他们选择和发出了组成所有单词的几个语音。因此，字母表是一个抽象系统，因为只有那些实际存在的语音才是单词。除非人类能进行想象和抽象，否则他就不可能很聪明；或者他的智力就会与高等动物的不相上下，就是说，它只能刻板地固守某种特定的行为，因而它的发展就会受到阻碍。

抽象观念在数量上总是有限的，但是，我们遇到的真实事物却是不可胜数的。这些抽象观念的价值随其精确性的提高而提高。在心理世界中，它们相当于一种特殊的器官，相当于一种告诉我们空间方位的思维工具，正如一只告诉我们时间的钟表一样。

心理的这两种能力（想象和抽象）超越了对眼前实在事物的简单感知，它们共同进行心理内容的建设。二者都是语言建设不可或缺的。词汇的无限积累一方面需要一张精确的字母表，另一方面需要一套语法规则。因为，只有建立在语音和语法规则基础之上的单词，才能用来丰富一门语言。语言建设的情形和心理建设的情形是相同的。

当你说“他是一个心理模糊的人。虽然他很聪明，但是却很模糊”的时候，你的言外之意是，虽然他的心理观念甚多，但却秩序混乱，模糊不清。关于另一个人，你可能说：“他拥有一个像地图一样的心灵。他的判断无懈可击。”

因而，在工作中，我们给这部分用精确性建造起来的心理取了一个名字，叫“精确的心理”。这个术语是我从法国哲学家、物理学家和数学家帕斯卡尔那里引用过来的。他说，人的心理天生就是精确的，一切知识和进步都来自精确的观察。

正如一门语言的结构是由其字母的发音和词语的排列规则所决定的一样，人的心理结构——一张可以把知觉和想象的全部财富织嵌进去的经线网，基本上也是有秩序的。如果我们研究一下那些因作出了造福人类的有用发明而在世界上名垂千古、流芳百世的人的著作，那么我们就会发现，他们的起点永远是他们心理中某种规则和精确的东西，正是这种东西使他们能够有所创新。①即使在诗歌和音乐这些富于想象的世界中，也依然存在一种基本的秩序，它非常精确。因此人们就称其为

① 见拙著《高级蒙台梭利方法》（第一卷）《论想象》一章，海因曼，伦敦。

“格律诗歌”或“小节音乐”。

因而，很显然，在教育中，我们务必牢记住这两种心理能力。虽然在某种特定的人格中，一种能力往往比另一种能力更占优势，但是它们必须和谐共存，协同工作。单纯培养想象力的努力势必导致共衡，此种共衡会阻碍实际生活的成功。

幼儿流露出来的精确性倾向是明显的，惊人的。

事实上，如果我们精确地告诉他们如何做某事，那么这种精确性本身就能激发其兴趣。确定行为活动指向的真实目的只是第一个条件，进行此种行为活动的准确方法则能激励他们持之以恒地艰苦努力，从而进一步促进他们的发展。我们发现，秩序和精确性是学校开展自发性工作的关键。

现在，如果我们考察一下能够使儿童全神贯注的感觉器官（三四岁的幼儿表现得尤为明显），那么毫无疑问，不仅可以把此种感觉器官看作探索环境的一种帮助，而且可以把它看作精确心理的一种发展。①

用这些幼儿做实验所得到的结果和下面这一事实形成了奇妙的对比：在学校课程中，数学常常被认为是一种折磨，而不是一种快乐。大多数人对数学都有一种“心理障碍”。但是，如果把它深深扎根于吸收的心理之中，那么一切都将迎刃而解。

在幼儿的日常环境中没有数学般精确的物品。自然界给他提供了树木、鲜花和动物，但没有给他提供这些物品。因此，儿童的精确性倾向可能因缺乏锻炼机会而受到阻碍，这对他今后的发展是极为有害的。因而，我们把感官材料看作一个物化的抽象观念系统，或一个基础的数学知识系统。在我的另外两本

---

① 关于此感官的详尽透彻的论述，读者可参看拙作《儿童的发现》（卡拉克谢特拉，阿迪亚尔，马德拉斯）。

著作里，我全面详细地描述了我的数学教育方法，它们也是研究该领域特殊心理的论文集。①

胚 胎 模 型

在发展的最初几个阶段，儿童就编织成一种类似织布工所纺的经线——它由儿童对物质环境的一系列胜利所织成。的确，这是胚胎期的一件大事，因为一个胚胎是某些先存模型的结果，无论它们是奠定在基因中的未来身体器官的模型，还是柯格希尔所发现的行为模型。

在语言方面，儿童编成的是另外一种经线——这是一种固定而精确的经线，因为它是由某些特定的语音和单词排列的固定规则所构成的。这些语音和单词的排列原先并不存在。它们是由人类群体逐渐发展起来的。因为，正如我们所见，词及其意义是希望相互理解的人们彼此同意的结果。

其他的一切也是由社会群体建立起来的，比如，最终受到道德力量感染的风俗和习惯。有趣的是我们发现，形成这些风俗的目的很少是为了使社会生活变得更加和谐顺利，但是过去进化论常常持这种观点。社会规则的某些方面比其他方面同此种观点的冲突要大得多。“自我保护本能”并不仅仅选择最佳生活条件。恰恰相反，生活的种种限制倒使我们想到了一种天生的牺牲本能，因为要把一块没有形状的乱石雕凿成一定的形状，我们必须对它进行一番加工改造，换言之，必须砍削掉或牺牲

---

① 玛丽亚·蒙台梭利：《算术心理与几何心理》（卡萨编辑部，阿拉卢斯，巴塞罗那，1934）。

掉某些部分。事实上，有关原始民族的风俗研究表明，在所有的原始民族中，都存在各种限制性风俗（如禁止——禁忌等）。

对美本身的追求有时候采取的是一些不自然的扭曲形式，这种扭曲往往以惨重的牺牲作为代价（如中国妇女那名闻遐迩的缠足，或为穿戴珠宝饰物而在耳鼻上穿孔及珠宝饰物导致的器官畸形）。

然而，最严重的限制性风俗主要表现在食物方面。最近死于饥馑的数百万印度饥民所生活的那块土地，和世界上任何地方一样，牛羊成群，土壤肥沃，物产富饶。但是，他们有一种极为根深蒂固的风俗——禁止屠宰动物以作食物，此种风俗的力量比死亡还要强大。

道德属于社会生活的上层建筑，社会生活将它们作为一种确定的形态固定下来。我们一定不能忘记，这些形态也是由普遍同意所建立起来的，以便它们能发挥其作用。

我们认为，各种宗教也是如此，因为即使是偶像也必须经过社会的普遍同意。宗教并不仅仅是人们建立在某些观念基础之上的相互同意。毫无疑问，它们产生于人类的精神需要——是导致宗教崇拜,而不只是导致对某些信仰的理智认可的需要。原始人因为对自然界的奥秘迷惑不解，所以就对自然界中某些深刻的方面产生了崇拜，并使自己的惊奇蒙上了一层感激和恐惧的色彩。因而，他们普遍同意后，就把这些情感反应附加在那些神圣的事件和事物上面。

它们不仅能激发想象力，而且还能为心理所用。心理能从它们那里提取到合成品（正像它能从感官印象中提取抽象观念一样）。事物的特性可以通过一种基本的心理活动而加以区别。但是，在这里，在这个潜意识起作用的地方（正如它在导致宗教崇拜的风俗中起作用一样），我们对它们进行了抽象表达，我们是使用象征性符号来表达它们的。如果这些符号要成为社会性象征，那么它们必须经过社会的普遍同意。我们发现，作为象征性表达的形式，一些崇拜行为和崇拜仪式在群体生活中起着举足轻重的作用。

所有这一切都是在若干世纪的漫长岁月里建立起来的。类似于道德体系的固定系统不但建立起来了，而且它还变成了人们之间统一的源泉。它把他们联合在一起，从而使他们这个群体区别于其他群体。人类群体之间的这些社会差别类似于物种之间的生物差别。正如生物差别是通过遗传而代代相传的一样，这些心理形成物也是如此代代相传的。

但是，这些特征并不仅仅是凭借想象而概括、认可和确定下来的，而是想象和精神需要一起为它们收集材料，就像感官在另一个层面上收集材料一样，但是，紧接着抽象思维就对它们进行简化和综合，以便心理能用确定的形式来成功地表达无限之事物。

因为这些形态很精确和稳定，所以就可以用一些简化符号来表现它们，一切形态都可用这些符号来表达，几乎像数学一般精确的行为稳定性就是从这些符号中产生的。因此，心理的精确能力就捕捉住这些想象映象和精神映象，而且把它们具体化。

因此，假如一个儿童吸收了一个民族的风俗、道德和宗教，他真正吸收的是什么呢？

由语言中的情形可以推知，他吸收的是一种模型，即他接受了从抽象中得来的稳定性和精确性，并按照精确心理的要求把它组织起来。这个模型成了他的一个组成部分，就像生物结构成为一个胚胎的组成部分一样。该模型很有效力和创造性。正如基因决定身体的遗传特征，或神经中枢的类型决定行为的模式一样，该模型赋予人格一定的结构形态。

在婴儿期（或心理期），儿童从周围世界中吸收了一些独特的模型，这些模型受到其群体的社会生活的遵守。这就是说，他首先吸收的并不是其种族的实际精神财富，而仅仅是产生于这些精神财富的一些模型。因此，他吸收的只是基础的或概括的或精确的那部分——正因为如此，在人们的日常生活中，它才被多次重复。总而言之，他吸收的只是精确的部分。一旦这些模型在他内部建立起来以后，就变成了类似于其母语的固定特征。

虽然一个人今后的发展是无止境的，但是，它永远是建立在这一基础之上的。同样，虽然他的母语可以得到无限的丰富充实，但是，它永远是建立在胚胎期所奠定的语音和语法规则基础之上的。

很明显，精确心理从一开始就是积极主动的，因为，正如我们已经暗示过的那样，不仅精确性对儿童的每种行为都有着强大的吸引力，而且儿童的秩序需要是主宰其早期生活的一种最强烈的动机。对事物的有规则的组织及事物相互关系的敏锐辨别是和简单感知同时发生的，即是和首次从环境中吸收映象的活动同时发生的。同样，在他的有目的的行为活动中，只有一个可以遵循的精确程序，儿童才能坚持这些有目的的活动，否则就不能专心致志和持之以恒地进行这些活动。

把这一切汇集起来，就使我们认识到了儿童个性心理方面的一种基本形成物。一种心理结构正在形成，而且是在一种预先建立的模型的基础上形成的。否则，儿童就只能凭借推理和意志来发展其心理，这就是说，只能凭借某些以后才能习得的能力来发展其心理。但是，我们认为，这是极其荒谬的。因此必须坚决摈弃。

正如一个人不是凭借逻辑推理来创造其躯体的一样，他也不是按照逻辑论证的方法来创造其心理结构的。在这里，创造一词意指产生某种前所未有的东西的神秘活动，按照生命规律，此种事物以后一定会生长起来。但是，万物确实是从某种创造开始的：所有生命都是从受精卵开始的。

因此，人类心理是建立在一个本身就富有创造性的基础之上的，但是，其时间是在出生以后；因为人类心理必须以得自外部世界的感官经验作为基础。它以此为基础，把每一个个体变成其种族群体所要求的一员。不同人类群体之间的差别就是如此连续传递下去的。在漫长的时间长河中，这些人类群体发展了他们的文明。

只有当诞生于环境中的新成员具有创造力的时候——此种创造力能使他适应环境，一切非本性所固有的、像社会形态一样逐渐发展起来的东西才能继续存在。这就是儿童真正的生物功能，正是此种功能促进了社会的进步。但是，正因为它是一种我们可以驾驭的创造性活动，所以它对我们才极其重要。

第十八章　幼年期的性格及其缺陷

现在，我们转变话题，来讨论人生初期极为重要的第二组事实，它们是关于儿童的性格及其形成的。

过去的教育学一直都把性格训练放在极其显要的地位，虽然它没有说明性格的确切含义或指出应该如何训练性格。它认为，仅有智慧教育和实用教育是不够的，还必须有性格这个未知因素“x”。不过，这仍然不失为某种真知灼见，因为它意味着教育者们正在试图培养某些重要的人格要素。某些美德，诸如勇敢无畏、坚韧不拔、责任感强、与别人的良好道德关系，一直受到高度的评价。道德教育一直被放在一个很崇高的地位。

但是，尽管如此，在世界各地，人们对性格实为何物的观点仍然模糊不清。

很久以前，哲学家和生物学家们就已经讨论过这个问题，但一直没有取得一个精确的定义。从古希腊人到我们，从西奥弗拉斯塔斯到弗洛伊德和荣格，很多人都曾研究过该问题，但是正如卢蒙克所正确指出的那样，“我们一直停留在一个尝试阶段。”①

虽然没有一个能为所有的人接受的终极概念，但是，每个人都直觉地知道，该概念包含的全部特性都是重要的。

最近的性格研究发现，它包括身体因素、道德因素、智力因素、意志力、个性和遗传等。自从邦森 1867 年首次使用“性

---

① H. C. 卢蒙克：《性格分析学导论》，哈莱姆，1937。

格分析学”一词起，近乎性格研究科学中一门新分支学科的性格分析学就一直在茁壮成长和蓬勃发展。大多数现代研究者和创新者主要是在这个有点思辨的研究领域，而非一个精确的知识领域作出了他们的贡献的。但奇怪的是，他们的研究或者从抽象的成人开始，或者从被看作生物的成人开始。即使有些人涉及到教育（权且不论他们采用的是经验论观点还是宗教观点），但一般说来，他们也忽视了幼儿，尽管他们大谈特谈什么遗传即先天影响。结果，从遗传一下就跳到了成年期，留下了一个无人问津的空白，几乎没有人曾试图填补这一空白。

可是，我们就是在研究这一空白，这是儿童自发作出的一种贡献，他们给我们指出了思考这个界说不清的问题的一些新方法。它使我们把儿童的性格发展看作儿童自我努力的一系列结果，它与外部因素无关，它取决于儿童那旺盛的创造力和他在日常生活中遇到的各种障碍。因而，我们就转为观察和解释本性对人的心理建设的作用。我们的研究必须从性格和个性皆为零的诞生之时开始，直到它们开始发展之时结束。因为，扎根于潜意识心理中的自然规律无疑是存在的，它们决定心理的发展，它们是人所共有的。相反，差别则主要是由生活的变化造成的，比如事故、挫折及个体在其发展道路上遇到的障碍所导致的心理退化。

毫无疑问，像这样一种理论一定能够解释从幼年期到成熟的每一个阶段中儿童性格的情况，但是，此时此刻，我们暂且把儿童那正在绽开的生活作为一个基本的因素，并把它作为我们探讨个体之间各种差异的指南，这些差异是由他们适应环境的不同努力造成的。

如果从这种观点来看，那么我们就可以把有关性格的一切都看成人类行为的表现。正如我上面已经说过的那样，个体从零至18岁的生活可以划分成三个时期：0—6岁（这个时期是本书的主题）、6—12岁和12—18岁；每个时期还可以再划分成两个更小的阶段。如果单独考虑这些时期，那么每个时期儿童的典型心理都大不相同，以致于它们几乎像是别人的特征。

正如我们所见，第一个时期是个极富创造性的时期。这是性格的根基之所在，虽然出生之时儿童的性格尚一无所有。0至6岁是一生中最重要的时期，也是性格发展最重要的时期。众所周知，尚在怀抱中的婴儿不可能受到榜样或外部压力的影响；因此，奠定性格基础的因素必定是本性本身。年幼儿童尚没有是非感；他还生活在道德观念之外。事实上，我们并不认为他很坏或邪恶，而只是认为他挺调皮，即他的行为很幼稚。因此，本书没有使用“善”、“恶”或“道德”这些术语。只有在第二个时期，即6至12岁，儿童才开始具有是非正误意识，不仅是关于自己行为的是非正误意识，而且也是关于他人行为的是非正误意识。是非正误问题是该年龄阶段的特征。道德意识正在形成，此种意识以后会促进社会意识的形成。在第三个时期，即12至18岁，产生了热爱祖国的情感，它是一种归属某一民族群体并关心该群体荣辱的情感。

正如我已暗示的那样，尽管每个时期与其他两个时期基本上不相同，但是每个时期都为后一个时期奠定了基础。在第二个时期，一个人要能得到正常发展，那么在第一个时期就必须得到良好的发展。同样，一只蛹和一只蝴蝶虽然外表和行为方式大不相同，但是，蝴蝶的美丽却是来自它幼虫形态的生命，而不是来自它模仿另一只蝴蝶的努力。我们是通过现在而走向未来的。一个时期的需要满足得越充分，下一个时期的成功就越大。

生命是从妊娠开始的。如果怀孕是两个健康人结合的结晶，两人都不酗酒或堕落，那么诞生的婴儿就不会有缺陷。因此，胚胎发育的方式取决于怀孕时起作用的各种条件。以后，胎儿可能会受到一些影响，但是，只受其环境的影响，即只受妊娠期母亲周围环境的影响。如果胚胎的条件极为有利，那么婴儿出生时就会身体健康强壮。因此，怀孕和妊娠对婴儿期生活都有影响。

我们已经提到分娩创伤及其产生的退化危险。这些退化的性质可能很严重，但是，它们还没有出生前酗酒或遗传疾病（如癫痫等）的影响那么严重。

出生以后，我们一直在研究的关键期开始了。在最初两三年里，儿童可能受到一些将改变其整个未来的影响。在这个时期，如果他受了伤害，或受过暴行，或遇到严重的障碍，那么就可能出现人格偏差。结果，儿童的性格就会按照他遇到的障碍或享受到的促进其发展的自由而发展。在受孕和妊娠期，在分娩和分娩以后的时期，如果儿童受到了科学的抚养，那么3岁时他就是完美无缺的。这个理想从未实现过，因为除了其他一些原因之外，还有许多障碍的干扰。到3岁的时候，儿童彼此之间就有差别了，这些差别的大小不仅随导致它们的经验的严重性而变化，而且尤其是随它们出现的年龄的变化而变化。因为出生后遇到的各种困难所产生的变化没有妊娠期所产生的变化那么严重，也没有怀孕时起作用的各种有害影响所产生的变化那么严重。

至于纠正儿童缺陷的希望问题，我们认为，在婴儿期即零至3岁所获得的缺陷可以在3至6岁期间得到治愈，3至6岁期间是本性忙于完善各种新形成能力的时候。

我们的学校在这个时期所得到的一些经验和结果，是我们所作的一件令人瞩目的贡献，借助它们，我们就可以实施正面帮助了；换言之，我们能够进行教育了。但是，如果（由于疏忽或错误的抚养）0至3岁期间所产生的缺陷没有得到及时的纠正，那么它们不仅会继续存在，而且还会进一步恶化。因此，6岁的时候，一个儿童可能还带有3岁以前产生的偏差和3岁以后获得的其他缺陷。6岁以后，它们将影响人生主要的第二个时期的发展及正在发展的是非正误意识的发展。

所有这些缺陷都会影响心理生活和智力。如果前一个时期的环境对他们能力的发展极为不利，那么儿童学习起来就会非常困难。因此，一个6岁儿童可能表现出一些非他自己特有的特征，这些特征是他早期所遇到的不幸的结果。比如，他也许不能够发展那种在6至12岁期间应该具有的道德意识，或者他的智力可能不正常。于是，儿童就会缺乏性格和不能进行学习活动。在最后一个时期，除了这些缺陷以外，他的低劣还会导致其他一些失败，这样他将成为一个无用的废品，而这并非他自己的过错。

在我们学校里（正如在今日的其他很多学校里一样），有一张记录着每个儿童生理和心理特征的表格。它可以成为教师的一个指南，因为如果我们知道儿童每个生活时期有哪些失败，那么我们就能够估计它们的严重性，并作出可能的反应，对症下药地采取补救措施。在这张图表上，我们记录着父母所患的遗传疾病，儿童出生时父母各自的年龄，及有关母亲妊娠期间生活的信息（机智地获得的）——她是否出过事故，是否跌过跤，等等。还有母亲的分娩是否正常，即婴儿是否健康，或者母亲是否晕厥过。其他问题是关于儿童在家庭里的生活情况。父母是否过度焦虑或过分严厉？儿童是否受过任何恐怖或其他什么惊吓？如果他是一个困难儿童或任性儿童，那么我们就可以到他迄今所过的生活中去寻找导致这种结果的原因。3岁的时候，当他们来到我们学校里时，几乎全都有某种病态，不过这种病态是可以纠正的。现在，我们来简短地回顾一下我们常见的几种偏差类型。

通常，人们一次只讨论儿童的一种缺陷，并认为应该采用某种单独的直接的补救措施来克服每种缺陷。但是，尽管儿童的缺陷很多，我们发现，可以把它们分成简单的两类，即：强型儿童（他们反抗和克服所遇到的各种障碍）表现出来的缺陷和弱型儿童（他们屈服于不利条件）表现出来的缺陷。

强型儿童的缺陷

第一组儿童的缺陷有任性、暴力倾向、暴怒、不服从和进攻性。不服从表现得很明显，是一种所谓的破坏性本能。占有欲很强，它会导致自私和忌妒（后者并不是消极被动地表现出来的，而是在攫取他人物品的努力中表现出来的）；目的不稳定（年幼儿童中极为常见）；不能集中注意；双手动作的协调比较困难，因此他们很容易掉落或打碎东西；心理混乱；非分的想象。这些儿童可能大声喊叫、尖叫；一般都爱喧闹。他们干扰和揶揄别人；常常冷酷无情地对待弱小儿童和动物。在餐桌上他们一般都很贪婪。

弱型儿童的缺陷

弱型儿童天生消极，他们的缺陷也是消极的。懒惰和无聊，想要什么就要什么；试图让别人服侍他。他们总是希望别人使其快乐，但又很容易厌倦。他们发现一切都很可怕，因而他们依附成人。他们经常撒谎（一种自我保护的消极形式）或偷拿东西（心理补偿的一种形式），等等。

也可能出现这样的情况：他们患有生理缺陷，它们是由心理因素造成的。比如，他们拒绝吃饭，明显缺乏食欲，或者就是麻木地暴饮暴食，从而导致消化不良。恶梦、惧怕黑暗和睡卧不宁会危害身体健康，导致贫血症（某些贫血症和肝脏疾病确实是由心理因素造成的）。此外，还有神经疾病。所有源于心理状态的疾病通常都不能用医学中已知的普通疗法加以治愈。

性格和道德问题

因此，道德行为这幅简略的图画因所有这些疾病——扭曲、缺陷和缺点而变得复杂起来。这些个性缺陷是由不利于其正常和健康发展的条件造成的。

人们感到，许多儿童，尤其是那些强型儿童，并非家庭的幸福。他们的父母都试图摆脱他们，都乐意把他们托给保姆喂养，或把他们送到学校里管起来。他们成了父母双全的孤儿。他们有疾病，但他们的躯体却很健康，这不可避免地会导致他们的恶劣行为。父母们对他们感到不知所措。有的父母寻求他人的建议，而有的父母则试图独自解决这些问题。有时候他们决心给儿童一点颜色看看，以为这样会解决一切问题。他们使用了所有的手段：拍打，喝斥，让他们饿着肚子上床睡觉……但是，这只能使儿童的缺陷更加恶化，使他们变得更加麻烦，或者使他们采取同种缺陷的消极形式。于是，他们又尝试使用机智的说服教育，晓之以理，动之以情："你为什么要让妈妈感到这么不愉快呢?”

最后，父母们失败了，因而停止了忧虑。

消极的或倒退型儿童很少引起这样的注意。他们的行为没有问题。母亲认为，她的孩子很乖，很听话，因为他没有做错事。她把他对她的依附当作一种爱。她说，他非常爱她，没有她，他就不能上床睡觉。但是，后来她发现，他的动作和言语都很迟钝缓慢。他站立不稳。她说:“他很健康，但他非常敏感。一切都会使他感到惊恐。他甚至连食物也不感兴趣：他确实是一个高尚的儿童！为了让他吃饭，我老是得给他讲一个故事。他肯定会成为一个圣徒或诗人!”但是，最后，她确信他有病，因此就去请大夫。这些心理疾患让儿科医生们发了大财。

解决办法

如果我们理解了每个儿童按其本性都要经历的建设性活动的周期，那么所有这些问题都可以得到解决。因此，很明显，每种性格缺陷都是由儿童早期经受的某种错误对待造成的。如果此时儿童被忽视了，那么他们的心理就会成为一片空白，因为他们没有建设其心理内容的机会。挨饥受饿的心理（心理学家们现在对它给予了高度的注意）是导致许多邪恶的一个基本原因。另一个原因是缺乏受创造性冲动驱使的自发活动。这些儿童几乎都没有全面发展的条件。他们经常被孤零零地丢在一边，无所事事，只有睡觉。或者就是，成人越俎代庖，替他们把一切都做好，从而阻碍他们完成其活动周期。结果就使他们产生了被动性和惰性。虽然他们看到过和渴求过许多东西，但是仍然没有什么东西可供他们玩耍，因为只有在他们手中的东西，他们才会观看。但是，最后，当他们终于成功地拥有一朵鲜花或一只昆虫的时候，他们却不知所措，因此他们往往把它弄得粉碎。

一些荒谬的恐惧也可以追溯到这一早期阶段。

我们的学校得以广为普及的一个主要原因是，儿童的这些缺陷显著地消失了。他们发现，在这里，他们可以积极探索环境，可以自由发挥自己的能力，促进心理的发展。因为有许多有趣的事情做，所以他们能够随心所欲地重复这些练习，并且能够不断地集中注意力。一旦儿童达到这个阶段，并且能够工作和专心致志于有趣的事情，那么他们的缺陷就会立即消失。这一结果使我们懂得，他们以前的那些缺陷是习得的，而不是天生的。他们之间也不存在明显的差别，因为，只不过一个儿童撒谎而另一个儿童不听话而已。但是，所有这些缺陷都是由一个简单的原因造成的，这个原因是：心理生活的营养不足。

给母亲们的建议

我们能给母亲们一些什么建议呢？她们的孩子必须从事一种有趣的活动：一旦他们开始从事某种智慧活动时，就不该不必要地帮助他们，或者打扰他们。如果儿童在心理方面挨饥受饿，那么温柔、严厉、药物都无济于事。如果一个人因为食物匮乏而挨饥受饿，那么我们并不会因此就称他为一个笨蛋，也不会因此就鞭笞他一顿，更不会因此而求助于他的情感。他需要的只是一顿饭，别的什么都无济于事。同样，无论是严厉还是慈祥，都不能解决该问题。人是一种有智慧的动物，因而对心理食粮的需求几乎大于对物质食料的需求。不像动物，他必须建立自己的行为。如果让儿童沿着一条他可以组织其行为和建设其心理生活的道路前进，那么一切都会安然无恙。他的疾病将消失，他的恶梦将绝迹，他的消化功能将趋于正常，他的贪婪也将减弱。他的身体健康会得到恢复，因为他的心理趋于正常了。

因此，它们并不是道德教育的问题，而是性格形成的问题。性格缺乏或性格缺陷将自动消失，无需成人的说教或榜样。我们无需恐吓或哄骗，而只需使儿童的生活条件“正常化”。

第十九章　儿童对社会的贡献
——正常化

公众并不总是把儿童的性格缺陷（在前一章我们已经讨论过了，并把强型儿童和弱型儿童的性格缺陷作了区分）看作一件坏事。有的缺陷甚至还受到了高度的评价。人们认为，消极被动的儿童很温顺，而喧闹聒噪、精力旺盛、想象丰富的儿童则特别聪颖或卓尔不群。

我们发现，社会群体把他们划分成如下几类：

（1）缺陷需要纠正者；

（2）温顺（消极被动）者，他们将被树为典范；

（3）卓尔不群者。

后两类属于所谓的逗人喜欢型，父母为他们感到自豪，尽管他们的伙伴（就像后一类那样）一点也不喜欢他们。

我已经强调过这一点，并唤起了人们对此种分类的注意，因为它已经存在若干世纪了。但是，在我创办的第一所学校里及在所有效仿它而创办的学校里，我曾看到，一旦儿童沉浸在一件对他很有吸引力的工作中，这些特征就会立即消失。所谓的坏品质、良好品质和优秀品质全都消失了，只剩下一种儿童。这些品质他一种也没有。

这就是说，世人还不能评价儿童性格中的好品质和坏品质，也还不能评价那些类似它们的品质。我们一直在思考的东西原来是错误的。我不禁联想起一句神秘的格言："唯有你才具有真理，啊，上帝！其他一切尽皆幻影。"我们学校里的儿童已经向我们证明，他们的真正愿望是永远不停地工作——这件事以前人们连想都没有想过，正如以前从没有人注意到儿童有自发选择其活动的能力一样。遵循内部向导的指引，儿童们忙于从事某种给他们带来宁静和欢乐的活动（每个人的活动各不相同）。

在儿童群体中从未见到过的另一种现象出现了。那就是“纪律”的形成，它是自发产生的。这比其他任何事情对公众想象力的震惊都要大。自由中的纪律解决了一个迄今未能解决的问题。答案是通过给与自由而获得纪律。这些儿童自由地选择其工作，每个人都沉浸在一种与众不同的任务之中，但是，他们都属于一个群体，他们有着良好的纪律。在过去40年里，这一点在世界各地都得到了证实，它表明，当儿童置身于一种可以开展有组织的活动的环境中时，他们会发展起一种新的品质。换言之，他发展起一种全人类共有的心理类型。这一点以前不很明显，因为它被一些非儿童固有的特征掩盖住了。

这种变化（它几乎使类型统一起来）不是逐渐产生的，而是突然发生的。在任何一个特定的儿童身上，它都是儿童专心致志于某种活动的结果。但这并不是说，一位女教师必须敦促一个懒惰儿童去从事某种活动。她只要让他接触一下有目的的行为活动的各种工具就行了，这些工具等着他在为其准备的环境中使用。他一旦发现了自己的工作，他的缺陷就会消失得无影无踪。和儿童讲道理是于事无补的。他们内部的某种东西似乎爆发出来；并牢牢地抓住某种外部活动。它吸引着儿童的能力，于是它就集中于儿童积极重复的固定工作之上。

人是一个统一体，但是这种统一性必须通过积极探索真实世界来建立和形成。它要受自然规律的支配。

每部分的胚胎发展，在出生到3岁这个时期，起初是独立进行的，但是最后必须统一起来。当它这样组织起来的时候，所有的部分都会共同促进个体的发展。这就是下一个时期即 3 至 6 岁期间的情形，在此期间，他的手正在从事工作，心理正在指导它。

如果外部条件阻碍这种统一的发生，那么这些能力就会驱使每种局部形成物继续进行其活动，而置其他形成物于不顾。这会使各部分的发展不平衡，使发展背离其固有的目的。

双手盲目地挥动，心理远离现实，语言只对自身感兴趣，躯体笨拙地移动。这些独立的能力因为找不到什么东西来满足它们，所以就产生了不可胜数的发展缺陷和发展偏差的混合物。它们是矛盾和绝望的根源。

这些偏差不是个性本身导致的，而是由于组织个性的失败而产生的。

它们虽然是一些暂时的特征，但是它们是不能纠正的，因为只有当这些能力作为一个整体为个体的目的服务的时候，它们才能得到纠正。

但是，在新环境发挥其魅力即为建设性活动提供动机的时候，所有能力就会联合起来，偏差就会消失。于是，一个独特的儿童——一个“新儿童”就会产生；它是儿童的真正“个性”，它可以建设自己。

正如我们知道的那样，在图 11 的右边，是儿童们的不同特征。这些特征用许多像扇子一样向外辐射的绿色条来表示。那条宽阔而垂直的蓝色中线表示专心致志地从事某种特定的活动；它是正态线。一旦儿童开始全神贯注的时候，中线右边的所有线条就会全部消失，因而就只剩下一种类型，它的特征用左边的红色线条来表示。所有这些表面缺陷的消失并不是由成人导致的，而是由儿童本人导致的，儿童带着其完整的人格进入了这条中线，这就意味着他已经达到正常状态。

我们发现，在我们的所有学校里，尽管儿童所属的社会阶级、种族和文化不尽相同,① 但是，这种现象却重复出现。

这就是我们整个工作所得出的最重要的结果。

从一种状态向另一种状态的过渡永远是双手利用真实物体从事某种工作的结果，此种工作伴随着高度的精神专注。

我们可以用一个专门术语“正常化”来称呼这种心理事件——该心理事件使我们联想到心理分析法。

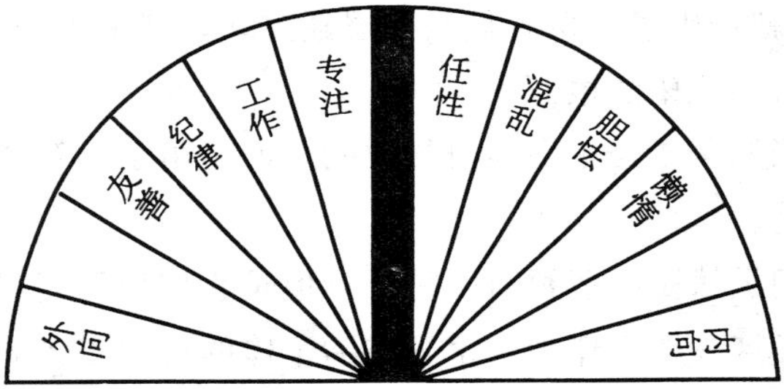

图 11　儿童的正常性格特征和偏差性格特征

经过多年的研究和大量的经验积累，它的真相终于被揭开了。在儿童指导医院里（为了治疗“困难儿童，现在正在广泛地建立这种医院)，医生们的做法是，给儿童提供一个活动动机丰富的环境，在这种环境里，他可以随心所欲地选择他将获得和使用的一切。在这种选择过程中，他可以免受教师的控制，或一般地说，他也可以免受成人的控制。

“游戏疗法”也使儿童能够在许多玩具和模仿活动中进行自由选择——这种选择比家庭通常所提供的选择更富有变化性。

研究发现，此种疗法与精神病学家的解释结合起来（此种

① 见《童年的秘密》。

解释所提供的建议能改进家庭对儿童的抚养)，可以改进儿童的性格，尽管这也可以归因于他与其他儿童在一起所过的社会生活。

但是，这些机构的活动范围太有限了。它们只是一些“治疗”场所，就像病人疗养所一样。它们对工作和自由能否治愈发展缺陷缺乏全面的理解，就是说，工作和自由是儿童发展的正常需要。

事实上，经常出现这种情况：当受过治疗或得到改善的儿童重新回到那些还没有改变的条件中去生活的时候——这些条件是他们“偏离正态”的起因，他们缺乏保持正态的能力或机会，因此他们性格的改善只是暂时的。

有些国家曾作过种种努力，试图把自由和活动也运用到学校里去；但是，那时候对自由和活动的解释极不严谨确切。

自由被肤浅地理解成立即从压迫性束缚中解放出来；停止纠正行为和停止屈服权威。这种概念显然是消极的，即它只意味着压迫的废除。因此，常常出现这样一种极其简单的“反应”：不加控制地胡乱地发泄冲动，因为它们以前受成年人意志的控制。当儿童还没有发展起控制能力的时候，“让儿童想干什么就干什么”是与自由观念相违背的。

结果，儿童不守秩序了，因为秩序是由成人专横地强加给他们的；儿童变懒了，因为以前他们是被迫进行工作的；儿童变得不服从了，因为他们以前是被迫服从的。

相反，真正的自由是发展的结果；它是在教育的帮助下，潜在向导的发展。发展是积极主动的。它是通过艰苦努力和亲身经历而进行的人格建设；它是每个儿童达到成熟必须跋涉的漫长道路。

任何一个人都能统治和镇压弱者与被征服者，但是没有人能使另一个人得到发展。发展是不能教授的。

如果自由被理解成让儿童想干什么就干什么，让他们使用或很可能是滥用那些可用之物，那么很清楚，只有他们的“偏差”能够自由发展；他们的病态将有增无减。

正常化是“全神贯注”于某件工作的结果。为此，我们必须提供“活动动机”，它们很适合儿童的兴趣，因此它们能唤起他的高度注意。他们在这方面的成功取决于为既定目的服务的物体的使用，这对儿童的“心理秩序”也很有利。如果小心精确地使用它们，那么这必将导致儿童的“动作协调”。

受科学标准指导的心理秩序和动作协调是专注的基础，一旦这种专注出现，那么它就会“使儿童的行为活动获得自由”，并使他的缺陷得到治愈。我们之所以说“专注”，而不只说“工作”，是因为儿童漠然地从一种事物转到另一种事物，即使他把它们全部派上了适当的用场，这也仍然不足消除他们的缺陷。

关键是要激发儿童的兴趣，使他的整个人格都参与活动。

在我们的学校里，这个“痊愈时刻”并非像在困难儿童医院里那样，是到达的终点，相反，它只是起点，离开起点以后，“行为的自由”会巩固和发展个性。

只有受到环境帮助的正常儿童，才能在以后的发展中表现出我们描述的那些奇妙的能力：自发的纪律、持久而愉快的工作、帮助和同情他人的社会情感。

自由选择的活动成了他们有规则的生活方式。他们各种混乱的治愈是通向这种新生活的大门。

它的主要特征永远不会改变。这个特征是“专心致志、竭力尽心地工作”。一件自由选择的有趣工作具有这样一个优点：它能增长儿童的能力和心理能力，并能使他获得自制力。

那么，要促进这种发展，如果只给他们提供一些随意选择的物体是远远不够的，相反，我们必须组织一个“循序渐进的兴趣”世界。这样，就产生了一种以幼儿发展为基础的教育技巧。

在我们的学校里，不仅儿童的性格得到了加强，而且儿童的智慧生活对知识的追求也变得永不知足了。

人们禁不住会说，儿童正在从事精神练习，他们发现了通向自我完善和灵魂顶点的道路。

他们那尚在发展中的工作使我们联想到印度经书《吠陀》中的一段戒条：

“提供正确的工作极为重要。心灵需要连续不断地工作。精神发展的目的旨在使其永远不停地从事健康的工作。心灵空虚则邪恶乘隙而入。懒惰者不能成为（崇）高尚之人。”

我们的观点和吉布朗的话是一致的：“工作是看得见的爱好。”①

---

① 卡利尔·吉布郎：《先知》，海因曼、大不列颠及克洛普、纽约，1948，第33页。

第二十章　品格的形成是儿童自己的成就

正如前章所述，儿童建筑起自己的品格，培养起我们所羡慕的品质。这些都不是由于我们的榜样或劝诫而形成的，而是仅仅由于儿童自己在3岁至6岁间所进行的一系列长期而缓慢的活动的结果。

在此期间没有人能“教”他们如何形成其品格中所包含的各种品质。我们唯一能做的就是将教育建筑于科学的基础之上，以便儿童能够有效地工作，不受干扰和阻碍。

以后我们才有可能通过说服和规劝直接地捕捉儿童的心理。儿童到6岁时我们才能够成为道德教育的传教士，因为在6岁至12岁之间良知才能起作用，儿童才能够将善恶问题具体化。12岁至18岁的少年已开始具有各种理想（爱国主义的、社会的、宗教的，等等），我们就能够做更多的工作。然后我们才能够像对待成人那样向他传教。遗憾的是6岁以后儿童就再也不能够自然地形成自己的品格及其品质了。自此以后，传教士们（the missionaries）会感到力不从心，他们会发现自己面临着相当多的困难，而且他们所面临的是许多抽象的而不是具体的问题。

年轻的教师常常抱怨说：尽管他们能教科学、文学等等科目，却教不了面前的学生，而且这不是由于学生缺乏才智，而是由于缺乏品格。没有品格就没有“内驱力”。只有那些成功地保持了品格中的某些或全部天赋的人——尽管小时候爱发脾气或受到不公正的对待——才能保留下任何个性。大多数人却不具备这一点。

要这些人集中精力是毫无用处的，因为这正是他们所不能够运用的能力。如果在他们迷失的天赋中缺乏细心与耐性，我们又如何能够希望他们认真耐心地工作呢？这就像对一个没有双腿的人说："要好好走路"一样。像这样的品质只能通过实践，决不是通过命令去得到。

那该怎么办呢？社会通常会回答说："对年轻人要耐心，我们只能用我们自己的善意和榜样去影响他们。"人们希望用耐心和时间去获得什么。但实际上是一无所得。随着岁月的流逝我们的容颜变得苍老了，但仍不会有什么收获。时间与耐心并不能独自发挥效用。我们只有利用创造期所提供的机会才能取得成效。

如果我们把人类作为一个整体加以考虑，另一个问题也就清楚了。成人像儿童一样仿佛主要是由于他们的缺点而使他们各有差别，但在他们的心灵深处存在着某些深沉而普遍的东西。所有的人都有一种向上的倾向，不管这种倾向多么模糊不清和无意识；他们渴望着某种精神的力量。而且这种倾向不管对他们品性上的缺点起的作用多么微不足道，但这迟早会产生一种压力，促使其品格得到改善。个人及社会都是如此，都有一种不断进步的倾向。或者是在外部阶段或者是在内部阶段，人的无意识中存在着一丝微光导引着这种倾向向好的方面发展。换言之，人的行为不是像动物那样是不可改变的，它是可以改进的，而且对于人来说，他很自然地会感觉到改进自己行为的迫切性。

图 12 的中央是一个红色圆心，表示完美的中心。环绕这个圆心的是一个蓝色区，代表那些比较坚强和比较平衡类型的人，

即那些接近完美或属于“正常”类型的人。环绕这个区域的白色区表示各种不同程度的尚未达到正常的大多数人。在边缘一层我们看到一个区域较小的深红色圆环，表示在正常范围之外的那一类人，即极少数社会上多余的人或反对社会的人（社会上多余的人是指那些精神病患者，反社会的人是指那些违法者）。精神病人和犯罪者已经不能够使他们自己去适应社会。其他所有人都已经或多或少地获得了这种适应能力。因此教育问题所涉及的人就是那些已经能够达到适应范围所要求的程度的人。

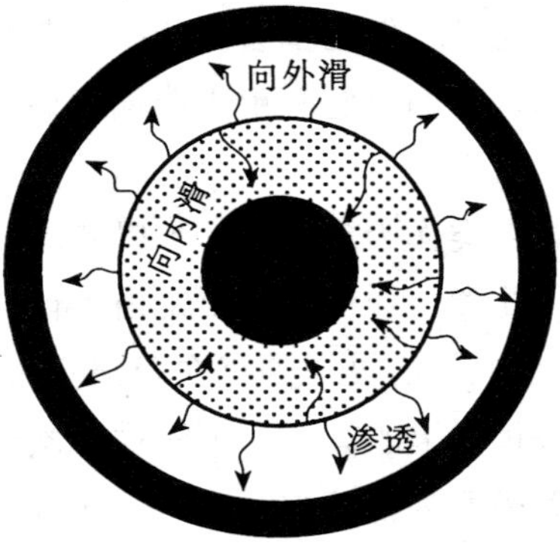

图 12　向美好社会类型和向低级社会类型人趋向图

人对周围世界的这种适应能力是在头六年出现的。那么在这里我们就找到了品质的渊源。要适应其环境是一个多么巨大的问题呀！蓝圈包括那些非常接近完美的人。他们是最强者，或者因为他们具有更多的有生命力的能量，或者因为他们是其周围环境条件的幸运者；而属于白圈里的人们具有较小的能量或者遇到过巨大的障碍。在社会生活中，第一类人被认为是具有最坚强性格的人，而其次类型的人（包括白圈里的人在内）则被认为是品格较弱的人。第一类人感到自己有一种趋向完美的自然向心力；第二类人则倾向于滑向外圈，滑向反社会或社会上多余的一类人。这些人总觉得受到引诱，除非他们不断地进行努力，否则就会成为劣等人。因此他们需要道德支持来使他们免受诱惑。这不是一种趋向欢乐的吸引力，因为没有人愿意成为罪犯或疯子。但这却是一种几乎不能扼制的力量，就像是地心的引力，需要不断地斗争和防卫。这种抵抗邪恶的力量被视为善行的力量，因为实际上这使我们免于陷入道德的深渊。这些受害者强加给自己各种规则以拯救自己免于堕落。他们愿意依附于那些比自己强的人。他们祈求上帝帮助他们抵制诱惑。他们中越来越多的人用善行来装备自己，但这是一种艰难的生活。苦行不是一种快乐。这样所付出的努力就像登山者攀附着陡峭的岩石山保持身体平衡所作出的努力一般。年轻人感觉到这种空虚的恐怖，而教育者则试图通过规劝和榜样来帮助他们。教育者总是把自己作为一种榜样，尽管他不时感觉到同样的欲望冲动和同样的恐怖。他总是这样说："我必须树立一个好的榜样，否则我的学生将来会变成什么样子呢？"而且这种负担沉重地压在他的肩上。不论是学生还是教师都属于有德行的那一类人（白圈所代表的）。这是我们今天训练品格和传授德行的环境，因为对其他一无所知，所以这就为人们所接受了。由此绝大多数人的生活总是受到这些限制，而且人们一般认为这对于防御行为来讲是自然的。

蓝圈代表的是更强烈地趋向完美类型的人。这里没有什么吸引力，但是有一种想变得更加完美的真诚愿望。虽然常常有一种不希望达到绝对完美的热望，但是在任何情况下这些人都能自然地，不费任何力气地趋向完美。他们不是因为害怕坐牢而阻止自己去偷窃；不是由于渴望拥有其他人的财产而去赢得一场疯狂的战争；他们也不是由于善行的伪装而抑制自己不受暴力行为的诱惑。简单地说他们不需要别人的东西，他们憎恶暴力。完美吸引着他们，因为这符合他们的天性。他们对于完美的寻求不是一种牺牲，而是一种追求，仿佛这样能满足他们最强烈的渴望。

我们之间存在着一个差别，这种差别与食肉者和食素者之间的差别没有什么不同。许多食肉者在一周的某几天是禁肉的。在封斋期他们要戒斋 40 日，或戒绝肉类和其他奢侈品。他们觉得这是一种漫长的真正的苦行，而且坚信这是有效地抑制诱惑的良药。

这些人都严守他人制定的法规或严守他们的精神领袖所规定的信条。但是蓝圈却不包含这些：这是一个为天国之居民、食素者，以及肉食不能诱惑的人而设立的圈子。这些人禁食肉类。对于这些人不需要向他们传播什么教义，因为他们忠实地严守着其内心天性的信条。

另一个例子是由那些健康状况良好或欠佳的人提供的。例如：患有慢性支气管炎的人不得不靠温暖的毛衣来保护胸部，不得不经常洗热水澡和为促进血液循环而进行按摩。外表上恢复正常时，他也总是需要处处小心。或许他的消化功能很差，为了早日康复他必须在固定的时间吃规定的食物。这些人与其他人并无什么不同。只是生活上谨小慎微，心中总是惧怕进医院或死亡。他们的生活完全受医生的摆布，需要护士的看护或家庭的时常帮助。但是再来看看那些健康状况良好的人。他们愿意吃什么就吃什么，不受任何限制；在任何天气都可做户外运动，可以破冰冬泳。然而其他的人却呆在室内不敢出门。对于白圈中的病弱者来说，精神上的良师益友在各方面都是需要的。它们就像制动机阻碍人们滑向诱惑和堕落的深渊。但是蓝圈里的人就不需要这种帮助，或需要的程度不同。他们得到的快乐是其他人做梦都不敢想象的。

现在让我们考虑一下中心区即完美圈的情况。我们必须努力把品格建立于事实的基础之上。什么是完美？是否就是拥有所有的美德并达到最高的水平？如果确实这样，那么要达到什么程度呢？这也是我们必须弄清楚的。我们所说的品格是指趋向进步的（尽管这常常是无意识的）人的行为。这是一般的趋向。人类和社会必须在其进化中求得进步。很自然，这里存在着一种趋向上帝的引力。这里我们考虑的只是纯粹的人的完美中心，即人类的进步。某人获得一个发现，社会就会在这一点上取得进步。在精神领域也是如此，一个人的思想境界达到一个高水平就会对社会产生一个推动作用。从精神上讲我们所知道的一切，以及从物质上讲我们所看到的一切，一直是由于某些人的作用。如果我们考虑一下我们所知道的地理和历史知识，我们就会看到这种不断的进步，因为在每一个时代都有人为使他向往并驱使他行动的完美圈增加点什么。这是属于蓝圈里的人：他充满自信，没有必要在同诱惑的搏斗中浪费自己的精力。因此这些同样的能量能够使他从事对于那些总是同他们悲惨的自我作斗争的人们看来也许是不可能的事情。为了进行南极探险巴尔德上将（Admiral Byrd）忍受屈辱从事募捐集资活动，然后又经历了南极探险中的所有痛苦。但是他所感觉到的只是从事某件别人从未做过的事情所产生的诱惑，因此他将自己的旗帜插入完美地带中的旗林之中。

总之，我们可以说从品格的角度而言，白圈类型的人太多了。太多的人需要用拐杖来支撑自己。如果教育仍旧一如既往，人类的水平甚至还会下降得更低。

假如一个来自白圈的传教士向属于蓝圈的孩子们讲道，他可能会说："不要吃肉，这可能会导致罪恶。"孩子们会回答说："那好吧！我们不喜欢吃肉。"或者他会对另外一些人说："穿这些衣服会着凉的。要穿得暖和一些。"回答也许是："不要紧的。我们已经很暖和了。"很显然来自白圈的教师只会降低儿童的水平而不会带领他们接近完美的中心。

如果我们研究一下学校所使用的课程表，就会立即看出其贫乏和单调性。今天的教育是令人感到屈辱的，它培养了人的自卑感，人为地降低了人的各种能力。每一个部门都限制了学生对知识的掌握，使其大大低于自然的水平。它给能够快步如飞的人提供拐杖。这是一种建立于人的较低能力而不是较高能力基础上的教育。如果人类的大多数是低能的，这也是人为的过失，因为他们的品格的形成在构成时期受到了阻碍。我们不得不努力重新达到人的真正标准，让我们的儿童能够运用他们的创造力。到那时不属于完美圈的蓝圈也会趋向完美；不是为了准备自卫，而是去占领，去征服整个白色区。如果在人的整个生活中心理的建构只能有一次，如果那时心理构成不能出现，或由于不良的环境而使心理构成情况糟糕，那么就不必惊奇大多数人发育不全。但是如果品格能按自然的形成方式发展，如果我们不是进行道德说教而是给他们以积极行动的机会，那么世界就会需要一种完全不同的教育。

人为的限制将会取消，人们注视的将是如何做大事情。一个人可以读完全部历史、全部哲学而依然缺乏能力。但是如果我们能够提供激发人们积极向上的方法，结果将会截然不同。但是对此我们必须运用能引起人们的反应的方法。受人欢迎的品质是在创造期形成的，但如果那时这些品质无法建立，以后就不会再出现，不论是说教还是榜样都无法使其复兴。

这就是旧教育和新教育的区别。我们需要在适当的时间帮助人们自动建立起这些品质，以便人类能够获得长足的进步。社会已经建筑起高墙和障碍。新教育必须将其推翻，使人们能够放眼远望。新教育是一场革命，但没有暴力。是一场没有暴力的革命。自此以后如果革命取得胜利，暴力革命就将永远不可能发生。

第二十一章　儿童的占有欲及其转化

我们已经对在我们的实验中业已证明的事实做了一个总体的概括，现在让我们对其一一加以研究和进行解析。不论是儿童的年龄还是他们所表露出的浓厚的兴趣，都为我们提供了很多有价值的材料；只要他们的行动与人类最高的特性有如此多的相同之处，他们所提供的材料还会更多。

在所有这些现象中人们可以看到一个正在进行的建构过程。这与毛虫在其发展过程中达到某一阶段时所进行的工作并无不同。它们不是在叶子上四处爬动，像它们直到那时所做的那样，而是停止在两片叶梗之间的连接处，开始一种它们所特有的神秘活动。一会儿以后，就会看到一小片非常纤细透明的螺纹。这就是卵袋的开始。因此就儿童而论，打动我们的第一件事情就是一种能够将精力集中于某物的现象。有一名 3 岁半的小姑娘，到我们最初的学校上学，她的精力集中的强度是令人吃惊的。在她的周围放满了许多有趣的玩具却不会使她从工作上分心。这种专心的程度除了在成人中之外是很少见的，而且只有具备各种特殊个性的人才能达到这种程度。这通常被看作是天才的迹象。当然，这样一个幼小的儿童不可能达到成人的程度，但是人们却能在不同的儿童身上发现这种情况。我们不得不承认这是某种基本的东西。就像我们在使用圆规时，只有固定一个点才能够画出一个圆，因此在儿童的形成过程中注意力的集中是以后所产生的一切的基础。没有人会说这必须总是以一种方式固定下来或总是固定在相同的事物上。但是除非注意力真的固定下来，形成工作才能开始。没有注意力的集中儿童就不能够把握其周围的物体。他会感觉到每一物体都在向他召唤，他的注意力就会从一物体转向另一物体。但是他的注意力一旦固定下来，他就会变成自己的主人，就能控制住他周围的世界。

我们都知道，一个经常改换自己职业的人永远不会适合固定在一个岗位上负责到底。但是一个明确自己目标的人，一个懂得如何组织自己工作的人就一定能够成功。我们如此强调这一点的重要性以致于我们会毫不厌烦地甚至告诉大学生们，当我们看到他们专心致志工作时我们是多么的高兴。但这产生的效果是多么微乎其微。好的建议本身是永远不够的。如果这对于成年人确实如此的话，教师又如何能够希望劝导一个 3 岁半的儿童去集中精力呢？有一件事是确实的，即靠单纯的意志力儿童是无法集中精力的。

因此，儿童所表现出的对注意力的集中使儿童心理中的某些新的灵光显现出来。它表明了自然是如何着手进行品格的形成工作的。它的方法就是让儿童产生特殊的兴趣，那些在形成儿童发展着的个性的每一方面都必须做的特别的创造活动中产生的特别浓厚的兴趣。

继之而来的便是毅力问题。这是品格目前着手发展的另一特点。实际上，我已经讲过儿童重复练习的方法，因为这种练习没有什么外在目的，因此这很清楚它们具有一种内在目的。这种重复是在儿童初步达到精力集中后开始的，它起着一种巩固加强的作用。它标志着人的品格形成过程开始进入另一个阶段。同样这里表现出的意志不是指儿童的意志，而是自然的意志。通过这种手段，它建筑起使人们能够实现他们所制定的计划的能力。实际上还包括儿童表现出的与他的重复性练习有关的东西，这就是贯彻执行他已开始的工作的能力。我们学校的儿童自由地选择他们的课业，而且会准确无误地表现出这种能力。他们连续几年天天练习。在成人的世界中，如果我们发现自己正与那些从不知道自己需要什么的人为伍，我们会说他们不具有意志力；但如果我们同那些懂得自己需要什么，清楚地知道该使用什么方法的人在一起，我们会说他们具有很强的意志力和能力。

儿童在自然法则的感召下决定自己的行动，而成人的行动则取决于思考。如果儿童要训练这种能力，很清楚他必须不受别人的指挥，不要别人告诉他在他的生活的每一阶段该如何行动。内部力量影响着他的选择。如果有人剥夺了这种导引的职责，儿童的发展，或者在意志力方面，或者在精力的集中方面都会受到阻碍。因此如果我们要想让他获得这些特点，我们必须要做的第一件事就是使他独立于成人之外。除此之外，儿童自己最强烈的天性就是摆脱成人的控制。像我们看到的那样，就其所适合的目的而言这是非常符合逻辑的。但是儿童不是按逻辑去行动，而是依自然去行动。是自然标出了他必须行走的道路。人们看到在人的发展与动物的生活之间存在着多么奇特的相似之处呀！动物的生活也同样为其种类铺平了道路，它们通过使自己摆脱对其种类的成体动物的依存而沿着这条道路发展。世上存在着导引成长与形成的自然法则，个体如欲培养其品格及其内在自我就必须遵循这些法则。

人们可以等待着人的心理方面的每一独立部分的形成；观察的结果总是表明发生的事情不仅仅是由教育引起的，而是由于引导万物本身的伟大而复杂的过程所产生的。这是自然的意志，而非我们所为；是创造的一部分，而非教育的结果。此外另一显著的变化更能说明这一点，受到阻碍而未能获得充分发展的儿童在他们通过工作而变得正常以后常常表现出消失了的品格特点。

一个非常普遍的例子就是占有欲。对于一个正常儿童来讲，他可以任意对各种各样的事情感兴趣。这就导致他不是将注意力集中到事物本身，而是集中到从中派生出来的知识。由此他的占有欲经历了一个转化。看到一个儿童非常渴望占有一样东西，但一旦得到了它，他就会丢掉它或毁坏它，这是多么的奇怪啊！这似乎是占有欲伴随着毁坏的嗜好，然而如果我们记住没有任何物体具有永久的吸引力，我们就会很容易地理解这种情况。它只具有一时的吸引力，然后就被置之一旁。以手表为例。手表是用于表示时间的，而且这是其真正的价值。但是一个甚至不懂得时间是什么的儿童是不可能理解这一点的；因此当他偶然拿到一块表时，他几乎总是会毁坏它。一个大一些的儿童懂得手表的用处，他可能会为其构造所吸引。他小心地将表打开，仔细地观察着那些使表针转动的连在一起的轮子和杠杆。但这意味着他对表本身已不再感兴趣，他的兴趣已转向复杂的机械结构的运转上。

接着再谈谈第二种形式的占有欲，即了解事物过程的兴趣。我们能看到这种占有欲的许多表现形式。仅仅因为需要花而去摘花的儿童很快就会将花置之一旁或撕成碎片。在这里占有的狂热与毁坏的狂热是同时并存的。但是如果儿童懂得花的各部分构造，懂得这种叶子的类属或者这种花茎的分枝形式，他就不会去采摘或毁坏它，而只会去研究它。他的兴趣已转化成智力方面的兴趣，他的占有欲变成了对知识的占有。同样，他可以杀死一只蝴蝶而占有它，但是如果他对昆虫的生活以及它在自然中的兴趣感兴趣，他的兴趣将会仅仅集中于对蝴蝶的观察上面，而不是捕捉或杀死。这种智力占有欲本身表明了当儿童被其环境如此强烈的吸引时，我们几乎可以说他已经“爱上”它了。这种对环境的爱使儿童能够极其小心地对待它并能极其精心地处理环境中的一切。

如果占有的热望被一种智力兴趣所支配，我们可以说它已提高到一个新的水平并且这将会引导儿童继续向求知方向发展。在这种更高的兴趣中，不存在什么占有欲，而只存在着求知的渴望、热爱和奉献。同样的好奇心在科学研究中可以得到升华。好奇心是调查研究的推动力。儿童一旦迷恋于一物体，他就会热心于保护所有的物体。这些发生在我们最初的学校里的儿童身上的变化，向我们表明了他们是如何从单纯的占有欲向对我们托付给他们的事物加以爱护和关心方面过渡的。在他们所写的练习本里没有一个皱页，没有一点墨水污迹或擦掉的痕迹。它们非常整洁、干净，而且常常被加以装饰。

当我们想到在历史上和进化过程中出现的伟人的伟大形象时，我们懂得这种对强者的崇拜是人的本性的一部分。他会利用各种方式试图理解生活以便对其加以保护和改善，他以通过其敏锐的洞察力来帮助生物作为自己的终结。农民不是一辈子都在管理着植物和动物，科学家不是毕生在调整他的望远镜和透镜吗？人类从掠夺和毁坏开始，以运用其智慧热爱和奉献而结束。在园子里践踏植物的儿童现在在观察植物的生长，数着它们的叶子，测量着它们的高度。他们不再说“我的”花草，而是说“这种”花草。这种升华和爱归因于他们心理中所产生的一种新的意识。我们永远无法通过说教根除毁坏行为。如果儿童为了自己或为了不让别人得到而想要什么东西，而我们则试图通过对他进行说教或通过激起他的良知来使他改正，他也许会一时放弃这种行为但不久会重新开始。只有工作和专心，知识和爱能够改变这种情况，使先前处于隐蔽状态的崇高的“人”显露出来。

去理解、去爱、去奉献，这是所有宗教的“三名法”(the trinomial)，但儿童是我们的灵性(spirituality)的真正创造者。他教给我们如何描绘行为与品格模式的自然图画，这是按照与生活法则相一致的对自由和紧张活动的需要而描绘出的一幅人的年龄和工作特点的极其详尽的图画。与其有关的不是物理学、植物学或手工艺学，而是意志力和通过工作而建构起来的人的精神因素。儿童是人类精神的建设者；影响他自由发展的障碍是墙壁里的石头，人的灵魂就被监禁在内。

第二十二章　社会发展

环　　境

儿童发展的第一要素是专心。这是儿童品格与社会行为的全部基础。儿童必须知道如何专心；因此他需要能使他专心的物体。这正表现出儿童环境的重要性，因为想从外界影响儿童的人是无法使儿童专心的。只有儿童能组织其精神生活。我们无法替他做到这一点。事实上，这正是我们学校重要性之所在。学校是儿童找到的能够允许他做这种工作的场所。

当然，任何围起的空间都有利于专心。在全世界，当人们希望专心时，他们就寻找一个专门的场所。我们在神殿或庙宇里都干些什么呢?这些地方创造出一种有利于人们专心的气氛。他们利用这些场所来形成自己的品格。人们很少允许儿童在5岁前上普通的学校，然而几乎整个形成期就这样错过了。但是我们的学校为幼儿提供了一个安全的场所，在这里能够形成品格的最基本因素。每一种因素都有其特殊的重要性。

当我第一次提出以这种方式建立一个特别适应幼儿需要的环境的巨大价值时，这一想法引起了建筑师、艺术家和心理学家的巨大兴趣，有些人同我协作来确定教室的理想面积和高度以及在学校里有利于学生专心的合意装饰。这种建筑不仅具有防护性，而且几乎可以称之为“心理建筑”。然而它的价值不完全依赖于它的尺寸和颜色（这些是远远不够的)，而是依赖于为学生提供使用的物体，因为儿童需要这些有形的物体以集中精力。然而这些东西不能随意而定，只能通过长期的对儿童本身的实验来决定。

开始时我们为儿童的环境添置了各种小“物体”，①让儿童按其所好随意选择。结果他们只选择了其中的某几种，其他的则无人选用，我们就将后者排除掉。现在我们学校所选用的所有教具不是仅仅经过几个地方的试验淘汰，而是根据世界各地的学校的试验结果。因此我们可以确切地说这些材料一直为儿童所选用。我们发现有些材料为所有的儿童所喜欢；这些我们视其为必需材料。其他材料，正与大多数成人的想法相反，儿童则很少使用；这种情况同样存在于所有的国家。无论在哪里只要允许儿童按其所需自由选择教具，我们总会得到相同的结果，过去我常常思索那些昆虫为什么总是仅仅飞向那些适合它们的特殊的花朵。很清楚儿童需要这些东西，儿童选择的总是那些能够有助于他建筑自己的教具。起初我们准备了很多玩具，但儿童总是对其不加理睬。同时也提供了许多展示各种颜色的教具，但是他们总是仅仅选择其中的一种，即我们现在到处使用的浅色的缠绕丝线的线轴。这在每一个国家都得到证实。甚至对于形状和颜色的深度，我们也都是根据儿童的爱好。这种对提供的所有物体的选择的接近性，也反映出班级里的集体生活。因为如果准备的教具过多或为三四十名儿童提供的教具超过了一整套，就会引起慌乱。因此即使学生很多，我们也只给少量的教具。

每一种教具只有一件，如果一样教具正被使用着而另一儿童又想要，后者（如果是正常儿童）要等待别人用完后再用。重

---

① 蒙台梭利把这些材料或物体称为教具，因为它必须具有教育的意义。但这些教具不是教师用来教学的媒介，而是儿童工作的材料，其目的在于帮助儿童的自我建构和精神发展。——英译者注

要的社会品质就是这样形成的。儿童逐渐会明白他必须尊重别人的工作，不是因为有人说过他必须如此，而是因为这是他在每天的经历中都会遇到的现实，因此除了等待，别无它途。由于数年中的每时每刻都是如此，由此尊重别人、轮流等待的思想就会变成日常生活的一部分，而且总是越来越成熟。

由此产生了一种变化、一种适应，但如果不是社会生活本身的诞生，这是毫无意义的。社会并不依存于个人的愿望，而是依赖于各种和谐活动的结合。从儿童的经验中他们的另一美德就得到发展，即忍耐的美德。这是一种通过抑制的方法而产生的对冲动的否定，因此我们称之为美德的品格特点就自然地发展起来。我们不能向 3 岁的儿童传授这种美德，但经验则可以，而且因为在其他的环境中正常化受到了阻碍，结果世人总是看到儿童为他们想要的东西而争斗，因此儿童耐心地等待这一事实给他们留下了更加感人的印象。人们经常问我："你是怎样使这些小家伙这样懂礼貌的？你是怎样教他们这样遵守纪律的？"这不是我，而是我们精心为他们设置的环境以及他们从中获得的自由使他们变成这样。在这些条件下，原先存在于 3 至 6 岁儿童身上的不为人知的品质就表现出来了。

当成人对这第一阶段的社会生活的准备进行干预时，他们几乎总是犯错误。当儿童"面临危险时"，他们中的一个人可能会走向与所有其他人相反的方向，由此一场冲突似乎是不可避免的。人的冲动可能是向前抓住这个儿童令其回转。但他却能很好地照料自己并能解决所遇到的困难，他虽然不总是按照相同的方式，但却总是令人满意。这类问题随处可见，面临这些问题会给儿童带来巨大欢乐。如果我们进行干预他们会感到烦恼，如果让他们自己解决遇到的问题他们就能想出办法来。这完全是社会经验，它提供了不断练习如何适当处理各种情况的能力，这些是教师所无法创造的。但相反教师通常是横加干涉，他的解决方法又与儿童不同，这就打破了群体的和谐。除了特殊情况外，我们应该让儿童自己去处理这类问题。然后我们就能够客观地研究他们的行为，而对此我们是知之甚微的。只有通过这些日常经验社会秩序才能应运而生。

应用直接方法的教师是不能够理解蒙台梭利学校是如何培养社会行为的。他们认为社会行为只是提供学术材料而不是社会材料。他们说："如果儿童自己做一切事，社会生活会怎样呢？"但是不解决社会问题，没有得体的行为和不追寻所有人都能接受的目标，那社会生活又会是什么呢？对他们来说，社会生活就是指肩并肩地坐着，听别人讲话，而实际上问题正恰恰相反。

儿童在普通学校里的唯一社会生活是在娱乐时间或短途旅行中得到的。而我们的生活则是在活跃的团体中得到的。

社会生活

如果班级很大，品格的差别就表现得更加明显，就能获得更广泛的经验。如果是小班级就不容易做到这一点。更高水平的完善都要经历社会生活。

这个儿童社会的构成是什么呢？它是偶然形成的，但不是一次偶然的机会。发现自己身处这个充满限制的世界里的儿童，其年龄是不同的。除非年龄较大的儿童在心理上受到限制，这种情况在学校里一般是不会发生的。编组一般是依据年龄，只有在少数学校里才能发现我们的"纵向分类法"（vertical classification）。

当我们有些教师想按同一年龄分组时，儿童自己会表现出由此而产生的巨大困难。在家庭也同样如此。有 6 个孩子的母亲会觉得容易照管他们。但如果有一对双胞胎或如果其他孩子的年龄都一样大，问题就麻烦得多了，因为所有的孩子会同时要一样的东西，要应付这一情况就非常恼火。有 6 个不同年龄的孩子的母亲的情况就比只有一个孩子的母亲的情况要好得多。“独生子”总是很难办，这不全是因为他们爱损坏东西，而是由于他要更多地饱尝没有伙伴的痛苦。第一个出生的孩子比以后出生的孩子更使父母感到头疼。他们将其归咎于自己没有经验，实际上这是因为以后出生的孩子都有着同伴间的友谊。

社会生活的魅力在于一个人遇到的不同类型的数量。没有什么地方比敬老院更加无聊单调。按年龄实行隔离是一个人能够做的最残酷最不道德的事情之一，对儿童也是如此。它打破了社会的契约，剥夺了生活的滋养。在大多数学校里起初是按性别，然后是按年龄进行分班的。这是根本的错误之所在，会滋生出许多罪恶。这是一种人为的隔离，阻碍了社会意识的发展。在我们的学校里是男女同班的，但把男女合在一起并非是真正非常重要的。他们最好能进不同的学校。重要的是不同年龄的儿童要混合在一起。我们学校的经验表明了不同年龄的儿童之间可以相互帮助。年龄小的儿童可以看年龄大的儿童做事并请他们进行说明解释。他们是很乐意这样做的；这样教学才真正有价值，因为 5 岁儿童的心理与比我们更接近 3 岁儿童的心理，幼儿很容易学会我们认为是难以传授的东西。在他们两者之间存在着一种人们在成人与幼儿之间很少发现的交流与和谐。

有很多东西教师是不能够传授给 3 岁的儿童的，但 5 岁的儿童却能轻而易举地做到。在他们之间存在着一种自然的心理“渗透”(osmosis)。而且 3 岁的儿童对 5 岁儿童所做的事情是非常感兴趣的，因为这些与他自己的能力相差不远。所有年龄大些的儿童变成了英雄和教师，而幼小儿童就成为他们的羡慕者。他们从前者那里得到灵感，然后继续做他们的工作。在另一类学校里，同班的儿童年龄相同，聪明的儿童能够轻而易举地教其他儿童，但这几乎是从不允许的。他们唯一能做的就是当差生不能回答教师的问题时由他们来回答。结果他们的聪明才智经常受到忌妒。忌妒是不为幼儿所知的。他们不会因为年龄大的儿童懂得的比他们多而羞愧，因为他们觉得当他们长大后也会如此。两者之间存在着爱和羡慕；这是一种真正的兄弟关系。在旧式学校里，提高班级水平的唯一方法就是竞赛，而这很容易引起由忌妒、愤恨和羞辱产生的沮丧和孤独感；聪明的儿童变得自负和自命不凡。而在我们的学校里 5 岁的儿童会把自己当成小龄儿童的保护人。很难相信这种保护和羡慕的气氛在实际中会变得多么浓厚。班级渐渐由挚爱凝结成一个群体。最终儿童渐渐了解了各自的品格而且为了相互的价值而产生一种互补情感。在旧式学校里儿童所说的唯一的事情就是“某某得了第一名”或“这个小孩真淘气”。用这种方式真正的朋友式的情感是无法得到发展的。然而这个年龄正是交际与孤僻的品格按照儿童的环境的性质逐渐得到发展的年龄。这是它们的起源点。

人们有时担心如果 5 岁的儿童教课，会影响他们自己的进步。但是首先他不是整天教，而且他的自由是受到尊重的；其次教能帮助他更好地理解先前懂得的知识。在他教给别人时他必须对他掌握的小范围的知识进行分析和重新安排，因此他的牺牲不会使他退步。

3 至 6 岁儿童的教室甚至不与 7 至 9 岁儿童的教室严格分开。因此，6 岁的儿童可以从上述高班获得主意。我们的界墙只是半人高的隔墙，他们可以很容易地从一个教室走到另一个教室。儿童可以自由地在两个教室之间来回走动。如果一个 3 岁儿童走进七八岁或 9 岁儿童的教室，他不会在那里呆很久，因为他会很快地看到那里没有对他有用的东西。只有界限但不隔开，所有的小组都可以相互交流。

每个小组都有指定的地方但并不隔开：一个儿童可以随时进行智力散步（an intelectual walk）！一个 3 岁的儿童可以看另一个 9 岁儿童用珠串①进行求平方根的算术练习。他可以问他在干什么。如果对方的回答不能使他明白，他会自动回到自己的教室，在那里有他更感兴趣的事情。但一个 6 岁的儿童可能会对 9 岁儿童所做的事情有所理解，可能会留下来观看，从中学到点什么。

这种自由能使观看者注意到每个年龄理解力的局限性。事实上我们就是这样逐渐意识到八九岁儿童怎样理解平方根运算的，而这是他们观看 12—14 岁儿童运算的结果。同样它使我们注意到 8 岁儿童能对代数感兴趣。儿童的进步不是取决于年龄，而是取决于能够自由地观看他周围的一切。

我们的学校是生动活泼的。理解大龄儿童所做的事情使小龄儿童充满了热情。大龄儿童很高兴能够传授他们所知道的事情。这样，不仅不会产生自卑心理，而且每个人通过精神能力的相互交换都能获得健康的正常发展。

所有这些，另外还有更多，足以说明在我们学校发生的起初似乎是令人惊奇的事情，实际上仅仅是由于自然规律的作用。

研究在一种自由环境中这些儿童的行为的相互关系，社会

---

① 珠串（beads）是西方教儿童计算用的器械，类似于中国的算盘。——译者注

的真正秘密就会被揭示出来。这些事实如此纤弱和精微以至于需要一架精神显微镜来辨别。但是它们的兴趣是巨大的，因此它们向我们显示了人的真正本性。因此我们把我们的这些学校看作是心理学研究的实验室，尽管这里我们所指的不是我们通常所理解的研究，但是这些地方特别适合于对儿童进行观察。下面是另外一些值得注意的事实。

正如我们所说，儿童解决他们自己的问题，但是如何解决我们还未进行解释。如果我们静静地观察他们，我们会看到某种表面上看来很奇怪的现象。这就是他们不像我们那样相互之间进行帮助。如果一个儿童携带很重的东西，没有其他人会上前帮助他。他们尊重各人的努力。只有当有必要时才会给予帮助，这是非常令人深思的。因为这意味着他们直觉地尊重儿童的基本需要，而这种需要是没有必要给予帮助的。一天偶尔遇到一个儿童将所有的木制几何图形卡片撒了一地（总共100张左右)。突然他听到一支乐队引导的队伍从教室窗下的街道上经过。所有的儿童都跑出去观看，只有他一个人例外，因为他连做梦也没想过丢下这么多的工作不管。他必须将所有的东西复归原位，但似乎没有一个人愿意助他一臂之力。他的眼睛里充满了泪水，因为他真心喜欢看到这支队伍。其他人注意到这种情况都回来帮助他。成人就缺乏这种良好的辨别能力，而通过这种辨别能力就能觉察出紧急情况。他们更为经常的是给予不必要的帮助。一个举止高雅的绅士看到一位女士独自坐到桌前时，他总是要帮她把椅子往前移，尽管这位女士自己能够很好地做到这一点；或者当她下楼梯时他总是伸出一只手臂，尽管她根本不需要任何帮助。但是倘若真的需要时，一切就变了。当急需帮助时就没人上前；但当不需要帮助时，人们却都上前帮助。因此这就是儿童没有什么可以向成人学习的一个方面。我相信儿童对他自己早期的要作出最大努力的愿望有一种无意识记忆，这就是为什么当他的帮助会成为一种障碍时他就不会去帮助别人的原因。

在儿童的行为中非常有趣的另一点就是对待那些干扰班级的人的态度。例如，我们假设一个儿童近来被允许上学，但还不适应新的环境，总是不安分守己让每个人心烦和厌恶。教师通常会说："不要这样，这样做不好，"或者也许会说："你真是个调皮的小家伙。"

但他的伙伴的反应却大不相同。他们中会有人走近这位新同学并对他说："你真的非常调皮，但不要担心。我们刚来的时候也和你一样地捣蛋。"

他为他感到遗憾，把他的不良行为视为一种不幸，努力去安慰他，而且或者他会唤起他所具有的所有善行。

如果邪恶总是唤起怜悯，如果我们努力像对待病人那样以同样的同情心去宽慰罪犯，世界将会变成什么样呢！此外，恶行经常是病理性的，可能是由于不良的家庭环境、出生时的不幸或某种其他的恶运；这应该激起我们的同情和帮助的愿望。只有这样才能提高我们社会的基本内容。

对于我们的儿童来说，如果碰到像打破一个花瓶这样的恶运，打破花瓶的儿童常常会绝望。他不喜欢打碎东西，他会为自己没有能够拿稳而感到羞愧。

成人的本能反应就是大喊：

"怎么打碎了。我不是天天告诉你不要碰这些东西吗？"或者至少成人会告诉他把碎片拾起来，认为这样更能加深他的印象。

但是我们的儿童会怎样呢？他们会过来帮忙，用稚嫩的嗓音和鼓励的语气说："不要紧，我们很快就会有另一个花瓶的。"

同时，有人捡碎片，有人打扫溅出的水。他们具有一种帮助弱者的本能，鼓励和安慰他们，这是一种促进社会进步的真正本能。确实，当社会开始帮助弱者和穷人而不是压抑和鄙视他们时，人类的进化就能取得最长远的进步。

根据这一原则，整个医学发展起来，由此产生了不仅帮助那些能唤起同情的人，而且帮助人类本身的愿望。鼓励弱者或劣等人不是一个错误，而是对社会总进步的贡献。儿童表现出他们一获得正常发展就具有这些情感。他们不仅相互间，而且对动物也表现出这些情感。

一般的看法是必须教儿童尊重动物，因为我们认为儿童的天性是残酷的或感觉迟钝的，但这不是真实的。正常儿童对动物是保护的。在莱林[①] 的一所学校里，我们有一头羊羔，我每天都喂它。我高高地举起食物，这头羊为了能吃到食物必须用后腿保持平衡。我看到这只动物保持这一姿势感到非常有趣，它也给人一种受到款待的印象。有一天，一个非常幼小的儿童走过来，把他的双手放在羊的腹下以帮助它站立起来。他脸上焦急的表情清楚地表现出他担心让羊两条腿站立对羊来说是太费力了。毫无疑问，这表现出一种最友好的本能观念。

在我们的学校里还能看到其他非同寻常的事情，这就是对优等生的羡慕。这些儿童不仅没有忌妒心，而且任何做得好的事情都会激起他们的热情赞扬。这种情况突出地表现在词的“爆发”方面。一个儿童写出第一个词后会引起一阵热烈的赞叹和欢笑。每个人都羡慕地望着这位“书写者”(writer)，由此激起了他们对榜样的仿效。他们喊道：“我也会写！”一个人的成

---

① 莱林 (Laren) 位于荷兰。正值 1939 年大战爆发之时，蒙台梭利博士在这里创办了一个心理学研究中心和一所实验学校。

功带动了整个班级。对字母表的书写也是同样，以致于有一次整个班级列队像举旗一样地举着在沙纸上写有字母的卡片。他们欢喜雀跃，笑声震耳，以致于楼下的人（学校设在顶层）跑上来看发生了什么事。教师只得解释说："他们学习字母学得太高兴了。"

在孩子们中存在着一种明显的集体感。这是以高尚的情感为基础并创造了班级的团结。这些实例足以告诉我们：在环境中情感生活达到了一个高水平，儿童的个性获得了正常发展，使人们感觉到一种吸引力。正如年长儿童带动了年幼的儿童，反之亦然，正常儿童也带动了新来的儿童，一些人使另一些人适应了新的习惯。

第二十三章　社会内聚力

有吸收力的心理似乎比有意识的心理更能够把这样的社会联合起来。社会建立的方式是能够观察到的，可以同有机体的成长过程中细胞的工作相比较。社会要经历一个类似于婴儿发展过程中的胚胎阶段。我们还有趣地看到婴儿怎样逐步意识到如此社会的形成。他们渐渐感到，他们是集体的一部分，其活动也作用于集体。他们不仅对集体开始发生兴趣，而且还兢兢业业地为它工作，可以说是全心全意。儿童一旦达到了这一水平，就不再是盲目地行动，而是把集体放在首位，为了集体的利益努力争取成功。

形成社会意识的第一步是复兴“家庭或部落精神”。因为，众所周知，在原始社会，个体热爱、保卫和尊重他自己的集体，并把集体作为其存在的目的。这一现象的最早迹象使我们惊奇不已，因为它们的出现与我们或我们能够施予的任何影响毫无关系，它们突然出现，正如儿童在自然所限定的年龄取掉其牙齿以后依旧发展一样。儿童之间的这种团结是自发需要的产物，受无意识的力量的导引和受社会精神的鼓舞这一现象需要一个名称，我把它称为“社会内聚力”。

儿童的自发动作把这一观念强加给我们，使我们惊讶得目瞪口呆。例如，曾经有一位阿根廷大使，他听说在我们的学校里 4 岁和 5 岁的儿童完全独立地工作，自发地阅读和书写，纪律良好，而且不是被迫守纪律。他根本不相信，所以，他想来个突然袭击，亲自去学校参观。不凑巧，他去时正好是一个假日，学校大门关闭着。这是一所“儿童之家”，学校设在工人住宅区，儿童与其父母生活在一起。碰巧有个儿童在庭院里，正好听到了这位使节烦恼的话。他猜想，这位先生大概是来参观学校的。于是，他对这位先生说：“不要着急，学校虽然放假了，但管理员有钥匙，我们都在这儿。”不久，校门打开了，所有儿童都进入到学校里面去，开始工作。然后出现了集体行动的范例。每一个儿童做自己的工作，没有想到任何报酬。他们为其集体的荣誉而相互配合。第二天，他们的老师才听说这件事。

这种团结感不是任何教育灌输的，与任何形式的模仿、竞赛或个人利益都完全无关。它是自然赋予的，也是儿童通过自己的努力所达到的。正如科格希尔（Coghill）所说，“自然本身决定了儿童的早期行为，但只有通过同周围世界的接触，它才能发展。”① 自然提供给我们人格与社会生活建构之计划，但此计划唯有儿童在有利于实现的环境中通过活动才能实现。在实现此计划的过程中，儿童给我们展示了社会生活在其自然发展过程中必须经历的阶段。这种统治与结合社会团体的团体生活与美国教育家沃什伯恩（Washburne）所说的“社会统整”基本一致。沃什伯恩认为，社会统整是社会变革的钥匙，应该作为一切教育的基础。当个体认同于他所属的团体时就产生“社会统整”。只要社会统整产生了，个体就会更多地考虑团体的成功，而不是更多地考虑个人的成功。为了证实他的观点，沃什伯恩以牛津和剑桥的划船比赛作例子。“尽管每一个人都完全知道既不会有任何个人的荣光，也不会有特别的报酬，但他们都竭尽全力地划船。如果这成为每一社会事业，上至整个国家，下至最小行业的普遍法则，如果所有人都希望给集体，而不是给自

---

① 科格希尔：《解剖学和行为问题》，剑桥大学出版社，1929 年。

己带来荣誉，那么，整个人类就将获得新生。学校必须培养个体同集体的统整，因为这种统整正是我们所缺乏的，而且，我们文明的衰败和崩溃也是因为缺乏这种统整。”①

人类社会中也有不缺乏社会统整的例子。受自然的神奇力量所导引的幼儿社会就是一例。我们必须重视和珍重它，因为教师既不能给予品德，也不能给予社会情感。品德和社会情感是生活的产物。但是，我们一定不要把这种自然的社会团结同支配人们的命运的成人社会组织相混淆。这种自然的社会团结只是儿童发展的最后阶段，几乎是社会胚胎的神圣而又神秘的创造。

有组织的社会

6 岁后不久，儿童就开始另一个发展阶段（标志着从胚胎社会到刚刚出生的社会的转变）。另一种存在形式自发地产生。在这种形式中，集体完全有意识地组织起来。于是，儿童想知道人们用来指导他们行为的习惯和法律，他们试图找到一个管理者来统治集体。对首领和法律的顺从明显地同这一社会中的结缔组织一样发生作用。我们知道，还在以前的胚胎阶段，这一顺从就已经准备好了。

美国心理学家麦克杜格尔（McDougall）描绘了幼儿在 6 岁或 7 岁前就已经开始建立的这种社会。他们好像受一种本能的驱使服从比自己年龄大的儿童。麦克杜格尔称这种本能为“群

---

① 沃什伯恩：《活教育哲学》。

集本能”(gregarious instinct),[1]被遗弃和忽视的儿童常常组织成群体和帮伙反抗当局和成人制定的规章制度。几乎总是导致反抗态度的这些自然需要在男童子军运动(Boy Scout Movement)中得以升华。这一运动对幼儿和青少年的天性所固有的社会发展的真正需要作了回答。

内聚力是幼儿社会的基础。但麦克杜格尔的“群集本能”与内聚力不是一回事。以后，儿童发展到成人社会阶段的所有社会形式都是有意识地组织起来的，而且需要由一个人或者甚至颇受尊敬的首领来作出规定。

生活交往是一种自然现象，也属于人类天性，它跟有机体一样发展。在其发展过程中表现出不同的特征。可以把它同印度村民在其家里进行的手工织布进行鲜明的比较。

首先看一看在棉花籽周围生长的白色线束或棉束，在社会生活中，我们必须首先考虑到婴儿和婴儿出生的家庭生活。采摘棉花后，首先要进行加工，把棉花从黑色棉籽上取下来。这也是甘地乡村学校(Gandhi Rural School)的儿童最先要做的工作。这与我们召集各个家庭的儿童和纠正他们的缺点，帮助他们集中注意力和成为正常化的个体的工作是一致的。

现在我们来看一看纺纱。按照我们的推理，这与在集体工作和生活中个性的形成是一致的，是整个的基础。如果线纺得很好，而且牢实，那么，用它织出的布料也会很牢实。纺织材料的质量取决于棉纱的质量。显然，这是首先应该肯定的。因为用不耐用的线织出的布料是没有用的。

纱纺好以后就把线平行地放在机架上，互不接触，两端用钩针编结。它们构成一匹布的经，还不是布。但是，如果没有

---

① 参见威廉·麦克杜格尔：《社会哲学引论》，1948年修订版。

经，布也就织不出来。如果线折断了，或者不在适当位置，梭子就会由于在同一方向上速度很慢而穿不过去。织布的经同社会内聚力相似。儿童受其天性之需要的驱使而活动，为人类社会作准备建立在儿童活动的基础上，从狭义上讲，同织布的机架相似。最后，为了同一个目标它们相互联系起来。

现在真正开始织布了。梭子在线中穿梭，把线连结起来，通过纬纱把它们牢牢地固定在一起。这一阶段同受法律的统治，与所有人都服从的政府控制的有组织的人类社会一致。当我们真正织出了一匹布时，就把它从机架上拿下来。拿下来以后，布就不能改变了，它独立存在，为人们所用。人们可以织出无限的布匹。正如我们学校的儿童那样，人们并非只是通过个人目标和每个人承担自己的工作来形成社会。人类社会的最终形态以组织为基础。

然而，社会和组织又相互渗透。社会并不完全取决于组织，而且还取决于内聚力。组织是社会的基础。如果个体本身就不适应赋予他们团结和使他们融合为集体的东西，那么，再好的法律和政府也不能把大众紧密团结在一起，也不能使他们协调活动。依照发展水平、内在稳定性程度和个性，大众也或多或少是强大而活跃的。

希腊人将其社会秩序建立在个性形成的基础上。他们的统治者亚历山大(Alexander)曾经带领很少的人征服了整个波斯。伊斯兰教也象征着难以对付的团结。这主要不是因为它的法规和统治，而是因为其共同的理想。很多人定期到麦加[①]朝圣。朝圣者素不相识。他们不是为了私人的或某种狂妄的目的，也没有人驱使他们或者命令他们。但是他们在履行其誓言时富有巨

① 伊斯兰教徒的朝圣地，在沙特阿拉伯西部。——译者注

大的牺牲精神。这些朝圣者就是内聚力的一种范例。

在欧洲的中世纪，同我们现在一样，战争把人们搞得四分五裂，所有的领导者都试图把欧洲国家真正团结起来，但都成了泡影。然而，欧洲是怎样团结起来的呢？成功的奥秘在于支配帝国和欧洲王国的所有人们的宗教信仰。宗教信仰通过其巨大的内聚力量把人们团结起来。当时，所有国王和皇帝（每一个国王和皇帝都按自己的方式进行统治）都屈从于基督教，受基督教的力量所支配。

但是，要建立一个在世界上能够发生实际作用的社会，唤起工作和思想的文明生活，仅凭内聚力还不够。比如，犹太人通过内聚力量团结起来已有千百年了，但只有到了今天才成为一个国家。他们犹如人们织布的经。近来的历史为我们提供了另一个例子。墨索里尼和希特勒是最早希望建立新的社会秩序的统治者，他们必须对人们从婴儿期就进行训练。他们长期训练儿童和青少年，把团结的理想从外部强行灌输给他们。无论人们怎样看待他们的道德，这都是一个符合逻辑的和科学的程序。这些国家元首感到了把"内聚的社会"(cohesive society)作为建设之基础的需要，而且还相应地为它奠定了根基。

然而，内聚的社会秩序是一种自然现象，必须在自然的创造性刺激下自发地形成。谁也不能取代神。谁要是试图取代神，他就会成为魔鬼，正如当专横的成人压抑幼儿个性的创造能力时一样。即使是成人之间的内聚力量也需要对理想的依恋，即是说需要比仅仅是组织手段更高的东西的导引。应该有相互交织的两种社会，就是说，一个社会应该根源于大脑的无意识创造区，另一个受成人的控制。因为（正如本书开始所说的那样），正是儿童有吸收力的心理吸收了民族的特征。在"精神胚胎"期，儿童的特征既不是智力的发现，也不是为人类活动所产生的，而是我们在社会的内聚部分发现的心理特性。儿童将这些心理特性聚集起来，并加以具体化，由此形成他自己的个性。所以，他成了一个有特定的语言、特定的宗教信仰和特定的社会习俗的人。在不断发生变革的社会秩序中，无论什么，只要是稳定的和基本的，都是内聚部分。当我们让婴儿发展，看到他从将成为成年人的看不见的创造之根源建设时，我们就能够了解到个体和社会力量所依据的奥秘。

相反，我们只要看一看周围世界就会发现，人们只是在社会有组织的和有意识的部分判断、行动和调节其生活。他们想增强和确保社会组织，就好像只有他们才是组织的创立者。他们根本不考虑组织必不可少的基础，只是担心人对它的控制。他们的最大愿望是寻找一位领导者。

有多少人把他们的希望寄托在有接替和组织能力的天才——新的救世主身上呢？第一次世界大战后，有人建议建立一个领导者培训中心，因为当时领导人物中，似乎没有哪一位具有必要的素质或者能够主宰大事。人们借助于“心理测验”努力发现优秀人才，发现在学校里表现出正确倾向的年轻人，而且把他们培养成为领导者。但是，如果没有人适应这一任务，谁能教育他们呢？

并不是缺乏领导者，至少说问题并非局限于此，无疑要广泛得多。在我们的文明中，正是大众本身对社会生活毫无准备。所以，问题在于教育大众重建人体的人格，积蓄隐藏于他们内部的财富和发展其价值。无论有多大的天才，任何一个国家的领导者，他一个人都不能做到这一点。离开了没有得到充分发展的大众，谁也不能解决这个问题。

这是我们时代最迫切的和最棘手的问题。大众没有达到应有的水准。我们已经看到了有两种吸引力的图表，一种朝向中心，另一种朝向边缘（见图 12）。教育的重大任务必须是保证和维持儿童天性倾向于完美之中心的正常化。而现在的状况却相反。我们做的只不过是从表面上准备那些不正常的、虚弱的人而已。这些人容易患上心理疾病，总是需要别人的照顾，以免滑向只要跌倒就会成为社会所排斥的人的边缘。当今的状况确实是对人类的叛逆，它对每一个人产生的影响可以把我们毁灭。目不识丁的人为数不少，占了整个世界的一半。但他们并不真正是社会的负担。真正成为社会负担的还在于，由于没有认识到这一点，我们忽视了人的创造性，践踏了上帝本身赋予每一个儿童的财富，然而这些却是能够把整个世界带向一个更高水平的道德和智力价值的源泉。面对死亡，我们呼天叫地，渴望把人类从毁灭中拯救出来。但是，我们想到的不应该是免于死亡，而应该是我们自身个人的提高和我们作为人的命运本身。我们不应该因为害怕死亡而忧虑，而应认识到我们所丧失的幸福。

最大的危险在于我们的无知。我们知道如何从牡蛎的贝壳中寻找珍珠，知道如何从矿山中寻找黄金，知道如何从地球的内部发现煤矿。但我们却不知道和不了解儿童进入我们的世界延续人类时隐藏于他们内部的精神胚胎与其创造的能力。

如是我们刚才描述的自发的组织形式能够适宜于一般学校，这就会产生奇迹。然而，教师并不相信儿童是积极的学习者。他们驱促和鼓励或者施予惩罚和奖励来刺激儿童工作，用竞赛来激发儿童的努力。可以说，为了反对它，所有人都被迫寻找它的弊病；为了压制它，成人的典型态度是吹毛求疵。但是，错误的纠正常常使儿童感到羞辱和丧失信心。因为教育依赖于这一基础。接踵而至的是社会生活的普遍素质的降低。在当今的学校里，没有人可以重复另一个人的工作，帮助他人被看作是罪过，接受帮助同帮助别人一样有罪。所以，我们所说的团结没有能够形成。专横的、强制性的规章制度降低了正常的标准。在每一个拐角处，都会听到“不要到处玩”，“不要弄出声音”，“不要帮助别人工作”，“不叫你说话就不要说”等诸如此类的命令，而且这些命令总是消极的。

在这种情况下能够采取何种情况措施呢？即使教师确实想提高班级的质量，她也绝不会像儿童那样做。她对最好的学生说：“如果有人确实超过了你，不要嫉妒，”“如果有人伤害了你，不要报复。”我们所说的仍然是这样一些消极的话。总的说来，每一个人都被扭曲了，我们必须尽可能地将他们矫正过来。但是，儿童经常做一些教师做梦也想不到的事情。他们羡慕比自己做得好的儿童。这不仅仅是不妒忌的问题。如果某种精神造诣根本就不存在，也就唤不起来。但是，如果它们存在，并且是本能性的（事实上它们也是如此），那么鼓励和培养这一精神造诣就更为重要了。不报复也是这样。儿童经常与他们的敌人交朋友，但谁也不能强迫他们这样做。即使有人做错了事，儿童也可能热爱和同情他，但谁也不能把这种同情强加给别人。儿童可能喜欢帮助比自己更愚蠢的伙伴，但不是强迫的。如前所述，我们应该鼓励这些自然情感。然而，它们经常被忽略了，没有得到很好的培养。学校的一切工作停留在这一低水平上，就是说，停留在人们感到正移向反社会和被排斥于社会之外的边缘的白区内（见图12）。首先，教师认为儿童无能，因而必须接受教育。因此，她认为最好是不断地对儿童说：“不要做这个，不要做那个。”或者说：“不要滑向边缘。”但是，正常的儿童对善的东西表现出强烈的兴趣，他们也并不认为有“逃避邪恶”的必要。

另一种消极行为是在日常计划的固定时间打扰儿童的工作。他们对儿童说：“做任何一件事都不要做得太久，做久了会使你感到疲劳。”但儿童明显表现出尽最大努力的需要。儿童在活动中感受到真正的快乐，在艰苦的工作中，在寻找工作的美当中，在安慰不幸的人和帮助虚弱的人当中感到真正的喜悦。然而，当今的学校无助于儿童的创造本能。

在此我想把一般学校和正规学校的关系同基督教《圣经》的《旧约全书》和《新约全书》的关系进行对照。在《旧约》十诫中，人们只需要制定诸如“不要杀人”，“不要偷窃”等消极的戒规，因为他们的心灵仍然是一片黑暗和混乱。但是在《新约全书》中，（像儿童一样）基督徒制定了诸如“热爱你的敌人”这类积极的戒规。因为他们的戒规是为那些感到比别人优越的人制定的，他们希望由此受到赞颂。他说：“我要使罪人们悔过自新。”然而，教人们这些戒律还不够。如果我们只是在教堂里，而不在产生对立面的战场上说“热爱你的敌人”，那只能是枉费心机。当我们说“不要杀人”时，我们的所有注意力都集中在我们希望避免的邪恶上，好像善是行不通的。热爱自己的敌人似乎不可能，因而它最终也只能是一种空想而已。为什么呢？因为善的根源不是存在于人的灵魂。也许曾经是，但现在已经不是了，被埋藏了。如果在整个教育阶段都鼓励比赛、竞争和野心，我们又怎么能够希望在这样的环境中生长起来的人仅仅因为有人宣传善而将会在20岁或30岁时变得仁慈善良呢？我之所以说这是不可能的，是因为没有为精神生活作任何准备。

重要的不是说教，而是创造的本能，因为创造的本能是实在的。儿童依照其天性，而不是因为教师的劝戒而活动。善产生于相互帮助，起源于来自精神内聚的团结。儿童展现给我们的内聚力所创造的这种社会是一切社会组织的基础。由此我认为，我们成年人不可能教3至6岁的儿童。我们只能在他们无限的练习中随时以智力观察他们，追循他们的发展，自然所赋予他们的与工作同步发展。儿童天性提供了一种内在的指导，但无论在哪个领域，无论要发展什么，都需要不断的努力和经验。没有这个可能，任何说教也就徒劳无功。生长来源于活动，而不是理性的理解。因此幼儿的教育是重要的，3 至 6 岁儿童的教育尤其重要。因为这个时期正是性格和社会形成的胚胎期。(正如从出生到 3 岁是心理形成的胚胎期和身体形成的胎儿期一样。) 儿童从 3 岁到 6 岁所取得的成就不是靠说教，而是取决于指导其精神建构的天性。它们是人类行为的最初起源，只有在自由和秩序的合适环境中才能得到发展。

第二十四章　错误及其纠正

我们学校的儿童是自由的，但并不意味着没有组织。实际上，组织是不可缺少的。如果儿童要自由地工作，就必须组织得比一般学校更为完备。儿童在其环境中获取经验，从而完善他自己。但儿童还必须做一些专门的事情，他一旦集中精神，就可能专心致志地做很多工作。儿童越是活跃，教师就越不活跃，到最后，教师几乎可以站到一边。

正如我们已经指出的那样，遵循这一途径的儿童融合成一个社会群体，这一群体比我们自己的还要完备得多，以致于人们感到他们应该完全不受成人的干涉。儿童的群体生活是一个极其重要的现象，同母胎的生命一样娇弱，我们决不可破坏它。我们一旦创造了一个适应儿童发展需要的环境，我们就已经完成了产生这一现象所需要的所有工作。

在这个新的世界里存在着教师和儿童之间的正确关系。教师的任务将在另外一章加以阐述，但有一件事，教师是绝对不能做的，那就是，通过表扬儿童的工作或者通过惩罚做错的儿童，或者甚至通过纠正儿童的错误来干涉儿童。这听起来可能有些荒唐可笑，而且很多人还把它当作一种障碍。

他们说："如果你不纠正儿童的错误，又怎么能够引导他们进步呢？"

绝大多数教师认为，经常批评其学生是他们的主要任务。他们不仅在知识的学习上这么做，而且在道德培养方面也是如此。他们认为必须用奖励和惩罚这两股缰绳来引导儿童的培养。

不过，如果不得不奖励或惩罚儿童时，那就意味着儿童还缺乏指导自己的能力，因而教师不得不这样做。但是，倘若儿童开始工作时，奖励和惩罚就成为多余的了，它们只能触犯儿童精神的自由。由此可见，在像我们这样的致力于保护儿童自然发展和以解放儿童为目标的学校里，奖励和惩罚显然没有立足之地，并且，儿童是自由地寻找其工作，奖励和惩罚对他无关痛痒。

我们要废除奖励，可能不会遭到强烈的反对，这毕竟花费不大。它几乎不会影响儿童，而且一年只有一次奖励。然而，惩罚就不一样了。惩罚无日不有，批改作业意味着什么呢？意味着给他们打 0～10 分。0 怎么能纠正儿童的错误呢？然后教师对学生说："你总是犯同样的错误。不听我讲，这样下去，你永远也考不及格。"教师在儿童作业本上所画的所有叉叉，教师的所有斥责，只能起到降低儿童的活力和兴趣的作用。告诉儿童，说他调皮捣蛋，或者说他是笨蛋，这只能使他感到羞辱，只会触怒和侮辱他，而不能帮助他。因为，如果儿童不再出错误，他就必须更加熟练。但是，如果他没有达到标准，而又失去了信心，他又怎么能够变得熟练呢？过去，教师常常给愚笨的儿童套上个驴耳朵，儿童的字写得不好时，教师经常掴手指。但是，即使教师把世上所有的纸都用来做驴耳朵，即使他们把手指掴成了肉浆，也无计于事。只有练习和经验才能纠正缺点。而且，要获得所需要的各种技能，还得需要长期的练习。不守纪律的儿童是在同其他人一起工作中，而不是通过别人说他调皮捣蛋才变为守纪律的。如果你告诉学生，说他缺乏做某件事的能力，他很可能回答说："既然如此，还说它干什么呢？我自己知道！"

这不是纠正错误，而是陈述事实。儿童只有通过长期自觉地练习才能得到改进和纠正。

的确，有的时候，儿童出了错误，自己还不知道。但教师也会无意识地犯错误。遗憾的是，因为害怕给儿童树立一个不好的榜样，教师常常认为他们自己应该是绝对不会出错的。这样，如果他们确实犯了错误，当然就不会向儿童承认。他们的尊严建立在一贯正确的基础上，因而他们不得不总是正确的。不过，这不全是教师的过错，应该指责建立在错误的基础上的整个学校制度。

假如我们对错误这一现象本身进行研究，就会清楚地认识到，每一个人都会出错。这是生活中的客观事实之一。承认这一点就已经向前迈出了一大步。如果我们探索真理，尊重事实，就不得不承认，我们每一个人都可能犯错误，否则，我们全都将至善尽美。所以，我们完全应该培养对错误的友好情感，把错误当作是生活中不可分离的伙伴。正如有目的的东西就确实有目的一样。

很多错误，年深月久就自然而然地得到纠正了。幼儿开始左右摇晃地蹒跚行走，打颤而且还会跌交，但最后他能够行走自如。他通过成长和经验纠正其错误。如果我们把自己想象成总是沿着生活的康庄大道朝着至善尽美顺利前行的人，那就是自我欺骗。事实上，我们接连不断地犯错误，而又没有自我纠正，没有认识到自己的错误。我们生活在一个脱离实际的幻想之中。认为自己是至善尽美的，因而从不注意其错误的教师不是一个好教师。我们无论注意什么，总会看到“错误先生”。如果我们要寻求至善尽美，就必须注意我们自身的缺点。因为只有通过纠正自己的缺点，我们才能进步，我们不得不随时正视自己的错误，认识到错误是我们整个生活中不可避免的东西。

即使在严密的科学（数学、物理、化学等）中，错误也占有重要位置，因为人们不得不考虑到错误。随着实证科学的产生，有必要对错误进行科学的研究。人们认为，科学能够避免错误，因为它采用了判断错误的精密测量。进行测定时，有两件事不可忽视，一个是获取准确的数字，另一个是得知错误的程度。任何科学都只能是近似的，绝不可能是绝对的。科学所得出的结论也是如此。例如，医生给病人注射抗生素，有95%的成功率，但重要的是还有5%没有把握，即使采用线性测量，也只能在有限的范围内加以纠正。没有指出它的可能错误就不可能得出或接受其任何数字。也正是对可能错误的估计才使它具有价值。可能性错误和资料本身同等重要，没有可能性错误就没有可靠的资料。如果在严密的科学中，对错误的估计是这么重要，那么，在我们的工作中就更为重要了。因为错误对我们特别重要，要纠正或者避免错误，我们首先就必须了解错误。

"控制错误"是通向完美之路的科学原则。在学校里，无论教师采取什么措施，儿童或者其他人注定是要出错误的。所以，我们需要把这条原则当作学校生活的一部分。也就是说，纠正错误本身并不重要，重要的是每个儿童要认识到自己的错误。每个人都应该有检验错误的方法，以分辨自己是正确或者错误。我需要知道我做得好还是不好。如果最初我对自己的错误淡然视之的话，那么到现在，我就已经对它们感兴趣了。

在一般的学校里，儿童常常意识不到自己在犯错误。他们在无意识中犯错误，而且对其错误淡然视之。因为纠正错误是教师的事，而不是他们自己的事。这同我们的自由观念相差多么悬殊啊！如果我不能自我纠正，就不得不寻求他人的帮助，而其他人对错误的认识并不比我好。如果我能够认识到自己的错误，然后自行纠正，该有多好！如果有什么可能使人优柔寡断的话，那就是，没有别人的建议他就不能驾驭事态的发展。这就会导致产生自卑感和缺乏自信心。

“控制错误”如同一个指针，它能告诉我们是朝向目标之路还是偏离目标之路。假若我想访问某个城镇，但不知道路线。这在日常生活中是经常发生的。为安全起见，我查阅地图并找路标。看到有个路标上写着“艾哈迈达巴德（Ahmedabad）——两英里”，我感到踏实了。但是，如果我突然看到有个路标上写着“孟买——50 英里”，我就知道走错了。地图和路标是个助手，没有它们，我就得向其他人问路，就可能会（也可能不会）得到相反的回答。无论到什么地方，可靠的导引和检验的可能是不可或缺的条件。所以，教育一开始，科学与日常生活需要必须接受的事实就是“承认自己错误的可能性”。我们不仅要施予儿童教育，给他们提供活动的材料，而且同时还必须在教学与教具中给他们提供此种事实。产生进步的力量在很大程度上取决于自由和所走的正确道路。但更重要的是，我们应该知道自己是否和什么时候远离了自己的正确方向。如果在学校和日常生活中，人们都实施了这一原则，那么，教师和母亲是否是完美的就无关紧要了。成年人犯的错误有一定的影响，儿童会产生共鸣，但以一种完全不同的方式。错误成了他们生活的自然现象。我们都可能犯错误的这一事实激起儿童心灵深处深厚的钟爱之情。这也是母亲和儿童之间产生融洽关系的又一原因。错误使我们变得更加亲密，使我们成为更好的朋友。在犯错误的过程中比在争取完美的过程中更容易产生友爱。一个“完美的人”是不能变化的。如果两个“完美的人”在一起，他们不可避免地要相互争吵，因为他们既不能相互理解，又不能容忍异议。

记住，在我们的学校里，儿童最早做的练习之一就是将一套高度相同而直径不同的圆柱体嵌入长木板上相应的圆孔。第一步是让他们认识到每一个圆柱体都是不同的。第二步是用大拇指、食指和中指拿着柱体顶端的圆头。儿童开始每一次将一个圆柱体嵌入孔内。但最后他发现，他嵌错了一个。剩下的这个圆柱体比余下的这个圆孔大得多，其他的一些圆柱体又嵌得太松了。儿童再次查看，更仔细地研究所有圆柱体和每一个孔。现在他遇到了一个问题，剩下的那根圆柱体表明他嵌错了。然而，正是这个错误增添了这个游戏的趣味性，使他一次又一次地重复练习。所以，这套教具满足了两种要求：(1) 促进儿童感官的发展；(2) 让儿童控制错误。

我们设计的教具总是具有能够在视觉与触觉方面进行检验的属性。2 岁儿童使用圆柱体嵌入物时能很快地得到矫正错误的观念。这将他带向完美之路。通过日常练习，儿童充满了自信。但这并不意味着他已经变得完美了，而只是意味着他感觉到了自己的能力，而且跃跃欲试。

儿童可能会说："我并非完美无缺，也并不是全能，但我能够做到，而且我也知道我不是完美无缺的，不是全能的。我还知道我可能会犯错误，而且能够自我纠正，从而找到我的道路。"所以，他们具有了明智、确信和经验，这是走完人生旅程的保险旅费。保险的这种意义并不是人们想象的那么简单。把儿童带向完美之路也并非易事。告诉儿童，说他聪明或者愚笨，说他反应灵敏或者迟钝，说他好或者不好，都是一种背叛。儿童必须自己明白他能够做什么。重要的是，不仅给予儿童教育的方法，而且给他提供将其错误告诉他的指示物。

让我们看一看受过这种教育的稍大一点的儿童。他算出了一道算术题，但总想知道怎样检验其结果，而且他已经习以为常了。检验常常甚至比算术题更吸引着他。阅读也是这样。在有个练习中，儿童将写有名称的卡片靠在相应的物体上。为了让儿童进行检查，用一张单独的卡片，在上面画上同样的物体，物体下面写上它的名称。儿童的最大乐趣就在于用这张卡片来检查他是否做错了。

如果在学校的日常生活中，我们总是安排一些觉察得到的错误，这就把我们带向了完美之路。儿童对做得更好的兴趣、不断的自我检查和自我测验对保证其进步来说也是非同小可的。儿童的天性倾向于准确，获取准确的方法引起他极大的兴趣。在我们的一所学校里，有一次，一个小女孩看到了一张“告示牌”，上面写着，“出去，关门，回来。”她认真地看了看这张告示牌，然后照着去做。但是她在中途停了下来，跑去问老师，“如果我已经把门关上了，我又怎么回来呢?”

“你说得很对。”老师说，“是我写错了。”然后老师重新写了这句话。

“对了。”小女孩微笑着说，“现在我能做到了。”

从认识错误中产生了一种兄弟般的情谊。错误把人们分开，但纠正错误又是团结的手段。无论在哪里发现了错误，纠正错误就成了普遍的兴趣。错误本身变得有趣了，它成了人与人之间的纽带，当然也成了人们之间友情的桥梁。它特别有利于儿童和成人之间的和睦相处。儿童发现成年人的某些小错误，并不意味着他不尊敬成人，也不会丧失成年人的尊严。错误成了一种自然现象，就容易控制了。

这样，小事促成了大事。

第二十五章　顺从的三个阶段

当我们论及品格训练时,通常都会谈到意志和服从的问题。大多数人对它们的看法与我们相反，因为教育在很大程度上是压抑或强迫儿童的意志，是以教师的意志为转移，要求儿童绝对服从。

让我努力澄清这些观念。我的观点以观察到的事实，而不是以主观臆想为基础。但首先必须注意在这一思想领域里存在的很大混乱。正如我们在第八章中看到的，有些理论认为，人的意志力的发展是出自一种普遍的生命力（“本能”），这种普遍的力量不是物质的，而是在进化过程中生命本身的力量。它不可抗拒地推动着每一生命进化，由此产生了行动的冲动。但是，进化并非偶然的，而要受固有的自然法则支配。如果人的生命是那种力量的表现，那么，他的行为就为它所铸就。

婴儿一旦有意地和自觉地做出了某种动作，这种力量就已开始进入其意识，也就是我们所说的其意志已开始发展。而且从此以后,这一过程还将持续下去,但只是作为经验的结果。这样，我们开始把意志当作必须加以发展的东西，而不是与生俱来的。因为它是自然的一部分，所以，只有服从自然的法则，其发展才能出现。

儿童的自然动作注定是杂乱无章的,甚至是难以控制的。这种观念使得思想领域变得更加混乱。它通常以这样的事实为基础，即人们看见儿童盲目地行动时，总是以为儿童的这些动作产生于他的意志。然而这却远远脱离了实际。这些动作与普遍的生命力毫无关系。假若在成人的行为中，我们把人的惊厥当作其随意的动作，或者假若他在狂怒状态中所做的一切事情都是合理的，这就未免有些愚蠢可笑。事实上，我们通常使用的意志这个词意味着有目的和要克服的困难。相反，如果我们觉得我们的随意动作几乎总是存在于没有秩序的运动之中，那么，正如人们过去经常所说的，我们也会感到支配意志或“破坏”意志的需要。因为我们觉得这是必要的，所以就必然会以我们的意志为转移，强迫儿童服从。

然而事实上，意志不会导致混乱和暴行。混乱和暴行是情绪纷乱和痛苦的表现。在适当的情况下，意志是驱策个体从事有益生命活动的力量。自然赋予儿童成长的使命，儿童的意志则指导他取得进步和发展其能力。

如果意志与个体所从事的活动相符合，它就找到了通往其有意识发展的道路。儿童自发地选择其工作，而且通过重复他们选择的工作发展他们对动作的意识。最初只是一种非常重要的冲动（本能），后来变成了有意的动作。幼儿最初的动作是本能性的，现在，他却有意识地和随意地行动，同时伴随而来的是其精神的觉醒。儿童本身感觉到了这种差别。有个儿童以一种独特的方式表明了这一点，他表明的方式将是我们最珍贵的记忆之一。一位高贵的夫人参观一所学校时，她抱着陈旧的观念对一个小男孩说，“在学校里，你喜欢做什么就做什么吗？”

“不，夫人。”儿童回答说，“不是我们喜欢做什么就做什么，而是我们喜欢我们所做的工作。”这个儿童已经抓住了因为能够带来快乐而做某项工作和喜欢他已决定做的工作之间的细微差别。

有件事应该说是不言而喻的。意识的意志是随着运用和活动而发展的一种能力。我们必须以培养意志为目标，而不是破坏它。意志可以立即被破坏，但意志的发展却是一个缓慢的过程，是通过与环境有关的持续活动而发展起来的，因此很容易遭到破坏。轰炸或者地震，在倾刻之间就可以把房屋摧毁，然而建起来却是多么困难。因为要把它建得爽心悦目，还得需要关于平衡法则、材料的承受力，甚至艺术法则等方面的知识。

如果建立一座稳固的建筑物就需要所有这些知识,那么,要建构人的精神还需要多少呢？人的精神是一座在秘密中自我建构的建筑物。所以它的建造者既不是母亲，也不是教师，甚至连建筑师也不是。无论是母亲还是教师，他们唯一能够做到的就是帮助正发生在他们眼前的创造工作。帮助必须是他们的任务和目的。然而，他们还有破坏意志的力量，能够通过独裁破坏它。很多偏见都源于这一点，使问题变得模模糊糊，因此有必要给予澄清。

一切可以通过谈话（即感染儿童的耳朵）或者通过把自己树立为让他人模仿的榜样（对眼睛的感染）来获得。这是一般的教育中最常见的偏见。然而，事实上，个性只有凭藉它自身的力量才能发展。儿童通常被当作接受器，而不是被当作能动的人，而且在儿童全部生活中都是这样。人们甚至还以这种态度对待儿童的想象。给儿童讲述关于迷人的公主的神话和故事，目的是为了激发他们的想象。但是，当儿童听这些故事和其他故事时，他们只是接受关于这些神话和故事的印象，而没有建设性地发展其自己的想象力。在人的心理能力中占有突出地位的创造想象没有发挥作用。当这一错误运用于意志时就更为严重了，因为一般学校不仅没有给儿童提供使用其意志的任何机会，而且还直接阻碍和抑制了儿童意志的表现。维护儿童被当作是对抗，完全可以说，教育工作者是在尽一切可能摧毁儿童的意志。

同时，通过榜样进行教育的原则（讲故事除外）使教师自己成了儿童模仿的典范，因而想象和意志都被闲置而失败。儿童只是看教师做和听教师说而已。

我们必须最终摆脱这些偏见，要有面对现实的勇气。

在过去的教育中，教师按照一种似乎相当符合逻辑的方式进行推理。他说，“要教育别人，我必须是很好的、完美的。我知道应该做什么，或者不应该做什么。所以，如果儿童要模仿我，服从我，一切都会是令人满意的。”一切事物的根本奥秘在于服从。我记不清是哪位著名的教育家说过这样一句名言：童年的全部道德可以概括为一种美德——服从。这就使教师的工作变得容易，甚至令人自豪。他争辩说：“在我面前的这个人是无知的、不正常的。我要让他改正过来，把他变成为像我这样的人。”这样，他就具有了我们在《圣经》一书中读到的“上帝按自己的形象造人”的那些能力。

当然，成人没有意识到他正把自己置于上帝的位置，还忘记了《圣经》中关于魔鬼是怎样变成魔鬼的那些话。也就是说，他出于自豪感而想取代上帝。

儿童内部进行着远远比教师、母亲或父亲更崇高的创造者的工作，然而尽管如此，儿童还是任凭他们摆布。曾经有段时期，教师利用棍棒强迫儿童服从。不久前，在一个高度文明的国家，教师集体性地公开反对说：“如果要我们放弃棍棒，我们就只好停止教学。”即使在《圣经》里，我们在所罗门的格言中也发现了一条著名的经文：作父母的，要是放弃棍棒，那就糟了，因为不对儿童施以棍棒就会损害儿童。纪律以威胁和恐吓为基础。由此我们最后得出结论，不服从的儿童是坏儿童，服从的儿童是好儿童。

如果我们在自由和民主理论盛行的现代来思考这种态度，

就一定会感到谴责教师是独裁者的教育更加盛行。当然，习惯于用他们的命令将一些小的独创性和一些想象结合起来的独裁者（远比教师更聪明）除外。而过去学校的教师墨守不合理的法则，只是受幻想和偏见所导引。独裁者的专制和教师的专制确实不同，因为独裁者可能建设性地采用严酷的手段，而教师只能破坏性地采用。

如果认为在服从前，也就是在意志能够接受和遵循另一个人的指导前，人的意志必须被破坏，那就犯了根本性的错误。如果把这一推理运用到智力教育上，那么，我们就只有在摧毁一个人的心理之后才能对他进行知识教育。

但是，当人们已经充分发展了自己的意志能力，从而自由地选择遵循另一个人的命令时，情况就截然不同了。这种服从是一种尊敬，是一种优越感。教师接受儿童的这种服从，就很可能会感到荣幸。

意志与服从是相辅相成的。意志是服从的基础，在发展上先于服从。这里所说的服从比通常所说的服从具有更深刻的含义，它是指个人意志的升华。

顺从是人类生活的自然现象，是常人的特征。在儿童中，我们可以把顺从的发展视为一种展开，因为顺从在人类成熟的长过程的最后阶段会自发地，出乎意料地显示出来。

实际上，如果人类灵魂不具有这种品质，如果人类从来没有通过某种进化过程获得这种服从的能力，就不可能有社会生活。只需粗略地看一看世界所发生的事情，就足以证实人是何等的服从。这种服从也就是为什么许许多多的人能够很容易被推向毁灭的原因所在。它是一种没有控制的服从，是一种使整个国家走向毁灭的服从。我们的世界不是缺少服从，完全相反，作为心理发展的一个自然方面，服从是太平常了。令人痛心的是，我们的世界所缺乏的还真是对服从的控制。

在帮助儿童自然发展的生活条件下，我们在儿童中已观察到的向我们明显展示了作为人的品格最显著特征之一的顺从的发展。我们的观察对此给予了充分的说明。

顺从被视为在儿童内部几乎按其品格的其他方面的同一方式发展的东西。最初，它纯粹受本能的冲动支配，然后上升到意识水平，以后，按阶段递进，直到受意识的意志控制。

让我们努力描述顺从对一个人的真实含义。实际上，顺从的一贯含义为：教师和父母告诉儿童做什么，儿童通过执行他们的命令作出反应。但是，假如我们研究顺从的自然发展，就会发现顺从具有三个阶段。在第一个阶段中，儿童有时顺从，但并非总是如此。这可能会给人留下任性的印象。但我们必须对它进行更深入的分析。

顺从并非只取决于我们习惯上称作的“良好意志”。相反，儿童在其生命的第一个时期的动作只受本能控制。这在所有儿童身上都是显而易见的。这个阶段持续到1周岁。在1～6岁这个时期，随着儿童的意识的发展和自我控制的获得，这一特征就变得不那么显著了。在这期间，儿童的顺从同他偶然达到的能力的水平是紧密联系的。要执行命令，就必须具有一定程度的成熟和执行命令可能需要的特殊技能。所以，在这个时候，必须同儿童现有的能力联系起来判断顺从。命令一个人用鼻子走路是荒唐的，因为从生理上这是不可能的。但是，如果要求一个目不识丁的人写信，也同样是荒唐的。因此，我们首先必须知道，在儿童已经达到的发展阶段，其顺从是否切实可行。

儿童在3岁前是不能顺从的，除非他接受的命令与他的某种冲动一致。这是因为，儿童还没有形成自我，他还忙于无意识地建立其个性所需要的机制，还没有达到这样的阶段——个性所需要的机制牢固地建立起来，因而能够为儿童的愿望服务，受儿童有意识的指导。把握了它们就已达到了一个新的发展水平。实际上，与儿童生活在一起的成年人的一般行为表明，他们并不期望 2 岁的儿童服从他们。

通过本能和推理（或者也许通过千百年来同儿童的共同生活），成人了解到，在这时，他们唯一能做到的就是或多或少粗暴地禁止儿童仍然继续做的那些动作。

然而，顺从并不总是消极的，它尤其存在于与别人的意志相吻合的行动中。尽管稍微年长的儿童不再处于从出生到 3 岁儿童的最早准备阶段（正如我们在儿童内部生命的圣所中看到的那样），但在以后的这一时期，我们仍然要遇到类似的阶段。即使 3 岁以后，在幼儿能够顺从以前，他肯定发展了某种品质。他不可能陡然按照另一个人的意志行动，也不可能在一夜之间就能理解我们要求他做的原因。一定的进步产生于要经历几个阶段的内部形成。当这些形成正在发生时，儿童有时也可能按要求行动，但这意味着他正在运用刚刚形成的内在习得，只有当习得牢固地建立起来时，才能为儿童的意志所应用。

这类事情发生在儿童最早驱使自己获得运动的要素之时。儿童在 1 岁左右，大胆地迈出第一步，但经常跌倒，而且在短时间内并不重复试验。但是，当步行机制发展牢固时，无论在什么时候他都能利用它。

另一点也至关重要。在这一阶段，儿童的顺从尤其取决于其能力的发展。在一次执行命令中，他可能成功，但下一次就不能了。人们通常把这归因于怨恨。教师的固执和指责很容易阻碍正在进行的发展。与此相关的一点非常有趣，可以在著名的瑞士教育家裴斯泰洛齐的生活中找到。裴斯泰洛齐的著作仍然对整个世界的学校发生着深刻的影响。他最早用父亲般的态度对待学校的儿童，总是同情儿童的困难，总是宽恕和原谅他们。但有件事他绝不原谅，那就是任性。他不能容忍一时顺从一时又不顺从的儿童。如果儿童有一次按要求做了，这就意味着，只要他愿意他就能够做。裴斯泰洛齐不接受不能再做的任何原因。这是他的仁爱没有取得好的效果的一种情况。如果甚至连裴斯泰洛齐也如此认为，其他的教师要犯这样的错误就更司空见惯了。

当新的形成刚刚产生时，最有害的莫过于丧失信心。如果儿童尚不能支配其动作，如果他甚至不能顺从他自己的意志，那就更不用说顺从别人的意志了。这就是为什么他有时顺从，但不总是如此的原因。这不仅仅发生在婴儿期。常常出现这样的情况，初学音乐的人第一次弹奏出优美的音乐，但如果在第二天叫他重奏一遍，他无论如何也弹奏不出来。这并不是缺乏意志，而是因为他还没有拥有卓越的艺术家的那种技能和信心。

所以，我们把顺从的第一个阶段称为，儿童能够顺从，但并非总是如此。在这个阶段中，顺从与不顺从是相互交织的。

在顺从的第二个阶段，儿童不再有因缺乏控制而导致的障碍，他能够顺从，而且可以总是如此。这时，他的能力得以巩固，同时可受自己和他人的意志指导。这是走向顺从之路的一大步。它就像能够从一种语言翻译到另一种语言一样。儿童能够吸收另一个人的愿望，而以自己的行为表现出来。这是当前教育一直追求的最高形式的顺从。一般教师只要求别人顺从他。但是，当儿童被允许按其天性法则发展时，他就远远超出了这一点，超出了我们的预想。他继续发展，进入到顺从的第三个阶段。

这并不停止在他只是利用新获得的能力上，他的顺从只是转向他感到其优越性的个性。好像儿童已经意识到教师能够做他自己不能做的事情，他对自己说："老师远远超过了我，因而她能影响我的心理，使我变得跟她一样聪明。她在我内心起作用！"儿童如此感觉，似乎充满了喜悦。他突然发现能够从这一优越的生活中获得指导，从而产生了新的热情，变得渴望顺从了。多么奇妙而又自然的现象啊，还有什么可以与之相提并论吗？另一方面，它或许就像热爱其主人，通过顺从实现其意志的狗的本能。狗目不转睛地盯着主人让它看的球，当其主人将球抛出去时，它朝球跑去，洋洋得意地把球捡回来，然后等待下一次命令。它渴望得到命令，而且摇摆着尾巴高兴地跑去顺从命令。儿童顺从的第三个阶段与此没有什么两样。可以肯定，儿童有惊人的预备状态，随时渴望顺从。

有一位拥有 10 年经验的女指导员提供了一些有趣的证据。她把其班级管理得十分好，但她常常不由自主地提些建议。一天，她对儿童说："今晚你们回家前，把所有东西都收起来。"孩子们一听到她说"把所有东西都收起来"，①还没有等她说完就开始认真而又迅速地收拾东西。然后他们又惊奇地听到老师说"今晚你们回家前"。他们的顺从变得如此敏捷，因而教师在说话时不得不非常谨慎。事实上，在这种情况下，教师应该先说"今晚你们回家前"，再说"把所有的东西都收起来"。

这类事情时有发生。这位女指导员说，她每次说话时都没有经过足够的考虑。儿童反应的敏捷使她感到一种责任。这是一种陌生的经验。因为人们通常认为，管理者发布他们喜爱的

① "今晚你们回家前，把所有东西都收起来。"这句话在英语中既可以说成"Put everything away before you go home tonight."也可以说成"Before you go home tonight, put everything away."这位女指导员使用的是前一种形式，所以，儿童们先听到"put everything away"（把所有东西都收起来），然后才听到"before you go home tonight"（今晚你们回家前）。——译者注

命令是理所当然的。相反，这位女指导员却感到她的权威地位是一种沉重的包袱。她只要把安静（silence）一词写在黑板上，儿童们就迅速地安静下来，甚至她还没有来得及把“s”写完，教室里已鸦雀无声了。

我自己的经验（我的“安静游戏”正是来源于我自己的经验）也是一个佐证。但这次，顺从呈现出共同的特征，产生了一种奇妙的、完全出人意料的团结。通过这种团结，这一集体的所有儿童都几乎同我打成一片。①

只有在场的所有人都乐意时，才可能达到完全的安静。哪怕只有一个人也能打破它。因此，成功取决于自觉的和一致的行动，社会团结感就产生于此。

安静游戏为我们提供了检验儿童意志力的手段。我们发现，当多次重复游戏，安静的时间变得越来越长时，儿童的意志力就会增强。然后，我们再轻声呼唤儿童的姓名，每一个儿童一听到他的名字就一声不吭地站起来，而其他儿童依然一动不动。那些被呼唤的儿童非常缓慢地移动，尽量不弄出什么声音。所以，最后轮到的一个儿童不得不静候多长时间就可想而知了。这些儿童的意志力发展至此，真是令人难以置信。这种练习不仅要求控制运动，而且还要求克制冲动。这一方法在很大程度上也都依赖于此。一方面有选择和勤奋的自由，另一方面又要克制。在这些条件下的儿童能够既为了动作也为了遏制动作而使用其意志能力。最后他们形成一个真正令人羡慕的集体。顺从就在他们中间产生了，因为顺从的全部要素都已准备好了。

顺从力是意志发展的最后阶段，它反过来又使顺从成为可能。儿童达到的顺从水平如此之高，因而无论教师提出什么要

① 参见《儿童的发现》。

求，他们都立即顺从。教师感到她必须小心谨慎，因为她的目的是无私的奉献。而且她渐渐认识到了一个管理者所应该具备的品质。一个好的管理者不一定非要采取武断的方式，但是他必须有强烈的责任感。

第二十六章　教师和纪律

没有经验的教师满怀热情，对她希望在我们的小社会中出现的这种内在纪律充满信心，觉得没有遇到什么问题。

她理解而且相信，儿童必须自由地选择其工作，正如他们在自发活动中绝对不要受干扰一样。任何工作都不是强迫的，——没有威胁、没有奖励、没有惩罚。教师必须保持沉默，处于被动地位，耐心地等待着，而且要几乎离开儿童工作的地方，以抑制自己的个性，让儿童的精神得以充分发展。她已经把很多教具，几乎是所有的教具都从教室里搬出去了，但到了现在，没有必要减少混乱，因而教具又陡然增多。

她学到的原则是错误的吗？不是。在她的理论和理论产生的结果之间还差一样东西，那就是教师的实践经验。在这一点上，刚刚走上教学岗位的教师还得需要别人的帮助和建议。这与年轻的医生或者与已经掌握了一定的理论和原则以后，面对那些对他来说似乎远远比数学方程中的未知数还要神秘得多的事实而又孤立无助的人所遇到的情况并没有什么两样。

让我们时刻记住，内在的纪律是将要产生，而不是已经存在的东西。我们的任务就是探明纪律的道路。当儿童将其注意集中于他感兴趣的、不仅为他提供有益的练习而且提供错误的控制的某种物体时，纪律也就产生了。这些练习使幼儿的心灵产生奇妙的整合，结果，儿童变得安静、愉快、幸福、忙碌，忘却了自己，从而对奖励或物质报酬漠然视之。这些征服自身及其周围世界的小征服者确实是超人，给我们展示了人的灵魂的无比价值。教师的光荣任务就在于给他们指出通往完美的道路，给他们提供手段和消除障碍，从教师自己可能提出的那些开始(因为教师能够成为最大的障碍)。如果已经有了纪律，我们的工作几乎就成了多余。儿童的本能足以指导他克服各种困难。

但是，当3岁的儿童首次来到学校时，他还是一名处于被击败的边缘的战士，已经采取了掩盖其内在天性的防御态度。能够指导他达到有纪律的平静和非凡的智慧的高级力量处于睡眠状态。唯一处于积极状态的就是一种在笨拙的运动、模糊的观念和努力抵制或避免成人的强制中消耗殆尽的外在个性。

但是在儿童内部，智慧和纪律正等待着被唤醒。儿童为压抑所阻碍，但还没有完全被击败，或者说他的偏差并不是到了我们无法挽救的地步。学校必须给儿童提供精神活动场所和发展的机会。同时，教师必须记住，儿童惯常的防御反应和其天性所获得的普遍降低了的特征是发展其精神的障碍，儿童必须摆脱它们。

这是教育的前提，如果教师不能认识纯粹的冲动与产生于平静的精神生命的自发力量之间的差别，那他也就徒劳无功。教师水平的真正基础在于能够区分具有自发性的两种活动，因为儿童在两种活动中都按其自由意志行动，但实际上这两种活动是直接对立的。只有当教师学会辨别时，她才能成为观察者和指导者。教师的必要准备同医生并没有什么不同。医生必须尤其学习怎样把生理的正常状态和病态区别开来。如果他不能区分健康和疾病，如果他唯一能够做到的就是区分死人和活人，那他永远也不可能分辨出不同疾病之间的更加细微的差别，因而也就不能正确地诊断疾病。区分好坏的这种能力是驱散走向完美纪律之路上的阴影的光芒。详细说明症状或症候群，从理论上清楚而准确地描述幼儿的心灵在通往纪律的阶梯上不得不经历的阶段，这可能吗？是的，这是可能的，而且还可以建立界标，作为对教师的指导。

无秩序的儿童

让我们思考一下3岁或4岁的儿童。他们尚未受到能够影响他，使他产生内在纪律的任何因素的影响。为使人们能够认识以下三种类型及其特点，这里略加叙述。

(1)随意运动的混乱。这不是指隐藏于运动背后的目的，而是指很不协调或者缺乏配合的运动本身。这种症状是最为重要的，它对治疗神经混乱的专家远远比对哲学家更有用。当病人病得非常厉害时（例如在瘫痪症的第一阶段），医生要把随意运动的最细微的毛病都记录下来，因为他知道，这些最细微的毛病是基本的。医生的诊断将主要以这些毛病，而不是以同属于这一疾病症状的心理失常或混乱行为为基础。运动笨拙的儿童表现出其他特性，诸如行为粗鲁、行动急促、动作摇晃和狂呼乱叫，但这些特性具有更少的诊断价值。使最早的运动高度配合的教育将减少随意运动中的混乱。教师只需要以一种有趣的形式为更加协调的运动的智力发展提供手段，而不是尽力纠正正常发展中出现的一千零一个明显的偏差迹象。

(2) 总是伴随着随意运动的混乱的另一个特征是儿童很难或者不能把注意力集中于真正的物体上。他的心理更喜欢漫无边际地幻想。当他用石头或者干枯的树叶做游戏时，他谈起话来就像是在一个巨大的桌子上准备美味的盛宴，他可能就会想到他长大以后过着的最豪华的生活。心理越是脱离了它的正常功能，就越是疲劳，作为应该以内在生命的发展为目标的精神仆人也就徒劳无益。遗憾的是，很多人把瓦解个性的这些富于幻想的活动当作发展精神生命的活动。他们认为幻想本身是创造性的。恰好相反，幻想本身什么都不是，或者说只是阴影、卵石和干枯的树叶而已。

精神生活确实以同外部世界协调的统一的个性为根本基础。脱离现实的幻想心理必定与正常的健康无缘。在它产生的幻想世界里，没有控制错误，没有协调思想，也不可能把注意力集中于真正的物体，往后也不可能集中。这种想象的生活（这样错误地称呼）是因为器官的萎缩。器官的功能决定着精神生活。通过使现实容易接近和富有吸引力，努力使儿童的注意力集中在真正的物体上的教师，以及成功地使儿童对摆好真正的餐具和上菜感兴趣的教师，就会以一种类似小号的声音对任凭驰骋的模糊的心理说话。协调完美的运动和重新获得脱离现实的注意是影响纠正的所有需要所在。

我们不必对某一偏差的所有迹象给予一一的纠正。注意力一旦能够集中于真正的物体上，心理就会恢复健康状态，就会重新开始正常地发挥作用。

（3）第三种现象倾向于模仿，它与其他两种现象是紧密相联的，而且更为敏捷和迅速。它表现为一种根深蒂固的毛病，是2岁儿童的那些正常特征的体现。（更年幼的儿童的模仿又截然不同，前面已有叙述。）① 这种倾向表明，意志还没有准备其工具，还没有找到合适的方向，只是仿效他人。儿童不是走在完美之路上，而是像一艘无舵的船任风摆布。2岁儿童的整个知识局限于模仿所暗示的观念的有限范围，任何一个观察这些儿童的人都会认识到我谈到的心理的这一退化形式。这种形式与混

① 见第十五章。

乱和心理的不稳定有关，它像下楼梯一样，使儿童逐渐下降。

儿童只要做错了事或者弄出了噪声，例如倒在地上，大笑不止和高声嚷嚷，很多或者可能所有儿童都会模仿他，或比他做得更糟。这种愚蠢的行为在整个集体中成倍增加，甚至还可能扩散到教室之外。这种“群集本能”产生了一种与社会生活相反的集体性混乱，因为社会生活建立在工作和个体有秩序的行为的基础上。在一群儿童当中，他们的模仿扩散和增强了个体的毛病，它具有最小的抵抗力，退化也产生于此。

这种退化陷得愈深，儿童要服从号召他们朝更好的方面发展的人就会愈困难。但是，一旦使他们走上正确的轨道，这一混乱所产生的各种后果就会很快消除。

呼　　唤

当教师被派去指导这种儿童的班级时，如果她只是抱有为儿童提供发展和自由表达的方式的基本想法，她就可能会感到极端的痛苦。儿童的混乱将会带来严重影响，教师如果处于被动，就会被混乱和难以置信的喧闹所压倒。遇到这种情况——无论是因为经验不足还是因为过分刻板（或过分简单）的原则和观念，教师必须记住潜伏于这些非常单纯而又丰富的幼小心灵中的能力。她必须帮助正走向悬崖的这些幼小儿童，帮助他们转过身来再次往上爬。她必须凭藉其声音和思想叫住他们，使他们清醒。对这些幼小的心灵来说，只有坚定而有力的呼唤才是真正善良的行为。不要害怕毁坏邪恶，只有善行才是我们唯恐破坏的。在儿童回答问题前，我们必须叫他的名字。同样，倘若我们希望唤醒儿童的灵魂，就必须强有力地呼唤它。教师必须把教具搬出学校，抛弃她所学习的原则，然后她必须切合实际地、独立地面对呼唤的问题。这一问题随条件的变化而变化，只有她的智慧才能解决。教师知道主要的症状和某种治疗方法，懂得治疗的理论，其余的一切都取决于她。一位优秀的教师同一位好医生一样，他们都是人，而不是机器，不只是给病人开药或只是运用教学方法。具体细节应该让刚刚踏上教学岗位的教师作出判断。当所有儿童都喧闹不止时，她最好是提高声音还是低声对几个儿童说话，使其他儿童很想听以致重新恢复平静，这都由教师作出判断。用力拨动钢琴上的琴弦发出宏亮的声音，就可能终止像鞭打声一样的嘈杂声。

明显的秩序

一个有经验的教师，她的班级是绝对不会产生严重混乱的。因为在她离开儿童，让他们自由活动前，她要观察和指导一段时间，从否定的意义上，也就是说通过消除他们未能控制的运动来准备他们。为达到这一目的，教师要进行一连串的预备练习。那些脱离实际凭空幻想的儿童将会感到教师给予他们的帮助是何等巨大。教师表扬和激励儿童的声音冷静、坚定而又富于耐心，触动他们的心灵。有些练习特别有用，例如不声不响地把所有桌椅放到适当的位置，把椅子摆成一排而且坐在上面，用脚尖从教室的一端走到另一端。如果教师确实非常自信，那么这种练习就足以在教师说“孩子们，现在让我们都保持肃静”之前使孩子们奇迹般地安静下来。实际生活中最简单的练习就会把随意幻想的幼小心灵带回到现实的实际工作上来，并改造他们。教师逐渐提供教具，不过在儿童理解怎样使用教具之前，教师绝对不会随他们的意愿随便放置。

现在，全班安静下来，孩子们开始从事实际的活动。他们的工作具有明确的目的，诸如擦去桌上的灰尘、抹掉污迹、走向食橱、拿一件教具、正确地使用教具，等等。显然，自由选择的能力通过练习得以加强。教师常常是满意的，但对她来说，按照蒙台梭利方法设置的教具似乎不够用，她感到有增加一些教具的必要。儿童在一周内就已经使用和重新使用了所有材料，很多学校就到此为止了。

有种因素，而且也只有一种因素表现出这一明显的秩序的不可靠性，并威胁到整个秩序的瓦解，那就是儿童不断地从一件事转到另一件事。每一件事他们都做了一次，然后又去寻找别的事情。去食橱的人来来往往、络绎不绝。在这种情况下，没有一个儿童感到有足以唤醒他自己神圣而强有力的天性的强烈兴趣。他的个性没有得到练习，他不是在发展，不是在变得更加强壮。在这些短暂的接触中，外部世界不可能对他的精神和谐产生影响。儿童像蜜蜂一样，不断地从一朵花飞到另一朵花，没有找到值得停下来采集花蜜和感到满意的花朵，在他感到注定要建构其人格和心理的巨大本能性活动在他内部觉醒之前，他是不能工作的。

在这种不稳定的状况下，教师感到她的工作并不轻松。更有甚者，她不断地从一个儿童跑向另一个儿童，从而把她自己的忧虑和缺乏冷静的烦恼传染给了他们。只要教师一转身，很多感到疲倦和枯燥的儿童就会戏耍材料，并以最笨拙的方式使用。当教师忙于某个儿童时，其他儿童就举止不端。儿童没有获得教师真诚希望的在道德和智力上的进步。

即使他们获得了纪律，实际上也是很不牢固的。教师不断地阻止她所感到悬而未决的混乱，她感到紧张不安。大多缺乏足够训练和经验的教师最后认为，如此迫切希望和重视的“新儿童”只不过是一种神话或理想而已。他们还可能得出这样的结论，教师绞尽脑汁使全体儿童结合在一起的班级既使教师感到厌倦，对儿童也没有什么益处。

教师有必要理解儿童的状况。这些幼小的儿童处于急促变化的时期，进步的真正大门尚未向他们敞开。他们正在门外敲门和等待，看不到有什么进步。他们的状况与其说是遵守纪律，不如说是更接近混乱。像这样的儿童的工作注定是不完美的。他们的动作变化无常，其基本的协调运动也缺乏力量和优雅。与脱离实际的第一个阶段相比，他们几乎没有取得什么进步，就像处于一场疾病以后的恢复状态。这个时期是发展的关键期，教师必须起到两种不同的作用：监督儿童和进行个别辅导。也就是说，她必须按时提供材料，说明材料的正确使用。总体上监督和正确地进行个别教学是教师能够帮助儿童发展的两种方式。在这个时期，她必须注意，当她面对单个儿童时，绝对不要忽视了整个班级，她必须让全体儿童都感觉到她的存在。教师以一种亲密的方式单独给每个儿童授予的这些准确而又富于吸引力的课程是教师提供给儿童内心的礼品。然后在某一天，这些幼小的儿童当中，有一个将会醒来，儿童的内在“自我”将会走向他暂时拥有的物体，他的注意力将集中在某种练习的多次重复上，而练习的多次重复又增强了他的技能。儿童喜气洋洋和心满意足的态度表明他的精神获得了新生。

纪　律

自由选择是所有心理过程中最高的心理过程之一。儿童只有深刻意识到练习和其精神生命的发展的需要时才能真正自由选择。当各种外部刺激同时吸引儿童时，儿童不可能自由选择，由于缺乏意志力，他对每一呼唤都作出反应，不停地从一件事到另一件事。这是教师必须能够区分的最重要的差别之一。尚未能顺从其内在指导的儿童不是开始沿着漫长而狭窄的完美之路前进的自由的人，他仍然是使他任其环境摆布的外部感觉的奴隶，他的精神像球一样来回跳动。当他的灵魂能意识自我，当他能独自工作，发现其道路并且加以选择时，人性就在他内部诞生了。

在所有生物中都能看到这一简单的但又是非同平常的现象。每一活着的生物都具有在一个复杂和多方面的环境中选择那些只是有益于其生命的东西的能力。

每一植物的根从泥土所包含的许多物质中只是吸取它所需要的物质。昆虫的选择不是模糊的，但它也集中于接受其来访的特殊的花上。这种奇迹般的辨别力对人来说是明显的，不过它已经不是本能性的了，必须是获得的。儿童，特别是在最初几年里，有一种内在的敏感性为精神所必需。错误引导或压制的教育能够使之消失，使之被周围每一物体的外部感觉的奴隶所取代。我们自己已经失去了这一强烈的和非常重要的敏感性。我们感到敏感性在儿童内部复活，在他们面前，我们觉得我们好像是在观看一个已经打开的神秘的东西。它在自由选择的微妙行为中自己表现出来，没有受过观察训练的教师甚至在她觉察到自由选择前就会践踏它，就像一头大象践踏路旁即将盛开的花木一样。

注意力集中于选择的物体上的儿童，当他把整个自我都集中在练习的多次重复上时，从我们所说的精神健全的意义上讲，便是一个自由的灵魂。从这以后，除了准备和满足其需要的环境以及排除其完美道路上的障碍以外，就不必担心他了。

在这一注意力和专心获得之前，教师必须学会控制自己，使儿童的精神自由发展和表现出它的力量。教师职责的实质是不干涉儿童的努力。这时正是教师在其训练期间获得的道德敏感性发挥作用的时候，她必须知道帮助并非易事，甚至站着不动和观看可能就不那么容易。即使在帮助和为儿童服务时，她也必须不停地观察他们，因为儿童专心的产生是像蓓蕾突然开出鲜花一样微妙的现象。但是，当她观察时，不要把让儿童感觉到她的存在或者通过她自己的力量帮助弱者作为目的。她观察的目的在于认识已经获得了集中注意和羡慕其精神的光荣再生的能力的儿童。

注意力集中的儿童是非常幸福的，她对其周围的人或在他周围转来转去的参观者置之不顾。这时，他的精神就犹如沙漠中隐士的精神：一种新的意识——他自己的个性在其内部产生了。当他集中注意时，似乎感到这个世界是一个充满新的发现的广阔无际的新世界。他也意识到了他的同班同学，对他们很感兴趣。对人和物的爱在他内部觉醒了，他对每一个人都友好和善，对一切美好的东西都非常赞赏。其精神的变化过程是普通的，他使自己脱离这个世界，目的是为了获得把自己同这个世界联合起来的能力。要欣赏某个城市的全貌，不离开这座城市行吗？从飞机上看，地面就更好地展现在我们眼前。人的精神也是这样。要生存，要与同事交往，我们有时候就得隐居起来，积蓄力量。只有这样我们才会热爱我们的同事。隐居的圣人准备用智慧和正义来考察不为多数人知晓的那些社会需要。这是在沙漠中为爱与和平的伟大使命而作的准备。

儿童天真地采纳了隐居的态度，而且在他内部也形成一种充满了对周围人们的热爱的强烈而严肃的品质。自我牺牲、正常工作、顺从都产生于这种态度，同时还产生了从岩床里涌出的清泉般的生活的快乐，愿帮助周围所有的人，为周围的人感到快乐。

集中注意的结果是社会感的觉醒，教师对此必须有所准备。儿童一旦觉醒，其心灵就会求助于教师。他们会“发现”她，正如他们现在注意到了蓝色的天空和隐藏于草丛中几乎感觉不到的鲜花的芳香。

这些儿童热情高昂，爆发性地急速发展。没有经验的教师可能被他们的要求压倒。正如在第一个阶段教师一定不要在儿童许多混乱的行动上浪费时间，而要完全集中于他们提出的基本要求的暗示一样，现在，教师一定不要被他们表现出的这一道德财富和美的无数迹象所战胜。她必须总是以简单的和主要的东西，以起着门的铰链作用的东西为目标。这自然是隐而未显的，因为它独立地发挥作用，同它所控制的门的装饰无关。

教师的使命总是以恒定的和正确的东西为目标。她开始时感到不必要，因为儿童的进步与她发挥的作用或与她所做的工作不成比例。她看到儿童在选择其工作和丰富其表达能力中变得更加独立了。有时，儿童的进步似乎非同一般。教师感到她只是从准备环境，并且不让儿童看见的谦卑的意义上值得为儿童服务。她记住弥赛亚①出现后，浸礼教徒约翰（John）所说的话：“当我逐渐变弱时，他必须不断成长。”不过，这是儿童最需要教师的许可的时候。当儿童利用自己的智力和活动完成了某件事时（例如，他刚画好了一幅画，写了一个字，或做了其他细小的工作。），他跑去问老师他是否做得对。儿童并不想别人告诉他做什么或怎样做，他拒绝接受这样的帮助。获得了解

---

① 弥赛亚（the Messiah），是犹太人所期待的救世主。——译者注

放的灵魂能够选择和执行。但是当他做完工作后，他希望得到教师的肯定。

这一本能使儿童保护其精神的秘密——服从每个儿童似乎听到的来自其内部的神秘的指导声音；这一本能使我们的工作屈从于外部的权威，以保证他们沿着正确的道路前进。这使我们想起了婴儿最初摇摇晃晃的脚步，虽然他可能已经具备了开始行走和学习行走自如的能力，但他还是需要看成年人伸出的等待抓住他的手。这时，教师必须作出赞同的反应，以微笑鼓励他，就像母亲对其婴儿一样。因为完美和信心必须是儿童内部根源发展的结果，教师与其内部根源无关。

事实上，儿童一旦感到自信，他每走出一步以后就不再需要教师的赞同了。他将继续积累不为他人所知的完成了的工作，只是顺从产生和完善其辛勤劳动成果的需要。使他感兴趣的是完成其工作，而不是让其工作受到别人的羡慕，也不是将其工作珍藏起来作为自己的财富。驱使他的崇高本能与自满或贪婪几乎无缘。参观我们学校的很多人都会记得教师是怎样向他们展示儿童所做的最好的工作，但不指出是谁做的。因为儿童对谁做的这项工作无所谓，所以显然没有必要指出来。在其他学校，教师在展示儿童出色的工作时，如果不认真介绍做这项工作的人，她就会感到内疚，如果教师忘了，她就会听到儿童抱怨说，“是我做的！”

在我们的学校，儿童做了令人羡慕的工作以后，可能又在另一个角落里忙碌于新的工作了，而且只希望清静。这是纪律形成的时期：当儿童完成其工作并从事新的工作时，他就会主动地安静、顺从和热爱，正如在春天里鲜花盛开和准备收获鲜甜、滋养的水果之时。

第二十七章　教师的准备[①]

要成为蒙台梭利式的教师，就必须首先准备自己。因为一方面，她必须富于想象，另一方面，传统学校的教师注重学生的直接行为，因为他知道必须照顾学生和他必须教给学生什么，而蒙台梭利式的教师经常寻找还没有在那里的儿童。这是传统学校的教师与蒙台梭利式的教师的主要差别。在我们学校，当教师开始工作时，她必须相信“儿童将通过工作显示自己”；必须排除关于儿童水平的一切先入之见，一定不要受儿童的多种不同类型（指举止有些失常的儿童）的困扰；她应该把所有儿童都想象成心理正常的儿童；必须相信，当她面前的儿童找到他感兴趣的工作时，就会表现出真实天性。所以，教师必须注意什么呢？她必须注意儿童将会集中其精神。对此她必须投入其精力，正如精神提高一样，她的活动也要一个阶段一个阶段地不断变化，教师通常要做三方面的工作。

第一阶段　教师应成为环境的保护者和管理者，应该注意儿童的环境，而不要因为儿童的坐立不安而心烦意乱。只要做到了这一点，就会产生和解，获得和激化儿童意志的吸引力。在我国，每个妻子都有她自己的家庭，为了她自己和丈夫，她竭力使家庭尽可能地富有吸引力。她不只是把全部注意都集中在丈夫身上，还对房间相当注重，以创造一个正常的和建设性的

---

① 本章内容是蒙台梭利应印度读者的要求而写的。虽然与前一章的内容有部分重复，但我们认为她给教师的简明扼要和热情洋溢的建议及其强烈的人的兴趣从整体上显示了保存它的价值。

生活环境。她尽量使家庭舒适、和睦、丰富多采和情趣盎然。房间的主要魅力在于干净和整洁，每样东西布置得恰到好处，没有灰尘，光线充足，令人愉快。这是她首先要考虑的。学校的教师也必须这样。所有教具都小心地依次放置，永远保持美丽、光泽与完美。这样，对儿童来说，一切东西都是新颖、完整、随时可用的。这意味着教师本身在仪容上应富有吸引力，令人喜爱，并且保持整齐、清洁、沉稳而有庄严感。这些都是教师可依其自己的方式能够实现的理想。但我们还必须时刻牢记，当我们出现在儿童面前时，这些理想就是我们可选择的同伴。教师的仪表是赢得儿童信任和尊敬的第一步。教师应留心自己的举止，要尽量轻盈和文雅。这一年龄的儿童把他的母亲理想化了。我们可能不了解他有一个什么样的母亲，但是，当儿童看到一个漂亮的妇女时，他常说，"她多美啊，跟我妈妈一样！"他母亲很可能一点都不美，但对儿童来说她的确很美。儿童羡慕的每一个人都跟他母亲一样美。所以，注意自己的仪表就形成了儿童生活环境的一部分，而教师本身是儿童世界的最重要部分。

因此，注意儿童的环境是教师的第一个职责，也是最重要的职责。虽然其影响是间接的，但是，如果教师不做好这项工作，儿童的身体、智力或精神各方面都无法产生有效而永恒的结果。

第二阶段　考虑了环境之后，就是教师如何对待儿童的问题了。对这些不守秩序的小孩，对这些相互混合和变化无常的幼小心灵，对这些我们希望吸引和使之专心于工作的幼儿，我们能够做什么呢？我有时使用一个容易被误解的词，即教师必须有魅力，必须诱使儿童。如果环境被忽视了，设备上灰尘累累，教具破烂不堪，乱七八糟，特别是如果教师本身邋遢懒散，对儿童举止粗暴，那么，教师希望达到的目的之根本就会丧失。在注意力的集中出现前的这一最早时期，教师必须像火焰一样用它的温暖去振奋、活跃和鼓舞所有儿童。没有必要担心教师会阻碍某些重要的心理过程，因为它们还没有开始。在注意力的集中出现前，指导员可以或多或少采取她认为是最好的措施，她可以对儿童的活动进行她认为是必要的干涉。

我曾经读到关于一个圣徒的故事。在一个人们的行为极其粗暴的城市，一位圣徒发现了一些被抛弃在街上的儿童，他把这些儿童聚集在一起。他做什么呢？他尽量让他们娱乐。这就是教师在这个时候必须做的工作。她能讲故事、做游戏，也可以哼摇篮曲和朗诵诗歌。教师如果有吸引儿童的天赋，就能使他们做各种练习。即使没有多大的教育价值，也有助于他们安静。众所周知，一个生动活跃的教师比单调乏味的教师更富有吸引力。只要我们敢于尝试，都能成为生动活跃的教师。例如，每个教师都能够高兴地说："今天我们把所有东西都移动一下，"都能够同儿童们一起工作，同时以一种生气勃勃的和令人愉快的态度鼓励和表扬他们。或者她可以说："这个黄铜水壶怎么了？它需要擦一擦。"或者她还可以说："让我们到花园里去摘鲜花吧！"教师的每一行动对儿童来说都能成为一种召唤和诱因。

这是教师工作的第二个阶段。如果在这个阶段，儿童不断地打搅别人，那么教师最实际的措施就是打断他。我们的确曾经说过，而且还经常重申，当儿童专心于他的工作时，我们切忌不要去打搅他，以免中断其活动周期或阻碍其自然的发展。然而，当儿童打搅别人时，我们就应该采取相反的方法，应该中断正受干扰的活动。中断既可以采取惊叫的方式，也可以对招惹麻烦的孩子表现出一种特别的和充满深情的兴趣。爱的这些分散表露随着儿童正受打扰的活动而变得越来越多，就像一连串的电震对他发生及时的影响。教师通常只是提出某个问题就行了，诸如，“约翰尼，你好，请跟我来，我有些事让你做。”也许他不喜欢受指示，那么，教师就可以说：“好吧，没关系，我们一起去花园吧。”这样，教师跟他在一起，或者把他送给助理处理。别的儿童可以不再受他的干扰了。

第三阶段 最后，儿童开始对某件事，通常是对实际生活中的练习发生兴趣。因为经验表明，在儿童愿意从感觉的和文化的教具中获益之前，给他们这些教具不仅毫无益处，而且有害。

在儿童还没有获得专心于某件事的能力之前，是不能使用这种教具的，必须等待。通常是在实际生活的练习中向儿童呈现教具。儿童一旦表现出对某种教具发生了兴趣，教师就一定不要打断他，因为这一兴趣符合自然的法则，而且开始了新的活动的整个周期。但是，第一步是如此脆弱，如此娇嫩，以致于一接触它就像肥皂泡一样再度消失，此刻的一切美也都会烟消云散。

现在，教师必须谨小慎微。不干涉儿童意味着在任何情况下都不要打扰他。这正是教师最容易犯错误的时候。儿童付出了艰苦的努力，终于专心于某项工作，教师从他身边走过时只要说声“好”就足以使儿童感到厌烦。儿童对另外的事情发生兴趣很可能需要两周时间。如果另一个儿童对做某事正感到困难，而教师去帮助他，他就可能会把整个事推给教师去做。儿童的兴趣不只是集中于操作本身，而通常是以克服困难的愿望为基础。“如果教师想替我克服困难，那就让他做吧，我不再感兴趣了。”这就是儿童的态度。如果儿童正努力把一样很重的东西举起来，而教师试图帮助他，他常常就会让教师去做，自己却跑开了。教师的表扬、帮助或者甚至看他一眼就足以打断他或破坏他正在进行的活动。说起来似乎有些奇怪，但是，即使儿童只是意识到有人看着他，这就可能发生。如果我们工作时，有人看着我们，有时我们也会感到不能继续下去。教师取得成功的重大原则在于：儿童一旦专心起来，她就表现出好像儿童不存在一样。她只需要迅速的一瞥就能够看到儿童在做什么，但不要让他意识到。这以后，儿童不再受厌烦的困扰。他开始有目的地选择其工作。在很多儿童同时想要做同一件事的教室里，这可能会产生一些问题；但是，即使要解决这些问题，在没有请求的情况下，教师也不应该干涉，儿童会自己解决的。教师的职责只是在她知道儿童已经用过所有教具时提供新东西。

教师不干涉的技能同其他技能一样来源于实践，但绝对不是轻而易举获得的，它意味着上升到精神高度。真正的灵性认识到即使是帮助也能导致自满。老师能够给予的真正帮助并不在于服从感情冲动，而是来源于使自己的爱服从于纪律，来源于有辨别地利用冲动。因为帮助别人的人比接受别人帮助的人获得更大的幸福。真正的仁爱默默地服务于贫困的人们，或者当它被人们发现时，它不是作为一种帮助，而是作为一种自然的和自发的东西。

儿童和教师的关系虽然是一种精神上的关系，但是教师能够从一个好的贴身男仆侍候其主人的方式中找到一种很好的行为模式。仆人将其主人的化妆台保持整洁，把毛刷放到适当的位置，但他并不告诉他的主人什么时候使用毛刷；一日数餐，他都得侍候，但并不强迫他的主人用餐；他做好每一件事以后一句话也没说就不声不响地走了。当儿童的精神正在形成时，我们也必须这样。教师服务的主人就是儿童的精神，当它表现出有某种需要时，教师必须迅速地作出反应。当主人单独一个人时，仆人绝对不会打搅他，但是，当主人叫他时，他迅速地跑去看主人需要什么，而且很快回答“是的，先生。”如果他觉得主要需要赞赏，他就表现出赞赏。甚至他觉得一点都不美的东西，他可能也会说，“多美啊!”同样，如果儿童专心致志地做某项工作，我们绝不要干涉他。但是，如果儿童希望我们的赞同，我们就应该毫不吝啬。

从教师和儿童关系的心理方面讲，教师的作用和方法与仆人的相似。他们为儿童的精神服务。这是前所未有的，特别是在教育领域。这与当儿童肮脏时给他洗洗、帮他缝补或洗衣服不同。我们不是为儿童的身体服务，因为我们知道，如果他要发展，他就必须自己动手做这些事。教学的基础就在于不要以这样的方式为儿童服务。儿童必须通过自立获得身体上的独立；必须通过自由地使用其选择能力获得意志上的独立；必须通过没有干扰地独立工作获得思想上的独立。儿童的发展要经历独立发展的连续阶段，我们对待儿童的行为必须以这方面的知识为指导。我们必须帮助儿童自己行动、决定和思考。这就是为精神服务的艺术，是一种只有同儿童一起工作才能在实践中达到完美的艺术。

如果教师满足了委托给她的这群儿童的要求，她就会看到社会生活中会令人惊奇地怒放出鲜花，就会享受到观看儿童灵魂的这些表现的快乐。能够看到这些是一件很荣幸的事，正如沙漠中的旅行者荣幸地到达了绿洲，听到了从好像已经干枯、酷热和不可救药的沙丘里涌出的水的声音。人类灵魂的高尚品质常常隐藏于举止失常的儿童之中，当它们出现时，能够预见它们的教师就会十分高兴地欢迎它们。在儿童的这些品质中，教师把人看作是应该成为从不厌倦的工人，因为驱使他继续工作的是永恒的热情。教师看到了一个尽最大努力的人，因为儿童永恒的志向使他战胜困难；他是一个真正努力帮助弱者的人，因为在他的心目中存在着真正的仁爱，它知道尊敬别人意味着什么，知道尊敬一个人的精神劳动是培育其灵魂之基础的源泉。把握了这些特征，教师就能辨别出真实的儿童。真实的儿童是真人之父。

但这只能是逐渐发生的。教师首先会说：“我已经看到了他应该成为的那种儿童，觉得他比我预想的还好。”理解幼儿期的含义就在于此。只知道某个儿童叫约翰，知道他父亲是个木匠，这是不够的，教师还必须在她的日常生活中了解和体验童年的秘密。通过对童年的秘密的了解和体验，教师不仅对儿童有了更深入的了解，而且还获得了一种新的爱，这种爱不是对某一个人，而是对隐而未显的童年的秘密。当儿童向她展示出他们的真实天性时，教师可能才第一次理解什么是真正的爱。儿童真实天性的展示也改变着教师，它深入到人的内心，并逐步改变人们。这些现象一旦被发现，人们就会情不自禁地描绘和谈论它们。儿童的姓名可能会被遗忘，但是，任何事情都不可能抹掉他们的精神所留下的印象和他们能够唤醒的爱。

爱有两种水平。我们所说的对儿童的爱通常是指我们对他们的关怀、爱抚和对我了解的、激起亲切情感的儿童的钟爱之情。如果有种精神关系把我们同他们联系起来，我们就是通过教他们祈祷来表示这一关系。然而，我指的是另一种爱，它不再是个人的或物质上的爱。为儿童服务就是为必须解放自身的人的精神服务。两种水平的爱的差别实际上是由儿童决定的，而不是取决于教师。教师感到她已提高到了过去一无所知的高度。她达到这一高度之前，儿童促使了她的成长。在这以前，教师常常感到她的任务是崇高的，但当假日来临时，她非常高兴，正像为别人工作的任何人一样，她希望缩短工作时间，提高工资待遇。教师的满足或许在于使用权威，在于感到是儿童尊敬和竭力模仿的完美典型。如果能够担任校长或者甚至视导员，她就会高兴万分。但是，要从这一水平达到更高的水平，就要懂得真正的幸福并不在于这些。饮用过精神幸福之泉的人会主动告别来自高级职业地位的满足。很多学校的校长和视导员放弃他们高贵的职业，献身于幼儿工作，成为当前其他人称作的“幼儿教师”（infant teacher），就是具体表现。

我认识巴黎的两名医学博士，他们放弃了自己的职业，完全献身于我们的幼教工作，研究这些现象的实在性。他们感到已经从一个低水平达到了一个更高的水平。

对发生了这样的转变的教师来说，成功的最大标志是什么呢？最大标志是能够说，“儿童现在正在工作，好像我不存在似的。”转变前，教师的想法恰好相反。她认为是她教会了儿童，是她把儿童从低水平提高到了一个更高的水平。但现在，随着她面前的儿童在精神上的转变，她能够归功于她自己的贡献的最大价值用文字表达为：“我已经帮助了这一生命完成上帝为他确定的任务。”

这确实令人满意。儿童到了 6 岁，他的教师便知道她已帮助人类奠定其形成的基础。如果不是儿童在自由的谈话中告诉她的话，教师对儿童的环境可能会一无所知；她可能对他们的未来（将继续上中学和大学还是早一点结束其学业）毫无兴趣。但是，她之所以感到幸福，在于她知道儿童在这一形成时期能够做他们必须做的事情。她能够说：“我曾为那些儿童的精神服务，他们已经完成了他们的发展。在他们的整个发展过程中我一直陪伴着他们。”没有行使其权威的教师感受到了她在令人满意的精神生活，即“永恒的生活”和从每天早晨到第二天的祈祷中所做的工作和所取得的成就的价值。没有适应这种生活的人是很难理解的。很多人把这归因于自我牺牲的美德，他们说：

“这些教师是多么恭顺啊，他们甚至对于自己对儿童的权威都不感兴趣。”很多人说：“如果你叫你的教师放弃她们最自然的和自发的所有愿望，你的方法又怎么能够成功呢？”但谁也不理解正在讨论的不是牺牲而是满足，所存在的不是放弃，而是一种具有不同价值的新生活。这一新生活为真正的生活所重视，迄今还鲜为人知。

此外，所有原则都不相同。就以正义为例，在学校、社会和民主的国家里，正义通常只是意味着为所有人，无论是有钱有势的还是挣扎在饥饿线上的人，制定唯一的法律，它一般与诉讼案件、监狱和判决相联系。法院被称作为正义宫（Palace of Justice）。如果谁要是说“我是一个诚实的公民”，这就意味着他与法律机关（警察或法院）无缘。即使在学校里，教师在关怀儿童时也要小心谨慎，否则就可能不得不关怀所有儿童，因为她必须公正。这是一种使每个人停留在最低水平上的正义，就好像从精神意义上，我们为了使所有儿童保持同样的身高，因而把最高的儿童的头砍掉一样。

在较高的教育水平上，正义确实是精神上的东西，它试图保证每个儿童尽可能地发展。这里的正义是给予每一个人所需要的帮助，以形成其全面发展的精神境界。为每一年龄阶段的儿童的精神服务意味着帮助那些正在发生作用以产生这一精神境界的力量。这可能将成为以后组织社会的基础。所有这些精神财富都不可丧失。同精神财富相比，物质财富就显得毫无价值。我是贫穷还是富有，这无关紧要。如果我所有的能力都得到了发展，经济问题也就自然而然地解决了。当整个人类能够彻底完善其精神时，人类就会变得更加富有，生活的经济方面的优势就会丧失。人不是用脚和身体进行创造，而是用他们的精神和智力。当人的精神和智力发展到它们应有的水平时，一切“不能解决的问题”都会得以解决。

不受别人帮助的儿童能够建设一个秩序井然的社会。对我们成人来说，监狱、警察、士兵和枪支是必要的。但是，儿童却和平解决他们的问题。他们向我们表明，自由与纪律如同一枚徽章的两个面，因为科学的自由会导致纪律。硬币通常有两面，一面较漂亮，精雕细琢，有人头或寓言的图画；另一面则没有多少装饰，除了数字或一些文字就没有别的什么了。可以把朴素的那一面比作自由，精雕细琢的那一面比作纪律。这是符合实际的，因而当班集体变得纪律涣散时，教师在混乱中看到的仅仅是她所犯的某种错误的暗示。她把错误找出来，并予以纠正。传统学校的教师对此却感到羞辱。然而，这并不是羞辱，而是新教育方法的一部分。教师在为儿童服务的同时，也服务于生活，她在帮助自然的过程中上升到下一个阶段——超自然阶段，因为上升是生活的法则。而且正是儿童使这个美丽的楼梯升得更高。秩序是自然的法则，当它自然而然地出现时，我们就会知道已获得了全人类的秩序。显然，在自然赋予儿童的使命中，也包含了唤起我们成人达到一个更高水平的使命。儿童把我们带向一个更高的精神水平，物质问题也因此得以解决。请允许我重复几句，帮助我们记住我所谈论的内容，也作为我的告别话。这与其说是恳求，不如说是一种提示，而且对我们的教师来说，还是一种祈祷，一种纲要——我们唯一的纲要：“上帝啊！求您帮助我们能深入童年的秘密，使我们知道按照您公正的法律、遵循您神圣的意旨去认识儿童，热爱儿童，为儿童服务。”

第二十八章　爱和爱的源泉——儿童

在我们的社交场合中，我们总是举行一种典型的蒙台梭利集会。学生们常常带着亲属或朋友，因而在这种集会中，可以看到抱在怀中的婴儿、幼儿、男孩、女孩、年轻男女、成年人、专业人员和非专业人员、受过高等教育的人和文盲，他们都混在一起，并且也没有人认为有规定或指导这些团体的丝毫必要。这种由各种各样的人组成的集会与其他领域的典型的学术会议截然不同。听过我们的训练课程的学生一定达到了某种教育水准，而且这是唯一的条件。在他们中间可能有刚录取的新生和教授、律师、医生以及他们的当事人或病人。在欧洲，我们过去常有来自世界各地的学生，在美国，有一种学生是无政府主主者。然而，尽管学生来源如此复杂，他们之间却从未产生过任何磨擦。这是什么原因呢？这是因为共同的理想把他们团结在一起。在比利时——面积只有印度的一个小角落大的一个小国家，存在着两种语言；佛来芒语和法语。国民在政治上也分属为不同的团体，而且天主教徒和社会主义者以及其他政治团体之间的差别使各种团体的划分复杂化了。一般说来，如此分化的人们（每一个人都一心忠于自己的团体）要举行一个集会是少见的。然而，我们的集会却十分成功。这似乎是不可思议的，因而很多报纸发表评论指出：

“多年来，我们一直在努力设法举行一种有各种团体参加的会议，现在这种会议自然而然地出现了。”

这就是儿童的力量。无论属于什么样的政治或宗教团体，我们都十分亲近儿童、热爱儿童。儿童团结的力量正是出自于这种爱。成年人有着强烈的，常常是疯狂的信仰，并由此而形成多种团体。当他们在一起进行讨论时，他们很容易动手互殴。但是，所有人对待儿童的感情是相同的。然而很少有人认识到儿童的这一巨大作用。

现在让我们谈谈爱的本质。我们首先看一看诗人和先知们是如何描述爱的，因为正是诗人和先知们才把爱的强大力量表述得最完美。爱的伟大情感孕育了每个人的生命，难道还有比爱的歌声更美好、更高尚的吗？爱的歌声不也打动甚至是最野蛮、最粗暴的人的心灵吗？即使那些给整个人类带来死亡和毁灭的人，也会被爱的美好情感所感动。由此表明，不管行为的本质如何，他们的内心深处都蕴藏着爱。这种力量一旦醒来，就会发生颤动，从而触动他们的心灵。如果在他们心中没有爱，那么，无论把爱表述得多么优美，他们都不会有什么反应，而会把它们当作毫无意义的东西。要是他们感受到了它的美，那是因为，爱不论在他们的生活中所起的作用多么微小，他们都受其影响，并在无意识地渴求爱。

要使世界和谐，无疑应当更多地考虑到这种爱，应该研究其内在涵义。儿童是每一个人的温情和爱的感情汇聚的唯一焦点。一谈到儿童，人的内心就会变得温和、愉快。整个人类都享受他所唤起的这一深厚情感。儿童是爱的源泉。我们一触及到儿童便触及到爱。给爱下定义是困难的。我们都感受到它，但是，没有人能够解释其根源或者评价其产生的重大影响，或者能够概括其团结人的力量。尽管我们在种族、宗教信仰和社会地位方面各不相同，但在讨论儿童时，我们感到，一种友好的团结关系正在我们之间形成。这就克服了我们的戒心，消除了日常生活事务中人与人之间以及团体与团体之间随时可能出现的隔阂。

与儿童生活在一起，我们不会产生猜疑，而且还会变得温和、亲切。因为在儿童身边，我们感到其生命的火焰燃放出的温暖。人的生命就发端于这一火焰。在成年人，保卫的冲动和爱的冲动并存，其中爱是根本，是保卫的基础。如同我们对儿童所感到的那样，在成人之间也一定潜藏着爱，因为人们之间确实存在着团结。如果没有爱，就不会产生团结。

在像我们这样的时代里，战争已带来了无与伦比的毁灭，已经发生于世界的每一个角落，谈论爱被看作是极大的讽刺。然而，人们依然在一如既往地固执地谈论着爱。这是多么奇怪啊。人们制定了未来的团结计划，这不仅说明了爱的存在，而且说明了爱的力量是团结的基础。现在，似乎一切都在告诉人类，“不要再做爱的美梦了，还是面对现实吧。正如我们看到的，现实只是意味着毁灭。一个个村庄，一片片森林，一批批妇女和儿童都已毁灭了，难道不是事实吗?”然而，即使这般，我们仍然继续在谈论着重建和爱。宗教人士在谈论爱，反宗教人士也在谈论爱；电台、新闻界、过路人、受过教育的人和愚昧无知的人、富人和穷人、每种信念和神学的追随者都在谈论爱。

既然如此(没有更有力的证据证明爱的力量的存在)，为什么不对这一重要现象进行研究呢？当人们之间的仇恨带来了空前的破坏时，为什么只是对此讨论而已？为什么不把它总是作为一个课题来分析和研究，使它的力量能够变得有益于人类呢？为什么不问问我们自己，怎么会没有人想到过对这一原生力量进行研究和把这种力量同我们知道的其他力量联合起来呢？人类把如此多的智力运用于其他自然现象的研究，对那些自然现象进行了过滤和仔细研究，产生了数不清的发现。为什么不肯花点功夫来研究可能团结人类的力量呢？举凡能够唤起爱的潜在力量和使爱本身显露出来的贡献都应该受到热烈的欢迎和高度重视。前面说过，诗人和先知们常常谈论爱，好像爱是一种理想，然而，爱不只是一种理想，还是一种客观实在，过去一直是，将来也永远是。

我们必须知道，我们感觉到爱的客观实在，并不是因为学校教育的结果。即使叫我们记住了诗人和先知们的话，他们的话虽然不多，时至今天，我们也会因为生活的压力和喧嚣可能把它们忘却了。人们强烈地呼吁爱，并不是因为他们听说或者在什么地方读到爱。爱和爱的欲望不是人能够学到的东西，它们是生命继承下来的一部分。正是生命才真正表现出爱，而不只是诗人和先知们。

除了从宗教和诗歌方面考虑外，事实上还可以从另外一个方面考虑爱，也就是可以从生命本身的角度去考虑。这样，我们不仅把爱看作是想象的或渴望的东西，而且把它看作为任何事情都不能破坏的一种永恒力量的实在。我想谈谈这种实在以及诗人和先知们的说法。我们称之为爱的这种力量是宇宙间最大的力量。其实把爱说成是一种力量是不恰当的，因为它不只是一种力量，还是创造本身。如果说“上帝是爱”可能更恰当些。

我最好能够引用所有诗人、先知和圣人们的话，但我并不都知道，也不可能懂得他们的各种语言。但我可以引用我确实了解的一个圣人的话。他在谈论爱时表达得淋漓尽致，以致两千年后的今天，他的话仍然在基督教徒的心中激荡。他说：“即使我用人和天使的语言说话，没有爱，也只不过如鸣锣或响钹一般；即使我能预言百事、明白所有奥秘、掌握全部知识，即使我信心十足以致能够移动山峦，没有爱，也会一事无成；即使我将所有财产用来周济穷人，即使我舍身焚烧，没有爱，又于我何益!”（《圣经》多林哥前书 1～3）。

如果我们对使徒说“你对此感受如此深刻，一定知道什么是爱吧。它一定是非常奇妙的东西，难道你不给我们解释吗?”这是可以原谅的。因为当我们试图描述这种高尚的情感时，我们感到不那么容易。实际上，我们发现圣保罗的话反映出了现时代的文明。因为我们不是能够移动山峦和创造出更大的奇迹吗？当我们轻声说话时，在地球的另一边不是也能听到吗？然而，如果没有爱，所有这些都是乌有。我们已经建立起了庞大的组织以供给穷人粮食和衣服，但是，如果没有一颗心在他们内部起作用，他们就会像打鼓一样，人们之所以能够听到鼓的声音，只是因为鼓是空的。那么，爱的本质是什么呢？前面引用的圣保罗的话说明了爱的伟大、崇高。他接着又说了下面一段话，但没有提供任何哲理。他说：

“爱是恒久忍耐，是仁慈；爱是不嫉妒，不干羞耻之事，不自矜；爱是不起野心，不为自利，不易起怒，不做恶事；喜爱真理，正义；凡事包容，凡事相信，凡事期望，凡事忍耐。”①

这些事实是对内心世界的描绘，使人油然想起童年的特征。它们似乎在描绘儿童“吸收的心理”。这一心理不加评判、不予拒绝、不作反应地接受一切。它吸收一切，并使其在未来的人身上具体体现出来。儿童履行这一具体化的工作，以获得同他人的平等和使自己适应同他们的生活。儿童凡事忍耐。他来到世间，无论生于何种环境，都会在那种环境中形成自己，使自己适应那种生活。长大成人之后，他就会幸福地生活于此种环境。出生于热带的儿童，就会在热带环境中建造自己，在其他

① 摘自《圣经》多林哥前书 4～7。——译者注

的气候条件下，就不会幸福地生活。儿童无论生于沙漠、海岸平原、山地，还是出生于极地的冰天雪地，他都会喜爱那个地方，而且也只有生活在他出生和成长的地方，他才感到最愉快。

“吸收的心理”乐意接受一切，对任何事情都抱有希望，平等地接纳贫穷和富裕，接受其同乡的任何宗教信仰、偏见和习惯，并使所有这些都体现于自身。这就是儿童。如果不是这样的话，在任何不同的地方，人就不会获得稳定；如果总是要从头开始，人类文明就不会持续地进步。

人创造了社会，“吸收的心理”构成社会的基础。我们通过观察温和、幼小的儿童就能明白这一点。儿童凭藉爱解决人类命运的神秘的难题。如果我们比以往更好地研究儿童，就会发现爱的各个方面。诗人和先知们没有对爱进行分析，而每个儿童自己展示出来的客观实在却对爱给予了分析。如果我们思考一下圣保罗的叙述，再看一看儿童，就不得不说，“圣保罗的话在儿童身上完全表现出来了。在儿童身上具体体现了包括各种爱的财富。”

所以，这一财富不仅是凭藉诗歌和宗教把它表达出来的少数人才具有，而且存在于每一个人之中。它是赋予所有人的奇迹。任何场合都体现了这一伟大力量。人类造成了不和与纷争的沙漠，神却不停地降下唤起爱的甘霖。因此，要是没有爱，人类创造的一切，即使是所谓进步的，都将化为乌有。这是不难理解的道理。爱是降生于我们世界的每一个儿童的秉赋，要是儿童爱的潜能得以发挥，或者其全部价值都得以发展，我们就会取得无法计量的成就。当然，我们已经取得的成就也是巨大的。成人和儿童必须综合他们的力量。成人为了变得伟大，就必须谦逊，必须向儿童学习。说来奇怪，在人类创造的所有奇迹和作出的发现中，唯有一个领域不被人注意，那就是神一开始就创造的奇迹：儿童的奇迹。

然而，爱远远不止我们现在谈的这些。在人们心目中，爱已经蒙上了一层幻想的色彩。但我们认为，爱只不过是一种相当复杂的普遍力量的一个方面。这一复杂的普遍力量意味着“吸引”和“亲合”，它统治世界，使星辰有规律地运行，使原子结合以形成新的物质，使物体保持于地面，它是协调和支配有机物和无机物的力量。这种力量的结合构成了万事万物的本质，好像是对灵魂的拯救和永无休止的进化的指导。总的说来，它是无意识的，但在生活中，有时又可以被意识到。当人们感觉到这种力量时，就称之为“爱”。

所有动物都有定期性的繁殖本能，这是爱的一种表现形式。爱的这种表现形式是自然的需要。因为，如果没有它，就不会有生命的延续。所以，这一普遍的力量的一部分被赋予了短暂的生命形式，这样才不至于绝种。它们有时感到这种力量，但这一力量随即又从它们的意识中消失。这表明自然在给予爱时是多么节俭和严肃。自然给予的爱是那么少，因而它是多么宝贵，似乎只有这么多爱。年轻的生命一来到世间，就唤醒父母的爱。一种特殊的爱使母亲喂养其幼儿，给它们温暖和尽一切可能保护它们。母亲出于对幼儿的喜爱日夜守护在他们身边。这种爱保证了幼儿的生存、安全和健康。爱的这一特殊方面具有有限的职能：“必须关心和保护这个种，并为此而作出牺牲，直到幼儿不再需要帮助。”幼儿一长大，这种爱就渐渐消失了。在这以前，它们好像被牢不可破的感情纽带紧密地联结在一起，而现在却分离了。倘若它们再次相遇，就表现出好像互不相识似的。过去，幼儿从母亲那里获取一切，而现在，它要是胆敢从母亲那里拿走一口食物，母亲就会猛烈地攻击它。

这意味着什么呢？它意味着，当目的达到之后，赋予每一个体的爱的少许光辉透过意识的云层，再次消失。

人却不一样。婴儿长大后，爱不仅没有消失，而且还延伸到家庭之外。某种理想一旦触动我们的心弦，我们不是感到爱会迅速地出现并把我们团结起来吗？人类之爱是永恒的，其作用体现于个体生活之外。因为，如果不是前人就感到了爱的作用，那么继续扩充以使整个人类都包容其间的社会组织又是什么呢？

如果自然给予这种力量具有明确的目的，如果她在给予其他生命这种力量时是如此严肃和谨慎，那么她对人类的慷慨就不可能没有目的。如果爱的力量总归于拯救，那么，当它被忽视时就不可避免地会导致破坏。赋予我们的这部分力量的价值远远超过了我们取得的、同我们息息相关的所有物质文明。这些只是同一力量的暂时表现，而且不久以后，当它们被新的取代时便消失。但是，即使人类从宇宙间消失以后，这一力量本身也将继续发展其自身的创造的目的、保护和拯救的目的。

爱是为了某种目的和因为特殊的理由而馈赠给人类的礼物。在这一点上，它类似于宇宙意识（cosmic consciousness）给予生物的每样东西。我们必须尽可能地珍爱、发展和扩充它。一切生物中只有人才能升华他所接受的这种力量，也只有人才能够越来越多地发展它。珍爱这种力量是人的义务。这种力量把全人类团结在一起，因为它是一种实在的力量，而不只是一种观念。

通过这种力量，人还能够团结用其手和智力创造的一切。没有这种力量，人所创造的一切就会带来混乱和破坏（正如经常发生的一样）。没有这种力量，随着人类自身力量的发展，他的一切都不能维持，一切都将破灭。

现在，我们就能够理解圣人的“没有爱，一切都是枉费”这句话了。爱不只是照亮黑暗的电灯，也不只是传播声音的以太波，爱胜过人类已经发现和学习利用的任何能量，是宇宙间最强大的力量。人凭藉其发现所能够做到的一切都取决于使用者的良心。但是，每一个人的内部都具有爱的这种力量。虽然给予人类的这种力量的数量有限，而且是分散的，它却是人类支配的所有力量中最大的力量。每当婴儿降生于世，我们拥有的，而且是能够意识到的那部分力量就获得新生。即使后来的环境使这一力量处于睡眠状态，我们也仍然感觉到其强烈的欲望。所以，我们必须比研究周围其他任何力量都还要多地研究和利用爱的力量。因为爱不是赋予环境，而是赋予我们人类的。对爱的研究及其利用将把我们引向爱的源泉——儿童。

如果人类如其志向所导引的那样，希望达到全人类的拯救和团结，就必须艰难而谨慎地遵循这条途径。

教育中的自发活动

The Advanced Montessori Method

Spontaneous Activity in Education

By

Maria Montessori

Translated from the Italian by

Florence Simmonds

New york

Frederick A. Stokes Company

Publishers

目　录

第一章 儿童生活概述

制约儿童心理健康和身体健康的一般法则是一致的 许多人要求我继续研究我的幼儿教育方法，以便用于7岁以上的儿童，似乎他们已对这一普遍法则的可能性产生了怀疑。

他们提出的异议主要是道德规范方面的。

难道儿童不应该现在就开始尊重他人的意愿？难道不会有那么一天他会自告奋勇去执行一项必需的,而不是选择的任务？最后，既然不是悠闲与享乐，难道他不应该学会自我牺牲？

有些人针对6岁的儿童开始进行的某些初等教育的实践项目，在7岁时需要认真地实施，他们对此提出反对意见：目前，我们正面对着各种怪模怪样的算术表和语法所要求的枯燥的脑力训练，你打算怎样对待？是全部取消还是承认儿童不可避免地要屈服于这些必修课程呢？

显而易见，整个争论都围绕着对“自由”一词的解释。这种“自由”是我所提倡的教育体系的不可动摇的基础。

也许在不久的将来，这一切争议被置之一笑。在这本著作的未来版本中，我将接受要求而取消这些反对意见，予以讨论。但是，目前它们仍有存在的权利，因此，有必要认真对待。实际上要给它们一个直接的、清楚的、令人信服的回答是不容易的，因为即使是人人都坚信不移的问题，同样会引起争议。

举一个类似的例子或许能省去我们许多麻烦。在卫生学指导下,在对待婴儿方面所取得的成就已间接回答了这个问题。婴儿以前受到了什么样的对待呢？毫无疑问，许多人至今仍记得那些被大众视为是必不可少的某些惯例：一个婴儿必须被捆束起来，否则他的腿就会长弯曲；舌下的韧带必须割断，以保证他以后能说话；他必须一直戴着帽子，以防止耳朵凸出；婴儿躺着的姿势也受到精心的安排，以便他柔软的颅骨不会变成终身性的畸变；有好些母亲捋、捏婴儿的小鼻子，好让他们长得又长又尖，而不致于长得又圆又扁；在婴儿出生后不久，她们还把小金耳环穿入她们的耳垂，以“改善她们的视力”。这种种做法在有些国家可能已经被遗忘,但在另一些国家仍保留至今。谁不记得那些帮助幼儿走路的种种做法呢？甚至在出生后的头几个月里，即婴儿的神经系统还未完全发育，以及他们还不可能协调自己动作的时期，母亲们就每天花费好几小时“教婴儿走路”，抓住婴儿那幼小的身体，观察着小脚无目的地移动，她们自欺欺人地相信孩子已经在开始学走路了；实际上，因为婴儿确实渐渐地开始形成脚弓，并更加大胆地移动他的腿；这样，母亲们便把孩子的进步归功于她们的教导。最后，当这种运动已经建立起来的时候（虽然还没有获得平衡感，以及由此产生的站立的能力）母亲们便用一些带子，提挈着孩子的身体，牵引着他们在地上行走。再不然，如果她们没有空闲时，她们就把孩子放进一种铃状的竹篮里,其宽大的底部可防止孩子翻倒；她们把婴儿捆在里面，把他的手臂吊在外面，他的身体由竹篮上部支撑住；这样，这孩子虽然不能用脚站起来，却能向前移动着他的双腿，并被看作是在走路了。

作为不远的过去的另一种遗风是使用一种凸起的王冠样的东西。当幼儿有能力站立起来时，这些东西就戴在他们的头上。同今天跛者支撑用的拐杖一样，已经习惯于篮子的孩子，突然让他离开篮子，他必定会不断地摔倒。王冠样的头护可以保护头部，否则他的头部就会受损伤。

当科学进入到拯救儿童的领域时，它有什么启示呢？当然，它没有提供使鼻子挺起、耳朵竖立的完美方法，也没有教导母亲们关于在婴儿出生后立即教他们走路的方法。绝对没有。它首先证明：自然本身将决定头、鼻、耳朵的形状；人无须割断舌下的韧带就会说话；此外腿会长直，行走的机能将会自然地产生，而不要求人为的干预。

因此，必须遵循这样一条原则：我们应尽可能地把一切留给自然；因为婴儿更多的自由发展会形成更为谐调的身体比例和更为健全的机能。因此，我主张取消各种束缚，代之以“恬静状态下最大限度的安宁”。让婴儿的双腿完全放松，会使他在躺倒时能完全舒展开，而不会像许多人想象中应该做的那样把婴儿“挑逗”得上下乱动。时机未成熟之前，不要强迫孩子走路。而时机一到，他就会自己站立起来，并自然地行走。

今天几乎所有的母亲都相信这一点，卖绑带、布袋和篮子的小贩实际上也消失踪影了。

结果，孩子们的腿长得比以前更直，走得比以前更好、更早。

这是一个既定的事实，也是一个最令人欣慰的事实；因为过去我们一直相信儿童的双腿、鼻子、耳朵，以及头的形状是我们护理的直接结果，我们为此曾多么的忧心忡忡呀！这是何等重大的责任，以致每个人都感到难以胜任！然而现在我们可以说：“大自然将会考虑这些。我将给我的孩子以自由，观察他健美地成长。我将作为这个奇迹出现的一个安静的旁观者。

在儿童的内心生活中也有类似的事情发生。我们曾为这些忧虑所困扰：形成性格、发展智力、帮助感情的表达和协调，这些是非常必要的。然而我们自问，我们将怎样做呢？我们处处都能接触到儿童的心灵，或者我们也像母亲们经常捏她们孩子的鼻子或用带子捆绑他们的耳朵那样，用特殊的方法去束缚它？在某种平凡的成功之下，掩盖了我们的忧虑。事实上，人的性格、智力、情感与成长是同步进行的。如果所有这些都缺乏的话，到那时，我们除了听人摆布还能干什么呢？况且谁愿把性格给予智力衰退者、把知识给白痴、把人的感情给一个精神病人呢？

如果人们所有的品质都是通过对其心灵进行间歇的控制而获得的，那么当这些心灵还处于十分懵懂的状态时，能够对这个进程提供稍多一点力量就足够了。但实际上这是不够的。

我们不是精神的谛造者，也不是物质的创造者。

是自然或“造物”掌管一切。如果我们确信这一点，我们就必须把“不为自然发展设置障碍”作为一个原则而加以承认；同时，不要去对付许多孤立的问题。（比如，什么最有助于发展个性、智力和情感？）只要一个问题就可以揭示出教育的基础，那就是：我们怎样给予儿童自由？

根据这种自由，我们必须考虑类似的、由科学为身体在成长期间设计的那些原则；在这样一种自由中，头、鼻、耳朵达到最完美，而步态将在个体先天能力的基础上尽可能地达到最完善。也只有自由这种唯一的方法，将引导性格、智力、情感得到最大的发展，它将给予我们——教育者以宁静，以及注视孩子成长的奇迹的可能性。

这种自由将进一步把我们从虚构的责任与危险的幻想所造成的痛苦的重压下解救出来。

我们的不幸在于，当我们确信我们要对与我们无关的事负责，并自欺欺人地认为我们正在完善那些能够独立于我们而自我完善的事情！我们感到忧虑并变得愚蠢，随之深奥的问题由此产生：那么，什么是我们真正的使命、真正的责任？如果我们欺骗了自己，那什么才是真正的真理？什么样的渎职罪与什么样的罪行需要我们承担呢？如果我们像公鸡一样相信只因自己的啼叫太阳才升起，当我们头脑清醒的时候，我们将发现什么责任呢？如果因为我们自己忘记了“吃面包”，谁会挨饿呢？

婴儿“身体改善”的历史，其结果对我们说来富有极大的教育意义。

卫生学并没有被限制在论证人体解剖学的范围内。比如，它不仅让人们一般地了解，而且使每一个人确信，身体的发展是自然的。实际上，婴儿的幸福与体形的完美没有什么关系，真正需要科学干预的是令人惊异的婴儿死亡率。

如今在婴儿疾病具有最大的破坏性的这个阶段，考虑鼻子的形状、腿的弯曲等，似乎有些奇怪；与此相反，人们几乎不太考虑儿童的死亡率，这个真正的问题——实际的生与死的问题竟无人注意到。一定有许多人像我一样曾听到过这样的对话：“在照顾儿童方面我很有经验；我有过 9 个孩子。”“有几个还活着？”“2 个”。然而这位母亲竟被看作是一个权威！

死亡统计所披露的数字是那样的高，以致于这种现象应被叫做“滥杀无辜”。它不仅限于一国或它国，论及人类死亡率的一般标准的著名的莱克西斯图表披露了这样一个事实，这种可怕的死亡率普遍发生在整个人类社会。这应归结于两种不同的因素。首先毫无疑问是婴儿特有的脆弱；其次是在人们中广泛存在的对这种脆弱缺乏保护。错误不在于缺乏良好的愿望与父母的爱，而在于无知，在于人们对可怕的危险毫无觉察。现在对婴儿生命危害最大的是传染病，特别是那些内脏器官的传染病，这已成为一种常识性问题。在纤弱的组织对内部紊乱最敏感的那个年龄阶段，内部紊乱损害机体营养状况，同时产生毒素。这几乎是所有死亡事故的主要原因。这类疾病常常由于照管婴儿的人经常性的错误而加重。这种错误主要是由于对保健常识的令人吃惊的无知和对婴儿膳食毫无计划。绑带下包孩子的肮脏的尿布，在太阳下一次次地晒干，不洗就给孩子换上。尽管细菌的发酵明显地要引起口腔发炎，却从不注意清洗母亲的乳房和婴儿的口腔。给婴儿喂奶全无规律，孩子的哭声便是喂养时间的唯一指令。无论白天或晚上，喂养时间都由此决定。孩子越是患消化不良的病或是因此引起的病痛，越是频繁地喂食，于是他的病也就不断地加重。在那些日子里，谁没有见过母亲怀抱里发烧的孩子，为了使他安静，母亲的奶头一直插在嚎哭的小嘴里，而那些母亲确实充满了自我牺牲精神与做母亲的烦恼！

科学制定出简单的原则，它要求尽可能讲究卫生，而且它阐述的每条原则是那样地具有自明之理，以致如果人们自己还没有明白如此简单的原则是为他们而制定的话，那真是件令人震惊的事情。这些原则指出：最小的婴儿也应像我们成人一样有规律地进餐；孩子消化了前一次的食物后，应给一些新鲜的食物，因此，应根据婴儿的年龄月份和其发展中的生理功能调节饮食，可在间歇许多小时后再喂奶。不能给任何婴儿舐食面包干，因为面包颗粒很可能被孩子吞下，而孩子又不能消化它。母亲们为了阻止孩子啼哭，经常将面包干塞给孩子，这种情况在下层社会特别突出。

母亲们忧虑的是：当孩子哭闹时，我们怎么办呢？然而她们吃惊地发现，一段时间以后，她们孩子的啼哭大大减少或完全不哭了。她们甚至发现只有1岁大的孩子，在间歇2小时的喂食期间显得安静，脸蛋红润，眼睛睁得大大的，他们是那样的安静，以致于没有一点生命存在的迹象，就像大自然那刹时庄严的静止一般。为什么孩子们会不断地哭泣呢？这些哭声实则是用痛苦和死亡来表述的事态的信号。

然而，世界对这些哀叫的小东西无能为力，他们被捆束在层层襁褓之中，常被交给一个不可能胜任的小孩照看；他们既没有自己的房间，又没有自己的床。

是科学拯救了他们，并为他们创造了保育室、摇篮、婴儿室以及合身的衣服；大工业尽力为断奶后的儿童特别准备了卫生食物，卫生学专家为他们提供了营养品，一句话，给他们提供了一个完全崭新的世界——清新、充满智慧与欢乐。孩子成为赢得自己生存权力的"新人"，由此产生了为他们创造的一个新领域。这一切与卫生法则的传播成正比，婴儿死亡率减少了。

由此我们明白，孩子应允许有精神自由，因为有创造力的自然比我们更能塑造他的精神，当然，这并不意味着他的精神应受到忽视或放任自流。

看看我们周围，也许我们会发现，虽然我们不能为塑造孩子独特的性格、智力与感情施加直接影响，然而我们却忽视了许许多多的职责与关心：精神的"生与死"正是与这些被忽视的东西相关。

因此，自由的原则并非是放任的，而是引导我们从幻想进入现实，指导我们积极有效地照顾儿童的原则。

当今给予儿童的自由纯粹是生理的。20世纪儿童的公民权

卫生学已把自由注入婴儿的生理生活中。诸如，取消包裹带、户外生活、延长儿童睡眠直到儿童自己睡醒等等重要事实，都是显而易见、确定无疑的证据。但这些仅仅是获得自由的手段。获得自由更为重要的措施乃是在儿童生命之旅程的开端便排除那些缠绕其身的疾病与死亡的威胁。一旦某些重要错误作为障碍被清除，不仅儿童成活率会大幅度提高，而且儿童的生长发育也将很快出现明显的改进。卫生学真的能帮助儿童增加身高、体重，使他们漂亮，能改进他们身体的发育吗？其实它并没有完成所有的一切！就像福音书上说的，谁能只经过思考就能使自己的形象更高大？卫生学仅仅是排除了阻止儿童生长的障碍。外部的限制妨碍了身体的发展和生命的一切自然进化，卫生学冲破了这些枷锁的束缚。每个人都感到自由已经实现了，每个人的发展过程都证明了这一点：儿童应该自由。“儿童生理生活条件的满足”与“自由的获得”之间具有的对应关系，这一点已得到普遍而直观的认识。这样，婴儿受到幼苗一样的护理。今天的孩子所享有的权利等同于在那些已无法追忆的时代里得到精心护理的蔬菜的权利。良好的食物、氧气、适宜的温度，以及仔细地消灭产生疾病的寄生虫；因此，我们可以说，对这些天之骄子照料的仔细程度，就如同别墅里最美丽的玫瑰花一样。

儿童犹如花朵——这种古老的比喻，正是我们的现实所热望的，虽然这种特权只限于那些幸运的儿童，但我们得注意一个严重的错误：孩子毕竟是人。因此，能满足于一株植物的条件，却不能使儿童满足。鉴于一个衰弱的瘫痪病人的深度痛苦，我们可能这样谈论他：“像植物人一般地生活；作为人，他已死去。”多么可悲，他除了一副躯壳，什么都不存在了。

既然婴儿是人，我们就应该把他当人来考虑。在充满骚动的人类社会里，我们必须密切注视他是怎样生气勃勃地满怀对生活的热望。

儿童的权利是什么？让我们把他们视作一个社会阶层，一个劳动者阶层，因为事实上孩子们正在进行创造人的劳动。他们是未来的一代。他们在身体和精神成长的疲惫之中工作。他们的母亲进行了几个月的工作，但儿童的任务更艰辛、更复杂、更困难。儿童在出生时，除了潜力之外一无所有。甚至成年人都承认，儿童被迫在一个充满艰难的世界里做每一件事！在一个未知的世界里做些什么才能帮助这些脆弱的开拓者①呢？他们出生时比动物更脆弱无助。然而在几年之中，他们必然要长大成人，成为一个高度复杂的、有组织的、经过无数代人艰苦努力而建成的社会的一分子。在文明时代，也就是当生活的可能性是建立在人们通过努力获得和奉为神明的法律基础之上的时候，既无力量、又没有思想的孩子来到我们中间时，他有些什么权利呢？摩西还是婴儿的时候，曾躺在尼罗河上的蔗草方舟上漂流，虽然他象征着犹太人的未来；②但偶尔路过的某位公主能看到他吗？

我们把孩子托付给机缘、运气、慈爱，就好像《圣经》提到的对埃及压迫者的惩罚，这个惩罚就是每个家庭中第一胎孩子的死亡将永远地延续下去。

让我们看看婴儿来到世上后，社会正义是怎样接受他们的。我们虽生活在20世纪，但在许多所谓的文明国家中，孤儿院和奶妈仍然是被社会所公认的。什么是孤儿院？那是一个关押场所，一个黑暗可怕的监狱，就像中世纪的土牢一样，在那里犯人们频繁地死亡，而这些死亡者却没留下任何痕迹。他从未见过任何人给他以爱，他的姓名被删去、财产被没收。年长的犯人在记忆中或许有母亲的印记，知道自己曾有过名字，或许由此得到些安慰。一个后天的盲人能从对美丽的色彩、辉煌的太阳的追忆中得到那些安慰。然而一个弃儿就像天生的盲人，每一个犯人都比他拥有更多的权利，然而谁更清白无辜呢？即使

① Pilgrims，即开拓者，借美国早期开发者的艰苦创业来比喻儿童。——译者注

② 旧约圣经中提到的把苦难中的以色列人带回巴勒斯坦的圣人。——译者注

在最可憎的暴政年代，压迫无辜将点燃正义的火焰，或迟或早总会因此而爆发革命。被暴君关押的人是因为他们碰巧成了暴君们罪恶的见证人。他们被投入土牢，遭受黑暗与无声的折磨。因此，他们不幸的命运至少能激发人民去争取人人平等的权利。但有谁愿意站出来为我们的弃儿大声疾呼？社会没有意识到他们也是实实在在的人；他们的确仅仅是人类的“精华”。为了挽回社会的荣誉与名声，哪个社会不是以牺牲更多的“精华”为代价呢？

奶妈是一种社会习俗，一方面是一种奢侈的习性。在不久以前，一个出身中产阶级家庭的将要结婚的姑娘，竟以其未婚夫答应她的为她安排的未来家庭的舒适条件引以为自豪：“我将请一个厨娘、一个佣人和一个奶妈。”另一方面，一个才生了儿子的强健的农村姑娘得意地看着自己沉甸甸的乳房想：“作为奶妈，我将谋到个好职位。”只是在最近，卫生学才责备那些因懒惰而拒绝给自己的孩子喂奶的母亲。在我们这个时代，自己喂孩子的女王和皇后仍被引证为值得其他母亲钦佩的榜样。卫生学建议把喂养自己的孩子作为母亲的责任是根据一条生理原则作出的：母乳比任何东西更滋养婴儿。尽管这个指示很清楚，但这项职责远远没有得到普遍履行。在路上，我们经常可以看到一个强健的母亲，身旁边一位奶妈抱着孩子。有钱人家的母亲是不屑与穿着不整洁的奶妈一块外出的，她们身边总跟着现代保姆，这些现代保姆是婴儿卫生方面的专家，她们把孩子像“花朵”一样地照料。

其他的孩子怎么样呢？如果一个婴儿有着两个人的奶供他享用，那么另一个婴儿就什么也没有了。问题在于人奶不是一种工业产品，是自然的精心分配。每一个新生命配给定量人奶。人奶是随着生命的产生而产生的，除此之外别无他途。只能由产生生命产生，而不能由其他方法。喂养奶牛的人知道得很清楚，他们将好的奶牛卫生地喂养，把小牛送给屠夫。每当小牛被迫与它的母亲分离时，它感到多么痛苦啊！小狗与小猫何尝不是这样？当一只心爱的母狗产了许多小仔，而它又不能全部喂养它们，并且一定得清除一些小狗时，这家的女主人感到的是多么真诚的悲伤，然而她的孩子正由一个健壮的奶妈喂养！诚然，使女主人怜悯的是那个热情、发出怨声的母狗，它不懂得它是否有能力喂养它生出的所有的狗仔，但又不希望丢下它们任何一个。奶妈又是另一回事了，她自愿地出售自己的奶。但另一个——她自己的孩子将无人关心。

只有借助于一种明确规定的权利，一种法律才能够保护这个婴儿。因为社会是建立在权利基础上的。这些的确都是绝对财产权，即使是因为饥饿而偷了一块面包，你还是一个贼。你将受到法律的惩罚，被社会宣布为非法。财产权是最丰富的社会基础之一。一个房地产管理人把属于他主人的财产卖了，并用这些钱去自己享乐，使得合法的主人遭受到直接的贫困。这种犯罪简直难以想象。因为谁会买一笔没有主人签名的房产呢？社会的组成就是这样。如果有人确实犯下某些罪行，那将会被判罪，但事实是这些罪行几乎不可能发生。对幼小婴儿的这种犯罪则每天都在进行，但竟不被认为是一种犯罪，而只是一种奢侈的表现。对一个孩子来说，有什么能比拥有母亲的奶更为神圣的呢？婴儿可能会用拿破仑的话来回答：“上帝赐予我的。”毫无疑问，他的要求是合法的，这是他唯一的资本，母亲的奶是为了他，并伴随他一起来到世上的。他所有的财富都在于此：生活力、生长力、获得生命力都包含在母亲的乳汁的营养之中。如果被剥夺乳汁的婴儿将来被贫困所迫去从事某种艰苦的职业，他一定是虚弱的，并易患佝偻病，结果会怎样呢？在工作中，多少伤痛、多少意外事故造成的永久性伤残都起因于他从小被剥夺乳汁。某一天，当这些婴儿成年之后，他们一定会站在社会道德法庭上提出控诉的！

在文明国家里，富裕的母亲们被劝告自己喂养孩子，这是因为卫生学家证明这有利于幼儿身体健康，而不是因为请奶妈是侵犯了奶妈的孩子的民权。这些母亲认为把请奶妈作为一种制度的国家，没有她们的国家那样高度发达，但在文明水平上则是不相上下的。

有人可能会问：如果母亲生病而不能给孩子喂奶怎么办呢？在这种情况下，生病的女人的孩子是不幸的，为什么另一个孩子一定要因为他的不幸而遭受痛苦呢？无论一个人怎样地贫困，我们都不允许他剥夺别人的财富，因为别人也急于需要他自己的财富。在那些年代，如果一个皇帝必须浸泡在人血浴盆里才能治愈他可怕的疾病的话，他也不可能为此目的，像一个野蛮的皇帝那样，让健康人为他流血。这就是构成我们文明的因素。这就是我们有别于海盗与食人者的地方。成年人的权利是被社会所认可的。

但这不代表婴儿的权利。① 这个事实表示的基本含义是：我们的确认识到了成年人的权利，但没有认识到儿童的权利！我们认识到的正义，只为那些能保护自己的人所有。对于其余的人，我们仍是暴君。直到今天，人们也许或多或少地在卫生学

---

① 当然，如果奶妈的孩子死了，毫无疑问，他的权利将遭到侵犯。但这样的情况与富裕家庭的母亲请奶妈毫无关系，这是由于生病的原因使她不能自己喂养孩子。

我注意到在法国已成为法律的预防措施：禁止任何母亲在自己的孩子出生后6个月内接受奶妈的职业。人们认为这段时间对保证婴儿的健康已足够长了。此外，在德国，对于人工喂养的孩子予以特别的关心，并提供令人满意的人奶代用品，以供给那些万一丧失母乳的孩子。这样的法律和规定是通向认识到可怜婴儿的“公民权”的第一步。

的观点上有进一步的发展，但他们全部都属于同一文明——一种最强有力的权利基础上的文明。

当我们开始严肃地考查孩子的道德教育问题时，我们应当看得宽一些，观察一下我们为他准备的世界。难道我们愿意他像我们一样，在粗暴地对待弱者时毫无顾忌吗？难道我们愿意他像我们一样，对于正义的理解是，对于不能提出反对意见的人，是没有正义可言的吗？难道我们愿意他们像我们一样，在与同我们一样的人交往时是半个文明人，当遇到无知与受压迫的人时，便成为半个野蛮人吗？

如果不愿意，在向孩子提供道德教育之前，让我们仿效就要走上圣坛的教师：在面对全体教徒时，他低着头忏悔自己的罪恶。

被剥夺了公民权的孩子，就像脱了臼的手臂一样。在这只脱臼的手臂复位之前，人类不可能使其自身的道德进化。只有当这只脱臼的手臂复位之后，才能结束受伤的肌肉组织的疼痛和麻痹：即女人的痛苦和麻木。很明显，儿童的社会问题更多样、更深奥，它既是我们当前的问题，也是我们将来的问题。

如果我们的良心能够容忍那些严重不公道的道德行为，并且不认为是犯罪的话，那么在与儿童相处时，有什么最小的压迫我们不能容忍呢？

我们怎样接受进入这个世界的婴儿 环顾四周，只有最近，我才做了些接受这个尊贵客人的准备。不久前，孩子们用的小床首次被制作出来。然而，在数不清的乏味、过剩和奢侈的商品中，让我们看看哪些是为孩子准备的：没有适合他们用的盥洗盆、沙发；没有桌子、刷子。在许多房间中，没有一间是为他或他的爱好准备的。只有那些富裕与幸运的孩子才有他们自己的房间，这房间则多少有点像流放的地方。

让我们设想一下在一天中他所遭受的痛苦。

设想我们发现自己生活在一个巨人种族之中，他们的腿无限地长，身体无尽地大，且运动能力不知比我们快多少倍。与我们相比，他们不是一般地头脑敏捷、聪明。我们想走进他们的房间，可每步阶梯都高出我们的膝关节，我们要爬上去，须得在主人的帮助下才有可能。我们想坐下，可椅子竟与我们的肩一样高，要很艰难地爬才能坐上去。我们想刷刷我们的衣服，但所有的刷子都是那样的巨大，以致于我们既不能握住它，又不能拿起它；如果我们想要刷刷指甲的话，衣刷那样的刷子就递给我们了。也许我们很想舒服地洗个澡，但这澡盆如此笨重，使我们根本无法端起它们。如果我们知道这些巨人曾一直盼望我们的到来，我们将不得不说：他们没有准备接待工作，也没有准备使我们愉快地生活在他们中间。孩子们发现，他们所需要得到的是以玩具形式出现的、为玩具娃娃做的东西，丰富多采的、富有吸引力的环境还没有为他们创设出来；但玩具娃娃却有房子，有起居室、厨房和衣柜。总之所有成人拥有的物品都以缩小的形式为他们生产了。然而孩子只能以此自娱而不能生活其间。世界和孩子开了个玩笑，因为没有人认为他是一个活生生的人。他发现自己作为一个可愚弄的对象为社会接受。

众所周知，儿童常常损坏他们的玩具，特别是那些特意为他们制造的东西，儿童的这种破坏行为被视为他们智力发展的佐证。我们说："他破坏玩具是因为他想知道'这东西是怎样做的'；"实际上他是在寻找玩具里有趣的东西。因为从外观上这玩具没有一点使他感兴趣的东西。有时候他猛烈地打碎它们，就像一个愤怒的敌人。然而，按照我们的观点，他破坏玩具完全是出于顽皮。

借助于周围的事物生存是儿童的自然倾向。他愿意用他自己的脸盆，自己穿衣，真正地在一个活生生的人的头上梳头，自己扫地；他愿意有适合他自己的椅子、桌子、沙发、衣夹和食品橱。他的愿望是自己动手，达到某种智力目标，使他自己的生活舒适安逸。他不仅要“在行为上像成人”，而且要“塑造成人”；这就是他的天性与使命的主要倾向。

我们曾在“儿童之家”中见到过这样的儿童，他愉快、有耐心、沉着、细致，就像最好的工人，也像最细心的事务管理者。最小的东西都能使他快活；把自己的衣服挂在墙上很矮的、他的手能达到的衣钩上；打开一扇轻的门，门的扶手的大小恰好是他的手能把握；放一把椅子，椅子的重量对他的手臂来说显得不太沉。在进行这些活动时，他的动作显得既轻松又优美。就此，我们可提出一个很简单的建议：给儿童创造一个每样东西的大小都与他自己相称的环境，并让他生活其间。这样有助于发展儿童内在的、令人惊叹不已的“积极的生活”。因为他们在这里不仅看到愉悦地进行着的一种简单练习，而且幼儿还显露出一种精神的活力。在这种和谐的环境中，我们可以观察到幼儿在动脑时，犹如一粒种子植根于土壤之中，通过唯一的方式生长、发育：即长时间的反复练习。

我们看到，幼儿在自己的活动中虽然表现出专心致志，但由于其肌体组织尚未发育成熟，故此他们在完成过程中动作很慢，就像他们的腿还很短，从而行走的速度就慢一样。我们凭直觉感到他们的生命正在他们内部逐渐发展和完善，就像一只蝶蛹在茧袋中慢慢地成长为蝴蝶。妨碍他们的活动，就好像用暴力摧残他们的生命。我们经常用什么方法对待儿童呢？大家可以既不内疚，又不加考虑地任意阻止他们，就像主人对待没有人权的奴隶一样。在许多人看来，表现出“尊重儿童”是可笑的。然而，我们却多么严厉地禁止儿童妨碍我们！如果一个幼儿正在做什么事，比如自己吃饭，有些年长的人就去喂他；如果他正试图扣好一件外衣，一些年长的人又急忙去帮助他扣上。总之，每一行为都有一个非他代替，这真是残忍得连最少一点尊重都没有。可是，在我们自己的工作中，我们却对我们权限之内的事非常敏感；如果有人企图要取代我们，那就等于冒犯了我们。《圣经》中有这样一句话："他的地方将被别人占据"，意指处于丧失的威胁之中。

如果我们成为不能理解我们自己的那些巨人的奴隶，他们比我们强壮得多，我们还能干什么呢？当我们正安静地喝着汤，不慌不忙地享用着（我们知道只有在自由的情况下才能有这种乐趣），假如一个巨人出现，并从我们手中抓走了汤匙，强迫我们以最快的速度喝下去，致使我们几乎要噎塞住了；我们抗议道："为了仁慈的缘故，慢些吧；"伴随着这样一种心理压力，我们的消化功能势必受到损害。再假如，由于想着某件令人高兴的事情，在自己的房间里，正满怀着一种健康愉悦之感，慢慢地穿着外套，忽然有个巨人把外套扔给我们，并给我们穿戴，他们一只眼里闪着光，把我们从房里带了出来；我们感到，我们的尊严受到了如此严重的伤害，以致于所有散步所带来的愉悦顿时消失殆尽。我们的身体需要的营养不仅源于我们喝下去的汤，对健康有利的走步训练，而且包括我们自由地去做这些事情。我们感到不快与难受，不完全出于对巨人的憎恶，而是出于我们的天性，在生活的所有方面对自由权利的认识。我们中间的有些东西是人本身意识不到的，只有上帝才知道。一些事会意想不到地出现在我们面前，最终由我们来完成它。是对自由的热爱培育了我们的生活并带给我们幸福与健康。甚至在最小的行为举止中都可以体现出来。关于这一点有人曾经说过：

“人不能只靠面包活着。”年幼的儿童必定需要更多的文化、精神方面的自由，在他们身上正在进行着创造。

对于他们生活环境的那些小领地，儿童们不得不通过斗争与反抗来捍卫。因为，当他们想锻炼他们的感觉，比如触觉时，每个人都会指责他们道：“不要摸！”如果他们试图从厨房拿点东西，比如一些碎菜片，来做一小盘菜时，他们就会被赶走，并被毫无怜悯地送回去玩他们的玩具。儿童的注意力集中之时，正是他们发展其精神活动的那个组织过程；儿童自发努力之时，正是他们在盲目探索周围那些维持他们智力的物质之时，这是多么神奇的时刻啊。然而，就是在这样的时刻，他们却经常被粗暴地打断！难道我们全都忘记了那些一直窒息着我们生命的东西的映象了吗？

虽然说不出明确的原因，我们常感到有些珍贵的东西在我们人生旅程中失去了，我们被欺骗、被蔑视。也许正是我们在创造我们自己的这个关键时刻，我们被打断、被迫害，造成我们心理不健康、脆弱，甚至缺陷。

我们可以想象一下我们当中的某些成年人，虽然他们不及大多数成年人那样成熟和稳重，但在精神的自我创造方面，他们却是天才。例如，一个在诗的灵感影响下的作家，他那有益的、鼓舞人的作品在于帮助他人，如同一个数学家发现解决一个巨大问题的方法，由此产生出有益于人类的新的原则。再如一个艺术家，一旦他的头脑中设想出理想的形象，就很有必要把它固定在画布上，以免一幅稀世的杰作失落了。想象一下这些人，在这样的心理时刻被粗暴的人所打扰，他朝他们高声叫，要求艺术家们立即跟着他出去，他牵着他们的手向外走，或用肩把他们挤出去，去干什么呢？去做下棋的游戏。哦，天才们说：“你恐怕再做不出比这些更残暴的事了！由于你的愚蠢，我们的灵感失去了；人类将丧失一首诗、一幅艺术杰作、一个有益的发现。”

在这种情况下，儿童虽然没有失去某种单一的产品，但他失去了自我。因为他的杰作是一个新人，创造型天才是在他内心深处形成的。幼儿的“任性”、“顽皮”、“幼稚”也许就是由被误解的灵魂发出的奇妙的、不幸的哭喊。

但这不仅是灵魂受损，身体也一同受苦。因为精神对于人的整个物质存在产生影响是人的一个特点。

在一个收养弃儿的慈善机构里，有一个长得很丑的小孩，不过，一个看护他的妇女却非常喜欢他。一天，这个保姆告诉女保护人说，那孩子越长越漂亮了。于是这位夫人便去看了那孩子，发现他仍旧非常难看。她想也许每日的相处很快可以使人们习惯他人的缺点。在这以后，这个保姆又作出跟从前一样的报告，这位夫人和善地进行了另一次访问，她对那个看护孩子的年轻妇女谈到孩子时的热情印象很深，当想到，爱使得说话人盲目时，她竟会深受感动。几个月过去了，最后那保姆带着胜利的喜悦心情宣布，那孩子从此将什么缺点都不可能有了，因为他毫无疑问地变得“美丽”了。夫人虽由此感到震惊，但也不得不承认这是真的。孩子的身体在伟大的爱的影响下改变了。

我们常用这种思想来欺骗我们自己：我们正给予儿童各种东西，我们给他们新鲜的空气和食物。其实我们什么也没有给他们，这是因为：丰衣足食与新鲜的空气对一个人的身体来说是不够的；所有的生理机能都受到更高的富足的制约，所有生命的唯一关键就在于此。儿童的身体也要靠灵魂的快乐而生存。

生理学教导我们这样一些东西，在室外吃一餐便宜的饭，比关在空气污浊的室内进行一餐豪华的宴会更富有营养。因为身体的所有功能，在露天更活跃些，吸收也进行得更加完全。同样地，与所爱的人和富有同情心的人一块进餐要比与粗俗、折磨人的部长一块参加一个喜怒无常的贵族主人的盛宴更富有营养。在这种情况下，自由的渴望说明了一切。Parva domus sed mea（一幢小房子，但它是属于我自己的），自从罗马时代就被认为是最有利于健康的房子。在有些地方，虽然我们吃的是精美的佳肴，住的是金碧辉煌的大厦，但我们的生命却受到压抑，因此这种地方对我们的健康不利。

对于人来说，身体的活力依赖于精神的活力　生理学不厌其烦地解释这种现象的机制。道德行为与身体功能的如此精确的对应关系，使得人能够由此体验到各种各样的感情，比如悲伤、厌恶、高兴等。例如悲伤，就像在一种麻痹影响下，使人的心动无力，所有的血管收缩，血液循环更加缓慢，腺体停止正常的分泌，这些失调表现出脸色苍白、憔悴而且身体疲惫不堪，表现出由于缺少唾液而口干舌燥，胃液不足、消化不良，双手冰凉。如果再持续下去，由于营养不良和不断地消耗，悲伤的结果使衰弱的身体易患各种传染疾病。疲倦就像一种快速麻痹心脏的病，它可引起虚弱，就像普遍形容的“累死了”；但放松活动就像自动安全阀一样，总是可以使病人得以恢复。一个呵欠，或者一次深呼吸，便可使肺泡扩张，引导血液流向心脏，就像抽水机的水泵一样，使心脏重新跳动。愤怒，使所有的毛细血管强直性收缩，使人的脸色特别苍白，同时肝脏分泌出过量的胆汁。快乐，引起血管扩张，血液循环加快，继而促进所有的分泌与吸收功能，显得容光焕发，通过胃液与唾液观察，犹如健康的胃口，食欲很强，口中唾液要求我们为身体提供新的营养，肺的扩张贮藏了大量的氧气，它可以烧尽废料，使有毒的细菌灭迹。这时的身体非常健康。

在意大利，当死刑被单独监禁这种惩罚所取代之后，我们有了一个精神影响机体功能的更有说服力的证据。在监狱中，由于有了现代化的卫生设施，牢房已不能叫做折磨人身体的地方：它仅仅是一个使精神食粮的供给受严重限制的场所。一间牢房，由灰色的墙，以及被高墙围住的通往一条狭窄的场地的通道所组成；罪犯可以在新鲜的空气里步行，因为他四周都很空旷，然而他的视线却受到限制。在这里身体还缺乏什么呢？有食物供应，有避风雨之处，有床，有充足的氧气，身体可得到休息；然而除了休息还是休息，没有别的，什么也不能做，只能休息！这种状况对那些希望无所事事的人似是最理想的，因为他们愿意过简单而单调的生活。但是，四周沉寂，外界的人的声音，在这里一点也听不到；监禁者将再也看不到任何有颜色、有形状的东西。外界的消息被割断了。在极度的精神黑暗中，他将要度过无数个小时、无数个天日、无数个季节和岁月。现实经验向我们表明，这些可怜的家伙是无法生存的。他们不是疯，就是死。在关押好几年之后，他们的精神与肉体都将衰竭。何以致此呢？如果人只是一株植物，他除了需要营养之外别无所求。心灵的荒芜对那些最卑鄙的罪犯来说，都是致命的，这是一条人类的自然法则。当人的精神食粮被剥夺之后，他的血肉、他的内脏、他的骨骼都将一并死去。就像一棵橡树，一旦离开了泥土中的硝酸盐和空气中的氧气，它就会枯萎。这种慢性死亡代替了暴力致死，实际上，它被斥责为最残酷的。就像在九天中死于饥饿的乌哥利诺伯爵远比在半小时内被烧死的布鲁诺的死法更残酷得多一样。在几年里，让其死于精神饥饿是所有惩罚中最残酷的，因此，它专为惩罚人而设计。

如果一个强健、残暴的罪犯会因灵魂空虚而死去，那么，一个被忽视了精神需要的儿童的命运将会是什么呢？婴儿的身体脆弱，骨骼正在发育之中，由于糖的过量，使其肌肉不能充分发挥它们的能力，只是虚胖；他的精密器官需要的是营养和氧气，但如果要想使他的功能令人满意地得以实现的话，他还需要欢乐。健康的身体源于快乐的精神。

第二章　现代教育调查

支配道德教育与教学的原则　成人把儿童归入玩具式的存在物，无情地拒绝那些促进其内在发展的练习，并声称在道德方面，儿童应模仿成年人。他们对儿童说："像我这样做。"这样，儿童的成长，不是靠训练与发展，而是靠模仿。好像一个父亲早上对他的孩子说："看着我，看我有多高，到我晚上回来时，希望你长高一英尺。"

由于这种方法，教育彻底地被"简单化"了。比如，把有关英雄业绩的故事读给孩子听，并要求他"成为一名英雄"；还经常给孩子讲述一些道德行为，往往带着这样的训语作结尾："你应善良。"且提醒孩子注意那些品格非凡的人的事例，并予以告诫："你也必须具有坚强的性格。"他们力图迫使儿童沿着这条道路成长为伟大人物！

如果儿童们表现出不满和烦躁不安的情绪，他们往往被告知说：你们什么都不缺少，而且幸运有一个父亲、一个母亲。他们总是受到规劝："孩子们，你们要感到幸福，一个孩子应该总是欢乐的。"看呀！孩子们神秘的渴望就是这样被成年人的设想"满足"了！

成年人这样做之后，他们自己感到很满足，认为他们由此修正了孩子们的性格和品行，就像从前他们用绷带使孩子们的腿长直一样。

事实上，儿童的逆反行为却常常证明这种教育的无效。在这样的情形下，一个好教师会选择一些适当的故事，以表明忘恩负义的卑鄙、反抗的危险性和坏脾气的丑恶，并着重指出学生的缺点。不过，这种有教益的谈话，对于孩子们来说如像在对一个盲人谈论有关黑暗的危险，对一个跛子谈论有关行走的困难一样。同样的事也发生在身体方面，一个音乐大师对一个初学者说：“正确地使用你的指头，否则，你就永远也学不会弹琴。”一个母亲可能责备她那整天都弯着腰坐在学校的凳子上、不断地在社会惯例的强迫下学习的儿子：“举止优雅些，在你的同伴中如此缩头缩脑，弯腰驼背，挺不起腰来，我都为你感到害羞。”

如果某一天这个孩子声称：“是你妨碍了我发展自己的意志与性格；我似乎有些顽皮，那是因为我要保护自己；当我自己的一切都牺牲了，我又怎么会不畏首畏尾呢?”对许多人来说，这是一种拯救，对其他许多人来说，仅仅是需要“尊重”。

有一种非常简单的方法，可以供孩子们得到成年人设想的，并感到称心如意的结果。这种方法是：孩子们必须按成年人的愿望行事，由成年人引导他们走向尽善尽美，并具有自我牺牲的精神，达到最高境界。有德行的儿童将得到应有的荣誉。控制儿童，使他屈服、顺从——这是教育的基础。如果这个结果可以通过任何手段达到，甚至使用暴力，那么，教育儿童的一切问题都迎刃而解了。记住，这一切都是为了对孩子有利！不可能用其他的方法来塑造他们的品格。在所谓“培养孩子的意志”中，这是首要的和关键的一步，这将使成年人今后在谈到自己时，就像维吉尔①谈到上帝一样。

第一步之后，成年人将检查自己的行为，看看他所发现的最困难的事是什么，结果正是他强制儿童所做的——使儿童自

① 维吉尔（Virgil，公元前70—公元前19），古罗马诗人。——译者注

己能够习惯人类生活中必不可少的那些困难。但是成年人强加给儿童的条件，正是成年人本身也缺乏勇气去接受的那些东西，哪怕是部分呢……比如，历时数年，每天 3 至 4 小时呆坐不动地听一门枯燥乏味、令人厌倦的课。

是教师塑造了儿童的心灵，他是怎样教的 同样的观念统治着学校：教师必须塑造学生，因为他手中操纵着学生智力与文化的发展。他的确担负着艰巨的任务，且负有重大的责任。

他面前的问题既多又棘手，这些问题犹如一堵蒺藜篱笆，把他与学生分离开来。在这么多的问题中，第一个必须解决的是什么呢？是如何赢得学生们的注意，以便教师能够把他所认为必要的东西输入他们的头脑？教师用什么方法才能向他们展示一种思想，并使这种思想能够铭刻在他们的记忆中？要达到这种结果，最重要的是教师要具有心理学的知识，以及生理现象产生的简单形式和支配记忆的法则，即思想模式的心理机制和相互关系的法则；借助这些法则，思想便逐渐开始形成最崇高的行为，使儿童能够进行推理。教师只有通晓所有这些事情，才能塑造儿童的心灵。然而这并不是一件容易的事，而是一件困难的工作。引导儿童尽最大努力支持教师，而不致于倔强不从，总是困难中的最大困难。根据这样的道德教育的出发点，在做所有的事之前，班级的纪律是必要的。学生必须接受劝导，服从教师，如果这不是出于爱，也必须通过强迫。倘若没有这个出发点，要达到所有的教育与训导的目的是不可能的，学校也就没有存在的必要了。

另一个困难是节约学生们的精力，也就是如何最大限度地使用它，而不是浪费它们。需要休息多长时间？在第一个 45 分钟学习之后，也许 10 分钟的休息有必要；在另一个 45 分钟学习以后，可能要求 15 分钟的休息，等等；一整天的学习都可以以此类推。最后 10 分钟的学习，可能需要休息 15 分钟。在一天中的不同时间里，采用什么样的教学最适合儿童的精力呢？最好是先开始数学还是听写呢？在哪几个小时里儿童最喜欢锻炼他们的想象力呢？是早上 9 点还是 11 点？

另一些忧虑是，必须着手解决好教师的问题！他写在黑板上的板书如何才能使坐在远处的儿童看见呢？否则他所做的一切将是徒劳的。黑板需要投射多大强度和什么角度的光线以便所有坐在不同距离和位置的儿童都能看清黑板上的粉笔字？同样教师要选择多大的字体才能适合一定范围的能见度？这是一个不可忽视的问题。因为儿童由于纪律的约束，必须在一定的距离看黑板和学习，他要付出最大的努力使其视力适应他的需要，随着时间的推移，他或许会变成近视眼，那么教师所塑造的竟是一个盲人，这的确是一个严重的问题！

这种教师的忧虑给我们提出了什么样的思考呢？要了解她忧心忡忡的原因，我们不妨想象一个要做母亲的年轻妻子可能给自己提出的问题：如果我不懂解剖生理学，我怎么能够造就一个婴儿呢？我怎么能形成他的骨骼呢？我必须认真学习骨骼的结构；我还必须学习肌肉是如何附着其上；但怎样才能把脑髓放进一个密封的盒子里呢？小小的心脏一定得不停地跳动直到死吗？它会不会疲乏呢？

同样的，她可能反复考虑她的新生婴儿：很明显，如果他完全不懂得平衡法则，他就不能行走；如果听之任之，到 20 岁他才可能懂得这些法则，因此，为了使他尽快行走，我必须尽早教他这些法则。

学校教师使儿童的知识逐渐增加，儿童知识的增加与教师的努力成正比；换句话说，儿童知道，教师使他懂得与理解的东西，恰恰就是教师所教的。当一个督学访问一所学校，并向学生提问，如果学生的回答令他满意时，他总是转向教师说："干得好，老师！"这无疑归功于教师的劳动。他制定的能集中学生注意力的方法，以及在教学中用以指导自己的心理学原则，都是由于教师而产生的。上帝在学校里的象征是耶稣受难像，而在学校创造奇迹者则是教师。

教师要完成超乎常人的任务，必须为他们提供大量的帮助。这是一种劳动分工，这种分工就是依靠更多的高级专家提供教学大纲；如果教学是根据科学的计划，或是根据某个伟大的教育家，例如赫尔巴特制定的原则，那么这些教学大纲就必须建立在心理学基础之上；另外，比如卫生学和实验心理学等科学则更需要被用来克服许多实际困难，并用来帮助布置教室、安排课程和时间表，等等。

例如，这里有一个建立在心理学基础上的上课记录。它在阐明教学中激发儿童思考、促进儿童心理发展时，注意到了适当的心理活动顺序；通过这些训练，儿童不仅会学习，而且当这些训练与制约儿童智力形成的规律相一致时，其智力亦可得到发展。

物　体　课

一支蜡烛：感觉与知觉官能的教育

视觉：白色、固体。

触觉：油腻、光滑。

名称：蜡烛部分：烛芯、表面、末端、边缘、上部分、下部分、中间部分。

我们使用的蜡烛是用蜂腊和硬脂混合而成的。硬脂是用牛、羊、猪的脂肪制成。因此它们被叫做硬脂蜡烛。也有蜂蜡蜡烛，颜色是黄的，油脂少些。蜂蜡是蜂蜜产生的。也有脂蜡，它含脂多，燃起来有股难闻的气味。

记忆：你曾见过一个蜡烛工厂吗？你曾见过蜂箱吗？蜜蜂的巢室是用什么做的？你什么时候点蜡烛？你曾心不在焉地举着一支燃烧着的蜡烛吗？这没引起一场灾难吗？

想象：在黑板上画一支蜡烛的轮廓。

比较、联系、抽象：硬蜡、蜂蜡和脂蜡的同与异。

判断与推理：蜡烛有用吗？蜡烛从前有用些还是在今天有气灯和电灯的情况下有用些？

感情：儿童们非常喜欢参观蜡烛工厂。能看见大家使用的蜡烛的制作的确令人高兴。当我们实现了我们教育的愿望，我们感到愉快与满足。

决断：如果我们不知道怎样把猪油做成硬脂肪，我们怎样处理猪油呢？如果我们不知道如何利用蜂蜡，我们会把它怎样呢？人能够把许多东西制成和转变成有用的物质和物体。工作是我们的生命。保佑工人们，让我们热爱工作并无私地献身于我们的工作吧。

（注意：孩子们仍一动不动地听着。）任何课程都可根据心理计划执行。道德课也不例外，比如：

道德教育由行为的观察而得来。

（注意：行为是虚构和叙述的。）

和蔼的态度。一件小事情："小姐，村教堂离这里一公里多点，是真的吗？我母亲要我去那里。我认为自己已到了，因此非常高兴。我已走了很长一段路，我很累很累了。"站在自家门口的姑娘回答道："是的，你还有一公里半的路才到教堂。通过我家的门，走捷路，我告诉你怎样穿过我家的地，你只需要5分钟就到教堂了。”多么和蔼可亲的姑娘啊！

一系列的因果关系：这位村姑对小旅游者表示出礼节，使后者很快到了教堂，减轻了许多疲惫，并感到莫大的宽慰。

记忆：你是否一贯友好地对待你的伙伴？你是否总愿意借给你的同伴他想借的东西？你是否随即感谢那些以和蔼可亲的态度帮助过你的人？

比较、联系、抽象：把一个和蔼可亲的孩子同一个粗俗的孩子进行比较。

判断、推理：为什么对所有的人都要有礼貌？仅仅给予帮助，以表示出自己的和蔼可亲就足够了吗？

感情：一个和蔼可亲的人就是在亲切与温和方面富有的人。他会唤起所有人的同情！坏脾气的人容易被小事所激怒，他使别人厌恶与害怕。和蔼可亲的人对他的邻居表现出友好。

决断：孩子们，使你们自己习惯于友好地对待每一个人。当你给别人一些帮助时，你应高兴，否则，这种帮助将似乎使人厌烦。当你想要什么东西时，你是傲慢地请求吗？如果是这样，对你说不行，比说行将更容易些。另一方面，你很有礼貌地要求什么事情，要拒绝你，难道不困难吗？

听一堂实际的，且通常被教师作为示范的课也许更有趣些。这里，我再介绍在意大利教师比赛中获奖的课之一。[①]在这堂课中，根据物体与主题，只有一个初级心理活动要处理，即感觉。这些作品不是通过作者的名字来区别，而是通过格言来区别。

格言——事实是第一的，也是最好的教师。

我给自己定出以下限制：

---

① 这篇文章发表在阿塞罗《教师之声》杂志第8期上。

给出一个与热的概念相对的冰冷的概念。(这个概念本身必须很充分，因为这些概念不是东一颗、西一颗拾起来的细粒，而是异常复杂的、崇高的心理事实，因此要彻底了解非常困难。)

并且与给予的概念相结合，培养孩子们对穷人的同情与怜悯的意识。冬天给穷人带来严重的灾难，我曾尝试过多次以便能激发孩子们的感情。

以上是我为自己制定的，以下是为孩子们制定的。

"孩子们，我们这里多舒适啊！每样东西都是干净而又井井有条；我非常喜欢你们；你们也喜欢我，是真的吧，孩子们？"

孩子们：我是，我是，我也是。

告诉我，吉诺，你冷吗？你马上会说不冷。很好，不冷；对啦，我们这里的确非常舒适。在那个角落（我手指的地方），有一样东西散发出……

孩子们：热，是炉子。

但是外面没有炉子；那边，接近地平线的地方（孩子们在一定程度上熟悉这个字眼），那里没有温暖。

孩子们：那里很冷（回答一定是明确的，相对的法则）。

昨天晚上，当我们睡熟的时候，你们的母亲可能在给你们缝补衣裳……亲爱的母亲，她多么慈祥啊！……昨天晚上，许许多多白色的薄片轻轻地从天空中飘落下来……

雪，雪！孩子们高声叫着。

孩子们！让我们说：许许多多的雪花飘落。多么美丽的雪景！让我们走近点，看看去。

孩子们：好的，好的，好的。

多么美呀，我想你们都愿意捡一点，可是也许是不允许的。雪是属于谁的？（没有人回答。）谁把它带来的？谁做的？你们吗？不是。我吗？也不是！是你们的母亲吗？不是。你们的父亲买的吗？（他们吃惊地盯着我，这真是些非常奇怪的问题。）也不是。那么雪属于我们大家。如果是这样，我们可以抓一把啰（他们明显高兴地叹了口气）。我将把你们昨天做的盒子分发给你们。（这些孩子没有能放置他们的小作品的桌柜。使用这些盒子，是对他们的工作的效用的最好的证明途径。）他们握住美丽的雪，做得很好。（我们一边分发盒子，一边对他们说话，以保持他们的注意力不涣散。）我也要拿到我和你们一块做的那个盒子。我的这个盒子比你们的大些，谁的盒子可以多装些雪，是你们的，还是我的？

孩子们：你的。

来吧，孩子们，把白雪放进你们的盒子里。多快活啊！

（继续）停一下，我们这里多舒服啊！把一只手放在脸上，脸上多暖和，手也多暖和！我们来看看，手摸了雪以后还暖和吗？

孩子们：手冷了。

是的，的确是这样。（指着户外）多么美啊！从上边飘落下来，天空给大地一件漂亮的衣裳，全……

孩子们：白色的。

在这个结合点上，我的孩子们习惯了这种有益的原则。形成性格的主要因素就是有序的自由，通过接触与收集雪；他们中的有些人用小图画破坏了纯洁的表面，我随他们做去。等了一会儿，就像突然袭击一样，我抓住他们的注意力。

孩子们，我也要和你们一块去取点雪。停下，起立。看着我。让我们取走这大斗篷的一小片。让我们把它放进我们的盒子里。好啦。（再进教室）哦，多么冷啊！没有裹紧衣服的孩子们最冷。可怜的小东西！还有那些家里没有烧炭的孩子们。

孩子们：炉子。

他们多么冷啊！来，快点，全部都到座位上去。把盒子放在桌子上。雪多冷呀！你们注意到雪是怎样把你们暖和的手变冷吗？

孩子们：我的手冷了，我也是！等等。

在院子里，我看见卡罗琳拾起一点雪；突然，她又让雪掉下去了；她还不够强壮，以致不能忍受这样的冷。但她又试了一次，第二次，她没有丢掉。

孩子：我没这样做，我很快就把它放进了我的盒子里。

孩子们，当冷到像雪一样冷的时候，我们叫它严寒期。格里多说一遍，应该怎样说？还有你，吉安林娜，很冷的雪是什么？谁能猜到？

一个孩子：霜。

齐声说：雪是霜。

我们进屋去，因为外边结冰了，而里边……

孩子们：暖和。

但我们把一样冰冷的东西带进教室，它叫……

孩子们：雪。

炉子给我们什么？你们记得吗？①

孩子们：热。

我想要玛娅告诉我。现在请佩皮罗告诉我。

你们知道，我们的嘴也散发热量吗？张开你们的嘴，不要张得太大。举起一只手，放在嘴前，右手，往上面哈气，就像我这样。再哈气；现在让我们向外哈气，像我这样做，再哈……再哈……再哈。好啦！感觉一下，你们明白了你们的嘴也散发出一点……

---

① 我希望孩子们通过记忆知道炉子散发热量。

孩子们：热气。

现在让我们试着放一点雪在嘴里。一小块这样大的。哦！嘴里的热气消失了，当雪一进口，热气就变冷啦。

孩子们：我们的嘴现在冰冷啦。

是的，很正确。嘴里非常、非常冷。是那样的冷，因此我们把它叫做……

孩子们：冰冷。

也许吉乌什甫不知道，他没有同大家一道说。再说一遍，这次他会同你一块说的。再说一遍，预备，布拉屋、吉乌什甫，所以你们的嘴就……

孩子们：冰冷了。

我们来吃另一小块雪。雪进了我们的嘴就变成水了，因为它是水制成的。面包也是水制成的，但不仅仅是水。面包师用来做面包的生面团是什么做的？……

孩子们：面粉。

还有什么？

孩子们：盐。

还有什么？

孩子们：酵母。

我看见路伊吉仍然在吃雪，阿方索也在吃，还有皮埃里诺。你们喜欢雪吗？

孩子们：是的，夫人。我也是，我也是。

好吧，再吃一点，不要吃多了，吃多了会生病的，它太冷了。（我经常重复这个字，因为它表达了我想要传递的概念。）

下雪的时候，天气非常冷。想想那许多穿得不够暖和、没有火炉的孩子和人们，他们很穷。他们受了很多苦，甚至有些人死了，可怜的人啊！另一方面，我们多么幸福啊！我们有许许多多的衣服（他们曾学过这个字）穿，我们家里有炉子，学校里也有炉子，我们多么地幸运啊！

一个孩子：我家没有炉子。

我知道你家没有，爱米利奥。我感到非常抱歉。孩子们，你们一定要友善地对待爱米利奥和吉乌利甫。因为他们非常……

孩子们：可怜。

雪吃完了吗？

孩子们：没有，夫人。

那我们到院子里去把剩下的雪倒掉。然后把盒子放在桌子上，让它自己晾干。明天，我要给你们看一张被雪覆盖的乡村的漂亮画片。来吧，带上你们的盒子，把雪倒掉后放在我告诉你们的地方。

我打算以另一种方式，结合其他内容，以及涉及到以前提到过的有关其他的概念来重复这堂课。

由于在物质和精神世界里，一切事物都是一个不可分割的整体，都是极为密切地结合在一起的，因此把孤立的教育事实以杂乱无章的方式呈现出来，必然会严重阻碍人的发展，因为由神圣而又永恒的法则统一起来的事物是不能够割裂开来的。

在上面的“示范”课中，只处理了冷和热两个概念。允许儿童有大量的自由，但属审慎自由一类。

要把感觉绝对地限制在两个概念之内是极端困难的，特别是涉及处于充满刺激物的环境中的人时，因为他已积累了很多杂乱的图象。在物体出现之前，必须尽可能地消除所有其他表象，紧紧抓住这两个概念，使对它们的注意有特殊意义，以便使所有其他的表象在感觉领域中淡化，这是有助于形成独立感觉的科学方法。事实上，这种实际有效的方法已被我们在感觉教育中所采纳。在冷和热的情况下，儿童在孤立的、特殊的感觉谈话中已做了“准备”；他被蒙住眼睛，放在一个寂静的地方，最后只有热的刺激能靠近他。在孩子面前放着两个对触觉肌在所有感觉特点上完全相等的物体：同样的大小，同样的形状，同样的光滑程度，同样的压强；比如两个橡皮袋，装满等量的水，并且外部完全是干燥的。唯一不同的是两个袋的水温；热水袋水温摄氏60度；冷水袋水温摄氏10度。在使儿童的注意力集中在物体上后，把他的手放在热水袋上，然后又放在冷水袋上。当他的手放在热水袋上时，教师说：热的。当他感到是冷水袋时，他就告诉教师：冷的。课就结束了。这堂课仅只包含两个词，并包括长时间的设计，以尽可能地保证这堂课。两种感觉相当于两个词，一次就传给了儿童。另外的感觉，比如视力与听觉都受到限制，因为它们会妨碍刺激。被触摸的物体除温度外感觉不到什么差异。这就使儿童有可能专门感受这两种感觉。

那么，儿童的自由是什么呢？我们将被问道。

当然，我们承认，每一课都违反了儿童的自由，为此我们允许课程又持续几秒钟：这时间正好能发出热、冷两词；这个效果的取得是在准备的影响下，首先通过隔离感觉，也就是使感觉处于黑暗之中，然后仅仅使两种表象进入感觉。与其说儿童接受其心理知识是从屏幕上的魔术灯笼前，倒不如说这些知识像掉进肥土的种子；在以后的自由选择和重复练习中，以及以后自发的、有联系的再现活动中，儿童被给予自由。他所接受的与其说是一堂课，不如说是接触外部世界的一个明确的印象；这种接触的特点是明确的、科学的、预先规定了方向的，它不同于儿童不断地从他周围的事物中接受的一大堆模糊不清的映象。这类庞杂、模糊的接触将在儿童的头脑中造成混乱；另一方面，预先规定了方向的接触是井井有条的，因为在分离技术的帮助下，这类接触将开始使他分清一件东西与另一件东西。

我们的课程技术受实验心理学的支配。毫无疑问，这种倾向同过去的倾向形成对照，以前是由观察心理学所支配，迄今为止，学校通常行使的所有教育方法都是在此基础上建立的。

赫尔巴特把他那个时代的哲学心理学作为一种指导原则使教育规则成为一种体系。根据他个人的经验，他相信他能够演绎出一种普遍的发展智力的方法，他的这种方法正是他教学法的心理学基础。由于克瑞代若（以前罗马大学的教育学教授，以后的教育部长）的功劳，使赫尔巴特——这位德国教育家的教学法目前已为全意大利的初级教育所接受。这位德国教育家给予我们举世无双的、根据他著名的四段论建立的课程类型：明了、联想、系统、方法。以上可以用以下相近似的话来进行解释：陈述一件事物并进行分析检查（明了）；判断并与周围事物以及记忆表象进行比较（联想）；从以前的判断推论出物体的定义（系统）；新的原则源于深化的概念并引导一种道德秩序的实际运用（方法）。

在每一类教学中，教师应根据这些原则指导儿童的思想，无论如何，他都不能用他自己的理解力来代替儿童的理解力，更精确地说就是要使儿童自己思考，诱导他，锻炼自己的能力。比如，在联想阶段，教师不必说："请看这样或那样的物体，这些、那些东西；看他们是多么地相似，等等。"他应该这样对儿童提问："当你环顾四周时，你看见了什么，等等。"接着在定义阶段，教师不应该说："鸟是一种有羽毛的脊椎动物；它的双臂演变成两只翅膀，"而应通过迅速的提问、修正与比拟，引导儿童自己找出确切的定义。如果赫尔巴特的四段论的心理过程是出于自然的话，它对于物体方面存在的极大兴趣是最重要的；有趣的是，它可以使思想愉快，或者就像著名教育家所说的那样，深入到概念中去，并且在一个系统中保持下去，不过，这个系统包括许多概念；因此，“兴趣”的激发很有必要，并应在所有的教育中坚持这一点。众所周知，作为一个赫尔巴特的学生要达到这个目的，就必须在这个四段之前再加上一段，那就是兴趣；连接所有的新知识与旧知识，“从已知到未知”，因为绝对新的知识是不能唤起任何兴趣的。

“人为地使某人产生兴趣，”也就是使那些对我们毫无兴趣的人产生兴趣，的确是一项非常困难的工作；要一小时、一小时，一年、一年地抓住不是一个人，而是许多与我们没有相同之处的人的兴趣，不仅是时间问题，确实是一项超乎常人的事业。这就是教师的任务，或者犹如他自己所说的，是他的“艺术”：使这群他曾经用纪律迫使他们稳定的儿童的思想追随他，懂得他所说的，并且能学会；虽然教师控制了儿童们身体的位置，但他们内部的行为是他所不能支配的，除非他能够使儿童产生兴趣，并保持之。阿底哥说过：“教的艺术主要在于：明了哪一点与哪种形式能保持学生的兴趣。最熟练的教师是那些不使学生大脑感到有丝毫疲劳的教师；教师以这种方法进行教学，使儿童的注意力一会儿转向这里，一会儿转向那里，并可以使大脑从中得到休息，重新获得力量，以更新的活力再回到谈话的问题上去。”

更为艰难的教育艺术是引导学生自己动脑筋来寻找定义而不是放任自流，而是根据教师的意愿，虽然他并没有说出他的愿望是什么；他应激励儿童自发地把自己的思想联系起来（就像教师本人所做的那样），甚至成功地使儿童用自己选定的精确字眼组成定义，这些定义事先并没有泄露给他们。这就好像是一些秘密科学的结果，一种魔棍。然而，这样的方法以前和现在仍在使用，在某些情况下，他们形成了教师唯一的艺术。

1826 年，当托尔斯泰参观视察德国的一些学校时，对这种直观的教学法感到非常惊讶。亚斯拉加·波利尔在其教学法著作中描述过他的学校，他重演了值得记录的一课，也许在其他德国的学校不再可能找到这类课的例子了。

亚斯拉加·波利尔　1862

这位教授平静、自信地坐在教室里，设备已准备就绪；小桌子上放着一些字母，有一本画着鱼的书。教师看着他的学生；事先就知道他们要了解什么，他知道他们内心是由什么组成的，以及他自己曾在神学院学到的杂七杂八的东西。

他打开书，亮出了鱼。“亲爱的孩子们，这是什么?”除非他们已经从其他学生那里知道了用什么酱汁就可以把鱼烹调出来，可怜的孩子们是很高兴见到鱼的。在这种情况下，他们答道:“是一条鱼”。“不对”，教授（所有这些既不是一种虚构，也不是一种讽刺，而是我在德国最好的学校里无一例外地看见的一种精确的叙述，在有些英国的学校里也采用了这种教学方法）“不是的。”教授又问“现在你们看见的是什么?”孩子们都沉默了。不要忘记，他们被迫坐在座位上保持安静，每个人都在自己的位置上没有动。“你们看见了什么?”“一本书。”班里最笨的一个孩子说。同时那些最聪明的孩子曾一遍又一遍地问自己看见了什么;他们感到自己难以猜到教师的用意，而且，他们必须说出那条鱼不是鱼，是一种他们不知道的名字。“是的，是的”教师热情地说“答得好，一本书。还有什么吗?”那些聪明的孩子猜测着，高兴又自豪地说:“还有字母”。“不对，完全不对!”教师失望地说“在你们说出来以前必须动脑筋。”所有聪明孩子们再次坠入了令人沮丧的沉默之中;他们不想再猜了;

他们在思考教师的眼镜，为什么他宁可从眼镜上面看他们也不摘掉眼镜呢？喂，这是什么东西？”“一条鱼，”一个大胆的精灵鬼答道。“是的，一条鱼，是一条活鱼吗？”“不是，它不是活的。”“非常正确，那么，它是死的啰？”“不是。”“对啦，那么它是一条什么鱼呢？”“一幅画”。“正确，很好！”所有的孩子都重复着：“一幅鱼的画”，他们想的也是这样的，这还不完全，他们得说这是一幅描绘一条鱼的画。他自以为他正锻炼他的学生们的推理才能，但是，他却从来没想到过，他的责任就是用这些准确的字说：“这是一本有一条鱼的书”，重复这个奇怪的公式，并使他的学生背诵下去是一件很简单的事。

作为托尔斯泰在德国学校看到的这种老式课的另一姐妹课，我们可以以近来由法国著名教育家、哲学家提出的下面的课为例；这位学者的课本在他自己国家的学校和其他许多外国学校都被作为经典著作，意大利的教师培训学校也使用它们。犹如课本扉页的副标题告诉我们的那样，它是一系列“为那些意识到自己的责任、对家庭的益处、对他们的国家与人类有益的教师和公民设计的样板”① 之一。因而，我们在中等学校范围内使用它。我们引以为例的课是对课程原则的实际应用，并通过质疑（苏格拉底法）论述一个道德题目：权力。

——男孩子们，你们从来没有把你们的伙伴保罗与这张桌子和这棵树弄错过吧？

——哦，没有！

——为什么呢？

① F. Alengry：《建立在心理学与道德基础上的教育》。

——因为桌子和树是无生命、无感觉的，而保罗却有生命、有感觉。

——很好。如果你们猛击桌子，它什么也感觉不到，你不会伤害它；但你们有权破坏它吗？

——没有。我们不应该破坏属于别人的东西。

——那么你们在有关桌子方面的顾虑是什么呢？是因为它是无生命、无感觉的木头，还是因它是属于别人的财产？

——别人的财产。

——你们有权打保罗吗？

——没有。因为我们伤害他，他就会受苦。

——在他身上，你们顾虑什么呢？是别人的财产还是保罗本人呢？

——保罗本人。

——这么说，你们不敢打他，也不能把他关起来，也不能夺他的食物？

——是的。如果我们这样做了，警察会逮捕我们。

——呵，你们原来是害怕警察。只是因为这个原因才阻止你们伤害保罗的啰？

——哦，不是的，先生。是因为我们爱保罗，而且不想使他难过，也是因为我们没有权利这样做。

——那么，你们认为你们应该尊重保罗的生命与感情，因为生命和感情是应该尊重的东西吗？

——是的，先生。

——所有这些是你们必须尊重保罗的原因吗？扪心自问，好好想一想。

——还有他的书、他的衣服、他的书包和放在书包里的午餐。

——为什么？

——因为这些东西是他的，我们无权拿属于别人的东西。

——拿属于别人的东西的行为叫什么？

——偷盗。

——为什么偷盗是被禁止的行为？

——因为如果我们偷盗，我们就要进监狱。

——又是因为害怕警察！这就是我们不能偷盗的主要原因吗？

——不，先生。而是因为我们应当像尊重自己的财产一样，尊重别人的财产。

——非常好。财产是人格的延伸，必须同样受到尊重。

——就这些吗？在保罗身上再也没有比他的身体、他的书、他的抄写本更值得尊重的啦？你们还看见什么东西了吗？你们能再想出更多一点吗？我给你们暗示一下：保罗是一个勤奋的学生，是一个诚实、温和的伙伴；你们都很喜欢他，他也值得你们爱戴。我们把所有在他身上感觉到的尊重与我们认为他所具有的优点叫做什么呢？

——荣誉……美名。

——是的，是荣誉与美名。保罗是靠他的好的举止和行为获得的。这些都是属于他的。

——是的，先生。我们没有权利去剥夺他的。

——很好。如果盗窃荣誉与美名，我们把这类行为叫做什么呢？先说，我们怎样偷盗这些东西呢？我们能把这些东西放进我们的腰包吗？

——不行。但我们可以诋毁他。

——怎样做呢？

——我们可以说他伤害了他的伙伴……他从邻居那里偷了

些苹果……，他说人家的坏话。

——当然可以。但通过说这些，又怎样才能偷到他的荣誉与美名呢？

——先生，如果人们对他产生了坏印象的话，人们就不会再相信他，他就要挨打、受责骂、被孤立。

——如果你说的关于保罗的坏话都是假的，会给他带来愉快吗？

——不会的。只会给他带来痛苦。冤枉他，只能说明我们非常丑恶与可憎。

——是的，孩子们，这种伤害别人、有意撒谎的行为是丑恶的与可憎的，这叫做诬蔑。一会儿我将解释在真实情况下的骂怪话与诬蔑和诽谤的不同，并且指出中伤与诬蔑的可怕的后果。

现在让我们总结一下，我们曾经说过："保罗是一个有生命、有感觉的人。我们不应当使他难受，不应当劫掠他，不应当诬蔑他；我们应当尊敬他。保罗所拥有高尚的东西构成了他的权利，使他成为一个有道德的人。我们的责任就是尊重这些被称为义务的权利。这种责任和尊重他人权利的义务也叫正义。正义来源于两个拉丁字（in iure stare），意思是：维护自己正当的权利。

我们举出正义的义务概括起来有：不许杀人……不许制造痛苦……不许偷盗……不许诬蔑。回想一下你所说过的字眼，后边不总跟着一个动词的祈使不定式。这是什么意思呢？

一个强迫、一个命令、一个禁区，——继续解释。强迫尊重……命令尊重权利……禁止偷盗。我们怎样把这一切归结起来呢？不许干坏事。

学校中实证科学的出现 实证科学应邀进入学校，就像进了一个需要把光明与黑暗分开的混乱之中，一个需要救助的灾难场所。

医学的发现：畸型与疾病 实际上最先进入学校的科学是医学。在当时的情况下，医学组成了一门特别卫生学，类似红十字服务。卫生学渗透学校的最有趣的部分是诊断与描绘“学校儿童与疾病”，也就是说疾病的得来只被作为学校里研究的一个结果，这些病中，最普遍的是脊骨弯曲和近视。第一种疾病是由于过久地坐引起的，以及书写时肩的不正确的位置所造成。第二种疾病的上升是由于儿童一直坐在光线暗淡的地方，使他看不清楚，或者是距离黑板太远，或者是儿童必须阅读的地方印刷得模糊，总之由于眼睛长时间地过度疲劳造成了近视。其他一般的小病也被描绘出来；对一种普遍扩散的器官衰弱症，卫生学建议可将免费分配鱼肝油或者一种健身强体的补药作为一种理想的、对所有学生都适合的治疗方法。贫血症、肝病、神经衰弱也开始放在学校疾病中研究。

这样，一个新的领域对卫生学开放了，它是职业病最丰富的来源。读与写不仅在与教学法有关的方面得到仔细的研究，而且脊骨弯曲和屈光缺陷也同样得到了仔细的研究。

受不适合与不相称的学习之害，儿童的疲乏不仅迫切需要解除，同时就像人们所盼望的，要靠一种药物来帮助。出现了“法医学”这样一种新的分支。的确，医学注意到了孤儿院的受害者，人工喂养与不合理喂养、连同奶妈喂养的受害者的病与死，一个个地检查了所有的病人，宣布了这样一个事实：儿童没有公民权。医学进入的另一个领域，那里的受害者不是几个“病例”，一般地来说，包含了所有儿童。如今法律本身却把责任强加在这些受害者身上，在某种意义上使全体儿童长年劳累，使他们的身体受到折磨。既然能为罪犯衍生出法医学这样一个分支，那么为无辜者怎么不能衍生出另一医学分支呢？

在对待儿童方面科学没有完成其使命 医学局限于医治人为产生的疾病。它曾诊断出引起疾病的原因，但其原因却无人问津。它仅满足了减少产生大量受害者的不幸的结果。医学没有以其特有的、伟大而高贵的姿态充当生命的保护者的角色，虽然，它像战争时期的红十字服务团一样，自告奋勇地医治伤员和减轻受难者的痛苦；但他从未想到作为健康守护者所拥有的权威能使他发出这样的和平呼吁：让这种危险的非正义的不人道的战争结束吧！

在与细菌的斗争中，在许多战胜死亡的辉煌胜利之中，它是杰出的领袖，因此在与产生贫困的根源的直接战斗中，它本来可以高举保护后代的旗帜；然而与此相反，它只把自己限制在苦心经营一个模仿科学的研究分支学校卫生学之中，这样使自己成为一个社会邪恶的帮凶。

我们浏览一下最近发表的学校卫生学方面的论文，发现它仅仅笼统地概括了目前医学界的一些观念和工作：

“我们将简要说明造成脊骨弯曲发育的条件。疾病通常出现的年龄在第二婴儿期，因此它名叫青春期脊骨弯曲；脊骨弯曲的原因是由于佝偻病，它出现在童年的早期，这种情形对我们来说是稀少的，并对它没有直接的兴趣。最普通的原因，也就是最先引起我们注意的是，我们大多数学生在学校学习时采用的错误姿势；这种原因相当普遍，我们可以把脊骨弯曲叫做学生职业病。尼静准博士的一个提法被我们学校，也就是产生畸型与近视的工厂认为过分严厉，但他的确是有充分根据的。他谈到：‘发现近视的主要原因正是儿童聚集在学校里的那些条件：不充足的光线，通常课本采用过于小的字体，频繁地使用黑板，教师不那么注意他所写字体大小与学生必须读出的距离的比例，许多原因造成眼睛的疲乏’。”利甫润斯博士说，假如强烈的光线下降到一定的程度时，一只敏锐的眼睛的视力将很快减弱。学生们在光线不足的情况下学习、做功课，要弥补这个原因引起的缺乏敏锐，就只得加大他看出现在他面前的物体的细节的视角；换句话说，他得把那件物体过分地靠近自己。

“当视力的敏锐性被限制在一定范围时，认识一个特定的字母所必需的时间就会大大增加。因此不足的光线造成学习缓慢，除非学生更加靠近那个物体来增加敏锐。这样近视就构成对有害的学习条件的积极适应，使学生学习得更快些。”①

因此，可以这样说：让孩子们自己找一个采光好的位置；如果黑板距他太远，让他靠近一点；如果光线不足妨碍他学习，让他做慢点；如果交换一下位置对所讨论的问题无害的话，可朝前一两步，完成一项任务也可多花几分钟——世上哪个暴君会拒绝这样小的请求，会谴责盲人的恳求呢？

这样的暴君是教师，他希望通过道德规劝赢得他的牺牲品的爱戴。

允许孩子们坐累了站一站，写累了停一停，使他们的骨头不变形是很简单的事。谁能漠视孩子们由于过分使用桌子而脊椎弯曲的情景，就像中世纪时期，脚背由于靴子的折磨被弄弯了而无动于衷呢？在什么样的土地上这种可憎的折磨被认为是必要的呢？

除了因为一个人想取代上帝，希望照他自己的想象与爱好形成儿童的思想，除了使一个自由人受到折磨外，是不可能实

① 《社会卫生学》，1914 年版，第 142、430、490 页。

现的。这是唯一的理由。

我们将引证一些疗法，也就是用所谓科学建议纠正学校儿童中的脊骨弯曲法。它限定了准确的位置，在这个位置上儿童可以长时间坐着学习而不致损伤脊椎。

“儿童坐在桌子旁应将他的脚平放在地上或脚凳上。双腿与大腿应有一个正确的角度，大腿与躯干也要有一个正确的角度，与椅子保持一种最小的倾度。躯干应是这种位置，脊椎柱侧面没有倾度，手臂与身体两边平行，胸部不应受桌子前沿的抵触，盆骨应对称地支撑，头微微有点向前弯，距桌子水平面30厘米；眼睛的中线与桌子的前沿保持平行，呈水平位置，前臂的2/3应放在桌上，是放在上面而不是倚靠在上面。

要达到所有这些条件，课桌就很有必要与儿童的比例相适合；它的组成部分应与学生的身体与肢体相符。

以下的尺寸是达弗塞尔认为在制作适合儿童课桌时必不可少的。

1. 高度。

2. 腿的长度，从膝盖以下量。要求儿童坐着双腿与大腿间成正确角度，两脚平放在地上。这种测量得到从脚凳以上所需的坐高。

3. 身体的直径，从前到后，从胸骨量，这里要另加5厘米得到书桌与靠背的适当距离。

4. 股骨的长度，相当于坐位深的2/3。

5. 最后，腹腔高出坐位的高度再增加几厘米就是书桌的高度。

考虑到儿童快速的成长，我们可以将这些尺寸的测量增加到一学年两次，按照这些尺寸可以使儿童改变其位置。

有一种小的甲壳动物，它光溜溜地来到世上，为此，它就去选择一个适合它自己的空壳，当它长大一点时，那壳变得太紧了，它又爬出去找一个大一点的住所。这种生物可以主动地为自己选择新的壳，而不需专家测量，也不要教师帮助。对我们和科学家来说，一个儿童的能力比这个低能的无脊椎动物差。

要使 40 个或 50 个儿童一动不动地在几小时内保持规定的有利健康的姿势，并找到完全适合这些身体成长的课桌是困难的。这个困难使这种医治不能实行，使我们中脊背最驼的人继续驼下去。这个问题仍没有解决。

因此有人认为，在罗马的一些模范学校多建一些矫形所要更实用些。这些矫形所拥有一套昂贵而又精制的器械，学生轮流前来仿照医学用于医治脊椎结核造成脊椎弯曲与软骨病的方法，使其头部悬而吊起。健康的儿童与不健康的儿童都同样因这些方法的应用而受罪；但另一方面，结果提供了鼓舞人的统计数字。如果这种悬吊治疗法在 6 岁时就经常开始使用，它将使由于学校课桌引起的长期恶化的伤害完全平衡，孩子们就会从脊椎疾病中解放出来。

实验心理学的发现：学习过度；神经衰弱　卫生学进入学校后发现了学生脊椎弯曲和近视；实验心理学发现疲劳是由于过度学习，并着手研究学生的疲劳。追随医学的旧的足迹，也就是说，寻找减轻已确诊的疾病的方法，建立一个科学分支，这个分支的名称到目前为止尚未有一个确切的定义，有人把它叫做实验心理学在学校的应用，另一些人把它称之为科学教学法。

有必要记住，实验心理学是由费希纳创建于 1860 年。他是一个物理学家，习惯于做各种实验，当然不是生物实验。他仅仅采用了把用于物理学的方法用于心理测验，这样建立了心理物理学。特别是那些触觉测量器非常精密，但是得到的结果则表现出如此变化不定，以致根据数学法则，它们不可能被归咎为“测量错误”，而明显地应归于“方法的错误”。的确，对于液体的测量有必要用一种不同于我们测量固体的仪器，虽然都仍在物理学的范围内；我们不能用夸脱来测量一种固体物质，用码来量酒；而在测量物理物质与精神能力的方法上差别就更大了。

继物理心理学之后由冯特提出了生理心理学。冯特是一个生理学家，他运用适合生理学基础的研究方法来研究心理学。他的目的不是要造出精确的度量仪器，而是在一定时间内准确地测出神经的反应。费希纳的早期研究使各种精密仪器的产生成为可能，这些仪器可以测出从一米高处掉下来的水滴声，同时，冯特的研究结果产生了一种精密记时器，其精确度可测出千分之一秒。但灵活性与研究的精确性并未取得一致（结果表明，通过这些精密仪器的振荡什么东西也测不出来），要测量的对象未能捕捉到。能提到的是在测量中，神经流在沿神经传导冲动的速度，以及脊髓的神经中枢细胞传动的速度，在同一时间里，伊克斯拉达到的速度为 8 米，布洛奇为 194 米。

尽管在精确的研究方法与结果的巨大变化之间有着悬殊的差别，这种差别表现出数学法则的荒谬，但实验心理学曾幻想以数学为基础进行其广泛研究。

作为从这种科学衍生出来的分支，它深入学校的目的是为了给予学生精神帮助，给予教育学新的活力。

研究方法不再仅仅是那些过时的、以前流行的心理物理学和心理生物学方法，从此，实验心理学从其起源中解放出来独立发展。如今，为了它的研究目的依靠纯心理测验，不排斥实验室采用的方法，并使用精密与可靠的仪器，比如感觉计和测力器，学校本身成为主要的实验领域。

例如：最熟悉的实验之一“注意”，就是给出一复印好的、准备阅读的材料，要求是直接在上面画出每一个 A；要完成这项工作的时间已由记时计测量出来了。

大声地从 1 数到 100，同时用书写的方式做算术练习，这是测量注意的分配，已由精密记时计算出所需的时间，且所有的错误都被标出来了。让几个人在同一时间完成同样的练习，使我们能够比较个体之间的活动。在学校，以前测定的听写练习，可以给一组学生，注意对其完成练习所花的时间与出的错误相比较，这也是一个容易的和能得到共同结果的实用方法。

所有的心理学家都认为，这些练习应不断地在学校定期、经常地进行。它们被认为是一种附加物、一种额外的东西，可以概括为一种科学方法，它可以弄清学校学习的一般的心理情况。

这些实验的主要结果就是：错误的成倍增加，难于集中注意力；也就是说，它们暴露了儿童的厌倦与疲劳的程度。

这是一个警告！过时了的教学法唯一关心的是儿童应该做什么，儿童的神经活动可能受到损害的这种概念第一次由科学的提醒而引起注意。与此同时进行的，不如前一种及时的研究是如何同疲乏作“斗争”或“减轻”疲乏。有关这类问题的事实都被研究过：年龄、性别、智力程度、个体类型、季节的影响、一天里不同时间的影响、一周中不同的天，以及习惯、休息的间隔、兴趣、学习的种类、身体的位置，最后有关的一些基本点的情况。

科学面临着一大堆尚未解决的问题 所有这些研究的结果，构成一大堆没有得到解决的问题。是否男性比女性更容易疲乏；是否智商高的人比智商低的人更容易疲惫，这些都尚无定论。考虑到个体类型，提塞斯的结论似乎最值得注意：“每一个体的疲乏与否，与他的意志程度无关。”关于季节的问题，疲乏从学校开学的第一天到放假的那一天逐渐递增，不能确定是否是由于季节、气候的影响，或是斯凯顿断定的，学生逐渐的疲乏是由学校制度引起的。关于一天中的时间问题，当学生自愿学习时，疲劳程度是否会降低，这仍然是一个问题，而且是一个很难解决的问题。”星期一和星期五是一星期中疲乏不明显的时候，这一点研究的结果并不明确；对于习惯、休息的间隔、兴趣，“关于这些与疲劳对立的因素受到怀疑，它们实际上清除了疲乏，还是仅仅掩盖了疲乏，至今尚无定论。”大量有趣的、对于改变不同科目的学习的研究变成同样的结果——即频繁地改变工作比继续一种学习会引起更大的疲劳，突然中断比持续学习更令人疲乏。以下实验（引自克拉帕瑞得）是由舒尔茨做的。第一天，一些女孩被命令做 5 分钟加法，然后，抄写文章段落 25 分钟。第二天，她们仍旧做同样的工作，但时间分配不同，她们必须做 50 分钟加法，然后抄写 50 分钟。后一次的结果要比第一次好得多。尽管是这样的结果，在学校仍普遍实行频繁地干扰和变换工作，作为战胜疲乏的科学计划的一部分。

与学校直接有关的研究之一就是各教育科目产生的难度系数，也就是说这些科目产生的疲乏程度。华格纳提出，最大的系数 100 应当指定给数学；在这种情况下，我们为学校的每一科目的难度系数作出以下分配：

数学	100
拉丁语	91
希腊语	90
体操	90
历史与地理	85
法语与德语	82
自然史	80
图画、宗教	77

我们可以注意到，这种结果是以一种多么武断和令人吃惊的形式建立起来的。因此“实验科学”有可能作出以下推论。

“调查将很有趣，如果难度系数的顺序是随儿童的年龄而改变的话，一方面，它能使我们了解大脑什么时候最适合学习哪些特殊科目，因此制定计划时预先考虑以上原因乃明智之举。另一方面，它有助于规划我们每天的时间表；如果可能的话，我们可以把最容易使人疲乏的科目放在一天的最开头。”（这是克拉帕瑞德引用的一篇著作。）

最近的另一种研究提出疲乏产生毒素；魏查德成功地分离了这些毒素，并制出了抗毒素。他在老鼠身上的实验成功了。这些实验在诊所里也重复做过。关于毒素的出现，实验发现，它在进行“使人疲劳”的学习过程中大量地产生，而当学习有趣的时候就只有些微毒素产生。

所有这类科学都与研究有关，而研究给予的结果竟是些没有解决的问题。我们观察到，不是考虑一两个因素就能减轻疲劳；打扰和变换工作仅仅是加重疲乏。有一种能够使由于过度工作造成的疲劳得以消除的方法，这就是使学习愉快、有趣，使学习变成快乐，而不是痛苦。

克拉帕瑞德说：“使教育成为需要，使授课具有吸引力；这曾被所有的教育家，诸如芬龙、卢梭、裴斯泰洛齐、赫尔巴特、斯宾塞提出过，但仍没有被每天都在进行实践的学校所认识到。”

“大家都认为，教育者的第一责任是不做害人之事：首先不做害人之事，这条原则也被医学实践所接受。严格地服从它，的确是不可能的，因为，学校教育的每种方法，在某种程度上都对儿童的正常发展有一定的伤害。但教育者将寻找减轻这种教育必须承担的伤害。”

在所有这些学习与研究之后，这的确是无关痛痒的安慰！公开声明每一步都出现了问题，但没有一个问题得到解决！的确，在所有这些问题中潜在的问题是：如何才能使这种场所变得富有吸引力和充满欢乐，因为迄今为止儿童的身体常常受到扭曲和伤害，常常由于疲乏而出现血液中毒现象。虽然完全无消极影响的教育是不存在的，但这种影响必须以欢乐为前提。这真是进退两难。这就是为什么一连串的无止境的疑问号用作装饰这个新科学的主题，且更恰当的说来是：无知。

正是由于这个原因，好几个因素表明，卫生学和心理学如今倾向于一起去掉那些不能弥补的伤害的总量，所谓“减刑”就是缩短学习时间、削减课程，避免写的练习。这样就出现了一个新的幽灵——无知；从此，一天大部分时间都让儿童放任自流，这样儿童自己便以破坏——这个鬼怪的替身而出现。但是与此同时，我们的时代要求对新一代进行广泛的关心，并为他们准备一种更广泛与复杂的文化。

诚然，今天避免方式的出现可以说是通过疲乏发现抗毒素而提供的。“想一想！”克拉帕瑞德大声疾呼，“一种血清可以防备疲乏，这将多么有价值啊！”从这个观点来看，我应该说的是，难度系数比那种“方案”的显示能发现更多实际与合理的应用；的确，这些毒素产生的系数表明：注定呈现每一不同教学科目引起的伤害结果，以及消除这种结果所需的抗毒素的一次的量。在不远的将来，当这些学校的辅助科学和教学有了一定的进展时，我们也许会看见矫形术病房与心理化学诊室并排设立。当学生们离开了那种消除他们骨骼损伤的有益的悬挂设备和治疗后，每天晚上，他们又开始他们曾经进行过的一种由教学调节难度的方法，并接受一个可以解除疲劳毒素的注射治疗。

也许这些读起来就像那些最低劣的讽刺小品一样，的确，在目前这还不是事实。矫形医院已是一个完成了的事实，或许我们将很快就会看到化学诊所的建立。然而，如果自由权的问题可以靠机器来解决，如果正义的问题可以从化学角度来考虑，相似的结果将会是科学在这种错误之上加以发展的逻辑终点。

很明显，真正的指导教育与把儿童从奴役状态中解放出来的实验科学还没有诞生；当它诞生时，它与目前所谓使儿童遭受疾病折磨的那种“科学”的相关性，犹如化学对炼金术，实证医学对过去多少世纪延续下来的经验医学一样。

我认为，记录一个放弃数学、进而研究生物和实验心理学的人的思想将是很有趣的。

据报道，有一个年轻的工程师，曾在他的工作中犯了明显的错误，以后学习了两年我的方法，回到他自己国家的大学去，当了一名生物学学生。

以下是他对实验心理学的意见。

在心理学方面，我们所研究的是最现代的实验研究方法。目前，我们正致力于思想和想象的研究。我必须承认，我发现这门课并无多大启发意义，虽然，我认为有必要了解这些研究方法的内容。在现代心理学中，几乎没有什么完全适合我们自己方法的实验材料。那些研究者，我认为与普通人看一棵树没什么两样，他们仅注意到最明显的外部形式：叶子的形状、树干等等。然而，在观察时却带着极其庄重的态度，并使用非常准确的语言（也许相信这就构成了科学），尽管如此还是经常把定义的基础与它的描述相混淆。

在这种情形下，对事物的美妙的描述与迷人的事物已转向乏味的释义，以便于更科学的表达，然而对激发人的思维无能为力。虽然他们读了很多书，但他们从未深思过。他们认为用心理表象来代表事实与在黑板上画图代表一个活器官差不多。虽然不同的心理学家有着不同的表象，但他们的语言总是相同的。他们之所以这样做是因为他们认为他们是进步的。他们不是在训练他们的学生自己进行毫无偏见的观察，而是把他们的偏见注入学生的大脑，要他们死记硬背那些最怪诞、最莫名其妙的定义和描述，其结果在于阻止他们独立思考。

然而，对于树的内部结构来说，研究者们还没有开始考查，虽然揭示这一点将可以解释它所有的外部材料。然而这些细节并不重要，所有这些来自单个根的细节都可以用最简单的方法概括。这种科学使我想起了一种与星座有关的古老的传说，当行星的运动法则还鲜为人知的时候，所谓科学却把自己限制在"大熊"，"巨蟹"、"山羊"这些种类之中。

我憎恶那些无趣味的腐儒，由于他们认识不到自己的无知，竟用一种极度威严的神气写下大量枯燥的著作，似乎他们发现了绝对真理，他们的著作在思想上给学生以深刻的影响，使这些学生也像他们的教师一样缺乏趣味。但是，在我们看来，学生们所关心的只是有关通过考试的问题，他们根本没想到发现什么新知识；因此，教授们"奉献"给他们的，仅达到了这个目的。这样，由于错误的教育制度，使得我们大家都受此奴役，这种教育制度亟待改革。

第三章　我对实验科学的贡献

心理生命的构成始于注意力这种独特的心理现象　事实上，对3～6岁儿童所进行的整个实验过程，就是我对心理生命研究所作出的具有实际意义的贡献。这种研究像卫生学发现适合儿童身体发展所必需的条件一样能发现儿童心理发展所需的条件。

我认为有必要在这里把那些促使我们进行这种研究的基本事例记录下来。

在我正写第一部分关于我运用多年来沿用于弱智儿童的原理和部分资料，对罗马圣罗伦佐区的正常儿童作试验的论文的那段时间里，我偶然发现了一个三岁左右的小女孩的活动：她专心地摆弄着一套圆柱体插板，[1]先是把圆柱一个一个从洞中取出，然后又将它们分别插回原处。小女孩全神贯注，使我感到惊讶，在此之前，我还从未见过任何儿童能对物体产生如此浓厚的兴趣。我由于坚信儿童注意不稳定，在活动中不断地更换玩具，所以对这种现象产生了特殊的兴趣。

最初，我在一边静静地观察那个小女孩，计算着她动作重复的次数。很长时间后，我走过去，将她连同她坐的小椅子一起挪到了另一张桌子上。小女孩急忙抓起玩具，放在椅子的扶手上，把圆木柱搁在腿上，然后又重新开始了她的“工作”。我接着又让旁边的小朋友唱歌，但歌声似乎并没有影响她。歌声

① 圆柱体插板：配套的大小不同的圆柱体和插孔的儿童玩具板。——译者注

终了，她仍然专心致志地摆弄着她的玩具。我数到第44次时，小女孩的动作终于停止，但这并非由于外界分散注意力的刺激。小女孩满意地四下看了看，那种神情像刚从令人惬意的小憩中醒来。

这是我终身难忘的印象，就像一个人有了重大发现时的经历那么深刻。

我渐渐地注意到了这一现象的普遍性。因此，我认为可把儿童的这种注意视为一个受限定的与某些外界条件同时出现的持久的反应。每当出现这种注意，儿童便完全改变。他们表现得更加安静，更加聪明并富有进取心，从而表现出一种特殊的精神品质，同时也反映出诸如注意转移这一更高级的意识现象。

这就像是在一种饱和溶液中形成的结晶点，周围聚集着很多杂乱的游离不定的物质体，经过一系列的反应，最后产生奇妙的结晶体。同样，当注意分配出现时，儿童意识里的一切包括那些杂乱不定的部分都仿佛自动汇聚，从而达到了一种新的精神境界。当然，这种惊人现象也是因人而异的。

这种现象的出现使人联想起人类的生命，它总以一个低级的混乱状态普遍存在于众多的事物之中，直到某种特殊的东西强烈地吸引并控制住它；这时人类便自我发展，并开始了自己的生活。

与儿童一样，成人也具有这种意识现象，即“内部构成”(internal formation) 诸现象的永久性成分之一。它既可作为儿童内心活动的开始，又可被用作一种研究方式，同时还可以随着自己的发展而发展。因此，儿童的心理赋予精神现象以启迪。在这种启迪下产生一种显示精神自由的方式。

那个插曲的故事很快就传遍了世界。开始它只不过像一则神话。渐渐地，由于不同民族所进行的实验，便证实了一条简洁的、显而易见的“精神疗法”（spiritual treatment）的原则。

心理发展是由可用实验证明的外界刺激促成的 我对儿童教育所作的贡献，实际上在于通过实验中的启示来说明儿童内心发展的自由形式。

如果儿童不能得到自然的有机发展，如果寻求如何发展儿童的精力（潜力的扩张）倾向及其对和谐的自然发展所必需的方法，那么要使儿童能自由地发展也是绝对不可能的。为了扩张，活动自由的儿童就会在自己的周围发现某个按自然法则发展的与自己的内心世界有直接关系的有组织的事物，正如自然界中的昆虫在花的外形及种类中找到它们与营养之间的直接联系。毋庸置疑，在寻找滋养自己的花蜜而又有助植物生长的过程中，昆虫是不受任何约束的。在自然界，再没有任何事物比这两种天生的默契合作者的生命组织结构更令人惊叹的了。

因此，儿童自由发展的奥秘就在于为寻求内部“滋养”所必需的方法和适应自身的原始冲动的能力。与此相似，婴儿一出生就会吸吮乳汁，这个行为就是由外界环境及复杂的营养条件和婴儿本能需要之间所构成的一个完美的统一过程。

正是为了满足该原始冲动，即内部饥饿，儿童的天性开始形成并显示出自身的特点，这如同初生婴儿在滋养自己时调节自己的身体及其自然姿势。

所以，我们不应局限于寻找有助于形成儿童人格和发展儿童性格的教育方法，要做的是给儿童提供必要的滋养。

儿童能在得到一种有组织的、复杂的活动，并在对原始刺激作出反应的同时，表现出自己的特点，发展某种我们通常认为高尚的品质，即某种不属于儿童本能的品质（譬如，做事所需的耐心、毅力；道德上所需的驯服、文雅、热情、礼貌以及各种不同范畴的品质）。迄今为止，人们在这一方面还始终坚持要通过成人的直接介入来发展儿童的这些品质这一错误观点，并以此作为成人的任务，虽然在实践中还不知道比这更有效的另一种方法。

为了使这种品质自然发展，儿童就应拥有完全的自由，这点非常重要，即儿童自身的稳定发展不应遭不合适的影响的破坏；而应像初生婴儿平静吸收、积累营养并得到正常发育一样。

但这是否意味着持这种观点的人们只能等待儿童心理的发展，等待无法预料的奇迹出现呢？正如聪明的母亲只给自己的孩子食物和休息，看着孩子一天天成长，然后等待自然规律的出现：第一颗乳牙，第一个词，接着出现爬、站、走的动作，等等。

要促进儿童心理的发展，我们必须以某种特定的方式给儿童准备一个“环境”，并从该环境中提供他们所需的直接外部条件。

这是经过我的实验所证实的事实。迄今为止，我们很少讨论儿童的自由问题，自由与遗弃之间无明显区别。有人说“自由是有限度的”，“应该正确理解自由”。但从未有人能正确解释“如何理解自由以及什么是与自由共存的直观咀嚼物”这一问题。

这种解释如果成立就可为所有的教育开辟一条新路。

环境必然包括适宜自身教育的方法。但是，不可“盲目采用”这些方法，因为它们代表的只是由一部分人进行的实验研究的结果，而任何一门科学的准备对于研究这种细致的问题都是重要的，同时又与所有其他研究不一样，是一个艰辛的、长期的、严格的过程。促使儿童心理发展的方法，同样也需要长期的研究证明才可采用。那些把“学生自由”留给良好感知的教育家们是绝对谈不上已解决了这一问题的。即使最伟大的科学家，或最称职的教育者都永远不会自我发现这一点的。因为在他们的准备状况及天赋方面，应加上时间这个更深层次的因素——即长期的预备实验。因此，一门已经为自我教育提供了方法的科学就应预先存在。今天在学校谈论自由的人们也应同时展示出可使这种自由得以实现的近似于科学仪器的具体东西。

这种科学仪器必须建立在精密细致的基础之上。像物理学家的透镜要根据折光原理制作一样，教育所用的仪器也应以儿童的心理现象为基础。

这种仪器可以被看作是一个系统的"心理测验"。它不以外界估量为基础，即不以评估它所引起的瞬间心理反应的量为目的。相反，它是一种能够持久产生并维持其心理反应，能自我决定的刺激，正是这种心理反应决定并建立了系统的"心理测验"，心理反应又是以注意分配及与之相关的动作的重复。当某一刺激以这种方式与"反射人格"（reflex personality）相适应时，它就会起到维持一个活泼反应的作用，而不是起估量作用。因此，它是一个针对"内部构成"（internal formation）的刺激。实际上，在这个被唤醒、被维持的活动基础上，也伴随着有机体引起的与刺激相联系的内部协调。

这不像目前被介绍到学校的实验心理学对古代教育学这门估量人格科学的范畴进行的研究，而是作为改变人格的科学进行研究，因而它可以被当作一门真正的教育学。现在受到各种解释的古代教育学的发展始于"感受性人格"（receptive personality）这一概念，即接受旨意和被动形成的一种概念，而这门科学的变迁则源于积极性人格（active personality）的概念（它具有反射性和联想性），它在由实验决定的系统化刺激的作用下所引起的一系列反应中得到发展，因而这种新的教育学就属于现代科学，不再属于古老陈旧的臆想，尽管他不是以纯粹的“实证心理学”的测量研究为直接基础的。但是那些赋予它活力的方法——实验、观察、论据或证据、新现象的认识及再产生使用等，都已毫无疑问地使它成为实验科学。

外界刺激受质和量的限制 没有任何东西比这种实验更有趣了。通过实证发现，外界刺激在质和量上都可以非常精确地受到限制。例如，细小的呈各种几何形状的物体只能吸引3岁儿童的短暂注意；逐渐扩大物体的体积，就能得到它们控制儿童注意时的大小极限；然后通过这种刺激来引起行为的持久性，而这些心智活动就成为儿童发展的一个因素了，这一实验曾多次在儿童身上运用，由此确定了适于不同儿童的一系列物体的体积大小。

颜色和其他各种因素也同样如此。为了能使各种类型的物体达到控制儿童注意的目的，增加物体在某种程度上的延伸和强度就很有必要了。这可由儿童已表现出的心理反应的强弱程度来决定，例如，最低程度的色彩变幻就足以引起儿童的注意，等等。因此，质是由在儿童身上引起反应的心理实验决定的。在这种实验中，儿童会长久地重复玩要同一物体，进而形成一种内发展或自我形成的情况。

需要指出的是，在众多的物体特征中，有一个（即智力方面所要求的最高层次的行为）自身就包含着对错误的控制。

为了使该过程成为一个自我教育的过程，刺激不仅要唤起行为，还应指导行为。儿童不仅应长久地坚持某一行为，同时也应保持在坚持行为活动过程中的正确性。物体自身所固有的性质不只是由它在儿童身上引起注意的直接反应来决定，还要由他们所拥有的“对错误的控制”的特点来决定。例如，最先吸引3岁儿童注意的物体之一——立体积木（一组在有相应圆孔的木块上能插进或取出的各种规格的圆柱体）中，就包含着机械性很强的控制，因为在放置圆柱体时，即使是一个极小的错误，也会在活动结束时出现剩余一个圆柱体的差错情况。这个错误有待于纠正。如果做不到这点，活动就无法圆满结束。这种纠正错误的方法很简单，儿童自己就能够做到。在儿童活动中突然出现的一些小问题酷似得到一个意外的玩具一样，会使儿童“兴趣倍增”。

值得注意的是，这些问题本身并不是兴趣的刺激源，不是它们激起了儿童的重复行为，即儿童的发展。引起儿童兴趣的是一种情感变化，这不仅表现在儿童插放物品时，同时也表现在儿童获得新的感知时。能使儿童注意到圆柱体大小的区别，是他们在活动初期所没有注意到的问题。这个问题只出现在错误之中，并非贯穿儿童发展的整个过程。纯粹由好奇心，由某个“问题”而刺激起来的兴趣，不可能成为生命所需求的、可指导精神人格建设的兴趣。倘若只是“问题”就能使灵魂发现自我的话，生命秩序就可能因此被扰乱，犹如某些外界因素会导致人生误入歧途一样。我在答复那些反对意见时也许过多地强调了这一点。

事实上，在通过让儿童鉴别为教育他们所设计的第二系列物体时，已经证实了的错误的控制并不是机械的。如果物体具有一定的大小或具有足以引起兴趣的色彩，那些辨别力已提高到能识别形体区别的儿童就能自己发现错误。因此，第二系列的物体在其大小或颜色中就已包含了对错误的控制，一个区别于其他的较高层次的对错误的控制是由算术结构的材料来提高的。其中，控制存在于儿童自己的活动和示范的比较中，这种比较表明了儿童意志上的努力是值得注意的。因此，应把它们置于自觉的自动教育的条件之中。但无论对错误的控制有多么弱小，从外部机构中分离出来的东西怎样多，怎样依赖于逐渐发展的内部行为，它们最终都会像其他物体一样，取决于儿童的基本反应（如对事物的长久注意，重复练习动作等）。

此外，在决定物体的量上，实验的标准有一定区别。如果实验工具精密，就会引起儿童的一种与外部发展相协调的、自然的练习行为，这样，就揭示了一个新的较高层次的心理现象。

儿童没有显示出任何疲倦的痕迹，反而像被新的动力所鼓励，自然地离开物体。他将注意分散到另外的事物上。在这一发展阶段，儿童把注意力转向外界，并以在前一阶段中形成的心理来观察外界。然后他便自然地开始做一些能够真正获得“知识”的细致而具有逻辑性的比较，即进入众所周知的“发现时期”。这些发现引起了儿童的热情和愉快的感受。

儿童发展的这一较高层次在其最后的上升阶段收益颇大。当分散注意的现象开始出现时，一定不能把儿童的注意力引向物体。如果教师这时仍要求儿童继续摆弄物体，那么就会阻碍儿童的自然发展，在儿童的发展上设下障碍。引导儿童上升到更高层次并使其体验到许多智力情感的热情一旦熄灭，适合其发展的道路也就会消失了。过多的教具也会导致同样的错误；即分散注意力，导致儿童对物体的练习机械化，致使儿童没有发现利用它就已度过心理的上升阶段。况且，过多的物体不仅毫无益处，还会因此使“儿童失去热情与动力”。

需要明确定义的是：作为一个发展过程，即积极进取的生命内部需求的反映，什么是必需的和充分的？要给予“量”的含义，我们必须以此为标准；同时以儿童的积极反应为指导。那些长时间全神贯注地摆弄物体的儿童的发展会突然开始，然后渐渐地、不知不觉地向上迈进，如同飞机的滑行及起飞。儿童表现出的对物体的明显热情实质上是由兴奋和喜悦所引起的激动的面部表情来表现的。儿童似乎什么也没有做，但这仅是瞬间的事。他很快就要讲话，这就表明儿童的内心已发生变化。随之而来的一系列饶有趣味的活动又会使他沉浸在事物的探究和发现中，他便得以正常发展。

现在，我们来看看另一些儿童的情况。尽管在他们身上同样出现过这种原始现象，却被包围在众多的物体之中。在儿童趋于成熟的时候，他们却陷于那些明显地阻碍其发展的罗网之中，儿童得到新物体时，注意力的减弱、不稳定，以及因此而产生的疲倦都表现出儿童内心活动受到明显的压抑，儿童的行为变得很糟。他们沉浸于大声的空笑、无礼的行为和懒惰之中，他们要“别的东西”。一旦得到时，便又要另外的东西，因为儿童已被限制在“无益的错误环境中”，他们对事物不再敏感，只希望能减少自己的疲倦。如同在世俗社会中犯了类似错误的成年人，变得软弱、毫无修养，“处在沉沦的危险中”。如果不把无益的物体从儿童身边拿走，给他们指出“出路”的话，他们就很难有自我解脱的能力了。

这两种不同类型的儿童使人们了解我们通过实验而决定的儿童发展所必需的实物的量的标准。

过量会削弱、阻碍儿童的发展。这已被我的合作者们反复验证过。

然而，如果实物不足或自身的最初练习不能把儿童引向使自己得以发展的成熟阶段，便不会引起注意力自然分散次数的剧增。这是自然教育走向无限进步的第二阶段，使儿童不断重复动作的注意的基本现象，指导我们确定适合儿童年龄的刺激物，一种能使 3 岁儿童连续重复 40 次动作的刺激物只能使一个 6 岁儿童重复 10 次。引起 3 岁儿童兴趣的物体不能吸引 6 岁的儿童。但是，当某一刺激物适合相应的年龄时，6 岁的儿童就能比 3 岁的儿童更长时间地集中注意。倘若一个 3 岁儿童能连续重复同一动作 40 次，一个 6 岁的儿童便能重复 200 次他感兴趣的动作。如果 3 岁儿童能在同一物体上连续练习半小时，那么 6 岁儿童则可工作两小时。

因此，不考虑儿童年龄，为达到某种目的而进行的试验（如培养儿童写字）是毫无价值的。例如，人的书写系统是以生理上适合书写的姿态的直接准备为基础，即以书写工具的使用和对字母表中字母的模写作为基础的。儿童一方面用无数平行线条填满圆柱体插板的空档，另一方面又模仿字母，准确无误地判断出这两种事物结构的差异，最终出现普遍相同的“自然书写”的急剧变化，因为通过模仿同一字母，儿童已使必要的动作固定化，从而能真实地书写，所有这些似乎都经过同一形式的锻炼。为了达到这一目的，为了确立一个真正的运动肌结构，不断地练习动作是极为重要的，用平行线条填空及对模仿字母感兴趣的儿童大多在 4～5 岁之间。如果我们将同一材料给 6 岁的儿童，他就不会模仿字母。与一个在适宜年龄就开始进行练习的儿童相比较，他总是书写得不正确。这种比较同样适用于本系统的其他方面。因此，我认为，在以一个至今尚未确定的实验标准来决定不同年龄儿童的心理特征以及提供了适合儿童发展的材料的条件下，按年龄划分智力发展的平均水平是完全有可能的。

显而易见，有某种可能性可使我们确定儿童发展的方法，可以在内部需求和外部刺激之间建立一种犹如存在于昆虫与花类之间的默契的真正联系。

一旦具备了这些材料，就能很容易地达到促使儿童心理自然发展的目的。一旦掌握了这些材料，每位教师就可以在学校中实现自由发展的目标。

这个漫长而神秘的实验（我已说过，在伊塔和塞贡的启发下进行的），实际上就是我对儿童教育的最重要的贡献。

所有这一切准备工作不仅确定了现在众所周知的方法，还是这项研究工作的关键。

仅仅作为起点，材料的发展是必需的 在组织发展的外部方法中，存在着一个由心理发展和心理飞跃过程所需要的材料问题。材料不包括整个心理特征，即不是脚或整个身体的特征，如同机场不是飞机活动之处，而是飞机起飞前所必需的部分和返回时的着陆地和机库一样。因此，心理的形成也需要一定的材料，只有这样，儿童的心理才既可上升，也可得到休息、庇护和支撑；没有它们，儿童心理就不会“自由”地成长和发展。

为使材料成为一个真正的支撑点，就必须“再生它的形体”，就应将这种形体包含在与材料帮助的特有功能相适应的部分里。例如，在心理发展的第一时期，材料与五官之间的原始练习行为相呼应（表现在自然赋予感觉需求所决定的质与量中），并促使观察和抽象这种高级心理状态参与发展活动。反之，材料中便不会有任何能以如此兴趣和知识与儿童心理发展的第二阶段相呼应的因素。尽管如此，仍可看到儿童渴望更高层次练习的要求——儿童的注意力的原始现象将在字母及算术材料上表现出来。通过听觉形象与视觉形象的联系，他们就能有条不紊地进行更复杂的练习。这种现象同样体现在儿童对数量、大小比较以及数字的积极学习中。“忍耐性”、“持久性”也伴随着愉快、活动、喜悦等现象一起出现。这是当儿童发现了内部神力的“键盘”及可以自由平静地进行练习的场所时心理表现出的特有现象。

这种以自然顺序为指导的方式所形成的心理不仅坚强，而且平衡；表现在代表适合儿童行为的自然规律的自我控制之中。

因而，外界材料就应具有像不断向上的楼梯似的作用，以帮助儿童适应自己的心理要求。每一发展阶段都有必要具备文化的或更高级的形成手段，所以随之而来，心理的练习活动也就自然需要不断地更新材料。为了达到这一目的，就有必要准备各种新颖的、形状复杂的物体。只有这样才能吸引儿童的注意力，使他们在自我练习中发展智力、注意力持久的心理平衡、抽象思维和自然创造。在儿童发展的第二阶段，我们看见儿童在活动中产生了一种不仅要在脑海中记忆物体形象，而且还要努力“迅速获取知识”的愿望。背诵乘法九九表这一极其普通的现象可以作为这样的事例。因此，背诵诗歌或散文选段尽管有时是一种激情，它倒也不能使我们吃惊。

同样有趣的是儿童在算术计算中表现出的“超脱”。在心理趋向成熟的某一阶段，儿童希望进行“抽象推理”，“用数学进行抽象的计算”，好像是服从一种内部冲动，力求将心理从每一材料中解放出来并同时能节约时间。我们由此可以发现 8 岁儿童就成了热切、早熟的计算者。

这样开始自我教育的儿童，需要获得一个明显的“敏感性”。一个被合理安排了生活的婴儿，进食后的两小时是安静的消化吸收时间。一旦到下一个进食时间，他就会大哭大闹。这表明他们完成了内部的成熟后，便会“要求帮助”，要求“新的材料”、“新的工作方式”。他们一定要得到这些，以解决自己的迫切需要。如同成人在身体需要时能直接说出是饿了、渴了或困了一样，儿童也会用类似的方式要求看书、学习语法、获取观察大自然的方法。儿童的敏感性这时表现为一种教师必须作出反应的明显而又强烈的愿望。

显然，在这一发展过程中，某种特定的外部条件是必要的，一个教师，仅以偶然的方法对处于自觉发展的儿童作出反应是不够的。他必须以事先由经验确定的条件为指导。换言之，某种已经几次提到并能引导儿童心理向上发展的“阶梯”，都必须是已经被经验确定的，就像婴儿在其生命发展的第一时期所确立的先行方法。

“延伸阶梯”是心理发展过程中的外界手段，像一个倒立的圆锥体，是逐步延展的。把尖顶部视为心理生命的始端，2 岁半左右的儿童属此范畴，他们的注意力集中在感官刺激物引起的原始冲动上，如同饥饿使初生婴儿进行复杂的奇妙的吮吸。当这些外界条件倍增时，这些冲动便被儿童不断增长的心理需要复杂化了，并构成了人类文化的精髓。

最高层次的外界条件不仅以心理需要为基础，而且以某些文化因素为基础。每一门学科，如算术、语法、几何、自然科学、音乐、文学等，都应在系统的、有计划的基础上通过事物表现出来。儿童最初出现的心理特征必须经过各门学科的专家之间的合作来补充，以确立一种对自我教育的必要的、充分的方法。

这是一个实验性的准备工作，它确立了揭示心理生命所必需的发展手段；一个完全符合儿童心理形成所需要的步骤，是组成它的重要的环节。

从某种意义上讲，它们或许同旧方法中所谓的教诲或客观的材料相吻合。其实，它们的重要性却大相径庭。旧学校里的客观材料是教师对被动听课的班集体作讲解时所用的一种辅助手段，它仅仅与被解释的事物有联系，而且，这些事物是随意选择的。因此在这个方法中没有采用任何与儿童心理需要相关的科学的原则。

儿童心理演化过程中的发展方法是经实验所证实的，其目的不仅是提供教育指导，而且还具备对生命内部精力作自然解释的特性。

为儿童提供外部材料，由他们根据自己自然的个体精力来自由地使用。他们选择自己喜欢的材料。这种选择就是由“心理成长”的内部需要所决定的。每个儿童都能长久地专注于所选择的材料，这一表现与儿童内部成熟过程中所要求的持久练习相符。没有任何教师可以预言某个学生的内部需求或成熟时间。但是只要给予儿童自由，所有问题都会在自然的指导下被揭示出来。

心理真相 有必要采用一种科学的观点去解释当儿童发展时在儿童身上反应出来的现象，完全放弃那种仅仅依据儿童在各门学科中的表现来评判能力的陈旧的教条式观念。因此，几乎像自然科学家一样，观察生命的某些现象的发展是很重要的。诚然，我们准备了一些特殊的“外部条件”，但心理印象是同儿童内部活动的自然发展直接相联系的。

教师与儿童之间并不存在直接联系。教诲也不一定是儿童观察效果的原因。像试剂一样，这种方法的目的是引起儿童特殊的心理反映，这些反映类似人格的组成，可以归纳为唤醒。纪律作为自我内部秩序建立的最初结果是一个被唤醒的内部进程所要求的“外部条件”的首要现象。

新学校开办初期的某些混乱现象是正常的。教师进行首次实验而又被自己过于乐观自信的期望所妨碍时，更是如此。儿童对材料的反应如果不是立即的，教师也许会因此而困窘。如果是贫苦儿童，这种现象就会差不多总是立即出现。但如果是富家儿童，他们本来就玩腻了各种昂贵的玩具，在实验初期根本就不会被提供的材料所吸引。一旦教师对自己尊敬的“自由”及存在于刺激物与儿童心理反映之间的联系作出武断的结论时，就会很自然地出现混乱。但是，富有经验的教师非常清楚，只有当儿童内心必将发展的部分被唤醒时，“自由”才能开始。儿童将因此而拥有使发展阶段变得容易、顺利的智慧。

然而，在最困难条件下得到的经验，如进行首次实验的教师与富家子弟班级的经验，更具有教育意义，给我们一幅更清晰的关于儿童心理的基本现象的图画。该图可以视作是从混乱中分离出来的一种秩序。

对这一关系，我已引证过各种各样的描述，其中有些已经出版。这其中有乔治小姐介绍她在美国建立的第一所学校，也有对德佛雷斯小姐在英国建立的学校的描述。

乔治小姐精彩地描写了最初阶段的混乱：“他们（儿童）开始时把物体从别人手中夺过来。如果我要向某儿童出示物体，其他儿童就会立即放下自己手中的东西，在我们周围争吵不止。当我介绍某物的特性后，所有的儿童都争先恐后，嚷着要这东西。实际上，他们对这件东西并不感兴趣：他们玩了一个又一个，注意力根本没有集中在这些东西上……其中一个儿童根本不能安静，连坐也坐不住，我们给他的任何小圆状物他都玩不久。儿童多数时候的活动是漫无目的的。他们漫无目的地在房间里乱跑，在跑动中，他们也从不管周围的东西。这样，他们被桌子绊倒，弄翻椅子，踩着了东西；他们有时在一个地方活动，然后又朝另一个地方跑去；他们抓起东西，任性乱抛。”

德弗雷斯小姐这样描述她的首次实验中的混乱：“我必须承认，实验开始的前四个星期是很令人心灰意冷的，孩子们不能安静地做任何一件事，那怕仅仅几分钟。他们没有耐心，没有进取精神；有时他们像一群羊羔互相追逐；当一个孩子拿起一个东西时，其他的孩子就效仿他。有时他们在地上打滚，把椅子都弄倒了。”

在罗马富有儿童的实验中，我们得到下面简洁的描述："最难办的问题就是纪律问题。孩子们对自己的工作毫无兴趣，似乎已经开始讨厌自己的工作了。"

所有独立从事这项工作的研究者在自己所著的有关引导儿童工作秩序的文章中都一致认为：情况完全相同。在某一段时期，儿童开始对某些练习表现出浓厚的兴趣，但这次不必是与确定为第一系列的物品有关的练习；这可以是强烈地吸引儿童注意的其他任何东西；重要的不是外界物，而是心灵对刺激物作出相应反应并被刺激物所吸引的内部行为。

如果某一儿童对我们为满足他的心理需求而提供给他的某物表现出浓厚的兴趣时，他就会继续表现出对所有类似物体的兴趣，并通过自然现象来发展自己的活动。有了这个开头，儿童的心理就会稳步上升，自动发展。此外，这不是那种可由一个标准系统的外界行为所引起的进步现象，它不是缓慢地、逐渐地发展的。它具有一个毋庸置疑的事实所具有的"巨变"性质，在瞬间便能自我成立，这样就必须考虑到儿童成长过程中极具代表性的生理生命的转折点，如婴儿长出第一颗乳牙，说出第一个词，迈出第一步；第一颗乳牙出现后，其他牙齿便会随之长出；第一个词说出之后，语言能力便跟着发展起来；第一步迈出后，行走的永久性能力也随之建立起来。

类似的转折点都出自第一次获得心理的秩序，这是心理生命进步发展的开端。

下面引用乔治小姐对规律性形成的一段描述。

"仅仅几天，那令人头昏目眩的游离不定的混乱群体——无秩序的儿童——就开始形成了固定的顺序。儿童似乎已开始找到自己的路，在许多曾被他们认为是无趣的玩物中，他们发现了新的乐趣。由于这种新的乐趣，儿童才开始以独立个体来活动了。”乔治小姐接着说，“他们变得非常具有特性，”“因而出现了这样一种情况：使某个儿童专心注意的某个物体，对另一儿童却毫无吸引力；儿童在注意表现中呈现出明显的区别……”“当一个儿童发现了某种能自然地唤起自己兴趣的物体时，就意味着我们的实验终于成功了。这种热情有时突然来临或以一种惊人的速度来临。”

“有一次，我几乎用了本系列所有的物体对一个儿童进行实验，他都没有表现出丝毫的兴趣。后来我无意中给他看两张红、蓝颜色的画片时，他却非常感兴趣地立即抓过去。仅在一节课的时间里，他就学会了区别5种不同的颜色。在以后的几天里，他又逐渐注意到了几乎所有他曾不感兴趣的物体，并逐渐掌握了它们。”

“一个最初难于集中注意的儿童，通过某种复杂的物体，找到了自己的兴趣之后，整整一周都不停地摆弄着它，并从中学会点数及简单的加法。然后，他将注意力转到圆柱体和插板，以及一些较简单的物体上，并对这系列的每一部分显示出兴趣。”

“一旦儿童发现物体有趣，混乱便会立即消失，他们的好动性也随之结束，从而沉浸在摆弄木块、认识颜色等之中。”

乔治小姐还很生动地描述了在上述现象出现之后儿童的发展情况，她用一件有趣的事来说明儿童个性的诞生。

“有两姐妹，姐姐5岁，妹妹3岁。妹妹随时都仔细地模仿着姐姐的言行，因此，她几乎不是作为一个独立的个体而存在。比如，姐姐得到一支蓝色铅笔，妹妹也非得到一支不可；姐姐吃奶油面包，妹妹就拒绝吃其他任何东西，而只吃同姐姐一样的食物。类似的例子还有许多。妹妹平时在校对任何事情都不感兴趣，而只紧跟着姐姐，模仿姐姐的言行。一天，妹妹突然对立方体积木表现出了浓厚的兴趣，她把积木搭成小塔，似乎忘掉了姐姐的影响。姐姐对妹妹的变化感到吃惊，她终于把妹妹叫过来问道：‘为什么你不跟我画图，而去搭积木?’从那天起，妹妹的个性出现了，并开始了独立的发展过程，而不再只是她姐姐的影子和翻版了。”

这种个体在对某种物体产生强烈浓厚的兴趣时所表现出的品质，即代表个体发生巨变的有趣事实已为许多实验证实。

例如，德弗雷斯小姐曾谈到一个3岁的小女孩的情况，她端杯子走路，即使里面只装了半杯水也会把水溅出来。当她意识到自己不能做好这事后，她就不再端水杯了。然而有一天，她对事物产生浓厚的兴趣。此后，她就开始很容易地端着水杯走路了。因此当同伴画水彩画时，她最大的乐趣莫过于滴水不洒地给他们端水。

澳大利亚教师巴尔登小姐讲述了另一件非常有趣的事。她的学生中有一名还没有具备清晰发音能力的小女孩，她只能发出一些模糊的声音。为此她父母带她去医院，检查结果证明她的发音器官都很正常。医生认为，尽管这个小女孩还没有具备正常的语言能力，但这仅属时间早迟的事。当这个小女孩开始对立体插板产生兴趣，沉缅在取出、插进圆木柱时，她跑到教师面前，说道：“快来看呀!”

这说明，当儿童开始对某项工作产生兴趣并得以自我发展时，出现的这种普遍现象似乎是一种已被自身控制的极大喜悦。有的心理学家认为，这是一种与智力发展相符的“情感共鸣”(sentimental note)；惯于精确判断的生理学家则认为，喜悦是儿童内部成长的表现，如同体重增加能够表示机体的成长。

儿童似乎天生便具有对自己心理成长的“感受力”——一种通过扩展个性而获益的意识，他们毫不掩饰地呈现出自己内心正开始发展的情况，这是更高层次的心理过程。乔治小姐认为“所有的儿童都表现出任何人在真正作出某种新奇事情后所体验到的骄傲。当他们学会做某一简单的事后，便围着我欢呼雀跃，搂着我的脖子，说道：“这完全是我自己做的。你认为我做不了；我今天做得比昨天好。”

这些现象出现之后，就形成了一种真正的规律性，其最明显的标志是与社会提倡的“尊重他人的工作，为他人的权利着想”密切相联的思想品质。从此，一个儿童不再想拿走别人的“工具”；他即使很羡慕，也必须耐心地等到别人不再玩；儿童学会了经常聚精会神地观察别人摆弄他自己也想玩的物体。儿童心理内部的规律性形成之后，会突然出现一个能使他们完全独立工作的阶段，以发展个性。这种独立工作不仅不会引起儿童的“精神孤立”(moral isolation)；反之还会在儿童之间建立起一种互相尊重和互相爱慕，这是一种使他们团结而不是分裂的情感。因此，随之也就产生了包含群体秩序具有的情感在内的复杂的纪律。

德弗雷斯小姐说：“圣诞节以后学校又开学了，班级里发生了很大变化，我没作任何努力纪律似乎就自动形成了，孩子们沉浸在自己的工作中，已顾不上最初表现出的那些无秩序的行为了。他们自觉地挑选橱柜里的玩具，有些还是曾使他们讨厌过的；他们拿出几何插板和带有刻度的圆柱积木，开始摆弄这些物体；年幼的儿童则喜欢带扣和系带的玩具；他们摆弄物体时毫无倦意，显得十分兴奋；一种专心工作的气氛笼罩着教室，孩子们都努力把注意力集中于自己的工作，做得相当认真，而且显得很有秩序，一旦克服了困难，就会表现出真正满意的神情。这些工作要求的精确性直接影响到儿童的性格，他们变得能随意控制自己的感情。”

最让德弗雷斯小姐吃惊的是一个 4 岁半的小男孩的变化。

“活动开始时，这个小男孩似乎很紧张，极易激动，他把全班的活动都给扰乱了。这个儿童的想象力是以一种相当特殊的方式发展起来的，当他得到一件东西时，并不注意其外部形状，而是把它拟人化，自己则是想象中的另一人，因此，他不停地同这个东西交谈，注意力不是集中在这件东西上，而是与这个想象中的‘人’对话。由于他的大脑还处于这种混乱之中，因此他不可能做出任何精确的行动，比如连一粒纽扣也扣不上……但突然间在他身上似乎出现了奇迹，我吃惊地注意到了他的巨大变化；这个儿童把某个练习活动当作自己最喜欢的工作，然后逐一挑选其他物体，这使他的情绪得以平静。”

我从两名女教师在罗马一所专为富裕阶层设立的“儿童之家”里对许多儿童进行的个别研究中挑选例子，这些孩子中有两名儿童性格迥异。一个是年龄较大才进入“儿童之家”的，即他曾在另一种环境里成长；另一个是适龄学生。年龄大一点的儿童（一个5岁左右的小男孩，曾进过福禄培尔幼儿园，因其好动，被认为是一个爱惹麻烦的孩子，“当他来到‘儿童之家’的最初几天，对我们无疑是一种折磨，因为他既想做事，却又不能使自己安静，无论看到什么，他都认为不过是一场游戏，他在教室里乱跑或打扰同伴。最后，他开始对绘画产生兴趣。”尽管正规学画应从感官训练开始，但我们还是任其自由画画，因为坚持让这个孩子去做另一件事是徒劳无益的。而实际上，这个已超过原始材料适用于儿童时代心理需要时期的孩子是第一次被一种高层次的练习——绘画所吸引。“不过，这个过去经常调皮捣蛋、学过字母表，可从未摆弄过任何一种这样的东西的孩子，突然之间养成了服从纪律的习惯。尽管我们不知道发生这一变化的具体时间，但纪律得到了保持和完善，并达到了更高层次，它与孩子们在任何方面增长的兴趣成正比。当主要兴趣被绘画刺激起后，这个孩子自然也就开始对带刻度的圆木柱和平面几何插板，以及教师最初提供的那些感观刺激物产生了摆弄的兴趣。”显而易见，这个儿童选择物体的顺序是反向的，他先是有条理地从最难之事入手，然后回复到基本练习上。

而那位年龄较小的孩子（一个 3 岁左右的小男孩）的表现则无一点规律性可循，但当教师已对他的活动能否呈现出规律而感到怀疑时，这个儿童却开始对立体插板和一个木架产生了兴趣，此后，他专心地工作，不再打扰同伴。

在罗马一所由西格诺利那·玛奇洛尼管理的专为贫困阶层开设的“儿童之家”，可能会观察到更有规律性的东西。为了更清楚地说明这一现象的全过程，我用图表来表示。

有秩序工作曲线

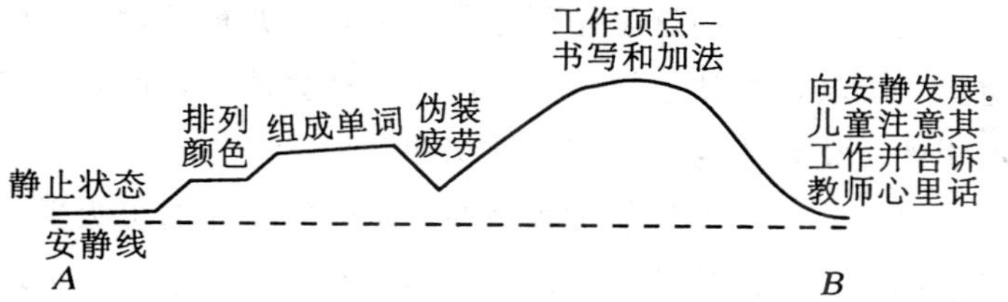

横线 AB 表示安静状态，横线上方表示有秩序（工作）的情况，横线下方则表示无秩序的现象。当孩子首次被某件工作强烈吸引而变得安静时，他的内心就会形成一种永久性的秩序，至此，最有利于工作的条件值得研究。

这个图表示了儿童的发展方式，即有秩序地工作的初期的特殊样本。

从图中可知，在保持一段时间的安静以后，儿童就会选择比较简单的事做，如按深浅程度排列颜色；工作一段时间以后（时间并不长），他开始做较复杂的事，如用活动字母拼单词，此过程持续较久（约半小时）。然后，儿童停止活动，开始在房间里走来走去，变得不太安静，这时如果仅观察到这些表面现象，则会由此产生这儿童似乎已疲倦的想法，其实不然，几分钟后，这个儿童开始做更困难的工作，且更加专心致志，最终达到工作顶点（做加法运算并得出结果）。一旦完成，他就会长时间地凝望自己的工作成果，然后告诉老师自己所做的一切并开始信任她。

这时孩子的表情是满足惬意，精神百倍，有依靠，又感到满意。

孩子在第一、第二动作阶段之间表现出的明显疲倦是一个有趣的现象，它不像曲线尾部表示的那么安静愉快，事实上他显得坐立不安，来回走动，但不打扰别人，可以说他正在为自己的兴趣寻找最大限度的满足，并为“伟大的工作”作好准备。

另一方面，当这个循环过程结束时，儿童开始摆脱内部注意力，而转向愉快地体验更高层次的社会冲动，比如，想倾诉心里的秘密，想与他人密切地交往。

这样，一个类似的过程就在一个遵守纪律的班级里成为普通过程，西格诺利那·玛奇洛尼用曲线表示出这一复杂现象。

全班工作曲线

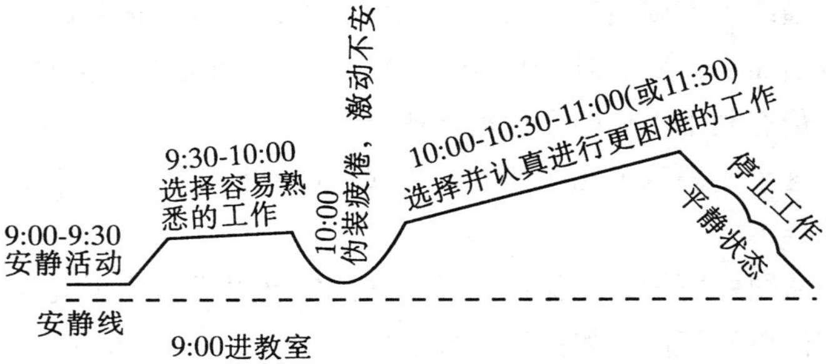

在上午第一个时间阶段里(9 点～10 点)，选择的工作一般是容易的和熟悉的。

10 点钟，全班出现混乱，儿童变得焦躁不安，既不做事，又不挑选物体，旁观者由此很可能产生误会，认为这是一个疲倦的班级，极可能出现涣散；但几分钟后，全班重新安静，纪律更好，儿童专心于自己的工作，而且与前段时间相比，他们选择的工作更困难。

活动结束时，儿童显得温顺、愉快和安静。

如果一个毫无经验的教师认为在10∶00 这个儿童“伪装疲倦”期，是无秩序的表现而亲自介于其中，要求儿童休息，儿童则永远会处于不安状态之中，不能进行下面的活动。他们不会安静，继续处于不正常的情绪里，就是说，假若在活动过程中被打扰，儿童就会失去所有与有规律地、完整地进行内部活动相联系的特征。

个体有秩序工作的单一曲线不指一般现象，或者如图所表现的那样经常发生。但是可以被认为是在所达到的秩序阶段里工作的一般范例。仔细观察尚未形成工作秩序的儿童的曲线是很有趣的。贫困儿童不像富裕儿童那样几乎总是处于一种完全混乱之中，他们在工作中总要或多或少地被物体吸引，并用某种从一开始就表现出的兴趣摆弄他们，尽管这样的兴趣最初只限于表面。他们仅被好奇心和想摆弄“漂亮东西”的欲望所驱使。孩子们有趣地摆弄着这些物品或挑选物品，但此时绝不会产生更浓厚的兴趣。这阶段的特点也是富裕儿童完全不具备的特点，就是混乱转换。下面这条曲线很清楚地说明了这个问题。

个 体 区 别

秩序发展前的阶段

——一个贫穷孩子的个体曲线

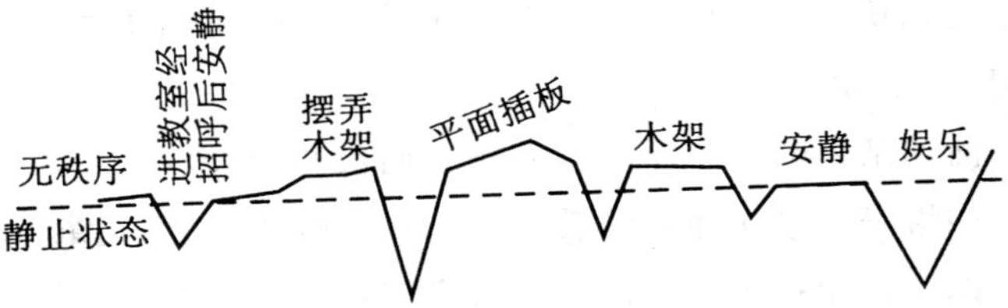

工作的不同曲线可在安静线以下找到，处于混乱状态。只有招呼所有儿童安静时，这孩子才安静，除非曲线又上升到工作。在这种情况下，持续时间也不长，曲线突然跌下来。应该注意的是，在这个图表的无秩序过程中，我们可以看出简单工作阶段在前，困难工作（木架平面插板）在后，在这两者之间高潮下降到无秩序的轨迹。

工 作 曲 线

——一个贫穷、粗野，几乎完全不被父母所关心的孩子

混乱阶段

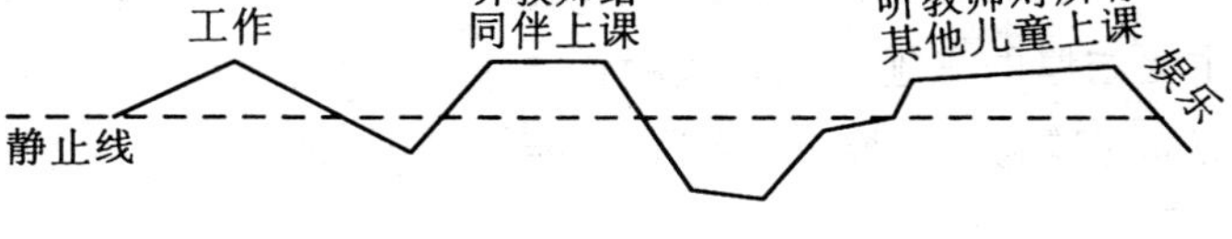

这是一个几乎被父母抛弃的儿童，他的行为非常粗野，他似乎具有学习别人的倾向，在活动中，他丢开自己的工作，或者仅在瞬间被它吸引，仿佛不可能接受直接教育，如教师试图教他，他就会皱着眉头跑开；他四处游荡，打扰别人，似乎难以管教。但就是这个儿童，却能认真听教师给其他儿童上课。

趋向秩序阶段

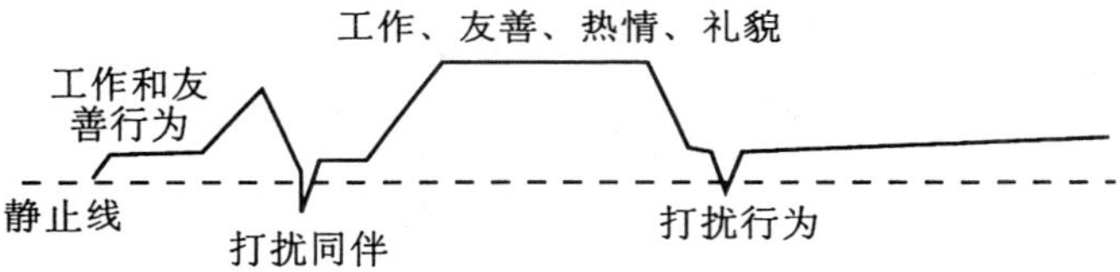

当这个儿童学会怎样做并开始做事时，他就能坚持，这一点在曲线上表现得很清楚，就是说，开始工作，暂停（其间他曾暂时稍微恢复了打扰同伴的习惯），然后全神贯注地工作以及最后休息（其间曾再次打扰别人）。线段的顶端部分，不仅表明了这个儿童的工作兴趣，而且也让人注意到了其中一种显著的温和行为。这表明，这个儿童不仅安静地工作，他还待人热情，行为礼貌；当他到达工作顶点时，会不断地环视四周，给同伴送去飞吻，但这并未使他转移对工作的兴趣。仿佛瞬息之间，这个粗鲁而笨拙的儿童正变得聪明可爱，心灵中充满了爱和友情。

弱智儿童工作曲线

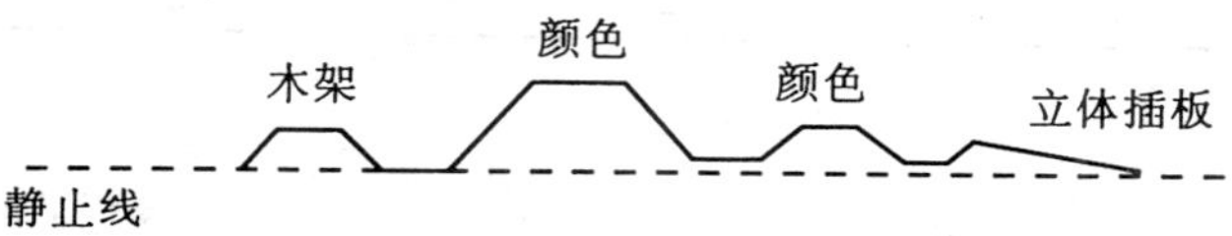

这个图表上的几条线均处于静止线以上，缺乏曲线的统一性，以及努力的统一性，在经过简单工作的初级阶段之后，达到工作的最高点。难度最大的工作（摆弄颜色）也只在耗尽最

大刺激作用后被简单地重复，休息阶段在图中也无明显标志；孩子又转入一项非常简单的工作（玩立体插板）。其性格的某种薄弱点似乎在这个平淡的脑力活动中显示出来，这个孩子作出了很大努力以求提高，但他既不能作出关键的、有力的努力，也不能下定决心停止工作。这孩子很安静，可他这种安静的状态无甚变化；他既不活泼，也不平静，也不显示强烈的感情冲动。

进步过程

当全班纪律形成之后，就可观察儿童内心活动发展的全过程。

需要记住的是，培养材料应提供从基本的感官练习向书写、计算及阅读过渡的循序渐进的练习。儿童可自由选择自己喜爱的练习，当然当教师教他们做每一种练习时，孩子们只选择他们知道该如何使用的物体。老师在观察他们的时候，要发现什么时候儿童已成熟到足以做更高层次的练习，并把这些练习介绍给他，或者也许这孩子在观察到别的孩子们做了以后，自己动手去做。

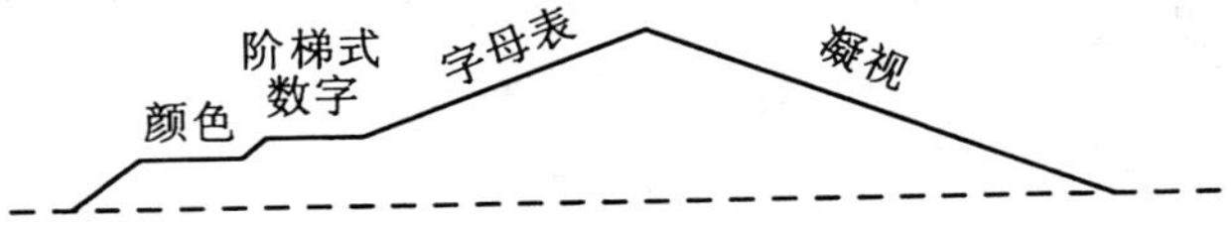

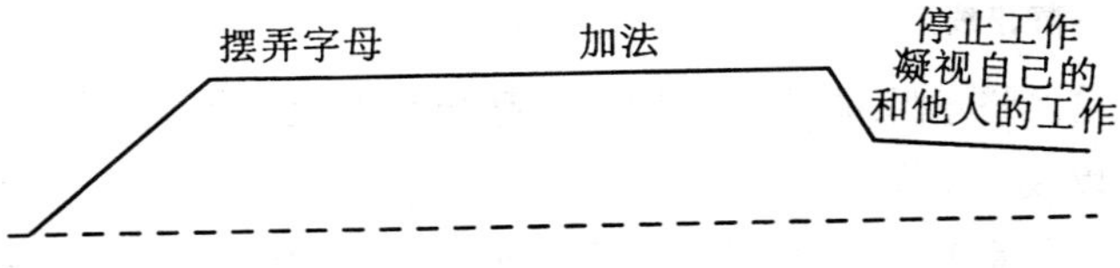

为了了解儿童在工作中的“进步”，我们必须牢记这些条件。

以上两根曲线代表的是与有秩序工作的初期曲线相比的最高发展阶段。存在于容易和困难之间的不安阶段趋于消失；儿童似乎更加相信自己，他们直接地、更有信心地选择最高练习。

随之而来的便是两项不间断工作的两个连续阶段，一个是准备阶段，另一个是认真工作阶段。前一阶段时间很短，后一阶段则很长，值得注意的是始于自然地尽最大努力工作之后的休息阶段，它具有舒适和平静的特点。另一方面，我们发现任何外界干扰都会使儿童显得疲倦（焦躁不安）或注意不集中。

在第一条曲线中，初期工作包括持续时间很短的两件容易的工作，儿童从这些工作直接过渡到认真工作。最后是充满思考的休息阶段；儿童停止了工作，但还在长时间地默视自己工作的结果；在准备将它搁置一旁之前或仔细思考了自己的工作之后，儿童会安静地观察别人的工作。

第二条曲线上，有一段明显的与静止线平行的线段；儿童几乎是在始终如一地进行工作，儿童的准备工作阶段与认真工作阶段之间唯一的区分就是时间的长短；凝视阶段则成为“内部工作阶段”，几乎是儿童的一个“吸收”或“内部成熟”时期。此后，儿童越来越喜欢经常地观察别人，似乎这是一种自己和别人之间一种自然的“比较”研究，或者说是积极观察外界环境的兴趣得到发展：这便是发现阶段。我们可以说：儿童在自己的工作结果中认识自己，并使自己与别人及环境进行交流。

在这一阶段上，一个循环过程的完成对儿童个性的形成将产生深远的影响。儿童不仅被激励着去进行紧张努力之后的又一需要集中注意的工作，而且还必须保持一种思考的、内部平衡的、持续不断的对环境的兴趣和态度。他的个性已发展到了一个更高的阶段。这是儿童开始成为“自己的主人”，并进入我称之为“顺从现象”的性格现象阶段。儿童能够服从，即能控制自己的行为，并能使自己的行为与别人的愿望相符，一旦受到干扰，他们也可毫不紊乱，毫无倦意地中止某项工作。此外，儿童已经习惯了工作，他们不能忍受无所事事。例如，当我们叫一些正处于这个阶段的儿童上观摩课，把他们作为“研究的对象”，他们极顺从地服从指示：测量身高、头围等，而且每当要求他们做某种练习时，他们总显出极大的兴趣而不是应付，仿佛他们知道是在与教师配合。但是当他们不得不等待，坐在一旁等着教师把他们叫到前面去时，这些儿童不能无所事事地坐着，他们就摆弄物体。对他们来说，静止不动是不可忍受的。通常，在我的课堂上，儿童喜欢摆弄系带或捆绑框架，或者在地板上用活动字母拼成单词，只要可能，在等待时，一些孩子就绘画。

所有这些都成为智力活动的表现，它们形成了儿童心理有机体的一部分。

但是为了保证这种状况和个性发展的连续性，必要的方法就是让儿童每天做一些真正的工作；因为正是从一个完整的活动过程，从有组织的注意开始，儿童心理的平衡性、伸缩性、顺应性及有效地完成较高级行为，如顺从行为的能力才得以发展，这使人联想到天主教为保护精神生活的力量而采取的方法：这就是“精神注意”阶段，它使寻求“道德力量”成为可能。有道德的人格必须从有条理的“沉思”中获取坚定的力量，如果缺少它，人的内心既不连贯，又不平衡，也就不能拥有它，并为高尚的目标服务，使之达到高尚目标。

儿童普遍需要注意阶段和严肃工作阶段，以此获得最后发展的能力。

下图所表示的是儿童发展中的一个高级阶段。

最高阶段

平均型

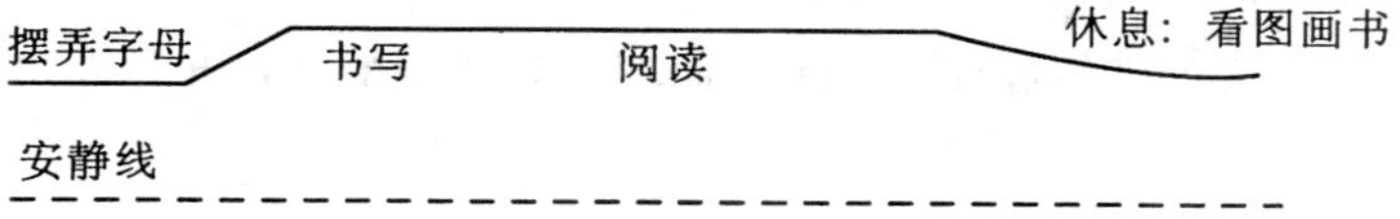

即使准备工作已达到更高阶段：儿童进学校，他就会选择，例如，字母表上的字母，或书写，然后进行他的（艰苦的工作）阅读。为了休息，他会选择一项有趣的娱乐，如看连环画。

儿童所有的智力活动都属于较高的层次，他的道德层次（顺从、沉静、坚忍等）也如此。

以安静线作为发展水平线，可看出水平线已提高。

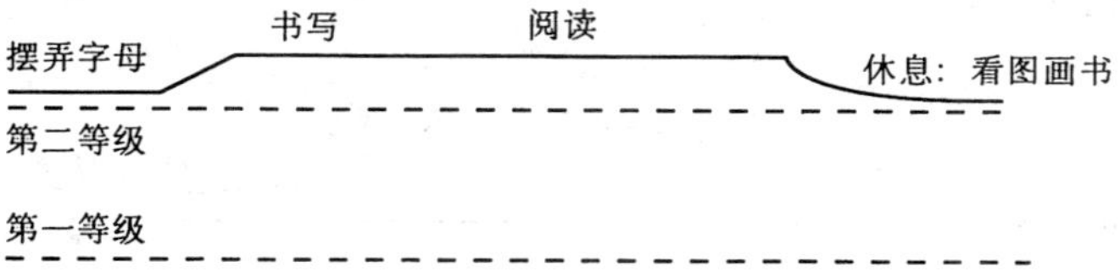

在最高阶段，工作线趋向平直并与安静线平行。

同时，决定发展程度或内心发展的平均数已成为可能。通过这些我们可以对个体变化进行研究。在原始型中，特点是行为混乱，注意不集中。因而也就不存在真正的工作线，因为曲线的大部分处于安静以下，而在对一个任务的永久注意现象已表明的图型中，第一层次的正常而有秩序的工作的平均特性图表已建立。即：紧接初期工作的是好动期，紧接努力工作的是休息状态。

随后，我们来分清第二层次，在这个层次里通常的特点是好动期的消失，艰苦工作以平静的思考而结束；这是发现、一般化的观察、顺从的阶段；工作已成为习惯。

随之表现出来的是一种普遍的提高，通过选择较高层次的初级工作而被认识，有纪律的行为成为一种习惯。

在这个进步过程中，工作曲线开始变得平直，并与静止线平行。

发展综述表

平均发展的图表

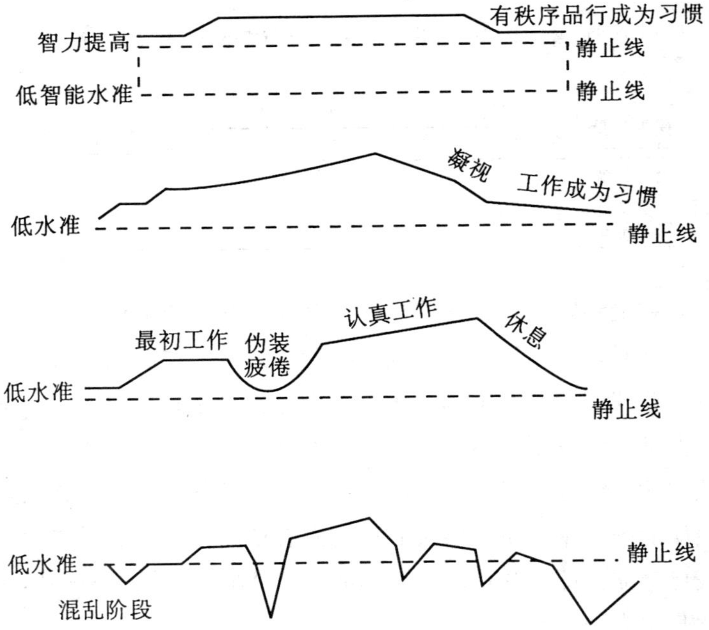

水平的提高与更高级智力工作的性质相关。线段的变直与内部组织和个性组织的性质有关。它们都属道德秩序的范畴，如

表现在顺从和儿童各种不同活动中的沉静、纪律、自制。

当工作成为习惯时，智力水平就迅速提高，有组织的秩序使好的行为成为一种习惯。孩子们就有秩序地、持久地、有纪律地、持之以恒地、自然地工作；这种心理有机体永恒、平静而又活泼的工作节奏恰似人的呼吸。

其中心点，即个性组成的媒介，自由地符合心理自然需要地工作；因而，智力工作中的自由是内心纪律的基础。“儿童之家”的最大成绩就在于培养出具有纪律性的孩子。

正是这种内心组织，使他们形成了一种特殊“类型”，或者性格，这些类型或性格是继续自由的活动练习所必需的，而这种练习的目的是要征服以后几个阶段上的文化。

小学阶段是“儿童之家”的继续。在这里，行为是一种迭加于或重合于早期工作习惯的习惯。因此，可以进一步提供文化材料，而这个不断得到练习的孩子会从一个文化的智力阶段上升到另一个智力阶段。

在以下几个年龄阶段显示出来的差异是从智力兴趣引起的，这个智力兴趣不再是通过重复练习而引起的自我练习的冲动，而是一种直接把儿童引向工作本身的较高级的兴趣，或者是将一种知识的分支当作一个整体来完成的兴趣。因此，儿童便开始创造，并寻求自身有条理的东西；例如，儿童想以几何形体与金属插板之间的组合来构成某种图案，在这个工作中，他倾注了最大的热情和注意，直到达到目的。另外，我们还看到一个孩子连续七八天专心致志地做同一工作。另一个对数字和算盘产生兴趣的孩子，数天坚持同一工作，直到完全了解。

在由内心组织形成的内部秩序的基础上，大脑以相同的稳定性建筑自己的城堡，这种稳定性使有机体在出生后自发地成长。

目前，我们只能提供一个根据年龄确定内部发展平均水平的实际可能性的看法。我们以后还需进行许多完善的实验，在这些实验中，我们将提供用于观察的相似的孩子、完全适宜的环境和训练有素的教师，那时的学生将能胜任科学的工作，而工作的特点是高于目前用以估量身体发展的数学平均值——更具精确性。

但需考虑的是，目前得出的平均值也只代表儿童一种漫长而系统的工作，它们还取决于为自然发展心理而使用外界材料的方法，以及为此付出的更为艰巨的劳动。

这是科学研究中的一个难题，许多人认为并且相信通过对大脑的表皮测试就能得出结论，他们的代表人物是比奈和西蒙。

对儿童的研究不可能通过短暂的一个过程就能完成，因为儿童的性格特征是如同电影画面一样地显示出来的。

为适应心理生活而形成的“外部方法”，具有极重要的作用；否则怎么能在没有确定外部方法的条件下，判断出个体在内部秩序、吸引力即兴趣增加、智力发展、养成纪律性等方面的差异，并同时使外界方法像许多支撑点一样，能引导儿童在心理形成中达到目的呢？

此外，为正确确定个体差异，必须有一个持久的工作过程或目的，这也是使儿童个性形成的外界方法。当外部支持是相同的并大致与儿童某一年龄阶段的需要相符时，内在结构的不同就起因于个体自己。另一方面，如果方法不同，反应的不同就起因于方法的不同了。

最后，很明显，在所有的科学研究中，必须具备测量的用具，而每一个被测的事物也需要一种特殊的用具，而在心理测量中，所用的永恒的手段应是“教育方法”。

一系列的公式，如比奈-西蒙测验，既不能测量任何东西，又不能提供一个按年龄阶段来划分的智力水平的大致标准，至于对受测试的孩子，他们的反应又从何而来呢？在多大程度上它才由个体的内部活动产生？又在多大程度上由环境行为而产生？如果不考虑环境，那么，谁能决定应给予儿童的反应什么样的内在心理价值呢？

在每一个性中我们必须认清两部分：一是个体的、自然的、本能的活动，通过它，个性的组成部分可以从使个性内在地产生、建造、提高，并由此得以形成的环境中提取；第二部分是完成这一过程的外界方法。如：一个能识别 64 种颜色的 4 岁儿童，说明了他在颜色感受力和在头脑中按深浅排列颜色等方面具有非凡的能力；但也说明他有完成这一任务的方法；例如，他有 64 块颜色板，在闲暇时和不打扰他的情况下，他能长时间地练习，以求掌握它。

假定心理因素（P）是另外两个因素之和（一个是内部因素 I，另一个是外部因素 E），则得到公式：P＝I＋E。

其中，未知的、且无法估量的内部因素 I 可用 X 代替，则公式变为 P＝X＋E。

如果比较两个儿童，其中一个已在上述条件下自由地掌握了 64 种颜色，而另一个却生活在贫穷的环境里，到处是灰色和褐色，并且感觉迟钝，缺乏观察力等，从这里我们可以发现一个非常显著的心理差异，但这个差异并不是儿童自身固有的，假若第二个儿童处于第一个孩子的条件下，那么他也就可能识别 64 种颜色。我们在这种情况下进行判断应从外界因素，而不是以内在能力为基础。我们应当评估两种不同的环境，而不是两个不同的个体。

那么，为了准确地判断个体差异，必须使两个儿童具有相同的发展条件。在这种情况下，并在年龄相同的条件下，他们不能同样地识别 64 种颜色，如果其中一个孩子能识别 30 种颜色，那么，真正的个体心理差异就很明显了。由意大利的一位实验心理学权威人士提出的、测量异常儿童（如迟钝或有缺陷的）智力水平的方法之一就是要求被试者从一系列物体中，选出最大的和最小的立方体。同所有为这一目的而进行的实验一样，这种选择也完全不受文化和教育的影响，而只是智力的内在的、具体活动的体现。但如果一个用我的教育方法受过教育的缺陷儿童接受这种测验，他会因长时间的感觉训练，比心理学家从特殊学校里选出的孩子更容易地选择那些最大的、最小的立方体，而且我的缺陷儿童不但年龄要小些，而且所受智力的教育也少些。因此我的测验也测量了不同的教育方法，在这里由于年龄和所受的教育的原因而存在于这两个孩子之间的心理差异几乎忽略不计。

人是个性和教育的混合体，教育包括人生中他所经历的经验，这两方面不可分割：没有得到掌握的智力是一个抽象概念。对所有生物体而言，个体不能与环境分离，心理生活更是如此，因为构成人自身发展方式的环境，是人的一个基本组成部分，就是人自身。但心理个体并不是他的环境，而是个体内在的生活。

给出的公式：P＝X＋E

X 是个体生命内部特有的部分，可以说，每个个体都有自己的 X。但是，为了进一步了解 X，有必要了解 P 和 E。

一个正在进行测试，或假设他自己通过心理结果分析来进行“心理测量”的人，实则是在测量两个未知数量的混合体，其中之一是个体的外界因素，使研究结果无效。

因此，为了研究独立活动中儿童的个体差异，如对颜色、声音、字母的感知，或对周围环境及发现错误的观察力或语言、动作的协调能力，首要的是考虑一个永恒的因素：由环境提供的发展方法。

这里，教育学与心理学之间的一个简单明了的差异自己表现出来了：教育学通过实验决定发展方式以及在考虑个体的内心或身体自由时运用这些手段的方法；心理学则研究各种不同类型的人的一般反应或个别反应。但这两者是一个事实的两个方面，即人类的发展；个体和环境是同一产品的两个因素 P 和 E：心理统一体。

孤立的心理秩序的心理研究也必须（如果它们具有价值的话）建立在长时期的观察之上，在内心活动变得有秩序以后，因为在混乱中容易出现判断错误。在对临床精神病或犯罪病理的研究中，当我们提到为了治疗的目的而“跟踪观察某位患者”时，我们的意思就是要将他置于特殊环境之中，讲究卫生和有纪律的条件等等之下，并在这种环境之中观察一段时间。这种观察对正常个体的发展，具有更广泛、更深刻的价值；在这种情况下，不但有必要提供有秩序的外界环境，而且还需将儿童混乱的内心世界变得有秩序，然后对儿童进行长时间的观察。

我们可以对我校两名最有趣的儿童所做的观察为例。当我在罗马上最后的国际课程时，这两名儿童被吸收到教师培训学校。

两个儿童的神态

在观摩教育里当他们作为人类学研究对象期间。

学生中出现了极大的混乱，有的在谈话，有的在笑。教室中间放着一个计步器。这两名儿童的行为表现几乎一致，他们安静地各坐一边，摆弄着他们自动从隔壁教室里弄来的系带方木架；他们既不因嘈杂声而抬头看，也不和他们一起笑。他们专心致志地工作，唯恐没有抓紧时间。当用一个手势将这两名儿童召来进行测量时，他们表现得极顺从，立即放下工作，带着微笑走上前，仿佛为某种东西所吸引；很明显，他俩有一种意识到能够工作，并在更高一级的命令召唤下准备好放下他们喜欢做的工作时的内心喜悦。他们小心谨慎地站在计步器上；当需要他们调整身体姿势时，只要在他们耳边低声说一个字，他们就会极其准确地做出所需的、几乎是不易看出的调整动作；他们能控制自己的自发动作并支配它们；他们能把听到的要求变成行动；这使他们能够服从，并为自己建立了一个惊人的内部控制结构。测量结束后，这两名儿童不发一言，他们期待地等待了一会儿，然后机灵地望了一眼，笑笑，仿佛这是他们的问候；他们已经明白了，他们自动回到原位，拿起木框架继续工作。不久这两名儿童又被叫去，他们又重复了相同的行为。

当我们想到在他们这个年龄的孩子（约 4 岁半），当不管他们时，会四处乱跑，几乎无意识地碰翻东西，或者强求别人服从自己的恶作剧，或叫别人听从自己指挥时，我们会意识到这两名儿童已获得了内心完善，他们已进入了一个工作已成为习惯、服从是一种惊人的获得的发展阶段。

人体测量学实验表明：一名儿童 O，被测的各项均正常（身高、体重、躯干长度）；另一名儿童 A，则低于正常测量数。

下面是一位教师对这两名儿童处于无秩序、无纪律情况下的行为表现的记录：

O：粗暴，易激动，敌视同伴，从不愿亲自动手做事，但在一旁看他人做事，然后加以干扰。带着轻蔑讥讽的神情听老师讲课。孩子的父亲说，他在家同样粗暴，骄傲自大，从不听话。

A：安静。但具有一种十分强烈的监视同伴的欲望，并随时向老师汇报他认为错误的或不正确的小动作。

这两名儿童都很可怜。O 几乎完全被家庭所抛弃。

当他们通过工作将自己变为遵守秩序的孩子以后，教师可以作出下一步的判断。

O：在家里表现出的所有易激动性均变成为得到面包而作的努力。那位又穷又疏忽的父亲常不给孩子面包。这孩子不放弃希望，也不哭，但不懈地斗争，用他自己知道的一切方法去争取得到一块应属于他的面包。当教师问他父亲为何不给孩子面包时，其父回答："因为，他吃了以后，还要更多的面包。"

在学校里，O 常从一个组跑到另一个组，从一节课跑到另一节课，干扰别人，碰乱所有的东西，因为他在用同样的方法，争取精神食粮。

他是一个有强烈生存欲望的儿童，自卫似乎已成为个性中最突出的倾向。

一旦生活有了保证，这孩子不仅变得温顺，而且还以其情感的温和和敏感惹人注目。他是这样一位儿童：当他为自己学会或完成某项事情而感到高兴时，就会友善地望着同伴们，并向他们频频飞吻。因而教师对其他已进入秩序或纪律阶段的孩子的评语是"工作"。对他是"工作与和善"。

在学校未供应热餐时，儿童都从自己家里带午饭，差别很大；两三个儿童的午餐极为丰富，有肉，有水果等。O 与他们中的一个挨着坐。餐桌放好后，O 的盘子里除了一块来之不易的面包，什么也没有。他瞟了一眼同伴，似乎在估计他吃饭时间的长短，可是并无羡慕之情；相反他非常郑重地慢嚼自己的面包，以便不在别人之前吃完自己的午餐，从而也就不会让人看出来，当别人还正在忙着吃时，他已再没有什么东西可吃了。因此，他缓慢而认真地一点点地吃着面包。

这个孩子身上存在的如此强烈的自尊（控制被诱发的食欲），同他的自身生命的基本需要的意识同时存在，通过它，他被迫去争取和获得“必需”的东西。并且在他那张灵活的脸上所表现出的爱，以及在那不图回报的柔情的表达里表明了这个儿童具有多么优美的情感。

值得注意的是，也许会被人认为营养不良的O，人体测量和重量都属正常。生活在贫困和被忽视当中，他保护了自己；他的身体的正常状况来源于顽强的努力。

A：这孩子总是那么沉着，安静；他极快地进入了积极的、有秩序的、自愿的、完整的工作阶段。他非常认真、耐心地工作。A 属于一般学校中聪明、品行好的那类学生。他常常不带任何食物就来到学校。他的美德是有一个独特的性格，这对他有致命的危险；他毫无怨言地接受营养不良。在很大程度上，从提供给他的心理生活中得益，但却永远不能为自己赢得它们。A 的美德在秩序阶段之后仍保持着，他既没显示出激动，也没任何进取的表现。他各方面均低于正常数字的人体测量，已说明他已迈着牺牲者的脚步开始了自己人生的旅程；他属于“需要别人拯救”的那类人。

他特有的道德特点是“间谍活动”。观察他的教师注意到他不像其他儿童那样工作，而是常到教师面前询问自己行为对否，这种情况不只出现于摆弄材料时，也出现在每一个他所做的道德天性的行为中。他的当务之急是自己行为的对否，然后他以极其细小谨慎的努力使自己的工作做得正确。至于 A 的监视倾向，教师注意到：这个儿童从不流露出对同伴的憎恶；他仅仅是专心地观察别人，然后像说自己一样说别人：该怎样做，它是否正确？然后他尽量避免像说“错”的那些孩子那样做。

实际上，A 的监视癖表明了一个占据他的儿童意识的问题：即对与错的问题。有限的生活经历不能满足他，他就从其他人的经验中获益，以便弄清什么事是对的，什么事是错的；仿佛使他着迷的唯一情感就是避免做错事，仿佛这就是他的唯一的渴望，这个孩子的情况使人想起一种流行的说法，即“太好了以至于无法生活”。而A似乎又注定了要接受这种命运。身体的需要对他来说无关紧要，对心理需要也同样不重视，美德成为他生命中的主要动力，如果社会不重视这种儿童，不负担起对这些脆弱生命的特殊保护的责任，那么，这些儿童就会像天使凝视天空一样夭折。

这两个儿童的事例至少纠正了一个错误的根据表面现象作出的判断，这种判断在一所普通学校中将成为关于儿童特性的永久性记录：把一个儿童视作粗暴的人，另一个视作间谍。

当他们那优秀的教师对这两个孩子的情况作了这样的阐释之后，如果我们将这个导致把这些词改成英雄和天使的东西称为科学，并打动了这两个孩子周围的人的心，我们就可以断言：“爱的判断就是知识的判断”。在判断中基督的怜悯在此得到证实。

那么，“心理行为”始于一个原则，此原则也许可以被解释为：“这孩子活着。”所有其他的都是结果。

这一基本生命的行为作为内在人性的两极分化而出现。几乎在一个“结晶点”上，在其周围，假设有适宜的材料和不受干扰的环境，最后的形式就自己形成。最初的行为是注意力高度集中的反复完成的任务。

因此，在我的“人名图表”中，我没设计一个繁琐的分析研究公式，而只提供了“心理观察指南”，它以我试图说明的综合概念为基础。不了解这种观察方法的人，将不会从中获益，因为它根本不属于用来观察学生的心理研究概念。但如果已经掌握，则不需要任何说明就能理解。

我们的教师同样有自己的专业术语，通过它们，教师们可以相互了解。这些术语与一般的表达不能完全给出他们在发展过程中的精确的意思。因此，教师不会说：这个儿童正在发展或进步；那个儿童好或坏等。教师所使用的词句是：这个儿童变得守纪律或不守纪律。他们所等待的是内部秩序，所有事情都取决于是与否的原则。

这样就引申出比“生长”更深刻的另一概念。说一个生物生长这是作了一个非常肤浅的说明，因为看见他确实在生长，但是，根据事实内部，物质的有秩序的、有规律的安排正在形成。

例如，当一个动物的胚胎形成时，便开始生长。但任何一位作过内部观察的人都会为一个比显而易见的外部“生长”更令人惊讶的事实而感到惊奇：出现奇妙的细胞内部聚合，一些细胞相互重迭形成叶形结构，即形成肠；另一些细胞分裂形成神经系统；一些细胞孤立起来，形成肝脏，由此，一个各部分越来越显著的组织，同每组细胞群体在一起，进行交换、调整。机体的未来功能也均依赖于如此确定的细胞组织的性能。

当然，重要的不是细胞生长，而是它们之间的协调。“生长”通过使生命得以实现的秩序而产生，不与其内部器官合作而生长的胚胎，是没有生命的。这里不仅存在内部动力，而且还存在生命的奥秘。内部秩序的发展是在具有生存动力的生命里获得生存的必要条件。

在“心理观察指南”中总结的现象实际上代表了儿童心理秩序的发展。

心理观察指南　工作——观察儿童在何时开始专心致志于某一工作，不论时间长短。

做的什么工作，坚持做了多久（动作缓慢和重复做同一练习）。

儿童在专心于某一特殊工作时出现的个别特征。

同一天里，他做过哪些事，坚持了多久。

他是否有自觉用功的时期以及持续时间多长。

他如何显示进步的欲望。

按照顺序，他选择了哪些工作并坚持做它们。

不受会分散他注意力的外界刺激物的影响，在工作中表现出忍耐性。

在受到有意干扰之后，是否重新做被分散了注意力的工作。

行为——观察儿童行为中的秩序状态与无秩序状态。

他的无秩序行为。

注意在工作现象的发展中是否出现行为的变化；

注意在有秩序的行为的建立中是否有：

喜悦的转换期，

间隔的平静，

友爱的显示。

在同伴的发展中起的作用。

顺从——注意儿童走时是否有反应。

注意儿童是否和何时开始努力地介入别人的活动。

注意儿童对召唤的顺从从何时开始；

注意儿童对命令的顺从何时形成；

注意儿童从何时开始热切而高兴地服从。

第四章　教师的准备工作

把儿童的心理生活的发展当作自然现象和实验反应的可能性，使得学校活动本身成为研究人的心理发展的科学实验室。也许不久的将来，学校将成为最出色的心理学家的实验场所。因此，尽可能完善地准备这样的学校，不仅是为“一种更好的教育儿童的方法作准备”，而且还是为新兴科学准备材料。正如学习自然科学的学生，他们的实验室需要有一个直接为观察所需要的材料进行准备的组织；比如，观察一个简单的细胞运动，需要一块凹形的玻璃片，中间有盛一滴水的小孔；还需准备浸泡活细胞的“淡溶液”，以保证细胞持续的活力，还需培养细胞的土壤，等等。为此，便有了一些独特的职业，即那些被叫做“准备者”的人，他们不是教授的助手，但一度是高级仆人，以后又成为高级职员。然而在今天，他们几乎都是从事自然科学的研究生。的确，他们从事的工作最为精细，因而必须具备生理、物理、化学方面的知识。对人类研究工作自身的文化知识“准备”得越充分，科学的进步就会越迅速和越有保证。

有人认为在所有这些自然科学实验室中，只有实验心理学实验室被认为可以无需设置一个为观察对象作准备的组织，这种想法是奇怪的。如果叫当今的某位心理学家安排其准备者的工作，他会认为这是叫他准备“仪器”，因而或多或少要采用物理实验室的标准。

但科学家还没有形成为产生现象作准备的概念。如果仅观察一个细胞，一个活的微生物，他需要一个“准备者”。如果研究的对象是人，就更需要一个助手！

心理学家们认为，他们能够用一个字抓住实验对象的注意力，并向他们解释为了对实验作出反应，他们应怎样进行。他们通过这些方法准备其“实验对象”。心理学家们还认为，任何偶然闯进实验室的陌生人，都可为他们的实验目的服务。总之，今天的心理学家的行为同捕捉飞行中的蝴蝶的小孩的行为差不多，先是观察一会儿，然后又再放它飞去；而留心实验材料的生物学家却不同，他所关心的是要在科学实验室中适当地进行准备。

另一方面，在我们实验中所显示的心理发展情景虽然不够完全，但它表明有必要向儿童描述其自身发育成长的微妙途径，重要的是尊重他的自由；同时表明了保证其心理现象能够被揭示和形成一个真实的“观察材料”的一些条件；所有这一切需要一个特殊的环境，需要准备一支有实践经验的工作人员队伍，构成一个在复杂性与组织上比一般自然科学实验室更具有无限优越性的整体。这样的实验室只能是根据科学方法组织起来的、最完美的学校，这里的教师是适合当“准备者”，即研究生这样的人。

诚然，所有的学校都不可能实现这个崇高的科学理想。但毫无疑问，所有的学校和教师应向实验科学的方向努力。儿童心灵的拯救是建立在生活方式与生活自由基础之上的，这些将成为给予新一代的另一种“自然权力”；同时，它也是作为一种社会和哲学观念而建立的，应该取代当前的所谓“教育的义务”，因为这不仅是国家的经济负担，也是后代的精神负担。如果国立学校儿童的心理现象没有表现出丰富的心理学倾向，它们将自行消亡，就像自然美本身就是一种结束一样。

实际上，新学校决不是为科学服务的，而是为当今的人类服务而建立的。教师们因注视到展现在他们眼前的生命而感到欣喜，而没有接纳科学上的创新。他们自己沉浸在一种神圣的自我陶醉之中，他们所见到的一切，正像一切亲密的人之间的联系一样，使他们欣喜，精神振奋。

毫无疑问，由于这种教育方法，教师的准备工作必须以新的方式进行，女教师的个性和社会重要性也将因此而改变。

迄今为止，所做的首次随意实验之后，一种新型的女教师已逐渐发展起来。如需要学会沉默的能力以取代表达的技能，她必须用观察取代灌输式教学；必须以谦恭取代那种自诩为一贯正确的骄傲感。

当实证科学登上世界舞台时，大学教授也经历了同样的转变。过去的教授与今天的教授有何不同呢？旧时代高贵的教授经常裹在用貂皮装饰的长袍中，像皇帝一样坐在他那高高的椅子上，他的话是那样的威严，以致于学生们不仅一定得相信他所说的一切，而且还得以自己的名义向他起誓；今天的教授让学生坐在高于自己的位置上，自己却站在低于学生的地方，或站在地板上，让学生们都能看到他。学生们都坐着，只他一人站着，就像工人那样穿着灰色的亚麻罩衫。

学生们知道，当他们有能力证实教授的理论、能够推动科学的进一步发展、能够将他们自己的名字同那些曾作出过贡献或发现过新的真理的人并列在一起时，他们就是正朝着更大的进步迈进。

存在於学校中的尊严与等级制度被化学、物理或自然现象所产生的兴趣代替了。由于有了这些兴趣的存在，其他的一切也就不复存在了。实验室的所有安排也是以适合物理、化学、自然现象的实验为目的的；如果这个现象的实验需要光亮，所有的墙都将用玻璃做成；如果需要黑暗，实验室可改建成一个照像的暗室。重要的是现象的产生，不管它是一种臭味或香味；不管它是一个电火花或杰斯伦试管的颜色；不管它是赫尔姆霍兹的反射器的共鸣，或是震动中金属板上的微粒的几何图形的排列；不管它是指树叶的形状或青蛙肌肉的收缩；不管它是研究眼睛中的盲点或心脏跳动的节律。一切现象都是同等重要，一切现象都包含在内。渴望和执着的探索是对於真理的探索。新一代要求的科学不是教授们的演说艺术、高贵的姿态、减轻讲话分量的妙语、精心装饰激昂演说的活泼的结束语，以及所有以吸引注意力为明确目的的一切。这一切曾发展为一种特殊艺术的手段。当前，与其激起年轻人的注意，不如激发他们对知识的热情。因为大学课堂培养出来的学生经常忘记他们教授的声音和他们的外貌。

但这并不意味着忽略对教师的尊重和热爱。一个现代学生从心灵深处感到他对面前谦和俭朴的科学家、人类幸福的缔造者所产生的尊重完全不同於对长袍假发的学者所引起的可笑的恐惧。

现在，学校和教师的改变必须沿着相同的方向。

当学校里的每一件事都围绕着一个基本事实，而这个事实又是一种自然现象时，学校就会步入科学的轨道。这样，教师就必须具有科学所需要的那些必要的特征。

在献身科学的人中间，我们发现他们都具有不受思想内容支配的特点。简而言之，物理学家、化学家、天文学家、植物学家、动物学家，虽然他们的知识内容完全不同，但他们都是实证科学的研究者，他们具有和过去的玄学家完全不同的特点，这些特点不仅与研究的内容有关，而且还与科学的方法有关。因而，如果教学法在这些科学中具有它应有的位置，必须在其方法方面具有自己的特点；教师不是通过内容，而是通过方法来为自己作准备。

总之，她应在“品质”方面，而不是在“文化”方面与众不同。

其中基本的品质就是“观察”能力；这种能力是如此重要，以致于实证科学也叫做“观察的科学”，此术语在那些与观察相结合的实验中变成“实验科学”。十分明显，为了使一个人能够观察，仅有感觉和知识是不够的；因为观察是一种必须通过实践培养起来的习惯。如果我们让一个未经训练的人用望远镜观察星象，或者详述显微镜下的一个细胞，无论示范者怎样试图用语言来解释应看到些什么，外行也是不可能看到的。当那些确信德弗里作出了伟大发现的人们去他的实验室观察各种各样的月苋草属的微小植物的变种时，他经常徒劳地解释那些细微的然而却是本质的差别，指出一个新的物种实际上处於几乎还没发芽的种子当中。众所周知，当一个新的发现公诸于众的时候，很有必要公布一下大致的细节；缺乏专业知识的人所不可能理解的这些细节正是这项发现的关键所在，因为他们不能够观察。

观察是需要“训练”的，这是走向科学的必由之路。因为，如果现象不能被看见，就如同它们根本不存在。同时在另一方面，科学家的心灵完全沉浸于对观察体的强烈兴趣之中，他被“训练”得能看见，并开始感兴趣，这样的兴趣正是造就科学家精神的动力。如像儿童身上的内部协调就是整个心理协调的凝聚点，因而以教师所观察对象的兴趣为中心，教师完美的新人格就会由此自发形成。

观察品质包括各种各样的细小品质，比如耐心。同科学家相比较，未经训练的人，不仅表现出用裸眼与借助透镜都不可能看见的盲人的特点外，他还表现出自己是一个没有耐心的人。

如果天文学家还没有把他的望远镜对准焦距的话，一个外行是不可能有耐心等到他对好的；同时，当一个科学家在完成他的工作时，是不会意识到他所进行的是一个漫长的、需要耐心的过程。外行人则会发怒或不安地想到："我在这里干什么？我可不能像这样地浪费时间。"当显微镜学家希望外行参观时，他们得预备好一长排对好焦距的显微镜，因为他们知道，他们的参观者希望"立即"与"迅速"地看见，同时希望看到"大量的东西"。

我们不难想象，一个对实验室工作作出过杰出贡献、在各种组织中担任首席，并且有各种荣誉和尊严的科学家，会温和地答应让一个女士看看显微镜下的一个细胞组织。他会严肃而自若地按如下程序进行，就好像这是世界上最自然的事。事先，他将愉快地切下一片组织上的一小部分，仔细地清洗承物玻璃片和盖东西的玻璃片；他还要清洗显微镜片，作调节准备，对好焦距备用。毫无疑问，在这段时间里，那位女士将会持续说上一百次："请原谅，教授先生，真的……我有一个约会……我有许多事要做……"当她什么都没有看到时，她难过地抱怨道："我浪费了多少时间啊！"实际上，她什么事都没做，只是白白地消耗掉了她所有的时间！她所缺乏的不是时间，而是耐心。没有耐心的人不能正确地审度事物，只能意识到他自己的冲动和满足。他完全以自己的活动来计算时间。能够满足他的东西大概就是绝对的空虚、无用和琐碎。这倒不要紧，因为它们的价值在于他的满足；如果他满足了，那就不能说是浪费了时间。但他所不能忍受和使他认为浪费了时间的东西，就是精神紧张、瞬间的自我控制，或一段没有直接结果的等待。这里有一句意大利谚语：徒劳的等待，是一种自杀的行为。这些缺乏耐心的人就像那些爱管闲事的人一样，当需要做真正的工作时，他们总是逃脱掉。

事实上，完美的教育是克服这种态度所必需的。如果我们要使自身与外部世界联系在一起，并欣赏到它的价值，我们就必须把握和控制自己的意志。没有这样的准备，我们将不能对那些从中得出科学结论的微小事物给予适当的重视。

每个人都有进行一项持续不断的工作，并准确地加以应用的能力。有些工作表面上看来似乎没有多大意义，实际上对希望在科学上取得成绩的人具有无尚价值。让我们回忆一下，一个物理学家要把一台仪器放置到绝对水平，他是怎样耐心地上第一颗螺丝钉，接着上另一颗。他试了又试，工作既缓慢又仔细：要达到什么程度呢？要达到使其平面处于绝对水平方向。当这个相对尺度费力地建立起来以后，他还需要小心翼翼地确保温度的波动不致引起哪怕是最小的长度改变，因为这对于在标准水平面上仪器的科学使用是极其重要的。然而，他所做的是一件多么小的事情啊！保持一种标准！当伟大的化学家希望找出能产生反应的最小量的物质时，他就像小男孩一样，不停地摆弄他的曲颈瓶；他拿起一个曲颈瓶，装满他想要研究的物质，接着又把它倒空，然后又装满水，观察其反应；反应发生了；他又再倒空曲颈瓶，装入新的水，再看有无进一步的反应。这样，他就建立起稀释度。在这个稀释度之中，物质将留下痕迹。在这种情形下，寻找最小量是很重要的。寻找到这个微妙的、几乎可忽略的最小量，伟人的行为竟像一个孩子。

这种谦恭的态度是耐心的一种要素。在任何场合下，科学家都是谦逊的：从外部行为来看，他能够走下他的职业宝座而站在一张小桌子前工作，他能够脱下他的长袍子而穿上工装；他能放弃那种宣讲权威性的无可辩驳的真理的高位而和学生们一道去发现真理，检验真理。这样，不仅能使学生们学到理论，而且能使他们受到真理的鼓励，去进行自己独立的活动。从所有这一切到他实验室里的工作，他都是谦逊的。他认为，世界上没有小得不能吸引他所有的力量，小得不需要他全神贯注，以及小得不能占据他所有时间的东西。甚至在大量的社会荣誉面前，他们保持着同样的谦卑态度。对他来说，谦逊才是他真正的荣誉，是他伟大的真正源泉。即使这位科学家可能是一位参议员或者是一个国家的部长，一个微生物，一点分泌物，甚至任何东西都会使他感兴趣。辛辛拉提国王的例子无法与现代的科学家相提并论，这些科学家都远远超过了他，正是他们的力量拯救了人类，并给人类带来了繁荣与昌盛。

但科学家谦恭的最高形式乃是随时的自我克制。我不仅体现在外表上，而且甚至在精神生活方面，例如抱定的理想，内心产生的信念等，亦是如此，面对真理，科学家们没有任何偏见，他随时准备放弃所有那些自己以前抱有的与真理相悖的观念。渐渐地，他就从错误中净化了自己，使自己的头脑清醒、明澈、坦率，一如真理。

为了真理，他情愿把自己融合进一个崇高的团体之中。

这难道不是为什么婴儿疾病方面的专家在目前的社会地位与权威远远高于一个学校教师的原因吗？然而，儿科专家仅仅在寻求儿童病体方面的真理，但教师则用错误掩饰了儿童的灵魂。

如果教师能在儿童的灵魂中发现真理，那会怎样呢？那他将是不可比拟的伟大！为了将自己提到这样的高度，无论如何他必须学会谦虚、自我克制，要有耐心，还要摒弃建立在虚荣心上面的骄傲。以后，他才可能披上科学家神圣的外衣对人们说：在另一个真正的科学中你们看见了什么？芦苇迎风摇曳？人们身着柔软的衣衫？不，你们看见了先知；但我比先知更先知；我就是那在旷野中呼唤的人：为你们准备了通往上帝的道路，并使之变得平坦。

的确，一个教师胜过其他科学家，因为科学家永远只能停留在他们所研究的物体的外部：电能、化学能、微生物的生命、星球等所有的东西都与科学家本身相距很远。但学校教师的研究对象是人自身；儿童的心理表现形式比其现象方面的兴趣在他身上能唤起更多的东西；他从儿童的心理表现中获得自身内心的揭示，他的情感在与他一样的其他人接触时易於波动。他所研究的是整个人生，而不是部分人生。因而那些美德，比如谦虚和耐心，包括科学家为自己树立的外部目标，都包含在整个灵魂之中。因此，对教师来说，已不再是“科学家的耐心”或“科学家的谦逊”的问题，而是所有的人的道德问题。

正如过去把科学家的精神发展压缩在试管之中一样，科学家精神的扩展就像一束穿过望远镜圆筒的光线，像耀眼夺目的太阳在地平线上扩散。那些所谓的道德是我们获得真理的必要手段和实际方法；但科学家在工作中感受的欢乐，必须随着表现在体力、原生物或人的灵魂之中这一真理而变化。一个名称似乎很难适合两种形式。我们立刻明白，在同学校教师相比较时，在某种程度上，科学家必定是一个受限制的、枯燥无味的人。虽然他的精神与人们一样崇高，但他精神所涉及的范围则限于那些蛮力或低级的生命之中。

只有当学生与其学习的科目能够融合在一起时，人的精神生活与科学家的道德才能相结合。这时，科学才可能成为一种智慧的源泉，真正的实证科学可以使一个人成为有真知灼见的圣贤。在科学家的美德和圣贤的美德之间有一种真正相应的机制；正是通过谦逊和耐心，科学家才接触到物质的本质；也正是通过谦逊和耐心，圣贤才使自己和事物的精神本质发生联系，其结果主要是与人的精神本质发生联系。科学家的道德性仅体现于和物质界的联系中，而圣贤的美德则包容了一切，他的牺牲和欢乐是无穷无尽的。科学家是他所观察领域的预言家；而圣贤则是精神上的预言家，他能比其他人更清楚地洞察物质世界以及它们的规律，并赋予它们精神价值。

现代科学家知道，每一生物都是奇异非常的，最简单、最原始的生物，最容易揭示自然法则，可以帮助我们解释最复杂的生物。圣弗兰西斯深知这点，“走近点，哦，我的姐妹，”他对靠近他囚窗外的无花果树上唧唧叫的蚱蜢说道：“越是微小的生物，越能完美地表现上帝的力量和仁慈。”

每一细小的东西，都值得引起科学家细心的关注。他计算组成一只虫爪的关节，知道它最精制的翅膀的脉络；他能发现一般人的眼睛难以察觉到的那一片刻有趣的细节。圣弗兰西斯也观察到了这些细节，但它们唤起了他精神上的欢愉，才引发出一首赞美诗：“谁？是谁给我的这些小而美的脚装饰上健康、灵活的小骨骼，使我能从这一树桠迅速跳到另一树桠，从一细枝蹦到另一细枝？又是谁给予我水晶般旋转的眼睛，能前后看的眼珠，能发现我所有的敌人，有害的鸢、黑色的乌鸦、灰色的鹅？他给我翅膀装饰以精美的金色、绿色、蓝色的彩绢，能反射出天空的颜色和树木的色彩。

教师的想象力应该像科学家那样精确，其精神应像圣贤那样崇高。科学的准备和神圣情感的准备将形成一个新的灵魂，因为教师的态度应该同时是积极的、科学的和神圣的。

为什么应是积极的和科学的呢？因为她要执行一个“精当”的任务；她要通过细致的观察使自己与真理发生直接的联

系，她要去除所有的幻想、所有虚幻无用的创造；她应准确地区分真理与谬误。事实上，她应效法科学家，因为科学家能注意到每一物质微粒，每一生命最初的萌芽形式，而且能消除所有感官上的错觉，所有可能在研究真理时引起混淆的杂质与无关的物质。要获得这种态度，长期的实践和在生物科学的指导下对生活进行广泛的观察，是必不可少的。

为什么教师的态度应是神圣的呢？因为只有人才能应用其观察力，还因为她所观察的特殊对象是人，而人的特性是神圣的。

由此，我将依靠科学所给予的所有帮助，要求教师观察生物最简单的形式；我将使他们成为显微镜学家；我将给予他们栽培植物的知识，训练他们观察自己的生理；我将指导他们观察昆虫，使他们能够研究生物学的一般法则。我将不仅使他们关心理论本身，而且还鼓励他们到实验室，到大自然中独立地工作。

观察的这种复杂计划决不能把儿童生理方面排斥在外。因此，直接、迅速地为更高一级工作做准备应包括儿童身体发育方面的知识，这些知识应该是关于儿童从出生到开始产生心理生活的这一年龄阶段，以及当这种心理生活变得易于处理的那个年龄阶段的知识。在这一点上，我不是仅仅指解剖学、卫生学和生理学的理论课程，而是指在幼儿之间的旨在紧紧遵循他们的发展并预见他们所有的生理需要。一种“实践”，换言之，教师应按照生物科学的方法进行自我准备，她应当像学习自然科学和学习医学的学生那样，在更深入、更深奥地进行有关他们特别研究的生活问题以前，即当他们在实验室做初步实验的时候，就以直率与客观的态度步入自然科学和医学学生研究的领域。同样，我们学校里的那些年轻人，他们在被指定研究庞大而复杂的科学时，首先必须平心静气地准备浸液或进行玫瑰花柄的切片的工作，然后，他们用显微镜进行观察，这样的实验使他感到惊奇，这种惊奇可唤醒意识并吸引他对生命之谜抱有强烈的热情。这样能使我们那些迄今为止仍习惯于在学校里阅读那些冗长、枯燥无味的书籍的人体会到：自然之书正在我们的精神面前敞开着，它充满创造和奇迹般的可能性，并对我们潜在的、不可名状的渴望作出回答。

这样的书也应是新型教师的教材，这种基础读物将有助于她完成指导婴儿生活的使命。这样的准备会在她的意识中产生一种能够使她发生变化的人生观，能够唤起她的一种特殊的“活动”和一种能够充分胜任其工作的“性向”。她应该成为一种神意的“力量”，一种母性的“力量”。

所有这些只是“准备”的一部分。教师不必一开始就像那些注定要观察植物和动物的科学家那样，因为科学家们只满足于如前所说的生态学和生理学所能够提供的东西。教师的使命也不像医治婴儿疾病的医学专家，只满足于病理学那种“调节生理功能”。她必须认识到，那些科学方法是有限的。当她唱着圣歌将脚放在由生命的圣殿上上升到精神的神龛的凳子上时，她必须抬头仰望，并感到她自己是一位伫立于宏伟的科学圣殿之中的崇拜者的“牧师”，她将观察“人的内心生活”。局限于有机界之奇异物质的枯燥无味的领域将不能使她满足；她将必须从一切人类宗教和历史的精神成果中吸取营养。艺术、爱情、精神的表现形式是生活所特有的表现形式。这种生活不仅需要她对其进行观察并为其服务，而且也是她“自身的生活”，对她来说，这并不是一个陌生的东西，因而显得冷漠与枯燥无味；但是她和一切人共享的相互依存的社会生活，是唯一真实的、人所共有的生活。

科学实验室（教师被引入“观察内在生活现象”的自然领

域）应该是学校。在那里自由的儿童在精心设计的促进其发展的教材的帮助下获得发展。当教师感到自己是受兴趣的强烈驱使而“看到”儿童的精神现象，并体验到一种宁静的快乐和不可遏止的观察欲望时，那么，她就会明白她正“步入正堂”。

由此，她将开始成为一名“教师”。

第五章　环　　境

不仅教师的职能必须改变，学校的环境也必须改变。仅仅把“发展的教材”引进普通学校是不可能构成全面革新的。学校应成为儿童可以自由生活的地方，这种自由不仅仅是内部发育中潜在的、精神上的自由；儿童的整个生物体，从他的生理、生长部分到机体活动，都将在学校找到“成长发育的最好条件”。这包括所有已经提出的、作为帮助儿童生活的生理卫生学。没有什么地方比学校更适宜于进行和普及儿童服装的改革，这种改革后的服装能够符合既整洁、简朴又宜于自由活动的要求；同时又能够使儿童学会自己穿戴。也没有什么地方比学校更适宜于实践和普及与营养有关的幼儿卫生学。这是一项社会性的革新，它可使大众相信，由于采取了节约原则，确实花费少而又优雅得体——对，他们所要求的就是既花费少，又优雅得体。

以上原则尤其适用于设在住有学生双亲的“楼内学校”，如像最初的“儿童之家”。

在自由学校的房间里，应承认有某些特殊的要求：在这里，心理卫生学必须像生理卫生学曾经做过的那样发挥其作用。现代教室面积的巨大增加就是由心理卫生学决定的；自由流通的空气以及所需的空间根据有关生理呼吸的“求容积法”计算出来；因为同样的原因，厕所必须增加，洗澡间要设置；生理卫生学进一步要求修建混凝土的地板和可清洗的护壁板，并设有中央暖气系统，有饭食供应；同时花园和宽阔的阳台已被视为儿童身体健康不可缺少的；宽大的窗户可让光线自由进入；体育馆有宽敞的大厅以及各种各样结构复杂、价格昂贵的设备。最后，最为复杂的是课桌，有时是名符其实的带有搁脚板的木或铁制的器械；为了防止儿童过多的相同运动或固定不动而产生畸形，座位和桌子都可以自动旋转。所有这些都是由于“学校卫生学”的错误原则，从而导致了经济上的灾难。在现代学校，洁白的服装和每件东西的可洗性意味着一个时代的胜利；在这一时代中防御细菌似乎是人类生活唯一的关键。

心理卫生学正以崭新的姿态出现在学校。要实现它的新原则在经济上绝不会比生理卫生学第一次成功地进入学校所耗费的钱更多。

总之，他们要求拓宽教室，不是遵从呼吸法则，因为空调系统不仅使窗户能适当打开，而且还使以立体空间度量为基础的测量受到忽略；他们要求拓宽教室完全是因为自由活动的儿童需要空间。由于儿童的行走练习一般不是在户内进行，如果允许他在家具之间自由活动，那就需要增加空间才够。当然，如果要达到理想的完美境地，我们可以说：“心理”教室比“生理”教室大两倍。大家都清楚，我们认为的舒适感觉是房间的地面的一半必须空着，不放置任何东西，这似乎给我们提供了令人愉快的、自由活动的可能性。这种愉快的感觉比在一个塞满家具的中等大小的房中呼吸要舒服得多。

家具的缺乏的确在卫生学中是一个强有力的因素；这是生理和心理卫生学的要求合二为一。在我们的学校，我建议使用“轻便的家具”，这种家具既简单又非常经济。如果它很容易洗，那就更好了。特别是对儿童来说，他们将“学会清洗它”，同时又进行了一种既愉快又具有教育意义的练习。以上所提到的“轻便”的家具，从根本上讲应该是“艺术的美”。在这种情况下，美不是产生于臃肿或奢华，而是家具的浅绿色的高雅、和谐与简单、轻便、洁净融为一体。如像儿童们的新式服装一样，比以前的更精致、更简单、更经济。位于帕利戴罗乡村的“儿童之家”是为纪念古尔瑞尔·贡冉嘎侯爵而建立的。在那里我们开始了“艺术”室内装璜的研究。众所周知，意大利的每个小城镇都有一个艺术陈列室，这是由于实用观念和艺术本能相结合的缘故。在过去的年代里，意大利没有一个省份不是容纳优雅和适宜东西的地方；今天，在所谓“卫生”的普遍暴戾之下，几乎所有的珍宝已不知去向，有关它们的记忆正逐渐消失。玛瑞尔·玛瑞尼所从事的是一项令人愉快的事业，他对乡村过去的艺术珍品进行了仔细的调查，并通过再造赋予它新的生命。在那个“儿童之家”里的家具、桌子、椅子、餐具柜、陶器的形式和颜色、纺织品的图案以及各种装饰等，都与古老的乡村艺术的风格——简单、淳朴、优雅、自然、美观和大方相一致。这种乡村艺术的复活可能是一种节约措施的一种新发现，也许会成为一种新风尚。如果能制造出如此简单、典雅而得体的家具以代替目前学校的桌椅，而且也不必用那样复杂而又昂贵的材料来制造家具。这样，既讲实用又富于革新精神。

如果有那么一天，意大利各地的乡村艺术都得到了同样的研究，我们将看到每一省区都具有其独特的艺术传统的“各种各样的家具”纷纷出现，它将会极大地提高我们的欣赏力和改变我们的一些不良习惯，并将导致一种全球性的“启蒙教育模式”。由此，人们现实的艺术情感与远古文明的结合，也许将给在生理卫生学烦扰下受到窒息而对疾病无能为力的现代人注入新的生命。

艺术的人性化，将使那些习惯于只想到死的人在丑恶和黑暗之中升华。的确，今天的“卫生所”连同它们那毫无装饰的墙和洗得发白的家具，一看就像医院；而学校似乎成了名符其实的坟墓，在那里，黑色的课桌像灵柩一样排列成行；选择黑色仅仅是为了遮掩那些不可避免的污迹，就像某些邪恶与罪行至今仍被认为是必然存在于世界上一样，因而没有任何人想到过是否可以避免。教室里只有黑色的课桌、光秃秃的比太平间更缺乏装饰的那些灰色的墙，这样安排的结果是为了使儿童饥渴的心灵“接受”教师授予的难以消化的知识食粮。换句话说，凡是可能分散学生注意力的东西都必须从教室里搬走，以便教师运用他的演说艺术并在其煞费苦心的办法的帮助下，成功地使他的学生那难以捕获的注意力集中在他身上。但是，神学院除了对经济加以限制之外，对环境本身的美则没有限制。其实，如果一个儿童真正被他自己的工作所吸引，没有任何装饰品能够分散他的注意；相反，美既有助于集中思想，又可使疲乏的精力得以恢复。实际上，教堂——人类灵魂安息和反思的场所是最美的地方。在修建时曾邀请那些最有灵感的天才去收集他们区域内的每一美景。

这些话似乎有些奇怪。但如果我们愿意与科学原则保持一致，我们可以这样说，最适合生活的地方应是一个美丽的环境；因此，如果我们希望学校成为“观察人类生活的实验室”，我们就必须把美的东西都聚集在里面，就像细菌学家的实验室，为培养杆菌必须备有炉子和土壤。

儿童的用具、他们的桌子和椅子应当是轻便的，不仅使它易于搬动，同时更具教育性。出于同样的考虑，我们给儿童使用瓷碗、瓷板和玻璃杯、玻璃吸管，因为这些物体最易打破，它们本身就意味着对粗鲁和漫不经心行为的警告。这样，儿童被引导纠正自己，训练自己行动细心、准确，不碰撞、不打翻、不摔坏东西；使自己的行动变得越来越文明和有节奏，并逐渐地成为各种器皿、用具的完全自由和沉着的管理者和爱护者。同样，孩子们将习惯于尽力做到不弄脏、弄坏他周围那些洁净、漂亮和常用的东西。于是，他便在自我完善方面取得了进步；他们的各种动作将保持统一与协调，他们的活动更加灵活、自由。用同样的方法经常让儿童享受恬静和音乐的乐趣，他们受过这种熏陶和训练后，因而厌恶噪声和吵闹的声音，也避免自己随意发出这些不和谐的声音或同别人吵闹。

另一方面，在一般的学校里，那些沉重的、坚固的，甚至搬运工人也难以搬动的课桌，即使碰撞上一百次，即使他在这样的黑色桌椅上洒上千百个墨迹，即使把这种金属盘掉在地上一百次，它们既不会破损，也看不出污迹！然而，却使孩子们长期沉浸在自身缺点的海洋里而毫无觉察。由于他们的环境有利于隐藏自己的错误，且鼓励他们施展靡菲斯特魔鬼①般的伪装伎俩。

自由运动 儿童需要运动，这已经成为人们普遍接受的卫生原则。因此，当我们谈到“自由的儿童”时，我们一般指的是他们能够自由运动，也就是能够自由地跑和跳。今天，没有哪位母亲不同意儿科医生的建议，那就是她的孩子应到公园与草坪去，应在户外自由地活动。

当我们谈到学校儿童的自由时，立刻涉及到儿童身体自由的某些生理学的概念。我们往往把儿童的自由想象成为孩子跳上课桌做各种危险的动作，或者疯狂地碰撞墙壁，或者是在“宽阔场所”“自由活动”。由此我们假设：如果将儿童禁闭在一个狭小的房间里，将不可避免地在暴力和障碍之间产生冲突；紊乱是不能与有秩序的工作共存的。

在心理卫生法规中，“自由运动”并不仅仅局限于“身体自

① 欧洲中世纪浮士德传说中的魔鬼。——译者注

由”的那种非常原始的概念范围之内。实际上，当我们在谈到一只幼犬和一只小猫的活动时，似乎可以同我们所讨论的如何对待儿童的自由活动作类比：它们应该自由地跑和跳，并且有能力这样做，就像它们经常与孩子们一起或像孩子们在公园和田野里又跑又跳那样。如果我们愿意应用这样的自由运动的概念对待我们的鸟儿，我们将做出有助于鸟儿的若干安排；我们在鸟笼里的适当位置绑上一根或两根（交叉）的树枝，为它提供自由地上下跳跃活动的条件。当然，这些东西的设计不是用来适合那些爬行动物的脚，而是适合鸟儿的爪子。我们知道，不管怎样周密的安排，对于一个在广阔无际的平原上“被允许自由活动”的鸟儿总是不幸的。

我们怎么从来没有想过：如果为了保证一只鸟儿或一只爬行动物的运动自由，为它们提供不同的环境是必要的；那么，为我们的儿童提供与小猫和小狗类似的自由不会是一种错误吧！实际上，在一般情况下，让儿童自己去做练习时，他们会表现出不耐烦，容易吵闹和啼哭；大一点的孩子则企图发明什么；或者让他们去做那些毫无兴趣的为步行而步行、为跑而跑的练习时，他们会感到难以忍受，甚至感到屈辱。因此，让儿童听之任之的活动很少有良好效果，也无助于儿童的发展。它只有一个好处，那就是对于儿童的消化及生长发育有点帮助，而更多地使他们的行为变得粗野，发明一些不适当的跳跃和蹒跚步态以及各种危险动作。很明显，他们完全不像自由的小猫那样，在它们的运动中显得优雅迷人，通过自然而轻松的跑跳来完善自己的动作。儿童的运动本能表现不出任何优雅，任何对于完善其动作的自然冲动。所以，我们可以肯定，能满足小猫的活动是不能满足儿童的，如果儿童的本性与猫不同，他们自由活动的方式也必须是不同的。

如果儿童在运动中没有“智力目标”，且缺乏指导，那么，运动就会使他厌倦。当许多人被迫去做“没有目的的动作”时，他们感到可怕地空虚。为惩罚奴隶所发明的残酷刑法之一，就是强迫他们在地上挖深坑，然后又让他们把坑填平。换句话说，就是使他们的工作没有自身的目的。

对疲劳的实验表明，伴随智力上的有目的的工作与等量的无目的的工作相比，较不易使人疲劳。因此，今天的精神病医生建议，不是通过“户外锻炼”，而是通过“户外工作”来治愈神经衰弱。

所谓“重建”的工作，也就是说这种工作不单纯是“动脑”的结果，而是趋向心理肌肉的协调。这些活动不是目的的直接结果，而是一种持续性的活动。比如去掉灰尘或清洗一张小桌子、扫地、布置或清洁桌子、洗刷鞋子、铺地毯。这些由仆人为保护属于他主人的物品所进行的工作，与技工的工作非常不同，技工是通过智力上的努力去生产产品。这两种工作是截然不同的。前一种是简单劳动，它不需要更多的智力活动，因为它的目的只是指向那些简单的动作；后一种是生产性的工作，它需要一些初步的、智力上的准备，需要协调处理一系列伴随着感觉练习的非常复杂的肌肉运动。

最主要的是，这种简单工作适合于儿童，儿童必须“进行”自我训练，从而学会协调自己的动作。

这种工作是与“自由运动”的心理原则相一致的所谓的“实际生活训练”所构成的。因此，它必须准备“一个适宜的环境”，就像我们应在鸟笼里放置树枝一样，让儿童自由地发挥自己的模仿和活动的本能。儿童生活环境设施及用具应与儿童的身体和力量成比例：能搬动的轻家具、手臂能够到的低食品柜、容易操作的锁、带有小脚轮的柜子、易于开关的轻便门、墙上高度合适的衣夹、小手能握住的刷子、大小适度的肥皂块、大小适合的脸盆（适于儿童盛水与倒水）、轻巧的圆柄扫帚、容易穿脱的衣服。这些都是足以刺激其自发活动的环境。在这样的环境中，儿童可以逐步完善其协调动作而不感到疲劳，并学会人类活动的优雅与灵巧，如像小猫完全在本能的引导下学会优雅和灵巧的动作一样。

提供儿童自由活动的场所，有助于儿童自我训练和自我发展，它是形成一个人的重要条件。虽然，这些练习不是他本身所必需的运动，也不是为了某种利益；然而却是形成和谐复杂的个性的重要因素。他的社会意识将在与其他自由活动的儿童共同建立的关系中形成，他的合作者是保护和帮助他成长发育的那类家务设计；儿童在学会满足自己、保护和控制自己的环境中获得崇高的意识——这些都是伴随“自由运动”的人类协同因素。儿童从这种个性意识的发展中获得了坚持履行其任务的冲动，并在兢兢业业地完成它的进程中表现出理性快乐的冲动。在这样的环境中，儿童不仅毫无疑问地自觉地工作，而且还通过工作使自己的精神健全，恰如他的身体沐浴在新鲜空气中，他的四肢在草地上自由活动一样。他的生理器官将在工作中成长发育并日益强壮。

第六章　注　　意

当我们把一个儿童置于一个有利于他精神发育的环境时，我们期望看到的现象是：这个儿童突然将注意力集中在某类物体上，按照我们事先设置这类物体的目的来使用它，并且无数次地重复同样的活动。一个儿童可能重复这种活动 20 次，另一个儿童 40 次，再一个儿童则可能是 200 次。这就是我们所期望看到的第一个现象，它就是与精神发育密切相关的那些行为的先导。

促使儿童表现出活动的这种现象，很显然是一种原始的内部冲动，几乎就像一种精神饥饿的模糊意识；要满足这种饥饿的冲动就得将儿童的意识引向明确的目标，引导它逐渐成为一种基本的，但在比较、判断、决定一个行动和纠正某个错误当中又是一种复杂、重复的智力活动。如果儿童忙于把一些立体插板，或把 10 个小圆筒放在和移置到它们各自的位置，在连续 30 或 40 次这样做时犯了一个错误，或给自己提出一个问题，接着又着手解决了这个问题之后，他就会变得越来越有兴趣，并试图反复进行这种试验。这样便使他延长了促其内部发育的复杂的心理活动练习。

可能正是由于这种内在意识的发展，儿童在使用这类物体时显得很愉快，并不断地重复使用它们。比如解渴，不能只满足于看或啜水，口渴的人必须要喝个饱：也就是说必须喝足他身体所需要的水量；因此，要满足于这类心理饥渴，走马观花式地看一下是不够的，更不用说“听别人描述怎样使用”，要满足内部生活的需要，拥有并充分地使用它们是必要的。

可以把这一事实视为一切心理建构的基础和行为教育的唯一秘诀。外部目标是精神得以自行活动的运动场所，而这种"精神"活动就其本身来说是行为的终极目的。因此，在游戏中，立体插板不仅要给儿童关于物体大小的知识，平面插板也不单是为使他有关于形状的概念而设计的；这些东西的目的就像所有其他的物体一样，是为了锻炼儿童的能动性。实际上，通过这些练习使儿童真正获得明确的知识，并使这种知识回忆的清晰度与他的注意力的专注程度成正比；事实上，正是由于像这样获得的感觉知识的范围、形状和颜色等等是精确的，所以，才使这样的精神活动在各个领域里不断变得更为广泛，并有可能取得更大的成就。

到目前为止，所有心理学家都同意，注意力的不稳定性是三四岁幼儿的特征；他们被自己所看到的每件东西所吸引，他们的注意力不断地从一个物体转移到另一个物体，以致难以固定在任何物体上。一般来说，集中儿童的注意力是困难的，而这正是教育的障碍。威廉·詹姆士谈到："我们都熟悉儿童注意力的极端变动性，这种变动性使给他们上的第一堂课乱七八糟。……这种反映与被动注意的特点……使儿童似乎更多地属于偶然引起他注意的每件东西，而更少属于自己，这是教师必须克服的第一个困难。……而且，自动地从恍惚注意中恢复的能力是判断、性格和意志的基础。……改进这种能力的教育是最优化的教育。"

由此看来，一个人如果仅仅随其天性，永远也不能成功地抓住和集中从一物体到另一物体的游移不定的好奇的注意。

事实上，在我们的实验中，幼儿的注意不是由一个教师人为地保持的，而是由一个固定的引起注意的物体保持的，它好像符合某种内部冲动，一种明显的唯一引导其发育所需的东西的冲动。在同样的情境中，一个新生儿在吮吸活动中完成的那些复杂的谐调运动，也是受第一位的、无意识的营养需要制约的，它们不是目的明确、有意识的习得。

事实上，在新生婴儿的口腔运动中是不可能有目的明确的有意识的习得，这在儿童第一次精神活动中也是不可能的。

因此，最先呈现的外部刺激是基本的，它将是真正的精神乳汁，然后，我们将看到孩子的小脸所表现出来的令人惊奇的现象——注意力的高度集中。

我们看到，一个3岁的儿童可以连续50次不断地重复同样的练习；许多人在他旁边四处走动，有人正在弹钢琴，儿童们正在齐声歌唱；这些都不能分散这个小孩的高度集中的注意力。同样，一个衔住母亲乳头不放的正在吃奶的孩子，也不会因外部发生的事而停止，除非他已经吃饱了。

只有自然才能创造这样的奇迹。

如果心理表现植根于自然的话，为了理解和帮助自然，就很有必要研究自然的开始阶段，因为那些最简单的，也是唯一能够揭示真理的最初阶段可以作为解释以后更复杂的现象的指南。事实上许多心理学家都是这样做的，但在应用实验心理分析的方法时，他们不是从生物科学中获得有关生命知识这一点开始：那就是观察活的生物的自由。如果费贝尔没有让昆虫自由地实现他们的自然表现形式，并在不因他的出现而对昆虫的功能有任何干涉的情况下观察它们；如果仅仅捕捉到昆虫，并把它们列入他的研究之中，只能根据这些昆虫来作实验，他是不能揭示出昆虫生活的奇迹的。

如果细菌学家没有作为一种研究方法创造出在营养物质和温度条件等方面与细菌生长相似的自然环境，从而使这种细菌

“能自由生存”，并且展现其特征，如果他们只是将自己限制在利用显微镜固定一种疾病的细菌的话，今天，挽救无数人们的生命和保护整个民族不染上传染病的科学将不会存在。

具有生命力自由的真正基础是运用各种方法观察生物。

自由是研究儿童注意现象的实验条件。只需记住对幼儿注意力的刺激，主要是感觉方面的刺激要有强有力的、伴随在感官方面的生理“适应”就行了，由于幼儿生理发育还不完全，因此就要求遵循自然来发展这种适应。在发展过程中，一个物体如果不适于成为一种对适应力的有用的刺激物，它就能在心理上保持注意，而且在生理上它将造成疲乏甚至伤害诸如眼、耳这样的适应器官。儿童选择物体并在使用中保持由肌肉的收缩（给予他面部相应的表情）表现出的那种最强烈的注意，这时儿童能明显地体验到，愉快是一种健康的官能活动的表现，它总是伴随着有益于身体各个器官的练习。

注意同样要求一种与外部物体有关的形成想象的神经中枢的准备，换句话说，也就是一种内部的心理“适应”。当外部刺激起作用时，大脑神经中枢通过一种内部程序依次兴奋。例如，一个正盼望着另一个人的人，能看见那个人从相当远的地方走来，这不仅因为这个人出现在他的视觉中，而且因为这个人正在被“盼望”。那隐约的身影受到注意是由于大脑神经中枢已达到兴奋的末端。与之相同，一个猎人能够意识到树林里野兽的最小声音。简言之，两种力量作用在脑细胞上，就如一扇关着的门：外部的感觉力量敲门；内部力量开门。如果内部力量不打开门，外部刺激的敲门也是徒劳的，最强有力的刺激也会未被注意到而溜走。一个心不在焉的人可能步入峡谷，一个专心于工作的人可能对街上乐队的演奏充耳不闻。

构成注意的中心行为是具有最大的心理和哲学价值的因

素，在教育方面也总是体现了最大的实用价值因素。教师的整个艺术，实际上就在于把握儿童的注意，使之期待他们的教学，并保证当他们“敲门”时，那些“开门”的内部力量予以合作。但是，如果这件东西是完全陌生的或难以理解的时候，是不能唤起兴趣的。教学的艺术在于逐渐地引导学生从已知到未知，从易到难。由于引起期望和打开通往新奇的“未知”领域的大门的“已知”已先存在，因此，在目前，进一步深入学习和将注意力引入期望状态已是一项“容易的工作”了。

因而按照教育学的观点，“为自己准备适当的位置”，即准备注意的心理附属物是不可能的。在已知、未知以及熟悉的事物之间，每件事都依靠巧妙的操纵：聪明的教师就像战略家一样，在办公桌上准备战斗计划；并能够“指挥人”，引导他人走向预定的方向。

这曾是长时期统治心理学的唯物主义原则。根据赫伯特·斯宾塞的理论，思想最初是一块无关紧要的泥块，由于外部映象的“两”点，使其留下了深浅不同、或多或少的痕迹。“经验”（根据他和英国的经验主义者的说法）是思想建设的因素，甚至在最初级的活动中也是如此；经验造就了人。因此，在教育中，通过准备一种适合的经验结构，就可能造就人。以上的观念与从分析化学到合成化学，直到有机化学奇迹般的进步这一过程产生的那种观念具有共同的特点。甚至有人相信，蛋白的外形可以由人工制造，因为蛋白是细胞的有机基础；并且根据人的卵细胞也是一类细胞，便相信某一天，人自己可能会在化学家的工作台上被制造出来。然而在物质领域里，人是其本身的创造者这种概念迅速地遭到了怀疑，但在教育学的实际概念中，心理不健全这个概念仍然存在。

没有任何化学合成物能够将缺乏物质外壳的活力，将潜在生命力，以及将导致细胞发展成人的神秘因素放进细胞，表面上看来，这个细胞只不过是一小块有核的细胞质。

儿童的注意力难以集中这一现象似乎告诉我们，心灵敏捷的人受到类似自创法则的制约。

现代唯灵论心理学家威廉·詹姆士承认在随意注意中与自然的人有密切关系的一个事实，即“精神力量”是“生命的神秘因素”之一。

“……所以人类不知道他的最高智慧从何而来，也不知道他对于最高的物质欲望从何而生，只像蜜蜂一样，凭他们的本能酿蜜……”①

人对外部事物的特殊态度构成其天性的一部分，并决定他的性格特征。内部活动起着原因的作用；它们不像外部因素的作用那样发生反应和存在。我们的注意不是被无关紧要的东西所吸引，而是被那些适合我们兴趣的东西所吸引。对我们内部生活有用的东西，就是能引起我们兴趣的东西。我们的内部世界是建造在对外部世界的选择上的，与我们内部活动的要求协调一致。画家在世界上看到的颜色将是最多的；音乐家最受声音的吸引。我们的注意的质量能表明我们自己，我们通过我们的态度从外部表现我们，创造我们的只是注意。个性特征、内部形式、一个人与另一个人之间的差异，在某些人中间也很明显，他们生活在同一环境中，但他们从这个环境中只获取各自所需的东西。用以构成他的自我的有关外部世界的“经验”是不会造成混乱的，但受他熟悉的个体能力所支配。

如果对于指导心理形成的自然力量有什么怀疑的话，我们从小孩的经验中便可得到一个明确的证明。没有一个教师能够

---

① 但丁：《神曲·地狱》，第八节。——译者注

用任何技能实现如此的注意现象，很明显，它们是一种内部因素的作用。3 至 4 岁儿童所表现出的集中注意的能力，在历史记载的天才之中找不到任何相似的人。这些小孩似乎再现了人类的婴儿期所拥有的超常的注意能力，具有这种非凡注意力的人比如有阿基米德，他在伏案研究他的几何图形时被杀，他是如此专心，传闻叙拉古①被敌人攻下都没能使他分心；牛顿也是这样，专心于他的研究而忘记吃饭；维托瑞屋·阿尔费尔瑞②在写一首诗时，没有听见路过他窗前的一行结婚队伍的喧闹声。

然而，天才人物所具有的注意的这些特征是不能被一个“有趣的”教师唤起的。无论他教学的艺术如何巧妙，任何被动经验的积累也不能使其成为这样的心理能力的积聚者。

如果说儿童的内心有一种精神力量在起作用的话，通过它便可以打开他注意的大门，必然产生出来的问题就是关于自由的问题，而不是影响儿童心智构建的教育学艺术问题。通过外部物体所达到的、适合于心理需要的营养物质和用尽可能完美的方式尊重自由发展的态度，从逻辑的观点看来，这两者是建立一种新的教学法的基础。

现在的问题不是 19 世纪的化学家企图制造侏儒的问题，而是接过戴奥真尼斯的灯笼去寻找男子汉的问题。科学应通过实验来建立儿童的基本心理要求所需要的东西，然后，我们将看到众多复杂的生命现象的发展，在这种生命现象中，理性、意志和性格一起发展起来，就像营养合理的儿童的脑、胃、肌肉一起发育成长一样。

最初的协调的认识能力同最早的心理活动一样都是在儿童

---

① 叙拉古，意大利西西里岛东南部一海港，公元前 734 年迦太基人建立的一座古城。——译者注

② 维托瑞屋·阿尔费尔瑞，意大利诗人。——译者注

心理中固定下来的。认知由此而生，并提供第一棵智力兴趣的胚芽，以增补其本能的兴趣。当这种情况发生时，认知便开始建立自己的一些类似注意的心理机制。今天的教育学专家把它作为教学艺术的基础。从某种角度上讲，从已知到未知，从简单到复杂，从易到难的演变又一次产生了，只不过是带有独特的特征。

从已知到未知的演变过程，不像有的教师设想的那样从一物体转移到另一物体，这种教师的观念不是从某一中心引发开去，而仅仅是毫无目的地将它们连接成链条，虽然与自身联系在一起，但允许思想无目的地漫游。另一方面，已知作为一种复杂的观念系统建立于儿童之中，这种系统是儿童在一系列心理过程中自己积极地构建起来的，代表了一种内部形成和心理发育。

要产生上述进步，我们必须给儿童提供一些系统的、复杂的、与他的本能相一致的材料。例如，通过我们的感觉器官，我们提供给儿童一系列能够引起他对颜色、形状、声音、触觉和气压的质的本能注意，儿童依靠特有的、持续的同各种物体的活动，开始组织他的心理个性，同时获得一种关于事物的清晰、有序的知识。

从此以后，所有的外部物体，由于它们都具有形状、尺寸、颜色、光滑度，重量、硬度，等等，就不再与心理无关了。儿童的意识中开始存在某种东西，这使他时刻期望着这些东西，并很乐意接受它们。

当儿童在这种原始冲动的基础上增强他对外部事物的认识的注意时，他便获得世界上一些其他的关系，以及其他形式的兴趣，它们不再仅仅局限于那种与原始本能有关的原始兴趣，它们是建立在获得知识基础上的，并且已成为有洞察力的兴趣。

的确，所有这些新的习得基本上是以个性的心理需要为基础的，但如今智力因素增加了，从而把冲动转化为一种意识和自觉的探求。

旧的教育学概念承认，要使儿童的注意集中到未知的东西上，将已知和未知联系起来是必要的，因为他的兴趣可以从新知识的给予中获得。但我们通过实验观察到，这种观点只捕捉了复杂现象的细枝末节。

如果已知的东西代表对未知领域的兴趣的新的源泉，它自己的获得与自然的一致就变得非常重要了。前面的知识将把兴趣引向更具复杂性和更具崇高意义的事物。如此创造出来的文化保证了像这种形成现象持续不断地演变、不断地延续的可能性。

再者，这种文化本身就在头脑中创造秩序：教师在上课时简单明了地说：这是长的，这是短的，这是红的，这是黄的等等；她固定用一个简单的字，清楚地表明了感觉的顺序，并把它们分类、编目。每一个映象完全区别于另一个映象，并在头脑中有其自己明确的位置，这种映象可以用一个字回忆起来；因此，新的知识将不会被虚掷在一边或与旧的相混淆，而是将适当地储存在合适的地方，与原先同类的知识归在一起，就像排列有致的图书馆里的图书一样。

这样，心理本身不仅拥有了要求增加其知识的推动力量，而且建立起一种秩序，这种秩序通过新材料的不断积累和丰富而得到持续稳定的保持。当它成长和得到了力量，它就保持了自身的“平衡”。不同事物之间在比较、判断和选择中进行的这些不断的活动，更进一步使内部习得建立起更富逻辑性的联系，其结果是使推理能力变得特别灵巧和准确并产生一种异常迅速的理解能力：任何地方只要做得井井有条、生动活泼，“最小的努力”的法则就可能真正得以实现。

内部协调就像生理适应一样，是将其本身作为一种自发活动的结果来建立的；个性的自由发展，其成长与自身组织是由一种内部条件所决定。犹如人的心脏的胚胎，在发展过程中为自己创造出一个位置，在两肺之间的纵膈空间中，由于肺部的扩张膈膜呈现出弓形。

教师控制着这些现象，但在这样做时，她是很小心谨慎的，以免把儿童的注意力引向她自己，因为整个未来将依靠儿童的全神贯注。她的艺术在于理解和避免干预自然现象。

关于新生儿的营养和精神方面最早的谐调活动在前面曾清楚地说明过，它将在生命的每一阶段重复出现，并伴随着由于这些活动的不断复杂而产生必不可少的变化。

让我们继续讲述有关身体营养的例子。我们应考虑到长了牙齿的婴儿已产生了胃液，因而逐渐要求更复杂的膳食，借助所有现代烹调以及一切复杂形式而获得营养，直到他长大成人。为了保证自己的健康，他必须只吃与他自身机体的最直接需要相符的食物。如果他采用过于丰富的或不寻常的、不适宜的或有毒的食物，其结果必然导致营养不足、自我毒害，成为一种“疾病”。营养卫生学正是研究儿童在哺乳期和婴儿期营养的学问，它不仅为儿童，也为成人指出在婴儿卫生学鲜为人知的那个时代大家都会面临的危险。

在心理生活中有一种平衡：成人拥有比儿童无限复杂的生活；但对成人来说，在他的自然需要和他的精神营养方式之间总有一种相一致的东西。内部生活的原则将总是有助于人的健康。

回过头来，我们再来讨论注意的问题。在与大一点的孩子打交道时，作为生命基础的本性和生活基础的刺激之间对应的基本事实应处于优势地位，无论它怎样变化，始终是教育的基础。

对“专家们”的反对我是有准备的。“专家们”认为儿童必须习惯注意任何东西，甚至包括那些他们不喜欢的东西，因为实际生活要求这种努力。

这种论点建立在偏见之上，与家庭中的好父亲曾经说过的话相类似。“儿童们应习惯吃任何东西。”同样，道德教育被置于合理的范围之外——这是一种可悲的混乱。这种命令的思想幸好现在已过时了，如果还流行，父亲们将允许他们的孩子整天都禁食，如果孩子在吃午饭时拒绝吃一道他不喜欢的菜，那么除了他们拒绝的那道菜外，禁止他们吃任何东西，即使这道菜已变冷和更令人作呕，直到最后饥饿削弱了儿童的意志，消灭了他的幻想，一盘冷食被吞了下去。这样的父亲争辩道，在任何情况下他都完全可以安排孩子的生活，我的儿子将准备吃任何可得到的东西，他不贪吃也不任性。在那些日子里，糖是禁止给儿童的（儿童的机体需要糖，因为肌肉发育中消耗了大量的糖），为了教他们克服贪吃，纠正顽皮儿童的一个容易和方便的方法是：“在他们还没有吃晚饭的时候就把他们送上床。”

目前，那些坚持认为儿童应该对他们不感兴趣的东西给予注意的人们采取了类似的方法。然而，即使在心理营养匮乏的情况下，也从来不会使“冷的、令人作呕的食物”变得好起来，只能使不容易消化的食物毒害不愿意进食的人并使其虚弱。

这样做，我们不能拥有强健的精神以应付生活中的困难和可能发生的事。吞咽了冷汤、不易消化的食物之后很快就上床的孩子，他们的身体往往发育不良，当碰到传染病时，就会很容易失去抵抗力而立刻病倒；且从道德上讲，他有许多没有满足的欲望，并把这些欲望的满足视为自由的最大快乐。当他成长为成年人时，他就会在吃和喝上毫无节制。与他不同的是，今天的男孩，通过合理的喂养，使其身体健康，成为有节制的人。他的吃是为了健康的生活，并反对酗酒、无节制以及有害的进食；现代的人能够从多方面抵御传染病的侵袭，在没有任何强迫之下，他就预备作出努力，能勇敢地面对艰苦、费力的运动，并试图完成伟大的事业，比如波兰人的发现和登上丛山峻岭。

能够勇于面对冷酷的道德冲突的现实并能够进行精神净化的人才能成为具有坚强的意志、稳健的精神和及时作出决断的人。

人的内部生活越是能正常地发展，使自己心理对预知的自然法则有所准备，并形成一种个性，他就越充分地具有坚强的意志和非常健全的心智。要为斗争作好准备，不必从诞生那天就开始，但他必须是一个坚强的人。他的强壮是预备的，没有哪个英雄在他完成他的英雄业绩以前就是英雄。我们未来的艰苦生活是不能预见的，也是无法预料的；没有人能为我们准备去直接迎接它的方法，只有一个朝气蓬勃的人才能够对付任何事情。

当一个生物正处于进化过程中时，它对这个阶段提出的特殊要求的基础是保证他的正常发育。胎儿必须用血去滋养；新生儿需要奶。如果胎儿在子宫内生活时，血里的蛋白质和氧气缺乏，或者因为有毒物质进入了他的组织，这个生命将不能正常发育；产后的照料将不能使一个先天不足的人强壮。婴儿缺乏足够的奶，生命最初阶段的营养不良将宣告他永远处于劣等状态。躺着吃奶，长时间安静地睡觉是“为了准备行走”。正是因为吃奶，婴儿才开始长牙。因此，鸟巢里刚会飞的小鸟，不是借助飞行的方式为飞行作准备，而是在那温暖的、有食物的小窝里保持不动。这是为生活作间接准备。

鸟儿飞翔的威严、野兽的凶猛、夜莺的歌声、蝴蝶翅膀上斑驳的美丽，诸如此类的自然现象的序曲，是在秘密的巢里、洞穴里或不动的孤独的茧里作准备的。万能的自然在生物形成的过程中只要求宁静，所有其他的东西都得由它提供。

儿童的精神也同样应找到一个温暖的巢，在那里，他的营养能够得到保证，他以后的发展我们应该拭目以待。

因此，向儿童提供与其精神形成倾向一致的物体是必要的，目的在于获取一种结果，而这种结果正是教育的目的所在：以最小的代价尽可能充分地发展人的潜能。

第七章　意　　志

当儿童从众多的事物中择其所爱时，当他从餐柜中取出该物，然后又把它放回原处，或把它让给伙伴时；当他梦寐以求的某些器械正被他人玩耍而一直要等别人放到一边时；当他长时间聚精会神地做练习并纠正教材里他认为有错误的地方时；当他在安静训练中屏息凝神，一动不动，直到听到他的名字时才站起来，小心翼翼唯恐脚碰到桌椅并发出声响时，他已经作出了很多"意志"行动。可以说，对于他而言，意志行为是延续的。不仅如此，在他的才能中真正起作用和持续不断的要素也正是意志，这是一种建立在内在的持续注意的基本事实上的意志。

让我们来分析一下意志的一些协同因素吧。

意志的全部外在表现都包含在"行动之中"：无论人们作出什么行动（不论是行走、工作、讲话或写作，还是睁眼凝视或紧闭双眼避开某物），他都被"动机"所左右。意志也可以抑制行动的发生：抑制出于愤怒的冲动，阻止自己想从别人的手里攫取自己所好的欲望。这些都是自愿的行动。因此，意志不是导致行为的简单冲动，而是对行为的理智的引导。

如果没有完整的行动，就不可能有意志的表现形式。那种想做好事而踌躇不前；想要将功补过而又不付诸行动；想外出访问，或者写信，却什么也没有做的人就没有完成意志活动。只是想象或只有愿望是不够的。一切归诸于行动。关键在于行动。"通往地狱的路是由良好的愿望铺成的。"

意志的生命就是行动的生命。我们所有的行动代表了冲动和抑制因素的合力。经过行为的不断反复，这种合力几乎可以成为习惯性的或无意识的。事实就是如此，诸如构成“一个有教养的人的举止”的所有习惯性的动作均属于这种情况。我们也许会一时冲动去拜访朋友，但我们意识到可能会打扰我们的朋友，因为这天不是她的接待日，我们便放弃了。我们也许正舒适地坐在起居室的一角，这时一位德高望重者进来了，我们立即站起身来；这位女士也许并不吸引我们，但我们仍然向她鞠躬，或者同她握手。我们邻居吃的蜜饯正是我们想吃的那种，但我们却很小心不让人看出来。我们的行为并不仅仅是由冲动和厌烦所支配的，也是我们认为有礼貌、有教养的绝好表现。如果没有冲动，我们就不可能参加社交活动；另一方面，如果没有抑制，我们就不能修正、引导、利用我们的冲动。

两种截然相反的动因之间的相互平衡是长期训练和我们自身“古老习惯”的结果。我们做这些不会意识到需要什么努力，也不需要用推理或知识去完成他们。它们几乎成为一种习惯性动作。但是，我们谈论的行为并不是习惯性的，产生这种习惯性动作的并不是本能，而是习惯。我们知道一个人在成长中没受过遵守一定的规则的教育，而只是匆匆忙忙接受了一些纪律方面的知识，他会经常犯大错或过失，因为他是被迫在某时某地“执行”自发行为所需的所有协调动作，并在警觉和意识的控制之下指导这些动作，这种长期不断的努力根本无法与具有高雅风度的人的“习惯”相比。意志在意识之外，或在意识的边缘储存持续的努力，并让意识无阻地进行新的发现和作出更多的努力，因此，我们不再把那些能从中看到意识的存在的习惯（注视着每一个行为，让它符合外部完美的风度举止），像从前那样看作是意志的证据。因此，一个这样做的受过教育的人仅仅是一个人，一个“头脑健康”的人而已。

事实上，只有疾病才能够衰变建立在适应基础上的个性，并使一个社会的人慢慢停止活动。众所周知，初显神经衰弱病兆的偏执狂看起来仅仅是一个修养不好的人。

另一方面，那种举止适当的人充其量只是一个正常的人。我们不会斗胆叫他是一个“有意志的人”。这种人的意识一直都在受到考验，储存于意识边缘的机制不再具有“意志价值”。

孩子第一次考验手臂，他的个性与刚才所描述的截然不同。和成人比较，他还是一个发展不平衡的小生命，常常是自己冲动的牺牲品，有时还会向最顽固的抑制屈服。意志的两种截然不同的行动还没有融为一体，塑造一种新的个性。在心理萌芽阶段这两种因素仍然是分离的。最重要的是这种“融合”和“适应”一定会发生，并在潜意识里起着支持的作用。因此，有必要尽快诱发积极的行为，因为这种发展程度是最基本的。当前的目的不是将孩子培养成一个早熟的小“绅士”，而是促使他锻炼意志，更早地产生抑制和冲动之间的相互联系。必要的正是这种“结构”自身，而不是通过这种结构从外部获得的结果。

事实上，这仅仅是达到目的的一种方法：这个目的就是，孩子心须和其他孩子一起活动，在日常生活习惯中像练体操一样训练其意志。专心致志于某任务的孩子会抛弃一切与完成此项任务无关的活动。他在力所能及的肌肉协调活动中作选择，然后坚持练下去，最终使这种协调动作成为习惯。屈从于不协调的冲动的孩子的无规则的运动，则是不同的事。当他开始尊重别人的工作时，当他耐心地等待所想要的东西，而不是从别人的手里抢过来的东西时，当他能够到处走动而不撞到伙伴，或踩着他们的脚，或把桌子碰翻时——这说明他正在锻炼意志，使冲动和抑制趋于平衡。这种态度为孩子接受社会生活习惯做了准备。如果让孩子们肩并肩一动不动地呆坐着，就不会有这样的结果了；“孩子之间的联系”就不可能建立；幼儿的社会生活也就不能得到发展。

正是通过自由交往，通过迫使孩子们使彼此之间的限度相适应的真正训练，社会“习惯”才得以建立。仅有应当做什么的说教决不会达到培养意志的目的。要让孩子举止优雅大方，只向他灌输“礼貌观念”或“权利与义务观念”是不够的。如果这样就足够的话，那么只需向一位专心致志的学生仔细讲述一下弹钢琴所必需的指法，就足以使他弹奏贝多芬的奏鸣曲了。与此相类似的所有活动中，“成型”是基本要素，意志力则是通过训练形成的。

在早期培养个性的教育中，调动所有有用的机制是很有价值的。如同运动一样，孩子们的体操是必不可少的，因为，众所周知，没有得到锻炼的肌肉不可能完成肌肉系统能够完成的各种运动，为了保持心理生活的能动性，类似的体操系统是很有必要的。

没有受到锻炼的机体很容易随后导致缺陷；一个肌肉无力的人不愿活动。当需要采取行动脱离危险时，他就只有死路一条了。因此，一个意志薄弱、“意志低下”或者“丧失意志”的孩子，会很快适应一所让所有的孩子都呆呆地坐着听或假装在听的学校。但是，许多这类孩子的结局是在医院里治疗神经错乱，他们的学校通知单上往往有如下评语：“表现优秀，学习进步。”对于这样的孩子，一些教师总这样说：“他们真乖。”这样，这些孩子们便可免受任何干扰，从而可不受打扰地沉浸在虚弱之中，就像流沙一样吞没他们。而那些生性好动的孩子，却被当作是制造混乱的人，被斥之为“调皮精”。我们如果探究一下他们调皮的性格，便会得出几乎一致的答案：“他们总是静不下来。”他们的好动被进一步斥之为“侵犯同学”，而他们的侵犯几乎总是属于这样一种类型，他们千方百计地想使同学从静止状态中激动起来，和他们联合在一起。也有抑制力占主导地位的孩子，害羞到了顶点：他们有时似乎下不了回答问题的决心；接受一些外部刺激后，他们虽然会回答问题，声音却很小，随后就哭起来了。

对于这三种情况，必需的锻炼就是自由活动。其他孩子不断的、有趣的运动是对意志薄弱的孩子的最好刺激。当从被监视中解放出来，自由地按照自己的意愿行动时，有规则的训练便培养了过分好动的和过分屈服于抑制力的孩子的抑制力。换言之，孩子从训练抑制力的外部诱因中解脱出来时，便能在这两种截然相反的意志力之间找到平衡，这才是使人类获得解救的途径：弱者获取力量之处，即是强者获得完善之所在。

缺乏冲动和抑制之间的平衡不仅仅是病理学中一个熟悉而有趣的事实，而且在“正常人”中更为常见，虽然其程度没那么严重，但其常见性则如我们在社会外部领域中所遇到的教育的种种不足和缺陷一样。

冲动使罪犯做出危害他人的行为；但正常人又是多么经常地为给自己带来痛苦后果的轻率行为而后悔呀！多数情况下，易冲动的正常人只会给自己带来害处，使自己的事业蒙受损失，使自己的天才得不到施展。他像遭受一种本来可以避免的不幸一样，受到一种清醒的劳役的折磨。

一个从病理学上讲是他自己抑制力的牺牲品的人肯定是更不幸的受难者。他虽然只是静止不动保持着安静，内心却渴望能够活动。无数次得不到满足的冲动折磨着一个想从事艺术和工作的灵魂。为求得医生的帮助，或求得高尚灵魂的安抚，他多么希望倾诉自己的不幸，他感到了一种被活埋的可怕的压抑。

有多少正常的人经受过同样的痛苦啊！他们一生中有许多恰当的时机，让他们表现自己的价值，而他们却没有这样做，多少次想表达自己的真实感情，扭转困难的局面，但是心扉已经关闭，嘴也就保持了沉默。他们多么热切地盼望向某个能够理解他们，启发他们，安慰他们的高贵的灵魂倾诉啊！但是，当他们面对他时，却一句话也说不出，他们唯一的回答是内心的苦恼，“说吧！说吧！”他们意识深处的冲动说道；但抑制却像不可抵抗的自然力量一样无情。

假如治愈是在意志形成的过程中进行的话，那么这样的问题只有在通过自由运动，使冲动和抑制相互平衡的意志教育中才能得到解决。

在潜意识里建立的一种作为机制的，能使世界上的人“正确”行动的平衡，并没有培养“有意志的人”。上面已经提到，意识不干预其他自发的需要。一位很有修养、出身非常高贵的女士也许是一个“毫无意志”、“毫无个性”的人，尽管她或许已经获得产生外部事物的机械意志的最严格的机制。

有一种自发的基本品质，人与人之间的表面关系和社会大厦都建立在此之上，这个品质就是“连续性”。社会结构是建立在人能够不断地工作，能在一定的范围内生产这样的事实基础之上的。一个民族的经济平衡也是建立在这种基础之上的。作为人类繁衍基础的社会关系是建立在依靠婚姻关系而存在的父母不断结合之上的。家庭和生产，这是社会的两大支柱。它们立足于最伟大的意志品质：坚定性或持久性。

这种品质是内在个性和谐的典范。没有它，生命就会成为一串不连贯的插曲，一片混乱；就会像一个分离成单个细胞的身体，而不是贯穿于整个自身物质变化的机体。这个基本的品质体现了个人的情感和思想的脉络，即他的整个个性时，它就是我们所说的“性格”。一个有性格的人就是一个坚定不移的人，一个忠实于自己的言行、信念和感情的人。

恒久性的这些不同表现的总和代表了巨大的社会价值：坚持不懈地工作。

堕落者，在萌发犯罪动机之前，在背叛一贯的感情之前，在失足之前，在放弃一切能使人的行为高尚的信仰之前，都表现出一种失足和堕落的特征：这就是懒惰，不能持之以恒地工作。一位忠厚老实、举止得体、开始蒙受大脑疾病折磨的人，在表现出暴力动机，或行为上的失常，或任何神志昏迷现象之前，总有一种先兆：他不可能再致力于工作。人们都认为勤劳的姑娘会成为贤慧的妻子，一个好工人是一个忠厚老实的人，能给妻子带来好运。这个“好”，指的并不是能力；而是坚持不懈、不屈不挠。例如，一个在制作小工艺品方面有高超技艺，但缺乏工作的意志的冒牌艺术家，不会被认为有什么了不起。大家都知道他不仅不能兴家立业，反而还是一个可疑的危险分子。他可能会成为一个不称职的丈夫、父亲、危害社会的公民。相反，一个最谦卑的虔诚“工作”的手工业者的内心却拥有创造生活的幸福和宁静的所有要素。毫无疑问这就是伟大的罗马颂词“她闭门不出纺羊毛”的意义所在，即她是一个有个性的妇女，一位配得上世界征服者的伴侣。

在作为他精神生活中第一件建设性行动（在这个行动的基础上建立起了内心秩序、平衡和个性成长）的工作中表现出坚持不懈的小孩子，表现了他和成人一样造福于集体。这个专心致志、废寝忘食地进行训练的小孩子，显然正在精心使自己成为一个坚定不移的人，一个有个性的人，一个具有人类所有优秀品质的人。他正在努力追求那个基本的特征：坚韧不拔地工作。只要孩子能坚持不懈，那么，他选择什么工作都一样。因为具有价值的东西并不是工作本身，工作只是培养和丰富人的内心世界的一种途径。

那种为了让孩子们做一些事先决定的事情而去打扰他们工作的人，那种认为地理对指导孩子的修养很重要就不让孩子学算术，而去学地理的人，混淆了目的和手段，为了虚荣而毁了他。需要指导的不是一个人的修养，而是人本身。

如果坚持不懈是意志真正的基础，我们还是将决定看作是意志的行动。为了完成一件有意识的行动，我们必须作出决定。决定总是选择的结果。我们如果有几顶帽子，那么，我们出门时就必须决定戴哪一顶；褐色的还是灰色的都无关紧要，重要的是我们必须选择一顶。因为在做这样一个选择时，我们得有自己的动机，不论这种动机是偏爱灰色的，还是褐色的。最后，某一动机占了上风，就作出了选择。显然，戴帽出门的习惯使我们的选择更加容易。我们几乎觉察不出哪一种动机在我们头脑里起作用。这是一个微不足道的问题，丝毫没有任何努力的迹象。我们的有关哪一顶帽子适合于上午戴、下午戴、到剧院戴或是去运动场戴的知识，使我们不会有什么内心冲突。

但是，如果我们要花钱买件礼物，情况就大不一样了。从可供选择的琳琅满目的东西中我们到底选择什么呢？我们如果对这些东西知之甚少，便会担心。我们想选择一件艺术品，但对艺术不大懂行，就怕被骗或出丑。我们不知道是选择一条彩带呢，还是一只银碗更合适。于是我们感到需要有人对这些我们不了解的事情加以指点。我们便去求教。但是，这并不是说我们一定要按照别人的建议去做。说实在的，建议只给我们知识，我们需要的是知识的帮助，而不是作意志努力的刺激。意志是我唯恐失去的东西，它与作决定所必需有的知识不同。我们在听了一个或几个人的建议后作出的选择带着我们自己的印记，是我们自己的决定。

一位家庭主妇为客人准备晚餐所做的选择也是同样的道理。她对这种事情经验丰富，鉴赏力高，因此作这种决定时很愉快，并不需要外来的帮助。

但是，谁都知道在任何情况下作决定都是一种脑力劳动，一种真正的努力，所以意志薄弱的人就会像避免一件令人厌烦的事一样，竭力避免去作出选择。如果可能，这位主妇将决定留给厨师来作。而对于一个服装师来说，选择某种礼服需要从众多动机中选择适当的动机，必须三思而行。服装师知道这种决定只有经过长期的犹豫之后才能作出，便说选这件吧，这件您穿太合适了，这位夫人点头同意。与其说是服装使她感到满意，倒不如说她想不动脑筋就作决定。我们的一生就是不断作出选择的一生。我们锁好房门出去时，清楚地知道锁门这个动作，确信房间已安然无恙，才决定出去。

在这样的训练中，我们越是强，就越能摆脱对他人的依赖。清晰的思维和作出决定的习惯的机体结构，给我们以自由感。将我们束缚于卑辱的奴隶状态的最沉重的锁链，莫过于无力作出自己的决定，以及由此必须依赖别人。怕犯“错误”，怕在黑暗中摸索，怕承担我们不一定认识得到的错误后果，使我们像一条拴着链子的狗似地跟在别人后面。最后就会完全陷入依赖的泥潭。如果没有人出主意，我们甚至连一封信也不会发，一块手帕也不能买了。

在这样的意识里，当冲突真的发生了，需要立即作出决定时，由于屈从于另一意志较坚强的人，这个懦弱者注定会犹豫不决。我们便会看到他不知不觉地被梦魔般的屈服所缠扰：他已经向将给意志薄弱者带来灭顶之灾的深渊迈出了第一步。因此，青年人越居于服从的地位，越无能力锻炼自己的意志，就越容易成为这危机四伏的世界的牺牲品。

鼓起勇气与之抗争并不是精神幻想，而是对意志力的锻炼。这种锻炼在日常生活中也能找到。一位家务缠身，事无巨细都习惯于自作主张的家庭主妇，就比一位尚无孩子、无所事事、懒散地打发光阴、习惯于听从丈夫意志的女人更有可能在心理冲突中获胜。但是两者也许都有同样的心理幻觉。前者若成了寡妇，也许会使自己精通业务，继续丈夫曾经理过的企业；而后者在相似的情形下就会另外寻求保护，就会遭受灾难的威胁。为确保能在精神上获得拯救，最重要的是必须依靠自己，因为在危急关头，我们总是孤立无援的，而且力量又不会马上就得到。知道自己必须拼搏的人，就得靠力量和技巧进行拳击和决斗的训练。他不会抱着两手，静静地坐着，因为他知道那样的话他将要么被打败，要么像一个身体的影子一样依靠某位在人生中随时准备保护他的人，而这在现实生活里是不可能的。

但丁《地狱篇》中的弗兰采斯加说：

“但把我们征服的却仅仅是瞬间。”①

若诱惑不是为了征服，就一定不会像一枚炸弹似地投向另一枚将要导致心理爆炸的炸弹，而是对着那石头摞着石头、从铺第一块地基的那一天起就是坚不可摧的城墙扔下。坚持不懈的工作，清晰的思维，在意识里对有冲突的动机进行筛选的习惯，在最细微的日常生活行为里，每一次对最微不足道的事情作出的决定，对某人行为的逐步控制，在不断重复的行为里逐渐增强的自我指导的能力，这些就是建筑个性坚实结构所依赖的坚实的基础。在这里道德也许会像一个深居中世纪城堡里的

---

① 但丁：《神曲》，《地狱篇》，第五歌，朱维基译。——译者注

公主一样居住下来，别看这城堡戒备森严，却能将这位“女士”作为女主人留下来。如果要“建造”一间让道德居住的“房屋”，对身体加以适当的控制是必要的。例如不酗酒，在户外活动，这种活动能够恢复体力，但是，作为一种使心理疲劳得以恢复的方法，对意志进行不懈的训练又是多么必要啊？

当我们的小孩通过自我教育的过程，将复杂的比较和判断的内心活动付诸行动，并用这种方式获得有条理的、清晰的智力时，他们正在培养他们的意志。这是一种能够帮助孩子们形成自己的决定，使他们不依赖别人意见的“学问”。然后，他们就能够决定自己的一切日常生活；他们决定拿还是不拿；他们决定伴随旋律翩翩起舞；他们想安静时就抑制所有想运动的动机。这种坚持不懈地培养他们个性的工作，都是通过决定付诸行动的。这就代替了初期紊乱的状态。从另一方面来说，行动是冲动的结果。一个自发的生命在它们中逐渐发展起来，而怀疑和胆小则同初期的心理混乱一起消失了。

如果不让条理性和清晰性在头脑里成熟，而用混乱的思维，或背诵一堆课文去阻碍它的发展，阻止孩子们自己作出决定，那么，这样的意志的发展是无论如何不可能的。采用这种方式的教师为自己辩解道：“孩子不应该有自己的意志，”他们教育孩子“从来就没有‘我想要’这样的事”。他们实际上是在阻碍初期意志的发展。在这种情形下，孩子们感受到了一种控制他们行为的力量，他们变得胆小，在没有他们依赖的人的帮助和同意之下毫无勇气承担任何事情。“樱桃是什么颜色？”一位女士有一次故意问一个本来知道樱桃是红色的孩子，但是，这个胆小紧张的孩子，犹豫着不知道是回答好还是不回答好，便喃喃地说：“我去问问老师。”

为决定作准备的意志机能是意志最重要的机能。它自身极有价值，应该得到建立和加强。病理学为我们揭示了它不同于意志的其他因素，并将它作为支撑人格的支柱展示在我们面前。所谓的“怀疑癖”是心理病态的堕落中最常见的一种。但是也可能有一种简单的名符其实的怀疑癖。这种怀疑癖仅仅是不能作决定，并伴有一种严重的苦恼状态，尽管它并不导致心理上的错误，而且还很有可能是从心理顾忌中产生的。我在一所专治神经错乱的医院里遇到过一个有心理基础的“怀疑癖”的典型病例。病人是一个到处收集垃圾桶的人，他唯恐什么有用的东西偶然掉进垃圾桶里，一种担心被怀疑占有了这些东西的恐惧纠缠着。因此，这个不幸的人在准备带着垃圾离去时，重新爬上楼梯，挨家挨户地敲门，问垃圾桶里是否有值钱的东西。他确信没有时便离开了。后来他又回来了，再一次挨家挨户敲门，如此循环往复。他在绝望之中向医生求救，看是否有能够加强意志的方法。我们一遍又一遍地告诉他，垃圾桶里没有值钱的东西，他可以放心好了，尽可以毫无顾虑地继续干他的事。他听了这些眼中闪出希望的火花，“我可以放心了！”他反复说着走了出去。不一会儿他又回来了。“我真的可以放心了？”我们又再一次告诉他：“是的，你真的可以放心了。”他的妻子把他带走了，我们看到他在大街上站住了，和他的妻子拉扯着，又焦躁不安地跑了回来。他又一次站在门口，问道：“我真的可以放宽心了么？”

正常人在头脑里多么经常地包含着这种癖症的因子啊！例如，一个人要出去，他锁上门，还摇了摇。但他走了几步后又怀疑起来：门锁了吗？他知道锁了的，还清醒地记得他曾摇过门。但是，一种不可抑制的冲动迫使他回来看看门是否真的锁上了。还有一些孩子，在上床睡觉以前，总要朝床底下看看是否有猫什么的动物。他们什么也没看见，心里也明白什么也没有。但是过了一会儿，他们又起床“看看有什么东西”。这些细菌像一些淋巴腺里的结核杆菌似的到处蔓延，使整个机体很虚弱。这种危害像苍白的脸色可以用胭脂掩盖一段时间，不为人所知，也没有带来任何忧虑。

我们如果认为意志必须在身体有效地完成的动作中显示自己，那么，我们就应该明白为了培养它，依靠其组织结构进行形成意识的训练是非常必要的。

在意志的形成和生理结构，及成块状的肌肉的协调运动之间有着惊人的相似之处。很明显，训练对于培养我们行为的精确性是必要的，我们知道，没有基本功的训练，我们就无法跳舞，没有手的动作训练，就无法弹奏钢琴。但在此之前，基本的动作协调运动和理解力必须从婴儿期就开始培养。但是，我们并不十分清楚，为培养意志所逐步进行的相似的准备的必要性。

我们的随意肌在纯粹的肌肉组织的生理作用中，并不是用相同的方式进行运动，而是用两种完全不同的方式。例如，有的肌肉用来伸展胳膊，有的则用来将它收回，有的用来蹲下，有的则用来站直。它们的行动中具有对抗性。身体的每一个动作都是具有对抗性的肌肉之间联合的结果。在这样的肌肉运动中，一会儿是这种肌肉，一会儿又是另一种肌肉在一种合作中起作用。通过这种合作，我们能够完成各种各样最了不起的动作：刚劲有力、优美大方、雅致舒展的动作。我们因此才能够不仅使身体具有高雅的姿态，而且能够建立与音乐旋律相配合的动作。

为了使具有对抗性的动作之间密切配合，必须进行动作训练。我们能够训练动作，但是，这种训练只能在自然的动作协调具备之后才能进行。然后我们可以进行运动和舞蹈等方面的特殊动作。若动作的执行者想使自己产生的动作协调，这些动作就必须由他自己不断地进行训练。不论是优雅大方、身轻如燕的动作，还是富有生命力的动作，执行者自己都必须不断地进行训练。意志当然在这里会起作用：执行者希望自己致力于运动、舞蹈、防身术或参加比赛，等等。但是，为了做到这些，他就应该不断地练习，为意志动作最终依靠的和为自己发出命令的器官做好准备。运动总是随意的，不论是由“肌肉协调”而建立的第一次运动，还是经过设计、创造出的新的运动协调（技巧）。简言之，意志像指挥一支组织严密、纪律过硬、技术精良的部队的指挥员那样，自发行动，就其“力量”而言，随着从属肌的逐步完善，并由此取得支持的必要条件而逐渐增强。

为了培养孩子的自发能动性，任何人都不会让他完全静止不动，用胶粘住他的四肢（我不是说把它们折断）直到肌肉萎缩濒于瘫痪，然后，只需向这孩子讲些有关小丑、杂技演员、拳击冠军和摔跤运动员的精彩故事来刺激他，在他的心中激起模仿他们的强烈愿望就够了。显然，这样的做法是一种不可思议的荒诞行为。

但是，我们却做着同样荒诞的事。为了培养孩子的“意志”，我们首先是试图消除它，或者像我们所说的“扼杀”它，以此来阻碍意志的每一因素的发展，我们总是用自己的意志来代替孩子们的意志。我们按照自己的意志，或让孩子静止不动，或让他行动；为他选择，为他作主的是我们。然后，我们就心满意足地教导他说：“意志就是行动。”我们又以寓言的形式在这种不切实际的幻想上加上英雄人物和意志坚强的巨人的故事，自己还以为只要让他们牢牢记住自己的行为，强烈的竞争意识就会产生，就会创造奇迹。

我上小学一年级的时候，遇上了一位非常爱我们的好老师。当然她叫我们一动不动地坐在位子上，她自己虽然脸色苍白，精疲力尽，却讲个不停。她有一个顽固不变的观点：为了激励我们去尽力模仿那些杰出的女性，特别是“女英雄”，她要我们牢记她们的生平。为了告诉我们如何出人头地，让我们坚信，当女英雄并不是办不到的事，因为女英雄是如此之多，她叫我们大量阅读名人传记。这桩桩件件的故事所告诫的无非是：“你也应该努力出名；难道你不想出名吗？”“哦，不！”有一天，我冷冰冰地回答道：“我决不这样去做。我关心孩子们的将来胜于一切，不会再把其他的传记列入课程表。”

…………

来自世界各地参加上届教育、心理国际会议的教育学家千篇一律地悲叹，年轻人“缺少个性”已构成对人类极大的威胁。但是，并非人类现在缺少个性，而是学校摧残了身体，削弱了意志，现在需要的是解放的行动。这样潜在的人的力量就会得到发展。

如何利用我们的坚强意志是一个更高层次的问题，它只能依赖一个基础：意志存在——即意志已得到发展，已变得坚强。有一个经常用来教育孩子们崇尚意志力量的例子：维托里奥·阿尔费里在晚年自学，用极大的毅力克服了基础阶段的单调乏味。这位在当时就成为世界名流的人，着手学习拉丁语，一直坚持到成为一个文学家，而且靠他的热忱的天赋，成为我们最伟大的诗人之一。他那句关于他转变的话，在意大利常常被教师引用：“我坚持，不断地坚持，全力以赴地坚持。”

维托里奥·阿尔费里作出这个重大“决定”之前，只不过是他所爱的一位任性的社交界贵妇人的玩物。他感到自己若继续做感情的奴隶，就会毁了自己。一种内在的冲动促使他想提高自己。他感到自己本可成为伟大的人，浑身充满了无限的潜在的力量，他很想利用这些力量，听从它们的召唤，将自己的一生交付给它们。但是，那位夫人香气溢人的短柬又把他拉回到戏院的包厢里，和她厮混在一起，白白地浪费掉了一个晚上。这位夫人的吸引力战胜了他本该高兴地抵御这种诱惑的意志力。但是，他在戏院里看着那些无聊透顶的戏时，忍受了极大的愤怒和苦恼，使他产生了强烈的痛苦。他最后感到自己憎恨那位迷人的夫人。

他采取了具体的行动，决定在他们之间设立一种不可逾越的障碍。他把代表他出身高贵的装饰粗发辫剪掉，没有了发辫，他便羞于出门。他然后用绳子把自己捆在椅子上，在那里度过了心神不定的日子。他几乎一行字都看不下去。不管他多么想到心上人那里去，但他身体不能动弹，头上又没有了发辫，只好静静地呆在屋里。

他正是“坚持，不断地坚持，全力以赴地坚持”，才使自己得到自由发展。他正是这样，才将自己从无所作为和毁灭沉沦的深渊中拯救了出来，成了一个名垂千古的人。

我们希望通过意志的教育，带给孩子们的正是同样的东西。我们希望他们学会从使人类堕落的虚荣心中拯救出自己。专心致志，使内心生活获得充实，引导他从事伟大的事业。我们希望他为成为一个伟大的人而奋斗。

这种充满爱的热情希望使我们将孩子置于自己的庇护之下成长。但是，孩子们难道没有拯救自己的能力吗？孩子们用整个心灵爱我们，用他那小小的心灵能够包容的热情顺从我们。但是，孩子自身却有一种能控制自己内心生活的东西：这就是他自我发展的能力。正是这种能力，引导他去触摸某种东西，去熟悉它。而我们却对他说：“别碰。”他到处跑动是为了能够走得稳当，我们却叫道：“别跑。”他问我们问题为了获得知识，但我们却回答："别烦人。"像阿尔费里在戏院的包厢里一样，我们把他放在身边，看管着，叫他听话，给他几件没趣的玩具，他也许会想到：为什么我深爱的她想毁了我：她为什么想用任性来使我痛苦？正是这种任性，使她阻碍我内在能力的发展，而将我置于无聊的事情之中。难道仅仅是因为我爱她。

因此，孩子为了拯救自己，必须具有像维托里奥·阿尔费里一样坚强的心灵，但是，孩子却常常不能。

我们看不出孩子是牺牲品，看不出我们在毁他。我们用命令，用我们的无限权力，要求他这样做，那样做。我们虽然想要他成人，却又不让孩子成长。

也许许多人在读维托里奥·阿尔费里的故事时会想，他们的儿子也许会更有出息。他们希望儿子不需设置外在的障碍（像剪头发，或把自己用绳捆在椅子上等），去抵制诱惑。他们希望一种精神上的力量就能够抵制这种诱惑。就像我们的一位伟大诗人，一边赞美罗马的卢克丽霞，①一边又斥责她用自杀了结生命，因为她如果有更多的优秀品质，她就会死于对自己犯下的暴行所感到的痛苦之中。那位富于幻想的父亲绝不可能问自己为了使儿子变得坚强，为使他能达到精神帮助的高度，他做了些什么。他很可能是那种摧残儿子的意志、使儿子完全顺从他的意志的人。世上没有哪位父亲能达到这样的高度。这种愿望只能在心里默说的人的神秘的声音里，在静寂中才能得以实现。一种像那位希望另一生灵顺从自己的父亲的声音违反了自然规律，打破了"寂静"。在这种寂静里，神圣的工作得以在和平与自由中实现。没有"坚强的人"，一切都是枉然。

---

① 卢克丽霞是贞洁的模范，宁死不受辱的女人。源出自古罗马历史家李维的著作。——译者注

据载，有一位牧师曾经向圣特里萨引见一位愿作加尔默罗会的白衣修女的年轻姑娘。他说，这位姑娘有着天使般美好的品质。圣特里萨收留了这个女孩，说道：“主啊！上帝给了她虔诚，但是她却没有判断能力，永远也不会有的。她将是我们的负担。”

当时最伟大的一位神学家深入研究了贞德[1]的性格。他针对贞德只是上帝意志的工具的说法说道：“别再自欺欺人了。贞德并不是神秘力量的盲目的和被动的工具。这位法兰西的解放者完全能支配自己的人格。她在决定和行动时都以独立的行动证明了这一点。”

我坚信教育工作者的任务主要是包括保护、指导儿童的能力，不阻碍其发展；人为地与在自己的一生中起作用的精神相接触。

① 贞德（Joan of Mrc，1412—1431），法国民族女英雄。——译者注

第八章　智　　力

教育必须使儿童的机体处于运动之中，这是实现儿童自由的“关键”。

“能自由地四处走动”，并以此来完善自己，必然是那些在其运动过程中怀有某种“智力目的”的儿童；“能自由地发展其内在人格，”对某一工作持之以恒，必然是那些在工作中为某种智力目的所支持和指引的儿童。如果儿童没有这种智力目的和对工作的持之以恒，他的内部形成和他的进步都将是不可能的。当我们慢慢克制自己，对被制服的孩子不指手划脚时；当我们把孩子从我们的个人影响中解放出来，置于适合于他的环境和各种发展手段相接触时；我们将会使他对“自己的智力”信心十足！然后他的自发活动将会指向种种具体行动：洗手洗脸，换外衣；打扫房间，掸去家具的灰尘；铺地毯，摆桌子；栽种植物，看管动物；等等。他选择有助于自己发展的工作，并且被感官材料（这种感官材料使他们能区分事物，进行选择，进行推理，并改正自身）所吸引和指导，然后坚持所选定的工作；这样获得的发展不仅仅是“内部成长的缘故”，而且是继续前进的一种强大的推动力量。因此，他从简单实物逐渐过渡到复杂实物，受到陶冶。他根据在大脑里形成的内在秩序和所获得的技能培养自己的性格。

我们让孩子自我发展，也就是让他的智力得到发展，不是像大家普遍认为的把他交给“本能”。“本能”这个词是指动物的本能。我们总是习惯于把孩子当作狗或家畜。因此，一个

"自由的孩子"，总是让我们想到的是一条汪汪叫、蹦跳和偷东西吃的小狗。我们习惯于把被视为野兽的孩子的反抗、抗议、挣扎，以及他们为了使自己从屈辱的境遇中解放出来而发明的保护方法视为邪恶本能的表现。我们最初把他们比作植物和花朵，然后设法使他们像植物一样安静；尽量使他的感官像植物的感官一样，迫使他们成为我们的奴隶，任凭我们随意处置和摆布。但是，他们决不会成为一株我们所希望的"带着天使般花香的植物"。相反，随着他身上"人类的本质"不断减少，直到死亡，退化的人性的痕迹便慢慢显露出来。

相反，如果我们把孩子当作一个智力活动的主体，情形就会完全改观。

为了培养具有高度自觉自主的智力活动的人，我们必须赋予"自由"以新的概念。

我坚信，智力应当是解决人的社会自由问题的关键。近年来，我们常常被一种只解决"思想自由"问题的偏见搞得混乱不清，这类似于目前流行的"对孩子自由"的一种曲解，认为人类只有"退缩"到自己的自由思想中去，才会得到"解放"。但是，他能够"自由思想"吗？这样的"自由"的时代不就是大脑神经衰退的时代吗？不就是讨论将社会权利交给文盲的法律时代吗？

举例说：如果我们让一个病人在健康和疾病之间选择，这能使他自由地选择吗？如果我们让一个未受过教育的农民在有利可图的投资和无利可图的投资两者之间"自由选择"，他会选择哪一种呢？如果他选中无利的一方面，他就得不到自由，他就被骗了；如果他选择了有利可图的一方面，他也没有得到自由，他只是幸运而已，只有当他有了足够的知识去区分有利可图的投资和无利可图的投资时，他才真正的自由了。正是这种

“内在形成”使人自由，不是简单地凭借外部的“社会约束力”。人的自由如果是一个这样简单的问题，我们就只需要一项法令，让瞎子能看见东西，聋子能听到声音，让这些“可怜的人”回到健康的状态就行了。

我们的恳切的期望，总有一天会让人们认识到：人的最基本的权利，就是自我“培养”的权利。它不受压抑，不受奴役，能从环境中自由地选择自身发展的方法。总之，我们只有在教育中才能找到与“个性”相联系的解决社会问题的基本方法。

孩子给我们的启发，即“智力”是揭示他们成长秘密的关键，是培养他们内心世界的方法。它具有多么深刻的指导意义！

因此，智力卫生学就显得非常重要了。当智力被视为培养孩子的方法和生活的重要支柱时，它就不会再被盲目地耗费掉，或未经识别就被压抑和禁锢。

在不远的将来，儿童的智力一定会被人们更精确地认识和精明地对待。而我们现在过多操心孩子的身体，以及附属于身体的部分，如牙齿、指甲、头发，等等。当我们认识到，一个了解和孩子的头发相联系的危险和治疗方法的母亲会不知不觉地压抑和损害孩子的智力时，我们就会感到通往文明的道路是很漫长的（如果我们对生活奢侈品和必需品的不同态度在今天还存在的话）。

何谓智力呢？我们先不上升到哲学家们所下的定义的高度，而来思考一下促使心智形成的映象以及联想或再创造活动的总和，并将这种心智与环境相联系。按照贝恩[①]的理论，对“差

① 亚力山大・贝恩（Alexander Bain，1818—1903），苏格兰心理学家。——译者注

异”的感知是每一智力运动的开始；头脑发展的第一步是对“差异”的鉴别。对外部世界的知觉基础是“感觉”。收集材料并将这些材料加以区别是形成智力的最初过程。

让我们尽量精确、清晰地分析智力吧。

展现在我们面前的作为智力发展标记的第一个特征跟时间有关。大多数人对这个基本的特征如此敏感，以致认为“快”就是聪明的同义词。对某一刺激作出迅速反应，联想敏捷，判断迅速——这就是智力最明显的外部表现。导致这种“迅速”的原因无疑与从外界接收信息、精心编织意象以及使内心思考的结果表达出来的能力相关。所有这些活动都可以用一套类似于心理“体操”系统的训练加以发展。这种系统通过收集大量的感觉材料，让它们彼此间不断地相互联系，从中作出判断，养成自由展示这些东西的习惯。正如心理学家们所说，所有这些都应该使行为隧道和联想隧道更加具有渗透性，使“反映期”更加短暂。在智力肌肉运动中，动作的重复不仅仅使该动作更加完善，而且使其实现也更加迅速。聪颖的孩子不仅指能理解的孩子，而且也指那些能迅速理解的孩子。另一方面，如果某人学同样的东西要花很长的时间（比如两年而不是一年），他的反应就要迟钝些。人们议论“反应敏捷”的孩子，“什么都逃不过他的眼睛”，他的注意力总是高度集中，时刻都准备接受各种各样的刺激：像灵敏度极高的天平对轻微的重量变化作出反应那样，敏感的大脑对最小的吸引也要作出反应。他的联想也同样迅速，“他一眨眼就懂了”，已成为“思维精确”的口头禅了。

现在使智力机体“处于运动状态”，活动只能是一种“自动练习”。若要另一个人代替我们锻炼，让我们获取技能，那是不可能的。

感官练习激发并加强了孩子们的主要活动。当感官和刺激物适当分离,孩子的意识中有清楚的知觉时;当他感觉到热、冷、粗糙、光滑、重、轻、声音及单调的噪音时;当万籁俱寂,他闭上双眼,等待一个细微的声音或低语时;外部世界好像叩响了他的心扉之门,唤醒了他的心灵活动。而且,当众多的感觉与丰富多采的环境相融合时,这两者就和谐地相互作用,并使已被唤醒的活动得到加强。这个问题可以用下面的例子加以说明:一个专心致志给图案上色的孩子,在音乐的陪伴下会选用最美丽的色彩;或另一个孩子,在看到赏心悦目、优雅怡人的校园和盛开的鲜花时,会用最美妙的歌喉引亢高歌。

儿童的自我教育过程开始后,表现出来的第一个特征就是他们的反应变得更加有准备,更加迅速:昔日从眼下溜过而没有被注意或只是引起一点点兴趣的感官刺激物,今天却被强烈地感知到了;物与物之间的关系被轻易地发现;因此在运用这些东西时所出现的差错能得到及时的发现,并迅速作出判断,予以纠正。通过这种感官体操,儿童完成了这种原始而基本的智力训练。这种智力训练唤醒了中枢神经机体并使他处于运动之中。

当我们看到反应敏捷、生气勃勃的孩子的这些外部表现形式时——对最轻微的感召表现敏感,随时随地都准备朝我们飞快地跑来,而不需转移对自己的运动,以及对所遇到的东西的注意力,将他们与那些普通学校的迟钝孩子相比(那些孩子运动迟钝,对刺激物反应冷漠,没有自发联想的能力),我们就会自然想起与旧时文明相比较的今天的文明。今天的社会环境与昔日相比显得更加舒适:我们已学会了怎样节约时间。马车曾经是交通工具,而现在我们坐汽车甚至坐飞机旅行;声音曾是远距离说话的媒介,而今天我们则通过电话交谈;在敌对行动中,古人是一个对一个地相互残杀,而今天却是成千上万人的大屠杀。所有这些都使我们认识到，我们的“文明”不是建立在“对生命的珍惜”或“对灵魂的珍惜”基础之上，而是建立在“对时间的珍惜”之上的。我们只能从外部的感觉上说，文明得到了发展。文明开动机器，发展得更快。

然而，人类却没有跟上文明发展的步伐，个人还没有有条有理地促进自己的发展；在这个左右为难的环境中的孩子不是新人，并不更有生气，并不更迅速，也并不更加聪明。改变了的人格还不能随时应付面临的各种各样的可能事件；还不能随时利用人类对外部环境的胜利来为自己服务。在这个文明的社会里，反应迟钝的人也节约时间，也存钱，但是我们的灵魂却一直被欺骗，被压抑！

如果人类不起来改造自己，使自己和所创造的新世界和谐相处，那么，人类有朝一日会被这个新世界推翻，压得粉碎。

孩子作出的迅速反应不仅仅是聪颖的外部表现形式。它们不仅与训练相关，而且也和建立的内在秩序有关：对于人们所熟悉的工作进行有组织的、条理清晰的、层次分明的再安排本身更能说明智力的形成过程。

总之，秩序是反应迅速的真正关键。思维混乱的大脑要认识某一知觉对象并不比写一篇推理性论文容易。在一切事物中（社会的也好，别的什么也好），正是组织和秩序才使迅速发展成为可能。

“能区分”是智力的特征：区分就是安排。在生活中，“区分”也是为“创造”作准备。

创造在秩序中得到阐述。在《创世纪》中我们找到了这个概念。上帝在没有准备的情况下，没有开始创造；他的准备就是在混乱中建立秩序。“上帝将光明与黑暗分开，然后说：让江水集在一起，让陆地出现。”意识可能拥有各种各样丰富的内容。但是，当思维混乱时，就不会出现智力。智力的出现与点亮一盏能清楚地辨认事物的明灯完全相似：“让世界充满光明吧！”

我们因此可以大胆地说：帮助智力的发展就是帮助把意识的意象有条不紊地分门别类。

我们应当想起 3 岁小孩看到世界时的心理状态。他因看到这样多的东西，多少次精疲力尽，昏昏入睡。其他人不会想到，走路对他来说实际上是一项工作；也不会想到，在他的器官还没有协调之前，他必须经常纠正感官所犯的错误，用手核实眼睛还不能正确估计的什物时，看和听是一种最大的努力。因此，这个被过多的刺激物压迫的小孩，在这类刺激物过多的地方，会哭闹或者入睡。

3 岁小孩的思想异常混乱。

他如同一个收藏了大量书籍的人，乱七八糟地把这些书堆起来，感到纳闷：“这些书我怎么办？”他什么时候能够把这些书放整齐，能说“我拥有一座图书馆”呢？

通过所谓的“感觉练习”，我们使孩子能够区分和分类。实际上，我们的感觉材料分析和描述了事物的属性：大小、形状、颜色、表面光滑或粗糙、重量、温度、味道、噪音和声音。重要的是物质的性质，而不是物质本身，虽然这些相互分离的性质本身由物质代表。我们能找到一系列同样数目的对应“物”来描述长、短、厚、薄、大、小、红、黄、绿、热、冷、重、轻、粗糙、光滑、香、噪音以及洪亮等特性。这种分级对于秩序的建立非常重要。实际上，事物的特性不仅有质的差别，而且也有量的差异。它们也许高一点或低一点，厚一点或薄一点；声音有不同的调；颜色有不同的强度；形状也许在不同的程度上有相似之处；而粗糙和光滑却完全不是绝对的。

感觉教育的材料应达到区分事物的目的。首先，它应该使孩子通过大量的比较和分析练习确定两个刺激物的特征。接着，当课文将儿童的注意力指向一系列外部事物：光明、黑暗、长和短时，差异便被感知到了。

最后，他开始区分不同特征的差异程度，依次排列一系列物质，比如表明同一半音符的不同程度的表格，发出八个调的铃铛；以及能以小数表现长度或以公分表现厚度的东西。

这些对孩子具有巨大的吸引力的练习跟我们目睹的一样，被孩子们不断地重复着。教师在每个得到的东西上面贴上一个字。类就完整了，最后便有了一个表：能根据名字想起特征和意象的表。

我们现在除了凭物质的特征区分事物外，没有其他的切实可行的办法。因此，对这些物质的分类就需要涉及每件事的基本的安排顺序。从此，世界对孩子就不再混乱不堪了。他的思维便有点像图书馆或收藏丰富的博物馆里井井有条的架子，东西都各归其类，各就其位。他学到的知识不再仅仅被“贮藏起来”，而是得到了适当的“分类”。这种基本的顺序绝不会被打乱，而只会用新的材料加以丰富。

因此，孩子在获得区分事物的能力之后便奠定了智力的基础。没有必要重复已获取的秩序在环境中寻找的实物所提供的内在动力。儿童从此“认识了”周围的事物。儿童欣喜地发现天空是蓝色的，手是光滑的，窗子是长方形的时候，他实际上并没有发现天空，也没有发现手，也没有发现窗子，只是发现它们在大脑顺序中的位置。这就决定了内心个性的稳定平衡。这种稳定平衡如同协调官能的肌肉、使身体保持平衡、获得推进各种运动的稳定和安全一样，带来镇定、力量和进行新的尝试的可能性。一座安排得井然有序的博物馆为查找的人节约时间和精力，这种秩序有助于节约时间和精力。这样，孩子就能完成更多的工作而不感到疲倦，就能在更短的时间内对刺激作出反应。

在头脑中已经建立的牢固的秩序的基础上将外部事物加以区分，归类和编排——这既是智力，同时也是陶冶，实际上也是一种普遍的观念。一个受过教育的人如果能够凭作者的文风辨别出作者，或能够辨别出某一时期的文学作品的特征，我们就可以断定他“精通文学”。同样，如果某人凭某画家用颜料的方式能够判断出画家，或从浅浮雕的片断判断出雕刻家的年代，我们便说他“精通艺术”。科学家也属于这一类型。他们能够观察事物，能够最详尽地、恰当地评价这些事物的价值，这样，事物特征之间的差别就得到了清楚的感知和归类。科学家根据他井然有序的思维来区分事物。秧苗、微生物、动物或动物残骸对他们都不是什么谜，虽然这些东西本身对他们可能是陌生的；化学家、物理学家、地质学家和考古学家也一样。

造就文人、科学家和鉴赏家的并不是事物的一种直接知识的积累，而是建立在头脑中的知识体系。相反，未受过教育而对事物只有直接经验的人，他也许是一个秉烛夜读的太太，也许是一个终生在花园里对植物进行实际区分的园丁。这些没有受过教育的人的经验不仅混乱无序，而且还只限于直接接触的事物之中。科学家的知识是无限的，因为他们具有将事物的特性分门别类的能力，能够识别所有这些物质并随时确定其类别、相互间的关系和各自的起源，于是他也就能发现远比实物更深刻的事实。

今天，我们的孩子像艺术鉴赏家和科学家那样凭特征对外界事物加以辨别和归纳。他们对一切都敏感，一切东西对他们都具有价值。相反，无知的人从艺术品旁经过或听到古典音乐，却不能欣赏。没有受过教育的孩子对一切都无动于衷。

现在的一般教学法和我们常用的教学法恰恰背道而驰。这些教学法首先排除了自发性活动，将事物和事物的特征一起直接介绍给儿童，要求他们注意各个特征，希望他们勿需指导和顺序就能自己抽象出这些特征。这样，这些教学法就在被实验者的身上人为地制造了一种比大自然的混乱现象更加缺乏创见的混乱状态。

现在通用的“直观”教学法展示出某物并记下该物的所有特征，即把该物描述出来。这种教学法并不是什么新花样，而只是司空见惯的“感官”记忆法的翻版罢了，不同的是，它不是描述某一想象的东西，而是描述眼前的东西；不是凭想象来描述，感官也参加了这项活动。这样做的目的是为了使某物与它物不同的表征能更好地被记住。被动的大脑只限于接收眼前的事物和杂乱无序的表象。实际上，每一事物的特征都可能是无限的。像在实物课中，如果实物自身从头至尾的目的都包括在这些特征之中，那么，大脑就必须对此进行综合思考。比如，上关于咖啡的直观课时（我曾在一所幼儿园听过这样的课），教师对咖啡加以描绘，将孩子们的注意力集中在咖啡豆的大小、颜色、形状、芳香、味道和温度上。如果教师再继续描述咖啡树以及怎样飘洋越海把咖啡豆运到欧洲，最后点燃酒精灯，煮开水，磨咖啡豆，制作咖啡饮料，学生就会被弄得不知所云，而咖啡本身却没有得到详细讨论。我们还可以继续描述咖啡的兴奋作用，从咖啡籽中提取出咖啡因，等等。这样的分析像溢出的油一样四处蔓延，不起任何作用。如果我们问被这样指导出来的孩子：“啡咖到底是什么？”他很可能要这样回答：“说起来话长，我记不起来了。”这样模糊的概念（我当然不能说这概念很完备）充塞大脑并使它精疲力竭，根本无法让它进行积极的类似的联想。孩子所作的努力顶多是回忆咖啡的历史。他的头脑如果能形成联想，这些联想也只能是相近的次要的联想：他就会心不在焉，而去想象被横渡的海洋、想象家里每天放咖啡的桌子，换言之，他的思想“允许它自己”脱离连续被动的联想时，就会像懒散的头脑，胡思乱想。

这种孩子往往沉缅于幻想中,没有内在思维活动的迹象,更谈不上什么个性差异了。适应直观教学法的孩子，他的头脑总是容易接受各种各样的新观念，或者成为不断装进（如果我们愿意这样做的话）新东西的仓库。

如果让孩子像观众那样以静观的方法形成对某一事物的表象，再试图让他去认识事物的本质，而不让参与对于这一事物的任何活动，那么，在这个孩子的头脑中将不会把这一事物与其他事物联系起来并思考：它们之间有什么共同的特征或相似之处？有否相同的用途？

我们在凭借相似性联想不同物质的意象时，应当从总体中抽取这些物质所共有的特性。比如，我们如果说两个长方形的匾相似，我们已先从匾的众多性质中抽取出诸如它们都是由木制的，都经过推刨，都是光滑的，都着了色，都具有同样的温度以及其形状相似等等方面的性质。这可能使人想起一连串的物质：桌面、窗子，等等。但是，在得出这样的结果前，大脑应该能够从这些物质的众多特征中抽象出长方形的特征。大脑必须活泼，它分析事物，从事物中提取出某种特性，并在这种特性的指导下用同样的联接媒介综合众多的事物。如果不能从众多相关的事物特征中选择出其固有的特征，那么，通过比较，综合产生联想和更高的智力活动都是不可能的。联想实际上是智力活动，因为智力的根本特性并不是“拍摄”物象，然后像相簿一样将它们“一页一页”地保存起来，或像铺路石一样，一个挨一个并排着。像那样的贮藏劳动是对智力的糟蹋。

智力及其独特的逻辑思维和辨别能力足以区分、抽象事物的重要特征。智力正是在这些特征的基础上继续前进，建立起了自己的内部结构。

现在，我们的孩子（他们的思维在他们所接受的教学法的帮助下，已在事物的特性的分类方面具有条理性）不但要根据他们所分析的特性来观察事物，而且还要区分相同、不同和相似。这项活动抽象出相当于被认为是不相关的、简单的和自发的感官群的一种特性，即识别某一事物的不同特性。比如注意某些物体形状及颜色的相似对儿童并非难事，因为“形状”及其“颜色”已经被分成非常鲜明的类别。这些“形状”、“颜色”又根据类似特征联想起一连串的物体。按物体特性的这种分类法像一种天然磁石，它对确定的一组特性具有吸引力，具有这种特性的物体受到吸引并相互连接起来。这是一种靠类似产生的联想，几乎是一种机械性的联想。也许我们的孩子会说：书是棱形的。如果他大脑中不是早有棱形，那么他得出这样的结论是经过一个极为复杂的思维过程的。因此，白纸上印上黑字，装订成册，孩子就会说：书是印有字的白纸。

个性的差异正是在这种积极的活动中才得以表现出来。吸引相似物体的特征是什么呢？为相似联想选出的主要特征又是什么呢？某一个孩子注意到窗帘是淡绿色的，而另一个孩子则注意到窗帘很轻；某一个孩子注意到手的白皙，而另一个孩子则注意到手的皮肤光滑。窗子在某一个孩子的眼里是长方形的，而在另一个孩子的眼里却是某种能了望蔚蓝天空的东西。孩子对主要特征的选择与他们内在的性格相一致，成为“自然选择”。

同样，科学家选择对他们的联想最有用的特征。某个人类学家也许会选择大脑的形状来区分不同的人种，而另一个人类学家或许会选择肤色——不管哪种方法都会殊途同归。也许每一个人类学家对人类的外部特征都有非常精确的知识，但是，重要的是在于找出一个能够作为分类的基础的特征，即找出一个在其基础之上能够根据类似特征对众多的人进行分类的特征。纯粹实用的人会从功利的角度，而不是从科学的角度来审视人类；帽子制造商只会注意到头的大小，而不会注意人类的其他特征；演说家则只会从人类对口头语的感受角度来考虑人类。然而，选择是我们实现某种计划从含糊不清到实际步骤，从理想到现实转变的必不可少的基础。

世界上的一切事物都有它的特性或局限性。我们自己的心理感觉机制是建立在选择之上的。感官的作用是什么呢？难道只对固定的一连串颤动作出反应，而对其他什么都不予以理睬吗？如此说来，眼睛就只限于看见光，耳朵就只能听见声音了。因此，在形成思维内容的过程中，第一步应该是经过必要的和实际的限制性选择，然而，思想还对感官可能的选择进一步加以限制，在内部选择活动的基础上，形成某种具体选择。这样，注意力就被集中在特定的事物上，而不是在所有的事物上；意志也就从众多的可能行动中选择必须完成的行动。

高级的智力活动正是以同样的方式得以完成的。智力通过相似的注意力和内部意志的行动，提取出事物的主要特征，进行意象的联想，并将这些意象置于意识的前缘。它会抛弃大量使其前后关系含混不清的因素。每一个健全的大脑都能去粗取精，抛弃多余的东西，使之获得独特的、清晰的、敏感的和重要的能动性。智力能抽象出对创造性的生活有用的东西，并在浩瀚的宇宙中找到拯救的方法。如果没有这种独特的活动，智力就不能成为智力，就会像漂浮不定的注意力，像永远无法确定某一行动的意志一样。

詹姆斯[①]说：“我们可以假设上帝能够在其活动不受伤害的情况下，同时观照世上万物。

但是，如果人类的注意力像这样分散，那么，我们就只能浮光掠影，无法深入钻研。

生活的一个奇妙现象就是如果没有限制，就无法认识事物；神秘的法则规定每一生物都有其“形式”和“范围”；而不像形式和范围都无定式的矿物那样，这种现象不断地在心理生活中重复它的发展，它的自动创造不是别的，正是限定更为明确的、更为先进的“集中”。正是如此，我们内在的独特形式才挣脱原始的混沌，逐渐得以改造和雕琢。

形成一个事物概念的能力、判断和推理的能力总是以此为基础的。我们在注意到了圆柱体的通常特性之后，抽取出一条普遍的真理：圆柱体是一个支撑物。这个结论是建立在选择特性之上的。因此，我们的判断是：圆柱体都是圆筒形的。这个判断是我们从圆柱体的其他许多特征，诸如圆柱体是冷的、坚硬的、酸钙组合而成的等等中提取出来的一个特性。只有这种选择能力才能进行推理。例如，在讲述毕达哥拉斯定理时，孩子们摆弄着各种图形。他们应该从长方形与棱形相等，平面与同一棱形相等这一点开始。看出了这点，就有可能得出下列推论：平面和长方形相等。如果看不出这个属性，大脑就不会得出任何结论。大脑成功地表现了两个不相似的物体之间相同的

---

① 威廉·詹姆斯（W. James，1842—1910），美国心理学家、哲学家。——译者注

属性。正是这种发现，得出了一连串的结论；通过这种方式，才能透彻理解毕达哥拉斯定理。

对于意志，决定是以有条不紊的由个体进行的推动力和抑制力的训练为前提的，直到建立了习惯。同样，对于智力，个体必须进行由外界手段引导和帮助下的联想和选择的自我训练，直到他通过限定某些观点及其他选择，培养了具有自我特点和类型的“智力习惯”。因为通过强调所有的内心活动，大脑能够像注意现象向我们显示的那样，获得个人倾向，即“天性”。

毫无疑问，理解和研究别人的推理与自己进行“推理”有着本质的区别，根据一个艺术家向来对颜色、协调和形式的兴趣来研究他对外部世界的看法，与从某一点看外部世界并进行艺术创造也有着本质区别。“学习别人的东西”的人的头脑中，只有欧几里德①难题的答案、拉斐尔②的艺术作品、历史和地理知识与体裁的法则，等等，像小贩肩上塞满旧衣服的口袋，混杂地搅和在一起，无轻重主次之分。另一方面，一个想把东西都用来为自己服务的人，就像一个小贩想用口袋里只不过是零零星星的杂乱什物来获得自己的幸福、享受和舒适。相反，同样的什物如果不是被放在一个封闭的口袋里，而是安排在井井有条、宽敞明亮的房屋里，就绝不会杂乱无章地混杂在一起。有条不紊的头脑比把知识像堆垃圾似地堆在脑袋里的大脑要获得更多的东西。在这样的大脑中，就如在房间里一样，实物分门别类，协调安排，用途分明。

---

① 欧几里德（公元前 330—275），古希腊几何学家，被誉为几何学之父。——译者注

② 拉斐尔（1483—1520），意大利著名画家，科学家。——译者注

由于别人想把一件事的解释强加于我们才去“理解”，与我们自己主动去“理解”，两者完全不同。犹如一个留在松软的蜡上的印象，将被其他印象取而代之，而另一个刚好似被艺术家雕刻在大理石上的艺术品。理解自己的人有一种出人意料的意象，他感到自己的意识得到解放，身上有某种东西闪闪发光。理解不会终结，而正是认识事物的开端；有时可使我们的生活出现崭新的变化。也许没有什么情感像智力情感那样丰富。一个有所发现的人一定能享受人类最大的乐趣。就是一个仅仅能“理解”的人也能获得高尚的享受，他能够战胜世间许多痛苦和悲伤。确实，如果一个不幸的人能够将自己的事与其他人的事加以分辨，或者清醒地得知自己饱受折磨的原因，他就能得到解脱和拯救。在一片混沌不清的黑暗之中，他看见了一线能获得安慰的智力之光；困难在于在黑暗之中寻找逃遁的方法。一条狗在主人的坟前悲伤而死，而一位母亲在爱子的坟前却能活下去；这说明正是“理智”造成了两者之间的鲜明区别。狗在这件事上没有理智。它之所以死是因为智力之光没有能够照射进那个黑暗的王国，消除它的悲伤。

对全球正义的向往和记忆拯救了人类。不是只能拯救动物的遗忘，而是智力建立与世界的联系使一颗深受创伤的心趋于平静。这样的舒适不会从一位教授的枯燥无味的课中得到，不会从背诵某位对我们的苦难漠不关心的专家的理论中得到。我们说“理智一些”、“力量来自信仰”时，我们指的是：应该让永远在探索的智力，自由地去完成培养和拯救的任务！

在“理解”中，如果智力真的能够在面临死亡时拯救我们，那么，它会给我们人类带来多大的快慰呀！

我们谈到“头脑开窍”时，我们指的是一个富有创造力的现象，头脑开窍就是伴随大量情感的积极理解。它属于精神的范畴。

我曾认识一位没有母亲的女孩。她对枯燥无味的课堂教学非常反感，到了几乎不能学习和不能理解课堂知识的程度。这种缺乏天然情感的生活加重了她大脑的疲劳。她父亲决定带她到乡下去，让她像野人似地生活一两年。然后再把她带回镇来，请了几位“教授”当家庭教师，孩子仍然处于被动疲倦的状态。她父亲经常问她：“你的脑子开窍了吗？”孩子总是回答：“我不知道。”由于一种奇妙的巧合，这个女孩子被托付给我，由我单独照看。那时我还是一名医学院学生，我作了最初的教学法试验（虽然很有趣，但我现在不能再做了）。有一天，我们在一起，她正在学有机化学，她突然盯着我，两眼闪闪发亮地说：“我开窍了，我理解了！”然后，她站起来，边跑边叫：“爸爸，爸爸！我的脑子开窍了！”当时我并不知道这孩子的历史，感到很吃惊。她拉着父亲的手，说道：“我现在可以告诉你，我原来不知道这是什么意思，现在我的脑子开窍了。”那时父亲和孩子那欢愉的情景令我想到：我们由于压抑了智力，失掉了多少生活的乐趣和欢欣！

事实上，智力上的每个进步都会给孩子带来欢乐。他们享受了这种欢乐后，就不再喜欢蜜饯、玩具和虚荣了。

正是这样，才使他们在旁人的眼里变得了不起。

他们的欢乐是一种高尚的欢乐，一种将人与动物区分开来的欢乐，一种能把我们从悲伤和黑暗的孤寂中拯救出来的欢乐。

如果有人指责我们提高孩子的欢乐层次的方法不道德，那么受到侮辱的就不是方法，而是孩子。因这种指责的核心就是对孩子的诽谤和中伤。他们将孩子看成了畜牲，孩子的“欢乐”也只满足于贪嘴、玩耍和更糟糕的事情。这些东西都不能使孩子的“欢乐”持续多久。只有当他自己明白了“人的欢乐”时，他才会像那位向她的父亲宣布她已经从多年来毫无活力的黑暗中走出来的女孩子，生活得那么愉快。

那些“转折点”，也就是天才的智力阐释和发现某一真理时，难道不是代表一种心理生活的自然现象吗？天才的表现形式不就是一种“充满活力的人生”的表现形式吗？这种人生通过特殊的个性，以及因此能独自揭示人类真正天性，使它免遭厄运。他的类型相当普遍，所有的人，或多或少都似出于同一“种类”。孩子们积极塑造其个性的道路与天才们所走的道路相同。他的个性特点是专心致志，全神贯注；这种特点使他不受外界环境的干扰，在强度和持续时间上与精神活动的发展相一致；对天才来说，这种专心致志不会毫无结果。它是智力发展的源泉，是使思维能力得到尽快提高的源泉；更主要是“外在活动”的源泉。

我们可以说，天才就是砸碎了锁链的人，保持了自由的人，在众人眼前坚持他所征服的“人性标准”的人。

几乎所有那些表现自己已从他们时代的外部桎梏中解放出来的人的表现形式都可在孩子们身上找到。这类例子有：今天尚不为大多数人所知道的高尚的“精神屈从”（当然，和尚是例外，他们常从理论上意识到它，但仅仅在圣人所给的例子里思考它。）；那些为建立丰富的内心生活所必需的方法，这种丰富的内心生活是为隐居生活作准备的不可缺少的一部分。除和尚之外，没有任何人锻炼过“沉思”（meditations，或译“深思”）。我们很难从理论上区分沉思和“学习”的方法。例如，我们知道大量地、连续不断地读书会使我们的思维能力受到削弱。背一首诗就是不断地重复，直到被牢牢地印在脑里。所有这些都不是“沉思”。

背诵但丁诗歌的人与静思赞美诗的人所进行的是两件完全

不同的工作。但丁的诗能"装饰"人的头脑，在脑子里留下一点印象，而被当作主题加以深思的诗歌就具有改造人和启发人的功能。

深思的结果是"力量的内在硕果"。心灵更加强健，更加活跃，对已经专心致志深思的种子发生影响，使之开花结果。

孩子们选择的培养他们天性的方法就是"沉思"，因为没有其他方法能够使我们如此持久地专心致志，并逐渐获得内心的成熟。对自己的工作有目标的孩子肯定不是"学"，他们的目的是由内心生活的需要产生的。这种内心生活应该想法使它得到培养和发展。他们就这样模仿，不断地"成长"。这是一种能逐渐使他们的智力得到协调和发展的习惯。当他们沉思时，他们就走上了没有尽头的进步之路。

正是通过沉思锻炼之后，孩子们才能乐于"安静练习"。然后，他们试图在行动时不出声响，举止优雅，因为他们正陶醉于精神"集中"的硕果之中。

他们的个性正是通过这样的练习而得到巩固和加强的，然而用于达到这个目的的练习也是通过精心设计而逐步完善的。孩子们习惯于用这种正确的方法去认识外部世界，并在一种持续的自发活动中观察、推理、判断和修正意识中的错误。正是他们在自发活动、在主动选择和持续工作，正是他们在探索从周围环境中获得专注于该环境的可能性。他们大家都随自己的内在动力而活动，而不受任何外界（包括教师和比他们年龄大的同伴）的干扰。即使有些人恫吓这些刚被引入生活而仍然幼稚无知的学生；他们不是启发学生思考，而是把一切弄得模糊不清；不是使学生精神愉快，而是使学生抑郁不乐；但是，他们仍能与学生和睦相处。她虽俨若修道院的女牧师，实际上只不过是奴仆而已。这让我们想起，在一些理想的修道院里，谦恭、简朴和勤恳的工作组成了那里的生活环境。那些沉思默想的人，在某一天将会在内心里产生清新的图象、直觉和情感，从而使他们接受真理。在修道院的安静、简朴和谦恭之中，精神通过相同的道路去达到不同的目的，为自己从一开始生活时就作好接受信念的准备。

很多年前，我初次感到孩子们揭示了生活的普遍法则（这种普遍法则我只有幸在社会知识分子和精神界的杰出人物圈子里才能找到），他们同时也揭示出一种无意识压抑形式。这种无意识压抑形式使人类负担沉重，并使内心生活受到损害。我将这种感受告诉了一位有见识的女士，她对我的“理论”颇感兴趣，并希望我将这些理论写成一篇具有哲理的论文发表。但是，她却不能接受这个尚待实验的观点，我谈到孩子时，她显得有些不耐烦：“啊！对，孩子们的事我都清楚。在智力上，他们是天才；在道德上，他们是天使。”我一再游说之后，她终于亲自来参观我的学校了。她激动地抓着我的双手，真诚地望着我问道：“你想过没有，你说不定随时都会死？……赶快写，马上写，就像写遗嘱那样，把这些事实都写下来，不然，你会把它们都带进坟墓的。”

谢天谢地，我的身体棒极了。

我们如果仔细研究那些曾为我们开辟了新的思维方式，曾为我们带来幸福和社会进步的新的源泉的天才的脑力劳动，我们就必须承认这些劳动不能叫做让一般人望而止步的非凡工作。贝恩[①]说：“天才的相似联想能力非常强。这就是天才的最基本的特点。”甚至在“发现”的“中心”，也只有通过精确的

① 贝恩（Bein），英国心理学家。——译者注

观察和多数人都认为自己有能力进行的简单推理，才会有发现。“发现”要对“事实”进行整理。不过，这种事实只能被发现者“发现”，而被其他人忽略。

我们可以说，天才有一种在意识里将事实分离出来，并把它与其他东西分别开来的能力；像在一个黑屋里，只有一束光落到宝石上一样。这个思想会在意识里产生巨大的革命，能为人类作出伟大的、珍贵的贡献！

主要因素是一般事物而不是不寻常事物的重要性。决定惊人现象的是在同一领域中的分离而不是它的内在价值。在成千上万个糊涂的观念中，珍宝就存在于一大堆无用的笨重的物质中，没有被谁注意到。同时，新事物又不断地涌进来；真理被发现之后，许多人都感叹自己也知道这条真理的存在。在这种情况下，并不是真理具有价值，也不是真理本身，而是那位能够认识真理，并将真理付诸行动的人。

但是通常的情况是，新发现的真理并非已存在于混沌意识之中；新的光芒（不论它是多么简单）无法渗入大脑，而是智力劳动的产物。

它被斥为奇谈怪论而遭到排斥。让“新颖”进入人的大脑，就需一定的时间，需要智力的协调配合。有一天，它会被看作如水晶一样清澈、透明，使人不能看到新颖的不是人的“天性”，而是他的“错误”。这些错误不但使人不能创造，还损害人的感官。救世的开拓者们常常被一种无知的忘恩负义所困扰。这就是精神黑暗的产物。

克利斯朵夫·哥伦布的论据是什么呢？他想：“如果地球是圆的，那么人如果从某一点出发，一直往前走，就会回到原来出发的地方。”这就是智力劳动的成果，它为人类发现了一个新的大陆。

而这块陆地位于哥伦布的航线之中，哥伦布遇见的是这块陆地而不是死亡，都应归于命运的安排。命运有时给这种“小小的推理”报以大的奖赏。

当然，这些伟大成果的取得不只是由于人的智力劳动，更重要的是他的英雄胆略。哥伦布的困难在于：他历尽千辛，才说服别人为他提供船只和随员，帮助他完成了伟大的业绩。是信念而不是哥伦布的论据获得了胜利。

他简单而又符合逻辑的推理在心里酝酿出了一种比智力珍贵得多的东西。这种推理使一个几乎目不识丁的出身卑微的单身汉将一个新的世界呈给王后。

据说亚历山大·伏特①的妻子发高烧。伏特按当时的治疗法为她配制退热剂——带皮的青蛙汤。这是个雨天，他把死青蛙挂在窗户的铁棒上时，注意到青蛙的腮在收缩。“死肌肉收缩，说明有外来力作用于它。”这是“天才”，“伟大的发明家”的简单的论据。为了寻找这种外来力，伏特通过大量实验，从地场中得到了电。“天才”的一个简单的论点，带来了伟大的发现。对一件小小的事实（例如那只死后肌肉收缩的青蛙）适当加以思考，严肃而不带任何幻觉的思考，然后把精力集中在“它为什么要收缩”这样的问题上——也就是人类取得一项伟大成就的漫长的过程。

伽俐略的发现与此相似。他站在比萨教堂里看见吊钟左右摆动。他发现钟摆摆动的时间都相同。钟摆是人类计算时间的开始，也是天文学家计算宇宙的开端。

牛顿发现苹果从树上掉下来的故事多么简单，他问自己：“苹果为什么要往下掉？”这就是物体重力理论的开始，也是万

① 伏特（1745—1827），意大利物理学家。——译者注

有引力理论的开始。

我们研究瓦特的生平时，惊叹他的知识渊博并敢与同时代的知识最渊博的人挑战。他既是物理学家，又是心理学家、数学家。英国和德国的大学都授予他荣誉称号。然而，他所以对人类作出了伟大贡献，并为自己赢得了丰碑，只是因为他看见被开水蒸汽推动的壶盖。“蒸汽的力量能够推动壶盖，也能推动活塞，它能够成为机器的动力。”著名的壶盖是人类历史的魔杖，它使人类从此能够毫无疲惫地工作和旅行。这些从小事中得出的伟大发现是多么了不起啊！

这些故事从一开始就与那些产生于两个互不相知的微小的细胞相似。这两个细胞的结合却不可避免地导致复杂的生命的产生。仔细地观察，将观察所得到的事合理地联在一起是天赋极高的人的工作。然而，这项工作却需要特别的注意力。它能使头脑集中于某事物，这是天才的特点，像有发育能力的细胞是内在的成果一样。结果是积极丰富的内心活动所致。这种心理活动似乎与一般的心理活动不仅在形式上不同，而且在“力量”上也不同。正是生气勃勃的生命使两个微弱的智力的火花升起，使它们奇妙无比。它们如果不是来自强壮的、独立的和能够进行坚持不懈的努力和自我牺牲的人，这些小小的智力的火花就只能是内在的和微不足道的了。

因此，智力必须完成的只是很小的工作。但是，这项工作被清楚地限定了，被剩下的复杂所剥夺。简单是发现的向导：简单，如同真理，应是明了的。必需的只有一点。但这一点就能够组成一个强大的集团，其他的都是无用的。

大脑的阻力越大，更多的智慧之光就会被浪费，力量就会被分散，使大脑不但不能进行推理“活动”，甚至连事实都不能看见。

我们研究一下那些人们易犯的普遍性错误是很有趣的。由于这些错误，能延缓给人类带来宁静与舒适的发现；由于这些错误，人们对明显存在的事物视而不见。

让我们来看看疟疾的根源是怎样发现的吧。经过英国人罗斯①和意大利人格拉西的研究，他们得出产生疟疾的疟原虫是由一种特别的蚊子传染给人体的。让我们看看在这个发现之前的科学是怎样的吧。1880 年拉弗兰②发现了一种动物微组织。这种微组织有损人体红血球，使人产生周期性高烧。随之而来的研究证实和解释了这一事实，疟疾便成为众所周知的事。大家知道，动物微组织与植物微组织不同，它在经过裂变产生新生命的循环之后——即在一个细胞分裂成两个、两个分裂成四个……细胞之后，就让位于性形式，雄性和雌性，这两种性别互相分离，不能再裂变，但却能互相融合之后，组织又开始裂变循环，一直到它又一次形成性形式。

拉弗兰还发现，有一些疟疾愈者的血液中有大量的、不再是原形的疟原虫球体，它们呈新月形。他认为这些球体是疟原虫的转换形式，“不再能产生疾病”，并把它们叫作“变了质的”组织。这些组织被叫作“拉弗兰变质形式”。1900 年发现了疟疾传染之后，拉弗兰的“变质形式”被认为是再生循环的性个体：不能在人体血液中进行融合的个体，这种个体只能在蚊子体内产生新组织。也许我们会想：拉弗兰为什么没有想到这些性形式呢？他为什么没有在动物微组织中，即在疟原虫中寻找融合时期呢？动物微组织是什么？如果他早有完整的原生动物门脉循环观点，他一定会想到这些性形式。但是，莫里尔有

---

① 罗斯（1857—1932），英国医生，曾获 1902 年诺贝尔医药奖。——译者注

② 拉弗兰（1845—1922），法国生理学家及细菌学家，曾获 1907 年诺贝尔医学奖。——译者注

关人类退化的理论显然对他的想象力产生了很大的影响；从这些不着边际的理论跳跃到有关疟原虫的解释，就是“天才”的所为了。可以这样说，这个“天才的功绩”，这个视觉概括使拉弗兰不能得出这个真理。妄自尊大和轻率也是发现之大敌。

我们更为震惊的是：为什么世界各地成千上万的学生盲目地接受拉弗兰的错误？为什么没有一个人想到原生动物门脉循环？为什么没有一人独立研究这种现象？这种迟钝的精神形式是什么？它为什么会在人体中产生？这些信徒无视摆在他们面前的疟原虫性形式的问题，将它抛在一边，尽管这个问题并未解决，肯定也没有产生对名声的直觉，也未引起科学的进步，更未产生造福人类的结果而使这一问题变成了障碍，它通过呼吁“解决我吧”来吸引这些信徒的注意。

他们视而不见，赞扬拉弗兰的“天才的努力”，鹦鹉学舌地说：它们都是退化的形式。无用的努力只能增加一群不知不觉地抛弃了个性的庸才。

生物学的另一发现就是肯定血液循环系统为脉管的一个闭合系统，密封的上皮细胞不能被诸如植物微生物这样不锐利的固体所穿透，更不能被圆形原生动物门这样比微生物松软的东西所穿透。这个众所周知的以及阐述清楚的事实应该使学生想到：疟疾的原生动物门是怎样进到循环的血液中去的呢？然而，自从希波克拉底①、蒲林尼②、塞尔夏斯③以及伽林④的时代以来，人们一直就认为这种热病是由沼泽地的“有毒环境”，从早

① 希波克拉底（公元前460？—公元前377），古希腊医生，世称医学之父。——译者注

② 蒲林尼（23—79），古罗马学者。——译者注

③ 塞尔夏斯（1701—1744），瑞典天文学家。——译者注

④ 伽林（130？—200?），古希腊医生及作家。——译者注

到晚的恶劣空气的影响引起的。在发现这种疟疾的真正病因前几年，人们由于坚信桉树的放射物会过滤和杀死空气中的细菌，因而栽种了大量桉树。为什么没有人问问自己：疟原虫怎么能够从空气中进到循环的血液中？是什么东西麻痹了那些专门从事研究的人的智力呢？因为这只是一些没有任何个性的智力的废物罢了。

直到罗斯发现由于人被某种特殊的蚊子叮咬后才患上疟疾时，局面才有了改观。

看吧！我们终于找到了真理产生的基础："如果鸟的疟疾是由某种蚊子的叮咬所引起的，那么人类也同样是由于蚊子的叮咬引起疟疾的。"

简单的论争像离弦的箭，迅速导致了最终的发现。令人不可思议的是，在疟疾地区，空气清新，土地肥沃。人们如果不被蚊子叮咬，从早到晚呼吸那里的空气，身体都会一直很健康。被贫血病折磨得脸青面瘦的农民不计其数，但是他们如果用蚊帐保护自己，就会保全性命，并恢复健康。但是在经过最初的迷惘后人们承认了这个事实时，所有的聪明人都惊呼道：以前我们为什么没有发现呢？原生动物门不是一个众所周知的事实吗？大家不是都宣称循环系统是封闭的，是微生物不能穿过的吗？想到只有吸血虫才能引起疟疾不是自然而然的吗？

有多少学者感觉到荣誉已接近了他们并为此而震惊、忧郁，就像伊莫斯的门徒一样，当耶稣在被他们认出之前就走了时，他们互相说道："在主演讲，向我们讲解《圣经》时，我们的心不激动吗？"

许多人都这样想过：我们勤奋地工作无非是阻塞思想，然而只有一件事是必要的：我们本应谦卑、简朴，除非独立。否则，我们的心灵会充满黑暗，使我们能够看见东西的阳光不能穿透到我们心里。

让我们再列举一些更加明显的错误吧。追溯到希腊文化时代，人们凭经验判定“石头能从天而降”。在最古老的中国编年史中有陨石降落的记录。在中世纪和近代，宣布陨石的降落愈加频繁。实际上，历史记载了惊人的类似现象：1492 年降落的那颗陨星被德国马克西米连一世①当作基督教世界对土耳其人发动战争的借口。然而，这种现象一直到 18 世纪才为科学家所承认。有记录的最大的陨石之一是 1751 年掉在亚格拉姆附近的那颗，重达四十公斤左右，被存放在维也纳矿物学博物馆里。这就是德国大学者 1790 年谈到这事时所说的：“那些对自然历史一无所知的人，也许会相信铁会从天而降。然而，直到 1751 年，德国受过教育的人还相信铁会从天而降呢！想想当时人们普遍地对于自然历史和自然物理的忽略吧！在今天，承认这种寓言的合理性那将是不可饶恕的。”

在同年（1790 年），一颗重 10 公斤的陨石落在塔斯肯尼地区。②许多人都目睹了这一现象。一份由 300 个目击者签名的官方报告送到了巴黎科学院，而科学院的回答是：“收到这样一份关于如此荒诞不经的事的合法文件，真让人啼笑皆非。”③

几年后，科学声学的奠基人、魏丁堡的契拉第里承认了这种现象，相信陨石的存在，他被诬蔑为“对法则一无所知，不考虑他在对道德世界造成危害的人”。有一位大学者宣称：“他即使亲眼看见陨石从天上掉在他的脚上，他也是不会相信的。”

---

① 马克西米连一世（1459—1519），神圣罗马帝国皇帝，在位期间 1493—1519 年。——译者注。

② 法国西南部一地区。——译者注

③ 但是有一位伟大的物理学家不敢苟同，写道：“看到市政当局在文件中证明这些胡言乱语，看到竟然有人为这显然是不可能的事作证，真让人伤心。”

这种怀疑比圣托马斯的怀疑更顽固。圣托马斯说:“除非我摸得着,我就相信。”摆在我们面前的是重达10公斤和40公斤的铁块,能够摸得着,可是这位学者却说:“即使我摸得着,我还是不相信。”

因此,因为相信而看还不够,我们必须因为看了而相信。是信念导致看见,而不是看见产生信念。福音书中那个瞎子焦急地叫着:“让我能看见吧”时,他要求的是“信念”。因为有眼睛却看不见是常有的事!

心理学很少讨论对事实的麻木不仁,教学法更是不予考虑。许多相似的事实(虽然心灵秩序要差一些)都已众所周知。譬如,如果缺乏内在注意力的配合,刺激对于感官的召唤就只是枉然。无数次这样的实验汇总起来,就成了常识。要让我们看见某一物质,这个物质必须在我们面前。这还不够,我们必须把意识集中在该物质上。一种使我们接受刺激印象的内在过程是必不可少的。

在一个更加崇高、纯洁的精神领域里,发生了同样的事,如果某人的思想不伴以意念,事物也就不能顺利地进入意识。如果没有这种准备,不管这种思想怎么猛烈、蛮横地吵闹、敲打,也是不能进去的。意识领域必须不仅是自由的,还必须是“期待的”。思想混乱的人是不能接受在没有准备的领域突然来临的真理的。

这个事实不仅与其他次要的心理事实(比如与注意力有关的感知觉)相似,与宗教界众所周知的精神事实也相似。在没有信念的地方,不管事实怎样显著,解释或阐述都只能是枉然。让心灵向真理畅开的不是证据,而是信念。如果内部活动不开门纳之,那么,作为媒介的感觉也会毫无用处。福音叙述耶稣最令人震惊的奇迹时总是这样结束:“目睹的许多人深信不疑。”

邀请赴宴的寓言（那些只顾自己的人不能对这个寓言作出反应）似乎指出与这种精神事实相似的事实；复杂的，早已存在的“偏见”阻止了新生的、明显的真理进入。因此，我们需要先驱者来为耶稣铺平道路。正因为如此，耶稣和新思想容易被“单纯的”人所接受，他们不带“严重的偏见”，但保持精神的自然特征：纯洁的和永远期待的。

1628年哈维①发现血液循环时，生理学还不为世人所知，医学正处于经验主义的鼎盛时期。众所周知，巴黎医学院虽然进行了实验，但却不相信血液循环，并迫害、诬蔑哈维。迪亚弗雷斯说：“儿子使我高兴的是，他总是跟我一样，一直坚信我们祖师爷的观点，总是拒绝理解和听取当代虚假的发现的论争和实验，尤其对血液循环的发现嗤之以鼻。”

对脊椎动物胚胎发育的生动的发现史构成最为动人的人类记实之一。1700年，预成说在众多的生育学说中得到强有力的支持，即人们认为细胞几乎不包含完全形成的有机体。这些有机体最终会展开并增加相重叠的无限小的微粒。该理论适用于一切生物——动物、植物和人类。该理论通过逻辑推理，产生了影响更为深广的“相容现象”——即既然所有的有机体都是预先形成的，那么，这些有机体一定都是从创世纪时就存在了，一物包括或包藏于另一物之中。全人类一定早在夏娃的卵巢中就存在了，1690年卢温欧克通过显微镜发现了精子时，他的观察得到进一步发展：每个男性细胞都包含着一个完整的极其微小的人——小人。他然后宣布：不是夏娃，而是亚当包含了所

① 哈维（1578—1657），英国医生及解剖学家，血液循环的发现者。——译者注

有的人类。就这样，18 世纪两种互相对立的理论使其双方的支持者非常对立。这种争论似乎并不能得出任何结论。著名科学家和哲学家的名字，如斯巴兰赞尼和莱布尼慈都与这些论争相联系。斯巴兰赞尼和莱布尼慈将生殖的原理运用到灵魂。莱布尼慈说："我想到：如果灵魂存在于细胞中，它们总有一天会成为人类灵魂的；这些灵魂一直作为有机体而存在于从亚当以来的（即从生命开始以来的）先辈中。"①

细胞学家哈勒尔作为生理学家有很大的权威性。在著名的《基础生理学（Elementa Physiologiae）》一书中，他竭力支持这种观点："没有任何东西是重新创造的，身体没有那一部分是在其他部位前创造出来的。所有的部位都是同时创造出来的……"基于《圣经》中关于宇宙起源的学说，他对装在夏娃卵巢中的人进行了计算，得出其数目为 2000 亿。1759 年 K. F. 渥尔夫在其专著《生殖原理》（Theoria Genenationis）中发表了他的一些研究成果。当时的思想状况就是这样。在《生殖原理》一书中，渥尔夫借助实验和对家禽胚胎进行的显微镜观察，坚持新的有机体并不是预先形成的，而是自身创造的，从无物开始——即和一切原始细胞一样，从简单的微小细胞开始。他描述了实现真正个体演化的简单过程：单细胞分裂成 2、4、8 等等。这样产生的细胞分裂成 2 片或 3 片微小的"初生叶状突褶"。所有的器官（先从消化道开始）都是从这些对初生叶状突褶演化而来的。渥尔夫说："这种主张并不是异想天开的理论，而是通过最可信赖的观察收集的事实的描述。"

当时所有的科学家都懂得使用显微镜，每一个科学家也许都把卵（即家禽的胚胎）作为观察的对象。对每个个体的起源

① 引自哈克尔著《人类学》。

问题，他们并不冷漠。这个问题只是激起了最复杂的想象的努力，并将这些科学家分成意象斗争中的劲敌一样的派别。除非像参逊与腓力斯人一起同归于尽一样与其劲敌鱼死网破，有哪个科学家想过实验和观察呢？在所见所述中也许存在着某种真理（这种真理也许还会再现）的可能性理应吸引科学家踏上一条通往未来卓越发现的灿烂的道路（如果这是一条正确的道路的话）。一层浓雾使所有的灵魂迷惑不清，眩目的真理不能穿透这浓雾。胚胎学的进展就这样受到了阻止。

50 年过去了，潘德尔和欧内斯特·冯·贝尔重新提起“胎盘生叶”的理论时，被驱逐他乡，受尽迫害。一贫如洗的渥尔夫却在彼特罗格勒离开了人间。然而，科学界认识到了真理，并接受了事实，开始研究给 19 世纪带来灿烂光辉的胚胎学。

为什么必须经过 50 年人们才能认识到这明显的事实呢？在这 50 年间又发生了些什么呢？已经作故、被人遗忘的渥尔夫的工作没有引起半点注意。可是，人类终于看到了他们曾经无法看到的事实；一种“内在的成熟”产生了。通过这种“内在的成熟”打开了人们的精神视野，当这些精神视野被封闭时，事实毫无用处。50 年前，对无法攻克的障碍只能自取灭亡。然而，随着时光的流逝，虽旧话重提，却很容易为全球所接受，不但没有斗争，连一点兴奋也没有。

这个事实，在关于大众的“内在成熟”方面尚可争议，但对个体却是无可非议的。当显而易见的真理不能被看见时，我们就必须引退，让个体成熟，我们就会发现观看者热情洋溢，结出像伽南地的葡萄一样的累累果实。

1859 年，查尔斯·达尔文在其《物种起源》(The Origin of Species）一书中阐述进化论观点时，意识到了这本书会给当时的思想带来巨大的影响，因为他在日记中写道：“我的理论将会产生一种新的哲学。”他的“生存斗争”以及“自然淘汰”观点为当时的思想家广泛接受，并普及了拉马克关于生物在“适应环境”时，某一个种类会偶然形成的原理。达尔文的观点使这些原理得到发展，并且几乎将这些原理融合在自己的著作中，这些原理含蓄地否认了灵魂不朽的观点。这样的革命性影响是可想而知的：许多世纪以来，灵魂一直是生存的目的。当生存的根本信念被动摇，意识的生命本身也就受到剧烈的震动。可以猜测，当时肯定有人迫不及待地寻找这个具有摧毁性理论的矛盾之处。

我们还是来讨论一下深深打动几代大学学者意识的两条革命性的原则吧。一条原则是：“如果没有器官，就不会有功能。”另一条原则在好学的青年中激起无限的热情，这条原则是：“功能创造了器官。”天啊！如果没有器官，就没有功能，没有器官，功能连存在都不可能；相反，没有器官的功能能够创造一种生机蓬勃的存在吗？没有任何理论有这样明显的自相矛盾。

我们不能说，达尔文主义和拉马克原则被草率地研究并运用到了一系列不同的哲学原理里，因为达尔文主义自我标榜是一种像光明驱散了黑夜一样排斥其他一切观点的胜利的观点。学者们急于建立一种崭新的道德，一切崭新的意识，就只好对它详细研究。因此，这两条原则就不再被冷漠地、倦怠地研究了。况且，它们一起渗透到意识里，为了自己的利益而激起热情。在这样一个矛盾的基础上，最好是砸烂这个世界，重新建立另一个世界。

思想的最终结论是：“我们只是动物而已，动物与我们没有任何本质的区别。我们的祖先是猿人，而我们更遥远的祖先就是蚯蚓了。”教授大人们带着多大的热情坐在椅子上分析人类的心理啊！为了证明这点，我们发现我们身上没有什么不像动物。

教授的弟子们又带着多大的热情欢呼雀跃啊！精神病专家们用活体解剖的方法取出鸽子和猴子的大脑，将它们治疗后在国际心理学大会上展出。他们集中精力研究鸽子和猴子的精神反应，观察它们身体的姿态、视觉活动，等等。大家都真诚地相信，没有大脑的动物会帮助我们弄清人类的心理。

当我们想到这是一个实证主义的时代——即人们对于那些没有亲手摸着的东西就不相信的时代时，我们被这种反映深深地打上了烙印：智力像精神一样危机四伏，智力也许会黯然失色，也许包含着某种矛盾，某种“错误”，而且没有被感觉到。由于某一个没有注意的错误，智力也许会成为某种昏迷的神志，或一种致命的心理失常。智力像精神一样自有拯救的办法——智力需要支持，否则它就会衰竭。它所需要的支持不是感官的。它需要不断地净化，像托比亚的鱼水一样，水的净化治愈了那种鱼的瞎眼。今天的卫生学建议身体进行“自我料理”，使我们花了大量时间清洗、磨光指甲。这种“自我料理”应当扩展到内部的自我，这样就可以保持身体的健康和完整。

“培养智力”的目的就是将智力从疾病和死亡的危险中拯救出来：“清除违犯的地方。”如果强迫智力学习，使它精疲力竭，那么，我们不是在培养智力。在我们这个神经混乱和疯人成群的时代，在这个即使是被认为是健康的人群中，鄙陋习俗的后果威胁着人类的健康发展，仍是触目惊心的。

我们对孩子的关注应该是有节制的。我们不应该随意“强迫他学习”，应该让智慧之光永远照亮他的心灵。为此，即使我们像古代信奉女神的处女那样作出奉献也是值得的。

第九章　想　　象

科学的创造性想象基于现实　一个世纪以前，要是对那些坐在公共马车上赶路的人和那些使用油灯的人说：有朝一日纽约市夜间会灯火辉煌；人类在海洋中求救，他们的信号能为陆地上的人所理解；人类在空中会比大鹰飞得更快——我们的先辈们一定会报以怀疑的一笑。他们的想象力是无法想象这些事的。在他们看来，现代人几乎像是另一种人。

这是因为现代人的想象是建立在实证科学的研究之上的，而以前的人却只凭他们的幻想。这个简单的事实已改变了世界的面貌。

当人们耽于沉思时，他周围的一切都是静止不变的；想象与现实一结合，思想便开始建筑其工程，外部世界得以改变，人类的思想就像是得到了一种伟大的力量——创造力——似的。

我们因此来推测上帝的意图。天地万物原本是上帝的意志，且具有实现自身之特性。上帝想：看啊！按照创造的顺序，光、生物便出现了。

凭借着实证科学的方法，现代人似乎找到了思维的暗道，将他引入圣途，给他以天性的启示。就像《圣经》所说的那样：“让我们按照自己的形象，自己的样式造人吧。”

就这样，人类的智能说：“让世间充满光吧！”世间倾刻间就出现了神奇的光辉；“让人类在天空中飞翔吧！让他比宇宙中所有的飞禽都飞得更高吧。”它的愿望实现了；“让遇难水手的呼救声神奇地、无声地传到遥远的地方！”它的愿望实现了；

“让生物繁衍、植物繁多，这样人类就能生活得更加富庶!”它的愿望也实现了。

想象，自创世纪起，也就是说当它开始运用于现实就存在了。只有在那时，想象才能创造出奇迹。

就像藏在将要高飞的鹰翼下的小鸟一样，一旦被带到高空就与大鹰分道扬镳，凭着自身的努力，飞得更高。人类也如此，起初紧贴着造物主，依附于她进行最严肃的思考，同她一起在高空飞翔、探索真理；后来人类与造物主分道扬镳，他的想象力创造了造物主本身。在这方面，人类似乎反映了神性；人类磅礴气势显露出的神奇力量，是过去的人们以及没有雄鹰保护的鶺鴒，简直无法想象的。

“原罪”讲的是关于妄想为所欲为、脱离上帝、替代上帝的人的一个永恒的寓言故事。那人因此陷入了无能为力、备受奴役和悲惨的泥潭。

脱离现实，靠自身思维的大脑是凭空的幻想。大脑的创造力是一种借助现实而思想的手段。它一旦将手段和目的混为一谈，就会一事无成。

这种智慧之罪与原罪和将手段与目的混为一谈的罪极其相似，并以渗透在精神生活中的“习惯势力”的各种形式出现。因此，在许多活动中，人类把更简单、更容易、更易理解的手段与目的相混淆。因此，举例来说吧，当把营养作为贪食的借口，把食欲作为自身的最终目的时，不仅不会增进身体健康，而且还会损害身体。再比如，在物种繁殖方面，当性冲动成为自身的最终目的，而不是作为延续生命的手段时，就会出现退化和不生育现象。如果他仅仅是为了自己而运用其创造活动，而不是将其创造活动建筑在造福人类的现实的基础上，人类对智慧就犯下了同样的罪行；这样做，他就会创造出一个充满阴差阳错的虚无的世界，就不会像上帝那样创造出永恒的珍品，①而是将现实中的创造力毁坏。

因此，实证科学给我们描述了思想的"赎罪"，对原罪的洗礼以及心力自然法则的回归。科学家就像《圣经》故事中的人物，在犹太人迁出埃及后被允许探查希望之乡。②他们带着一大串要两个人才能搬动的葡萄来了。人们看到葡萄，惊讶不已。

同样，今天的科学家也深入到了真理的希望之乡，在那里隐藏着人类能够研究的大自然的奥秘。他们从那里归来，带来奇妙的果实让所有的人看。奥秘很简单：它包括一个基于观察、谨慎、耐心的精确方法。人人都可以探索奥秘，因为这些奥秘和"神妙"，同他们精神生活的直接需要相一致。

也许有人会问：为什么只有探索者才能进去，而一般的人却只能呆在外面，消极被动地坐享其成呢？

是因为实证科学的方法仅属于命中注定的少数人的专利和特权吗？这种实证科学的方法使人类走上了认识真理、搜集事实的道路——由此也就使人类走上了建筑自己想象的道路。

那种标志着智慧改善的方法应该是对所有现代人都产生影响的方法——即新一代形成的方法。

在《圣经》故事中，探险家就是那些使者，那些证明整个民族都能进入希望之乡的见证人。同样，所有的人都应接受科学方法的影响；每个小孩都应该能够亲手实验、观察，使自己与现实紧密相联。这样，想象的翅膀就会从更高的基点上起飞，儿童的智能也就会自然地被引导到创造的道路上来。

现实也是艺术想象的基础——智力的活动并不限于精确的

---

① 文艺复兴时期的人文主义者将人视为"珍品"。莎士比亚的《哈姆雷特》就将人视为艺术品。——译者注。

② 希望之乡即基督教《圣经》中上帝赐给亚伯拉罕的迦南地。——译者注。

观察以及重大的科学发现得以实现的简单而合乎逻辑的推理。还有更为伟大的工作，在这伟大的工作面前，就像在某项科学发现之前一样，无人敢说，“这事儿，我也干得了。”

但丁、密尔顿、哥德、拉裴尔、瓦格纳都是非凡的神奇人物，旷世奇才，不能把他们的才能、观察、推理和想象的过程简单化地归为常设的一类。然而，每个人都具有他自己的想象，都具有用自己的头脑创造美的本能。随着这种本能的充分发展，便产生了巨大的艺术宝藏，像金子的碎片一样散落在每个有人烟的角落，散落在和平年代人的才智有时间成熟的地方。在每一个保留有古人痕迹的地方，我们都能找到具有当地风格的艺术品、器具、诗歌以及民间音乐。这些多种多样的心灵世界的创造就像彩虹色的贝壳含裹着软肉一样包裹了人类，并保护了他的精神需求。

除了观察有形的、现实的工作之外，还有一种创造性的工作使人类远离凡俗尘世，进入更高的境界。每个人在他的有限范围内都会进入这个境界的。

然而，谁也不敢说人类凭空创造了艺术品，所谓创造，实际上是一种组合，一种建立在大脑中的原始材料基础上的构造。这些原始材料是通过感官从周围收集来的。在古代总结出来的公理中，这是一条基本原则：才智中没有什么不是首先存在于感官中的。对于那些实际上并没有呈现在我们感官面前的事物，我们是很难“想象”的。要解释那些超越经验范围的事物，我们的语言也显得贫乏不堪，而我们的意识却又限制在这个经验的范围内。米开朗基罗的想象力也只能把上帝画成一位森严的胡须老人，而不是别的形象。当我们猜想地狱里永无休止的折磨时，我们就联想到火。我们把天堂想象成一个金壁辉煌的地方。生来就又瞎又聋的人对他们从来不能知觉的事是不会形成固定的概念的。众所周知，生来就瞎的人是把颜色比作声音才猜想出颜色来的。比如，他们把红色想象为喇叭的声音，蓝色想象为美妙的小提琴弦律；聋子读到关于美妙的声乐的描述时，就想象出一幅画中的典雅美。诗人和艺术家的气质是极度知觉性的。并非所有的器官都等量地为想象提供某一种类型，而是某些器官常常占据优势的地位。音乐家听觉敏锐，倾向用听到的声音来描绘世界。一片静谧的树林中夜莺的啭鸣，幽静乡间嗒嗒的雨滴声，对伟大的作曲家都可能是灵感的源泉。有的作曲家描述一片乡村景色时，主要描述其静谧以及喧嚣。有些人视觉非常敏锐，事物的形状、色调都给他们以深刻的印象。那些触觉占优势地位的想象型的人描述的内容也许是运动、弯曲及事物的原动力，以及对柔和与粗糙的触觉印象。

有的人没有触觉印象。这些人的精神生活非常紧张。他们虽具有内心印象，但是这些内心印象不能看作想象的成果，却又不得不把它作为所感知的现实而予以承认。“上帝赐与的启示，”圣特里萨说道，“与丰富灵魂的、巨大的恩赐不同。他们与光明、彻悟和智慧相伴随。”但是，要是这些人想描述那些不是通过感官渗入的印象，他们就不得不借助于感觉印象语言了。雷蒙德·卡普金圣徒说道：“我听到的不是飘浮不定的声音，而是字字震动我灵魂（不是耳朵）的话语。然而，与来自外部的声音相比，我却清楚明白其意义。要是能把无声当有声，我可不能再发出这种声音。这种声音形成语音，并将其送入我的灵魂。”《圣特里萨传》中类似的描写比比皆是。在这些描写中，圣特里萨用不恰当的感官语言，竭诚表达她不是用眼，而是用灵魂所见到的事物。

这些凡人会产生、圣人也同样会产生的内心印象之间的区别（这些内心印象当然不构成圣洁），以及精神病患者的幻觉之间的区别显而易见。精神病患者大脑皮层受到刺激，就会把储存在感觉记忆中的昔日的意象再现出来。这些往日的意象就会带着外部感官的色彩进入获取该意象的外部世界。因此，患者坚信他亲眼目睹了自身的幻影，听见了困扰他的声音。他被沦为病态的受害者，其整个人格暴露了他机体衰竭、心理崩溃。

如果抛开那些很少出现的直接精神印象（甚至不将其视作神圣的援助），那些也许能为诸目的论者或英国心理研究会会员提供适当的研究课题的印象（但此印象不能列为教育概念），那么，留给我们考虑的就只有一种智力活动的建筑材料，即感官提供的材料。

想象，只能有一个感官基础。

因此，精确地观察事物性质的所有不同细节的感官教育就成为观察进入我们感官的事物及其现象的基础。这种感官教育有助于我们从外部世界收集想象的物质材料。

想象的创造没有纯粹模糊的感官支持，就是说，它并不是在光、色、声以及印象的意象中无羁无绊地遨游。相反，富于想象的创造是和现实紧密相联的有机构成，它与外部世界形式联系越紧密，其固有的创造价值也就越高。即使在推测虚构的超人世界时，想象也必定限制在与现实相关联的范围内。人类不断地创造，却都是以他潜心研究的人物为模特的。

我们羡慕诸如《神曲》这样第一流的文学作品中伟大诗人脑际里不断出现的实在的素材，这些素材通过比较，阐明了想象的事物。

好像斑鸠为欲望所召唤，
　振起稳定的翅膀穿过天空回到爱巢。
　为它们的意志所催促；

就像这样，这两个精灵离开了黛多的一群，
　穿过恶气向我们飞来。
（但丁《地狱篇》，第五歌，英译　凯里）
好像一个人从海里逃到岸上，
　喘息未定，回过头来
　向那险恶的波涛频频观望：
我的仍旧在向前飞奔的心灵
　就像那样地回过来观看
　那座有人曾从那生还的关口。
（但丁《地狱篇》第一歌，英译　凯里）
好像羊群一头、两头、三头地
　走出圈栏，余下的怯懦地站着。
　你们的眼睛和鼻子都向着地上，
那第一头怎么做，其余的也跟着做，
　它若站着不动，它们就挤上前去，
　显得又蠢又安静，茫然不知何故，
我当时看到了那幸福的一群，
　为首的一个就是这样移步前来，
　脸色那么羞怯，行动那么庄重。
（但丁《炼狱篇》，第三歌，英译　凯里）
就像透明洁亮、光滑无比的玻璃，
　或是清澈明莹，水波不兴，
　并不深得见不到底的湖水，
反映我们面孔的轮廓和光泽，
　但那么朦胧，就是白额上的珍珠
　也没有那么慢地映入我们的眼帘；
我就像那样看到许多渴望说话的脸。

（但丁《天堂篇》，第三歌，英译　凯里）

但丁的比喻异常丰富，奇妙无比。每一位伟大的作家，演说家总是把想象的硕果与观察的事实紧密相联。我们称赞他们是天才：想象丰富，知识渊博，思想清晰、敏锐。

“像一群没有追捕到兔子的猎狗，夹着尾巴，垂首默默地回到主人的身边一样，外国雇佣军在那混乱的夜晚逃回了唐·罗德里戈的城堡。”

比喻仅限于实实在在的人和事物。正是这种标准，也正是这种形式给了大脑创造的力量。富于想象的作家应享有丰富的感觉观察材料，这些观察所得到的材料越精确、完善，作家所创造的形象也就越丰富多采。痴人说梦，但是，我们不能因此断言：疯人“想象”丰富。疯人混乱的思想与富于想象的隐喻修辞之间有着天壤之别。前者根本没有正确感知客观事物，并将客观事物与智力有机结合的能力；至于后者，两者像形式一样，相互制约，和平共处。

富于想象的语言是由下列条件决定其价值的：所用的意象应新颖；作者应将现实的和创造的意象联系起来；作者的技巧应使他对合理的以及和谐的意象容易产生联想。若作者重复仿效他人的想象，他就一无所成。因此，每一个艺术家都应成为观察家。至于智力的普遍性，我们可以这样说，为了进一步培养想象力，人人都必须首先使自己与现实联系在一起。

这个原则同样适合艺术。艺术家“塑造”人物时并不是依样画葫芦，而是“创造”。但这种创造实际上是建立在大脑观察现实的成果基础之上的。画家、雕刻家的视觉对周围环境的形状、色调非常敏感。他们能感知周围环境的和谐及其差异。艺术家通过观察分析去粗取精，最终使自己更臻完善，成功地创造出佳作来。不朽的希腊艺术首先是建立在观察基础之上的创造。当时流行衣着单薄，这使希腊艺术家得以自由地观察人体结构。敏锐的观察力使艺术家们将美丽的体形与缺乏和谐的肉体区别开来。他们在天才灵感的驱动之下，深思熟虑，从大脑感知储存的细节中筛选出个体美，加以综合，创造出完美的人物。与镶嵌工艺不同，艺术家的创作不是将部分拼凑在一起而构成整体。在灵感的高峰，艺术家看到天赋创造的全新的完整人物。他们积累的素材像血液养育了母胎中的新生命一样，促使人物肖像的成形。

拉斐尔为了找到圣母画像的模特儿，常常光临罗马美女云集的特拉斯特维尔寓所。他在这里熟悉了佛伦娜和她的模特儿。但是，他画圣母像时，却再造了“心中的肖像”。据说，米开朗基罗通宵达旦，遥望星空。有人问他在望什么，他回答道：“我看到了一个圆顶。”正是他仿效这种想象出来的奇妙图案，闻名遐迩的罗马圣彼得圆顶教堂才得以风靡一时。若米开朗基罗研究建筑时没有积累素材，圣彼得教堂是无论如何也不会名垂千古的，而他的才智也无能为力。

迄今为止，没有任何天才能创造出绝对全新的东西。这一点我们只需想想艺术中一些如同人类的幻想无法超脱尘世一样忧郁、离奇的常用形式就知道了。令人惊奇的是长着翅膀的天使图形依然存在，还没有艺术家对它作过改进。为了表现出比人更飘渺的、没有物质重量的生命，我们就让健壮的人的背上长出羽毛厚实的大翅膀。在一个生物的身上融合了诸如头发和羽毛这类矛盾的自然特征，让人类像昆虫一样长着六肢：双手、双脚及两只翅膀，这确实是很奇怪的。这种“荒诞的构想”不断付诸实际，这当然不是艺术思想的原因，而是由于语言匮乏的结果。我们说天使“飞翔”，是因为我们的语言是人类的、尘世的，还因为我们无法推测天使的特征。有少数艺术家在天使报喜图①中，将天使描绘成闪闪发光、精美、纤细的形象。

艺术越接近真实就越完善。

譬如，有人在客厅里赞扬我们。他的恭维若是基于我们的某一真实才能，并没夸张，我们便感到由衷的满足，因为他的赞扬中肯。我们得出这样的结论：此人观察过我们，对我们怀有真诚的敬意。我们因此断定：此人观察敏锐，才智聪颖。我们便想报答他的友好情意。反之，如果他的恭维并非我们所具有的品质，或歪曲、夸大了我们的真正才能，我们便会反感地想道：多么粗俗的家伙！我们便不会像从前那样对他，而对他冷眼相待。

但丁卓越的十四行诗一定深深打动了比阿特丽斯的心。

我心爱的姑娘多么温柔、多么纯静，
当她伫立在路旁向我问安，
我的舌头打颤却说不出话来，
眼睛想看却不敢看。
在众人的赞叹声里，
她腼腆地走着，一身素衣打扮。
如仙女自天上下凡，
人间，
在男人眼里，她是多么可爱，
看见她的身影，内心就泛起
一阵无法表达的甜蜜。
她的朱唇之间仿佛充满

① 天使加布里埃尔通知圣母玛丽娅，她将生育耶稣。——译者注

爱的抚慰，
永远在对圣灵说：“哎！”

（但丁《新生》第26首　英译　罗塞提）

另一首十四行诗臃肿，夸夸其谈，在自尊自爱的、情感敏锐的女性心灵上一定留下了截然不同的印记，因为这首诗为不恰当的、夸张的比喻所充斥。

你的致意和目光多么迷人，
给那在路上遇见你的人送来死亡；
爱我的情敌，无视我的求爱，
不管她的所为使我多么伤心。

径直走到他的箭所射向的地方，
箭刺穿了我的心，把它撕成了两半；
我犹如一个站在死神面前的人，
说不出话——我忍受的痛苦无法比拟。

犹如一块石头击碎窗户，
惊动了屋内的一切，
那箭也刺穿了我的眼；

在那一刻我失去了生命和灵魂
站在那里，面对着一个古铜色皮肤的人，
用同情嘲笑着。

假如想象的真正基础是现实，而且其直觉与观察的精确度相联，那么，使儿童获取想象所必需的材料，培养儿童准确地感知周围的事物就显得十分重要了。而且，在严格界定的范围内进行推论，进行事物之间的区别的智力训练为富于想象的建筑奠定了坚实的基础：因为这些建筑越富丽，便越与某种形式紧密相联，与独立的意象联系也就更合乎逻辑。夸张以及粗俗的幻想不能使儿童走上正轨。

真正的准备挖掘了欢笑壮丽的江河，智慧的创造所涌出的泉水将在里面流淌，不会泛滥，不会毁灭内在秩序的美。

要使这些内心创造的清流喷涌而上，我们是无能为力的。“绝不要阻止某种活动的自然产生，即使他像几乎不能觉察到源头的涓涓细流那样渺小。”我们的任务是“等待”。我们为什么要欺骗自己？自认为能“创造智能”，我们除了“观察和等待”萌芽的草叶和自身裂变的微生物外，别的便一事无成。

我们必须考虑：创造性想象（如果这不是虚无飘渺的幻想，不是幻觉、错误）一定会像金壁辉煌的宫殿一样深深扎根于岩石的基石上，智力的拯救“将扎根于坚实的大地”。

儿童的想象力　人们通常认为，幼儿的一大特征是想象丰富。因此，我们应采用一种特殊的教育来开掘这种特殊的禀赋。

儿童的心理状态与我们的不同。他们超越了我们界定的范围，喜好在虚无的、迷人的世界里遨游（这种癖性为原始人所特有）。

但是，这种幼稚的特征概括了现在受到怀疑的唯物论观点：个体发生学概括为崇拜女性，即个体的生活再造了同类的生活。如同人类的生活再造了文明的生活，我们在幼儿身上发现了原始人的心理特征。因此，孩子像原始人一样，被迷人的、超自然的和虚无漂渺的东西所吸引。

若不沉湎于这样的科学幻想中，要说明“还未成熟”的机体（像孩子的机体）与不如我们成熟的心理状态（像原始人的心理状态）之间相距甚远，就会简单得多。但是，即使我们不干涉那些将孩子们的心灵状态解释为“原始状态”的人的信仰，我们应该指出：既然在任何情况下这种原始状态都是暂时的、必须取而代之。那么，教育就应有助于孩子克服这种状态，而不应该发展这种原始状态，或让孩子们停留在这种状态。

我们在孩子身上发现的一切发展不完全的形式与原始人相应的特征有某些相似之处。例如，在语言方面，表达贫乏，只有表达具体意思的词汇，用词笼统，一个单词表达几个目的，或表示几件东西；动词无词尾变化，全部用不定式。但是，没有人坚持说，我们因此应人为地将孩子限制在原始语言上，让他们顺利通过史前时期。

如果有人永远停留在虚幻的东西占主导地位的想象状态里，那么，我们的孩子却恰恰相反，属于另一种人。他们的兴趣在伟大的艺术作品中，在科学的文明建设中，在需要极其丰富想象的作品里（这种想象代表了我们孩子的才智成形的环境）。在智力发展的朦胧阶段，孩子为奇妙的幻想所吸引是自然的。然而，我们千万不要忘记：孩子是我们的未来。因此，他们应青出于蓝而胜于蓝。为达到这个目的，对孩子我们不应该过分控制。

被认为是孩提时代所应有的，几乎被普遍认为是创造性想象的一种想象形式是婴儿大脑的创造性活动。通过这些活动，孩子赋予那些不合意的东西以赏心悦目的特征。

谁都见过孩子像真正骑在马背上一样骑在父亲的手杖上，鞭打着。这是孩子“想象”的证据。孩子们在建造既有椅子，又有扶手的四轮豪华马车时，感受到多大的乐趣啊！一些孩子在马车里仰靠着，愉快地欣赏着车外虚构的景色，向欢呼的人群鞠躬致意；另一些孩子坐在被当作辕杆的椅子背上，抽打烈马似地用手在空中挥舞。这是“想象”的又一例证。

但是，如果我们观察那些拥有小马驹、习惯于在马车或轿车里进进出出的富家子弟，我们发现他们用轻蔑的眼光看着这样兴高采烈地抽打着手杖东奔西跑的孩子。看着这些将自己想象为被不动的扶手椅拉着跑的快乐的孩子，他们非常吃惊。他们这样评论这些孩子：“他们太穷了。他们这样做是因为他们没有马，没有马车。”成人听天由命，孩子却好幻想。但是这并不是想象的例证，而只是愿望没有得到满足的例子；不是一项与天赋相联的活动，而是意识和感觉贫乏的一种表现。我们确信，为了教育富家子弟，没人会说我们应该将他的马驹牵走，给他一根手杖。我们也没必要阻止穷人孩子满足于对手杖的幻想。一个穷人，一个叫化子，除了干面包充饥外一无所有，如果他来到富人家地下厨房的格子窗前，闻着那扑鼻的香味，想象自己此刻正就着他的面包吃着丰盛的菜肴，谁又能叫他别这么想呢？但是，为了培养这些丰衣足食的幸运儿的想象力，没有人会说，我们应将他们的佳肴拿走，只让他们啃面包，闻香味。

一位深深爱着孩子的母亲穷困潦倒，把仅有的一片面包用下面这种方式给孩子：她将面包分成两块，分两次给他，说道：“这是面包，这是肉！”孩子便心满意足了。但是，没有任何作母亲的为了培养孩子的想象力而让他们饿肚子。

有人曾一本正经地问我：如果将一台钢琴给一个像在练琴似地不断用手指在桌上练习的小孩，是不是件坏事？“为什么是件坏事呢？”我反问道。“因为如果我们这样做了，无疑孩子会学到音乐，但其想象力便得不到锻炼，我不知该怎么 办。”

福禄培尔的一些游戏便是建立在相似的信条基础之上的。将一块积木给孩子，说道：“这是一匹马。”然后又将积木按一定的次序摆好，对孩子说道："这是马厩。现在让我们把马放进去。"再把积木重新排列，说道："这是一座塔，这是一座乡村教堂，等等。"在这样的练习里，实物（积木）不像被当作马匹的手杖易引起幻想。孩子在向前移动时至少可以骑手杖，抽打手杖。用马建塔和教堂使孩子们的头脑混乱到了极点。更有甚者，在这种情况下，"创造性地想象"、用自己的头脑工作的已不是孩子，因为这时他必须按教师提示的去做。孩子是否真的认为马厩变成了教堂，他是否在开小差，谁也无法知道。当然，孩子好动，却不能动，因为他不得不潜心思考教师提示的一连串电影式的意象，尽管这些意象只存在于同样大小的积木之中。

在这些尚未成熟的头脑里培养起来的到底是些什么呢？我们在成人世界里发现与这非常相似的又是什么呢？它使我们明白，通过这种教育方式，我们在用什么样特定的形式训练我们的思维。的确，有人将树当作王位，发号施令；有人相信自己即是上帝。"错误的知觉"（说严重点，"幻觉"）是错误判断的开端，神经错乱的并发症。精神病人什么也干不了，同样，那些受着旨在将他们未得到满足的欲望的幼稚表现发展为狂躁的这种固定不变的教育的孩子，不能为别人，也不为自己做任何事。

我们假定用一种使孩子把虚幻当作现实来接受的方法来发展其想象力。例如，在说拉丁语的国家，圣诞节被说成是一个名叫比法娜的丑女人越过墙垣，从烟囱里钻下去，把玩具送给那些听话的孩子，却把煤块留给那些调皮鬼；而在盎格鲁撒克逊国家，圣诞节则是一位浑身白雪的老人挎着一大篮子给孩子们的玩具，在夜里进到孩子们的房间。然而，我们的想象成果怎么能培养孩子们的想象力呢？是我们，而不是孩子们的想象，他们只是相信而已，而没有想象。轻信，确实是尚未成熟的头脑的特征。这些是头脑缺乏经验及现实知识，缺乏辨别真理与谬误、美丽与丑恶、可能与不可能的人。

然而，难道仅仅因为孩子们在无知、未成熟的年龄表现出轻信，我们就希望在他们身上培养轻信吗？当然，成人也轻信，但他们的轻信是与智慧相对立而存在的。它既不是智慧的基础，也不是智慧的结果。只有在愚昧的时代，轻信才会萌芽和增长。我们为已度过了这样的时期而感到自豪。我们把愚昧看作是轻信的标志。

下面是一则17世纪颇具讽刺意味的故事。巴黎的新桥是行人的要道，也是闲散者集聚的地方。许多江湖骗子和庸医也混杂在人群里。其中有一个大发横财的名叫马里奥罗的江湖医生出售一种诡称来自中国的药膏。这种药膏能使眼睛增大，嘴角变小，使短鼻子变长，长鼻子缩短。德·萨丁警长传讯了这个江湖医生，把他关进了监狱。警长问他：

“马里奥罗，你是怎样招徕这么多人，赚了这么多钱的？”

“先生”，马里奥罗回答道，“你知道一天之内有多少人过这座桥吗？”

“10万到12万吧，”德·萨丁回答。

“对了，先生，你想他们中有多少聪明人？”

“100，”警长答道。

“这是最乐观的估计，”骗子说道，“不过就这样计算吧，我要靠那其余的9900人过日子。”

那时的情况与现在大不相同。现在聪明人多了，轻信者少了。因此，教育不应面向轻信，而应面向智慧。谁将教育基于轻信之上，谁就是在沙漠上建筑高楼大厦。

我记得一个在我们社会里也许重复出现过成千上万次的事，有两位出身高贵的公主为了免受命运所安排的生活的诱惑和虚荣的折磨，到一所修道院里去接受教育。修女让她们相信世界充满了虚伪，当人们赞扬我们时，如果我们躲起来，听听我们不在时他们说些什么，我们会听到咒骂我们的话。当这两位年轻的公主到了可以参加社交的年龄时，便在一次晚会上首次露面。所有来宾都大肆称赞这两位迷人的姑娘。客厅里有一间用一幅大帘子遮掩着的凹室。两位姑娘很想听听人们在她们背后说些什么，便溜出去，藏在帘子后面。当这两个有口皆碑的美人儿一离开，她们在场时的有分寸的赞誉不但没有消失反而增加了几倍。两位姑娘告诉我，在那一瞬间，她们经历了一种不可言喻的感情突变。她们感到修女们让她们相信的一切是虚假的，当即宣布不再信仰宗教，决定投入到尘世的欢乐中去。"后来，我们不得不改变自己的生活，再一次信奉宗教的真谛，自己才理解了在社会华丽外表下的空虚。"

轻信，随着经验的增加、头脑的成熟而逐渐消失；指导，有利于达到这个目的。在一个国度里，就如在一个人的身上，文明和灵魂的逐渐发展趋势必在减轻轻信的程度。平常所说的知识驱走了无知的黑暗。在无知的地方，幻想最容易游荡，因为它缺乏能使之上升到更高层次文明的支柱。因此，当直布罗陀海峡成为海洋的门户时，赫拉克勒斯柱便不再存在了。现在，哥伦布也休想使那些红印第安人（伟大的美国民主精神接受他们进其文明学校）相信：天空对他们唯命是从，他们一声令下，太阳就会躲藏起来，因为日食不管是对他们，还是对白种人都是熟知的现象了。

难道是我们必须在孩子们身上"培养"建立在轻信基础之上的这种幻想吗？我们当然不希望看到轻信继续存在。事实上，当我们得知某孩子"不再相信神话"时，我们便非常高兴。我们会说："他已不是孩子了。"这是应该发生的，而且是我们所期待的：他不再相信神话的那一天一定会来临的。孩子长大成人时，我们应问问自己："我们为孩子的成熟做了些什么呢？对这脆弱的灵魂我们给了什么帮助，使它变得正直坚强呢？"无论我们怎样想方设法使孩子幼稚、天真和充满幻想，他仍然战胜了困难。他战胜了自己，也战胜了我们。他内在发展、成熟的动力指向哪里，他便跟到那里。但是，他也许会对我们说："你们把我们害得好苦啊！我们自我完善的活动已经够艰巨的了，而你们却压制我们！"诸如我们紧咬牙关，不让牙齿长出来（因为婴孩的特征是没有牙齿），或者不让小孩站直身子（因为婴孩的特征就是不能站立）的行为，难道还少吧？事实上，我们在有意延长孩子贫乏的、不确切的语言时，便犯下了同样的错误。我们不是帮助注意凝听词的清晰发音，观察嘴唇的变化，我们却学着孩子幼稚的语言，重复他们笨拙的发音，用人们第一次竭力将单词发清楚时所惯用的方式，大着舌头发辅音，或把辅音发错。我们就这样延缓孩子艰难的形成期，将其扔回到疲惫的婴儿状态。

今天，我们在所谓想象力教育的问题上扮演了同样的角色。

我们对幼稚的头脑的幻想、无知和错误颇感兴趣，如同不久前我们看到婴儿被抛上抛下、发狂欢笑时，非常高兴一样（这种做法现在已被婴儿卫生学斥为非常错误和极其危险的）。正如我们对圣诞节和孩子的轻信感到快慰一样。我们如果承认这种事实，就必须承认，我们有点像那贵妇人，表面上对收容所里贫穷的孩子感兴趣，却不断地说："如果没有这些病孩，我会感到很不愉快的。"我们也会说："孩子们如果不再轻信，我们生活中就会失去许多乐趣！"

我们现在所犯的一个粗心大意的错误就是我们为了自己取乐，而人为地阻止了儿童的一个发展阶段。这就像野蛮的王国时代人为地限制一些人身体成长，使其成为供国王消遣的侏儒。这样说也许耸人听闻，但事实确实如此。我们没有意识到，但却是事实。我们用高傲的藐视小孩的口吻说“真的，我们不是孩子”时，却不断提到这个事实。如果为了观察儿童静止的低下状态，我们克制自己，不再拖延儿童的幼稚期，让他自由地成长并赞叹他在更高追求道路上所取得的奇迹般的进步，我们就会附和耶稣，这样评价儿童：“谁要想完美，谁就必须像一个小孩。”

如果所谈的婴儿想象力是我们将婴儿抛在贫乏里，而又是他们在幼稚期自我的“不成熟”的大脑的产物，那么，我们要做的第一件事就是让他们在成为事物的主人的环境中生活，或用建立在事实基础之上的知识、经验来丰富他的头脑。为孩子提供了这些条件之后，我们必须让他们自由地成熟。正是从自由发展中，我们才有可能期望儿童展示其想象力。

在我们中间最穷的孩子是我们首先应尽的责任，因为他们一无所有，负债累累。难道我们必须给所有的孩子马匹、马车以及钢琴不成？不，一点也不是这个意思。当牵涉到复杂的生命时，疗法从不是直接的。一无所有的孩子所梦寐以求的正是最无可能得到的。穷困潦倒的人梦求腰缠万贯，受压迫者梦求得到王位，拥有贵重物品者却一心一意扑在这些东西上，想不断地增加。

无业游子梦想成为王子，教师则梦想当校长。因此，有自己的“房子”、扫帚、橡皮、陶器、肥皂、梳妆台以及家具的孩子，非常高兴地照料这些家什。他的欲望减弱，从中得到的平静为他内心的创造活动开创了一种广阔的生活。

正是生活在真正的财富中才使孩子镇静，减少他无益的幻想所消耗的宝贵精力。这样的结果不是通过想象他生活在自己所拥有的财富中来取得的。一些管理模范孤儿院的教师曾对我说:“我们照你所说的方法,让孩子练习实际生活,你来瞧瞧吧。”我去了。同去的还有一些权威人士。某大学的教育学教授也去了。

一些孩子拿着玩具,坐在小桌子旁,正在给一个玩具娃娃摆桌子准备吃饭。孩子们毫无表情。我吃惊地望着邀请我来的教师,他们似乎很满意。很明显,他们一定认为游戏中摆桌子吃饭与实际生活相差无几。对他们来说,假想的生活与现实生活是一回事。这种在孩提时代慢慢灌输的微妙的错误形式,以后难道就不会发展为一种精神态度吗?也许正是这个错误使意大利一位著名的教育学家问我:“自由是件新鲜事?请读一读夸美纽斯的著作吧。你会发现,在他那个时代就讨论过这个问题了。”我回答道:“是的,很多人都这么说,但我所说的自由是一种真正意识到的自由。”这位教育学家似乎并未明白两者的区别。我应这样说:“你难道不相信谈论百万财富与百万财富的拥有者之间有差别吗?”

对假想心满意足的人,似乎把假想的东西当作真实存在而生活着;追求幻想,不“承认”现实。这种现象太普遍了,几乎不为人们所意识。当偶然意识到好像有一种病菌已经悄然无声地侵入了我们的智慧时,发出一声惊叫:“人啊,清醒地面对现实吧!”

想象力总是存在着的,不论它是否建立在一个坚实的基础之上,是否有着构筑的材料,但是,当它不是建立在现实和真理基础之上时,不是建造伟大的建筑时,它只不过是建造了压抑智力和阻止真知之光射入的一种外壳而已。

由于这个错误,人类失去了(或正在失去)多少光阴和精力啊！不为事实所支撑的想象，如同无目的的功能练习消耗体力，直到病倒；消耗智力，直到着魔。

寓言与宗教 我常常听到人说：建立在幻想基础之上的想象教育为孩子心灵的宗教教育奠定了基础；而建立在“现实”基础上的教育（即是我们所采纳的方法）枯燥无味，加速了精神生活源泉的干涸。但是，这样的推理是不会为信仰宗教者所接受的。他们清楚地知道信念与寓言“相距甚远”，因为寓言本身无信念可言，而信念却是一种实际的情感，它始终伴随着人类。宗教并非是幻想的产物，而是现实世界最伟大的，对信奉宗教者是唯一的真谛，是他们生活的源泉和基础。不信奉宗教的人不一定是缺乏想象力的人，却是缺乏内心平衡的人。他们在逆境中不如宗教信仰者沉着、坚强。不仅如此，他们还不及宗教信仰者有主见。他们虚弱，垂头丧气；徒劳地渴望通过想象来为自己创造一个现实外的世界。他的心声用大卫的话大声叫道：“我的灵魂渴求上帝。”但是，如果他希望仅仅靠想象的帮助来达到真实生活的目的，他会感到在做最后努力的一刹那，双脚犹如站在流沙之中一样。

当使徒企图使灵魂皈依宗教时（人类一旦信仰宗教，颤抖的双脚便能站在岩石上），他所呼吁的是理解，而不是想象，因他知道他的任务并非创造某物，而是大声唤醒心灵深处酣睡的东西。他知道他必须像从埋在雪地里的活人身上拂去雪花一样，驱除卑微生命中的麻木，而不是堆积一个太阳一晒便融化的雪人。

诚然，幻想渗入了宗教，但却是在错误的伪装下进行的。例如，在中世纪，流行病被简单地说成是上帝的惩罚，现在才知道那是由于细菌直接作用的结果。帕平的蒸汽机使人想到穷凶极恶的干涉行为。但这些酷似所有在无知的空虚中大量出现的幻想那样的偏见。

所有的宗教都不像在无知的基础上建立起来的空中楼阁。否则，我们便会看到蛮夷之邦信仰宗教，而文明之国却无宗教信仰。蛮夷之人的信仰，主要是建立在由于大自然的神秘作用而引起的恐惧之上的脆弱、虚幻的宗教迷信；而文明之国信奉的则是实证主义。在实证科学被不断地用来渲染和解释大自然时，这种实证主义也随着自身的不断纯洁而变得不断强而有力。

重要的是，在人们今天掀起一种将宗教从学校扫地出门的运动时，我们能否用发展寓言的方式来介绍宗教呢？打开直接通向宗教的大门，并让其光芒照耀万物，使生活更加温暖，更加充满生机，这件事不是很容易吗？

但是，宗教应该像太阳，而不是像比法娜从烟囱顶上那样进入天地万物之中。

在某种程度上，寓言为异端邪说（这种异端邪说将神分为若干代表外部世界的小神）作了准备。一旦这点为感官所领悟，就会导致幻想。但是，寓言却理所当然不必为基督教作准备，因为基督教使上帝与人类内心生活紧密相联，"成为一体，永不分离。"基督教还教导那仅为人们所"感觉到"的人生法则。如果实证科学与宗教毫不相关，就不能说它是研究使我们异化的现实的科学。实证科学已经详细分析研究了外部世界。若实证科学能创造一个"富于同情心"的宗教，这个宗教就可能是异教徒的教义。事实上，到目前为止，科学已经使我们感受到了异教的迹象。当它能打动人们的心灵，揭示生命的法则和生存的目的时，一束强烈的基督教之光就会照耀人们。孩子们就会像伯利恒①上空的天使，高歌赞美诗，祈求科学和信仰和平相处。

---

① 伯利恒为约旦一市镇，位于耶路撒冷南六英里处，为耶稣诞生地。——译者注

圣约翰在沙漠里“为上帝铺平了道路”，洗涤了世人身上最大的罪过。因此，一个给予内心平衡、驱散窒息智力的最严重错误的方法，便作好了接受真理、认识“人生道路”的准备。

学校对大龄儿童的想象教育　普通小学所采取的想象教育方法是什么呢？

在多数情况下，学校是呆板、阴沉沉的地方。灰白色的墙壁、白棉布窗帘阻止了感官的松弛。这种压抑的环境其目的是为了使学生专心致志地听教师讲课，防止他们因受别的刺激而分散注意力，孩子们一小时、一小时呆呆地坐着，一动不动地听讲。他们画画必须依样画葫芦；他们的活动必须遵从别人的指令。他们的个性完全是由被动的服从程度来评定的。

克拉伯雷迪说：“我们一般的教育学用一大堆对孩子的行为毫无指导意义的知识来压迫他们。他们无心听讲时，我们却强迫他们；他们无话可说时，我们却强迫他们说、写、讲述、作文、演讲；他们无好奇心时，我们却强迫他们观察；他们毫无发现的欲望时，我们却强迫他们推理、论证。我们促使他们努力做一些本该征得他们自愿的事，往往事先没能得到他们的默认而强加种种任务，这样也就失去了他们从事某项工作的道德价值的内在一致。

孩子们如受苦役，用眼读，用手写，用耳听老师讲课。他们的身子确实一动不动，但脑子却不能专心思考。他们必须竭力跟着教师的讲授跑（而教师只不过是随意设计、制定没有考虑孩子们爱好的大纲)。大脑不得不追逐教师的思维转。飘浮不定的意象如梦境般不时呈现在孩子眼前。教师在黑板上画上一个三角形，然后将它擦掉。该三角形只代表一个抽象概念的暂时视觉形象。那些从未亲手拿过实体三角形的孩子就必须用力记住三角形的形状。围绕着这个三角形，许多抽象的几何计算便接踵而至。像这样的图形只能使孩子一无所获。它不能与其他事物相混合而被感知；它永远不会成为灵感。其他任何事物都一样。目的本身就是疲劳的。这种疲劳几乎包括了实验心理学的所有努力。

在这样一个自由活动、工作选择和独立思考被禁止、各种情感受到压抑、丰富才智和获得创造性成果的外部刺激物被排除的环境中，教师便竭力用写“作文”来激发孩子们的想象力。这意味着孩子们不得不凭空杜撰；一贫如洗，却又不得不奉献，不得不进行被阻止发展的幻想活动。杜撰只能从杜撰的练习中产生。“不断的作文练习”是要培养想象力；最复杂的精神产品怎能从不毛之地产生！

众所周知，“作文”是学校教育的困难之所在。教师们都声称，孩子们“思想贫乏”、“思想紊乱”，“根本没有独创能力”。作文考试总是最令人头痛。大家都熟悉孩子听到命题口授后，必须在几小时内将写好的作文（即“想象”的成果）交上去时的表情。他们带着苦恼、压抑的心情以及冰冷的手，唯恐时间飞逝，眼睛担心地盯着钟，在教师（此刻已像死牢的看守）不信任的监视下，结束了痛苦。他如果交不了作文卷，不知要吃多少苦头？他会毁了自己，因为这是一次重要的考试。在这次考试里，他可以自由地展示其价值，拿出真正个人的成果。其他人将以此来估量他的才华。正是这种考试使我们的年轻一代经常患神经衰弱症，甚至自杀！即使像我们时代最伟大的诗人卡尔杜奇这样的学者也回答不了这个问题。当他应邀为某名人的逝世写一首挽歌时说道：“使我写出对死者的颂歌的是灵感，而不是时机。”

饶有兴味的是研究“现代学校”（心理卫生学的一些原理已渗入这些学校）尽力帮助学生减轻疲劳的努力，引导他们逐渐学会写作文的方法。“作文”（我们必须暂时在措词上宽容这个矛盾）是被“教授”的。作文教师像解算术题一样上大课：这叫“集体口头作文”。

下面，我们摘抄教师准备“指出主题应遵循的方法”课的片段，让该方法的专家说话。

“让我们用图解的方法，以下面这则包括三个方面的叙述为例：1. 欧内斯托没弄懂功课。2. 教师严厉地批评了他。3. 欧内斯托哭了，答应改正。若用这样的话来指示这则叙述：‘欧内斯托不知道他的功课’（第一个事实，原因），学生就会根据这个原因轻而易举地得出其他两个方面，即逻辑和时间顺序的结果。从另一方面看，如果我们将第二个方面‘教师批评了学生’作为主题来指示，然后要求学生找出原因，并使第三个方面与第二个方面吻合。如果我们这样命题：‘欧内斯托哭了，并答应改正’，学生便会感到更加困难，因为他们必须找到第二和第一方面。

“因此，每则简短的叙述的第一方面都应提示主题。”

“方法。教师应将主题写在黑板上。然后激励学生想象（而不是说）主题所指示的事实可能得出的结果。教师必须让学生明白，他们必须在没有任何提示帮助的条件下独立工作。例如：

“卢易莎将一团羊毛扔进火里（主题），试想可能发生什么结果，说说最终将发生什么事。

“‘羊毛发出一股臭味’。很好。你把这再重复一下：

“‘卢易莎将一团羊毛扔进火里，羊毛发出一股臭味’。再动动脑子，想想还可能有什么结果？

“‘老师责备了卢易莎。一个学生打开了窗户。’教师用主题A、B、C重复这个练习，让学生把共同合作得出的结果写在练习簿里。

“提出一个题目后，学生就会在没有任何更多解释的情况下，自由地发展它。

“主题A——卢易莎将一团羊毛扔进火里，羊毛发出一股臭味，教师批评了卢易莎。一个学生打开窗户，让臭气出去。

“主题B——欧内斯托将墨水瓶打翻在地板上。（地板被弄脏了。教师批评了他。欧内斯托答应以后小心些）

“主题C——埃利萨故事朗读得好。（教师表扬了她，并给她一个好分数。埃利萨非常高兴）

“主题D——马里奥在练习簿上弄了一个污点。（教师没有批改他的练习；她批评了他。他哭着回了家。）

“在这个集体练习做完以后，教师给出了如下主题：‘玛丽雅很熟悉功课。’然后让孩子们根据以上的例子展开这个主题：即他们应用两个句子陈述这样一个原因的逻辑后果。（教师给了她10分，并表扬了她，然后对她说要继续努力。）”

这种教学有一种心理学上而非逻辑上的意义。在这种情况下，“小精灵们”绝不会将原因和结果连在一起，而是展示心理活动的三个方面，即“知觉、情感、意愿”。例如：

阿米利亚，我闻到了氨气（可见的事实）；——多难闻的气味啊！（情感）；——我再也不想闻它了（意志）。

古米扯我的头发（可见的事实）；——这伤了我（情感）；——我赶紧将他的手拉开（意志）。

显而易见，用这种方法教学，一切产生灵感和创造性思维的可能都将化为乌有。孩子们不得不一字一句地紧跟教师的指示，从而窒息了产生天才作文的火花。孩子不但像过去一样缺乏创造的材料，而且连创造的能力也会消失。因此，即使将来在其头脑里有什么材料的话，他也不会有激情去利用他的思维，而它会被所接受的学校的机械教育所桎梏。

教师用这样的方法进行的智力教育，使人联想到关掉马达，而试图用手臂的力量来推动汽车的司机。在这种情况下他只是个苦力，而汽车只是一台无用的机器。但从另外一方面来说，启动马达后，汽车靠自身的力量开动，司机只需掌握方向盘，使汽车能在大路上安全行驶，而不碰着障碍物，或翻进沟里，或伤着行人。

“引擎”才是唯一重要的。真正的前进只能靠谁也无法创造的内部动力。

正是在意大利文艺复兴来临之际，“新恋人体”作为一种感情的自然表述便随但丁而问世：

“我也算是那样的一个人，
在爱情使我感悟时即加注意，
它在我心中怎么说我就怎么写。”

（但丁《炼狱篇》第二十四歌，英译凯里）

孩子必须先有内心生活的创造，然后才能将其表述出来。为了创作，他们必须自然地从外界吸取建筑材料。在他们能发现事物之间逻辑联系之前，对其思维必须多加锻炼。我们必须为孩子们提供他们内心生活必需的东西，然后让他们自由地创造。我们也许会遇见一个两眼闪闪发光，跑去写信，或边走边思考，培养灵感的儿童。

我们必须关心和爱护心灵的孩子，等待他们的出现。如果想象的创造姗姗来迟，那说明孩子的智力还未发育成熟。此时我们不应勉强孩子进行想象的创造，否则就等于给孩子戴上一副假胡子，实际上孩子要到20岁才能长出真正的胡子。

道德问题

如果我们说实证科学对社会的贡献仅仅是给物质生活以及卫生学的现代化规则带来变化，那是不公平的。实证科学不但顾及到了物质生活，也顾及到了道德生活。

一个不可忽略的重要之点是，实证科学发展的主要标志与社会群体利益攸关，而这样的标志得到了前所未有的强调。如果要认识这个标志，想想细菌学关于一定环境中传染病的传播媒介方面的研究就够了。细菌主要在潮湿、肮脏的地方繁殖；营养不良、过度疲劳的人比其他人更易得病。那么，难道营养不良、过度疲劳、居住在潮湿肮脏地方的人命里注定要患病，要夭折吗？不，这里有一个传染媒介的问题。细菌通过灰尘、昆虫及生活中所有常见的实物，事实上就是通过所有的传播媒介，从传播源向四周传播。它们以难以想象的惊人数目存在着。每个病人几乎都是疾病和死亡的难以置信的源头。一个病人足以把病菌传遍整个欧洲。

交通工具使得细菌得以漂洋过海、翻山越岭。要认识使天涯海角的人们蒙受苦难的疾病之间的联络线，我们只需看看横跨大西洋的航海线，以及世界各地的铁路线便知道了。要仔细跟踪使社会各阶层亲密联系的细菌的每日活动进程，我们只需研究一下物质工业变化即可。有钱的太太穿的衣服是穷人手工制作并由穷人保管的；穷人不给她食物，她是不会自己将吃的放进嘴里的，而这些食物穷人已经拿了不知多少次。

有钱人所呼吸的空气尘埃中也许含有患肺病的劳工残留在地面的病菌。这是无法逃避的。统计证实，传染病死亡率在所有国家中都非常高（无论贫富，当然穷人的死亡率要比富人高一倍）。我们怎样才能从这个灾难中拯救自己呢？只有在没有传染病源的条件下，即世界上再没有不卫生的地方，再无人饥寒交迫，被迫做他们力不能及的工作时才能办到。拯救个人的唯一道路是让全人类都得到拯救。一个伟大的、仿佛吹响的号角似的原则是：人类，互相帮助吧！否则，你们会绝灭的。

事实上，科学已将“卫生设施”作为向死亡宣战的实际贡献：村镇开放了，水管安好了，给穷人修建了住房，劳动力得到了保护。所有的环境都朝着改善人类“生活条件”的方向发展。没有任何慈善事业，任何爱与怜悯的表白曾做过这么多工作。科学告诫我们：那些被称为“慈善”、仅仅被看作是一种美德的事业，只代表了走向真正拯救人类健康的开端（当然还很有限，很不够）。这是与死亡作斗争所必不可少的。但是，为了达到这个目标，这样的工作应是全球性的，应该形成社会的“改革”。当世界上不再有施主和受施舍的人，而只是提高人类生活水平和仁爱美德时，这样的工作就会成为“社会的进步”。人人皆兄弟；让他们相互爱护，相互帮助吧；别让左手干涉右手；这样的原则将会付诸实现。

在感伤的时代里，贫穷是富人作出反应的刺激物。穷人并非想培养富人的感情。在那样的年代里，如果穷人说，“给我生活必需品吧，否则你也会饿死的，”富人则会怒火万丈。富人绝不会意识到穷人就是与他同生死、共患难的兄弟。

当今科学使事物处于不同的立脚点。科学已“认识到”慈善事业对富人、穷人都有益，并建立了文明原则（即过去被托付给情感的道德原则）。

卫生学也同样渗透到了伦理中，并给个体以生活的法则。正是通过卫生学，淫荡不再那样普遍，古代所赞美的大酒大肉为今天的干净饭菜所代替，其价值在于身体需求与所准备的饭菜之间巧妙的比例。酒与含有酒精的饮料，更多地为富人，而不是为穷人所反对。吃饭是为了强身，因此我们既不能吃得过多，也不能食用有毒的食品。这就是古代道德在与暴饮暴食的恶习作斗争，也是斋戒与禁欲为美德所宣传的。在那些年代，谁也没有想到百万富翁们会自愿用柠檬代替酒类，盛大的宴会完全消失，只留下关于这些宴会的记载的那一天会来临。不但如此，任何一位现代禁欲主义者都不会为他们的美德感到自豪，他们只是和福音中的训导相吻合罢了：

“你斋戒时，别像伪君子那样，面带愁容……将头涂上油，不是让人知道你在斋戒。主在暗中观察着你。”

古代的牧师如能与这些禁欲主义者交谈，也会受益匪浅。曾在瓦卢瓦王朝（1328—1589）时代组成“生命”、“欢喜”和“欢乐”的诙谐到哪里去了呢？英国社会，甚至比瓦卢瓦王朝时代的社会还要低得多的现代贵族阶层都不能讨论薄伽丘写的故事。现在，他们怕说出一个不妥当的词，甚至怕暗示身体的最纯洁的功能，或是提到与肉体相接触的那部分衣服。他们只谈高雅的事物，只有那些教导我们的人，那些谈到旅游便告诉我们民族风俗习惯，谈到政治便告诉我们当前局势的人才被看成是了不起的健谈者。过多的笑声、玩笑以及粗犷有力的手势都是不允许的。大家都得让四肢规规矩矩，安安静静，甚至还必须避免那些愉快的、令人喜欢的、伴随着谈话所做出的自然而然的手势；音量也被压得几乎听不到。古代的牧师说：“这些人把圣保罗的劝导执行到一种言过其实的程度：‘像圣人一样，让私通、猥亵不曾在你们中提及；猥亵、不适当的愚蠢的言谈及戏谑也不要在你们中发生。’”

在这些行为举止的逐渐演变中，我们发现卫生学成为时装的向导。它使服装逐渐简单化，使涂脂抹粉、有衬架支撑的裙子不复存在，改进了紧身胸衣和鞋子，使拖裙从大街上消失，并推广了服装的统一性。若古时的人在我们当中出现，他会问：“为什么这些人在苦行？我看见男人没佩戴任何装饰，头发剪得很短；那些抛弃了浮华的女人，在大街上行走，既无假发，脸上也无美人斑，头发只是很简单地打了个结。我看见伯爵夫人衣着朴素，穿着简单得像修女似的黑衣服，与穷人相差无几。黑色的马车如殡车一般，仆人们则像穿着丧服似的。再没有使大街充满生气的宴会。每个人都静悄悄地、严肃地走着。”

有谁能使古代惯于宣传反对奢华的人们相信这样的画面并非代表苦行时代，而是普普通通的日常生活呢？

就现代人而言，他们也绝不会认为他们受惩罚而过着痛苦的生活。恰恰相反，他们追溯过去的社会时，会感到吃惊。他们绝不愿倒退到使人成为华丽服饰和胭脂唇膏的奴隶，由于淫荡而戕害自己，由于传染病而死亡的年代里。他们从无数枷锁中解放出来，认识到更高层次的生活乐趣。使今天的生活变得如此美好和舒适，对上几个世纪的贵族来说是一个难解的谜。这就是生活之谜。

僧侣和生活在尘世间的人们也许曾用一种相似的方法来想象对方。那些摆脱尘世枷锁及一切浮华虚荣的人具有生活乐趣的秘密，至今尚不得而知。他们是否惊异地看着那些当时所谓的乐趣。而麻木的、从用假发装饰头到把脚硬塞进狭小的靴子里的人，却把死亡叫做“生活和欢乐”。

实证科学直接渗入到道德领域之中。社会学统计法披露了不道德和犯罪等社会问题。社会学统计法还研究了社会客观事实。犯罪人类学表明：遗传的“低劣人”是那些对其环境中所有道德传染病易感染者。莫雷尔关于堕落理论以及郎布罗索卓有成效的罪犯理论无疑给这种混乱带来了光明，关于人类善恶的评价也就泾渭分明了。“堕落”的形式主要是由于神经系统的缘故；因此而产生的一切畸形人格便与正常人“分道扬镳”了。他们具有一种不同的智力和不同的道德。错误的知觉、推理、幻觉，诸如冲动、优柔寡断和疯狂，这样的意志异常现象以及畸形智力形成的一连串幻想的道德感的缺陷，使这些人处于一种非社会的人的位置。

综合性神经衰弱及精神恍惚使这些人对工作不感兴趣，成为无生产能力、只能靠别人的劳动果实生存的人。这个基本的事实（即把厌恶生产劳动与抢劫的冲动结合起来）使他们利用一切为犯罪提供外部手段的环境因素。这些人是“坏蛋”。但是，只要我们更好地观察，便会发现我们必须对付的并不是邪恶，而是病态环境以及社会的错误。如果事实果真如此，这些并非他们自己的错误，而是因出生在不幸的环境中，为社会所迫走向毁灭的“坏蛋”，才是真正的“牺牲品”。他们的整个历史经过仔细调查后，证明了这个事实。他们一落地，便遭到排斥，受到冷落。由于心理缺陷、意志紊乱、性情反常以及缺乏肉体的吸引力，而不为人们所喜爱。从受母亲的虐待、学校的虐待，到受社会的虐待，使他们倍尝人间的辛酸。

莫雷尔所描绘的“民族死者”的第一幅图画给人印象颇深。根据他颇具独到见解的理论（包括一种即使不太精确，但也较清楚地概述了这种现象的综合），当退化的原因作用于人时，就会出现畸形儿，并在以后两三代中增加，一直到最后极端退化了的无生育者身上才会得以绝迹。

莫雷尔认为，疯人、罪犯、癫痫病人和白痴构成了令人悲怆的人类毁灭系列。一个留下强壮后代的人虽死犹生，他在后代身上得以再生，青年继承了老年。只有退化的人才会死灭。因为他们的种类已经“绝灭”，而他们的几个可怜的后代却代表着一种“活着的痛苦”。这个生活在健康人中，暴露出他们的弱点——幻想、激动、愤怒、自私的“危在旦夕的种族”，最后被赶入活人的坟墓——疯人院、监狱。

这是一幅多么生动的悲惨画面，一个对人类多么严重的警告啊！一个“错误”便会断送他的一生，因为它像《圣经》诅咒的那样，将其传给子孙，走向永恒的地狱。

想到天真无邪的孩子会遭此厄运是多么可怕啊！当我们获取人生真正的奖赏和惩罚时，很明显我们现在的生活并非就是一切，而是有其延续。这种选择在很大程度上掌握在我们自己的手中。我们要一个美丽、健康、富于创造力的儿子，还是要一个畸形、瘦弱、思想贫乏，不能爱我们、理解我们的儿子？遗传卫生学是道德卫生学中最重要的部分。拯救个人生活如果只有通过关心整个人类的卫生生活才能达到目的，那么，只有严格遵守健康法则和生活法则，才能拯救人类。酗酒、吸毒、过度劳累、身患疾病、放荡不羁、罪恶、懒惰都是退化的根源。正是为了拯救人类，科学才不断地宣传这些东西；也正是通过这些途径，美德才得以发扬光大。但最重要的是，科学传授了伟大的“宽恕”原则（该原则迄今仍是宗教道德的神秘之一）。

几年前，没有人（不管他多么富有同情心，多么慷慨大度）能像科学那样公正，富于同情地看待违法者。科学指出，我们都得为因社会原因造成的牺牲品负责；我们必须控告自己同样犯有低等人所犯的罪行，并竭尽全力，帮助他们获得新生。唯有圣人在他们为芸芸众生树立美德的典范、并为一切罪过承担责任的时候，才有直觉这一真理的本领。“你须有责任感”，圣约翰·克赖索斯托姆说道：“不仅为拯救你自己，也为拯救整个人类，祈祷者需将整个人类的利益放在肩上。”

可以肯定，如果 Tages 将整个人类中的畸形人清除出门，如果一种与之相似的道德对人类的疾病、虚弱和痛苦报以冷漠的态度，那么优生学便不会诞生了。只有认识到这些，我们才能追溯不健康的原因。将人类从危机中解脱出来。死亡的原因犹如细菌一样看不见，摸不着。吸毒的人还以为在喝美酒呢。如果不是那些病患者和弱者在我们面前展示了使我们走向死亡的错误，我们会蒙受灭顶之灾的。科学并非像医护人员那样严格地将自己束缚在关照病人身上，它通过那扇大门走了进来，并顺着相反的方向，朝着通向人性的道路走下去，对自己所面临的危险毫无觉察。科学的最终目的不是关心病人，而是关心人类的健康。我们把有益身体健康、大大降低死亡率的“舒适”归功于病人被集中起来受到照料这个事实。

优生学向我们展示，再生的前景（即希望我们的子孙比前辈更有生气，更幸福）已成为可能，因为我们出于仁慈，已将神经衰弱者、癫痫病人和不健康者集中起来。正为这个缘故，我们才不得不寻找通往健康、到达美好世界之路。

当基督向人们指出拯救之道时，他指着那些被社会遗弃、邪恶的影子在他们身上显而易见的人，因为邪恶的根源太微妙了，常常不为人所见：“你用耳朵听，却不领其义；你用眼睛看，却什么也看不见。”

但另一方面，最终的结果是显而易见的。为了拯救，人类的“意愿”认为将他们慈悲地、无反感地集中在一起就够了。圣马太说，在最后的审判时，被淘汰的将与被拯救的分离开来；上帝把后者召集到他的身边，说道："来吧，我的主啊，将这从创世纪起就为你们准备的国土拿去吧。我饿了，你们给我肉吃，我渴了，你们给我水喝……我一丝不挂，你们给我衣穿……我身陷囹圄，你们来到我身边。"正义问道："上帝，我们何时曾见你饥饿、口渴、一丝不挂？我们何时曾见你生病，见你身陷囹圄，并在这时来到你身边？"上帝答道："因为你已经关照了我的同胞，你就已经关照了我。"然后，上帝对他左手边的人说："滚吧，该死的，滚到永不熄灭的烈火中去……因为我饿了，你却不给我肉吃；我渴了，你却不给我水喝……我病了，身陷囹圄，你却看都不看我。"然后，这些人说："我们何时见你饥饿，口渴，一丝不挂，生病，身陷囹圄而没人来照顾你呢？"上帝回答道："因为你们没有关照我的同胞，你们也就没有关照我。"

这就是异教与基督教道德之间，理性的希腊哲学与现实科学之间，艺术的理想与"生活"的现实之间的根本区别。

因此，实证科学使我们认识到基督教的一部分。我们几乎可以说，寺院制度实际上代表了历代不同文明的唯一的生活形式。今天，科学已将这种生活显示出来。

在那混乱、无节度的时代，只有他们实行了现在普遍认为是健康的食物疗法。他们吃粗糙的面包、新鲜的水果、刚挤出的鲜奶；多吃蔬菜，少吃荤菜，吃得简单，却很有规律。他们从空气受到污染、人口稠密的大城市里搬出来，选择了旷野中宽敞的住宅，总之，离群索居——尽量选择高地。他们并不奢侈。庭院很宽敞，能在户外居住；宽松的衣服、舒适的马鞍、羊毛外衣、体育锻炼、农业劳动以及旅游，使得他们几乎成为现代运动生活的先驱。修道院将博爱洒向人间——接纳穷人，照顾病人。这似乎想表明更自由、更具优势的生活的一个方面，它必须与帮助人类相辅相成。他们代表了社会和智慧的精华。保存手稿、珍藏艺术品的正是本尼迪克特教团的僧侣；实践了农业的正是圣伯纳的门徒；宣传和平的是圣弗兰西斯的儿子们。

也许可以说，由对生命法则和拯救生命的方法的实证研究所指引的现代社会，已经与揭示生命之路的宗教法则相冲突，实现了一种振兴（从某方面讲，再造）——精神上的古代绿洲的文明的形成。

但是，如果我们大胆地将现代社会和修道院作个比较，现代社会将是什么样的修道院呢？

在修道院里，信徒们吃定量的饭菜，穿有益健康的衣服，言辞得体，从不争吵，循规蹈矩，生活情趣相投，冷漠地施舍其赈济物；似乎这是一种习惯，或者说是日常的职责。他们虽然思索着永恒的生命，拯救来世的惩罚，却从不为这些思想所打动。现实真相却是：他们失去了信念，互不相爱；野心、愤怒、嫉妒，以至仇恨驱散了内心的宁静；由于仁慈已不复存在，堕落便开始在这些罪恶下面渗透进来，并显示出进一步堕落的迹象。基督教徒们的标准，尊重生活的迹象，以及通向永恒生命的纯洁的奉献，同信念一起已被抛弃。人类的爱不能与动物的纵欲相提并论，正由于纯洁，对全人类强烈的爱，对他人的理解，对真理的直觉才如一股香气，飘然而至。正是被称作仁慈或爱的熊熊火焰，使生活光彩夺目，使万物获得价值。“尽管我把所有的东西拿出来送给穷人，尽管我捐躯让其火化，”圣保罗说，“但要是没有仁慈，这对于我便毫无裨益。尽管我有预知未来、看透一切秘密、懂得所有知识的本领，但要是没有仁慈，我便不值分文。尽管我用人类、天使的口舌讲话，但若无仁慈，我便会成为一切叮当作响的黄铜，或者挂钟。”（哥林多全书，第十三章）

在“堕落”的修道院里，最伟大、最高尚的学识，尽善尽美已消失殆尽，如同受堕落惩罚的人，将获得的最后的，也是最好的东西丢掉了，只留下那些低劣的东西。

社会修道院却是另一种情况：基本的造诣尚未达到。这即是不同之处。朝着基督教迈进的社会进步只跨出了第一步。没有爱，没有仁慈。由于丧失信念以及精神生活受到压抑而带来的赤贫和空虚，一切都丧失殆尽。实证科学在全球文明力量中尚未触及人的内心世界；社会环境也还没有实现人类所获的更高层次的向往。

当我们将精力集中在孩子的“道德教育”时，首先应问问自己是否真正爱他们，对他们的“道德”，我们是否怀有诚挚的希冀。

让我们更实际地想想。父母亲们，在孩子的身上，你们到底寄托着什么希望？欧洲大战对他们身体造成的危险，尚不能与他们所经历的精神危机相比。我们必须设想一场更大的，全球性的战争，所有年轻人都应征入伍，幸存者却寥寥无几。如果，你是在向儿子们进行死亡的教育，那么，这样打扰他们又是为什么呢？如果他们不久将永别人间，那么抚摸他们的柔发和红红的指甲，以及他们充满活力的小身子；他们清新的、让人心荡神驰的美丽又有什么用呢？

啊！所有热爱孩子的人们都必须投身到这场你死我活的战争中去！还是为和平而奋斗？

法国革命的年代，德·埃内库特夫人在她的著作《解放了的妇女》中所讲的那段话多么脍炙人口：

“母亲们，你们告诫孩子‘不要撒谎’，因为这对一个自尊自爱的人来说是不足取的；‘不要偷盗，’你们愿意别人偷你们的东西吗？这是一件可耻的事；‘不要欺负比你弱小的同伴，不可粗鲁地对待他们，'因为那是懦夫的行为；这些都是非常美好的原则。但是，当孩子长大成人时，他的母亲却说'他得放荡不羁'，放荡就是他必须诱奸、通奸，经常光顾妓院。什么？这难道是这位母亲吗，曾告诫孩子不要撒谎，却允许现在已是成人的他，去玩弄像她自己一样的女人？尽管她教育孩子不要去偷另一个孩子的玩具，但她认为儿子去糟踏像她自己那样的女人的生命和名誉却是天经地义的；那个曾教孩子千万别欺负弱者的她，现在却允许他跻身于那些被社会奴役的人的暴君的行列。"

这些母亲默然同意腐蚀人性的卑劣事实。今天掀起了一种强烈反对白奴贸易的社会运动。与此同时，倾向于保护后代健康的优生学就蔚然而生了。

这些都是大好事。然而，所有这些问题的核心是一个精神问题。白奴并非被抛弃的人。他们是全球性毁灭和奴役法令的无辜受害者。要是这样一种阴沉的精神危机笼罩着我们，除非先对这种威胁直接进行斗争，还有什么外部卫生能拯救我们呢？被真正"抛弃"的人是那些一直处于死亡状态却没有感觉到死亡的人。

倘若他们已经知觉到这种威胁，仅凭这点他们便可以找到通向拯救的大路。白奴被社会所轻蔑、为折磨所烦恼，大叫要报仇雪恨，使人类蒙受耻辱。然而他们还不是真正被抛弃的人——奴隶不只是他们。被抛弃的是那些无知的、受过良好教育的年轻人。他们没有同情心，对自身的堕落毫无觉察，还要虐待被沦为奴隶的人类，更有甚者，他们鄙视妇女，丝毫没有听到良心之声在警告他们："你为何要百般挑剔你的兄弟姐妹？改正自己的缺点吧！"他也许试图保护自身，避免灾难（虽然这些灾难常常是难以逃避的），因此，无缘无故地冒自身和种族的灭亡的危险，他只关心为自己寻求社会地位和受人尊敬的家庭

——他才是被抛弃在黑暗中沦为奴隶的人。

他的母亲也同样是奴隶。因为她不能理解曾为其身心健康含辛茹苦、呕心沥血才抚养成人的儿子。她是奴隶，当他的儿子被迫离开她（也许走向死亡，也许走向毁灭，或是堕落）时，她却无能为力，只能呆呆地望着他；她痛苦地自我原谅，说她的尊严和贞洁阻止了她与儿子同行；她似乎想："这是我的负了伤、在流血的儿子，但我不能跟他同行；因为道路泥泞，会弄脏我的靴子。"真正母亲的心到哪里去了？母性的感情怎么堕落到了这种程度？德·埃内库特夫人哀叹道："她只是高贵和贞洁而已。其儿子必须从未有什么羞耻的事可向母亲忏悔，在这样的情况下她才能将他抚养成人。"

完全失去尊严的母亲，也失去了自身。

从另一方面来讲，母性的尊严是伟大而颇具影响力的。让我们看看古罗马主妇，科里奥拉纳斯之母维特里娅吧！她听说自己的叛徒儿子率领一支异国军队即将进攻罗马，便勇敢地走出城墙，穿过虎视眈眈的敌人，径直向那个伟大的领袖走去，质问道："你是我的儿子，还是叛徒？"科里奥拉纳斯听到母亲的这番话，便放弃了这种不应有的叛逆行径。

今天，真正的母亲也应冲破偏见的束缚，带着足够的尊严，正视自己的儿子，谆谆教诲道："你不要作人类的叛逆啊！"

是什么压力使女人放弃了拯救自己的儿子的神圣权利呢？又是什么削弱了慈爱，使青年为了成为一个真正有血性的年轻人，而蔑视母性的权威呢？

宣判我们徒刑的正是这死亡的灵魂，而不是外部事件。

若实证科学对道德作出了极大贡献（实证科学不仅将自己局限于研究疾病的外部原因，还研究堕落的根源；反复讲授身体和心理的卫生学——即保护人类的物质和精神的健康生活），那么，我们希冀从专注于保护人类“内心生活”的实证科学中得到多大的启迪呢！

若第一部分通过严格认真的研究，追求真理，终于使社会认识了基督教教义，我们即可推断，其延续将伴随同样的忠诚及同样精确的研究，将同样成功地填补现代文明的空白。

坚信无疑！这就是我对那些质问从我的教学法里，关于新一代的道德和宗教中希求得到什么的人的最明晰、最直接的回答。

若实验医学追溯疾病的根源，成功地解决了有关健康的难题，那么，一种集中研究正常人心理活动的实验科学就会导致生命最高法则以及人类健康的重大发现。

然而，这样的科学尚未建立。它还在等待其研究者。但是，我们可以预言：为人类物质生活提供指南的全球卫生学若从医学研究中应运而生，那么这种新科学将创立一种为所有人类道德生活提供实际指南的卫生学。

病人由民间和公共慈善机构凭借良知和经验的指导集中在贫民院中。若实证医学从这里诞生，那么它首先应研究学校（即为改善社会，将儿童集中起来受教育的经验指导的场所）并在其中寻找经验。

逐渐代替经验法的科学医学的伟大之处在哪里呢？在经验医学还在迷信放血及药物起泡时，科学医学已升华并阐明了被遗忘的、却集中所有全新智慧于一体的古代原理。自然医学致力于与疾病作斗争，战胜疾病的自然力量存在于充满生气的机体之中。我们要建立理性医学，就必须依靠这种机体。谁相信医生与药物治愈了病人，谁便是庸医；谁相信“唯有机体”方能治愈疾病，因此，必须保护和增强大自然为拯救我们而赐与我们的这种能力，谁才是科学家。

今天，保护实证医学预防及恢复自然力量所必需的治疗的人数比古老的经验主义要少得多。

大量的专家代替了上个世纪的单一型的医生。这个巨大的数字足以说明实际中新趋势所包含的巨大差异。

回顾医学界所取得的成就也是非常有趣的。医学从一开始治愈疾病就不断发现正常物质生活的规律，为健康者指出养身之道。医学发展到这一步便发现：治愈疾病的灵丹妙药，与养身所必需的方法相同，因为赐与健康的体魄和自然医药效力为同一生命之源。举例来说，今天有节制饮食的倡导，这不仅仅是那些为了自身健康的人所必须采纳的卫生措施，也是治疗疾病的最重要因素。饮食学或营养卫生学不管是对不幸的痛风者、患粗皮病的人、感冒的人、肺结核患者，还是对糖尿病患者来说都是至关重要的。相比之下，氧化锂盐咖啡和杂酚油都无济于事。现代的趋势是统统废除这些有害治疗，代之以疗养、健身体操、水疗及气候疗养。精神病学和神经病理学已在采用工作疗法（即一个井然有序的智力活动的疗程），供初露精神病症状的病人消遣。正如在这一方面所取得的进展一样，“自然痊愈”的概念将会渐渐取得胜利。

大自然无所不能。医生若想有所作为，他就必须紧跟大自然的步伐，用与日俱增的忠诚来伺候她。

这项研究，自然会导致阐释这些身体健康所依靠的力量。有关“免疫力”的研究已成为所有医学研究中最为卓越、影响最大、最科学的研究。

当梅基尼可夫[①]坚信他已经发现了血液中的白血球吸收并

① 梅基尼可夫（1845—1916），俄国动物学家及细菌学家，1908 年获诺贝尔医学奖。——译者注

消化了细菌，因此使人类免于传染病时，一线清晰、平常的光芒好像照亮了所有的秘密。然而，他的理论一发表便为后起的研究所推翻。他的理论被这些研究置于毁灭性的批评之下，因为白血球并不能永远吸收活细菌。要使白血球具有这样一种威力，机体的某些“条件”便必不可少，于是难点便变了。况且，真正致病的不是细菌，而是毒素。这样，毒素理论似乎成为研究的真正指南。然而，我们又陷入了并发症的泥潭。很明显，我们只掌握了免疫力的表面现象。研究表明：在这些表面现象下面，只有一个词，“神秘”。

由于这个缘故，大家对诸如免疫力等问题避而不谈。曾经家喻户晓的思想今天却成了连大学生都不问津的、不引人注目的研究。

然而，除非认识到研究生命奥秘（这种研究掩盖生命的源泉，却又不断地扩张其力量）的紧迫感，要发展建立在自然力基础之上的医学科学是不可能的。

健康及痊愈是无形的，却又是实在的源泉，它总是存在于所有的人的努力的最高峰处。从那里发出的使心脏跳动的能量是我们感受到的唯一现实，它使生命的复兴显而易见。医学科学和这种神秘性必须组成一个整体。

这种结合，也许将由研究灵魂健康与病理的科学来实现。这种结合若发现灵魂也是会腐化的，会染上疾病和死亡的，并发现它自身健康及自然医药效力的规律，那么尊重并帮助这种生命之宝贵力量的疗法就应得到无限发展。与此同时，神秘的源泉与免疫问题一样，将自身强加给现代医学。这样，生命、道德以及宗教便能牢固地结为一体。

现在让我们回到 2 岁半到 3 岁的小孩的话题上来吧。小孩什么都要摸摸，尤其是要摸摸那些他们喜欢的东西；诸如四方纸块、四方墨水台、圆圆发光的铃铛等这类简单物体。这些东西都“不是为他们准备的”。

母亲走过来，将这些东西拿走了。她爱抚地拍打着他的小手，说道：“别碰！你这淘气鬼。”我有一次，亲眼看到在许多家庭中都会出现的这种情景，这种场面不易察觉地就过去了。父亲是位医生，正伏案工作。母亲怀里抱着婴儿。婴儿不停地伸出小手去摸桌上的东西。医生对我说：“这孩子虽小，却淘气得要命！尽管他的妈妈和我总是想方设法治服他爱碰我东西的怪毛病，但我们都没能成功。”“你这淘气鬼！你这淘气鬼!!”他妈妈不停地叫着，且紧紧抓着小家伙的手。小家伙却向后一仰，嚎啕大哭起来，小脚乱蹬，像是要踢谁似的。

小孩长到三四岁，就更爱动了。他们想做事了。细心观察他们的人发现，他们具有某种“倾向”。他们模仿母亲的一举一动。要是他们的母亲是家庭妇女，他们便乐意跟着她下厨房。他们要分担母亲的工作，想碰她的东西。他们偷偷摸摸地捏面团，做饭，洗衣拖地板。母亲被他们搞得疲惫不堪，嚷道：“安静一下，别动！别老缠着我。去！去!”孩子便大哭起来，倒在地上乱踢。然而过不了多久，他们又偷偷摸摸地尽可能快地干开了；他们匆匆忙忙地洗衣服，却把自己弄湿了；想把未经许可的浓味蔬菜炖肉藏起来，却弄脏了地板。母亲大发雷霆，狠狠地骂他，责备他，而孩子则以调皮和眼泪反抗。但是，几乎是同时，他又开始做起来。

在母亲不干自己事的地方，小孩（若他聪颖的话）便更加不幸。他寻找他找不着的东西，无缘无故地哭叫，无缘无故地勃然大怒。有的父亲为此几乎绝望地叹息道：“我的孩子非常聪明，但太淘气了！什么都不能满足他。给他买玩具也没用，他实在太淘气了。什么都无济于事。”

母亲急切地问我：“小孩淘气时，我该做些什么呢！孩子发脾气时，我又该怎么办呢？孩子太淘气了，从未安静过。我实在斗不过他。”

我们很少听到哪位作母亲的说：“我的小宝宝真乖，总睡觉。”谁都听到过可怜的母亲用威胁的语气对怀中大哭的小孩大声叫道：“不许哭，我叫你住口！”可想而知，小孩被惊呆了，哭喊得愈加厉害。

这就是人类步入社会的初次交锋：他必须和给与他们生命的父母作斗争。这种斗争之所以会发生，是因为孩子的童年生活与父母的生活“截然不同”。小孩要塑造自我，而他的父母已经定型。为了协调其尚未受到控制的活动，小孩必须东奔西跑。孩子的母亲却使孩子的活动循规蹈矩，并给以严厉控制。儿童的感官发育未完成，适应力还有限，他们要弄清楚物体及空间，还必须借助于触摸，孩子的视觉通过触觉的经验得到纠正。相反，父母的感官都发育完毕，已纠正了这些感官的原始错觉。他们的适应力若没有被陋习所糟蹋，那一定是很完善的。大脑活动不管从哪方面来说都能引导感官接收正确的印象，他们已一般没有触摸的必要了。儿童渴望获得外部世界的知识，而父母对外界已经有了相当的理解。

因此，父母和儿童彼此都不理解对方。

作父母的总希望自己的孩子照他们的样子去做，孩子做得稍有不同便被指责为“调皮”。试想母亲硬拖着孩子跟着自己跑的情形：她只需要慢慢走，孩子却需要跑才能跟上。他的腿短，而她的腿却长得多；他已疲惫不堪，而她却很轻松；他必须承受身体及其与身体不成比例的大脑袋的重量，而他母亲的头和身体的比例却要小得多，轻得多；小孩累了，便站着不走，哭喊，母亲叫道："快走，你这淘气的小东西！我不会再任你胡来了。懒骨头，你是想让我抱你走？不，我不会抱你的。"

当孩子坐在地上或趴在地上，用小胳膊支撑着，小腿在空中乱舞时，我们看到有些母亲在一旁大叫："起来，淘气鬼！看你这身衣服弄得多脏！"

所有这些现象都可以这样解释："儿童与成人不同。他们身体的构成是这样的：头、身体与其细小的腿（因为腿是长得最快的部位）比起来显得很大。因此，小孩不能走远路，却喜欢伸直身体躺着——这种姿势对其健康最为有利。他们具有令人惊讶的发育趋势。为了认识物体的形态及其距离，儿童产生了外部生活的最初念头，用触摸来辅助视觉和听觉。他们手脚不停，因为这是他们生长和发育的内在需要。因此，他动得多，却走得很少，躺在地上，什么东西都要摸。这些正是他们生机勃勃、不断成长的标志。"然而，所有这些都被成人看作是"淘气"。

很明显，这不是一个道德问题。我们没有探索能纠正新生婴儿堕落倾向的办法。不，那不是道德问题，而是生活问题。

孩子想使生活称心如意，而我们却想阻止他们。从这个意义上讲，这确实成了道德问题，我们应开始检查伤害和侵犯别人权利的错误。我们的利己主义隐藏在对待孩子的错误里：我们对孩子生气的真正原因是孩子给我们带来了麻烦；我们之所以同孩子争斗，是因为他们的举动违背了我们的意志，而要保全自己的安逸、威严和统治欲望；我们也常常在内心感到自己对孩子的不公正，却不愿在孩子面前表露出来。然而小造反者很少或没有指责我们，对我们也没怀什么恶意；恰恰相反，正如孩子始终改不掉"淘气"（这也是生活的一种形式）一样，他们一直坚定不移地爱着我们，原谅我们所做的一切，将我们的过错忘却，渴望与我们和好相处，拥抱我们，坐在我们的膝盖上，在我们的怀中酣睡。这也是生活的一种形式。我们若是疲倦了或是厌烦了，便冷淡地拒绝孩子，还假惺惺地用关心孩子的借口“别这样撒娇”来掩饰自己的私心和对孩子的欺骗。“调皮，淘气”这样的话简直成了我们对孩子的侮辱和中伤的口头禅！然而，儿童的形象也许是完美的象征，“什么邪念都没有，分不清邪恶与美善；什么都忍受，什么都相信，什么都期望。”而我们——不，我们不应总是“私”字当头！

如果孩子与成人之间的这种争斗能“和平”解决，成人愿意接受孩子童年生活的自然需求与条件，竭力帮助他们，那么，儿童将向着大自然赐与的最高奖赏——遵循儿童的自然发展，朝着人类的进化——前进。要是初开的玫瑰花瓣成了诗歌的陈词滥调，展现儿童心灵的诗歌便不知要伟大多少！我们为了让奇迹伴随我们，安慰我们，“我们将身边神圣的天赋愤怒地踩在脚下，发疯似地谩骂它。”

孩子不顾“各种各样的惩罚”，渴求东摸西弄的时候，他实际上在坚持“发育”所必需的锻炼，在对我们常常是束手无策的事，孩子却充分展示其毅力。孩子在呼吸，饿了便哭叫，想自己站起来时表现出同样的固执己见。这样，儿童便将其注意力转移到对需要作出反应的外界物体上。要是他们找到了这些物体，他便将精力用于肌肉及感官的运动中，这样他就高兴了。他们若没有找到这些物体，便会像欲望没有得到满足似地烦躁不安。玩具太轻，不能满足双臂对作出必要努力去抬起和移动物体的需要；玩具复杂得不能满足需要对各种感觉进行分析的感官。玩具是一种虚荣，它们代表现实生活的假象，是对现实生活的拙劣模仿。然而，它们组成了儿童的世界，在这个世界中孩子被囿于在一片骂不绝声的愤怒中去“消耗”其精力，这种愤怒又刺激他们去“破坏”东西。

幸运的是，儿童们并未听到他们有毁坏“本能”的老生常谈。他们也不熟悉其他与之对立的公理：“天赋”本能。换言之，“自私”在他们身上得到了充分发展，相反，他们却只有“成长”。“成长”这种不可抗拒的本能，促使自身发展和完善。在生命的每个阶段，儿童都凭本能竭力为下一阶段作准备。这个事实比起我们强加给他们的荒诞的本能来要容易理解得多。

我们不妨让儿童按他们的意图去做事。他们立即就“变了”。在“儿童之家”，一把梳子便足以使最调皮、最具反叛精神和那些教师认定需要“驯服”的孩子变得活泼、迷人，乐意为同伴仔细梳头。对一个走过来伸出双臂要我们把袖子给她放下来的拙笨的、懒洋洋的孩子，如果教师说：“自己放吧！”她的眼睛便立刻闪出智慧之光，疲倦的脸上闪耀着满足后的骄傲和惊喜——她非常熟练地将袖子放了下来。当我们给这些孩子一个小盆子和一块肥皂时，他们唯恐把盆子摔坏，非常仔细地用肥皂将它洗净，放回原处，然后轻轻地将肥皂放下。这如同是在音乐的伴奏下，把任务交给一个木偶人的机体：木偶当作儿童，音乐则是他们的快乐。

这些孩子忙于穿衣，打扫卫生，洗涤，梳妆，清洗和安排周围的环境。他们因此非常疼爱有用的物体，甚至将一块纸片保留好几年。他们不是敲打家具，摔坏东西，而是在进行完善自身的行动。

我们不顾已经引起的反抗和恐惧，阻止凯旋船朝着拯救他们前进的生命，千方百计使他们受我们约束。我们轻轻地、边哄边靠近他；因为当一个小孩打坏了东西时，他很伤心，便自行竭力纠正、完善其行动；我们没有伤害他们。然而，人们把不易摔坏的东西（金属盘子、盒子、炊具、呢绒玩具、羊毛熊和橡胶洋娃娃）给他。从此，孩子的“错误”被掩盖了起来。机体的每个错误都不会被小孩注意：他将再也不会为做错事而难过或忏悔，也不为完善自身而努力了。他会深深陷入错误之中。瞧，他们手脚笨拙，反应迟钝，面部毫无表情，怀里抱着一个涨鼓鼓的玩具熊！他们现在被牢牢地限在虚荣和错误的环境中，丧失了一切敏感。

成人把孩子禁闭得更为严密：为他穿衣，喂食，什么事儿都替他们做了。然而，孩子的欲望并不只是让人给他穿衣或给予物质上的种种满足，然而，一切都不让他自己动手。他们迫切的欲望是“干”，聪明地行使他自己的权力，提高自己能力的水平。成人伤害他们的暗示是多么含蓄啊！你尽心尽力，为了什么呢？难道是为了让人替他洗澡，还是为了给他戴上口水巾？他可以毫不费力，叫人把这些全为他准备好！他会发现所有这些都比自己做得更完美、更轻松。他不用动一个小指头，别人便会为他完成上百倍于他自己竭尽全力而作的事。他甚至用不着自己把饭菜送进嘴里，他完全可以免了这些麻烦，就把营养品大量吸收进去。

魔鬼在荒野向耶稣显示世界所有王国及其荣耀来引诱他时，何其残忍：“你若拜倒在我脚下，敬慕我，我便将所有这些王国赐予你。”但是，儿童没有耶稣那样的力量去回答：“滚吧，撒旦！”《圣经》上早就写道：“你应敬慕基督上帝，你只应侍候他。”儿童应遵从上帝的意志。上帝赐予儿童的天性需要活动。上帝还预示儿童应像征服生活那样去征服世界，目的是最终能使自己高尚，并非为了得到永世的荣耀和舒适。然而，儿童经不住引诱，他们对于现有的精致的东西，不会拒绝，然而他们的灵魂却不会得到进步；他们失去了目标。让我们瞧瞧这些孩子：笨拙，脚跟不稳，呆头呆脑，一副奴才相！肉体桎梏了灵魂。这种毁灭性的懒惰给孩子带来的烦恼，远远超过了最初显示他与成人意志抗争的力量。他像罪人一样常常发怒，撕咬不易摔碎的玩具熊；成人给他洗澡、梳头，他就歇斯底里地大叫；给他穿衣，他就反抗，挣扎；发怒是魔鬼所允许的唯一行动。但是，他却渐渐陷入了软弱无能的深渊！大人们总是埋怨："孩子忘恩负义。他们没有高尚的感情，一切都只为了自己的快乐。"

谁没见过不厌其烦的母亲和保育员，从早到晚哄四五个一边嗷嗷哭叫，一边玩金属盘子和破布娃娃的孩子？他们似乎说："孩子嘛，就是这样。"仁慈的怜悯替代了急躁的自然反应。我们夸奖这些人："瞧，他们多么辛苦，多么有耐心啊！"

但魔鬼也能模仿这样的耐心，他也能细心观察他控制下的灵魂的苦恼和无力的反抗，这些灵魂处于大量物品压迫下的虚荣之中已筋疲力尽，他们已失去了目标，他们已失去了罪恶意识，他们逐渐陷入不能宽恕的错误的深渊中。魔鬼耐心地注视他们，耐心地忍受他们的哭喊——他也给他们玩具熊和橡皮娃娃，喂养他们，可以说用新的虚荣塞饱他们，这样的虚荣掩盖着他们的错误，滋养着他们的身体。

谁要是对这些母亲和保育员满腹疑问："他们真的仁慈吗？"耶稣基督的回答："除了上帝（即造物主）外，谁都不仁慈。"可以给他一个启迪。仁慈乃是上帝的特性，谁创造，谁便仁慈。只有创造才是仁慈的。因此，只有那些帮助创造达到最终目的的人，才是仁慈的。

现在，让我们来谈谈学校。"听话"和"调皮"的概念在这里一定是非常明确的，因为教师离开教室时，指定一个孩子负责在教师不在期间，在黑板上分两行写出"乖孩子"和"调皮蛋”的名字。被指定的学生完全有能力判断“好坏”，因为在学校里没有什么比区分乖学生和调皮蛋更容易的事了。乖学生是那些安静、不好动的孩子；而调皮蛋就是那些又爱说又好动的。这种分类的结果尚不够严重。教师还要给好坏行为分别“记分”。这些后果也不是毁灭性的，倒是像评判人们行为好坏的公众舆论。这并不影响社会，而且这种评判既不让人得到荣誉，也不让人受到监禁，只是一种看法而已。然而，“尊敬”，甚至“荣誉”及那些具有较高道德价值的东西都得依靠它。在学校里，“表现好”指的是惰性，而“表现差”则是指活动。校长大人的“尊严”，教师及同学的“尊严”，事实上，奖惩制度的整个“道德”部分地都建立在这些评价之上。如同在社会中一样，他们不需要任何“法院合格证明”，也不需要任何“权威”。他们是建立在某种大家都看得见，都可以评判的东西之上的。他们是外界真正的道德评判标准。任何学生或旁听生都完全可以在黑板上写出这样一串名字。事实上，行为并没有什么神秘或具有哲理的东西，它只是行为的总和，是生命本身的事实。大家都看得见这些，都可以对此作出评判。

另一方面，尚有更为严重的行为。其结果影响到社区，触犯了人人都依赖的公正原则。他们需要“官方裁决”，对此无人提出上诉。这样，最高法院便召开会议。

考试时，孩子们肩并肩地坐着。教师要他们当场举出所学东西的例子，即要交一份真实的“合法文件”，看得见的，人人都可以评判的证明——书面作业，不管是听写也好，作文也好，或是习题也好。那时若哪个学生帮助别的学生，他便不只是调皮，而且是品德败坏，因为他不仅活动，而且是为别人活动。对他的惩罚有可能是非常严厉的：考试作废。还有可能意味着整整一个学年的学习化为乌有，他必须重修那年的课程。帮助别人的孩子的心是善良的，然而，他却被罚几个月后重新参加考试，或被迫降级一年。全部从头开始。这个善良孩子的家庭经济也许非常拮据，孩子也许竭尽全力去争取好成绩，这样便可以尽快靠他绵薄的劳动来补贴家用。谁知道这家的状况会怎样打动一个孩子的心呢？他或许从困惑的同学身上看到了处于同样境况的另一个穷孩子。家里的争吵或缺粮常常使他躺在床上难以入眠。早上起来，他神志不清。他那不幸的同学在考试前夕也许处于同样的境地。

有必要知道一些情况：在家里，作母亲的天天算着本学年过去了多少天，因为在她看来，这么多的日子全给浪费掉了。孩子考试时，她自然担心地注视着他。一看见孩子回来，离家还很远，她便把头伸出窗外，问道："考得怎样？"那好心的孩子帮助他的同胞时，这个情景也许就浮现在他眼前。

他完全可以不将试卷给别人，而可作进一步检查，修改，或第一个交卷。因为公正的原则判定，完成试卷的所需时间应以分钟计算，几乎像心理实验时所用的精密计时器一样，原则是严格的。教师在学生交的试卷上，注明交卷时间：10 点 25 分，11 点 5 分。如果两份考卷成绩相当，而且比别的试卷好，很难从内容上判定哪份更好，困难便出现了：总得决定谁是第一啊。这是一件极为重要的事，因为这涉及到奖励的问题。在这种情况下，便让时间作裁决：一份试卷是 10 点 30 分交的，而另一份是 10 点 35 分交的，那么 10 点 30 分交的那份便给判为第一名，因为他能比他的对手提前 5 分钟完成同样的试题。奖励有时是没有任何根据的。因此，勤奋的孩子在复习考试时，必须多加小心。刚讨论的那两个学生同样聪明，同样伶俐，但一个带上好钢笔和好墨水，而另一个却没有。他的疏忽的代价是失去了奖励。诚然，买钢笔的是父母，而不是孩子。公正地说，所有的学生都应当使用同样的钢笔。但是，我们又陷入了一个顾虑重重的海洋，公正的原则也被掩盖。不，公正的原则必须是严格的，不应顾虑重重。现在，帮助同伴的那个聪明孩子失去了时间，因此丧失了部分价值，就这样他为同志“牺牲”了自己。

绝不允许以体谅或宽大来减轻惩罚。家庭背景，母亲……什么都对废除考试成绩无济于事。即使在重大犯罪案中，也存在允许减刑情况。但学校另当别论。在这里，我们必须面对这样的事实：一个人的思想已经渗入了另一个人的思想中去，因此，我们无法根据其答卷评判学生，况且，考试是对个体的测验。如果期末考试作废，违法者就得重修一年。重修一学年就是整整一年时间。这种情形与罪犯的情形不同。罪犯徒刑的计算单位是月、周，而学校的计算单位是学年。对于罪犯，我们尚有一点可以考虑；其罪行也许为不可抗拒的力量和环境所引诱，使他犯了罪……但是，谁能控制自己不去做好事呢？做好事当然不是一种不可抗拒的冲动！

然而，为了预防引起类似麻烦的冲动，学校便从头至尾教育学生别互相帮助，以至发展到直接阻止学生间的互相交流。

聪明务实的教师则采取一成不变的策略，对学生在竞争中暗地里的欺诈手段了如指掌。儿童要互相支持，互相交流，他是什么办法都能想出来的。一个孩子在背诵课文时，如果提词会被教师听见，我们发现坐在这个孩子前面的同伴便将打开的书紧贴在肩上能让那孩子看见的位置。聪明的教师为了不让应试者得到帮助，便把他从座位上叫出来。他的同学借助于课文向他做手势。教师便要学生将脸侧向墙壁，同时用锐利的眼光盯着全班学生。应试者就这样被“隔离”了。“没有什么能逃脱”聪明教师的眼光。她能当场抓住一张某学生揉皱了的扔在另一学生课桌下的纸条。她能抓获两个孩子以需要为借口互相交换写上字的吸墨水纸。

因此，制作合理的课桌应当前面敞开。否则要从桌子下递东西就太容易了；有了不仅能促进健康，而且能促进“道德”的课桌，诸如此类的狡猾逃避手段就难于实行了。

“从道德的角度出发，这些前面敞开的课桌，实际上使对学生的监视变得更容易。学生总是肩并肩地坐着，没有任何精神交流。他们被教师的大声吼叫搞得头晕目眩，常常染上诸如手淫之类的病端，这来自于教育本身的陈规。这些坏习惯不像脊椎弯曲、近视及过度疲劳，很少被公开讨论。但是，这种恶习很早，甚至在科学对这种学校环境引起的疾病进行研究之前就被认识到了。久坐的习惯妨碍了骨盆的血液循环，导致血液停滞。我们对损害孩子的身心健康做了些什么呢？恶习便由此以惊人的速度蔓延开来。

“前面敞开的课桌使狡猾的逃避手段不可能得以实现。与陋习作斗争的所有道德手段便在学校里兴盛起来。譬如，在罗马的学校里，秩序和监视如此完备，以致连学生上厕所都不允许。众所周知，‘厕所问题’引起很大的混乱。如果某学生坐累了或听厌了教师的讲课，他便请假去厕所，学校严禁学生在走廊上逗留，看守一直在监视着。为了提神，学生便长时间地呆在厕所里的某个位置（与教室相比，他更喜欢这个地方）。跑厕所已成为一种‘恶习’，校方便决定采取措施。今天，解便的时间得到更为精确的计算。在某个固定的时间，所有的学生都在教师的带领下，像士兵训练一样，两人一行，朝厕所走去。第一排的学生过去后，其余的学生停下来，继续记时间。学生渐渐地走出了厕所，又排成行，同伴一起记着时间。这种移动与当时的情形看来非常吻合。我们就不再提四五十人的队列中最后那对学生进厕所时的情况了。既然这些学生进厕所决不是为了敷衍，生理时间的计算也是好事，我们不会去考查卫生学究竟将得出了什么结论。让我们来看看厕所的外观吧。厕所装有一小门，门上门下都有很大一块地方。这样，谦逊和道德都同时得到保护。在厕所内部，除解手外，别的什么都不能做。然而，学校更为'先进'的厕所是没有安装座位的。地上有一小孔用来避免接触，保证卫生。不舒服的位置避免了学生不必要的逗留。在普通公寓，临时病房以及学校里，这样的安装看来是最好最实用的。"

学校是培养"社会情操"的地方，是儿童的天地。实际上，问题不在学校本身，也不在学生间的交流，而在如上所述的其目的在于培养这种情操的教育。因此，我的教学法为世人所知时（虽然我也曾提到在某些地方孩子们惬意地住在一起，共同学习），有人语气尖刻地问我："如果每个孩子独立学习，那么怎样培养他们社会的情操呢？"我们只能得出这样的结论：这种让孩子们同时做每件事，连上厕所也得同时去的管理制度就是为了培养这种社会情操。因此，儿童世界便是成人世界的对立面。在成人世界里，每个人虽然各行其事，但善于交际指的是礼貌和互相帮助的一种自由的、有良好教养的交换，然而，在儿童世界里，善于交际却意味着身体姿态的一致性和集体的行动统一性，丝毫不管任何快乐和有礼貌的关系。在成人世界里被誉为美德的相互帮助，在儿童世界里被看作是最严重的错误，对纪律的最大冒犯。

现代教学法建议教师像古典寓言那样，用道德教训来结束每篇课文。不管课文谈的是鸟也好，黄油也好，三角形也好，教师都必须以指出课文的寓意来结束全文。教学法专家指出："教师必须不失时机地指出，寓意是学校教育的真正目的。"

"相互帮助"是教学儿童剧和歌曲的迭句，因为所有寓意的中心主题（学校也不例外）是互"爱"。为了提倡孩子们互相帮助，表示相互的爱，教师也许要分三阶段采用一种心理学方法，以区分知觉、联想和意志，或采用因果关系法。选择哪一种全是教师自己的事。但是，教师必须始终使全班学生处于"良好纪律"和"听话"的状况，因为这两者是必不可少的组成部分。

然而，为学校教育机体提供最坚实的支持的因素，仍是奖惩制度。

奖惩制度已成为教学法专家们处理问题的主要手段。虽然有些人认为，最好是向学生灌输对美本身的追求的责任感，不是因畏惧惩罚而阻止了学生做坏事。但是，为了促使学生好好学习，好好表现，他们都或多或少地承认外部刺激的必要性。普遍认为，这种建议高尚，但不切实际；幻想孩子被尽职尽责的愿望所激励而学习，简直是"教学法的荒谬言行"；让孩子胸怀大志（诸如通过勤奋学习，有朝一日在世上找到一个显赫地位）就能在勤奋和美好行为的道路上不懈地跋涉，这是不可靠的。然而，某种直接的刺激，表示赞许的纪念品，也是必要的。但是，人们认为惩罚不应太严厉；发奖品也不应太炫耀；这种折衷办法，目前已非常普遍。实际上，不久前在监狱、精神病院以及学校中司空见惯的棍打及体罚在学校里已被废除了。今天的惩罚要轻得多；给低分、责备、向家长提供对学生不利的学习通知书，以及停学等等。发奖仪式已是往事。过去，在隆重的仪式上，获奖者凯旋似地登上奖台，从当地最高贵的知名人士手中接过奖品。这些高贵人士一边颁发奖品，一边给以亲切的鼓励；主要由自豪、兴奋的父母组成的观众低声说着赞赏和羡慕的话语。现在，这些多余的仪式都被废除了，奖金、奖品都只是在学校前厅简单地发给获奖者。

重要的是，孩子应得到他应得的奖品。昔日学生能够用来装点胸前的奖章，现在已被废除了；奖品则是一本书、一件有用的物品；实用性在我们的学校里已找到了市场。优秀学生也许会得到一块肥皂或做条围裙用的布料。

奖品总是必要的。

然而，通观所有教学法专家的论述以及奖惩的演化过程，谁也没有问过自己：被奖励的美德是什么？受到惩罚的恶习又是什么？也没有人在鼓励学生干某事之前，问问自己这事本身好不好，并判断其价值。

对学校问题的实证研究最终提供了足够的线索，让我们能为古老的问题建筑一个新的基地。用奖品引诱学生，消磨他们的神志，伤害他们的智力，这值得吗？难道勤奋学习，努力工作，好好做人，一切都是为了获奖吗？当他们为一种无法抗拒的自我保护本能所驱使，竭力避免这些危险时，我们却用惩罚来遏制他们，这行吗？众所周知，小学里的获奖者在高中都是些普普通通的学生；高中时的获奖者到大学时已江郎才尽；而那些在学校里经常获奖的学生正是那些在生活的角逐中最容易败北的人。

认识了这点，我们那种一方面刺激，另一方面又压抑；使学生到头来处于灾难性的境界的方法，妥当吗？用不着再对他们施加刺激，引诱他们把所有的精力都用在这些冒险上。学校生活的危险难道不是已经非常严重了吗？近来，有人对聪明的学生和愚笨的学生（即那些获奖的和受罚的学生）进行了一系列极为有趣的比较研究。某些在科学方面有创见的人类学家潜心地研究了这个问题。他们建议要调查那些更聪明的获奖者是否表现出比“平庸”之辈更具有形态方面的优势，是否具有什么特别的先天记号，或更为发达的大脑。恰恰相反，人类学的论文却证明了他们在身体方面的劣势，即他们身体低矮，胸围窄小。他们的大脑与不太聪明人的大脑没什么两样。他们中的许多人还戴着眼镜。

我们因此得到一幅更为清晰的儿童生活画面。这些儿童带着唯恐出错的惴惴之心（此种心理会发展成为极度的苦恼）勤奋地完成所有的任务。这些儿童要背诵全部课文，便不得不舍弃散步、游玩，甚至一个小时的休息时间。为获第一名的渴望梦牵魂萦，被比他的同伴有更美好未来的幻想所驱使，或使他们相信自己是“国家的希望”以及“父母的安慰”的奖励和奖品所振奋，他们像被幻影迷乱一样，向着未来佝偻冲去。相反，他们马马虎虎的同伴却有着发育良好的胸膛，还是班上最快活的孩子。

其他类型聪颖的学生在家里有家庭教师，或有献身于孩子的进步和受过教育的母亲辅导。其他迟钝的、常常受罚的学生在家里不受欢迎，常在大街上闲逛，父母任其自行其事或每天上学前一大早就必须弄饭吃。在我进行的一次调查中，那些受到奖励可免试的学生都是些带着美味佳肴来校的孩子；而那些在班上最差的，常常受到惩罚的孩子却没有带什么口粮，或只带了一块馒头。

大家千万别误认为我在上面列出了造成与奖惩相联的所有假象。不过，很明显的是，一条已经清楚地标明的道路将会使我们明白事实和真象。

奖惩并非尾声，而是学校道德的有机组成部分。正如宣布舞弊学生的考试作废，只是教育学生的一个例子一样，这种教育旨在把个体孤立在群体之中。奖惩是学校机体长期源泉——

竞争的基础的极端事件。这个源泉是：孩子们看到别人比自己聪明，得分比自己高，受到奖励，获得奖品时，便受到刺激，模仿他们，更加努力，超过同伴。因此，一种所谓的体制便得到发展，并且提高整个学校的工作和成就水平。使孩子们习惯于"吃苦"是寓意的目的。

让我们举一个竞争的例子吧。当观察敏锐的医生走进学校，他的注意力便为感官所吸引，他发现学生中有许多人轻微失聪。因为他们听到的比别人少，便显得不那么聪明。作为"惩罚"，他们被赶到教室的最后排。他们因从未学会听写，出现难以置信的和不可饶恕的错误，常常因此被迫重做一次。竞争和惩罚对他们都无效，即使把他们安置在离教室尽量远的位置，这些失聪的孩子也不能取得进步。为了让其安静，经常受到惩罚的还有一些生性活泼的孩子，他们被告诫要仿效那些行为模范的同学，这些规劝都失败了。许多孩子患有扁桃腺肥大症，只能用嘴呼吸，注意力因此不能集中。因为他们的注意力从来不能集中，成绩便差，便受到惩罚。然而，好心、细致的教师也是徒劳无益地与这种张嘴的缺陷作斗争，他们经常给孩子们讲一些张着嘴、手指放在嘴里的丑态的寓意故事。

我们发现，许多懒孩子不像别的同学那样做操，找借口中途停止，造成坏影响。这些孩子大都患有心脏病和肝病。比耐力、比速度的体操赛是竞争的好例子。我们鼓励孩子们在尽量长或尽量短的时间内跑完一段路程。在这里，体力成了锻炼的基础。人类学的研究表明，人类有两种主要体格：一种是胸腔占据优势，另一种是大腿占据优势。胸腔发育良好，肺和心脏功能强，具有耐力要比具有敏捷更符合自然规律；反之就适合于另一类，由于腿长、胸窄的缘故，敏捷便占了上风；任何竞争都无法将此类变为彼类。对儿童（其体型随着年龄的变化而变化）进行的形态研究应成为组织体操队的依据，而不是竞争的基础。体质和疾病等是影响强健的内在因素，必须从身体内部加以考查。否则，竞争的奇迹是不可能创造的。

对竞争偏爱的根源非常深厚。1899年我在意大利设法与小学联合建立残疾儿童独立班时，有人还用竞争原则来反对我：聪明、勤奋儿童的榜样对残疾儿童不会有任何帮助，这些弱者被剥夺了竞争的刺激时，便一事无成。

然而，只有在同等条件的人中，竞争才起作用。当举行“竞赛”时，要选出相应的“竞争对手”。对于一个残疾儿童来说，聪明对手树立的榜样只能使他感到自惭形秽，他们的缺陷和弱势不断遭到一些有优越感的同龄正常儿童的嘲讽。热心的教师鼓励、劝告乃至责备、惩罚他们，指出强者是他们的光辉典范，然而，他们却越来越失去信心。能给他们带来一线光明和一线希望的是让他们看到在自己力所能及的范围内能够有所作为，让他们深入到某些他能与别人竞争的领域，从而受到鼓励。这样，他们便会像别人一样，受到振奋和安慰，心中微弱的花蕾便会绽开。因此，他们的活动需要比正常孩子大得多的鼓励、安慰和外部刺激。

那些正常、聪明的孩子（他们被当作比他们低下的孩子的榜样）的情况又怎样呢？他们与谁竞争呢？是谁拖着他们向前走呢？如果大家都需要拖着向前走的话，那么又是谁站在最前面拉他们呢？所讨论的问题显然不合适了。

对他而言，动力会是逆向的。有某种人非常高兴与比他低下的人竞争，这使我想起了沃森叙述的在他的疯人院里由一个癫痴组织的一场比赛。这个男孩很高。他将癫痴中最矮、最小的呆子选出来，并挑动他们比赛。他总是获得第一名，欣喜若狂。然而，像这样的例子不只是在沃森的疯人院才有。它是那些野心勃勃，但又懒惰，不想费力，不需完善自身，依靠外表的不同便能压倒同僚的人的“道德态度”。这样，我们便发现口若悬河的演说家总是想方设法，找一个笨拙的演讲者打头阵；漂亮的女孩没有办法打扮自己，以显示其俏丽，便热衷与难看的朋友一起东游西荡。

我曾经读过一则寓言。它显然是对这种现象的嘲弄。古代有个国王长着长长的鼻子，可笑极了。当邻国的一个国王提出来造访时，他怕自己的缺陷让邻邦人看见，感到很是不安。大臣想出了一个权宜之计，向国王呈上一条切实可行的计划：“陛下，让你高贵的宫廷人员暂时引退。我将在全国上下寻找鼻子最大的人，届时由他们组成宫廷成员。”事情便这样办了。有了这些大鼻子，国王的鼻子相比之下便再正常不过了。就这样，尊严的邻国君主只注意到皇宫以其鼻子而著称，而没有看到国王长着奇长的鼻子。

呆子之间竞争的故事和皇宫成员的鼻子的故事使我们发笑。然而，正常孩子之间的竞争却不是笑料。身强体壮的孩子与失聪、有病、有残疾的孩子在一起，只会感到自己的优越；有受过教育的母亲辅导的幸运孩子与贫穷的、愁苦的和无人照管的孩子一接触，只会感到自己是这些穷孩子的典范。饱食终日的孩子在舒适的床上鼾睡一觉后，精神抖擞。当他们与那些日出前就必须起床卖报或送牛奶，到了学校已精疲力竭的忙碌的小工人并排坐着时，便将自己想象得比这些小工人优越，将自己看作是他们的好好干的“刺激物”——所有这些正常孩子都走在一条错误的道德道路之上。他们正被引入不自觉接受非正义的歧途。他们被骗了。他们并非更好，而只是比同伴要幸运罢了。我们应引导他们慈善的心灵去认识真理，去同情病人，去安抚那些不幸的人，去崇拜英雄豪杰。否则，若他们产生虚荣心、野心以及犯错误，这就不是他们的过错了。

诚然，老师用大家毫无两样学到的寓意故事使学生想起身患疾病、不幸却勇敢的孩子。她竭力启迪他们的良知，强调展示人类美好情操。然而，谁也不曾想到那些身患疾病、不幸的、却勇敢的孩子比比皆是，因为所有孩子都上学。然而，他们却不能相互交流，相互认识。因此，这些被实验者备受责备、惩罚和侮辱。那些幸运的伙伴却在他们面前作威作福，好为人师，获得奖品，受到奖励，渐渐丧失天良。

在道德的混乱中，人类如在地狱中一样，“看不见上帝”。我们激发了什么强烈的精神来发展人类的活动，磨练人类的心灵呢？所有的人（不管强悍还是羸弱），都迷入了歧途。具有独立自救本能的人，不为奖励所诱惑、不为惩罚所恫吓、不受竞争和欺诈的竞赛的不断提示所驱使的人，能力最终完好无损、心灵纯洁无瑕、感到人性的巨大事实的人，实属寥寥无几。那些经过严峻考验，未被空洞的荣耀及迫害伤一根汗毛的人，在凭内在能量在达到美、善境界的生活之路上迈进，以及对真理敏感的人，才是我们称誉的天才，人类的恩人。

当我们分析美好与邪恶时，我们便感到：在现实中个体身上许多使我们理论上叹为遗憾的“邪恶”，都可归结为外部原因。民众的堕落归结为贫穷及酩酊大醉的综合效应；犯罪归结为堕落；儿童和学者的错误源于偏见与昏聩。然而，由于这些原因不是绝对的、不变的，而是与能改变的短暂状态相联系的，因此，邪恶的古老哲学概念便部分归结为众多的社会问题和行动。正是通过提供工作以及与醉酒的恶习作斗争，才消除了许多产生罪恶的根源，对道德作出了伟大的贡献。着手对堕落者的改造和教育就是与犯罪作斗争，就是升华道德。

因此，若学校中浓郁的偏见与昏聩是众多的道德邪恶的根源，那么靠自然法则的帮助来改造学校，便会成为朝着道德化迈出的第一步。

我们必须正视这个重大问题，不是靠分析考察奖惩制度、竞赛原则以及灌输道德原则的最适当、最实际的方式；也不是依靠创造新的“十诫”。相反，我们迄今一直倚重的说教的问题才是重大的、名符其实的社会问题。

当某个道德问题被限制在可预防的原因和影响时，这个道德问题就显而易见了。举个例子，让我们想象一下一个人口稠密的地区，在那里，贫穷四处蔓延，穷人为了一片面包铤而走险；在那里，垃圾、酒家以及市民的轻浮使居民退化；在那里，不管男女，都轻易向罪恶屈服。这时候，我们对这些人的唯一印象是：多坏的人啊！另一方面，让我们来看看某工业城市的现代化市区：在那里，人们的住房清洁卫生，工人们得到合理的劳动报酬，具有真正艺术感的大众电影院替代了酒家；我们走进一家餐馆，工人们正在静静地、文明地品尝食物；这时我们便会由衷地感叹道：“多好的人啊!”但是，他们真的成为好人了吗？真正的好人是那些改善他们的社会条件的人；从这些好人的努力中得到好处的人，“生活得舒适”；但是，从道德角度严格地说，他们却并非“更值得赞扬的”。

他们若是更值得赞扬的，我们便只需设想一个经济问题已得到解决的社会，只需对那些完全生活在另一个时代便成为“道德的”人另眼相待就行了。显而易见，道德的问题是一个截然不同的问题。它是生活的问题，天性的问题，不是一个凭外部的偶然事件解决的问题。人类或多或少都是幸运的，他们诞生在一个或多或少是文明的环境里，但是他们将永远面临比幸运或文明更为复杂的“道德问题”。

儿童所谓的“淘气”很容易让人相信是“为精神的存在而斗争”的一种表现形式。儿童想让身上的男子气永葆不衰，而我们却设法阻止他们，给他们注入黑暗及错误的毒液。他们为了精神食粮而斗争，就像穷人为了吃饭铤而走险一样；他们像穷人出于对酒精的迷恋使自己退化一样，让自己成为我们诱惑的牺牲品而退化。在这场斗争与退化中，孩子们显得“可怜”、“贫穷”，遭人冷落，一无所有。谁也不曾比他们更清楚地表明：“人类并不只是靠粮食而生活”，“粮食问题”不是唯一的“人类问题”。一切灾难，一切斗争，过去与身体需求相关的一切社会要求与精神需求相联系，都在这里得到惊人清晰的再现。孩子想成长，想完善自我，提高智力，培养内在能量，形成自己的个性。为了达到这些目的，他们必须从奴役中解放出来，战胜成人“生活的方式”。只顾他们的身体营养还不够，他们更渴求精神食粮。对孩子来说，有了使其四肢免于寒冷袭击的衣服还不够，他们要求体面的衣着以及优雅的装饰来保护、衬托精神。虽然这不是主要的、本质的。我们成人为什么要压制儿童的这些要求，而直到几乎相信经济问题才是解决人生问题的唯一办法呢?我们为什么从未想到即使经济问题解决的同时或之后，由于更高的精神欲望未得到满足，还会更度出现冲突、愤懑、失望和退化呢？然而，在当今孩子身上我们仍常常发现类似的冲突、愤懑、失望和退化（而这些孩子吃得好，穿得好，完全符合改进后的身体卫生学标准）。

满足人类的精神需求便是对道德作出的一项巨大贡献。实际上，当我们的孩子能够自由地专心于选定的刺激物，在他们完全成熟能完成抽象的工作以及集中精力、潜心思考时，秩序和平静已在他们身上得到发展。在这之后，典雅的举止，对美的欣赏力，对音乐的敏感，以及他们之间友好的关系便像泉水一样涌现！

所有这些都是“解放”的成果。我们并未用合理的方法使孩子有道德，教他们如何“克服任性的毛病”，积极地创造性地学习；我们也没有激励他们互相交往和向别人学习，或者向他们解释秩序对人类的重要性；我们未教他们在工作与活动中保持镇定与秩序；没有教他们相互尊敬和尊敬别人、不伤害别人的权力；所有这些我们都不曾做过，我们没有耐心。我们应该给孩子们自由，并帮助他们“生活”。正是孩子让我们知道了他们是怎样生活的，除了物质需要外他们还需要些什么！

原来孩子们感到陌生的冲动，勤奋、持之以恒及忍耐的美德便在习惯性的平静气氛中，在高兴的时候显露出来；这些孩子已经踏上了安宁之路。一直阻挡着人的天性的障碍被排除了。

如同成人饱餐了营养丰富的食物，脱离了毒药的危险，变得安静，表明自己喜欢更高层次的娱乐，而不喜欢劣等、退化的嗜好一样，儿童的内心需求一旦得到满足，他们便会变得沉静，并要求继续前进！

然而，所有这些都未触及到道德问题的核心，只清除和洗涤了堵塞它的一切渣滓和污垢。人们的需求越是得到满足，人们就越是幸福。然而人们还不像我们所想象的那样，已经具有了有高尚道德情趣的人所必须具备的那些“优秀品质”。相反，社会剥夺了人类的优秀品质。“善”与“恶”是命运优劣的征兆，当恶劣行为成为厄运的征兆时，我们便让人类赤身裸体，让真理剥得精光。这样，人类就必须重新开始真正的生活，“获得价值”。人类在这点上，重新获得新生，从纯洁、善良、健康、生机蓬勃的人类之蛹中诞生。

如果我们的教学法的整个组织结构是从对某一感官刺激全

神贯注的行动开始，将自身建立在对感官的训练之上，并局限于此，那么，很明显，这样的教学法是不会将全人类纳入考虑之列的。因为，人类若不只靠物质食粮而生存，也不会只靠精神食粮而生存。

环境刺激物不只是物体，它还包括人。我们与人的关系不仅仅是感官方面的。实际上，我们已不满足于羡慕他们使希腊人如此敏感的美，也不满足于倾听他们的演讲及歌唱。人与人之间的真正关系虽然始于感官，但却是建立在同情之上的。

实证科学所论及的“道德感”在很大程度上是同情心，对他人的痛苦的理解与正义感——缺乏这些情感的正常生活便会受到冲击。靠死记道德准则及其应用不会使我们变为有道德的人，因为记忆这些信条是靠不住的，最细微的感情冲动也会战胜我们。实际上，罪犯虽然精通法律准则，却常常触犯法律。相反，正常人虽然对法律一无所知，却由于某种内在的感官指引，从不触犯法律。

就“道德感”而言，实证科学包括某种复杂的东西。这种复杂的东西同时是对“公共舆论”的敏感，也是对法律、宗教的敏感。由此可知，它并不只局限于“道德感”所包含的内容。我们凭直觉谈论它，每个人自身都有某种东西对“称呼”作出“反应”，凭着这种内心反应，他必须懂得并判断，这种“道德感”究竟存在于什么之中。宗教是简明扼要的：它把这种位于生命之核心的内在感官叫作“爱”。社会法则并不比全人类更多地进入这个领域。“爱”是灵魂与上帝的接触。当存在这种接触时，其他的一切便成为虚无。“美好”自然地流露出来，犹如太阳光芒四射，在释放“爱”的同时，天地万物便获得了生命。如动物对深谋远虑的大自然的威力的奉献一样，正是“爱”才维持了生存。

力求探索大自然奥秘的生物研究也承认,爱是生命的核心。科学家经过许多研究,终于看到了这个最明显的事实:是爱,而不是“生存斗争”保存了动物种类。实际上,生存斗争导致毁灭!生存,并不是像我们从前所猜想的那样是“适者”的唯一特权。只有生存确实与“爱”紧密相联。实际上,奋斗者和取胜者都是成人。然而,保护初生婴儿及其在形成过程中的小生命的是谁呢?如果坚硬有角的外壳是该种类天然的保护,那么,婴儿却没有这种外壳;若是强壮的肌肉,他却很虚弱;若是锋利的牙,他却尚未长牙;若是敏捷,他还不能动弹;若是生殖力旺盛,他还未成熟。如此说来,所有的种类都早该灭绝了,因为无论其种类有多么强大,它都曾经是虚弱的;况且世上也不存在比成人生命更强的婴儿期。正是“爱”保护了这些弱者,解释了“生存”的奥秘。今天,“母爱”作为一种自然现象已为科学家所精心研究。若是为生存所作出的斗争向我们展示了一幅固定不变的毁灭的图画,那么,今天母爱现象就以其最丰富、最迷人的形式展现在我们面前。这些形式几乎代表了大自然各种各样不胜枚举的神秘而富有情趣的方面。母爱现象最终被认为是“种的基本特征之一”,应为所有的学者所认识。

昆虫(法布尔作了非常详尽的描述)虽小,与我们毫无关系,却呈现出惊人的母爱现象。有位自然科学家发表了一篇最早关于这种现象的论文:《蜘蛛心理学》。这篇论文可以作为一部戏剧的主题。众所周知,蜘蛛通常在树叶背面编织茧,将卵产在茧里,加以保存。她自己也钻进茧里和卵在一起,保护这一种族的珍宝。若茧壁的哪一点破了,蜘蛛便会立即将它补好。为了做实验,我们将蜘蛛取出来,在离茧有一定距离的地方放20天。多么了不起的蜘蛛啊!一个几立方毫米,无心无脑的黑色松软体,它的生命非常短暂,20天已占去了它生命的很大一部分。这个小生命从来未放弃逃跑的努力，她的焦虑也从未减弱过。20天后她终于获释时，便飞快逃向茧子，藏在里面，并将茧壁补好。这些“爱”和记忆都倾注在哪里呢？将母蜘蛛从茧子里移走，放进另一只蜘蛛。这只蜘蛛马上扮演了母亲的角色，保护茧子免受攻击。如果茧壁受到破坏，她便立即将它补好。这个生物一定具有某种不以母体为转移的母性本能。然而，当真正的母体走近被收养的茧子时，继母不但没有保护茧子的企图，相反，她却逃之夭夭了，放弃了她的位置。藏在茧子里的不速之客凭的是什么心灵感应现象觉察到了母性力量的逼近呢？下面是实验结果：小蜘蛛被孵化出来，在茧子里和母亲呆在一起。实验人员将茧子撕开，看看会发生什么。小蜘蛛四处逃跑，母亲却依然蜷缩在破碎的茧子上死了，几乎是猝然地死于后代的毁灭。因此，母爱并不需要复杂的器官。它不需要大脑，不需要心脏，也不需要感官，似乎不需要物质便仍可存在似的。这是生命用来保护自己，保存自身的一种力量，一种似乎在创世纪前便已存在并一直伴随天地万物，如同所罗门所说的那种智慧力量：“上帝在一开始，在他古老的善行之前，就占有了我；当没有面临苦难深渊时，我就被叫出来……这样我成了他的得意工匠，每天总是给他带来快乐；谁找到了我就找到了生命。”

然而，早在生物学家发现“爱是保护种”，是解释生存的强大力量之前，宗教就已表明，爱是保存生命之力量。为了生存，仅被创造是不够的，动物还必须得到爱才行。这就是大自然的规律。“谁不爱……谁便生活在死亡之中。”当摩西指引希伯来人走上拯救之路的“十诫”时，在“十诫”前加上了这样的律法：“你们应全心全意地爱上帝，像爱自己一样爱邻居。”当法利赛人[1]走向耶稣，要他宣布律法时，耶稣回答道："难道你们不知道？你们应像爱自己一样爱邻居。"他似乎说：法律很明显而且独特，它是生命的法则，因此，从世界诞生的那一天起它就一定存在着了。然而对后来成为新教领袖的圣彼德来说，对从旧秩序到新秩序的过渡的爱得到了更加完整的阐述。耶稣说道，"像我爱你们一样去爱吧。"即不要像你们所能爱的那样，而是像我所能爱的那样。人类自爱的方式与耶稣爱人类的方式有巨大的差异。人类常常径直冲向自身的毁灭。他们混淆美与丑，生命与死亡，食物与毒药。因此在"像爱自己一样爱邻居"的训谕中几乎不能感觉到信心。当耶稣说"像我爱你们一样去爱吧"时，他的教诲的确是一条崭新的圣训。

摩西被迫凭一条实用的戒律来实施爱之法则："孝敬父母吧，你不应搞谋杀、偷盗、伪证，觎觊别人的东西。"另一方面，耶稣教诲道，我们在爱方面若不讨价还价，不再需要规则的保护，就足够了。我们必须将这些保护措施付诸东流。瞧吧！这本身就为人类敞开了拯救的大门。"你们若只爱那爱你们的人，有什么可感谢的呢？就是罪人也爱那爱他们的人。你们若善待那善待你们的人，有什么可感谢的呢？就是罪人也能这样。你们若赐予人，指望从他们那里收回，有什么可感谢的呢？就是罪人也赐予同伴，而要如数收回。你们要爱仇敌，也要善待他们，并要供给他们，不指望偿还。你们必作至高者的儿子。"[2]

抛弃一切束缚，挣脱一切桎梏，只抓住一件需要的东西：朝气蓬勃，勇于探索。这就是耶稣像摩西一样到山里去，不是为

---

① 法利赛人（Pharisee），古代信奉犹太教一个派别的民族的人民。该派标榜墨守宗传统礼仪。基督教《圣经》中称他们是言行不一致的伪善者。——译者注

② 路加福音。第六章 32～35，本段参照香港圣公会 1979 年所印《圣经》之译文。——译者注

了躲避人们，而是叫人们跟随他，向他们阐述所有真理的秘密时所给的启示：上帝庇护探索的人，即使他们受苦，受苦便是探索，便是生活。上帝保佑那些哭泣的人们，保佑那些为了正义而受饥饿的人，保佑那些受迫害的人，保佑那些心灵纯洁，而不受黑暗奴役的人。谁探索，谁便得到满足；谁不探索，谁就会迷途。但愿那些坐享清福的人备受苦难。但愿那些饱食终日的人备受艰辛；但愿那些讥笑别人的人备受挫败——他们的“感觉”已丧失殆尽。这样，一切都是虚幻的。心灵已死亡，知道一切道德法律，甚至当上律师又有什么用呢？犹如我们粉饰坟墓一样。有道德的自我满足却没有良心的人就像是一座坟墓。

道德感的教育　如果我们不愿将孩子引向幻灭、欺诈和黑暗，那么，道德教育的概念就如智育的概念一样，必须包括一个感情基础，并将它建筑在这个基础之上。一方面感官的教育及根据自身的规律发展智力的自由，另一方面情感的教育以及发展自我的精神自由——这是两个类似的概念及两条并行的道路。

试想我们与孩子相关的地位。我们是他们非常微妙地发展的情感得以锻炼的刺激物。

对于理智，我们有许多客体、颜色、形式，等等，但对于精神，客体就是我们自己。孩子纯洁的心灵必须从我们这里获取营养。如同他们的注意力集中在自己喜爱的一些刺激物上一样，他们应把全部心思扑在我们身上。通过爱我们，他们使自己的内部精神创造得以提高。

当好奇心驱使儿童拿起五彩盒，并被它们深深吸引时，盒子里的东西便被动地任他们摆布。这些色彩反映了太阳的光芒，落在这尚未完全成熟和适应的天使的视网膜上。同样，当孩子们向我们的心灵请求营养，将心思转向我们而不再转移时，我们应像消极被动的物体一样，时刻做好准备。我们绝不应由于自私而对孩子的需求置若罔闻。我们应竭尽全力，为他们那尚未适应生活的纯洁的心灵带来所需的光芒。

我们既不应责骂孩子，也不应溺爱他们，请求他们接受我们的帮助，而应像吸引他们的平滑、光洁、形态各异而有趣的具体实物那样，应像在彩色字母表和小盒里包含着计数的最基本的秘密一样，将复杂的智力练习用直观的演示表现出来。我们也应等待，但不是冷漠地等待，而应该让孩子感到我们拥有丰富的物质供他使用，他只要一伸手，便随时都可以得到。我们对孩子作出的“反应”应像他所摆弄的、每触摸一下都对他的智力有所提高的物质那样强烈、及时、完备。

不少人一定注意到，有时他们抚爱孩子时，小家伙像反感和被冒犯了似地逃避。许多人也一定注意到，孩子的感情冲动受到阻止时，他们便像含羞草被触摸了似的，沉默寡言，含羞忍辱。我们应像如下所示的那样，尊重孩子的精神自由：我们无论如何强烈地爱着他们，也绝不能将我们的爱抚强加于他们；我们也绝不应压制他们感情的迸发，我们即使没有准备接受这些爱，也应真诚地、小心地作出反映。我们是孩子爱的“对象”，是孩子用以组织生活的对象。

有人也许会问：那么，我们怎样才能使孩子爱我们呢？我们又怎样才能使孩子感到这一点呢？

孩子如果看不见颜色，便是瞎子。谁也无法使他看见什么。因此，孩子如果不能感觉，谁也无法给他们感情。既然上帝不只用肉体将母亲与孩子联结在一起，而且用爱使他们联得更紧，所以，毋庸置疑，婴儿降临人间时，不只带着肉体，还带着爱。谁爱（即使只是一个简单的动物），谁便拥有一种能永远接收印象的感官；谁能看见物体，谁便拥有视力。因此，谁能看见物体谁便能看见。爱母亲或儿子的人，就去爱；内部的感官当然不只为当时在场的物体而激动。

就连那只可怜的蜘蛛被人为地放在另一位母亲的茧子里时，也要收养、保护这些不是自己的卵，因为蜘蛛具有母爱。

因此，为母亲所爱，并受母亲帮助的孩子具有一种“内在的感官”。凭着这种感官，他也具有爱。我们要让孩子理解我们，应该等待。与所有精神物质并列我们身边安安逸逸休息的那天终于将来临。对孩子来说，那将是一次新生，一次与他第一次被某物深深吸引时的觉醒相似的新生。那一天、那个时刻一定将来临。我们藏在背后，不让孩子发现，但又时刻准备给予帮助，给孩子以满足精神需要的方式，对孩子进行一次小心的爱的尝试。我们帮助他们，给他们以巨大的满足。他们需要用语言来进一步表达思想时，我们便教给他们事物的名称。不过，我们就此止步，不要再问他们，也不要提出什么问题。我们已经告诉了他们字母的发音和数字的秘密；已经将他们与事物相联，但我们应将我们的身躯、呼吸以及外表掩藏起来，将自己限制在只对孩子有用的事物中。孩子一旦有选择和欲望时，绝不会在我们这里遇到阻碍。他们长时间做练习时，我们便会像母亲保护婴儿睡眠一样，精心保护他们，使他们能安心学习。

孩子第一次尝试抽象思维时，除了在我们身上感到快乐的共鸣外，别的什么也没感觉到。

孩子有事相求时，发现我们总是有求必应，就像无穷无尽地飘逸芳香是花朵的使命一样，满足他们的需要便是我们的职责。

孩子在我们身上找到新生命，比母亲的乳汁还要甘美。随着吮吸母亲的乳汁他第一次产生了爱。母亲为了他的生存而活着。从母亲的自我牺牲中产生了他的生存和繁衍的自由，因此，有朝一日他会对母亲非常敏感。

毋庸置疑，他的精神对我们的精神敏感的那一天终将来临。从此以后，他便开始欣赏灵魂与灵魄密切接触的极大乐趣；他也不会只用耳朵听我们的声音。听从我们、与我们交流他的成功、与我们分享欢乐的能力，将构成他生命的新鲜成分。我们一定会看到他突然注意到自己的同学，几乎与我们同样深切地关心他们的同学的进步与学习。四五个孩子拿着汤勺，坐在桌旁，盯着热气腾腾的饭。但是，他们却一点也没感到饥饿的刺激，因为他们都在细心观察一个小同学，那小同学竭力将餐巾往下巴底下塞，好不容易才塞好。我们又看见这些旁观者像父亲看见儿子成功一样，显出一副宽慰和骄傲的神气。目睹这样的情景是令人愉快的。孩子们会非常令人惊异地用进步、感情和惬意的服从来回报我们。他们让我们摘撷的累累果实是无法想象的。因此，解释生命的奥秘时，你如果施与，就会得到果实。人们接踵奔涌着将把你应当收获的果子送入你的怀抱。

道德教育的本质　道德教育的本质是保持和完善心理的敏捷性，像从感官训练开始的智力教育一样，良好的秩序会围绕它自行建立：好与坏的区别就会显而易见。谁也无法将这种区别详尽地教给那种看不见它的人。但是，看到差异与知道差异并不是同一回事。

但是，为了“促进儿童的成长”，我们必须合理安排周围的环境，必须对善与恶进行恰当的区分。一个善与恶混淆在一起，热心与冷漠、呆板与灵活、好与坏，幸运与灾难混杂一起的环境，决不是一个在道德意识里对秩序的建立有帮助的场所。我们就更不要提那些非正义的行为和迫害泛滥的地方了。在这样的条件下，幼稚的心灵就像被污染的浊水，比酒精对胎儿的毒害还要可怕。秩序也许会和纯洁的心灵一样，不复存在。我们无法预测，等候着这种“道德的人”的是什么样的后果。“谁冒犯了这些小孩，谁就不得好死。”“你的手或脚冒犯了你，那么，砍掉它，把它从你的身上除去！”

然而，合理安排的环境并不就意味着一切，即使是在智力教育中，开发智力的不只是创造性的活动，教师的授课也巩固和启发了发展过程中的内在秩序。教师在这时说：“这是红色，这是绿色。”她又说：“这是正确的，那是错误的。”如上所述有的孩子把美好和丑恶看作意识的中心，并将它置于物质和精神食粮之上。这样的孩子会提出“什么是美好？什么是丑恶？”的问题，这一问题对他们来说比对任何人都至关重要，这是毫不奇怪的。但是，我们却不能忘记，道德教育课应当简明，圣人之父摩西为了向一个民族，而不是一个小孩灌输道德教育，制定了在耶稣看来是多余的“十诫”。“十诫”的第一条就是爱的“律法”，耶稣用扩充了的爱的律法替代了“十诫”。那条津法自身就包括所有法则和道德准则。

美好与丑恶也可能凭借一种“内部感官”，而不必通过对道德的理解来加以区分。当然，在这种情形下，所讨论的美好和丑恶应当是绝对的。即他们自身应该与生活，而不是与获取的社会习惯紧密联系在一起。我们常说的一种“心灵之声”从内心教导我们区分这两个东西；美好带来安宁，即秩序；带来热情，即力量；而丑恶则是有时无法容忍的痛苦：悔恨不只是黑暗和混乱，而且还是热病和灵魂的疾疫。我们可以肯定，社会法则、公共舆论、物质丰富以及可怕的威胁都无法产生这些感觉。在倒霉人中间常常可以找到心灵的平静，而麦克贝斯夫人看到手上的血迹时的懊悔，撕咬着那颗获得了一个王国的人的心。

毫不奇怪，我们具有一种警告我们危险的存在和使我们辨认出适合于生活环境的内部知觉。当今的科学如果能够证明维持物质生活的手段与合乎道德的行为相一致，那么，我们可以断言：我们将能够凭内在知觉去推测生活的必需品。生物学不是也证明了一个类似的事实吗？运用于人类的生物计能够再造出完全相同的人，即身体的各个部位的比例相同的人。对医生进行的统计和形态研究发现，这些相同的比例与“正常”相一致。这类人造型完美，不易患官能疾病。按照生物统计学的标准比例来再造人的体型时，我们发现该体形与希腊雕像的比例达到了惊人的一致。这个事实有助于重新解释“美感”。很明显，只有凭美感经验，希腊艺术家的慧眼才能抽象出各个器官的标准尺寸，才能建造一个奇妙、精确的整体。艺术家的“享受”就是他对“美”的享受。但是，他却能更深刻地感到生活欢欣的享受，并将它与易于患病的自然的缺陷相区别。成功的创作给能“感觉”它的人以直接的快乐。缺陷（即使是微不足道的缺陷）也会被看作是不和谐的。简单地说，美学教育与数学绝对平均数所取的近似值相似。这种近似值越与真实的尺寸最大限度地相接近，我们便越能感到它，就越可能有一种从考虑偏差数起见的绝对的比较方法。因此，艺术家就能在每一个细小处（即使是在别的不和谐的细节里）辨出美。艺术家越能拥有一种绝对的美感，就越能迅速地看出任何不和谐的图形。

在美好和丑恶的区别相关联的心灵上，同样的事也会发生，只要“好”在世上远比“美”更实用，那么，恶就可以说是代表危险了。动物不是具有敏锐的自我保护的本能吗？这种本能支配着它们的一切行为，即维持生存，又保护自身。狗、马、猫，概而广之，所有的家畜都不像人类那样麻木地静候着地震的来临。它们在地震前烦躁不安。当冰层即将破裂时，拉着雪橇的爱斯基摩狗便互相分开，好像是为了避免掉进雪窟去似的。人类只能茫然地看着动物惊人的本能，而人类天生就没有这种本能。人类运用才智和对善与恶的意识感情，才建造了防御工事，才得以感知到危险。如果这种改变世界的才智使人类高于动物，那么，通过开发自身的道德意识，人类将把自己提高到多么卓越的高度啊？

相反，今天人们已不得不冷静地问问自己：动物难道真不如自己吗？当人类希望标榜自己时，便说："我像狗一样忠诚，像鸽子一样纯洁，像狮子一样强悍。"

实际上，动物总是具有那种令人羡慕的本能。这种本能赋予了动物一种神妙的力量。如果人类缺少意识的情感，就比动物还要低劣，什么也无法将人类从过度的行为中解救出来。人类会向自身的毁灭冲去，用一种使动物茫然不解和惊骇不已的方式冲向灾难与死亡。如果动物能够的话，他们一定要竭力教诲人类的，人类也就能够和他们一样了。没有意识的人就像没有自我保护本能的动物，就像冲向死亡的疯子。

运用科学，尽量发现保护自身的规律对人类有什么益处呢？如果一个人具有完善的卫生保健知识以及如何遵循强身、洗澡以及按摩的过程的方法，但是却丧失了慈爱的本能，去残杀同伴，或结果自己的性命，那么，他悉心照料、保养又有什么用呢？要是他心里空虚呢？如果是空虚感迫使他这样干了，并使他陷入深深的痛苦之中，他那营养良好、洗得干干净净的身体对他又有什么用呢？

美即是生存，恶即是死亡，两者泾渭分明。

我们合乎道德的良心像才智一样能够得到完善，能够获得崇高。这是人与动物的本能的最根本的区别之一。

意识感情像美感经验一样，可以完善到能辨别"美"，最终欣赏"美"，直至尽善尽美的境界，以及变得能对最细小的邪恶趋向异常敏感。谁具有这样的感觉，谁就会得到"拯救"；谁这样的感觉少些，谁就得警惕，并尽其最大的努力保护和发展那种神妙、珍贵的指引我们区分好坏的感觉力。在不仅拥有道德规范知识，而且拥有爱的知识作为我们启蒙的源泉的同时，有条不紊地检查我们自身的意识是一生中最重要的行为之一。这种感情只有通过爱，才能趋于完善。谁的感官没有受到训练，谁就不能评定自己。譬如说，医生可能对疾病症状了如指掌，对心脏和脉搏的跳动非常熟悉。但是，如果他的耳朵听不见，手触觉不到脉搏的跳动，那么，科学对他又有什么用呢？他诊断疾病的能力是以感官知觉为前提的。如果没有这种能力，他的知识对病人是没有价值的。这种情况同样适合于诊断我们的意识。我们如果又瞎又聋，那么不胜枚举的症状就会毫不被注意地从我们的袖子底下溜走，我们就不会知道我们的评定应建立在什么基础之上。单调、无用的事情一开始就使我们烦恼。

另一方面，鞭策我们走向完善的正是“感觉”。

如同希腊艺术家在美感经验的指导下显露出来的非凡的辨认标准体形的能力一样，世上也有人具备非凡的分辨好坏的能力。圣特里萨告诉我们，当世俗的坏人接近她时，她就像是吸进了一口臭气一样，感到非常难受。她进一步解释说，她实际上当然什么也没闻到。她确实感到难受而并不仅仅是在想象之中。她的痛苦是她不能容忍的真正的精神忧伤。

下面这则关于居住在沙漠中的早期神父的故事更有趣。“我们坐在主教的脚旁，”一个僧侣说道，“聆听着他神圣、颇有教益的教导，我羡慕不已。突然，安提阿①最漂亮的舞女，第一流的‘丑角’，镶一身珠宝出现在我们眼前。她那赤裸裸的大腿差不多挂满了珍珠和黄金。她的头和肩也都赤裸在外。一大群人

---

① 安提阿（Antioch），小亚细亚之古城，其遗址在今土耳其境内。——译者注

前呼后拥。当时的男人对她百看不厌。她身上散发出的浓郁香水味在我们呼吸的空气中飘逸。她走过后，我们那一直目不转睛地盯着她的神父对我说道：‘难道你们不为这样的美人倾倒吗？’我们都默不作声。主教接着说，‘从观望她我得到极大的享受，因为上帝已经指定，她有一天会来评定我们的。’‘我看着她，’神父又补充说，‘就像看一只被玷污了和染黑了的鸽子。但是这只鸽子将被洗得洁白如雪，升入天堂。’这个舞女果真回来了，请求为她洗礼。她说：‘我叫佩拉基，确切地说这名字是我父母给取的。安提阿的人都管我叫珍珠，因为我的罪而用无数的珠宝装点了我。’两天后，她把所有的财物都送给了穷人，戴上头巾，搬进了蒙特·奥里维托的一间小屋，到死都没有离开。”（蒙塔郎贝尔：《西方僧侣》第一卷第 86 页）

我们的麻木　我们对罪恶的敏感性，对从别人那里感受到的友善深感快活的敏感性相距得多么遥远啊！在我们的社会里，我们可能长期和一个罪犯住在一起，尊敬他，与他握手等等，直到有一天他的罪行可耻地暴露于光天化日之下。于是我们说：“谁会想到？他看起来可真像一位了不起的人呢！”

然而，这个罪犯不可能没有显露出本该从一开始就把他暴露出来的痕迹、乖僻和残忍。谁也不会说，我们应当成为像希腊雕塑家一样伟大的美学家，像圣人一样敏感。但是，如果我们承认从绝妙的艺术品旁经过而没有感觉到它们的美是一件没有教养的事的话，承认了将可怕的粗野、畸形与理想的美相混淆，将轧轧作响的电车车轮声或走调的乐器的震耳欲聋的咔咔声与贝利尼、瓦格拉和谐的音乐相混淆。如果承认这些是人类文明的缺陷的话；承认我们每个人都会为这样的迟钝而脸红，并掩饰这种羞怯的话；那么，我们为什么对道德方面习以为常的迟钝却视而不见呢？美好为什么这样模糊不清，以至我们将它与幸运相混淆？福音中所说“富人们，愿你们备受灾难吧？因为你们将自有报应!”那些富人怎能不检查他们自己的道德生活或那些属于他们的那些人的生活，而去考虑“提高‘穷人的’道德”？他们仿佛相信富人本质上都是好的，而穷人骨子里都是坏的。

像这样的黑暗与愚昧如果笼罩着和统治着知识界，我们就无法看到呈现在我们眼前的癫狂的形态。道德界存在着别的生活领域无法想象的混乱。神智比今天清醒的各民族的青年，如果有一天说，圣诞祝典在欧洲战场上举行，那么，他们会清楚战争的根源了。如果处在这样的情形下，大卫（对他来说一定是不可思议的)一定会接受他的敌人对他的理所当然的谩骂。当他们问他：“你们的上帝在哪里啊!”他会说，“我们已经失去了上帝!”这是一句颇为适宜的悲叹。但是，在这种情形下置若罔闻地庆祝圣诞节就意味着我们有一种失落感。灵魂是什么时候消逝的？声誉又是什么时候建立起来的？可怕的屠宰场又是一段多么疯狂的插曲啊！为了表示对救世主的敬意，我们在这块屠宰场上栽种了和平之树。

比起圣特里萨对罪恶的奇妙的敏感，或被罪孽深重的女人所玷污了的羽毛遮掩下的洁白的鸽子的敏锐的洞察力，我们相距就太远了。这种差距，不像农民和艺术家在趣味上的差距，而像行尸走肉和充满生机的人之间的区别。显而易见，我们已经历过死亡，虽然我们并没有意识到已经死亡。

那么，我们必须在这儿而不是在卫生学中找到我们生命的奥秘。我们有某种比自身的尸体更易腐烂的东西，有一种比我们的物质生活更脆弱的生活，黑暗的危险一直笼罩着我们。这就是人类的奥秘。

人类如果失去了引导他走向美好世界的明灯，就会掉进一个远比其他动物都要低劣的深渊。

因此，爱别人的人会将所有的精力用在生命的泉源上，新生婴儿的肺是多么的脆弱啊！如果哪位灭绝人性的母亲想窒息婴儿，那是多么容易的事啊！然而，这种只杀一条生命的轻易举动与那种再容易不过却又更加致命的扼杀灵魂的举动比起来，又算得了什么呢？

灵魂的死亡如同身体的死亡一样，与麻木状态毫无差别。我们将烧红的铁块放在尸首上等于白放——死猪不怕开水烫。

然而，充满生机的人能够对比烧红的铁块小得多的刺激即刻作出反应。生活和感觉的人就能完善自我——这才是生活。

灵魂“能感触”就足够了。然而，它们又怎么能宁静地生活在罪恶之中呢？人们如果都在我们的窗前倒垃圾，空气中充满了臭味，我们能够忍气吞声，不加指责，能让使我们“深受其害”的垃圾继续留在那里吗？再说，如果我们有小孩，我们就会大声抗议，甚至因担心孩子的健康，亲自动手将这些讨厌的垃圾清除干净。但是，如果母亲和孩子都死了，对引起瘟疫的空气就不会再有人注意了！

净化环境和清除对身体健康有害的灵魂的渣滓是“生命”的需求。耶稣被称作“带走了世界罪恶的羔羊，”他不是传教的主，而是净化的上帝。这就是从敏感中迸发出来的道德：净化世界，清除包围生活的障碍和将精神从死亡的黑暗中解放出来的举动。

大家都感到应归于意识的成就不像欣赏音乐或有所发现之类的事。人们必须扪心自问：为了拯救和维持生命自己做了点什么？

净化的成就像进步一样永无止境。

“把所有的束缚都扔掉，跟我来吧！”耶稣对那些请教他该怎么办的人说道：

“人类能够凭借促进自身不断向着天堂前进的力量来强化自身。在这个熟睡的人的前面是看不见的雅各的梯子，[1]天使们沿它上下，并召唤他走向天堂，即走向超自然的生活。对，做一个超人吧！对缺乏信念的人这是一个梦想；但对有信念的人却是可以实现的目标，生活的目标。”

对弗雷德里克·尼采[2]来说，超人只是没有实际结果的概念。即使用他接受的进化论来测试，超人也是荒诞不经、漏洞百出的。他的观念对克服人类的邪恶没有提供半点帮助；相反成为了将人类限制在地球上的一条锁链。在地球上，人类只有千方百计地按照自己的样式创造出一个优于自身的人。就这样，人类被引上了自私、残忍和愚昧的歧路。

无数的圣人按照他们的信念去感受，去做：“我活着，但不是我，而是耶稣活在我心中。”

跟诗人所说的一样，如果人类“注定要成为天使般的蝴蝶蛹”的话，那么，人类一定要走这样的路：它的精神要么升入天堂，要么进入地狱。

因此，遵守卫生学的物质和精神的法则并不是生命的全部内容。相反，只有生命才能从其周围环境中找到净化自身和拯救自身的办法。这种超自然的生命求助于爱和阳光，获得自身转化必不可少的力量。

确实，圣人的特征不是出神入化，而是优秀与低劣的天性之间真实而又成功的斗争。

---

① 雅各的梯子，《圣经》中雅各（即以色列人）梦中看见的天使上下的天梯。——译者注

② 弗雷德里克·尼采（Friedrich Wilhelm Nietzsche，1844—1900），德国哲学家。——译者注

道德与宗教 众所周知，在强大的宗教影响里，诸如在被叫做“皈依”的关键时刻，这种现象被描绘成“内心之光”，一种突然自己建立起来的秩序，通过一种在没被注意之前就已豁然开朗的方式，善恶泾渭分明，这样就达到了启示自身。事实上，那些皈依宗教的人受到启示时似乎几乎没有涉及神性教义和礼拜仪式。他们是投身于一切暴动的人，似乎忘却了一切物质生活和精神生活，沉缅于自身和被某种巨大光束照亮的意识中心的冥思苦想之中。皈依者在多数情况下叫道：“我是罪人！”好像黑暗和所有腐蚀、削弱以及窒息他的罪恶一起，从他身上溜走了，罪恶和他无缘后，他最终看到的是可怕的、昏暗的和充满骇人听闻的危险。正是这点使他焦虑不安，使他哭泣；正是因为这点才促使他去寻找能理解他、安慰他、帮助他的人。皈依者像刚刚出生的婴儿一样需要帮助。他们像是刚出世的没有牵挂的婴儿，又哭又闹。他们感到人自己的生命。他们觉得自己生命的价值比整个世界的财富和设施都要伟大。他们从巨大的危险中逃了出来，就感到一种解脱后的欣喜。他们主要的渴求是从压迫他们的罪恶中解放出来。他们能再向前迈出一步之前，必须重新考虑当罪恶深深扎根于他们之中，而他们却丝毫没有感觉到的可怕时刻：

“好像一个人从海里逃到了岸上，
喘息未定，回过头来，
向那险恶的波涛频频观望：
我的仍旧在向前飞奔的心灵。
就像那样地回过来观看
那座没有人曾从那里生还的关口。”

（但丁《地狱篇》第一歌，朱维基译）

这种罪恶曾桎梏了所有的精神财富。这种财富最终得以自由，就会更新眼前的世界，使之充满生机：

“如今我看到我眼前的景象，
仿佛是整个宇宙披上了一个笑容；……”

（但丁《天堂篇》，第二十七歌，朱维基译）

我听到的最奇妙的例子之一是这样的：某位因演讲才能闻名的僧侣一天正在一座教堂里给一大群虔诚的听众布道。他突然被一声呜咽打断了，人群中有人在大声地哭，向着布道讲坛张开双手：“我是罪人！”这个僧侣像平常一样，走过去帮助那皈依者，并接受了他心灵抛弃罪恶时的忏悔。然后，僧侣由于很想知道是哪句话打动了那人的心，便问他是我讲的哪部分造成了这等奇事。“啊！”皈依者回答道“你说的我连一个词儿都没听见。我也不知为什么走进了教堂。当时，你加强了语气，用手指着我。对了，一点没错，我哭了，我是罪人，我感到那顶一直压迫着我的沉重的铅斗篷从我的肩上掉下来。紧接着一串控制不住的泪水像洪水一样从我的心间涌上来。”因此，理智的成分在皈依的过程中没起任何作用。起作用的不是“信念”，更不是新“知识”。刚才发生的事完全是一种自发的心灵现象。这种现象也许经过一段时间的无意识的准备，将光明与黑暗相区别，并开始了新人的创造。

皈依者比别的任何人都更清楚地感到，罪恶是达到高于人类欣赏水平的欣赏的“障碍”。他不但得到净化，而且净化还改变了他。他像一块埋在渣滓和泥潭中的钻石，突然从覆盖物中分离出来，裸露在外面，明亮如镜，烁烁发光。它不只是一块洗净的华丽的石头。真正改变了它的是现在在里面得到反映，并使其闪闪发光的太阳。这是毋庸置疑地自然地加在它上面的光泽，与被清除的渣滓以及与宝石固有的特性都毫无关系。渣滓不仅污损了宝石，而且阻止了它与将会赋予它独特美丽的阳光的接触。

每个虔诚的人都知道，罪恶对我们是一条“锁链”，把我们牢牢地抑制在坟墓一样的地狱里；对爱怀有敌意的感情是阻止我们发展以及阻止与我们身上的精神精华自由接触的许多障碍。最轻量的掺杂物以及最少的渗入物都足以损伤我们才华的异彩，足以导致把我们从上帝选民的金匣子中驱逐出去，判定而不是宽恕我们弟兄的一瞥，使我们对他们冷酷的感情产生无限的憎恨和狂怒的嫉妒。

“肉体的作用显而易见，即……憎恨、分歧、竞争、狂怒、斗争、煽动、异教、嫉妒、巫术、暗杀。‘带着一颗受难的心走向圣坛，就像一只受伤的兔子带着射透了它的箭，跑向自己的巢穴。兔子逃跑不是为了拯救自身，而是为了死在自己的窟穴里。’同样，如果你带着祭品来到圣坛，并想到你的兄弟并没有什么与你过不去的……那么，先去和你兄弟和解后再来献上你的祭品。”

原谅别人过错的人做的并不是一件合情合理的正义事，对被原谅的人也没有什么益处。因此，考虑某一过错是否值得原谅，干了错事的人是不是需要我们的宽恕，简直是浪费时间。我们必须宽恕别人，不是从正义感出发，也不是为罪犯着想，而是为了我们自身的缘故。谁宽恕别人，谁就抛弃了嫉妒和怨恨，抛弃了一切压迫和桎梏精神的枷锁，使他无法抬头。这就是我们为什么必须宽恕的缘故，这样，我们就可以焚毁阻止我们自由活动和向上的桎梏。我们剪断气球的绳索时，并没有考虑它是不是朝向地球，也没有考虑绳索是否值得剪断。我们剪断绳索是因为要让气球飞向天空，就必须这样做。飞向天空的人饱览了在尘世间无法看到的美妙景致。在这得与失的选择中，谁会作出合理的选择呢？

假如你宽恕别人，你就会感到来自四面八方的宽容。

儿童的宗教情趣 我们对儿童的心灵危机以及儿童自发的宗教情趣研究得太少了。不错，近年来发生在英国的卓越的宗教运动出现了最令人难解的儿童宗教狂热的例子。5岁的小奈丽在弥留之际要圣餐之后，庇护十世[①]才允许将圣餐施予不同年龄的儿童。这就形成了当今实证研究的非常不可思议的部分。

被提到了国际心理学代表大会上的这项单独的研究就是1911年11月在布鲁塞尔召开的第一届国际教育学代表大会所讨论的项目：《儿童道德及宗教情感发展观察报告》，作为观察对象的儿童一点也没有受过宗教教育。有一天，观察者看见孩子突然无缘无故地抽泣起来。当孩子的妈妈问他为什么哭时，小孩回答说："因为我记起了两个月前我看到的被虐待的一只小狗，现在我感觉到它了。"一年半后，相似的情景又发生了，一天傍晚，小孩从窗口望着月亮，突然伤心地大哭起来。"不要责怪我，"小孩非常动情地说，"当我望着月亮时，我感到我经常让你伤心啊！我明白了，我冒犯了上帝。"

这项有趣的研究表明了道德意识的自发现象的相继阶段：促使小孩忧伤的事发生两个月后引起哭泣的强烈感情的流露；他感到了那只被残酷虐待的小狗的痛苦。这种心灵的活动萌发之后很久才趋于正常：小孩能区别美的和丑的行为，能够认识

---

① 庇护十世（Piusx，1835—1914），罗马教皇，任期1903—1914年。——译者注

到他惹得父母不高兴。这种不快也许并不严重，实际上是非常轻微的，以致小孩当时并没感觉到。但是，当小孩在洗涤这种轻微的不道德行为时感到了上帝的存在。当他说“我明白了，我冒犯了上帝”时，他清楚地知道他冒犯的不是他父母。当时，谁也没有对他谈起过上帝，也没有训练过他检查自己的意识。

我一生没有机会亲眼目睹类似的精神成长的过程。我在宗教教育方面的经验因此受到限制。事实上，在由弗兰西斯肯姐妹料理的“儿童之家”里，宗教教育还是通过普通方法来进行的，所以不可能进行有创见的研究和观察。另一方面，市政当局的占统治地位的政党偏执地在公共学校里废除了宗教，造成了人们像执拗的人怕“魔鬼”这个词一样怕“上帝”这个词。

因此，我的经验就只限于我在家里私自接受的一些孩子身上。这些小孩来自不信宗教的家庭，因此都没有受过宗教影响。①

我有一个刚满 7 岁的小学生。他家的一个朋友发现他很聪明，并且知道他受过“自由”的教育，便想简明扼要地根据拉马克和达尔文的进化论原理，给他阐述动物的进化来测试他。小孩非常专心地听着，然后问：“啊，人是从猴子演变而来的，猴子又是从别的动物演变而来的，依次类推，但是第一个动物又是从什么演变来的呢?”“第一个动物嘛，”他的朋友回答说，“是偶然形成的。”小孩子大声地笑道，把他妈妈叫了来，兴奋地说道：“听，简直是一派胡言！生命是偶然形成的，这不可能。”“那么，生命是怎样形成的呢?”“是上帝造的。”这小孩深信不疑地回答。

---

① 目前，根据蒙台梭利关于宗教教育原则，正在西班牙的巴塞罗那市地方代表指导下进行着一些有趣的实验。

征得他母亲的同意后，这个小孩准备和他姐姐一起共进圣餐。圣餐由一个受过高等教育的、具有渊博美学知识的年轻神父主持。我很想听听这个孩子提出的异议。但是，我没有得到允许。只有一次在场，那时指导课快近尾声了。神父说到保留葡萄酒，说到教士在宗教法庭能发现自我的实际情况。我觉得这样的演讲对孩子完全不适合，并且很可能使孩子不去注意我们所期望给予的结论。但是，我惊奇地发现，孩子们都目不转睛地盯着圣坛。很明显，他们不熟悉这样详细的讲解，然而他们却被深深地吸引着他们的一种情感打动了。装着酒的圣餐杯像深深吸引了天真的帕西夫①一样深深吸引了这些乐意接受的灵魂。他们第一次用圣餐时，我认识到了他们用一种美好的信念和绝对单纯地接受了这些神秘的东西，好像他们能理解一切属于上帝，否认上帝才是荒谬的，他们精神上的胜利一直伴随他们走完人生历程。

在他们之后很久，一个小孩的表妹准备接受圣餐。在此之前她从未在家里受过宗教训练。有一天，她在课堂上专心学习时说："解剖花朵多美啊！我太喜欢算术和几何了！但是，宗教是最妙的事儿。"

学校里还有一个年纪稍大的女孩。她的父母亲很仇视宗教。这个女孩虽然对学校的训练显示出浓厚的兴趣，但总是焦虑不安。后来，在她住的小屋子里举行了一些出色的儿童晚会，一些名符其实的艺术品装饰着她的小屋，她变得更加焦虑不安和玩世不恭，像正受着精神幻灭的折磨似的。一天她把一个从墨西拿②来的孤儿（这孤儿是我们"儿童之家"的孩子）叫来，把

---

① 帕西夫，瓦格拉歌剧《圣林》中的人物。——译者注

② 意大利西西里岛东北部一海港。——译者注

她领到一个安静的角落，请求她重复祷告词。这个孤儿背诵着祷告词，那个富有的孩子在一旁望着她。然后，像顺从什么神圣的启示似的，走到钢琴旁边开始弹奏起来。她的双手却颤抖不已。她上身倒向一边，肘放在键盘上，头垂着，再也无法掩饰内心的激动。她的灵魂在追求得到满足。除了爱她的人不愿意给她的东西外什么也不能给她平静。她的心仍然充满活力和渴望："就像心灵渴求甘露，我们的灵魂渴求你，啊！上帝。"

然而，使成人不能像小孩一样领会精神秘密的，从黑暗中发展而来的渣滓还没有在她的周围形成。这种神秘后来变得像对尼科迪默斯一样不可理解。他问耶稣："人怎么会再生？难道他能再钻进娘肚子里去不成？"

但是，这项草草的研究，将足以让我们明白：小孩除了智能需求外，还有别的要求。他的纯洁和坦率的精神远在他的智力得到发展和满足前反映了神灵的光辉。他也许就是我们带着抑郁、懊丧的心情等待的帕西夫。然而，因为我们双手的不净，鸽子再也不会在圣杯里降临到装和平之液的高脚圣杯中。①

① 道德问题几乎没有被指出。这样的工作实际上是对儿童智力的实验性贡献。目前，一项儿童道德、宗教教育的实验性研究正在西班牙的巴塞罗那进行。另一本同样题材的论著将成为本书的续集。

我和我的同事是否能够将这项繁重的工作胜利进行到底，目前尚难以预料。

蒙台梭利生平和著作年表

1870 年 8 月 31 日玛丽亚·蒙台梭利出生在意大利安科纳地区的希亚拉瓦莱。父亲是贵族后裔，军人，性格平和，保守；母亲博学多识，虔诚、善良、严谨，开明。作为独生女的蒙台梭利深得父母的宠爱，受过良好的家庭教育。

1882 年 12 岁，随父迁居罗马，在此完成中等教育。中学毕业后，曾一度进入技术学校学习工程。不久，她对医学产生浓厚的兴趣，考入罗马大学医学院，立志学医。

1896 年 26 岁获罗马大学医学博士学位，成为罗马大学和意大利的第一位女医学博士。随即在罗马大学附属医院任精神病临床助理医生，诊断和治疗身心缺陷儿童，开始对低能儿童的研究发生了兴趣。她深入研究和检验了伊塔和塞贡的教育低能儿童的方法。在此期间，曾去巴黎和伦敦参观和访问有关低能儿童的教育机构。

1898 年 在意大利都灵的教育会议上讲演，提出了自己独特的见解："儿童心理缺陷和精神病患主要是教育问题，而不是医学问题，教育训练比医疗更为有效。"引起了医学界和教育界的强烈反响。

1899 年 在罗马创立国立儿童心理治疗学校。被任命为学监。同时，在此校开办了低能儿教育的教师培训班。

1901 年 再次进入罗马大学哲学系深造，研究哲学、教育学、实验心理学和人类学。

1904 年 受罗马大学之聘讲授人类学。在意大利杰出人类学家塞吉的影响下从事教育人类学的研究，并到各中小学进行调查。

1907 年 1 月，在罗马圣罗伦佐区贫民窟创办第一所"儿童之家"，接纳 3 至 7 岁儿童，将自己改进后的塞贡法运用于正常儿童的教育。同年 4 月和 11 月第二、第三所"儿童之家"在该区相继建立起来。

1908 年 发表《教育人类学》。该书是她在 1904—1908 年担任罗马大学教授期间，将人类学运用于教育研究的讲演集，是意大利第一本教育人类学著作。

1909 年 发表《运用于"儿童之家"的幼儿教育的科学教育方法》。这是蒙台梭利论述幼儿教育理论和方法的第一部著作。是他在 1907—1909 年间在"儿童之家"的实验、观察和研究的总结概括。该书发表后，先是被译成二十多种文字流传于世界各地。1912 年她的美国学生安妮·乔治把它译成英文并首次在美国出版，译名为《蒙台梭利方法》；同年译为法文，译名为《蒙台梭利博士的科学教育方法——幼儿教育》；1913 年被译为德文，译名为《幼儿期的自我教育》；1914 年由河野清丸译为日文，译名为《蒙台梭利教育法及其应用》等等。其中英文版流传最广。

1912 年 发表《高级蒙台梭利方法》。1919 年从意大利文译为英文在伦敦出版。此书是《蒙台梭利幼儿教育科学方法》的续集，作者为扩充其理论与方法使之运用于 7 至 11 岁的学龄儿童而写此专著。共分两卷：第一卷《教育中的自发活动》（Spontaneeus in Education），着重论述在教育中必须珍视和鼓励儿童的自发活动，引导儿童在适当安排的教育环境中独立工作和独立思考；促进儿童思维、想象、情感、意志、道德的发展，培养儿童独立自主和主动精神。本卷已译成中文收入《外国教育名著丛书》，由人民教育出版社出版。第二卷《蒙台梭利初等教具》（The Montessori Elementary Material）阐述如何应用教具帮助儿童学习阅读、语法、算术、几何、音乐、诗歌、美术（包括绘画）等方法，促进初等学校儿童的多方面和谐发展。

1913 年 第一次应邀到美国讲学，受到美国各界人士的欢迎，其中有知名人士发明家爱迪生、总统的女儿玛格丽特·威尔逊、亚历山大·格雷姆·贝尔夫妇、《麦克罗杂志》主编麦洛洛。当时美国总统威尔逊亲自接见并在白宫设宴款待。

1914 年 发表《蒙台梭利手册》（Dr Montessorl's Own Handbook）该书

是应美国教师、家长和教育家的请求而写作的。它不仅是运用蒙台梭利的方法和教具的指南，而且是指导教师设计和制作教具的参考书。

1915 年 第二次访问美国。在旧金山开办国际培训班；在“旧金山博览会”展览示范教室。

1919 年 去英国讲学。在伦敦开办国际培训班，以后每隔一年到伦敦为这个班讲课一次，一直延续到 1937 年。

1920 年 到荷兰讲学。应邀到阿姆斯特丹大学讲演。在阿姆斯特丹办国际培训班。在伦敦出版。讲演的主要内容是讨论儿童的宗教教育。

1925 年 国际蒙台梭利协会成立。蒙台梭利出席了协会的九次国际大会并担任大会主席。第一次（1929 年）在芬兰首都赫尔辛基，第二次（1932 年）在法国尼斯，第三次（1933）在荷兰首都阿姆斯特丹，第四次（1934）在罗马，第五次（1936）在英国牛津，第六次（1937）在丹麦首都哥本哈根，第七次（1938）在英国爱丁堡，第八次（1949）在意大利的山瑞穆；第九次（1951 年）在英国伦敦。

1926 年 在日内瓦“国际联盟”会议上发言，呼吁和平，争取儿童权利。同年去柏林讲演，并举办教师培训班。

1929 年 发表《教会中的儿童》（The Chile in the Church）。本书系蒙台梭利于 1922 年写作有关天主教会儿童宗教教育文集的再版。

1934 年 墨索里尼下令关闭意大利所有的蒙台梭利学校，查禁她的著作。她本人被迫离开祖国，逃往西班牙。因西班牙内战爆发前往英国。

出版《童年的秘密》（The Secret of Childhood）。

1936 年 在荷兰发表《家庭中的儿童》（The Child in the Family）。在荷兰为儿童创办一所新学校。在阿姆斯特丹附近的拉伦（Laren）安家。后来在这里创办了一所教师训练学院。

1939 年 到印度。在马德拉斯开设训练课程，培训幼儿教育师资。并到印度各地指导幼儿学校。在印度停留直到第二次世界大战结束。

1944 年 前往锡兰（即现在的斯里兰卡）开办教师培训班。

1945 年 在印度遮普尔参加首届“全印蒙台梭利大会”。

1946 年 发表《新世界的教育》(Education for New world)。蒙台梭利离开印度回到荷兰。同年去伦敦和苏格兰讲学。在苏格兰教育研究院接受英国授予的荣誉院士。

1947 年 意大利政府请她回国重建蒙台梭利学校。在罗马参加庆祝“儿童之家”创建 40 周年大会。在意大利，她所到之处都受到人民的欢迎和爱戴，并授予她当地荣誉公民的称号。

1948 年 再次去印度，并建立示范学校（Model School)。发表《开发人类的潜能》(To Educate the Human Pottential)，论述一般教育哲学及 6 岁以下儿童的生理、心理特征。

1949 年 发表《有吸收力的心理》(The Absorbent Mind)，该书是蒙台梭利在第二次世界大战期间在印度各地开设训练课程的讲演集；《和平与教育》(Peace and Education）是她在多次国际蒙台梭利会议及世界和平大会上的演讲集；《人的形成》（Formation of Man)，论述从出生到 6 岁的幼儿发展与教育，特别强调 3 岁前幼儿的教育。到巴基斯坦指导开设幼儿教师培训课程。同年到法国接受“荣誉军团”勋章。

1950 年 发表《儿童的发现》(The Discovery of the child)。到挪威、瑞典讲学。不久又回到意大利，在培卢查开设和指导教师培训课程。

1951 年 到荷兰，接受阿姆斯特丹大学授予的“荣誉哲学博士”称号。

1952 年 5 月 6 日逝世于阿姆斯特丹，享年 82 岁。

任代文　编

译 后 记

本书由蒙台梭利的三本原著的英文版译成。本书的译者分别为：《蒙台梭利方法》任代文、任一明；《高级蒙台梭利方法》(第一卷《教育中的自发活动》) 刘浒波、任一明、王丹、任代文；《有吸收力的心智》陈时见、刘会、韩先勇、刘浒波、任代文。全书由任代文主译和统校。北京师范大学卢乐山教授、杭州大学王承绪教授、西南师范大学教育系俞锡玑、蒋良玉教授对本书的翻译作了指导；漆杰、吴小平、李昭、刘义兵、林文治等同志对本书的部分章节的修改提供了宝贵意见，在此一并致谢。

水平有限，错误在所难免，敬乞读者指正。

任代文

1992年2月于四川省重庆市西南师大教育系